Enzyklopädie der Rechts- und Staatswissenschaft

Begründet von

F. von Liszt und W. Kaskel

Herausgegeben von

P. Lerche · D. Nörr

Abteilung Staatswissenschaft

Grundlagen der Betriebswirtschaftslehre

von

Dr. Erich Gutenberg
o. Professor der Betriebswirtschaftslehre
an der Universität zu Köln

Dritter Band
Die Finanzen

Mit 19 Abbildungen

8., ergänzte Auflage

Springer-Verlag Berlin · Heidelberg · New York 1980

GRUNDLAGEN DER BETRIEBSWIRTSCHAFTSLEHRE

Band I: Die Produktion

Band II: Der Absatz

Band III: Die Finanzen

unveränderter Nachdruck 1987

ISBN 3-540-09904-2 8. Auflage Springer-Verlag Berlin Heidelberg New York
ISBN 0-387-09904-2 8th edition Springer-Verlag New York Heidelberg Berlin

ISBN 3-540-04458-2 7. Auflage Springer-Verlag Berlin Heidelberg New York
ISBN 0-387-04458-2 7th edition Springer-Verlag New York Heidelberg Berlin

CIP-Kurztitelaufnahme der Deutschen Bibliothek
Enzyklopädie der Rechts- und Staatswissenschaft / begr. von F. von Liszt u. W. Kaskel. Hrsg. von H. Albach ... – Berlin ; Heidelberg ; New York ; London ; Paris ; Tokyo : Springer
Teilw. hrsg. von W. Kunkel. – Teilw. hrsg. von P. Lerche ; D. Nörr. –
Teilw. mit d. Erscheinungsorten Berlin, Heidelberg, New York. –
Teilw. mit d. Erscheinungsorten Berlin, Heidelberg, New York, Tokyo
NE: Liszt, Franz von [Begr.]; Albach, Horst [Hrsg.]; Kunkel, Wolfgang [Hrsg.]; Lerche, Peter [Hrsg.]
Abteilung Staatswissenschaft.
Gutenberg, Erich: Grundlagen der Betriebswirtschaftslehre.
Bd. 3. Die Finanzen. – 8., erg. Aufl., unveränd. Nachdr. – 1987
NE: Abt. Gutenberg, Erich: Grundlagen der Betriebswirtschaftslehre / von Erich Gutenberg.
– Berlin ; Heidelberg ; New York ; London ; Paris ; Tokyo : Springer
(Enzyklopädie der Rechts- und Staatswissenschaft : Abteilung Staatswissenschaft)
Teilw. mit d. Erscheinungsorten Berlin, Heidelberg, New York. –
Teilw. mit d. Erscheinungsorten Berlin, Heidelberg, New York, Tokyo
Bd. 3. Die Finanzen. – 8., erg. Aufl., unveränd. Nachdr. – 1987 –
ISBN 3-540-09904-2 (Berlin ...)
ISBN 0-387-09904-2 (New York ...)

2143/3130–543

Vorwort zur achten Auflage

In der achten Auflage sind vor allem die Ausführungen über den Einfluß steuerrechtlicher Bestimmungen auf die Selbstfinanzierungspolitik der Unternehmungen neu bearbeitet und ergänzt worden.

Köln, am 1. November 1979 ERICH GUTENBERG

Vorwort zur ersten Auflage

Bei meinen Untersuchungen über die finanzielle Sphäre der Unternehmen habe ich mich von den gleichen Überlegungen leiten lassen wie bei der Analyse der produktions- und der absatzwirtschaftlichen Vorgänge, die den Gegenstand der beiden ersten Bände dieser „Grundlagen" bilden. Auch in dem dritten Band habe ich versucht, die Probleme vornehmlich vom Grundsätzlichen her zu sehen. Nur auf diese Weise lassen sie sich in dem gesamtbetrieblichen Zusammenhang sichtbar machen, in dem sie stehen. Organisatorisch-technische Fragen werden nur soweit behandelt, als es zum Verständnis des Ganzen notwendig erscheint.

Die Untersuchungen beschränken sich nicht auf die institutionellen Einrichtungen und Möglichkeiten der Kapitalbeschaffung. Sie beziehen vielmehr den gesamten güterwirtschaftlichen Leistungsvollzug in die Analyse der finanziellen Probleme ein, soweit dieser Vollzug finanzielle Vorgänge auslöst oder durch finanzielle Vorgänge beeinflußt wird. Der dritte Band steht also mit den beiden ersten Bänden in einem inneren Zusammenhang. Aus diesem Grunde bilden die drei Bände über die Produktion, den Absatz und die Finanzen eine Einheit. Der dritte Band bringt die Grundlagen der Betriebswirtschaftslehre zum Abschluß.

Meinen Assistenten, den Herren Dr. SEELBACH, Dr. TRABANT und Dr. NEUHAUS danke ich für die stete Hilfsbereitschaft, mit der sie mich bei meinen Arbeiten unterstützt haben. Herrn Prof. Dr. ALBACH danke ich für die Gespräche, die ich mit ihm über die Probleme dieses Buches führte, und Herrn Prof. Dr. DINKELBACH für die sorgfältige Durchsicht des Manuskripts.

Köln, am 1. September 1968 ERICH GUTENBERG

Inhaltsverzeichnis

Dritter Teil

Die Abstimmung zwischen Kapitalbedarf und Kapitalfonds.

Einleitung

1. Der betriebswirtschaftliche Charakter der finanziellen Sphäre.

Jedes Unternehmen besteht aus den drei betrieblichen Teilbereichen Beschaffung, Leistungserstellung und Leistungsverwertung. Obwohl sich diese Teilbereiche durch ihre Aufgaben voneinander unterscheiden, verknüpfen sich in ihnen doch menschliche Arbeit und technische Apparatur zu einer funktionsfähigen produktiven Einheit.

Den drei güterwirtschaftlichen Teilbereichen betrieblichen Vollzuges steht ein Teilbereich mit völlig anderem Charakter gegenüber — die finanzielle Sphäre der Unternehmen. Sie läßt sich den drei güterwirtschaftlichen Teilbereichen nicht gewissermaßen als ein vierter Teilbereich hinzufügen, weil sie nicht in dem Funktionszusammenhang steht, der die drei güterwirtschaftlichen Teilbereiche miteinander verknüpft. Die von einem Unternehmen erstellten Leistungen, seien es Güter oder Dienste, durchlaufen den finanziellen Bereich nicht. Er trägt unmittelbar nichts zu ihrer Entstehung, Ausreifung und marktlichen Verwertung bei. Aber die finanziellen Vorgänge bilden die Voraussetzung, gewissermaßen das Medium für den gesamtbetrieblichen Leistungsvollzug. Insofern umfaßt die finanzielle Sphäre das Ganze des betrieblichen Geschehens, vom Eintritt der Sachgüter, Arbeits- und Dienstleistungen in das Unternehmen bis zu ihrer marktlichen Verwertung in veränderter oder unveränderter Form.

Der besondere Charakter der finanziellen Sphäre gegenüber den drei güterwirtschaftlichen Teilbereichen tritt noch deutlicher hervor, wenn man sich vor Augen hält, daß der Erwerb von Sachgütern oder die Inanspruchnahme menschlicher Arbeitskraft oder anderer Dienste Ausgaben verursacht, die Quoten des in einer Unternehmung investierten Kapitals sind. Dieses Kapital bleibt während der gesamtbetrieblichen Prozedur in den Sachgütern, Arbeits- und Dienstleistungen gebunden, deren das Unternehmen zur Erstellung seiner Leistungen bedarf. Erst wenn diese Leistungen als Sachgüter oder Dienste aus dem Unternehmen ausscheiden, gewinnt das Unternehmen in Form von Entgelten, die es für seine Leistungen empfängt, die Verfügbarkeit über das investierte Kapital zurück. In ständiger Abfolge werden Kapitalbeträge gebunden und wieder freigesetzt, ausgelöst durch Beschaffungs- und Veräußerungsakte, die den Beginn und die Beendigung der Prozesse bedeuten. Mithin stellt sich die Güterbeschaffung, Herstellung und Veräußerung als ein

Fluß von Kapitalteilen durch die Unternehmung dar. Das betriebliche Geschehen läßt sich deshalb einmal als Sachvorgang, zum anderen als Kapitalvorgang auffassen. Im Rahmen einer Analyse der finanziellen Sphäre der Unternehmen, wie sie hier beabsichtigt ist, interessiert es wesentlich als Kapitalvorgang.

Die enge Beziehung, die zwischen dem finanziellen Bereich der Unternehmen und den güterwirtschaftlichen Vorgängen der Güterbeschaffung, -herstellung und -veräußerung besteht, kommt darin zum Ausdruck, daß jeder güterwirtschaftliche Vorgang zugleich einen Akt der Kapitaldisposition darstellt. Aus diesem Grunde können die Vorgänge in den güterwirtschaftlichen Bereichen des gesamtbetrieblichen Prozesses die finanzielle Sphäre der Unternehmen nicht unbeeinflußt lassen. Aber die finanzielle Sphäre besitzt doch auch wiederum eine gewisse Eigenständigkeit insofern, als die Reaktionen, die sich in ihr als Folge von Änderungen in den drei güterwirtschaftlichen Bereichen vollziehen, nicht lediglich Reflexe dieser Änderungen sind. Sie werden vielmehr durch die besonderen Umstände mitbestimmt, die die finanzielle Sphäre zu den Zeitpunkten aufweist, in denen die güterwirtschaftlichen Datenänderungen eintreten. Auf der anderen Seite können im finanziellen Bereich der Unternehmen selbst gründende Vorgänge Aktivität auslösen, die nicht nur zu Änderungen im finanziellen Bereich, sondern auch zu Maßnahmen führt, die in den Beschaffungs-, Leistungserstellungs- und Veräußerungsbereich übergreifen. Das Gesamtsystem der finanziellen Prozeduren in einem Unternehmen wird also einmal durch Datenänderungen interner und externer Art in den güterwirtschaftlichen Bereichen des betrieblichen Geschehens und zum anderen durch Datenänderungen ebenfalls interner wie externer Art im finanziellen Bereich der Unternehmen selbst bestimmt. Die kaum zu übersehende Vielzahl finanzieller Situationen ist also nicht einseitig das Ergebnis von Vorgängen im finanziellen Bereich als solchem, sondern das Ergebnis wechselseitiger Beziehungen zwischen den drei güterwirtschaftlichen Bereichen auf der einen und dem finanziellen Bereich der Unternehmen auf der anderen Seite. Damit sind die Prozesse, die sich im finanziellen Bereich abspielen, in den gesamtbetrieblichen Zusammenhang gerückt, aus dem sie grundsätzlich nicht herauszulösen sind[1].

2. Der Gegenstand der Untersuchung.

Die Kapitalbedarfe sind mannigfaltiger Art. Sie unterliegen unterschiedlichen Verursachungen und schwanken im Zeitablauf. Die erste

[1] Über Funktion und Struktur der finanziellen Sphäre der Unternehmen vgl. GUTENBERG, E., Die Unternehmung als Gegenstand betriebswirtschaftlicher Theorie, Berlin 1929, S. 54ff.

Frage, die es zu beantworten gilt und der die Untersuchungen im ersten Teil dieses Buches gewidmet sind, lautet deshalb: Welches sind die Haupteinflußgrößen des Kapitalbedarfs und in welcher Weise beeinflussen sie die Höhe und zeitliche Verteilung dieses Bedarfes? Es gilt also, die Hauptdeterminanten des Kapitalbedarfs zu bestimmen und zu analysieren. Wie im ersten Band der „Grundlagen" nach den Hauptdeterminanten des Produktionskostenniveaus und im zweiten Band nach den Hauptdeterminanten des Absatzvolumens gefragt wird, so richtet sich die Frage nunmehr auf die Hauptdeterminanten des Kapitalbedarfs. Aus methodischen Gründen erweist es sich dabei als notwendig, für die dieser Frage gewidmeten Untersuchungen die Annahme zu machen, daß die Unternehmen in der Lage sind, jeden Kapitalbedarf zu einem bestimmten Zinssatz zu decken. In der Sprache der Theorie ausgedrückt, werden also vollkommene Kapitalmärkte unterstellt. Diese Annahme macht es möglich, zunächst alle Fragen der Kapitalbeschaffung und den gesamten Tatbestand der Abstimmung zwischen dem Kapitalbedarf und seiner Deckung auszuschalten.

Nun müssen aber die Unternehmen in der modernen Wirtschaft über einen hinreichenden Betrag an Kapital verfügen, wenn sie ihre Aufgaben erfüllen wollen. Dieser Kapitalfonds muß beschafft und aufgebaut werden. In der Regel verfügen die Unternehmen über mehrere Möglichkeiten, sich mit dem für ihre Zwecke erforderlichen Kapital zu versorgen. Sie stehen damit vor der Wahl, sich für die eine oder andere Kapitalquelle zu entscheiden. Von dieser Entscheidung hängt zugleich die finanzielle Struktur ab, mit der die Unternehmen ihre betrieblichen Aufgaben erfüllen. Das Kapitalbeschaffungsproblem ist also zugleich ein Strukturierungsproblem des Kapitalfonds. Mit diesen beiden Problemen beschäftigt sich der zweite Teil dieses Buches. Um die Untersuchung von Einflüssen freizuhalten, die den Gang der Analyse stören würden, wird die Annahme gemacht, daß irgendwie die Kapitalbedarfe gegeben seien. Durch diese Annahme wird sowohl das Problem der Entstehung und Verursachung der Kapitalbedarfe als auch das Problem der Abstimmung zwischen den Kapitalbedarfen und den Deckungsmöglichkeiten ausgeklammert. Die Untersuchung kann sich allein auf die Frage nach der Beschaffung und Strukturierung des Kapitalfonds konzentrieren.

Sind aber Kapitalbedarfe und Kapitaldeckungsmöglichkeiten analysiert, dann entsteht eine neue Fragestellung. Die leitenden Organe der Unternehmen sehen sich vor die Aufgabe gestellt, den Kapitalbedarf und den Kapitalfonds aufeinander abzustimmen. Denn die Kunst der finanziellen Führung von Unternehmen besteht gerade darin, das gegenwärtige und das erwartete oder geplante Geschäftsvolumen mit den Finanzierungsmöglichkeiten des Unternehmens in einem ausgewogenen Verhältnis zu halten. Das Thema konzentriert sich auf die Frage, wie sich aus der Vielzahl der grundsätzlich in Frage kommenden Kapitaldeckungsmöglichkeiten diejenigen aussondern lassen, die bestimmten Kriterien genügen, in diesem Sinne also zulässig sind, zum Beispiel das finanzielle Gleichgewicht des Unternehmens nicht zerstören. Diese Frage führt zu der weiteren Überlegung, welche Möglichkeiten güterwirtschaftlicher und finanzwirtschaftlicher Art sich anbieten, um die Abstimmung zwischen Kapitalbedarf und Kapitalfonds zu vollziehen. Auch wird zu prüfen sein, ob sich unter den als zulässig erkannten Abstimmungsalternativen nicht einige herausfinden lassen, die bestimmte Optimierungsbedingungen erfüllen. Mit der Abstimmung zwischen Kapitalbedarf und Kapitalfonds beschäftigt sich der dritte Teil dieses Buches.

Somit bilden der Kapitalbedarf, der Kapitalfonds und die Abstimmung zwischen Kapitalbedarf und Kapitalfonds den Gegenstand und damit den Inhalt dieses dritten Bandes der Grundlagen der Betriebswirtschaftslehre.

Erster Teil

Der Kapitalbedarf

Erstes Kapitel

Elemente der Prozeßanalyse

1. Der Kapitalbedarf in Abhängigkeit von der Zeit.

In der finanziellen Sphäre der Unternehmen vollziehen sich Prozesse der Kapitalbindung und der Kapitalfreisetzung in ständiger Abfolge. Diese Prozesse werden durch Beschaffungs- und Veräußerungsakte ausgelöst. Unter Beschaffungsakten wird der Erwerb von Sachgütern und die Inanspruchnahme von Arbeits- und Dienstleistungen gegen Entgelt, unter Veräußerungsakten der Verkauf von Sachgütern oder die Bereitstellung von Arbeits- und Dienstleistungen gegen Entgelt verstanden. Die durch einen Beschaffungsakt ausgelöste Zahlung markiert den Beginn, die Bezahlung der vom Unternehmen veräußerten Erzeugnisse oder geleisteten Arbeiten und Dienste das Ende der Bindung von Kapital in den Sachgütern, Arbeits- und Dienstleistungen, die den Gegenstand eines Unternehmens bilden.

Die Bezahlung der erworbenen Sachgüter und der benötigten Arbeits- und Dienstleistungen kann zeitlich mit dem Beschaffungsakt zusammenfallen, aber auch vor oder nach ihm liegen. Unter dem Zeitpunkt der Beschaffung soll hier der Zeitpunkt verstanden werden, in dem die Unternehmung die Verfügung über das Sachgut, die Arbeitsleistung oder die Dienstleistung erhält. Bei Sachgütern soll dieser Zeitpunkt der Eingang auf die Warenläger sein; bei Arbeits- und Dienstleistungen die Inanspruchnahme durch den Betrieb. Fallen Beschaffungs- und Zahlungszeitpunkte nicht zusammen, dann enthält der Beschaffungsakt Kreditvorgänge. Liegt der Zahlungstermin vor dem Beschaffungszeitpunkt, dann leistet das Unternehmen eine Vorauszahlung (Anzahlung). Es gewährt dem Lieferanten einen Kredit. Liegt der Zahlungstermin zeitlich hinter dem Beschaffungstermin, dann nimmt das Unternehmen einen Kredit in Anspruch. In gleicher Weise kann der Veräußerungsakt Kreditvorgänge enthalten, wenn Veräußerungs- und Zahlungszeitpunkt auseinanderfallen. Leistet der Abnehmer der Waren eines Unternehmens oder derjenige, der die Dienste des Unternehmens in Anspruch nimmt, eine Vorauszahlung (Anzahlung), dann gewährt der Kunde dem Unternehmen einen Kredit. Vollzieht sich die Bezahlung nach erfolgter Lieferung oder Leistung, dann gewährt das liefernde oder leistende Unternehmen seinen Kunden einen Kredit. In diesem Fall entsteht eine Forderung aufgrund einer Warenlieferung oder Leistung.

Beginn und Ende der Bindung von Kapital in Sachgütern, Arbeits- und Dienstleistungen und in Forderungen aufgrund von Warenlieferungen oder Leistungen werden also durch Auszahlungen (Zahlungsausgänge) und Einzahlungen (Zahlungseingänge) bestimmt. Auszahlungen liegen vor, wenn ein Unternehmen die von anderen gegen Entgelt erworbenen Sachgüter oder die in Anspruch genommenen Arbeits- und Dienstleistungen anderer in bar bezahlt oder eine aus diesen Vorgängen stammende Verpflichtung begleicht. Einzahlungen kennzeichnen sich dadurch, daß die Lieferungen oder Leistungen des Unternehmens, die andere beziehen oder in Anspruch nehmen, in bar bezahlt oder aus diesen Vorgängen stammende Forderungen beglichen werden, der Forderungsbetrag also endgültig vereinnahmt wird.

Wenn alle Auszahlungs- und Einzahlungsbeträge gleich groß sind und auf die gleichen Zeitpunkte fallen, gibt es keinen Kapitalbedarf. Die Umsatzgeschwindigkeit würde in diesem Falle unendlich groß sein. Nur wenn die Abfolge der Aus- und Einzahlungen zeitlich gegeneinander verschoben ist, entsteht ein Kapitalbedarf. Würde der Faktor Zeit aus der Analyse der Prozesse ausgeschlossen, die sich im finanziellen Bereich der Unternehmen abspielen, wird also unendlich große Umsatzgeschwindigkeit angenommen, dann würde die betriebswirtschaftliche Theorie des finanziellen Bereichs der Unternehmen eines wesentlichen Teiles ihrer Thematik und damit ihrer Problematik beraubt. Im Gegensatz hierzu würde zum Beispiel der Produktions- und Kostentheorie wenig an betriebswirtschaftlich relevanter Problematik genommen werden, wenn der Faktor Zeit ausgeschaltet würde. Insofern unterscheidet sich die Theorie des finanziellen Bereichs von der Produktions- und Kostentheorie. Da die Entstehung und Deckung des Kapitalbedarfs den Gegenstand der Untersuchungen bildet, über die in diesem Buche berichtet wird, werden die Vorgänge im finanziellen Bereich der Unternehmen grundsätzlich als sich in der Zeit vollziehend vorgestellt. Das besondere Interesse gilt dabei den Extremwerten des Kapitalbedarfs und ihren Veränderungen im Zeitablauf. Wenn es die besondere Natur des Untersuchungsgegenstandes erforderlich macht, wird mit Durchschnittsgrößen gearbeitet[1].

[1] Über die Bedeutung des Faktors Zeit für die Probleme des finanziellen Bereichs der Unternehmen vgl. GUTENBERG, E., Die Unternehmung als Gegenstand betriebswirtschaftlicher Theorie, Berlin 1929. „Solange sich die Geldbewegung in

2. Zeitliche Ordnungen im güterwirtschaftlichen und finanziellen Bereich der Unternehmung.

Wenn die Zeitpunkte der von einem Unternehmen geleisteten Zahlungen (Auszahlungen) mit den güterwirtschaftlichen Zeitpunkten der Beschaffung von Sachgütern, Arbeits- und Dienstleistungen nicht übereinstimmen, und wenn die Zeitpunkte der an das Unternehmen geleisteten Zahlungen (Einzahlungen) mit den Zeitpunkten der Veräußerung der Sachgüter oder der Verwertung der Dienste nicht zusammenfallen, dann vollzieht sich die Bewegung der Sachgüter, Arbeits- und Dienstleistungen durch den Betrieb in einer anderen zeitlichen Ordnung als die Bewegung der Kapitalteile, die in ihnen gebunden sind. Diese beiden Zeitordnungen, die des güterwirtschaftlichen Leistungsvollzuges und die der finanziellen Vorgänge, sind für die Beschreibung und Analyse der finanziellen Prozesse im Unternehmen deshalb bedeutsam, weil die Vorgänge im finanziellen Bereich der Unternehmen nicht ohne die Vorgänge im güterwirtschaftlichen Bereich verständlich zu machen sind. Aus diesem Grunde wäre es eine unzulässige Einengung des Untersuchungsgegenstandes, wenn der güterwirtschaftliche Bereich aus den Untersuchungen über die Vorgänge in der finanziellen Sphäre der Unternehmen ausgeklammert würde.

Der betriebliche Leistungsvollzug, wie er in den drei großen betrieblichen Teilbereichen der Beschaffung, Leistungserstellung und Leistungsverwertung vor sich geht, ist bereits früher eingehend untersucht worden: er bildet deshalb auch nicht den Gegenstand der Untersuchungen, die hier angestellt werden[2]. Die Vorgänge der Beschaffung von Sachgütern, Arbeits- und Dienstleistungen, die Kombination dieser Güter im Prozeß der betrieblichen Leistungserstellung zu Sach- oder Dienstleistungen und die marktliche Verwertung dieser Leistungen interessieren hier nur insoweit, als diese güterwirtschaftlichen Vorgänge einer zeitlichen Ordnung folgen, die von der zeitlichen Ordnung der finanziellen Vorgänge abweicht.

Ein Teil der zur betrieblichen Leistungserstellung benötigten Produktionsfaktoren — Sachgüter, Arbeits- und Dienstleistungen — wird unmittelbar seiner produktiven Verwendung zugeführt. Er durchläuft keine Eingangsläger. Ein anderer Teil der Produktionsfaktoren wird auf

der Unternehmung an den Güterumsatz lediglich anschmiegt und anpaßt, bleibt die finanzielle Sphäre der Unternehmung ohne akzentuierte Problematik. Erst wenn sich Güter- und Geldbewegungen zeitlich verschieben, tritt die finanzielle Sphäre als eigenes Gebiet und Objekt der Betriebswirtschaftslehre in Erscheinung." a.a.O., S. 56ff., vgl. hierzu auch a.a.O., S. 36ff.

[2] Vgl. hierzu den ersten Band: Die Produktion, 1. Auflage 1951, 14. Auflage 1968 und den zweiten Band: Der Absatz, 1. Auflage 1955, 10. Auflage 1967, der „Grundlagen der Betriebswirtschaftslehre".

Lager genommen, bevor er eine produktive Verwendung findet. Unter Benutzung der bei der Erörterung von Produktionsfunktionen eingeführten Symbole sollen die Faktoreinsatzmengen, die für die Leistungserstellung des Unternehmens erforderlich sind, mit dem Symbol r_i $(i = 1, \ldots, m)$ bezeichnet werden[1]. Diejenigen Mengen der Produktionsfaktoren, die erst zu lagern sind, bevor sie im Produktionsprozeß verbraucht werden, mögen durch das Symbol $\hat{r}_i$ gekennzeichnet sein. Verlassen sie die Läger, um ihrer produktiven Verwendung zugeführt zu werden, dann gilt für sie wieder das Symbol r_i. Dieser Prozeß wird zunächst als sich in einstufigen Unternehmen vollziehend gedacht. In diesem Fall entstehen keine Zwischenläger.

Wird ein Mehrproduktunternehmen unterstellt, das verschiedenartige Erzeugnisse herstellt oder Dienste anbietet, dann sind wiederum zwei Fälle zu unterscheiden. Entweder handelt es sich um Erzeugnisse, die unmittelbar nach ihrem Erwerb oder ihrer Fertigstellung veräußert werden, oder es geht um Erzeugnisse, die Ausgangsläger durchlaufen, bevor sie verkauft werden. Unter Verwendung der Symbole, die im Zusammenhang mit an anderer Stelle vorgenommenen Untersuchungen benutzt werden[1], sollen die marktlich verwerteten Sachgüter oder Dienstleistungen mit dem Symbol x bezeichnet werden. In diesem Falle bezeichnet x_j $(j = 1, \ldots, n)$ die Menge des j-ten Dienstes, den ein Unternehmen anbietet oder der j-ten Erzeugnisart, die es verkauft, die Menge der Leistungseinheiten also, die den Bereich des Unternehmens verläßt. Diejenige Erzeugnismenge der j-ten Leistungs- oder Produktart, die nach ihrer Herstellung auf Lager genommen wird, sei mit $\hat{x}_j$ bezeichnet.

Sowohl auf der Beschaffungs- wie auf der Absatzseite sind also die beiden Fälle zu unterscheiden, daß Produktionsfaktoren vor ihrer Verwendung im Kombinationsprozeß bzw. die Erzeugnisse vor ihrer Verwertung auf den Absatzmärkten gelagert oder unmittelbar im Anschluß an ihren Erwerb verbraucht bzw. im Anschluß an ihre Herstellung veräußert werden. Sollen Werkstoffe sofort im Produktionsprozeß verwandt, also nicht auf Lager genommen werden, oder sollen bestimmte Erzeugnisarten veräußert werden, ohne Fertigfabrikateläger zu passieren, dann sind die Lagerzugangsmengen $\hat{r}_i$ oder $\hat{x}_j$ gleich Null zu setzen.

Die Variablen des Betriebsprozesses lassen sich, soweit sie nur die angegebenen güterwirtschaftlichen Größen enthalten, zu einem Zeilenvektor $\boldsymbol{p}_w$ zusammenfassen:

$$\boldsymbol{p}_w = (r_1, \ldots, r_m; \hat{r}_1, \ldots, \hat{r}_m; x_1, \ldots, x_n; \hat{x}_1, \ldots, \hat{x}_n)$$

oder

$$\boldsymbol{p}_w = (\boldsymbol{r}, \hat{\boldsymbol{r}}, \boldsymbol{x}, \hat{\boldsymbol{x}})$$

mit

$$\boldsymbol{r} = (r_1, \ldots, r_m) \qquad \boldsymbol{x} = (x_1, \ldots, x_n)$$
$$\hat{\boldsymbol{r}} = (\hat{r}_1, \ldots, \hat{r}_m) \qquad \hat{\boldsymbol{x}} = (\hat{x}_1, \ldots, \hat{x}_n).$$

[1] Vgl. hierzu die im siebten Kapitel des ersten und im vierten Kapitel des zweiten Bandes dieser Grundlagen gewählten Symbole.

Diese Darstellung des güterwirtschaftlichen Prozesses enthält noch keinerlei Zeitindizes, entbehrt also einer zeitlichen Ordnung. Jeder güterwirtschaftlichen Größe ist demnach ein Zeitindex zuzuordnen, der angibt, wann sich der Vorgang vollzieht, dem er zugehört.

Um den zeitlichen Ablauf dieser Vorgänge zu beschreiben, sind einmal Zeitindizes erforderlich, die mit der Beschaffung der Produktionsfaktoren in Verbindung stehen, und zum anderen Indizes, die darüber unterrichten, wann die Güter marktlich verwertet oder auf Lager genommen werden. In der zuerst genannten Gruppe lassen sich zwei Arten von Zeitindizes unterscheiden, erstens die Indizes, die denjenigen Sachgütern, Arbeits- und Dienstleistungen zugehören, die beschafft werden, um direkt im Produktionsprozeß Verwendung zu finden, zum zweiten die Zeitindizes, die solchen Gütern zugeordnet sind, die beschafft und zunächst gelagert werden. Sie sagen darüber aus, wann diese Güter den Eingangslägern zugeführt werden.

Im Bereich der marktlichen Verwertung von Erzeugnissen oder Diensten, die ein Unternehmen anbietet, erhält man ebenfalls zwei Arten von Indizes, erstens diejenigen Indizes, die den Zeitpunkt angeben, zu dem die Güter verkauft werden, sei es nach vorheriger Lagerung, oder ohne Fertigfabrikateläger berührt zu haben, zweitens solche Zeitindizes, die anzeigen, wann Erzeugnisse des Unternehmens den Fertigfabrikatelägern (Ausgangslägern) zugeführt werden.

Durch die vier Gruppen von Zeitindizes werden in der zu betrachtenden Planungsperiode zahlreiche Zeitpunkte fixiert, an denen sich jeweils im Beschaffungs- oder Absatzbereich, unter Umständen sowohl im Beschaffungs- als auch im Absatzbereich gleichzeitig, irgendein Umsatz vollzieht. Durch sämtliche Zeitpunkte wird die Planungsperiode in Teilperioden aufgeteilt, deren Anfangs- und Endpunkte durch mindestens einen der erwähnten Zeitindizes bestimmt sind. Die Anzahl dieser Teilperioden betrage T'', so daß allen Variablen ein zweiter Index t ($t = 1, \ldots, \tau, \ldots, T''$) zugeordnet werden kann. Für die Teilperiode τ gilt damit:

$$\begin{aligned} \boldsymbol{p}_{w\tau} &= (r_{1\tau}, \ldots, r_{m\tau}; \hat{r}_{1\tau}, \ldots, \hat{r}_{m\tau}; x_{1\tau}, \ldots, x_{n\tau}; \hat{x}_{1\tau}, \ldots, \hat{x}_{n\tau}) \\ &= (\boldsymbol{r}_\tau, \hat{\boldsymbol{r}}_\tau, \boldsymbol{x}_\tau, \hat{\boldsymbol{x}}_\tau). \end{aligned}$$

Für jede Teilperiode steht eine Variable zur Verfügung, die dann, wenn kein Umsatz eintritt, Null ist.

Zusammenfassend läßt sich nunmehr der Betriebsprozeß durch folgende Matrix charakterisieren:

$$\boldsymbol{P}_w = \begin{pmatrix} \boldsymbol{r}_1 & \hat{\boldsymbol{r}}_1 & \boldsymbol{x}_1 & \hat{\boldsymbol{x}}_1 \\ \vdots & \vdots & \vdots & \vdots \\ \boldsymbol{r}_\tau & \hat{\boldsymbol{r}}_\tau & \boldsymbol{x}_\tau & \hat{\boldsymbol{x}}_\tau \\ \vdots & \vdots & \vdots & \vdots \\ \boldsymbol{r}_{T''} & \hat{\boldsymbol{r}}_{T''} & \boldsymbol{x}_{T''} & \hat{\boldsymbol{x}}_{T''} \end{pmatrix}$$

Die Zeilenzahl dieser Matrix stimmt mit der Anzahl der Teilperioden überein.

Geht man nicht von einstufiger, sondern von mehrstufiger Produktion aus, nimmt man also eine Produktionsstruktur an, in der die Erzeugnisse des Unternehmens nicht auf einer einzigen — wie groß auch immer dimensionierten — technischen Anlage gefertigt werden, sondern auf mehreren Aggregaten, die unterschiedliche Arbeitsoperationen nacheinander an den Erzeugnissen ausführen, dann müssen in den Produktionsprozeß Halbfabrikateläger eingeplant werden; denn nur in Ausnahmefällen wird es möglich sein, die produktionstechnischen Anlagen so auszunutzen und die Durchlaufgeschwindigkeit des Materials so zu regeln, daß keine Zwischenläger entstehen. Müssen aber halb- und fertigbearbeitete Teile auf Zwischenläger genommen werden, bevor sie weiterverwendet werden, dann muß die Zahl der Zeitindizes, die die zeitliche Ordnung des gesamtbetrieblichen Vollzuges markieren, um die Indizes vermehrt werden, die die Zeitpunkte angeben, in denen die noch nicht fertig bearbeiteten Erzeugnisse auf Zwischenlager genommen werden und in denen sie sie wieder verlassen. Da sich mit steigender Zahl der Fertigungsstufen die Tendenz verstärkt, Zwischenläger einzurichten, wird sich die Zahl der Zeitindizes mit der Zahl der Produktionsstufen erhöhen.

Durch die Einführung der Zeitindizes für Zwischenlagerungen erfährt die oben dargestellte Matrix $\boldsymbol{P}_w$ keine wesentlichen Änderungen. Aus diesem Grunde wird darauf verzichtet, die Zeitindizes für Zwischenlagerungen in dem angegebenen Ausdruck zu berücksichtigen.

Dem güterwirtschaftlichen System des betrieblichen Leistungsvollzuges steht dasjenige System gegenüber, welches die an den betrieblichen Umsatzprozeß gekoppelten finanziellen Größen enthält. Diese Größen sind entweder Auszahlungen für die Beschaffung der m verschiedenen Produktionsfaktoren (Sachgüter, Arbeits- und Dienstleistungen) oder Einzahlungen, die den Gegenwert für die verkauften Erzeugnisse oder geleisteten Dienste bilden. Bezeichnet man die Zahlungen, die ein Unternehmen leistet (Auszahlungen), mit dem Vektor $\boldsymbol{a} = (a_1, \ldots, a_k)$ und die Zahlungen, die das Unternehmen für seine Leistungen empfängt (Einzahlungen), mit dem Vektor $\boldsymbol{e} = (e_1, \ldots, e_l)$, dann läßt sich der Betriebsprozeß, soweit er durch finanzielle Größen gekennzeichnet ist, schreiben:

$$\boldsymbol{p}_f = (\boldsymbol{a}, \boldsymbol{e}).$$

Auch diese Darstellung der finanziellen Vorgänge enthält noch keine Zeitindizes. Da sich diese Vorgänge ebenfalls im Zeitablauf vollziehen, lassen sich den Zahlungen, die das Unternehmen leistet, also den Auszahlungen, Indizes zuordnen, die angeben, wann von dem Unternehmen der Gegenwert für die gekauften Sachgüter oder die in Anspruch genommenen Dienste geleistet wird, also die Auszahlungen für die Beschaffung der m Produktionsfaktoren vorgenommen werden; zum anderen gibt es Indizes, die darüber Auskunft geben, wann die Gegenwerte für die von dem Unternehmen verkauften Gegenstände oder geleisteten Dienste eingehen.

Die Zeitpunkte, an denen sich im Unternehmen finanzielle Vorgänge vollziehen, führen möglicherweise zu neuen Teilperioden, und zwar ist dann eine neue Teilperiode einzuführen bzw. die Anzahl T'' der Teilperioden auf T' zu erhöhen, wenn sich Zahlungsvorgänge an Zeitpunkten vollziehen, an denen keine güterwirtschaftlichen Umsätze vorgenommen werden. In diesem Fall wird die Zerlegung der Planungsperiode in Teilperioden verfeinert. Als Zeitindex bleibt der Buchstabe t erhalten. Werden die Vektoren für die Ein- und Auszahlungen mit dem Zeitindex verbunden, dann läßt sich der finanzielle Bereich des Unternehmens durch die folgende Matrix $\boldsymbol{P}_f$ beschreiben:

$$\boldsymbol{P}_f = \begin{pmatrix} \boldsymbol{a}_1 & \boldsymbol{e}_1 \\ \vdots & \vdots \\ \boldsymbol{a}_\tau & \boldsymbol{e}_\tau \\ \vdots & \vdots \\ \boldsymbol{a}_{T'} & \boldsymbol{e}_{T'} \end{pmatrix}.$$

Für die Teilperiode τ gilt im einzelnen

$$\boldsymbol{p}_{f\tau} = (a_{1\tau}, \ldots, a_{k\tau}; e_{1\tau}, \ldots, e_{l\tau}).$$

Die beiden zeitlichen Ordnungen des güterwirtschaftlichen Prozeßbereichs ($\boldsymbol{P}_w$) und des finanziellen Prozeßbereichs ($\boldsymbol{P}_f$) werden später durch die zeitliche Ordnung eines dritten, ebenfalls finanziellen Prozeßbereichs, des Kapitalfonds ($\boldsymbol{P}_\tau$), ergänzt.

Die zeitliche Abfolge des betrieblichen Leistungsvollzuges wird durch die Grundsätze rationeller Betriebsgestaltung im Beschaffungs-, Leistungserstellungs- und Leistungsverwertungsbereich bestimmt. Diese Grundsätze sind darauf gerichtet, die Anlieferungstermine für das Material, den Beginn und das Ende der manuellen und maschinellen Arbeitsoperationen und der Dienstleistungen, den Abschluß der Entwicklungsarbeiten, die Lagerdauer der Erzeugnisse und den Verlauf des Absatzprozesses zeitlich möglichst günstig zu gestalten. Damit soll der betrieblichen Prozedur in allen ihren Sachbereichen ein Höchstmaß an Reibungslosigkeit und Wirtschaftlichkeit verliehen werden.

Gegen dieses Zeitsystem hebt sich das Zeitsystem der finanziellen Sphäre deutlich ab. Es besteht, wie gezeigt wurde, aus einem Strom von Auszahlungen und Einzahlungen, die zugleich den Beginn und das Ende von Kapitalbindungen bedeuten. Zwischen den zeitlichen Ordnungen der Kapitalbewegungen durch das Unternehmen und der Bewegung der Sachgüter, Arbeits- und Dienstleistungen durch den Betrieb bestehen mannigfaltige Verbindungen. Aber das zeitliche System des finanziellen Vollzuges ist nicht das Spiegelbild der zeitlichen Ordnung, die die Bewegung der Sachgüter, Arbeits- und Dienstleistungen durch den Betrieb bestimmt, und von einer Koinzidenz der güterwirtschaftlichen und der finanziellen Zeitordnungen kann unter keinen Umständen die Rede sein. Das Gegenteil ist der Fall. Die zeitliche Abfolge der Beschaffungs-, Produktions- und Arbeitsvorgänge ist von der zeitlichen Abfolge der Auszahlungen und Einzahlungen, die den Leistungsvorgängen zugehören, in hohem Maße unabhängig. Diese Tatsache geht bereits daraus hervor, daß der zeitlich genau determinierte Ablauf eines bestimmten Leistungsprozesses mit einer Vielzahl von finanziellen Zeitordnungen verbunden sein kann. Er setzt nicht eine ganz bestimmte Abfolge von Aus- und Einzahlungen voraus, läßt vielmehr eine gewisse Freiheit, die Ein- und Auszahlungen durch vertragliche Abmachungen zeitlich so zu regeln, wie es unter finanziellem Aspekt günstig erscheint. Die Emanzipation der finanziellen Zeitordnung von der zeitlichen Ordnung des betrieblichen Leistungsvollzuges ermöglicht es also, finanzielle Chancen auszunutzen, wie sie andererseits auch Gefahren in sich birgt, die die Existenz des Unternehmens bedrohen. Die relative Selbständigkeit der einen Zeitordnung gegenüber der anderen ist ein konstitutives Merkmal unternehmerischer Betätigung und innerhalb der Grenzen dieser Selbständigkeit richtig zu operieren, ein Kennzeichen unternehmerischer Kunst. Die zeitliche Diskrepanz zwischen einem Sachvorgang und dem ihm zugehörenden finanziellen Vorgang zu minimieren, ist keine sinnvolle betriebswirtschaftliche Aufgabe. Sinnvoll kann nur sein, die beiden Zeitsysteme im Interesse der Unternehmensziele gerade so weit gegeneinander konvergieren zu lassen, bis der Punkt erreicht ist, in dem sie optimal aufeinander abgestimmt sind. Diese Aufgabe läßt sich mit finanztechnischen Mitteln allein nicht lösen. Zu ihrer Bewältigung bedarf es eines operativen Spielraumes, der auch die Einflußnahme auf die güterwirtschaftlichen Vorgänge mit umfaßt.

3. Die Hauptdeterminanten des Kapitalbedarfs.

Nach der begrifflichen Bestimmung des Kapitalbedarfs und der Analyse der beiden Zeitordnungen, in denen sich die güterwirtschaftlichen und die mit ihnen gekoppelten finanziellen Vorgänge vollziehen, stellt sich nunmehr die Frage, welcher Art diejenigen Größen sind, die die Höhe des Kapitalbedarfs und seine Entwicklung im Zeitablauf bestimmen.

Ein Blick auf das betriebliche Geschehen zeigt bereits eine solche Fülle von Einflußfaktoren, denen der Kapitalbedarf der Unternehmen ausgesetzt ist, daß es notwendig wird, die Vielzahl der möglichen Einflußgrößen auf einige Hauptdeterminanten zu reduzieren. Sie müssen so gewählt sein, daß sie der Bedeutung entsprechen, die sie im praktischen betrieblichen Geschehen tatsächlich besitzen, und daß sie erlauben, gewisse Systematisierungen vorzunehmen.

a. Der Ablauf des betrieblichen Geschehens in den güterwirtschaftlichen Bereichen eines ein- oder mehrstufigen Unternehmens vollzieht sich in einer Vielzahl von Prozessen, die zeitlich unterschiedlich angeordnet sein können. Entweder beginnen sie zum gleichen Zeitpunkt, um nach ihrer Vornahme zu einem für alle gleichen Zeitpunkt beendet zu sein und von neuem in ständiger Wiederkehr begonnen zu werden, oder sie beginnen und enden zeitlich gestaffelt. Die Prozesse folgen dann in einem bestimmten, zeitlich gegeneinander verschobenen Abstand aufeinander. Im ersten Fall soll von gleichzeitiger, im zweiten Fall von zeitlich gestaffelter Prozeßanordnung die Rede sein. Die beiden Arten der Prozeßanordnung beeinflussen die Höhe und zeitliche Verteilung des Kapitalbedarfs in unterschiedlicher Weise. Aus diesem Grund gilt hier die Prozeßanordnung als eine Hauptdeterminante des Kapitalbedarfs.

b. Die betrieblichen Vorgänge verlaufen in Zeitordnungen, die sich ändern können. Beschleunigt oder verlangsamt sich der Prozeß, dann bleiben die Änderungen der Geschwindigkeit nicht ohne Einfluß auf die Höhe und zeitliche Verteilung des Kapitalbedarfs. Aus diesem Grunde bildet die Prozeßgeschwindigkeit, verstanden als Prozeßzeit oder Zeitbedarf je Prozeß, eine zweite Hauptdeterminante des Kapitalbedarfs. Änderungen der Prozeßgeschwindigkeit lassen sich auf innerbetriebliche, aber auch auf außerbetriebliche Ursachen zurückführen. Die Art, wie Änderungen der Prozeßgeschwindigkeit die Höhe des Kapitalbedarfs beeinflussen, ist von den auslösenden Ursachen weitgehend unabhängig. Wichtiger ist deshalb die Frage, welche Teilprozesse jeweils im güter- und finanzwirtschaftlichen Bereich der Unternehmung von der Änderung des Zeitbedarfs der Prozesse betroffen werden, und ob die Datenänderung parallele, entgegengesetzte oder mit unterschiedlicher Beschleunigung oder Verzögerung verlaufende Geschwindigkeitsänderungen der Betriebsprozesse zur Folge hat.

c. Ein Unternehmen mit gegebener Kapazität kann unterschiedlich stark beschäftigt sein. In diesem Falle variiert das Geschäftsvolumen des Unternehmens bei unverändert bleibender Betriebsgröße. Da zwischen der Beschäftigungslage der Unternehmen und der Höhe ihres Kapitalbedarfs Beziehungen bestehen, bildet die Beschäftigung der Unternehmen und ihre Variation eine dritte Hauptdeterminante des Kapitalbedarfs. Bisher sind Änderungen des Beschäftigungsgrades vornehmlich im Rahmen produktions- und kostentheoretischer Überlegungen untersucht worden. Es kann jedoch kein Zweifel daran bestehen, daß auch die finanzielle Sphäre der Unternehmen von Änderungen der Beschäftigungslage beeinflußt wird, allerdings in völlig anderer Weise als im Produktions- und Kostenbereich der Unternehmen. Führen aber Änderungen des Beschäftigungsgrades im finanziellen Bereich der Unternehmen zu anderen Konsequenzen als im Kostenbereich, dann muß die Beschäftigung des Unternehmens und ihre Variation als eine besondere Haupteinflußgröße des Kapitalbedarfs von Unternehmen angesehen werden. Dabei ist grundsätzlich davon auszugehen, daß nicht finanziell interpretierte Kosten, sondern Ein- und Auszahlungsreihen die Elemente der Kapitalbedarfsanalyse bilden.

d. Im allgemeinen herrscht Übereinstimmung darüber, daß das Produktions- oder das Verkaufsprogramm eines der hervorragendsten Instrumente bildet, das Wachstum der Unternehmen zu fördern. Änderungen in diesen Programmen setzen jedoch nicht notwendig wachsende Unternehmen voraus. Vielmehr haben sich Änderungen des Produktions- bzw. Verkaufsprogramms ganz allgemein und grundsätzlich als ein Mittel erwiesen, sich im Wettbewerbskampf durchzusetzen. Ob also die Leitung eines Unternehmens eine mehr expansive oder eine mehr hinhaltende Geschäftspolitik betreibt, ob sie bestrebt ist, Maßnahmen gegen ein Schrumpfen des Geschäftsvolumens zu ergreifen oder ob es sich bemüht, neue Märkte zu erschließen, Änderungen im Produktions- und Absatzprogramm sind stets eines der hervorragendsten Mittel, die Existenz der Unternehmen zu sichern oder ihr Wachstum zu beschleunigen.

Es gibt Änderungen von Produktionsprogrammen, die den Kapitalbedarf kaum spürbar beeinflussen, wie andererseits Änderungen von Produktionsprogrammen schlechthin davon abhängig sind, daß finanzielle Mittel in hinreichendem Maße zur Verfügung stehen, um die beabsichtigten Programmvariationen vorzunehmen. Die Größenordnung, in der sich der Kapitalbedarf bewegen kann, wenn er durch Programmänderungen ausgelöst wird, variiert also beträchtlich. Ob nun aber der Kapitalbedarf, den eine Umstellung im Produktions- und Absatzprogramm verursacht, groß oder gering ist, die Programmvariation besitzt für die Sicherung und Entwicklung der Unternehmen eine so große Bedeutung, daß es gerechtfertigt erscheint, das Produktions- und Absatzprogramm als eine vierte Hauptdeterminante des Kapitalbedarfs zu definieren.

e. Der Einfluß, den die vier Hauptdeterminanten auf den Kapitalbedarf der Unternehmen ausüben, gilt grundsätzlich für jede Betriebsgröße. Hat ein Unternehmen ein bestimmtes Kapazitätsniveau erreicht, dann vollziehen sich die finanziellen Vorgänge auf diesem Niveau in dem Rhythmus, der durch die vier Determinanten bestimmt wird. Gibt das Unternehmen die bisherige Kapazität auf und strebt es ein höheres Niveau an oder wird es durch den Gang der Ereignisse auf ein höheres Niveau gebracht, dann löst der Übergang von der einen auf die andere Betriebsgröße Kapitalbedarfe aus, die, solange die Übergangs- und Aufbauzeit dauert, von den finanziellen Zyklen des Kapazitätsniveaus selbst unabhängig sind. In diesem Falle wird die Betriebsgröße über ihre Variation zu einer Determinante des Kapitalbedarfs. Als eine solche läßt sie Fragen entstehen, die im Zusammenhang mit den vier anderen Hauptdeterminanten des Kapitalbedarfs nicht auftreten. Aus diesem Grunde ist die Betriebsgröße als eine Hauptdeterminante des Kapitalbedarfs anzusehen und in das System der Haupteinflußgrößen des Kapitalbedarfs aufzunehmen.

Die Höhe des Kapitalbedarfs wird auch durch Änderungen des Preisniveaus beeinflußt. Preissteigerungen haben eine Erhöhung, Preissenkungen eine Ermäßigung der Aus- und Einzahlungen zur Folge. Da der Einfluß von Änderungen des Preisniveaus auf die Höhe des Kapitalbedarfs hier nicht näher untersucht werden soll, wird grundsätzlich angenommen, daß das Preisniveau konstant ist.

Sieht man von Preisänderungen als Einflußgröße des Kapitalbedarfs ab, dann besteht das System der Hauptdeterminanten des Kapitalbedarfs aus der Prozeßanordnung, der Prozeßgeschwindigkeit, der Beschäftigung des Unternehmens, dem Produktionsprogramm (Verkaufsprogramm) und der Betriebsgröße.

Dieses System liegt der nunmehr vorzunehmenden Untersuchung über den Einfluß dieser fünf Hauptdeterminanten des Kapitalbedarfs auf die Vorgänge im finanziellen Bereich der Unternehmung zugrunde[1].

---

[1] Ein anderes Bezugssystem des Kapitalbedarfs verwendet K. Oettle. Das System besteht in diesem Fall aus dem Gegenstand des Unternehmens, seiner Geschichte, den Zielen, den gegenwärtigen und erwarteten Lebensbedingungen und den richtungweisenden Entscheidungen des Unternehmens. Vgl. Oettle, K., Elemente einer Theorie der Finanzpolitik industrieller Unternehmungen, Stuttgart 1966, insbesondere S. 40ff. Über die Möglichkeiten einer morphologischen Behandlung finanzpolitischer Unternehmungsprobleme vgl. ebenfalls Oettle, K., a.a.O. S. 329ff.

Zweites Kapitel

Der Einfluß der Prozeßanordnung auf den Kapitalbedarf

1. Grundprozesse.

Die Vorgänge, die sich ständig in den güterwirtschaftlichen Bereichen und der mit ihnen verknüpften finanziellen Sphäre vollziehen, lassen sich auf ein bestimmtes Schema des gesamtbetrieblichen Prozeßablaufes zurückführen. Im Fall von Produktionsunternehmen besteht dieses Schema aus den drei güterwirtschaftlichen Teilbereichen der Beschaffung, der Produktion und des Absatzes und aus den beiden finanzwirtschaftlichen Teilbereichen aktiver Kreditgewährung und passiver Kreditinanspruchnahme. In Geschäftszweigen anderer Art, zum Beispiel in Handelsbetrieben, vermindert sich das Fünfphasenschema auf eine geringere Zahl von Teilabschnitten.

Wird das Schema auf ein von dem Unternehmen hergestelltes Sachgut oder auf eine von ihm angebotene Dienstleistung bezogen, dann erhält man für das eine Sachgut oder die eine Dienstleistung eine bestimmte Abfolge von güterwirtschaftlichen und finanziellen Vorgängen, die der Produktion des Sachgutes oder der Erstellung der betrieblichen Leistung dienen. Eine solche Abfolge soll als Grundprozeß bezeichnet werden. Das gesamtbetriebliche Geschehen besteht aus einem System derartiger Grundprozesse.

Ein Grundprozeß setzt sich zusammen:

erstens aus Zahlungsakten in Form von Auszahlungen für die zur Erstellung und Verwertung betrieblicher Sach- oder Dienstleistungen erforderlichen Sachgüter, Arbeitsleistungen und Dienste. Die Zahlungsvorgänge können zeitlich mit der Anlieferung der Sachgüter oder der Inanspruchnahme der Leistungen durch das Unternehmen zusammenfallen. Sie können aber auch vor oder nach diesen Terminen liegen.

zweitens aus Beschaffungsakten, die auf den Erwerb der für die betriebliche Leistungserstellung und -verwertung erforderlichen Sachgüter, Arbeits- und Dienstleistungen gerichtet sind. Die Beschaffungsvorgänge können mit Lagerungsprozessen verbunden sein.

drittens aus Akten, deren Aufgabe darin besteht, menschliche Arbeitsleistungen mit technischer Apparatur zu funktionsfähigen betrieblichen Einheiten zusammenzufassen. Sowohl die menschliche

Arbeitskraft als auch die technischen Anlagen besitzen den Charakter von Potentialfaktoren.

viertens aus Akten der betrieblichen Leistungsverwertung, handele es sich bei diesen Leistungen um Sachgüter oder Dienste. Die Vorgänge können mit Lagerungsprozessen verbunden sein.

fünftens aus Zahlungsakten in Form von Einzahlungen, die die Kunden des Unternehmens leisten. Die Zahlungen können gleichzeitig mit der Lieferung der Erzeugnisse an die Abnehmer oder der Inanspruchnahme der Dienste des Unternehmens durch seine Kunden vollzogen werden. Sie vermögen aber auch vor oder nach diesem Termin vorgenommen zu werden.

Der Vollzug von Grundprozessen setzt administrative Einrichtungen voraus, die sich auf diese fünf Arten von Vorgängen erstrecken.

Die Grundprozesse laufen in einer güterwirtschaftlichen Zeitordnung ab, die durch technische, organisatorische und wirtschaftliche Überlegungen bestimmt wird. Mit dieser Zeitordnung ist die finanzielle Zeitordnung der durch die güterwirtschaftlichen Vorgänge verursachten Auszahlungen und Einzahlungen verknüpft. Die beiden Zeitordnungen stehen nicht in einem eindeutig fixierten Zusammenhang.

Der finanziellen Zeitordnung gehört hier das besondere Interesse. Denn wenn der Fall eintreten würde, daß alle Auszahlungen und alle Einzahlungen in der durch die Grundprozesse bestimmten Größenordnung zeitlich zusammenfallen, dann käme keine Kapitalbindung zustande. In diesem Fall bestände kein finanzielles Interesse an den betrieblichen Vorgängen, obwohl der Prozeß, güterwirtschaftlich gesehen, Zeit in Anspruch nimmt. Auch der Fall, daß unter den gemachten Annahmen alle Einzahlungszeitpunkte vor den Auszahlungszeitpunkten liegen, läßt kein finanzierungspraktisches oder finanzierungstheoretisches Problem von einiger Bedeutung entstehen. Nur der Fall, daß die Auszahlungszeitpunkte vor den Einzahlungszeitpunkten liegen, führt zu der hier interessierenden Problematik.

Faßt man die Grundprozesse so als durch Ein- und Auszahlungen terminierte und begrenzte finanzielle Phänomene auf, dann zeigt sich sogleich, daß, wenn ein Gegenstand auf einer vor zehn Jahren angeschafften Maschine gefertigt wird, der Zeitpunkt vor zehn Jahren und nicht der Zeitpunkt der tatsächlichen Inanspruchnahme der Anlage den Beginn des Grundprozesses bildet. Liegen die für ein bestimmtes Erzeugnis benötigten Werkstoffe fünf Monate auf Lager, bevor sie ihrer produktionstechnischen Verwendung zugeführt werden, und wird der Kaufpreis für sie unter Inanspruchnahme eines Zieles nach zwei Monaten gezahlt, dann beginnt der Grundprozeß drei Monate vor Beginn der produktiven Verwendung dieser Vorratsgüter. Wird eine bestimmte Arbeit heute geleistet und heute bezahlt, dann beginnt der Grundprozeß heute. Wenn eine Fertigung heute begonnen wird, die zur Verarbeitung gelangenden Werkstoffe und Rohmaterialien, auch die hierfür benötigten Arbeitskräfte aber erst später bezahlt werden, dann haben die Grundprozesse güterwirtschaftlich bereits begonnen, finanzwirtschaftlich sind sie jedoch noch keineswegs existent. Der güterwirtschaftliche Teil der Grundprozesse endet mit dem Verkauf der Erzeugnisse und mit der Beendigung der geleisteten Dienste. Nur dann, wenn auf die Warenlieferungen und Leistungen weder Anzahlungen vorgenommen sind noch Zahlungsziele in Anspruch genommen werden, enden die Grundprozesse güter- und finanzwirtschaftlich zum gleichen Zeitpunkt.

Auf der Grundlage und im Rahmen der so verstandenen Grundprozesse soll erstens untersucht werden, welchen Einfluß die für die Herstellung eines Erzeugnisses erforderlichen Verbrauchsgüter auf die Höhe und zeitliche Entwicklung des Kapitalbedarfs ausüben. Unter Verbrauchsgütern werden solche Sachgüter verstanden, die in bearbeiteter oder unbearbeiteter Form unmittelbar in das Erzeugnis eingehen, und nur zwar solche Arbeits- und Dienstleistungen, die unmittelbar am Erzeugnis vollzogen werden. In diesem Sinne seien die Verbrauchsgüter als produktbezogene Güter oder Dienste und die Grundprozesse als produktbezogene Grundprozesse bezeichnet. Zweitens: da es in der betrieblichen Praxis üblich ist, die Vorräte an Roh- und Werkstoffen nicht für jeden einzelnen Fertigungsprozeß, sondern für eine Anzahl von neben- oder nacheinander verlaufenden Fertigungen zu kaufen, die dann sämtlich aus diesen Vorräten mit Material versorgt werden, soll der Kapitalbedarf für den Fall untersucht werden, daß der Grundprozeß zeitlich divergierende Lagerergänzungen enthält. Da drittens ein betrieblicher Grundprozeß in der Regel die Benutzung maschineller und baulicher Anlagen voraussetzt, die für mehr als eine Fertigung oder einen Gewinnungs- oder einen Veredelungsprozeß verwandt werden, ergibt sich die Aufgabe, den Kapitalbedarf derartiger Betriebsanlagen in Abhängigkeit von den Beschaffungs- und Erneuerungszeitpunkten zu untersuchen. Viertens gilt es, den Einfluß herauszuarbeiten, den nichtproduktbezogene Arbeits- und Dienstleistungen auf die Höhe und zeitliche Verteilung des Kapitalbedarfs ausüben. Hierbei handelt es sich vornehmlich um solche Leistungen, die der Lenkung und Sicherung des Betriebsablaufes dienen. Für diese Dienste und die sie unterstützenden Apparaturen lassen sich keine Freisetzungszahlungen angeben, da sie nicht im eigentlichen Sinne auf ein Produkt bezogen sind. Der Einfluß dieser nichtproduktbezogenen Arbeitsleistungen und Dienste auf den Kapitalbedarf der Unternehmen tritt nur in Form von Auszahlungen in Erscheinung, denen der Einzahlungsüberschuß aus den Grundprozessen gegenübersteht[1].

[1] Grundsätzlich wird unterstellt, daß die produktbezogenen Grundprozesse,

Es wird also unterschieden zwischen erstens produktbezogenen Grundprozessen, zweitens Vorratsprozessen, drittens Prozessen der Anlagennutzung und viertens nichtproduktbezogenen Grundprozessen, die der Leitung und Steuerung des betrieblichen Ablaufes dienen. Die Frage, die es nun zu untersuchen gilt, lautet: wie wird die Höhe und zeitliche Verteilung des Kapitalbedarfs beeinflußt, wenn die zeitliche Anordnung dieser vier Arten von Prozessen geändert wird, welche sämtlich Bestandteile des allgemeinen Typs betrieblicher Grundprozesse sind?

2. Der Einfluß der produktbezogenen Grundprozesse auf den Kapitalbedarf.

2a. Für die Untersuchung der Frage, wie die Prozeßanordnung die Höhe und zeitliche Verteilung des Kapitalbedarfs beeinflußt, soll davon ausgegangen werden, daß Grundprozesse existieren, welche nur solche Sachgüter enthalten, die in bearbeiteter oder unbearbeiteter Form unmittelbar in das Erzeugnis eingehen, und nur solche Arbeits- und Dienstleistungen, die unmittelbar am Erzeugnis vollzogen werden. Diese Sachgüter, Arbeits- und Dienstleistungen werden als produktbezogene Verbrauchsgüter bezeichnet.

Ein produktbezogener Grundprozeß enthält also keine Arbeits- und Dienstleistungen und keine diese Leistungen unterstützenden Sachgüter, die der Lenkung und Sicherung des betrieblichen Vollzuges dienen. Zweitens schließt die Annahme produktbezogener Grundprozesse aus, daß Vorratslager für Roh-, Hilfs- und Betriebsstoffe und für Fertigfabrikate bestehen. Die produktbezogenen Grundprozesse werden drittens als sich ohne die Verwendung ausdauernder Produktivgüter vollziehend gedacht. Betriebsmittel (im weitesten Sinne des Wortes) wirken also in dem Prozeß nicht mit.

---

die Vorratsprozesse und die Prozesse der Anlagennutzung im Zeitablauf stets nur das in ihnen investierte Kapital freisetzen, und daß die nichtproduktbezogenen Auszahlungen aus dem Einzahlungsüberschuß geleistet werden, der sich nach Abzug der Auszahlungen für die drei anderen Prozesse ergibt. Die dann verbleibende Differenz zwischen Ein- und Auszahlungen erhöht als Gewinn den Kapitalfonds, als Verlust vermindert sie ihn. Der Aufbau des Kapitalfonds wird im zweiten Teil erörtert. In der Höhe und zeitlichen Verteilung des Kapitalbedarfs ist die erwähnte Differenz, wenn auf die geschilderte Weise verfahren wird, nicht mehr wirksam. Werden die Gewinne im Betriebsprozeß verausgabt, dann erhöhen sich die Auszahlungen, und der Kapitalbedarf steigt entsprechend an. Die Kapitalbedarfskurve verschiebt sich nach oben und nähert sich der erhöhten Fondskurve. Die Gewinne und Verluste werden auf diese Weise aus der Dimension des Kapitalbedarfs herausgenommen und als Phänomene des Fonds verstanden.

Die Zeitordnung, in der sich die Verarbeitung der zur Herstellung der Erzeugnisse erforderlichen Werkstoffe und die Vornahme der Arbeiten an dem herzustellenden Erzeugnis vollzieht, wird als gegeben und konstant angenommen. Die Produktionszeiten, die Lagerzeiten, die Zeiten für die Kreditinanspruchnahmen und -gewährungen bleiben also unverändert. Auf diese Weise werden alle Einflüsse auf die finanziellen Vorgänge im Unternehmen ausgeschaltet, welche durch zeitliche Veränderungen in den güterwirtschaftlichen und den an sie gekoppelten finanziellen Bereichen ausgelöst werden. Die zeitliche Fixierung der güterwirtschaftlichen und finanziellen Vorgänge wird wieder aufgehoben, wenn der Einfluß der zunächst ausgeschalteten Zeitänderungen in den güterwirtschaftlichen und den beiden finanziellen Bereichen auf die finanzielle Sphäre der Unternehmen untersucht wird.

Unter der Voraussetzung, daß die Zeitordnung produktbezogener Grundprozesse fixiert ist, gilt es nunmehr die Frage zu beantworten welche Aussagen sich über die Höhe und zeitliche Verteilung des Kapitalbedarfs für produktbezogene Verbrauchsgüter machen lassen, wenn eine bestimmte Anzahl von produktbezogenen Grundprozessen gegeben ist und ihre zeitliche Anordnung variiert wird.

2b. Grundsätzlich bestehen drei Möglichkeiten der Prozeßanordnung.

Erstens: Die Grundprozesse werden zeitlich derart hintereinander geschaltet, daß das Ende eines jeden Prozesses mit dem Beginn des nachfolgenden Prozesses zusammenfällt. Die erste Auszahlung des nachgeschalteten Prozesses und die letzte Einzahlung, die aus dem vorgeschalteten Prozeß stammt, fallen dann zusammen. Eine aus nacheinander geschalteten Prozessen bestehende Prozeßfolge liegt aber auch dann vor, wenn zwei zeitlich aufeinander folgende Prozesse nicht unmittelbar aneinander anschließen, vielmehr eine gewisse Zeit verstreicht, bevor der zweite Prozeß begonnen wird. Der Begriff der Nacheinanderschaltung setzt lediglich voraus, daß sich die Prozesse zeitlich nicht überlappen. Es muß also erst das Zahlungsäquivalent für den vorgeschalteten Prozeß eingetroffen sein, bevor mit dem nachgeschalteten Prozeß begonnen wird.

Zweitens: Mehrere aus nacheinander angeordneten Grundprozessen bestehende Prozeßfolgen werden synchronisiert, und zwar so, daß jeweils eine Anzahl von Prozessen zum gleichen Zeitpunkt beginnt und endet.

Gleichzeitigkeit in diesem Sinne bedeutet eine Extremsituation der Prozeßanordnung. Sie erlaubt, gewisse Einflüsse der Prozeßanordnung auf den Kapitalbedarf schärfer herauszuarbeiten.

Drittens: Die Prozesse oder die Prozeßfolgen werden so angeordnet, daß die Anfangszeitpunkte der nebeneinandergeschalteten Prozesse jeweils in einem bestimmten zeitlichen Abstand auf den Beginn des vorhergehenden Prozesses folgen. Dieser zeitliche Abstand kann unterschiedlich groß sein. Auf jeden Fall aber soll er kürzer als die Prozeßdauer sein. Zu jedem Zeitpunkt besteht mithin der betriebliche Gesamtprozeß aus Grundprozessen, die zeitlich gestaffelt angeordnet sind und sich deshalb überlappen. Die Einzahlungsäquivalente aus einem Grundprozeß treffen zu einem Zeitpunkt ein, in dem der zeitlich gestaffelte zweite Prozeß zwar schon begonnen hat, aber noch nicht abgeschlossen ist. Auch in diesen Fällen können mehrere Prozesse zu gleichen Zeitpunkten beginnen und enden. In diesem Fall werden ganze Prozeßgruppen gestaffelt angeordnet. Welchen Einfluß üben die drei Prozeßanordnungen auf den Kapitalbedarf produktbezogener Grundprozesse aus?

2c. Für den Fall, daß einzelne Grundprozesse produktbezogener Art hintereinandergeschaltet werden, beginnt der erste Grundprozeß mit der ersten Auszahlung für Roh- oder Werkstoffe oder für Arbeits- oder

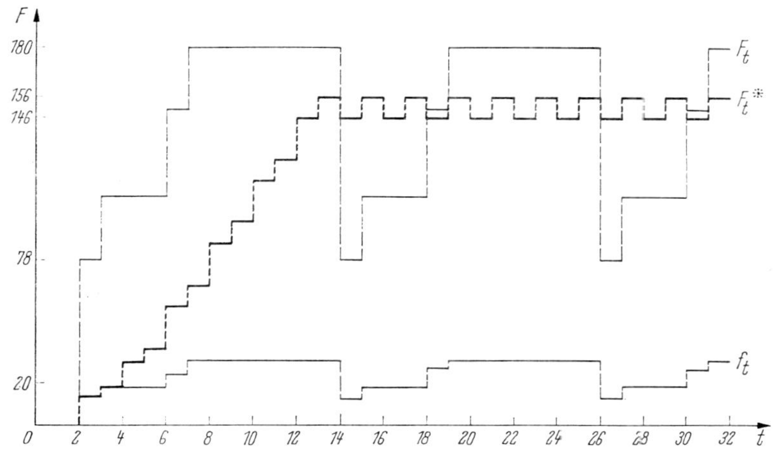

Abb. 1

Dienstleistungen produktbezogener Art. In Höhe dieser Zahlung wird Kapital gebunden. Wird die zweite Zahlung für ein Gut der angegebenen Art geleistet, erhöht sich in diesem Zeitpunkt der Kapitalbedarf um diesen Betrag. In dem Prozeß wird zusätzlich Kapital gebunden. Die nachfolgenden Auszahlungen erhöhen zu den Zeitpunkten, an denen sie geleistet werden, den Kapitalbedarf. Entsprechend wächst die Kapitalbindungssumme. Dieser Prozeß setzt sich fort, bis die letzte Auszahlung geleistet ist. Der in den Prozeß investierte Kapitalbetrag bleibt so lange gebunden, bis er durch den ihm entsprechenden Betrag in den durch den Verkauf des Erzeugnisses ausgelösten Einzahlungen wieder freigesetzt wird. Der Kapitalbedarf sinkt dann auf Null ab. Wird im Anschluß an den ersten Prozeß ein gleicher zweiter und später dann ein dritter, vierter Prozeß usf. begonnen und beendet und trägt man auf der Abszissenachse die durch den Zeitindex t symbolisierte Zeit ab, auf der Ordinatenachse dagegen den Kapitalbedarf, dann erhält man eine Kapitalbedarfskurve, die gleiche Schwingungsdauern und gleiche Schwingungsweiten für alle Grundprozesse der hier erörterten Art zeigt. Sie stellt eine zyklische Treppenkurve dar, deren Ordinatenwerte für jeden Zeitpunkt den Kapitalbedarf angeben. Für jede Auszahlung läßt sich auch die Dauer der Kapitalbindung ersehen. Sie kommt in dem zeitlichen Abstand zum Ausdruck, der zwischen dem Zeitpunkt der jeweiligen Auszahlung und dem Zeitpunkt der Einzahlung des Prozesses liegt. In der Abb. 1 stellt f_t eine solche Kurve dar. Sie beginnt zum Zeitpunkt 2, weil angenommen wird, daß der Kaufpreis gestundet wird, die erste Auszahlung also zum Zeitpunkt 2 vorgenommen wird. Dadurch, daß bei der Konstruktion der Kurve die Prozesse innerhalb der Prozeßfolgen unmittelbar aneinander anschließen, wird in der Abb. 1 nicht sichtbar, daß bei einer Prozeßfolge mit gleichzeitigem Beginn und Ende der Prozesse das investierte Kapital am Ende jedes Prozesses vollkommen freigesetzt wird. Der Kapitalbedarf eines Prozesses nimmt also in den Zeitpunkten, in denen ein Prozeß endet, den Wert Null an.

Solange die Bedingung aufrechterhalten wird, daß die Terminierung der einzelnen Zahlungen bei allen Prozessen, die zu einer Prozeßfolge gehören, unverändert bleibt, muß die Kapitalbedarfskurve zyklisch verlaufen.

2d. Wiederum sei angenommen, daß die hier untersuchten Grundprozesse eine zeitlich fixierte Struktur aufweisen. Die einzelnen Prozeßfolgen sollen aber nebeneinander angeordnet sein, und zwar zunächst so, daß die Prozesse bzw. Prozeßfolgen in ständiger Wiederkehr gleichmäßig beginnen und enden. Der Kapitalbedarf für die produktbezogenen Verbrauchsgüter wird unter diesen Umständen in jedem Zeitpunkt gleich dem Vielfachen des Kapitalbedarfs der lediglich nacheinandergeschalteten Prozeßfolgen sein. Das Vielfache dieses Bedarfes bzw. der Kapitalbindung wird durch die Anzahl der sich überlagernden Prozeßfolgen bestimmt. In der Abb. 1 zeigt die Kurve F_t die Kapitalbedarfsfunktion für produktbezogene Verbrauchsgüter, wenn sich sechs zyklisch verlaufende Prozeßfolgen gleichzeitig vollziehen. Die Kurve weist jeweils zu den gleichen Zeitpunkten die sechsfachen Ordinatenwerte der Kurve f_t in der Abb. 1 auf. Auch hier schließen die Prozesse unmittelbar aneinander an. Aus der Kurve ist wiederum nicht zu ersehen, daß der Kapitalbedarf in den entsprechenden Zeitpunkten jeweils gleich Null ist, wenn die Zeitpunkte des Beginns der neuen und die Zeitpunkte der Beendigung des vorhergehenden Prozesses zeitlich nicht zusammenfallen.

Die Nebeneinanderschaltung der Prozesse führt also auch hier zu einer zyklischen Prozeßfolge und damit zu einer zyklisch verlaufenden Kapitalbedarfskurve.

2e. Wiederum seien Grundprozesse der bisher unterstellten Art mit fester zeitlicher Struktur gegeben. Sie sollen aber zeitlich gestaffelt angeordnet sein, derart, daß die Anfangszeitpunkte der einzelnen Prozesse um ein bestimmtes zeitliches Intervall gegeneinander verschoben sind. Die Kurve des Kapitalbedarfs für die produktbezogenen Verbrauchsgüter ergibt sich wiederum als Summenkurve der einzelnen Prozesse. Sie weist aber gegenüber der Summenkurve bei gleichzeitig beginnenden und beendeten Prozeßfolgen erhebliche Unterschiede auf. Diese Tatsache ist vor allem darauf zurückzuführen, daß zum Zeitpunkt 2 nicht sechs Auszahlungen geleistet werden, sondern nur eine Auszahlung vorgenommen wird, weil die Prozesse nicht zu dem gleichen Zeitpunkt (Kurve F_t in Abb. 1), sondern um ein bestimmtes zeitliches Intervall verschoben eingeleitet werden. Das Intervall beträgt hier zwei Zeiteinheiten. Die Summe der Auszahlungen ist also im Zeitpunkt 4 gleich den in diesem Zeitpunkt bereits für die Verbrauchsgüter des ersten Prozesses geleisteten Auszahlungen plus der in diesem Zeitpunkt für den zweiten Prozeß geleisteten ersten Auszahlung usf. Auf diese Weise ergibt sich die Kurve des gesamten Kapitalbedarfs als Kurve der kumulierten Auszahlungen und Einzahlungen (Kurve F_t^* in Abb. 1).

Ist eine bestimmte Anzahl von Prozessen gegeben (im Beispiel werden sechs Prozesse angenommen), dann müssen die zeitlich nacheinander eingeleiteten und durchgeführten Prozesse so lange vollständig aus von außen zugeführtem Kapital finanziert werden, wie noch keine Rückflüsse aus dem in den Prozessen investierten Kapital eintreten. Sobald der erste Einzahlungsbetrag aus dem Verkauf der im ersten Prozeß hergestellten Erzeugnisse eingeht, sinkt der Kapitalbedarf um den Einzahlungsbetrag. Er steht nun für Finanzierungszwecke wieder zur Verfügung (erste Einzahlung im Beispiel zum Zeitpunkt 14). Die Kurve steigt um weitere Auszahlungen an, wenn keine Einzahlungen zu verzeichnen sind. Sobald aber von den Abnehmern der Erzeugnisse wieder eine Einzahlung geleistet wird (im Beispiel nach jeweils zwei Zeiteinheiten), fällt die Kurve um den Einzahlungsbetrag. Sie steigt von neuem um die durch den Erwerb der Verbrauchsgüter ausgelösten Auszahlungen an. Nach dem vorgegebenen Zeitintervall vermindert die dann vorliegende Einzahlung den Kapitalbedarf. Die Kurve fällt, um dann in regelmäßigem Verlauf wieder anzusteigen und zu fallen.

Da bei zeitlicher Staffelung der Prozesse die Auszahlungen ihr Maximum niemals zum gleichen Zeitpunkt erreichen, muß das Maximum des Kapitalbedarfs für die hier erörterten produktbezogenen Verbrauchsgüter im Falle gleichzeitig beginnender und beendeter Prozesse stets höher liegen als das Maximum, das sich für den Fall zeitlich gestaffelter Prozesse ergibt. Da außerdem bei zeitlicher Staffelung der Prozesse niemals alle Einzahlungen aus den Prozessen auf einen Zeitpunkt fallen (der Kapitalbedarf würde unter diesen Umständen gleich Null sein), so muß das Minimum des Kapitalbedarfs für die produktbezogenen Verbrauchsgüter bei zeitlicher Staffelung der Prozesse stets über dem Minimum des Kapitalbedarfs bei gleichzeitigem Beginn und Ende der Prozesse liegen (vgl. die beiden Kurven F_t und F_t^* in Abb. 1). Die Extremwerte des Kapitalbedarfs nivellieren sich ein. Die Kapitalbedarfskurve F_t^* unterscheidet sich also von der Kurve F_t durch ihren geglätteten Verlauf. Denn niemals fallen bei der Kurve F_t die Auszahlungen, die durch die Grundprozesse ausgelöst werden, mit Einzahlungen, die aus anderen Prozessen stammen, zusammen. Bei gleichzeitigem Prozeßbeginn treffen Auszahlungen mit Auszahlungen und Einzahlungen mit Einzahlungen aus den Prozessen zusammen. Übersteigen im Falle gestaffelter Prozeßanordnung zu einem bestimmten Zeitpunkt die Auszahlungen die Einzahlungen oder umgekehrt die Einzahlungen die Auszahlungen, dann steigt bzw. fällt in diesem Zeitpunkt die Kapitalbedarfskurve um den Betrag des Auszahlungs- oder Einzahlungsüberschusses. Im Falle gleichzeitiger Prozeßanordnung werden die aufeinanderfolgenden Auszahlungen in voller Höhe als Auszahlungsüberschüsse in den Zeitpunkten wirksam, in denen sie geleistet werden. Bei gestaffelter Prozeßanordnung fallen die Auszahlungsüberschüsse nur in geringerer Höhe an, weil ständig Kompensationen mit Einzahlungen auftreten. Auch führt die gestaffelte Prozeßanordnung dazu, daß häufiger Einzahlungsüberschüsse mit Auszahlungsüberschüssen abwechseln, so daß nicht mehr wie im Falle gleichzeitiger Prozeßanordnung die Auszahlungen für die Verbrauchsgüter über längere Zeiträume hinweg aufeinanderfolgen und sich aufsummieren, ohne daß ihre Abfolge durch Einzahlungen unterbrochen wird. Im Falle gestaffelter Anordnung der produktbezogenen Grundprozesse werden verhältnismäßig schnell kleine Erhöhungen oder Ermäßigungen des Kapitalbedarfs durch entgegengesetzt verlaufende Bewegungen des Kapitalbedarfs abgelöst.

Gegenüber gleichzeitig angeordneten Grundprozessen gelingt es also durch zeitlich gestaffelte Anordnung der Prozesse, den maximalen Kapitalbedarf für Verbrauchsgüter produktbezogener Art zu senken. Dieses Maximum des Kapitalbedarfs ist die für die finanzielle Betrachtung der Probleme entscheidende Größe. Steht für die Finanzierung der

Prozesse nur ein bestimmter maximaler Kapitalbetrag zur Verfügung, dann wird die Durchführung der güterwirtschaftlichen Prozesse durch diesen maximalen Kapitalbetrag begrenzt[1].

2f. Den drei Kurven der Abb. 1 liegen folgende Angaben zugrunde. Die Kapazität des Unternehmens ist auf die Durchführung von sechs Prozessen der hier unterstellten Art beschränkt. Diese Prozesse werden in ständiger Wiederkehr mit einem Abstand von jeweils zwei Zeiteinheiten begonnen und beendet. Jeder Prozeß besteht aus vier Auszahlungen und einer Einzahlung. Für den ersten Prozeß gilt:

Zeitpunkte	Auszahlungen	Einzahlung
$t = 2$	13 GE	—
$t = 3$	5 GE	—
$t = 6$	7 GE	—
$t = 7$	5 GE	—
$t = 14$	—	30 GE

Diese Struktur sollen alle Prozesse besitzen.

Die Tabelle 1 zeigt die Aus- und Einzahlungen für den Fall zeitlich gestaffelter Anordnung in zeitlicher Reihenfolge.

Die mit einem Minuszeichen versehenen Zahlen stellen Einzahlungen dar. Auf die ersten beiden Auszahlungen des ersten Prozesses in Höhe von 13 GE zu dem Zeitpunkt 2 und von 5 GE zum Zeitpunkt 3 folgen die beiden ersten Auszahlungen des zweiten Prozesses in den Zeitpunkten 4 (13 GE) und zum Zeitpunkt 5 (5 GE). Im Zeitpunkt 6 werden sowohl für den ersten wie für den dritten Prozeß Auszahlungen vorgenommen.

Die Summe der Auszahlungen im Zeitpunkt 6, um die sich die Kurve des gesamten Kapitalbedarfes erhöht, beträgt also 20 GE. Verfolgt man die Entwicklung der übrigen Prozesse in der gleichen Weise, dann erhält man die Kurve des gesamten Kapitalbedarfs F_t^* als die Kurve der kumulierten Zahlungen, wie sie die Abb. 1 zeigt. Im Zeitpunkt 14 geht die Einzahlung aus dem ersten Prozeß ein. Sie beträgt 30 GE. Ihre Verwendung im Prozeß hat zur Folge, daß die Auszahlungen, die zu

[1] Für die Kosten der Finanzierung ist nicht allein entscheidend, wie hoch der maximale Kapitalbedarf ist, sondern die zeitliche Bindung der einzelnen Kapitalbeträge. Die Kapitalkosten — zunächst als Zinsen verstanden — werden von der Höhe der Kapitalinanspruchnahme und der Zeit der Inanspruchnahme bestimmt. Das Produkt aus Zeit und Kapitalbedarf, die Kapitalbindung, wird durch die Fläche zwischen der Kapitalbedarfskurve und der Abszissenachse wiedergegeben. Im Hinblick auf die Kosten der Kapitalbindung ist die zeitliche Anordnung der Prozesse also völlig anders zu beurteilen als für die Betrachtung von Kapitalbewegungen im Zeitablauf.

diesem Zeitpunkt 20 GE betragen, voll aus der Einzahlung finanziert werden können. Darüber hinaus bleiben 10 GE als Kassenhaltung zur Verwendung der folgenden Periode. Im Zeitpunkt 14 sinkt also der Kapitalbedarf um 10 GE, um dann infolge der Auszahlungen von 10 GE, welche im darauffolgenden Zeitpunkt 15 fällig werden, wieder

Tabelle 1

Prozesse	Zeitpunkte																	
	2	3	4	5	6	7	8	9	10	11	12	13	14	15	16	17	18	19
1	13	5			7	5							–30					
2			13	5			7	5							–30			
3					13	5			7	5							–30	
4							13	5			7	5						
5									13	5			7	5				
6											13	5			7	5		
7													13	5			7	5
8															13	5		
9																	13	5
Kum. Ausz.	13	18	31	36	56	66	86	96	116	126	146	156	176	186	206	216	236	246
Kum. Einz.													30	30	60	60	90	90
Kap. Bed.	13	18	31	36	56	66	86	96	116	126	146	156	146	156	146	156	146	156

auf die im Zeitpunkt 13 erreichte Maximalhöhe von 156 GE anzusteigen. Im Zeitpunkt 16 fällt die Kurve infolge der gleichen Vorgänge, wie sie zum Zeitpunkt 14 stattfinden, wieder auf ihr Minimum von 146 GE usw. Die Kurve nivelliert sich ein.

3. Der Einfluß von Vorratsprozessen auf den Kapitalbedarf.

3a. Bisher wurde nur der Fall untersucht, daß alle Sachgüter, Arbeits- und Dienstleistungen, die dazu bestimmt sind, in das herzustellende und zu verkaufende Produkt einzugehen, innerhalb desselben Grundprozesses beschafft, bezahlt und verarbeitet werden. In der Regel werden jedoch Rohmaterialien, Einbauteile und ähnliche Güter nicht für jeden einzelnen Grundprozeß, sondern gleichzeitig für mehrere Grundprozesse beschafft und bezahlt. Unter diesen Umständen entstehen Vorräte auf Eingangslägern, die durch die laufenden Entnahmen für die einzelnen Prozesse abgebaut und durch neue Anschaffungen wieder aufgefüllt werden. Die Grundprozesse, für die diese Lagervorräte bestimmt sind, beginnen insofern also zu dem gleichen Zeitpunkt. Da sie aber nicht sämtlich gleichzeitig begonnen und beendet werden, so gehen die Einzahlungsäquivalente für die zum gleichen Zeitpunkt auf Lager genommenen und bezahlten Verbrauchsgüter zu unterschiedlichen Zeitpunkten ein. Es handelt sich hier also um Kapitalbindungen, die erst im Verlauf mehrerer aufeinanderfolgender Prozesse aufgelöst werden.

3b. Auch für den Bedarf an Kapital, den die Unterhaltung von Vorratsbeständen verursacht, besitzt die Anordnung der Lagerergänzungsprozesse eine gewisse Bedeutung. Im Regelfall wird die Ergänzung der Bestände, die von einem bestimmten Vorratsgut unterhalten werden, so vor sich gehen, daß das Material bereits bestellt und auf Lager eingehen wird, bevor der Bestand vollständig erschöpft ist. Würde anders verfahren, dann bestünde die Gefahr, daß der reibungslose Ablauf des Betriebsprozesses gefährdet wird. Hier tritt also der Fall ein, daß sich Lagerergänzungsprozesse überlappen.

Da die Erzeugnisse eines Unternehmens aus Material unterschiedlicher Art hergestellt werden, müssen sich auch die Vorräte auf den Eingangslägern aus Gütern unterschiedlicher Art und Beschaffenheit zusammensetzen. Wenn die Beschaffung der verschiedenen Vorratsgüter zu unterschiedlichen Zeitpunkten vorgenommen wird, gewinnt die Frage nach dem Einfluß unterschiedlicher zeitlicher Anordnung von Lagerergänzungsprozessen auf den Kapitalbedarf des Unternehmens besondere Bedeutung.

Werden die abgebauten Läger der einzelnen Materialarten zu verschiedenen Zeitpunkten wieder aufgefüllt und wird angenommen, daß in den Verkaufspreisen der mit Hilfe dieser Güter hergestellten Erzeugnisse das in diesen Gütern gebundene Kapital wieder freigesetzt und für die Auffüllung der Gütervorräte verwandt wird, dann muß sich für die Kapitalbedarfskurve eine ähnliche Nivellierung nachweisen lassen, wie sie für den Fall eines nur aus Verbrauchsgütern bestehenden Grundprozesses feststellbar gewesen ist. In den Verkaufspreisen bzw. den Einzahlungen sind rückfließende Kapitalbeträge nicht nur für eine Art von Verbrauchsgütern, sondern für alle in das Erzeugnis hineingearbeiteten Verbrauchsgüter enthalten. Werden nun zu einem bestimmten Zeitpunkt die Lagervorräte eines dieser Verbrauchsgüter aufgefüllt, dann stehen für die Finanzierung der Ausgaben, die die Ergänzung des von diesem Gut unterhaltenen Bestandes verursacht, sowohl die Kapitalrückflüsse aus diesem Gut als auch die Kapitalrückflüsse aus den anderen im Erzeugnis enthaltenen Verbrauchsgütern zur Verfügung. Die Auszahlung für den Kauf des neu zu bevorratenden Gutes stammen also auch aus den Kapitalfreisetzungen der Güter, deren Bestände zu diesem Zeitpunkt noch nicht wieder ergänzt werden müssen. Werden die aus den Einzahlungen stammenden, freigesetzten Kapitalbeträge nicht für Lagerauffüllungen benötigt, weil zur Zeit bei keinem Vorratsgut Anlaß zu einer Lagerergänzung besteht, dann bilden sich freie Kassenbestände. Von ihnen wird hier angenommen, daß sie auf ihre Wiederanlage in den Werkstoffen warten, in denen sie ursprünglich investiert waren. Wird der Zeitpunkt erreicht, in dem sich der Vorrat an einem anderen Verbrauchsgut erschöpft, dann werden die Neuanschaffungen auch aus Kapitalfreisetzungen finanziert, die aus anderen, ebenfalls im Produkt enthaltenen Gütern stammen. Finden die Lagerergänzungen und die Kapitalrückflüsse mit einer gewissen Regelmäßigkeit statt, dann drücken die Einzahlungen mit einem durch das Lagerergänzungssystem gegebenen Rhythmus die Kapitalbedarfskurve nach unten. Die Auszahlungen verschieben sie nach oben. Die Kapitalbedarfskurve glättet sich. Sie verläuft zyklisch, wenn das Lagerergänzungssystem in einem bestimmten Rhythmus schwingt.

Dieser Zusammenhang mag an einem Beispiel erläutert werden.

Ein Unternehmen benötigt zur Herstellung eines Erzeugnisses je eine Einheit der Werkstoffe 1 und 2. Eine Einheit des ersten Stoffes kostet 13 GE, eine Einheit des zweiten dagegen 7 GE. Von jedem Werkstoff werden jeweils vier Mengeneinheiten auf Lager genommen. Die Vorräte werden erst ergänzt, wenn sie erschöpft sind.

Der Lagervorrat reicht jeweils für vier Grundprozesse aus. Jeder Prozeß verlangt je eine Einheit von beiden Werkstoffen, jedoch nicht zum gleichen Zeitpunkt, sondern zu verschiedenen Zeitpunkten. Die Dauer eines Prozesses soll vier Zeiteinheiten betragen, so daß der in den beiden Werkstoffen investierte Kapitalbetrag von 20 GE zu Beginn der fünften Periode wieder zur Verfügung steht.

Die Prozesse beginnen nicht gleichzeitig, sondern zeitlich gestaffelt mit einer Zeiteinheit Abstand.

Zum Zeitpunkt 0 ist ein Lagerbestand von vier Einheiten des ersten ($r_1 = 4$) und vier Einheiten des zweiten ($r_2 = 4$) Werkstoffes vorhanden. In diesen Vorräten ist ein Kapital von 80 GE investiert.

Im Zeitpunkt 0 beginnt der erste Prozeß, im Zeitpunkt 1 der zweite usf. Da jeder Prozeß mit der Bearbeitung des Werkstoffes 1 beginnt, ist nach vier Prozessen und Zeiteinheiten also zum Zeitpunkt 3 der Vorrat r_1 erschöpft.

Der Werkstoff 2 wird im ersten Prozeß zum Zeitpunkt 2 benötigt, dann im zweiten Prozeß im Zeitpunkt 3 usf. Das Lager ist im Zeitpunkt 5 erschöpft. Die Vorräte r_1 müssen zum Zeitpunkt 4 wieder aufgefüllt werden. Hierfür sind $4 \cdot 13 = 52$ GE erforderlich. Zum Zeitpunkt 4 steht aber schon ein Rückfluß von 20 GE zur Verfügung. Da für den zweiten Werkstoff keine Anschaffungen gemacht werden müssen, können die auf ihn entfallenden 7 GE für die Bezahlung der vier Einheiten des Stoffes 1 verwandt werden. Der Kapitalbedarf beträgt also zum Zeitpunkt 4 insgesamt $80+52-20=112$ GE (vgl. die Kurve F_t^* in Abb. 2).

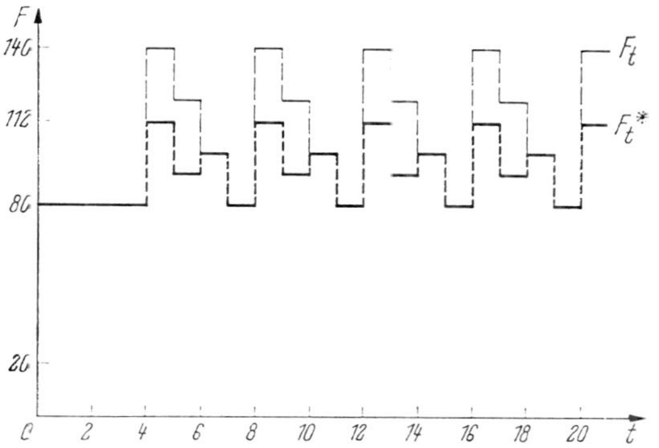

Abb. 2

Der Lagervorrat r_2 muß zum Zeitpunkt 6 wieder aufgefüllt werden. Hierfür werden $4 \cdot 7 = 28$ GE benötigt. Zu den Zeitpunkten 5 und 6 sind je 20 GE zurückgeflossen, zusammen also 40 GE. Mithin beträgt der Kapitalbedarf zum Zeitpunkt 6 insgesamt $112 + 28 - 40 = 100$ GE.

Im Zeitpunkt 7 werden wieder 20 GE freigesetzt. Der Kapitalbedarf sinkt auf 80 GE.

Der Kapitalbedarf erreicht zum Zeitpunkt 4 sein Maximum mit 112 GE und zum Zeitpunkt 7 sein Minimum mit 80 GE (vgl. den Verlauf der Kurve F_t^* in Abb. 2).

Würden die Läger mit r_1 und r_2 zu den gleichen Zeitpunkten aufgefüllt werden, dann würde zum Zeitpunkt 4 ein Kapitalbedarf von $80 - 20 + 80 = 140$ GE entstehen. Da in den Zeitpunkten 5, 6 und 7 insgesamt 60 GE zurückfließen, sinkt der Kapitalbedarf zum Zeitpunkt 7, also vor der neuen Auffüllung der Läger mit r_1 und r_2 auf $140 - 60 = 80$ GE ab, um dann im Zeitpunkt 8 um die Kaufsumme von 80 GE abzüglich des zum Zeitpunkt 8 zurückgeflossenen Betrages von 20 GE auf $80 + 80 - 20 = 140$ GE anzusteigen (vgl. die Kurve F_t in Abb. 2). Sie erreicht ein Maximum von 140 GE und ein Minimum von 80 GE.

Der geschilderte Rhythmus wiederholt sich. Die Kapitalbedarfskurve F_t^*, die als Kapitalbedarfskurve bei zeitlich divergierender Lagerergänzung hier in besonderem Maße interessiert, schwankt also zwischen 112 GE und 80 GE. Die Kurve F_t, die gleichzeitige Lagerergänzung unterstellt, bewegt sich zwischen 140 GE und 80 GE. Es zeigt sich also, daß zeitlich divergierende Lagerergänzungen der hier beschriebenen Art zu einer Glättung der Kapitalbedarfskurve führen[1].

3c. Es gilt nunmehr, den Fall zu prüfen, daß wiederum Vorratsläger für verschiedene Werkstoffe unterhalten und nicht Zug um Zug, sondern gleichzeitig für den Bedarf mehrerer Grundprozesse aufgefüllt werden. Jedoch sollen von den einzelnen Vorratsgütern unterschiedlich hohe Lagervorräte gehalten werden, eine Annahme, wie sie der betrieblichen Praxis weitgehend entsprechen dürfte.

Der Fall unterscheidet sich von dem bereits untersuchten dadurch, daß die zeitlich divergierenden Lagerergänzungstermine nun nicht auf die zeitlich unterschiedliche Verwendung der Vorratsgüter im Grundprozeß zurückgeführt und an sie gebunden werden, sondern ein größeres Maß an Dispositionsfreiheit eingeräumt wird. Mit dieser Freiheit wird aber auch die Möglichkeit zugelassen, daß Lagerergänzungszeitpunkte zeitlich zusammenfallen. Unter diesen Umständen würde der Kapitalbedarf für Lagerergänzungen die stärkeren Ausschläge einer Kapitalbedarfskurve aufweisen, die für den Fall gleichzeitiger oder synchroner Lagerergänzung gilt.

Geht man aber von dem Fall aus, daß Lagerergänzungszeitpunkte für zwei oder mehrere Vorratsgüter nicht zusammenfallen (schon die unterschiedliche Größe der von diesen Gütern unterhaltenen Vorräte macht diesen Fall wahrscheinlich), dann gleicht die Situation so sehr der bereits beschriebenen, daß eine nochmalige eingehende Analyse unnötig erscheint. Die in den Einzahlungen enthaltenen Kapitalfreisetzungen für Werkstoffe lassen es zu, solche Rückflußbeträge für die Finanzierung von Vorratsergänzungen zu verwenden, denen zeitlich der Vorrang gebührt. Der Kapitalbedarf kann unter diesen Umständen auch aus Kapitalfreisetzungen anderer als der aufzufüllenden Werkstoffläger gedeckt werden. Die Kapitalbedarfskurve glättet sich, ihre Maxima und Minima liegen zwischen den Werten, die sich für den Fall gleichzeitiger Lagerergänzungen einstellen würden.

Die Nivellierung der Kapitalbedarfskurve ist ein Phänomen, das überall da auftaucht, wo Prozesse zeitlich divergierend angeordnet sind. Bisher wurde es für den Fall zeitlich gestaffelter Verbrauchsgüterprozesse und für den Fall zeitlich gestaffelter Lagerergänzungen nachgewiesen. Es ist nun zu fragen, ob das Phänomen der Glättung nicht

[1] Im vorliegenden Fall ist der Kapitalbedarf in jedem Zeitpunkte niedriger oder höchstens gleich dem Betrag, der sich für den Fall gleichzeitiger Bestandsergänzungen ergibt. Die Unterschiedlichkeit der Zahlungszeitpunkte wird durch ein Aufschieben von Zahlungen hervorgerufen, dem keine kompensierende Vorverlegung von Zahlungszeitpunkten für andere Bestandsergänzungen gegenübersteht. Auf diese Tatsache ist es auch zurückzuführen, daß im Beispiel das Minimum in beiden Fällen 80 GE beträgt.

auch in anderen betrieblichen Situationen, die die Grundprozesse enthalten, sichtbar in Erscheinung tritt und damit zu einem allgemeinen, das gesamte betriebliche Geschehen in allen seinen Teilen durchziehenden Prinzip wird.

4. Der Kapitalbedarf von Betriebsanlagen in Abhängigkeit von den Beschaffungs- und Erneuerungszeitpunkten.

Die Nutzleistung eines Gegenstandes, der in das Produkt einzugehen bestimmt ist, bleibt stets an diesen Gegenstand gebunden. Auch wenn ein Vorrat an derartigen Gütern gegeben ist, sind die Nutzleistungen, die dieser Vorrat repräsentiert, niemals an den Vorrat als Ganzes, sondern an eine Einheit dieses Gutes geknüpft. Im Gegensatz hierzu stellt jedes einzelne betriebliche Anlagegut ein Bündel von Nutzleistungen dar. In diesem Sinne werden die Betriebsanlagen in den Untersuchungen über die Produktion als Potentialfaktoren bezeichnet[1]. Dieser Ausdruck soll besagen, daß mit dem Leistungspotential einer solchen betrieblichen Anlage produktive Leistungen sowohl der Zeit als auch dem Raum nach in und an den Betriebsprozeß gebunden bleiben können — daß es gewissermaßen eine Summe von in einem Anlagegegenstand verkörperten Nutzleistungen gibt, die auf ihren Abruf in den Produktionsprozeß warten. Abnutzbare Anlagegegenstände kennzeichnen sich durch ein Nutzungspotential, das sich mit zunehmender Inanspruchnahme abbaut und schließlich erschöpft. Nicht abnutzbare Gegenstände des Anlagevermögens sind dagegen imstande, unbegrenzt Nutzungseinheiten an den Betriebsprozeß abzugeben, ohne daß sich ihr Leistungspotential vermindert.

Die technische Abgabe der Nutzleistungen an den Produktionsprozeß bedeutet zunächst nur eine Lösung der Nutzleistungen aus ihrer Aggregatgebundenheit, stellt also ein Element des betrieblichen Sach- oder Leistungsvollzuges dar, nicht aber einen Vorgang im finanziellen Bereich der unternehmerischen Betätigung. Der auf die abgegebene Nutzleistung entfallende Betrag der Investitionssumme bleibt finanziell so lange gebunden, bis der für das Fertigprodukt bezahlte Preis dem Unternehmen in Form einer Einzahlung wieder zur Verfügung steht. Mit der technischen Abgabe der Nutzleistungen an das herzustellende Produkt beginnt der in einer derartigen Nutzleistung inkorporierte Kapitalteil seine Wanderung durch den Betrieb, die mit zunehmender Produktreife über viele Bearbeitungsstufen und Halbfabrikateläger zu den Fertigfabrikatelägern, zum Verkauf, zur Kreditierung und schließlich zur endgültigen Bezahlung des Kaufpreises führt. Erst jetzt vollzieht sich die Freisetzung des auf die einzelnen Nutzleistungen entfallenden Kapitals. Die in den Leistungspotentialen der Anlagegegenstände gebundenen

[1] Vgl. Band I, Die Produktion, achtes Kapitel.

Nutzleistungen weisen also unterschiedlich lange Kapitalbindungszeiten auf[1].

Stellt man auf die Tatsache ab, daß sich mit einem Potentialfaktor eine maximale Anzahl von Prozessen bestimmter Art vornehmen läßt, dann gilt, daß für die Freisetzung des in dem Potentialfaktor gebundenen Kapitals die Länge der einzelnen Prozesse und die zeitliche Struktur ihrer Aufeinanderfolge maßgebend sind. Die in dieser Prozeßfolge auftretenden Einzahlungen enthalten die Beträge, durch die das in dem Potentialfaktor gebundene Kapital schrittweise freigesetzt wird. Die Terminierung dieser Einzahlungen bestimmt den zeitlichen Verlauf der Kapitalfreisetzung.

[1] Vgl. hierzu POLAK, N. J., Grundzüge der Finanzierung mit Rücksicht auf die Kreditdauer, Berlin-Wien 1926, S. 92ff.; derselbe, Enige grondslagen voor de financiering der onderneming, Teil I. 8. Aufl., Haarlem 1946; MEY, J. L., Theoretische Bedrijfseconomie II. DOOR MEY, J. L., SNEL, P. M. M. H. S. 5. Aufl., s'-Gravenhage 1958, S. 19ff.; GOLDSMIDT, H. O., Financial Planning in Industry, Leiden 1958, S. 83ff.; MÜLHAUPT, L., Der Bindungsgedanke in der Finanzierungslehre unter besonderer Berücksichtigung der holländischen Finanzierungsliteratur, Wiesbaden 1966; RUCHTI, H., Die Bedeutung der Abschreibung für den Betrieb, Berlin 1942, S. 39ff.; derselbe, Die Abschreibung — ihre grundsätzliche Bedeutung als Aufwandsfaktor, Ertragsfaktor, Finanzierungsfaktor, Stuttgart 1953, S. 91ff.; LOHMANN, M., Abschreibungen, was sie sind und was sie nicht sind, in: Der Wirtschaftsprüfer 1949, S. 256ff.; NEUBERT, H., Anlagenfinanzierung aus Abschreibungen, in: Zeitschrift für handelswissenschaftliche Forschung, N.F. 3. Jg. (1951), S. 367ff. und 415ff.; LANGEN, H., Die Kapazitätsausweitung durch Reinvestition liquider Mittel aus Abschreibungen, in: Zeitschrift für handelswissenschaftliche Forschung, N.F. 5. Jg. (1953), S. 49ff.; derselbe, Einige Bemerkungen zum Lohmann-Ruchti-Effekt, in: Zeitschrift für Betriebswirtschaft, 32. Jg. (1962), S. 307ff.; SCHÄFER, E., Abschreibung und Finanzierung — Zur Finanzierungsfunktion der Abschreibungen, in: Zeitschrift für handelswissenschaftliche Forschung, N.F. 7. Jg. (1955), S. 137ff.; HAX, K., Abschreibung und Finanzierung, in: Zeitschrift für handelswissenschaftliche Forschung, N.F. 7. Jg. (1955), S. 141ff.; derselbe, in: Handbuch der Wirtschaftswissenschaften, herausgegeben von HAX, K., und TH. WESSELS, I. Band, Betriebswirtschaft, 2. Auflage, Köln und Opladen 1966, darin: Finanzwirtschaft — Langfristige Finanz- und Investitionsentscheidungen, S. 399ff., insbesondere S. 455ff.; LÜCKE, W., Finanzplanung und Finanzkontrolle in der Industrie, Wiesbaden 1965, S. 183ff.; MOXTER, A.: Der Zusammenhang zwischen Vermögensschichtung und Kapazitätsentwicklung bei veränderlichen Leistungsabgaben von Aggregaten pro Zeiteinheit, in: Zeitschrift für handelswissenschaftliche Forschung, N.F. 11. Jg. (1959) S. 457ff.; DOMAR, E. D., Depreciation, Replacement and Growth, Economic Journal, Vol. 63 (1953), S. 1ff. abgedr. in: DOMAR, E. D., Essays in the Theory of Economic Growth, New York 1957, S. 154ff.; ANSTÖTZ, G., Zur Frage der Finanzierung betrieblicher Investitionen aus Abschreibungen in wachsenden Unternehmungen, in: Zeitschrift für Betriebswirtschaft, 35. Jg. (1965), S. 421ff.; von SPRECKELSEN, A., Zur Lösung des Finanzierungsproblems in wachsenden Betrieben, in: Zeitschrift für Betriebswirtschaft, 35. Jg. (1965), S. 518ff.; TRABANT, G., Zur Finanzierung des Unternehmungswachstums aus internen Mitteln, Diss. Köln 1966.

Hinsichtlich des Kapitalverbrauchs der Potentialfaktoren, insbesondere auch bei Änderung ihres Bestandes sei auf die Ausführungen bei HEINEN, E., Das Kapital in der betriebswirtschaftlichen Kostentheorie, Wiesbaden 1966, S. 60ff. und S. 68ff. hingewiesen.

Im einzelnen ist die Dauer der Bindung von Kapital in einem Anlagegegenstand (Potentialfaktor) von den folgenden Größen abhängig:

Erstens von der Zeit, die verstreicht, bis die einzelnen Nutzleistungen aus dem Zustand ihrer Aggregatgebundenheit in den Produktionsprozeß abgerufen werden, bis sie also die Form-, Substanz- oder Lageänderung am herzustellenden Erzeugnis vornehmen, für die die Anlagen technisch bestimmt sind. Diese Wartezeit ist abhängig von der Größe des Leistungspotentials der Anlage, der Anzahl gewissermaßen der Nutzleistungen, die das Anlagegut insgesamt abzugeben in der Lage ist. Sie ist ferner abhängig von der Produktionsgeschwindigkeit, das heißt, der intensitätsmäßigen und zeitlichen Inanspruchnahme dieses Potentials. Das System der Zeitpunkte oder Intervalle, in denen sich die Produktionsakte ereignen, wird als die Zeitordnung der technischen Freisetzung bezeichnet.

Zweitens ist die Kapitalbindungsdauer bei Potentialfaktoren abhängig von der Absatzgeschwindigkeit der Fertigerzeugnisse, anders ausgedrückt, von der Zeit, die zwischen dem Eingang der Erzeugnisse auf dem Fertigfabrikatelager und dem Einzahlungszeitpunkt, an dem der Verkaufspreis bei dem Unternehmen eingeht, verstreicht.

Nicht nur technische, sondern auch absatz- und kreditwirtschaftliche Größen betriebsinterner und betriebsexterner Art bestimmen also die Zeitpunkte der Kapitalfreisetzung und damit die Dauer der Bindung des in Potentialfaktoren investierten Kapitals. Auch dann, wenn der gesamtbetriebliche Umsatzprozeß mit konstanten Geschwindigkeiten abläuft, weisen zwar alle in einem Anlagegegenstand investierten Kapitalteile den gleichen Zeitindex für die Auszahlung, jedoch unterschiedliche, sich oft über Jahre oder Jahrzehnte verteilende Zeitindizes für die Einzahlungen auf.

Jedem Anlagegut (Potentialfaktor) ist also eine zeitliche Ordnung zugehörig, die aus den Terminen besteht, zu denen die investierten Kapitalbeträge an das Unternehmen zurückfließen, um dann für eine neue Verwendung verfügbar zu sein. Diese Zeitordnung soll hier im Gegensatz zur Zeitordnung der technischen Freisetzung als Zeitordnung der finanziellen Freisetzung bezeichnet werden. Welche mannigfaltige Formen diese Zeitordnung aufweisen kann, mögen zwei Beispiele zeigen.

An einem in Werkstattfertigung herzustellenden Erzeugnis werde zu Beginn des Produktionsprozesses eine bestimmte Arbeitsoperation vorgenommen, für die eine bestimmte Maschine verwandt wird. An demselben Produkt soll auf derselben Maschine eine ähnliche Bearbeitung gegen Ende des Produktionsprozesses vollzogen werden. Obwohl die Nutzleistungen zu verschiedenen Zeitpunkten abgerufen werden, die technische Freisetzung der beiden Aggregatleistungen also zu verschiedenen Zeiten vor sich geht, vollzieht sich die Freisetzung des in den beiden Nutzleistungen gebundenen Kapitals zum gleichen Zeitpunkt, eben dann, wenn das Erzeugnis verkauft und bezahlt wird. Den beiden unterschiedlich terminierten Leistungsabgaben steht eine einzige Einzahlung gegenüber. Der Unterschied zwischen den Zeitpunkten der technischen Nutzungsabgabe wird in der finanziellen Zeitordnung dadurch ausgeglichen, daß die Durchlaufzeit der beiden Nutzleistungen durch den Produktionsprozeß unterschiedlich lange Zeit in Anspruch nimmt.

Ein anderes Beispiel: Auf einer bestimmten Maschine möge eine Arbeitsoperation zuerst an einem Erzeugnis A, später an einem Erzeugnis B vorgenommen werden. Das Erzeugnis B werde sehr bald verkauft, während das Erzeugnis A noch in ein Großaggregat eingebaut werden muß. Erst nach wesentlich längerer Zeit werde das Großaggregat veräußert und bezahlt.

Das Erzeugnis B setzt das Kapital eher frei als das Erzeugnis A, obwohl die Reihenfolge der technischen Freisetzungsvorgänge umgekehrt verläuft.

Die beiden Beispiele zeigen deutlich, daß bei Betriebsmitteln die zeitliche Ordnung für die Abgabe der Nutzleistung an den Betrieb, also der technischen Freisetzung, und die zeitliche Ordnung der finanziellen Freisetzung nicht miteinander übereinstimmen.

Auch die Abschreibungen sind kein adäquater Ausdruck der finanziellen Freisetzungsprozedur, denn das mathematische Gesetz, dem sie unterworfen sind — welche der verschiedenen Methoden man immer anwenden mag —, entspricht nicht der zeitlichen Ordnung der Kapitalfreisetzung. Selbst wenn die Prozeßdauer zwischen der Abgabe der Nutzleistungen und dem Eingehen der Zahlung bekannt ist, läßt sich aus dem Abschreibungsverlauf für den Gang der finanziellen Freisetzung noch nichts entnehmen, weil auch die Zeitordnung der technischen Freisetzung im Regelfall nicht durch ein schematisches Rechenverfahren darzustellen ist und zudem bei der Bemessung der Abschreibungssätze eine Vielzahl von Abschreibungsursachen Berücksichtigung finden muß.

Im Rahmen einer Analyse des finanziellen Bereichs der Unternehmen müssen den Betriebsanlagen nicht Abschreibungskurven, sondern Kurven der finanziellen Freisetzung zugeordnet werden. Die Vorgänge der finanziellen Freisetzung werden allerdings in der Regel von den Vorgängen der technischen Freisetzung beeinflußt. Da aber die Abgabe der Nutzleistung an den Produktionsprozeß in der Regel zeitlich vor der Kapitalfreisetzung liegt, muß zwischen der Kurve der technischen Freisetzung und der Kurve der Kapitalfreisetzung ein zeitliches Intervall liegen. Die Kurve der finanziellen Freisetzung von in dem Anlagegegenstand gebundenem Kapital verschiebt sich also um dasjenige Zeitintervall nach rechts, das durch die Zeitdifferenz zwischen der technischen

Leistungsabgabe des Aggregats an den Produktionsprozeß und dem ersten Rückfluß des in dem Anlagegegenstand gebundenen Kapitals bestimmt wird. Während dieses Intervalls befinden sich die in den abgegebenen Nutzleistungen enthaltenen Kapitalteile im Produktions-, Absatz- und Kreditprozeß. Es bleiben also auch dann noch Teile von in Anlagegegenständen investiertem Kapital gebunden, wenn die Aggregate selbst außer Betrieb genommen sind, weil sich ihre technische Leistungsfähigkeit erschöpft hat. Erst wenn die letzte Einzahlung aus dem Verkauf eines Erzeugnisses eingegangen ist, an dessen Herstellung ein Aggregat beteiligt war, ist das in ihm gebundene Kapital endgültig frei geworden. Insofern liegt also eine Art von überlappender Kapitalbindung vor, als noch Kapital aus einer nicht mehr benutzten Anlage im Betriebsprozeß enthalten ist, wenn die Ersatzanlage bereits installiert wurde und begonnen hat zu arbeiten. Der auf eine neu angeschaffte Ersatzanlage entfallende Kapitalbindungsbetrag erhöht sich also um die noch nicht endgültig freigesetzten Kapitalbeträge aus den nicht mehr benutzten Aggregaten.

Zum Zeitpunkte 0 werde eine bestimmte maschinelle Anlage angeschafft. Sie kostet 60 GE. Ihre Nutzungsdauer beträgt 6 ZE. Der erste Rückfluß aus der ersten Einzahlung für das auf der Anlage bearbeitete Erzeugnis tritt nach zwei Zeiteinheiten ein. Der Betrag macht 10 GE je Zeiteinheit aus. Das investierte Kapital bleibt also in den beiden ersten Zeitintervallen unverändert 60 GE. Es vermindert sich sodann um 10 GE je Zeiteinheit. Zum Zeitpunkt 7 ist das Kapital endgültig wieder freigesetzt.

Die Ersatzmaschine wird nach 6 Zeiteinheiten angeschafft. Für sie gelten im übrigen die gleichen Annahmen wie für die erste Maschine.

Unter diesen Umständen erhält man folgenden Verlauf der Kapitalbindung bzw. der Kapitalbedarfskurve.

Tabelle 2

Kapitalbedarf für Anlagen	Zeitpunkte														
	0	1	2	3	4	5	6	7	8	9	10	11	12	13	14
Anlage (1)	60	60	50	40	30	20	10								
Ersatzanlage (1)							60	60	50	40	30	20	10		
Ersatzanlage (2)													60	60	50
Kapitalbedarf	60	60	50	40	30	20	70	60	50	40	30	20	70	60	50

Der erst nach zwei Zeiteinheiten beginnende Kapitalrückfluß hat Kapitalüberlappungen zur Folge. Sie führen dazu, daß der Kapitalbedarf (die Kapitalbindungssumme) mit 70 GE über dem Anschaffungspreis der Aggregate liegt, der 60 GE beträgt.

Der Anlagenpark des Unternehmens bestehe nun aus mehreren maschinellen Anlagen. Die Anschaffungszeitpunkte, die Anschaffungspreise und die Nutzungsdauern der einzelnen Anlagen können gleich oder verschieden sein.

Sind die Nutzungsdauern gleich und fallen die Anschaffungszeitpunkte zusammen, dann entsteht im Zeitpunkt der Anschaffung ein Kapitalbedarf in Höhe der Summe der Anschaffungspreise, die für die Aggregate gezahlt werden müssen. Dieser Bedarf wiederholt sich in regelmäßigen Zeitabständen, wenn die Anlagen abgenutzt sind und erneuert werden müssen.

Sind dagegen die Anschaffungspreise und die Nutzungsdauern der Betriebsmittel gleich, werden sie aber zu verschiedenen Zeitpunkten angeschafft, dann ergibt sich eine andere Situation. Welche Aussagen lassen sich unter diesen Umständen über die Entwicklung des Kapitalbedarfs für die Anlagenerneuerung in Abhängigkeit von der Zeit machen?

Werden die gleichen Annahmen unterstellt, wie sie soeben für das nach 6 Zeiteinheiten ersetzte Aggregat gemacht wurden, hält man insbesondere daran fest, daß der Rückfluß der investierten Kapitalbeträge nicht gleichzeitig mit der Inbetriebnahme des Aggregates, sondern erst nach einer gewissen zeitlichen Verzögerung beginnt, daß sich also die Rückflußbeträge zeitlich überlappen, dann bleibt nur noch übrig, die Anschaffungszeitpunkte zeitlich gegeneinander zu verschieben, um zu untersuchen, ob sich auch unter diesen Umständen die Kapitalbedarfskurve glättet.

Beträgt die Differenz zwischen den Anschaffungszeitpunkten zweier Aggregate drei Zeiteinheiten, dann erhält man eine Kapitalbedarfsentwicklung, wie sie die Tabelle 3 zeigt:

Tabelle 3

Kapitalbedarf für Anlagen	Zeitpunkte														
	0	1	2	3	4	5	6	7	8	9	10	11	12	13	14
Anlage (1)	60	60	50	40	30	20	70	60	50	40	30	20	70	60	50
Anlage (2)				60	60	50	40	30	20	70	60	50	40	30	20
Kapitalbedarf F_t^*	60	60	50	100	90	70	110	90	70	110	90	70	110	90	70
Kapitalbedarf F_t	120	120	100	80	60	40	140	120	100	80	60	40	140	120	100

Das Maximum des Kapitalbedarfs F_t^* liegt im Beispiel bei 110 GE und das Minimum bei 70 GE, nachdem der zyklische Prozeß begonnen hat. In der Tabelle 3 ist unter die Zeile, welche die Kapitalbedarfsentwicklung für den Fall zeitlicher Staffelung der Anlagenanschaffungen

(Kapitalbedarf F_t^*) anzeigt, eine Zeile hinzugefügt, die die Kapitalbedarfsentwicklung (Kapitalbedarf F_t) für den Fall gleichzeitiger Installierung und Außerbetriebnahme der beiden Aggregate angibt (Zahlenwerte der Tabelle 2 für zwei Aggregate gerechnet). In diesem Fall erhält man nach Beginn des zyklischen Verlaufes ein Maximum des Kapitalbedarfs von 140 GE und ein Minimum des Kapitalbedarfs von 40 GE. Da das Maximum im Falle gestaffelter Maschinenerneuerung 110 GE und das Minimum 70 GE beträgt, zeigt sich, daß sich auch Kapitalbedarfskurven mit überlappender Kapitalbindung einnivellieren, wenn die Anschaffungszeitpunkte zeitlich gestaffelt werden.

Der Abstand der Kapitalbedarfskurve als ganzer von der Zeitachse läßt sich auch durch die Größe des Kapitalbetrages bestimmen, der von den betrieblichen Anlagen zwar schon in den Produktionsprozeß abgegeben wurde, aber noch nicht wieder zur Verfügung steht, da er durch Einzahlungen noch nicht wieder frei geworden ist. Dieser Bodensatz an gebundenem Kapital ist um so größer, je mehr sich die Prozesse zeitlich überlappen. Unter der Voraussetzung, daß die Prozesse in bestimmten Zeitabständen nacheinander beginnen, ist die Wirkung der Überlappung um so stärker, je länger die einzelnen Prozesse dauern, je größer also der zeitliche Abstand der Abgabe der Nutzleistung durch das Aggregat bzw. die Arbeitsoperation des Aggregates von dem Ende des Prozesses, das heißt dem Zahlungseingang ist. Die Summe aus der nach der technischen Leistungsabgabe des Aggregates noch erforderlichen Produktionszeit plus der Zeit, die zwischen dem Abgang vom Fertigfabrikatelager und der Einzahlung liegt, bestimmt die Lage der Kapitalbedarfskurve von Betriebsanlagen im Koordinatensystem (Abb. 3)[1].

In Abb. 3 zeigt die Kurve F_t^* den Verlauf der Kapitalbedarfskurve für den Fall zeitlicher Staffelung der Anlagenerneuerung, die Kurve F_t den Verlauf des Kapitalbedarfs für den Fall gleichzeitiger Erneuerung der Anlagen. Die Abbildung läßt deutlich die Glättung der Kurve F_t^* gegenüber der Kurve F_t erkennen.

Nivellierende Wirkungen zeitlich gestaffelter Prozeßanordnungen auf die Höhe des Kapitalbedarfs im Zeitablauf lassen sich also nicht

[1] Zwischen dem Ergebnis der hier vorgenommenen Analyse und den insbesondere von Ruchti durchgeführten Untersuchungen über diesen Gegenstand besteht kein grundsätzlicher Unterschied. Die Abweichungen im Ergebnis sind darauf zurückzuführen, daß in beiden Betrachtungsweisen der Kapitalfreisetzung unterschiedliche Zeitordnungen zugrunde gelegt werden. Ruchti unterstellt, daß der Kapitalrückfluß in den Abschreibungen zum Ausdruck kommt, während hier die Kapitalfreisetzung auf die Zeitordnungen der im Betrieb sich tatsächlich abspielenden Prozesse zurückgeführt wird. Eine Analyse des finanziellen Bereiches der Unternehmen macht eine derartige Terminierung notwendig. Vgl. hierzu: Ruchti, H., Die Bedeutung der Abschreibungen für den Betrieb, Berlin 1942, S. 39ff.; derselbe, Die Abschreibung, Stuttgart 1953, S. 91ff.

nur für produktbezogene Verbrauchsgüter und für Vorratsgüter auf Eingangs- und Ausgangslägern, sondern auch für Betriebsanlagen nachweisen. Sollte es sich bei den glättenden Wirkungen zeitlicher Staffelungen von Prozeßanordnungen um ein allgemeingültiges finanzwirtschaftliches Prinzip handeln, dann muß es sich auch für die nichtproduktbezogenen Grundprozesse nachweisen lassen. Dieser Nachweis soll nunmehr versucht werden.

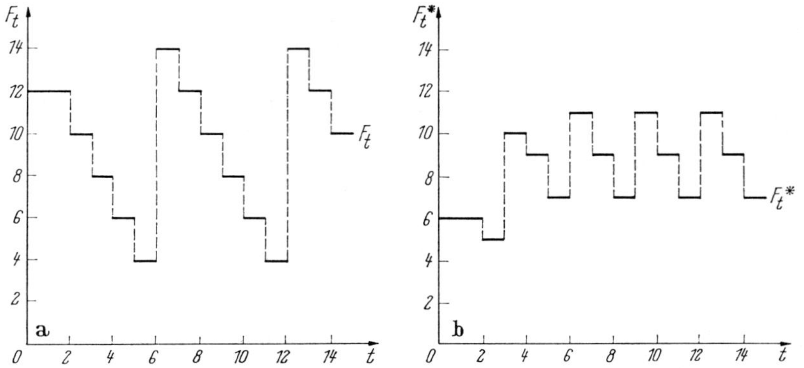

Abb. 3

5. Der Kapitalbedarf nichtproduktbezogener Arbeitsleistungen und Sachgüter.

Im gesamtbetrieblichen Ablauf gibt es nicht nur Prozesse, in denen eine direkte Beziehung zwischen den Auszahlungen für die zur Produktion bestimmter Erzeugnisse erforderlichen Sachgüter, Arbeits- und Dienstleistungen und den Einzahlungen für die verkauften Erzeugnisse besteht. Vielmehr existieren auch Prozesse, in die Güter und Dienste eingehen, die andere Funktionen haben als die Sachgüter, Arbeits- und Dienstleistungen, die die bisher behandelten Prozesse enthalten. Es handelt sich hierbei einmal um die Tätigkeiten, die der Leitung und Steuerung des Betriebsprozesses dienen, wie sie von der obersten Unternehmensleitung bis hin zur untersten Stufe der betrieblichen Führungshierarchie geleistet werden, dann auch um die Planungs- und Organisationsarbeiten und um alle Hilfsdienste und Hilfsmaterialien, ohne die der Betriebsablauf nicht reibungslos vonstatten gehen kann. Auch der betriebliche Sozialaufwand zählt hierher. Diesen Faktoreinsätzen und den ihnen entsprechenden Auszahlungen ist gemeinsam, daß sie nicht im eigentlichen Sinne produktbezogen sind. Aus diesem Grunde läßt sich nicht angeben, wann die durch Bezüge der Führungsgruppe oder überhaupt die durch Bezüge der mit dispositiven Aufgaben betrauten Personen gebundenen Kapitalbeträge wieder freigesetzt werden.

Zwischen der Tätigkeit dieser Betriebsangehörigen und den Grundprozessen besteht keine Beziehung derart, wie sie zwischen der arbeitenden Betätigung im Prozeß und am Produkt selbst charakteristisch ist. Die Arbeitsleistungen der mit dispositiven Aufgaben betrauten Personen gehen nicht in dem Sinne in das Fertigerzeugnis ein, daß sie diesem Erzeugnis unmittelbar zugeordnet werden können, eine Möglichkeit, die für die im strengen Sinne des Wortes produktbezogenen Arbeiten und Sachgüter vorhanden ist. So erhält ein Meister, der den Produktionsablauf in einer bestimmten Abteilung kontrolliert, sein Gehalt nicht für bestimmte Herstellungsarbeiten am Produkt, sondern dafür, daß er diese Arbeiten überwacht. Da sich diese überwachende Tätigkeit auf alle in einer Zeitperiode ablaufenden Prozesse erstreckt und keine Möglichkeit besteht anzugeben, wieviel von der überwachenden Tätigkeit eines Meisters auf diesen oder jenen Prozeß entfällt, können die Auszahlungen von Meistergehältern auch nicht einem bestimmten Prozeß oder einem bestimmten Prozeßbündel oder einer bestimmten Prozeßabfolge zugerechnet werden. Diese Situation ist für alle Abteilungsleiter, vor allem aber für die in der Unternehmensleitung Tätigen charakteristisch.

In den Preisen für die verkauften Erzeugnisse werden nicht nur die Auszahlungen für produktbezogene Verbrauchsgüter, sondern auch die Auszahlungen für über die Läger laufende Güter und die Auszahlungen für Betriebsanlagen vergütet. Nach Abzug dieser Auszahlungen verbleibt ein Einzahlungsrest, der als Einzahlungsäquivalent für geleistete Lenkungs-, Überwachungs- und Hilfsdienste anzusehen ist. Stellt man den kumulierten Auszahlungen für derartige Leistungen die kumulierten Einzahlungsreste gegenüber, dann erhält man den Kapitalbedarf für den Steuerungsapparat der Unternehmung[1].

Bei den Auszahlungen handelt es sich im wesentlichen um Gehälter, Versicherungsleistungen, Hilfsmaterialien, auch um Steuern der verschiedensten Art. Für den größten Teil dieser Auszahlungen ist charakteristisch, daß sie terminlich gebunden sind. Die Gehälter werden in der Regel monatlich, die Prämien und Gebühren monatlich, aber auch vierteljährlich oder halbjährlich, die Mieten ebenfalls zu bestimmten Zeitpunkten, die Steuervorauszahlungen vierteljährlich oder auch monatlich usf. bezahlt. Nur die Hilfsstoffe werden zu unregelmäßigen Zeitpunkten eingekauft und bezahlt.

Es gibt also auch für den Fall der Steuerungsdienste Auszahlungsterminierungen der verschiedensten Art. Daher stellt sich die Frage, wie sich derartige zeitliche Unterschiede auf die zeitliche Entwicklung des Kapitalbedarfs auswirken.

---

[1] Gewinne werden hier grundsätzlich nicht dem Kapitalbedarf, sondern dem Kapitalfonds zugerechnet (vgl. die Ausführungen im zweiten Teil dieser Untersuchung).

Angenommen, es müssen drei Auszahlungen A, B und C für derartige Dienste geleistet werden. Die Auszahlung A wiederhole sich monatlich, die Auszahlung B dagegen vierteljährlich und die Auszahlung C schließlich halbjährlich. Nimmt man an, daß es Zeitpunkte gibt, an denen A, B und C gemeinsam gezahlt werden müssen (zum Beispiel am 1. Januar und am 1. Juli), dann erhält man zum ersten gemeinsamen Termin Auszahlungen in Höhe des finanziellen Aufwandes für A, B und C. Da aber in den Einzahlungsresten für die verkauften Erzeugnisse Auszahlungsäquivalente für A, B und C enthalten sein müssen, können die nächsten Auszahlungen der Art A aus Rückflüssen der Einzahlungsarten B und C finanziert werden. Das Nivellierungsphänomen wird hier bereits sichtbar.

Wenn die Situation dagegen dadurch gekennzeichnet ist, daß die Auszahlungen A, B und C zeitlich so gegeneinander verschoben sind, daß ihre Termine nicht zusammenfallen, dann verstärkt sich die nivellierende Wirkung der Prozeßstaffelung, weil nun niemals finanzielle Anforderungen in Höhe der Summe der Auszahlungen A, B und C entstehen können, die Kapitalbedarfskurve also niemals so große Sprünge aufweist wie immer dann, wenn die finanziellen Anforderungen gleichzeitig befriedigt werden müssen.

Liegen die Auszahlungstermine für die einzelnen Auszahlungen A und die Auszahlungstermine für die einzelnen Auszahlungen B und C nahe beieinander, dann wird die glättende Wirkung der Prozeßstaffelung nicht groß sein.

Auch im Bereich der Auszahlungen und Einzahlungen für nicht produktbezogene Sachgüter, Arbeits- und Dienstleistungen läßt sich also die Tendenz zur Nivellierung der Kapitalbedarfskurve nachweisen. Angesichts der besonderen Verhältnisse in diesem Funktionsbereich, nämlich der verhältnismäßig festen Terminierung der Auszahlungen, erscheint es jedoch nicht sehr wahrscheinlich, daß diese Tendenz besonders ausgeprägt in Erscheinung tritt.

Der nivellierende Einfluß von Prozeßstaffelungen auf die Höhe und zeitliche Verteilung des Kapitalbedarfs hat sich auch für nichtproduktbezogene Grundprozesse nachweisen lassen. Trotz vieler Abweichungen im einzelnen stimmen die Ergebnisse dieser Analyse mit den Ergebnissen der Untersuchungen über den Einfluß überein, den Prozeßanordnungen auf den Kapitalbedarf für produktbezogene Verbrauchsgüter, Lagerergänzungen und Anlageerneuerungen ausüben. Mithin handelt es sich bei der Prozeßanordnung um ein güterwirtschaftliches Prinzip von allgemeiner Bedeutung für die Vorgänge im finanziellen Bereich der Unternehmen, um ein güterwirtschaftliches Prinzip zugleich mit finanziellen Folgen von höchster betriebswirtschaftlicher Bedeutung.

6. Die formale Bestimmung des gesamtbetrieblichen Kapitalbedarfs im Zeitablauf.

Faßt man das betriebliche Geschehen in allen seinen Teilbereichen als einen einheitlichen Prozeß auf und stellt man sich ihn als aus einem System von Auszahlungen und Einzahlungen bestehend vor, dann fügen sich die bisher untersuchten Folgen und Abwandlungen der Grundprozesse ebenfalls zu einer Einheit zusammen. Das System der Auszahlungen besteht erstens aus Auszahlungen für die Beschaffung lagerfähiger Werkstoffe, zweitens aus Auszahlungen für Arbeits- und Dienstleistungen unmittelbar produktbezogener Art und für Werkstoffe, die nicht über Läger laufen, drittens aus Auszahlungen für nicht produktbezogene Arbeitsleistungen und Sachgüter, die der Steuerung und Sicherung des gesamtbetrieblichen Vollzuges dienen, und viertens aus Auszahlungen, die durch die Anschaffung und Erneuerung von Betriebsanlagen verursacht werden. Reduziert man die Auszahlungen eines Unternehmens auf diese vier betriebswirtschaftlich relevanten Auszahlungsarten, dann erhält man ein System von Auszahlungen, das zyklisch verläuft, solange die zeitlichen Ordnungen, in denen es sich vollzieht, gegeben und konstant sind.

Dem so strukturierten System von Auszahlungen steht das System von Einzahlungen gegenüber. Diese Einzahlungen vollziehen sich ebenfalls in einem zeitlichen Rhythmus. Er ist durch die Endzeitpunkte der Grundprozesse festgelegt. Ohne Bedeutung ist es, ob es sich um Einprodukt- oder um Mehrproduktunternehmen handelt, und ob das Ergebnis der betrieblichen Betätigung des Unternehmens aus Sachgütern, Arbeits- oder Dienstleistungen besteht.

Die in den Einzahlungen enthaltenen Auszahlungsäquivalente fließen nicht in die Verwendungen zurück, aus denen sie stammen. Ein bestimmter Einzahlungsbetrag muß nicht mit Notwendigkeit wieder für die Bezahlung der gleichen Sachgüter oder der gleichen Arbeitsleistung oder Dienstleistung Verwendung finden, für dessen Bezahlung er in dem vorhergehenden Prozeß benutzt wurde. Vielmehr besteht durchaus die Möglichkeit, daß ein Einzahlungsbetrag, der den Gegenwert für ein bestimmtes, im Produktionsprozeß verwandtes Rohmaterial bildet, nunmehr in die Bezahlung eines völlig anderen Rohmaterials oder einer maschinellen Anlage oder einer Dienstleistung hineinfließt. Die Einzahlungsteile sind also nicht verwendungs- oder objektgebunden, von ihnen kann vielmehr in der unterschiedlichsten Weise für die Bezahlung von kurz- und langlebigen Sachgütern und Arbeitsleistungen dispositiver oder ausführender Art Gebrauch gemacht werden. So strömen denn Einzahlungsäquivalente, die aus dem Umlaufvermögen eines Unternehmens stammen, in den Bereich des Anlagevermögens hinein, wenn sie frei sind und im Augenblick für die Auffüllung von Vorratslägern nicht benötigt werden. Andererseits besteht durchaus die Möglichkeit, daß Einzahlungen, die den Gegenwert von Leistungsabgaben langlebiger Produktionsgüter bilden, für völlig andere Aufgaben, zum Beispiel für die Bezahlung von Versicherungsleistungen, verwandt werden. Im System der Wege, denen die Einzahlungen bei ihrer Wiederverausgabung folgen, verwischen sich die Grenzen zwischen Anlage- und Umlaufvermögen. Kein Einzahlungsbetrag ist gewissermaßen prädestiniert für bestimmte Auszahlungen. In dem Prozeß der finanziellen Wiederverwendung von Einzahlungen werden die Grenzen zwischen Anlage- und Umlaufvermögen beliebig überschritten. Für welche Zwecke ein bestimmter Auszahlungsbetrag, der jetzt für die Begleichung einer Verpflichtung aus einer bestimmten Warenlieferung benutzt wird, früher, vor seinem Wieder-Geldwerden, verwandt wurde, läßt sich in der Regel überhaupt nicht sagen. Dieser stetige Wechsel der Verwendungsarten und -richtungen, dem die Einzahlungen unterliegen, bildet ein Konstitutionsmerkmal des finanziellen Bereichs der Unternehmen.

Eine Funktion, die über den gesamten Kapitalbedarf, soweit er bisher analysiert wurde, Aufschluß gibt, muß mehrere Arten von Auszahlungen enthalten,

erstens Auszahlungen, die durch die Verwendung produktbezogener Sachgüter, Arbeits- und Dienstleistungen verursacht werden,

zweitens Auszahlungen, die für die über Vorratsläger geleiteten Sachgüter geleistet werden,

drittens Auszahlungen, die im Zusammenhang mit der Beschaffung und Erneuerung von Betriebsanlagen entstehen, und

viertens Auszahlungen, die den Gegenwert für nicht produktbezogene Arbeits- und Dienstleistungen, auch Sachgüter, bilden.

Diesen vier Auszahlungsarten stehen die Einzahlungen aus dem Verkauf der Sachgüter oder der Leistung von Diensten gegenüber. In jeder aus dem betrieblichen Umsatzprozeß stammenden Einzahlung sind Gegenwerte für die vier Auszahlungsarten enthalten. Gewinne und Verluste schlagen sich nicht im Kapitalbedarf, sondern im Kapitalfonds nieder.

Die formale Darstellung der Funktion für den Kapitalbedarf der Unternehmung hat zu berücksichtigen, daß von einer Folge zeitlich fest strukturierter Prozesse ausgegangen wird. Sie können sowohl gleichzeitig als auch gestaffelt beginnen. Für die formale Darstellung des Problems ist dieser Umstand ohne Bedeutung.

In einer Periode mit T Zeitintervallen läuft eine Folge von zeitlich fixierten Grundprozessen ab. Die Auszahlungen für unmittelbar produktbezogene Sachgüter, Arbeits- und Dienstleistungen (Auszahlungsart 1), die für den Prozeß p $(p = 1, \ldots, m)$ der Folge für den Faktor n $(n = 1, \ldots, n_1)$

zum Zeitpunkt t erforderlich sind, sollen mit a_{1pnt} bezeichnet werden. Die Gesamtauszahlungen ergeben sich durch Summation über alle Prozesse und alle Faktoren (Sachgüter, Arbeits- und Dienstleistungen); für den Zeitpunkt t betragen sie

$$a_{1t} = \sum_{p=1}^{m} \sum_{n=1}^{n_1} a_{1pnt} \qquad (t = 0, 1, \ldots, T).$$

Die kumulierten Auszahlungen der Art 1 betragen bis zum Zeitpunkt t für die betrachtete Prozeßfolge

$$F_{1t} = \sum_{\tau=0}^{t} a_{1\tau} \qquad (t = 0, 1, \ldots, T).$$

In gleicher Weise lassen sich für die Auszahlungsarten 2 und 3 die Auszahlungen in jedem Zeitpunkt der betrachteten Periode ermitteln. Sie werden analog mit a_{2t} und a_{3t} bezeichnet. Diese Ausgaben sind ebenfalls zu kumulieren.

Die nicht produktbezogenen Auszahlungen (Art 4) fallen unabhängig von den Prozeßfolgen an. Es handelt sich hier im wesentlichen um Auszahlungen für Lenkungs-, Überwachungs- und Sicherungsaufgaben im Betriebsprozeß. Sie seien mit dem Symbol a_{4t} bezeichnet. Auch sie sind zu kumulieren.

Um eine Gesamtkapitalbedarfsfunktion angeben zu können, müssen die Einzahlungen e_{pt} des Prozesses p in dem Zeitpunkt t berücksichtigt werden. Alle Einzahlungen zum Zeitpunkt t belaufen sich auf

$$e_t = \sum_{p=1}^{m} e_{pt}.$$

Damit kann die Gesamtkapitalbedarfsfunktion wie folgt zusammen gesetzt werden

$$F_t = \sum_{\tau=0} (a_{1\tau} + a_{2\tau} + a_{3\tau} + a_{4\tau} - e_\tau) \qquad (t = 0, 1, \ldots, T).$$

Drittes Kapitel

Der Einfluß der Prozeßgeschwindigkeit auf den Kapitalbedarf

1. Betriebliche Gegebenheiten und methodische Voraussetzungen.

Die Untersuchungen über den Einfluß der Prozeßanordnung auf die Höhe und zeitliche Verteilung des Kapitalbedarfs beruhen auf der Voraussetzung, daß die analysierten Prozesse eine bestimmte zeitliche Struktur besitzen. Diese Struktur ist als konstant angenommen, weil sich nur auf diese Weise die untersuchte Beziehung zwischen der zeitlichen Anordnung der Prozesse und dem Kapitalbedarf der Unternehmen isolieren und von anderen Größen, die ebenfalls den Kapitalbedarf beeinflussen, abgrenzen läßt.

Die Untersuchung der Beziehung zwischen Prozeßgeschwindigkeit und Kapitalbedarf erfordert andere Voraussetzungen, insbesondere die Voraussetzung, daß es möglich sein muß, den zeitlichen Ablauf der Prozesse in einer dem Untersuchungszweck entsprechenden Weise zu variieren. Unter Prozeßgeschwindigkeit soll der zeitliche Abstand zwischen zwei oder mehreren Ereignissen verstanden werden, die in einem durch den Betriebszweck bestimmten Zusammenhang miteinander stehen. In diesem Sinne wird hier Prozeßgeschwindigkeit als Prozeßdauer, Prozeßzeit oder Zeitbedarf je Prozeß verstanden. So wird die Geschwindigkeit des Lagerprozesses durch den zeitlichen Abstand zwischen dem Eingang eines Gutes auf dem Lager und seinem Abgang von dem Lager verstanden. Der Ausdruck Geschwindigkeit kann hierbei insofern zu Beanstandungen Anlaß geben, als sich das Gut in der in Frage stehenden Zeit nicht bewegt, ein Differenzieren nach der Zeit also nicht möglich ist. Der physikalische und der betriebswirtschaftliche Geschwindigkeitsbegriff, so wie er hier verstanden wird, unterscheiden sich also voneinander.

Zunahme der Prozeßgeschwindigkeit bedeutet in dem angeführten Beispiel lediglich, daß sich der zeitliche Abstand zwischen dem Eingang auf dem Lager und dem Abgang von dem Lager, also die Lagerdauer, verkürzt, Abnahme der Prozeßgeschwindigkeit dagegen, daß sich der zeitliche Abstand zwischen diesen beiden Ereignissen, also die Lagerdauer verlängert.

Die Ursachen, auf die sich Änderungen der Prozeßgeschwindigkeit zurückführen lassen, können einmal im güterwirtschaftlichen, zum anderen aber auch im finanzwirtschaftlichen Bereich der Unternehmen liegen.

Im güterwirtschaftlichen Bereich lassen sich Datenänderungen nachweisen, die sich der Kontrolle des Unternehmens ganz oder zum Teil entziehen, andererseits aber auch Änderungen in den Daten des gesamtbetrieblichen Geschehens, die von der Leitung des Unternehmens bewußt herbeigeführt werden, um ein höheres Maß an betrieblicher Rationalität und damit Geschwindigkeit des Kapitaldurchlaufs zu erreichen.

Wenn sich die Absatzgeschwindigkeit für die Erzeugnisse des Unternehmens ändert, dann kann diese Änderung im Absatzbereich einmal auf gesamtwirtschaftliche Umstände zurückzuführen sein, zum anderen aber auch auf eine bewußte, neue Ziele setzende Absatzpolitik des Unternehmens[1]. In gleicher Weise besteht jederzeit die Möglichkeit, daß sich die Beschaffungsquellen des Unternehmens verschlechtern oder verbessern, daß sich also Änderungen in der Vorratshaltung einstellen, auf die das Unternehmen verhältnismäßig wenig Einfluß hat, und mit denen es auf irgendeine Weise fertig werden muß. Die Änderungen im Vorratsvolumen können aber auch auf eine bewußt rationellere Lagerhaltungspolitik zurückzuführen sein. Auf der anderen Seite lassen sich genug Fälle finden, in denen das Anwachsen der durchschnittlichen Lagerbestände über das betriebswirtschaftlich vertretbare Maß hinaus durch personelle oder organisatorische Mängel verursacht ist. Auch im engeren Bereich der betrieblichen Leistungserstellung, insbesondere der Erzeugung, Fertigung oder Veredlung sind jederzeit Kräfte wirksam, die im einen Falle eine Beschleunigung des Prozeßablaufes, im anderen Falle eine Verlangsamung des Prozeßablaufes verursachen. Die Betriebsleitung wird im allgemeinen auf eine Beschleunigung der betrieblichen Prozedur drängen. Insbesondere wird sie durch arbeitsorganisatorische und verfahrenstechnische Maßnahmen ihr Ziel zu erreichen bemüht sein. Aber retardierende Umstände können diesem Bemühen entgegenstehen und die Prozeßgeschwindigkeit auf ein geringeres Maß bringen[2].

---

[1] Unter Absatzgeschwindigkeit wird hier Absatzmenge je Zeiteinheit verstanden.

[2] Die Ursachen, die zu einer Änderung der Prozeßgeschwindigkeit führen, können mannigfaltiger Art sein. Außer in organisatorischen Maßnahmen können sie auch darin bestehen, daß die Beschäftigung eines Unternehmens variiert wird, indem das Unternehmen bei konstanter oder reduzierter Kapazität und Arbeitszeit die Leistungsinanspruchnahme seiner betrieblichen Einrichtungen erhöht oder vermindert (intensitätsmäßige Anpassung). Somit variiert die Zeitdauer eines Prozesses, das heißt die Prozeßgeschwindigkeit. Eine solche auf Beschäftigungsvariation zurückzuführende Änderung der Prozeßgeschwindigkeit führt grundsätzlich zu den gleichen finanziellen Konsequenzen wie Änderungen der Prozeßgeschwindigkeit, die auf organisatorische Maßnahmen zurückzuführen sind. Im einzelnen stellen sich jedoch Besonderheiten ein, die es angebracht erscheinen lassen, die finanziellen Wirkungen der intensitätsmäßigen Anpassung in Analogie zu den entsprechenden produktions- und kostentheoretischen Überlegungen (vgl.

In der mit dem güterwirtschaftlichen Bereich gekoppelten finanziellen Sphäre lassen sich ähnliche Situationen aufweisen. Die Zahlungsgewohnheiten der Kunden ändern sich. Die Ursachen hierfür können in Umständen liegen, die die Leitung des verkaufenden Unternehmens kennt und beherrscht, aber auch in Umständen, die sich der Beeinflussung durch die Leitung des Unternehmens entziehen. Die liefernden Unternehmen können ihre Zahlungsbedingungen ändern, und das Unternehmen selbst hat die Möglichkeit, aus Gründen, die in seinen eigenen betrieblichen Umständen liegen, zu bestimmen, in welchem Maße es die eingeräumten Zahlungsziele ausnutzt.

Vollziehen sich zugleich parallel oder entgegengesetzt verlaufende Änderungen im Zeitgefüge der güterwirtschaftlichen und der mit ihnen verbundenen finanziellen Bereiche, so lassen sich derartige Zeitvariationen auch für den Kapitalfonds, aus dem das Unternehmen seinen Kapitalbedarf befriedigt, nicht grundsätzlich ausschließen. Bezieht man die möglichen Variationen der Einzahlungen in den Kapitalfonds und der Auszahlungen aus diesem Fonds in das System möglicher Zeitvariationen ein, dann bildet ein solches System von sich ändernden Prozeßgeschwindigkeiten und Kapitalfondsvariationen die betriebliche Wirklichkeit realistisch ab. In diesem Falle ändern sich sowohl die güterwirtschaftlichen als auch die an den Umsatzprozeß gekoppelten finanziellen Zeiten und die Fondszeitordnungen. Das gesamte betriebliche Zeitsystem vibriert in der Tat ständig. Es kann aus diesen Gründen zu finanziellen Überspannungen kommen, die die finanzielle Zeitordnung und damit das Gesamtsystem des unternehmungswirtschaftlichen Geschehens sprengen. Das Problem der Liquiditätsvorsorge hat in diesen, sich ständig ändernden güterwirtschaftlichen und finanziellen Zeiten seinen ihm aus der Sache heraus zukommenden Platz.

Die sich aus dieser Situation ergebenden Fragen nach dem Zusammenhang zwischen Änderungen der Prozeßgeschwindigkeit und dem Kapitalbedarf des Unternehmens sollen in diesem Abschnitt zunächst in einem verhältnismäßig engen Rahmen analysiert werden. Eng insofern, als angenommen wird, daß das Unternehmen, in dem sich die Änderungen im zeitlichen Ablauf der betrieblichen Geschehnisse abspielen, seine Kapazität und seinen Geschäftsumfang nicht variiert. Durch diese Annahme soll erreicht werden, daß der Einfluß, den Änderungen des Beschäftigungsniveaus und Änderungen der Wachstumsrate auf den Kapitalbedarf der Unternehmen ausüben, außerhalb des hier zunächst erörterten Fragenkomplexes bleibt.

Band I) der Anpassungsformen im Rahmen der Untersuchungen über den Einfluß von Beschäftigungsschwankungen auf den Kapitalbedarf der Unternehmen zu erörtern; vgl. die Ausführungen im vierten Kapitel.

2. Der Einfluß von Änderungen der Prozeßgeschwindigkeit im güterwirtschaftlichen Bereich auf den Kapitalbedarf.

2a. Im Fall paralleler Prozeßanordnung erhält man ein System von Grundprozessen mit gleichzeitigem Beginn und gleichzeitiger Beendigung der Prozesse in ständiger Abfolge und Wiederkehr. Können neue Prozesse immer erst dann eingeleitet werden, wenn die Einzahlungen aus den vorhergehenden Prozessen eingegangen sind, überlappen sich die Prozesse also nicht, dann erreicht der Kapitalbedarf sein Maximum, wenn die letzte Auszahlung geleistet ist. Sind die Erlöse aus dem Verkauf der Produkte eingegangen, dann sinkt der Kapitalbedarf auf Null, um später von neuem anzusteigen.

Derartig ablaufende Grundprozesse mögen einen bestimmten Zeitverbrauch für die Lagerung von Werkstoffen und Rohmaterialien, die Durchführung der Erzeugungs-, Fertigungs- oder Veredelungsprozesse und die Lagerung der Fertigerzeugnisse aufweisen. Werden die Zahlungsgewohnheiten der Käufer und des Unternehmens selbst als konstant angenommen, bleibt also die zeitliche Ordnung der finanziellen Vorgänge fixiert, erhöht sich aber aus irgendeinem, hier zunächst noch nicht interessierenden Grunde die Prozeßgeschwindigkeit in einem der drei güterwirtschaftlichen Bereiche, dann läuft der gesamtbetriebliche Prozeß schneller ab als bisher. Die Aus- und Einzahlungstermine, die den Prozeß begrenzen, rücken näher aneinander. Benötigte der Gesamtprozeß mit seinen fünf Phasen bisher einen Zeitverbrauch von sieben Zeiteinheiten, so mag er nach der Erhöhung der Prozeßgeschwindigkeit nur noch sechs Zeiteinheiten dauern. Das in den Prozessen investierte Kapital ist dann bereits nach sechs Zeiteinheiten zurückgeflossen. Das Minimum des Kapitalbedarfs liegt nunmehr bei den Zeitpunkten 0 und 6, das Maximum des Kapitalbedarfs tritt zwischen diesen beiden Zeitpunkten auf. Das Niveau der Kapitalbedarfskurve ändert sich jedoch nicht. Schließen nunmehr die aufeinanderfolgenden Prozesse nach sechs Zeiteinheiten aneinander an, dann würde dieser Vorgang bedeuten, daß das Produktionsvolumen des Unternehmens sich erhöht. Mit dieser Steigerung des Produktionsvolumens wird jedoch gegen die Annahme konstanten Geschäftsumfanges verstoßen.

Der Anlaß zur Änderung der Prozeßgeschwindigkeit möge darin bestehen, daß es dem Unternehmen gelungen ist, den Lagerhaltungsprozeß durch wirtschaftlichere Methoden der Vorratshaltung auf Ausgangslägern zu verbessern. Das Unternehmen hat erreicht, daß die von ihm produzierten Gegenstände die Fertigfabrikateläger in kürzerer Zeit passieren, als es bisher möglich gewesen ist. Der durchschnittliche Lagerbestand ist reduziert worden. Der Lagerumschlagskoeffizient ist gestiegen. Der Wert, den dieser Quotient im Zähler enthält (den Lagerumsatz), ist gleichgeblieben, aber der Wert im Nenner (der durchschnittliche Lagerbestand) hat sich vermindert. Die Rationalisierungsmaßnahmen haben Erfolg gehabt. Die Erzeugnisse des Unternehmens liegen eine kürzere Zeit als bisher auf Lager. Wenn die Käufer von der Zielgewährung unverändert Gebrauch machen, rücken die Einzahlungszeitpunkte um die auf Ausgangslagern eingesparten Zeiten näher an die Auszahlungszeitpunkte heran. Da die durchschnittlich unterhaltenen Warenbestände geringer sind als die vor Änderung der Lagerorganisation für notwendig erachteten Warenbestände, wird ein Teil der Lagerkapazität frei. Solange diese nunmehr unproduktiv gewordene Kapazität nicht abgebaut und das in ihr investierte Kapital durch Veräußerung oder anderweitige Verwendung nicht frei gemacht wird, bleibt der auf sie entfallende Kapitalbetrag im Kapitalbedarf enthalten. Die Kurve des Kapitalbedarfs ist um diesen Bindungsbetrag höher, als sie sein würde, wenn das Unternehmen aus der neuen Kapazitätssituation die Konsequenzen gezogen und die Kapazität abgebaut hätte. Es zeigt sich also, daß sich bei gleichzeitig eingeleiteten Prozessen oder Prozeßfolgen die Kapitalbedarfsmaxima notwendig nur soweit reduzieren, wie durch geringere Lagerbestände der Kapitalbedarf sinkt, wenn Maßnahmen im Lagerbereich der Fertigerzeugnisse zu Rationalisierungserfolgen führen.

Gelingt es der Leitung des Unternehmens, den Lagerprozeß auf Eingangslagern zu rationalisieren und die durchschnittliche Wartezeit der für die Erzeugung oder die Fertigung benötigten Materialien zu verkürzen, dann ergibt sich eine ähnliche Situation, wie sie soeben für die Vorratshaltung auf Ausgangslagern nachgewiesen wurde. Bleiben alle güterwirtschaftlichen Prozesse bis auf den Eingangslagerbereich unverändert, ändern also die Lieferanten ihre Zahlungsziele nicht und hält das kaufende Unternehmen die Dauer seiner Zielinanspruchnahme bei, dann rücken die Auszahlungszeitpunkte für den Materialeinkauf näher an die Einzahlungszeitpunkte heran. Bei gleichbleibenden Umsätzen auf den Eingangslagern und bei durchschnittlich geringerem Bestand (bezogen auf die gleiche Zeiteinheit) steigt der Lagerumschlagskoeffizient. Das Unternehmen kann nun im Durchschnitt später einkaufen. Störungen des Materialdurchlaufs sind trotz niedrigeren Durchschnittsbestandes nicht zu erwarten. Beträgt die Zeiteinsparung auf den Lagern wiederum eine Zeiteinheit, dann dauert der Prozeß nicht mehr sieben, sondern nur noch sechs Zeiteinheiten. Die Maxima und Minima des Kapitalbedarfs für den Gesamtprozeß ändern ihre Höhe nicht. Jedoch vermindert sich die Dauer der Kapitalbindung.

Der beschleunigte Lagerdurchgang gibt jedoch Lagerkapazität frei. Sie kann vollständig abgebaut oder einer anderen Verwendung zugeführt werden. Solange keine derartige Maßnahme ergriffen ist, bleibt diese

Kapitalbindung im Kapitalbedarf enthalten und bestimmt auf diese Weise seine Höhe mit.

2b. Die Ursache für eine Beschleunigung des Prozesses kann auch darin bestehen, daß durch arbeitsorganisatorische oder verfahrenstechnische Änderungen des Erzeugungs-, Fertigungs- oder Veredelungsprozesses der Zeitraum abgekürzt wird, den die Güter in diesem güterwirtschaftlichen Bereich durchlaufen. Gelingt eine derartige Maßnahme, dann wird die Kapazität der Arbeitsplätze und maschinellen Apparaturen stärker ausgelastet, die Leerzeiten verringern sich, Zwischenlagerungen werden reduziert, der Materialdurchfluß wird beschleunigt. In einer Zeiteinheit lassen sich mehr Erzeugnisse herstellen, fördern oder veredeln, als es unter den früheren Verhältnissen möglich war. Benötigte die Herstellung eines Erzeugnisses bisher drei Zeiteinheiten und ist es gelungen, den Zeitverbrauch für das Erzeugnis auf zwei Zeiteinheiten herabzusetzen, dann kann in einer bestimmten Zeitperiode eine größere Anzahl von Erzeugnissen hergestellt werden, als es bisher möglich war. Wird die Voraussetzung, daß das Produktionsvolumen unverändert bleiben soll, aufrechterhalten, dann macht die Erhöhung der Prozeßgeschwindigkeit im Bereich der betrieblichen Leistungserstellung Produktionskapazität frei. Da die Herstellung jedes Stückes nunmehr eine geringere Zeit erfordert als vorher, läßt sich die verlangte Stückzahl mit einer geringeren Zahl von Arbeitsplätzen und maschinellen Anlagen herstellen. Die Kapitalbedarfskurve enthält den auf diese nicht mehr benötigte Kapazität entfallenden Kapitalbindungsbetrag, solange dieser Betrag nicht durch entsprechende Maßnahmen frei gemacht wird. Da in den hergestellten Erzeugnissen die gleichen Kapitalbeträge für die nicht über Lager laufenden und die zunächst auf Lager genommenen Werkstoffe, für Arbeits- und Dienstleistungen, auch für Anlagennutzung enthalten sind, ändert sich insofern die Höhe des Kapitalbedarfs, also die Lage der Maxima und Minima, nicht. Dagegen verkürzt sich der Zeitbedarf, den der Gesamtprozeß benötigt.

Solange also die beiden Voraussetzungen bestehenbleiben, daß sich die Grundprozesse nicht überlappen und daß das Geschäfts-, insbesondere das Produktionsvolumen unverändert bleibt, ändert sich, falls dem Prozeß eine größere Geschwindigkeit gegeben wird, die Kapitalbindungsdauer je Prozeß, weil die Aus- und Einzahlungszeitpunkte näher aneinander heranrücken. Die Höhe des Kapitalbedarfs, gemessen an seinem Maximum, aber bleibt unverändert. Insofern besteht unter den angegebenen Bedingungen keine Abhängigkeit zwischen Kapitalbedarf und Prozeßgeschwindigkeit. Jedoch wird in den güterwirtschaftlichen Bereichen, in denen die Änderung der Prozeßgeschwindigkeit ausgelöst wird, Kapazität freigesetzt. Das in dieser Kapazität gebundene Kapital bleibt so lange im Kapitalbedarf und damit im Volumen der Kapitalbindung enthalten, als es nicht gelingt, die ungenutzten Kapazitäten zu beseitigen.

Verlangsamt sich die Prozeßgeschwindigkeit aus Gründen, die in jedem der drei güterwirtschaftlichen Teilbereiche liegen können und hier nicht im einzelnen aufgeführt werden sollen, dann bleibt jedes hergestellte, gewonnene oder veredelte Erzeugnis eine längere Zeit auf dem Ausgangslager liegen, wenn die Ursache für die Abnahme der Prozeßgeschwindigkeit im Absatzbereich der Unternehmen zu suchen ist. Bleiben die Zeiten und Terminierungen in den beiden anderen güterwirtschaftlichen Bereichen unverändert, dann kann die Bedingung konstanten Geschäftsvolumens nur erfüllt werden, wenn die Kapazität der Ausgangsläger erhöht wird. Ist also ein Unternehmen gegeben, dessen Kapazitäten bei einer gegebenen und konstanten Prozeßgeschwindigkeit in allen güterwirtschaftlichen Teilbereichen voll ausgelastet sind, dann muß zusätzlich Kapital investiert werden, um die erforderlichen Lagermöglichkeiten zu schaffen. Liegen die Ursachen für eine Verlangsamung des Prozesses im Beschaffungsbereich und benötigen die Vorratsgüter eine längere Zeit, um die Läger zu durchlaufen, dann muß ebenfalls neue Lagerkapazität geschaffen werden, wenn das Geschäftsvolumen aufrechterhalten werden soll. Der Kapitalbedarf steigt. Die gleichen Konsequenzen ergeben sich, wenn die Produktionskapazität infolge der verlangsamten Prozeßgeschwindigkeit nicht ausreicht, den bisherigen Umfang zu halten.

Die Verminderung der Prozeßgeschwindigkeit dehnt den Gesamtprozeß zeitlich aus, rückt also die Aus- und Einzahlungen weiter auseinander. Die Kapitalbindung erstreckt sich über einen längeren Zeitraum. Das Kapitalbindungsvolumen nimmt zu. Aber die Höhe des Kapitalbedarfs, gemessen an dem Maximum des Kapitalbedarfs, ändert sich nicht. Jedoch kann mit diesem Kapitalbedarf nur eine geringere Zahl von Prozessen durchgeführt werden. Das Produktionsvolumen wird dann nicht auf dem geforderten Stand gehalten. Soll dieses Volumen unverändert bleiben, dann entsteht ein zusätzlicher Kapitalbedarf, der das Maximum der Kapitalbedarfskurve nach oben verschiebt.

Wählt man eine etwas andere Ausgangslage und nimmt man an, daß das Unternehmen Kapazität frei hat, um das Geschäftsvolumen auch im Fall verlangsamter Prozeßgeschwindigkeit halten zu können, dann würde es sich erübrigen, in den drei güterwirtschaftlichen Teilbereichen zusätzliche Kapazität zu schaffen, solange die freie Kapazität groß genug ist, um den aus der Verlangsamung des Prozesses stammenden Mehrverbrauch an Zeit aufzufangen. Unter diesen Umständen tritt an die Stelle von Neuinvestitionen die Mobilisierung bereits vorhandener, aber nicht genutzter Kapazität. Das in dieser Kapazität gebundene Kapital fließt nunmehr zurück.

2c. Wenn zwar die Voraussetzung aufgegeben wird, daß die Grundprozesse erst dann von neuem begonnen werden können, wenn das in den vorhergehenden Prozessen investierte Kapital wieder zurückgeflossen ist, jedoch die Voraussetzung konstanten Geschäftsvolumens aufrechterhalten bleibt, dann zeigt sich, daß Änderungen der Prozeßgeschwindigkeit zum Teil die gleichen Folgen für die Entwicklung des Kapitalbedarfs aufweisen wie für den Fall nicht überlappender Prozeßanordnung. Zum Teil aber führen sie zu völlig anderen Konsequenzen. Die Abhängigkeit der Höhe des Kapitalbedarfs von der Prozeßgeschwindigkeit ist dann anders zu bestimmen.

Die Grundprozesse sollen so angeordnet sein, daß sie zeitlich um bestimmte Intervalle gegeneinander verschoben sind. Die Einzahlungen aus bereits eingeleiteten und vollzogenen Prozessen fallen in den Ablauf noch nicht beendeter Prozesse. Sie können für die Begleichung von Auszahlungen verwandt werden, die die später begonnenen Prozesse verursachen. Die zeitliche Verschiebung hat zur Folge, daß sich die Kapitalbedarfskurve glättet.

In der zeitlichen Struktur, die die Grundprozesse aufweisen, kommt die Geschwindigkeit zum Ausdruck, mit der die Prozesse ablaufen. Wenn also ein Prozeß neun Zeiteinheiten dauert, die sich in einer bestimmten Weise auf die Vorgänge in den drei güterwirtschaftlichen Bereichen verteilen, dann erhält durch diese Dauer das gesamte Aus- und Einzahlungssystem eine bestimmte zeitliche Struktur, die sich in dem Verlauf der Kapitalbedarfskurve spiegelt. Wird die zeitliche Struktur des Aus- und Einzahlungssystems dadurch geändert, daß die Zeit, die ein Prozeß benötigt, verkürzt wird, und wird angenommen, daß diese Verkürzung für alle Prozesse in gleicher Weise gilt, die zeitlichen Intervalle der Staffelung aber beibehalten werden, dann erhält man für die Kapitalbedarfskurve einen zyklischen Verlauf, der unter den gegebenen Voraussetzungen nur die Folge einer Geschwindigkeitsänderung des Prozeßablaufes sein kann.

Wenn sich unter sonst gleichen Voraussetzungen der Zeitbedarf je Prozeß vermindert, dann verkürzen sich damit zugleich alle oder einige Phasen des zyklischen Verlaufes, den die Kapitalbedarfskurve aufweist. Die Einzahlungen gehen um die der Geschwindigkeitszunahme des Prozesses entsprechende zeitliche Verkürzung früher ein oder die Auszahlungen können später vorgenommen werden. Insofern besteht zwischen der Wirkung, den die Erhöhung der Prozeßgeschwindigkeit unter der Voraussetzung nicht gestaffelter Prozesse auf den Verlauf des Kapitalbedarfs ausübt, und der Wirkung einer Änderung der Prozeßgeschwindigkeit bei sich zeitlich überlappenden Prozessen kein Unterschied.

Wird die Änderung der Prozeßgeschwindigkeit durch Rationalisierungen in der Haltung von Vorräten auf Ausgangslägern ausgelöst und bleiben die Zeitbedarfe der beiden anderen güterwirtschaftlichen Bereiche konstant, dann wird die Einzahlung früher eingehen. Wie im Falle nicht gestaffelt angeordneter Prozesse wird durch diese Geschwindigkeitserhöhung zunächst nur die Prozeßdauer verkürzt. Ob außerdem auch die Höhe des Kapitalbedarfs beeinflußt wird, die in den Maxima und Minima der Kapitalbedarfskurve ihren Ausdruck findet, hängt bei gegebener Struktur der einzelnen Prozesse von ihrer zeitlichen Schaltung und dem Maß der Geschwindigkeitserhöhung ab.

Wenn zum Beispiel ein Prozeßsystem aus Prozessen mit einer bestimmten Aus- und Einzahlungsanordnung besteht und wenn die

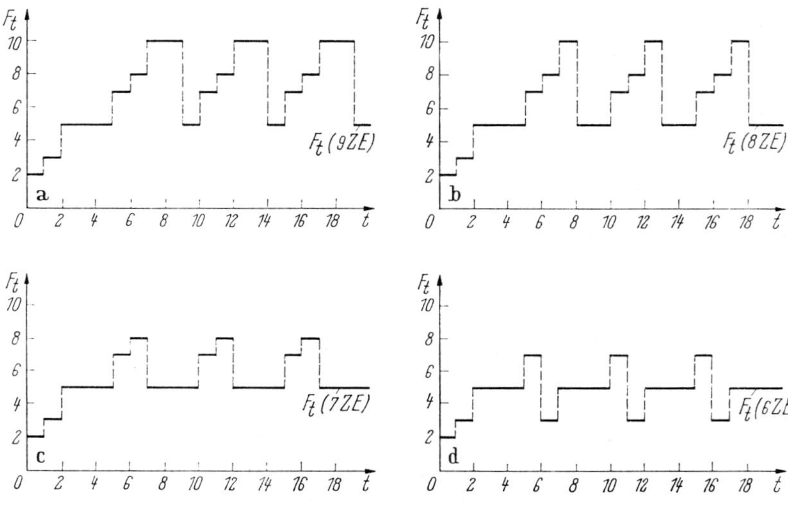

Abb. 4a—d

Prozesse zeitlich gestaffelt verlaufen, ohne allerdings aneinander anzuschließen, dann besteht die Möglichkeit, daß eine Änderung der Prozeßgeschwindigkeit zwar die Einzahlungstermine vorverlegt. Die neuen Termine müssen aber nicht in bereits laufende Auszahlungsreihen hineinfallen.

Angenommen, ein Prozeßsystem besteht aus vier Prozessen, die zeitlich so hintereinandergeschaltet werden, daß sie zeitlich gestaffelt sind, also nicht unmittelbar aneinander anschließen. Jeder Prozeß möge durch drei Auszahlungen in Höhe von 20, 10 und 20 GE zu den Zeitpunkten 0, 1 und 2 und durch eine Einzahlung von 50 GE gekennzeichnet sein, die jeweils neun Perioden nach Beginn eines jeden Prozesses eingeht.

Es ergibt sich folgender Zusammenhang:

Tabelle 4

Prozesse	Zeitpunkte																			
	0	1	2	3	4	5	6	7	8	9	10	11	12	13	14	15	16	17	18	19
1	20	10	20							−50										
2						20	10	20							−50					
3											20	10	20							−50
4																20	10	20		
Kap.-Bed.	20	30	50	50	50	70	80	100	100	50	70	80	100	100	50	70	80	100	100	50

Die Kapitalbedarfskurve weist ein Maximum von 100 GE und nach Beginn der zyklischen Bewegung ein Minimum von 50 GE auf (vgl. die Kurve F_t (9 ZE) in Abb. 4a).

Wird die Lagerdauer der Fertigfabrikate durch Rationalisierungsmaßnahmen um eine Zeiteinheit auf acht Zeiteinheiten verkürzt, dann treffen die Einzahlungen zu den Zeitpunkten 8 und 13 ein.

Die Kapitalbedarfsentwicklung nimmt unter diesen Umständen olgenden Verlauf (Tabelle 5):

Tabelle 5

Zeitpunkte	0	1	2	3	4	5	6	7	8	9	10	11	12	13	14	15	16	17
Kap.-Bed.	20	30	50	50	50	70	80	100	50	50	70	80	100	50	50	70	80	100

Die Maxima der Kurve bleiben unverändert bei 100 GE und ebenso die Minima bei 50 GE (vgl. die Kurve F_t (8 ZE) in Abb. 4b). Die Verkürzung der Prozeßdauer reicht nicht aus, um den Kapitalbedarf zu senken, welcher durch die Durchführung der Prozesse verursacht wird. Die Einzahlung geht trotz der Geschwindigkeitserhöhung noch zu einem Zeitpunkt ein, der hinter dem Zeitpunkt der letzten, für den zweiten Prozeß getätigten Auszahlung liegt.

Die Höhe des Kapitalbedarfs, nicht dagegen seine zeitliche Verteilung bleibt von der Verkürzung der Prozeßdauer unberührt, weil die vorverlegten Einzahlungszeitpunkte nicht in eine der laufenden Auszahlungsreihen treffen.

Gelingt es, die Einzahlungszeitpunkte um eine weitere Zeiteinheit auf sieben Zeiteinheiten vorzuverlegen, dann erhält man eine Kapitalbedarfskurve, die andere Maxima und Minima aufweist.

Die Einzahlung aus dem ersten Prozeß fällt nunmehr mit der letzten Auszahlung von 20 GE des zweiten Prozesses zusammen.

Tabelle 6

Zeitpunkte	0	1	2	3	4	5	6	7	8	9	10	11	12	13	14	15	16	17
Kap.-Bed.	20	30	50	50	50	70	80	50	50	50	70	80	50	50	50	70	80	50

Die Folge ist, daß die Kurve ein Maximum von 80 GE und ein Minimum von 50 GE aufweist. Die Verminderung der Prozeßdauer hat den maximalen Kapitalbedarf gesenkt (vgl. die Kurve F_t (7 ZE) in Abb. 4c).

Wird die Rückflußzeit des Kapitals um eine weitere Zeiteinheit auf sechs Zeiteinheiten verkürzt, dann ergibt sich folgende Kapitalbedarfskurve.

Tabelle 7

Zeitpunkte	0	1	2	3	4	5	6	7	8	9	10	11	12	13	14	15	16	17
Kap.-Bed.	20	30	50	50	50	70	30	50	50	50	70	30	50	50	50	70	30	50

Das Maximum des Kapitalbedarfs liegt in diesem Falle bei 70 GE und das Minimum bei 30 GE (vgl. die Kurve F_t (6 ZE) in Abb. 4d).

Das Ergebnis der Untersuchung gilt auch für den Fall verlangsamter Prozeßgeschwindigkeit, nur daß unter diesen Umständen die Phasen des Kapitalzyklus größer werden und zusätzliches Kapital aufgenommen werden muß, wenn das bisherige Geschäftsvolumen aufrechterhalten werden soll.

Die Untersuchungen zeigen auch deutlich, daß eine Verkürzung der Kapitalbindungsdauer bei gestaffelter Prozeßanordnung eine Verringerung des Kapitalbedarfs bei gegebenem und konstantem Geschäftsvolumen des Unternehmens zur Folge haben muß. In diesem Falle ist es also möglich, das bisherige Geschäftsvolumen mit weniger Kapital zu finanzieren, als es vor der Erhöhung der Prozeßgeschwindigkeit der Fall gewesen ist.

Mit diesem Ergebnis der Analyse stellt sich zugleich die Frage, ob sich nicht durch Rationalisierungsmaßnahmen erreichen läßt, mit unverändert großem Kapital ein größeres Geschäftsvolumen zu finanzieren. Das ist in der Tat möglich, setzt aber voraus, daß, güterwirtschaftlich gesehen, die betrieblichen Kapazitäten frei werden, um den erhöhten Bedarf an produktionstechnischer und lagerwirtschaftlicher Kapazität decken zu können. Eine Ausdehnung des Geschäftsvolumens hat allerdings zur Voraussetzung, daß die absatzwirtschaftlichen Bedingungen für eine solche Ausweitung des Geschäftsumfanges gegeben sind.

3. Der Einfluß von Änderungen der Dauer gewährter und in Anspruch genommener Kredite aufgrund von Warenlieferungen und Leistungen auf den Kapitalbedarf.

Die gesamte Bindungsdauer von Kapital in betrieblichen Grundprozessen wird nicht allein durch güterwirtschaftliche, sondern auch durch finanzielle Vorgänge in dem mit dem Leistungsprozeß gekoppelten finanziellen Bereich bestimmt.

Ändert sich aus Gründen, die hier nicht weiter zu untersuchen sind, die Dauer der von einem Unternehmen an seine Kunden gewährten und der bei Lieferanten in Anspruch genommenen Kredite, dann beeinflussen derartige Vorgänge den Verlauf der Kapitalbedarfskurve nicht weniger als Datenänderungen im güterwirtschaftlichen Bereich der Unternehmen.

Werden der Zeitbedarf der güterwirtschaftlichen Vorgänge des betrieblichen Leistungsvollzuges und die Dauer der Inanspruchnahme von Krediten, die Lieferanten dem Unternehmen gewähren, als konstant angenommen und lediglich die Zielinanspruchnahme durch die Käufer variiert, dann ändern sich zwar die Zeiträume der Kapitalbindung, nicht dagegen die Maxima und Minima der Kapitalbedarfskurve, wenn die Grundprozesse gleichzeitig beginnen und enden. Sind die Prozesse dagegen zeitlich gestaffelt, und ändern die Kunden ihre Zahlungsweise, dann ändern sich die Maxima und Minima der Höhe und der Zeit nach.

In dem Beispiel, das Tabelle 8 enthält, sind drei Grundprozesse angenommen, die um je zwei Zeiteinheiten gegeneinander verschoben sind. Die Tabelle zeigt, daß zwischen der letzten Auszahlung und der Einzahlung eine Zeiteinheit liegt, in der die Kunden des Unternehmens die Kredite in Anspruch nehmen. Die Tabelle zeigt einen maximalen Kapitalbedarf von 80 GE und einen minimalen Kapitalbedarf von 60 GE. Die Kurve schwingt in einem regelmäßigen Rhythmus zwischen diesen Extremwerten (vgl. Abb. 5a).

Ändert sich die Zahlungsweise der Kunden und leisten sie ihre Zahlungen unmittelbar nach der letzten Auszahlung, dann betragen die

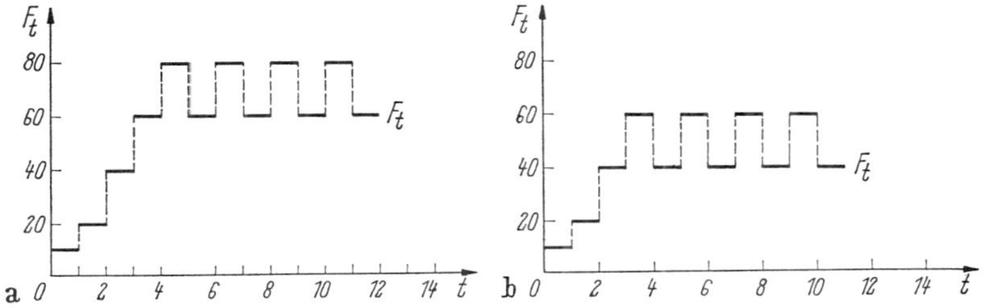

Abb. 5

Tabelle 8

Prozesse	Zeitpunkte											
	0	1	2	3	4	5	6	7	8	9	10	11
1	10	10	10	10		—40	10	10	10	10		—40
2			10	10	10	10		—40	10	10	10	10
3					10	10	10	10		—40	10	10
Kum. Ausz.	10	20	40	60	80	100	120	140	160	180	200	220
Kum. Einz.						—40	—40	—80	—80	—120	—120	—160
Kap.-Bed.	10	20	40	60	80	60	80	60	80	60	80	60

Tabelle 9

Prozesse	Zeitpunkte											
	0	1	2	3	4	5	6	7	8	9	10	11
1	10	10	10	10	—40		10	10	10	10	—40	
2			10	10	10	10	—40		10	10	10	10
3					10	10	10	10	—40		10	10
Kum.Ausz.	10	20	40	60	80	100	120	140	160	180	200	220
Kum.Einz.					—40	—40	—80	—80	—120	—120	—160	—160
Kap.-Bed.	10	20	40	60	40	60	40	60	40	60	40	60

Maxima nunmehr 60 GE und die Minima 40 GE. Auch die Zeitpunkte, in denen die Maxima und Minima des Kapitalbedarfs eintreten, ändern sich. Die Erhöhung der Prozeßgeschwindigkeit, hervorgerufen durch eine schnellere Zahlungsweise der Kunden des Unternehmens, führt also bei gestaffelter Prozeßanordnung zu einem geringeren Kapitalbedarf, gemessen am Maximum dieses Bedarfs (Tabelle 9).

Dem Beispiel, das die beiden Tabellen enthalten, liegt die Annahme zugrunde, daß die Produktions- und Lagerkapazitäten und das Geschäftsvolumen unverändert bleiben. Das Unternehmen führt also die gleiche Zahl von Grundprozessen durch, jedoch mit vermindertem Kapitalbedarf. Da die Produktionskapazität wie auch die Lagerkapazität eine Erhöhung der Prozeßanzahl nicht zulassen, können die jeweils nachfolgenden Prozesse nicht sofort aufschließen. Es entsteht eine Lücke, wie sie die Tabelle 9 zeigt. Die vorverlegte Einzahlung kann zur Abdeckung der Zahlungsleistungen aus den noch laufenden Grundprozessen verwandt werden. Auf diese Weise reduziert sich der Kapitalbedarf. Die verminderte Kreditinanspruchnahme durch die Kunden des Unternehmens setzt also auch Kapital frei. Insofern wiederholt sich auch in diesem Finanzierungsbereich die Freisetzung von Kapital, wie sie sich ergibt, wenn Kapazitäten im Produktions- und im Lagerbereich infolge einer Prozeßbeschleunigung frei werden. Nur daß eben die freigewordene Kreditkapazität in Einsparungen von Kapital für Kreditzwecke und nicht in überschüssiger Maschinen- oder Raumkapazität besteht. Dem Prinzip nach aber besitzen die Vorgänge, durch die Kapital frei wird, die gleiche Struktur (vgl. Tabelle 9 und Abb. 5b).

Wenn Grundprozesse dadurch zeitlich verkürzt werden, daß die Unternehmen selbst längere Ziele in Anspruch nehmen, also von den ihnen eingeräumten Krediten längere Zeit als bisher Gebrauch machen, dann wird die Kapitalbindungsdauer verkürzt und die Maxima und Minima der Kapitalbedarfskurven werden einander angenähert. Die Unternehmen sind auch unter solchen Umständen in der Lage, ihr Produktions- oder Geschäftsvolumen mit geringerem Kapital zu finanzieren.

Eine andere Lage entsteht, wenn der Prozeß durch Vorgänge im finanziellen Bereich der Unternehmen verlangsamt wird. Eine kurze Betrachtung eines solchen Vorganges zeigt, daß die Situation nicht ohne weiteres umkehrbar ist derart, daß eine Verlangsamung der Prozeßgeschwindigkeit zu den gleichen Konsequenzen führt wie eine Erhöhung dieser Geschwindigkeit, nur eben gewissermaßen mit verändertem Vorzeichen. Geht man von einem Grundprozeß mit fixierten Zeiten aus, läßt man jedoch zu, daß sich die Einzahlungszeitpunkte ändern, in diesem Falle hinausschieben, dann verlängert sich der zeitliche Abstand zwischen den als konstant angenommenen Auszahlungszeitpunkten und den Einzahlungszeitpunkten. Die hieraus resultierende längere Kapitalbindungsdauer muß zur Folge haben, daß sich die Maxima des Kapitalbedarfs erhöhen, die Kapitalbedarfskurve also nach oben verschoben wird.

Die Verzögerung der Zahlungseingänge aus dem Verkauf der Erzeugnisse des Unternehmens hat zur Folge, daß die aufeinanderfolgenden Prozesse, finanziell gesehen, erst verspätet eingeleitet werden können, weil das Geld zur Bezahlung der Lieferungen oder der Leistungen verspätet eintrifft. Hieraus folgt, daß die Zahl der in einer Zeitperiode hergestellten und verkauften Erzeugnisse reduziert werden muß. Der bisherige Produktionsumfang läßt sich nicht mehr aufrechterhalten.

Die praktischen Konsequenzen dieses Untersuchungsergebnisses sind offensichtlich. Die Unternehmen werden unter den gegebenen Umständen, also bei schleppendem, sich verschlechterndem Zahlungseingang dazu gezwungen, entweder die Zeitpunkte, in denen sie selbst ihren Zahlungsverpflichtungen nachkommen, zeitlich hinauszuschieben, die durchschnittliche Kapitalbindungsdauer also wiederherzustellen, oder ihren Kapitalfonds durch Erhöhungen der eigenen Mittel oder der fremden Mittel, einschließlich der Bankkredite, aufzustocken. Gelingen die zur Beseitigung der finanziellen Anspannung getroffenen Maßnahmen nicht, dann ist das Unternehmen gezwungen, seine Produktion einzuschränken, weil seine Kapitaldecke für das vorausgesetzte Produktionsvolumen zu knapp geworden ist.

Die Unternehmen geraten in eine ähnliche Lage, wenn die Lieferanten aus irgendwelchen Gründen eine schnellere Bezahlung ihrer Lieferungen oder ihrer Leistungen verlangen und alle anderen Prozeßtermine fixiert bleiben. Sieht man von den Aushilfen ab, die sich als möglich erweisen können, und von Verhandlungen, die eine Rückkehr zu den bisherigen Zahlungsgewohnheiten des Unternehmens bewirken sollen, dann zeigt sich wieder die typische Lage, wie sie soeben für den Fall verlangsamten Zahlungseinganges sichtbar wurde. Die Auszahlungszeitpunkte rücken nunmehr weiter von den Einzahlungsterminen ab, der Abstand zwischen diesen Terminen vergrößert sich, die Kapitalbindungsdauer nimmt zu, die Kapitalbedarfskurve kann sich nach oben verschieben. Unter diesen Umständen läßt sich das Produktionsvolumen auf die Dauer nicht halten, es sei denn, bestimmte, zur Beseitigung dieser schwierigen finanziellen Situation getroffene Maßnahmen hätten Erfolg.

Die Untersuchungen machen den doppelten Charakter der Prozeßgeschwindigkeit deutlich sichtbar. Sie kann, wenn sie sich beschleunigt, eine echte Kapitalquelle sein, die sich das Unternehmen aus dem in ihm arbeitenden Kapital selbst schafft. Wenn eine Erhöhung der Prozeßgeschwindigkeit die Möglichkeit gewährt, ein gegebenes Produktions- und Geschäftsvolumen mit einem geringeren Kapitalbetrag zu finanzieren, dann läßt sich auch sagen, daß das frei gewordene Kapital für die Finanzierung von Betriebserweiterungen, welcher Art auch immer, verwandt werden kann. In diesem Fall läßt sich mit dem gegebenen Kapital ein größeres Geschäftsvolumen finanzieren. Die Prozeßgeschwindigkeit kann auch zu einem echten Kapitalsog werden, wenn sie sich verlangsamt und die Kapitaldecke nun nicht mehr ausreicht, das bisherige Geschäftsvolumen zu finanzieren. Die Verlangsamung der Prozeßgeschwindigkeit besitzt unter diesen Umständen die gleiche zerstörende Kraft wie die Aufzehrung des Kapitals durch Verluste oder die Entziehung von Kapital durch Kapitalgeber in Zeiten, in denen der Kapitalfonds gerade ausreicht, den finanziellen Beanspruchungen gerecht zu werden, denen das Unternehmen ausgesetzt ist.

Viertes Kapitel

Der Einfluß von Beschäftigungsschwankungen auf den Kapitalbedarf

1. Methodische Voraussetzungen.

Die Einflüsse von Änderungen der Prozeßanordnung und der Prozeßgeschwindigkeit auf den Kapitalbedarf sind bisher unter den beiden Voraussetzungen gegebener Kapazität und gegebenen Geschäftsvolumens untersucht worden. Die Voraussetzung gegebener und konstanter Kapazität soll aufrechterhalten bleiben, dagegen soll das Geschäftsvolumen des Unternehmens im Zeitablauf Änderungen unterworfen sein. Mit dieser Voraussetzung werden Beschäftigungsschwankungen in den Kreis der Untersuchung einbezogen. Die Frage lautet deshalb: wie beeinflussen Änderungen der Beschäftigungslage den Kapitalbedarf der Unternehmen?

Das Produktionsvolumen (x) eines Unternehmens wird bestimmt

a) durch die Anzahl der Arbeitsplätze oder maschinellen Anlagen (m), die das Unternehmen in Anspruch nimmt,
b) durch die Intensität der menschlichen und maschinellen Arbeitsleistungen (d) und
c) durch die Betriebszeit (t).

Danach ist

$$x = m \cdot d \cdot t.$$

Ändert ein Unternehmen die Zahl manueller und maschineller Arbeitsplätze m und hält es die beiden Größen d und t konstant, dann paßt sich das Unternehmen an sich ändernde Beschäftigungslagen quantitativ an. Variiert das Unternehmen die Intensität der Arbeits- und Maschinenleistungen (d), ohne m und t zu ändern, dann liegt eine intensitätsmäßige Anpassung an Beschäftigungsänderungen vor. Wenn dagegen die Betriebszeit t unter Konstanz von m und d variiert wird, paßt sich das Unternehmen zeitlich an jeweils neue Beschäftigungssituationen an. Lassen es die technischen Bedingungen, insbesondere die Produktion zu, und lassen wirtschaftliche Überlegungen es vorteilhaft erscheinen, dann können die drei Formen der Anpassung an sich ändernde Beschäftigungslagen miteinander kombiniert werden. In diesem Falle läßt sich von kombinativer Anpassung sprechen[1].

[1] Vgl. hierzu die Ausführungen im elften Kapitel des ersten Bandes dieser Grundlagen.

Mit der Frage, wie der Übergang von einem Beschäftigungsniveau auf ein anderes die Höhe und zeitliche Verteilung des Kapitalbedarfs beeinflußt[1], entsteht zugleich die Frage, ob die Form der Anpassung an sich ändernde Beschäftigungssituationen in der Lage der Maxima und Minima des Kapitalbedarfs zum Ausdruck kommt.

Änderungen des Geschäftsumfanges (Beschäftigungsniveaus) führen zu einer Verminderung oder Erhöhung der Prozeßzahl. Die Anzahl der Grundprozesse ist bisher noch nicht variiert worden, weil nach den Voraussetzungen, die der Untersuchung zugrunde gelegt wurden, die Zahl der Ausbringungseinheiten konstant bleibt und mit jeder dieser Einheiten ein Grundprozeß verbunden ist. Nur die Anordnungen und Zeiten der Prozesse sind im Rahmen eines gegebenen Geschäftsvolumens variiert worden. Nunmehr aber können zusätzliche Grundprozesse hinzutreten, die es erlauben, das Geschäftsvolumen zu erhöhen. Auch eine Verminderung der Prozeßanzahl wird in die Untersuchung einbezogen, sofern das Geschäftsvolumen eine rückläufige Tendenz aufweist. Damit ergibt sich zugleich die Frage, ob mit einer Änderung der Zahl der Grundprozesse auch eine Änderung der Anordnung und der Zeiten dieser Prozesse verbunden sein muß. Ganz offenbar sind Fälle denkbar, in denen additive oder subtraktive Änderungen der Prozeßzahl mit Änderungen der Prozeßanordnung und der Prozeßgeschwindigkeit verbunden sein können. Sind derartige Fälle möglich (und sie sind möglich), dann darf eine Untersuchung über den Kapitalbedarf bei Änderungen des Beschäftigungsgrades die Möglichkeit nicht ausschließen, daß Beschäftigungsvariationen mit Änderungen in der Prozeßanordnung und in der Prozeßgeschwindigkeit verbunden sein können.

2. Der Einfluß von Beschäftigungsschwankungen auf den Kapitalbedarf produktbezogener Grundprozesse.

Produktbezogene Grundprozesse kennen keine Auszahlungen für die Anlage und Ergänzung von Vorräten auf Eingangslägern, keine Auszahlungen für Betriebsanlagen und ihre Ergänzung, auch keine Auszahlungen für Leistungen und Güter, die der Lenkung und Sicherung des betrieblichen Vollzuges dienen. Sie enthalten also nur Auszahlungen für Verbrauchsgüter in Form von Sachgütern, die Bestandteil der Erzeugnisse des Unternehmens werden, oder von Arbeitsleistungen, die an

[1] Dieser Zusammenhang ist untersucht worden in GUTENBERG, E., Die Unternehmung als Gegenstand betriebswirtschaftlicher Theorie, Berlin 1929; vgl. hierzu auch MASSMANN, G., Zum Problem des finanziellen Gleichgewichts in der Unternehmung, Diss. Köln 1959, insbesondere die Ausführungen über die Beziehung zwischen Ausgaben und horizontaler und vertikaler Beschäftigung, S. 46ff. und 142ff.

dem Erzeugnis vollzogen werden. Wenn das Unternehmen sein Geschäftsvolumen auf ein neues Niveau einreguliert, muß die Zahl produktbezogener Grundprozesse vermindert oder vermehrt werden. Sie kann nach den gemachten Voraussetzungen nur bis zur Kapazitätsgrenze erhöht werden.

Geht die Nachfrage nach den Erzeugnissen oder Diensten eines Unternehmens zurück und paßt sich das Unternehmen durch Reduzierung seines Geschäftsvolumens an die neue Lage an, dann wird die Anzahl der Grundprozesse so weit vermindert werden, bis das Produktionsvolumen den neuen marktlichen Gegebenheiten entspricht. Verfährt die Unternehmensleitung hierbei so, daß sie sich quantitativ anpaßt, und vermindert sie dem Rückgang der Beschäftigung entsprechend die Anzahl der produktbezogenen Grundprozesse, dann bleibt die bisherige Zeitstruktur der Prozesse erhalten, da weder die Arbeitsgeschwindigkeit noch die Betriebszeit geändert wird. Dagegen entstehen leere Kapazitäten im Produktionsbereich und auf den Ein- und Ausgangslägern, die entweder in Erwartung günstigerer Absatzentwicklungen beibehalten oder abgebaut werden, wenn die Geschäftsleitung die Entwicklung anders beurteilt. Paßt sich das Unternehmen an die neue Lage zeitlich an, geht es also insbesondere zur Kurzarbeit über, so ändert sich wiederum nur die Zahl der Prozesse, nicht dagegen die Herstellungs- oder Erzeugniszeit und die Lagerzeit. Da die zeitliche Anpassung voraussetzt, daß sich die Arbeitsintensität von Mensch und Maschine nicht verändert, bleibt auch der Zeitverbrauch für die Durchführung der Prozesse auf den Arbeitsplätzen und maschinellen Aggregaten konstant. Die ungenutzten Produktionskapazitäten und die Lagerkapazitäten können nicht in dem Sinne stillgelegt werden wie bei der quantitativen oder kapazitativen Anpassung, da nach den Voraussetzungen zeitlicher Anpassung die Kapazität unverändert bleibt.

Wenn also ein Unternehmen seinen Geschäftsumfang quantitativ oder zeitlich an eine rückläufige Beschäftigung anpaßt und die Zahl der produktbezogenen Grundprozesse vermindert, dann sinkt der Kapitalbedarf proportional der Anzahl der Grundprozesse, um die das Geschäftsvolumen eingeschränkt wird. Die Kapitalbedarfskurve verschiebt sich nach unten, der zyklische Verlauf bleibt erhalten, solange die Prozeßgeschwindigkeit und die Prozeßanordnung unverändert gehalten werden.

Verbessert sich die Beschäftigungslage und ergreift die Geschäftsleitung alle Maßnahmen, um durch quantitative oder zeitliche Anpassung das neue, erhöhte Geschäftsvolumen zu erreichen, dann hat die Vermehrung der produktbezogenen Grundprozesse eine proportionale Zunahme des Kapitalbedarfs zur Folge. Die Kapitalbedarfskurve verschiebt sich nach oben, ohne ihren zyklischen Verlauf zu ändern. Die proportionale Beziehung zwischen dem Kapitalbedarf und der Prozeßanzahl gilt wiederum nur so lange, als Prozeßanordnung und -geschwindigkeit nicht geändert werden.

Geht die Beschäftigung des Unternehmens zurück und sieht sich die Geschäftsleitung veranlaßt, sich durch Änderung der Arbeitsgeschwindigkeit, also der Arbeitsintensität von Mensch und Maschine, an die neue Lage anzupassen, dann erhöht sich der Zeitverbrauch für die produktbezogenen Prozesse. Denn in einer Zeiteinheit müssen bei konstanter Aggregatzahl und konstanter Betriebszeit nunmehr weniger Erzeugnisse produziert werden als während der Ausgangslage. Die Zeitstruktur der Prozesse kann also nicht aufrechterhalten werden. Die Folge ist, daß sich die Kapitalbedarfskurve für produktbezogene Grundprozesse nicht nur nach unten verschiebt, sondern auch ihren Zyklus ändert.

Steigt die Beschäftigung wieder an und wird deshalb die Zahl der produktbezogenen Grundprozesse erhöht, dann ändern sich auch die Lage und der zyklische Verlauf der Kapitalbedarfskurve. Auch diese Feststellung gilt nur unter der Voraussetzung, daß die Grundstruktur der Prozeßanordnung und die verfahrenstechnischen Voraussetzungen der Leistungserstellung nicht geändert werden.

Wird mit der Verminderung oder der Vermehrung produktbezogener Grundprozesse die Prozeßanordnung geändert, dann ist die Höhe und zeitliche Verteilung des Kapitalbedarfs gewissermaßen die Resultante zweier Variabler, der Beschäftigungsänderung und der Prozeßanordnung. Da die betriebliche Praxis gerade durch die gleichzeitige Änderung mehrerer Einflußgrößen gekennzeichnet wird, soll dem Phänomen der gleichzeitigen Variation von Beschäftigung und Prozeßanordnung nachgegangen werden. Die Untersuchung soll sich jedoch auf einige Fälle zunehmender Beschäftigung beschränken.

a) Das von den Unternehmen praktizierte Prozeßsystem besteht aus gleichzeitig beginnenden und endenden Prozessen. Die Beschäftigung des Unternehmens ist rückgängig gewesen, sie nimmt nun aber wieder zu. Die Zahl der Prozesse wird dementsprechend erhöht (quantitative und zeitliche Anpassung). Die zusätzlich in das Produktions- und Verkaufsprogramm aufgenommenen Prozesse werden zeitlich gestaffelt. Die technisch-organisatorischen Voraussetzungen des Unternehmens mögen eine derartige Maßnahme zulassen. Unter diesen Umständen liegt offenbar eine Mischung der beiden Anordnungsmöglichkeiten vor. Welchen Umfang diese Mischung der beiden im einzelnen annehmen mag, ist hier nicht von Bedeutung. Wichtig ist allein die Tatsache, daß das neue Gesamtsystem zeitlich unterschiedlich angeordnete Prozesse enthält. Dieser Umstand hat zur Folge, daß der Kapitalbedarf trotz quantitativer und zeitlicher Anpassung an das erhöhte Beschäftigungsvolumen nicht mehr proportional zur Vermehrung der produktbezogenen Prozesse verlaufen kann.

Es sei ein System von produktbezogenen Prozessen gegeben. Die Prozesse beginnen gleichzeitig und werden auch gleichzeitig beendet. Die Auszahlungen erreichen jeweils zu den Zeitpunkten 4, 8, 12 ... ihr Maximum, während die Einzahlungen zu den Zeitpunkten 5, 9, 13 ... eingehen. Die Maxima und Minima des Kapitalbedarfs müssen sich nach Höhe und Zeit ändern, wenn in das System jeweils um bestimmte Zeiteinheiten gegeneinander verschobene Prozesse eingefügt werden. Beträgt das Staffelungsintervall eine Zeiteinheit, dann erreichen die Auszahlungen nicht zum Zeitpunkt 4, sondern zum Zeitpunkt 5 ihr Maximum usw. Ein Teil der zum Zeitpunkt 5 eingehenden Zahlungen wird zur Begleichung der durch den neu eingefügten Prozeß verursachten Auszahlungen verwandt. Das Minimum des Kapitalbedarfs nimmt unter diesen Umständen zum Zeitpunkt 5 nicht den Wert Null an, sondern einen um die Auszahlungen für den neuen Prozeß erhöhten Wert. Die nunmehr aus dem neuen, gestaffelt angesetzten Prozeß eingehende Zahlung setzt das Kapitalbedarfsmaximum herab. Es tritt also eine die Maxima und Minima des Kapitalbedarfs nivellierende Wirkung ein, wie sie für zeitliche Staffelung von Prozessen kennzeichnend ist. Unter diesen Umständen ergibt sich der Kapitalbedarf bei steigender Beschäftigung sowohl bei quantitativer wie zeitlicher Anpassung nicht als das Vielfache des bisherigen Bedarfs. Die Kapitalkurve glättet sich vielmehr bei zunehmendem Beschäftigungsgrad. Die Maxima und Minima des Kapitalbedarfs ändern ihr Niveau und ihre zeitliche Verteilung.

b) Das System der produktbezogenen Grundprozesse sei nun nach dem Grundsatz zeitlicher Staffelung angeordnet. Die neuen Prozesse, die die verbesserte Beschäftigungslage des Unternehmens erforderlich macht, sollen ebenfalls zeitlich gestaffelt angeordnet sein. Übernehmen sie die bereits praktizierte Staffelung und ihre Termine, dann ist der Kapitalbedarf das Vielfache des bisherigen Bedarfs. Gelingt es dagegen der Betriebsleitung, die Zeitpunkte, in denen die neuen Prozesse beginnen und beendet werden, so in das bereits vollzogene System einzufügen, daß sie zwischen die Zeitpunkte des Beginns von bereits vollzogenen Prozessen zu liegen kommen, dann erhöht diese Anordnung den Staffelungseffekt. In der Kapitalbedarfskurve macht sich nun bei steigender Beschäftigung eine Tendenz zur Nivellierung der Kapitalbedarfswerte bemerkbar. Lassen es aber die betrieblichen Gegebenheiten nur zu, die in das System neu eingefügten Prozesse an den gleichen Terminen beginnen und enden zu lassen, an denen die bereits vollzogenen Prozesse eingeleitet und abgeschlossen werden, dann kann der Staffelungseffekt nicht wirksam werden, und die Kapitalbedarfskurve glättet sich nicht. Die Schwingungsweite der Kurve nimmt zu. Die Maxima der Kapitalbedarfskurve verschieben sich nach oben. Diese Entwicklung der Kapitalbedarfsmaxima tritt immer ein, wenn es im

Falle einer Beschäftigungszunahme nicht gelingt, organisatorisch zu erreichen, daß die zusätzlich erforderlichen Prozesse mit neuen Beginn- und Beendigungszeitpunkten in die bisherige Prozeßstaffelung eingeordnet werden. Daß derartige arbeitsorganisatorische Maßnahmen vor allem beim Beginn der neuen Lage Schwierigkeiten bereiten können, ist offensichtlich. Solange sich diese Schwierigkeiten nicht beseitigen lassen, werden die Maxima der Kapitalbedarfskurve ohne Glättung nach oben verschoben. Ob es also unter den geschilderten Verhältnissen im Falle einer Beschäftigungszunahme zu einer Schwächung oder Stärkung der Tendenz kommt, die Schwingungsweite und die Schwingungsdauer der Kapitalbedarfskurve zu ändern, hängt nicht zuletzt von den betriebsorganisatorischen Maßnahmen ab, die die Betriebsleitung zu ergreifen in der Lage ist.

Ob und in welchem Maße sich intensitätsmäßige Anpassung mit einer Änderung der Prozeßanordnung verbinden läßt, ist Tatfrage: Wenn sich aber mit der Zunahme der Prozeßzahl und dementsprechend mit der erhöhten Auslastung der Betriebsanlagen eine größere Staffelung der Grundprozesse erreichen läßt, dann nimmt der Kapitalbedarf nicht nur deshalb ab, weil die Prozeßgeschwindigkeit steigt, sondern außerdem deshalb, weil sich der Kapitalbedarf als Folge der verstärkten Prozeßstaffelung einnivelliert. Die beiden Kräfte wirken also in der gleichen Richtung.

Sinkendes oder steigendes Beschäftigungsniveau kann auch mit einer Änderung der Prozeßgeschwindigkeit verbunden sein. Im Falle intensitätsmäßiger Anpassung ist diese Änderung bereits per definitionem gegeben. Bei quantitativer und zeitlicher Anpassung besteht eine solche kausale Verkettung zwischen Beschäftigungsschwankungen und Prozeßgeschwindigkeiten jedoch nicht. Gleichwohl läßt sich sagen, daß mit rückläufiger Beschäftigung häufig eine Verlangsamung, mit steigender Beschäftigung eine Beschleunigung der Prozeßgeschwindigkeit einhergeht. Wenn sich bei rückläufiger Beschäftigung und Konstanz der Prozeßanordnung die Prozeßgeschwindigkeit verlangsamt, dann rücken die Aus- und Einzahlungszeitpunkte auch für die produktbezogenen Verbrauchsgüter auseinander. Die Proportionalität zwischen Kapitalbedarf und Prozeßablauf ist dann nicht aufrechtzuerhalten. Zu dem gleichen Ergebnis gelangt man, wenn der Beschäftigungsrückgang mit einer zunehmenden Geschwindigkeit des Kapitalumlaufes verbunden ist. Der Kapitalbedarf vermindert sich unter diesen Umständen nicht proportional, sondern überproportional zur Abnahme der Prozeßanzahl.

Nimmt die Beschäftigung des Unternehmens wieder zu und ist diese Zunahme mit einer Verlangsamung der Prozeßgeschwindigkeit verbunden, dann bleibt das Kapital in den produktbezogenen Verbrauchsgütern längere Zeit als bei der kürzeren Prozeßgeschwindigkeit gebunden, und der Kapitalbedarf steigt überproportional. Beschleunigt sich der Prozeß bei ansteigender Beschäftigungslage, dann nimmt der Kapitalbedarf unterproportional zu. In der Höhe und der zeitlichen Verteilung des Kapitalbedarfs kommen diese in gleicher oder in entgegengesetzter Richtung verlaufenden Kräfte zum Ausdruck.

In Wirklichkeit beeinflussen die drei Haupteinflußgrößen den Kapitalbedarf für produktbezogene Verbrauchsgüter ständig. Sie sind nicht unmittelbar und eng aneinander gekoppelt und besitzen mehr den Charakter von unabhängigen als voneinander abhängigen Variablen. Sind sie aber im Spiel, dann beeinflussen sie den Kapitalbedarf für produktbezogene Verbrauchsgüter in der hier analysierten Weise.

3. Der Einfluß von Beschäftigungsschwankungen auf den Kapitalbedarf von Warenvorräten.

Vorratsbestände auf Eingangslägern entstehen, wenn zu einem bestimmten Zeitpunkt Werkstoffe (im weitesten Sinne des Wortes) in Mengen eingekauft werden, die den Bedarf für mehrere Grundprozesse decken. Jedem einzelnen Werkstoff soll wiederum ein bestimmter Zyklus der Lagerergänzung zugeordnet sein, der sich nach der Produktions- und der Absatzgeschwindigkeit richtet.

Angenommen, ein Unternehmen benötigt zur Herstellung seiner Erzeugnisse einen bestimmten Werkstoff A. Zum Zeitpunkt 0 kauft es einen Vorrat von 8 Einheiten des Werkstoffes zum Preise von 10 GE je Mengeneinheit, also für 80 GE. Für jeden Grundprozeß, in dem jeweils ein Fertigerzeugnis hergestellt wird, benötigt das Unternehmen 1 Einheit des Werkstoffes A. Da je Zeiteinheit, beginnend mit dem Zeitpunkt 0, zwei Grundprozesse eingeleitet werden, führt das Unternehmen zu jedem Zeitpunkt zwei Mengeneinheiten A dem Produktionsprozeß zu.

Jeder Prozeß dauert vier Zeiteinheiten. Nach Ablauf dieser Zeit fließt dem Unternehmen aus dem Verkauf der Erzeugnisse der Gegenwert für zwei Mengeneinheiten des Werkstoffes A zu. Der Vorrat zum Zeitpunkt 0 ist nach vier Zeiteinheiten erschöpft. Er muß also zum Zeitpunkt 4 wieder aufgefüllt werden. Das Unternehmen kauft deshalb zu diesem Zeitpunkt erneut 8 Mengeneinheiten des Gutes A für insgesamt 80 GE.

Zum Zeitpunkt 4 fließen aber die ersten 20 GE aus den zu diesem Zeitpunkt abgeschlossenen ersten beiden Prozessen zurück. Mithin beträgt der Kapitalbedarf zum Zeitpunkt 4 nicht $2 \cdot 80 = 160$ GE, sondern $160 - 20 = 140$ GE. Dieser Betrag stellt den maximalen Kapitalbedarf dar. Der minimale Kapitalbedarf beträgt 80 GE, wie aus der Tabelle 10 ersichtlich ist.

Tabelle 10

	Zeitpunkte													
	0	1	2	3	4	5	6	7	8	9	10	11	12	13
Kum. Ausz.	80	80	80	80	160	160	160	160	240	240	240	240	320	320
Kum. Einz.					20	40	60	80	100	120	140	160	180	200
Kap.-Bed.	80	80	80	80	140	120	100	80	140	120	100	80	140	120

Nunmehr soll sich die Leitung des Unternehmens zum Zeitpunkt 2 gezwungen sehen, die Zahl der Prozesse auf die Hälfte zu reduzieren, weil die Nachfrage zurückgeht. Hätte das Unternehmen diese Entwicklung des Absatzes rechtzeitig erkannt, dann hätte es zum Zeitpunkt 0 anders disponiert. Es hätte zum Zeitpunkt 0 nur sechs Mengeneinheiten des Gutes A für 60 GE eingekauft und auf Lager genommen. Zum Zeitpunkt 4 würden, nachdem der Lagervorrat erschöpft ist, 4 Mengeneinheiten des Gutes A für 40 GE erworben werden. Der Kapitalbedarf würde dann wie Tabelle 11 zeigt, folgende Entwicklung nehmen:

Tabelle 11

	Zeitpunkte													
	0	1	2	3	4	5	6	7	8	9	10	11	12	13
Kum. Ausz.	60	60	60	60	100	100	100	100	140	140	140	140	180	180
Kum. Einz.					20	40	50	60	70	80	90	100	110	120
Kap.-Bed.	60	60	60	60	80	60	50	40	70	60	50	40	70	60

Nachdem der Übergang zum Zeitpunkt 4 vollzogen ist, reguliert sich die Kapitalbedarfsentwicklung auf einen maximalen Kapitalbedarf von 70 GE und einen minimalen Kapitalbedarf von 40 GE ein.

Es wird aber angenommen, daß sich die Leitung des Unternehmens bei der Beurteilung der voraussichtlichen Entwicklung des Absatzes und damit des Bedarfs an Einheiten des Werkstoffes A geirrt hat. Das Unternehmen hat sich für die mit den Zeitpunkten 0, 1, 2, 4 beginnenden Zeitintervalle mit 8 Mengeneinheiten eingedeckt, die 80 GE gekostet haben. Die Entwicklung der Absatzverhältnisse hat aber zur Folge, daß zuerst im Zeitpunkt 2, dann in allen folgenden Zeitpunkten nur ein Prozeß begonnen und durchgeführt wird. Da für den Zeitraum 0 bis 3 nur 6 Mengeneinheiten des Gutes A erforderlich gewesen wären, für die das Unternehmen hätte 60 GE bezahlen müssen, ist der Kapitalbedarf in diesem Zeitraum um 20 GE zu hoch. Diese Kapitalinvestition und damit Kapitalbindung hätte vermieden werden können, wenn der

Absatzrückgang rechtzeitig erkannt worden wäre und die Unternehmensleitung entsprechend disponiert hätte. Das Unternehmen ist also in der gesamten Periode von 0 bis 3 mit Kapitalausgaben belastet, die der Betriebsprozeß nicht verlangt. Diese Fehlinvestition ist die Folge mangelnder Voraussicht. Nur dann, wenn vollkommene Voraussicht vorliegt und die Werkstoffvorräte an den Werkstoffbedarf der Produktion vollkommen angepaßt sind, treten überkapazitative Kapitalbindungen in Warenvorräten auf Eingangslägern nicht auf. Da in der Regel mit einer vollständigen Voraussicht künftiger Absatzentwicklung und rationeller Anpassung der Werkstoffvorräte an das Absatz- und Produktionsvolumen nicht gerechnet werden kann, bilden Übergangsfriktionen in Form nicht rechtzeitiger Abstimmung des Kapitalbedarfs für die Vorräte an Werkstoffen auf Eingangslägern mit dem durch den Beschäftigungsrückgang erforderlich gewordenen Kapitalbedarf ein kennzeichnendes Merkmal der Kapitalbedarfsentwicklung bei rückläufiger Beschäftigung des Unternehmens.

Legt man die Daten des hier erörterten Beispiels zugrunde, dann erhält man die in Tabelle 12 aufgezeichnete Entwicklung des Kapitalbedarfs:

Tabelle 12

	Zeitpunkte													
	0	1	2	3	4	5	6	7	8	9	10	11	12	13
Kum. Ausz.	80	80	80	80	80	80	120	120	120	120	160	160	160	160
Kum. Einz.					20	40	50	60	70	80	90	100	110	120
Kap.-Bed.	80	80	80	80	60	40	70	60	50	40	70	60	50	40

Vergleicht man die Kapitalbedarfe in den Zeitpunkten 0, 1, 2, 3 mit den Kapitalbedarfen zu den gleichen Zeitpunkten, wie sie die Tabelle 11 angibt, dann zeigt sich deutlich die Überlastung des Unternehmens mit Kapitalbindung (80 GE statt 60 GE) bei rückläufiger Beschäftigung und nicht rechtzeitiger Anpassung der Lagerbestände an den Beschäftigungsrückgang. Aber bereits im Zeitpunkt 4 beginnt der Abbau dieser Überlast an Kapitalbindung in den Werkstoffvorräten, weil zu diesem und dem folgenden Zeitpunkt noch keine Auffüllung der Bestände erforderlich wird. Die Vorräte reichen nun bis zum Zeitpunkt 6. In den Zeitpunkten 4 und 5 fließen Kapitalbeträge zurück, zu Zeitpunkten also, in denen noch keine Neuanschaffungen vorgenommen werden müssen. Nach der Übergangszeit reguliert sich der Lagerergänzungsprozeß wie im Fall angepaßter Lagerergänzung ein. Die Kapitalbedarfe in den Tabellen machen deutlich, wie sich Höhe und zeitliche Verteilung des in Warenvorräten auf Eingangslägern investierten Kapitals ändern, wenn die Beschäftigung eines Unternehmens zurückgeht (maximaler Kapitalbedarf 140 GE beziehungsweise 70 GE; minimaler Kapitalbedarf 80 GE beziehungsweise 40 GE). Bleibt der neue, verminderte Geschäftsumfang bestehen, dann spielen sich die Vorratsbestände nach dem Abbau der aus der unvollkommenen Anpassung stammenden Kapitalbindung wieder auf die Zahl der Grundprozesse ein, die bei dem jetzigen Beschäftigungsstand vollzogen werden. Bleibt der zeitliche Rhythmus der Lagerergänzung unverändert, dann weist die Kapitalbedarfskurve Maxima und Minima in dem früheren zeitlichen Rhythmus auf, nur daß das Niveau der Kapitalbedarfskurve entsprechend niedriger liegt (vgl. auch die beiden Tabellen 11 und 12).

Wenn der Lagerergänzungsrhythmus der Verbrauchs- und Vorratsgüter B, C ... mit dem Lagerergänzungsrhythmus von A übereinstimmt, dann addieren sich die Kapitalbedarfe, aber die Zeitpunkte, in denen die Maxima und Minima auftreten würden, bleiben unverändert.

Fallen jedoch die Lagerergänzungsrhythmen nicht zusammen, werden also die Ergänzungen der Vorräte zeitlich gestaffelt, dann zeigt sich diese Situation: Die Kapitalbedarfskurve ist im Vergleich zur bisher erörterten Kapitalbedarfskurve einnivelliert. Bleibt es bei der zeitlichen Ordnung der Lagerergänzungen für A, B, C ..., dann wird im Fall eines Beschäftigungsrückgangs nur die Zahl der zu den nicht zusammenfallenden Zeitpunkten begonnenen Prozesse vermindert (etwa auf die Hälfte wie im soeben erörterten Fall). Bei jedem Werkstoff treten die gleichen Erscheinungen auf wie diejenigen, die für den Werkstoff A aufgewiesen wurden. Die Vorratsbestände für jeden einzelnen Werkstoff sind für die Übergangszeit falsch dimensioniert. Die Kapitalfreisetzung in den jeweils „überschüssigen" Beständen wird verzögert. Die auf sie entfallenden Einzahlungsgegenwerte senken den Kapitalbedarf verspätet. Diese Vorgänge summieren sich gewissermaßen über alle Prozesse. Die aus der Staffelung resultierende Tendenz zur Nivellierung der Kapitalbedarfskurve wird dadurch nicht beseitigt. Die Kapitalbedarfskurve enthält jedoch erheblich mehr Abschnitte, die den Kapitalfreisetzungsprozeß verlangsamt zeigen und die den Rhythmus der Lagerergänzungsprozesse für bestimmte zeitliche Intervalle unterbrechen. Sind diese Anpassungsprozesse aber vollzogen, dann gewinnt die Kapitalbedarfskurve ihre frühere Gestalt wieder, nur daß sich die Kurve um den Betrag der nicht mehr vollzogenen Prozesse nach unten verschiebt.

Die nicht vorgesehene Kapitalbindung dauert um so länger, je größer die Vorratsbestände sind, über die das Unternehmen zum Zeitpunkt des Beschäftigungsrückganges verfügt. Sie verliert an Bedeutung, je mehr die Läger erschöpft sind, weil dann bald mit dem neuen Lagerergänzungsrhythmus begonnen werden kann.

Geht die Beschäftigung des Unternehmens nicht ruckartig zurück, sondern erstreckt sich dieser Rückgang über einen längeren Zeitraum, dann wird die Entwicklung des Kapitalbedarfs im Zeitablauf durch sich ständig überlappende Prozesse nichtangepaßter Kapitalbindung gekennzeichnet. Diese aus der schrittweisen Einengung des Geschäftsvolumens stammenden Überlappungen der Kapitalbindung sind ein Merkmal von Kapitalbedarfskurven, die sich für den Fall ergeben, daß sich ein Unternehmen an sich verschlechternde Beschäftigungslagen quantitativ anpaßt und seine Vorratshaltung auf Eingangslägern mit der abnehmenden Zahl von Grundprozessen in Übereinstimmung zu bringen versucht.

In entgegengesetzter Richtung verläuft der Anpassungsprozeß, wenn sich die Beschäftigungslage eines Unternehmens verbessert. In einem solchen Fall wird das Unternehmen auf Werkstoffbestände zurückgreifen, über die es bereits verfügt. Der vorhandene Bestand an Verbrauchsgütern wird sich unter diesen Umständen schneller erschöpfen, als vorgesehen war. Verfügt das Unternehmen in dem soeben erörterten Fall zum Zeitpunkt 3 noch über zwei Einheiten des Gutes A, die für die mit den Zeitpunkten 3 und 4 beginnenden Perioden vorgesehen sind (Situation nach dem Beschäftigungsrückgang), dann wird die vierte Einheit des Gutes A bereits in der zum Zeitpunkt 3 beginnenden Periode verarbeitet werden, wenn zu diesem Zeitpunkt nicht, wie vorgesehen war, nur ein Prozeß vollzogen wird, sondern zwei Prozesse begonnen werden. Da der Vorrat einer Periode zu früh erschöpft ist, muß bereits zum Zeitpunkt 4, statt erst zum Zeitpunkt 5, die neue Auffüllung der Läger vorgenommen werden. Die Kapitalbedarfskurve zeigt also schon zum Zeitpunkt 4 eine Auszahlung, nun aber nicht in Höhe der dem niedrigeren Beschäftigungsgrad entsprechenden Gegenwerte für vier, sondern für acht Einheiten des Werkstoffes A. Das Kapitalbedarfsmaximum schiebt sich nicht nur (im Beispiel um eine Periode) vor, es steigt zugleich auf ein neues, erhöhtes Maximum an, weil nunmehr für das neue Geschäftsvolumen lagerpolitische Vorsorge getroffen werden muß.

Die Einzahlungsgegenwerte für das vorverlegt hergestellte und entsprechend früher verkaufte Erzeugnis gehen früher ein, als vorgesehen war. Das Kapital, das in den für dieses Erzeugnis verwandten Werkstoffeinheiten A investiert ist, fließt also zeitlich früher zurück. Die Kapitalbindungsdauer für diese Werkstoffeinheiten verkürzt sich. Die Kapitalbedarfskurve erfährt mithin bei quantitativer Anpassung an steigende Beschäftigung durch die Vorverlegung der Lagerauffüllungszeitpunkte und die Änderung der Lagerbestände eine Störung sowohl quantitativer wie zeitlicher Art.

Stellt man sich die Verbesserung der Beschäftigungslage des Unternehmens als einen sich über einen längeren Zeitraum erstreckenden, wiewohl unstetig und in Schüben verlaufenden Prozeß vor, dann wird die Kapitalbedarfskurve infolge der ständig notwendigen Vorverlegung der Beschaffungstermine und der ständigen Änderung der auf Eingangslägern zu unterhaltenden Beschaffungsmengen durch eine Abfolge von Übergangslösungen gekennzeichnet. Erst wenn sich eine bestimmte, in diesem Fall erhöhte Beschäftigungslage einspielt und hält, kann der ursprüngliche Rhythmus der Lagerergänzung wieder aufgenommen werden. Die Kapitalbedarfskurve verschiebt sich dann nach oben, ohne ihre zeitliche Struktur zu ändern.

Werden auf den Lägern mehrere Werkstoffarten unterhalten, dann treten für die beiden Fälle der gleichzeitigen und der gestaffelten Lagerergänzungen die gleichen Prozesse auf, wie sie bereits für den Fall rückgängiger Beschäftigung beschrieben wurden.

Wenn die Bestände an Fertigfabrikaten (Ausgangsläger) mit der Maßgabe ergänzt werden, daß der Ergänzungsrhythmus auf konstanter Produktionsgeschwindigkeit (erstellte Produktmenge je Zeitperiode) und ebenso konstanter Absatzgeschwindigkeit beruht, dann ist jeder einzelnen Art von Erzeugnissen, die das Unternehmen herstellt, ein bestimmter Lagerergänzungszyklus zugeordnet.

Ist die Bedingung erfüllt, daß das Vorratsvolumen je Erzeugnisart mit der Zahl der Grundprozesse abgestimmt ist, und tritt ein Rückgang der Beschäftigung ein, dann nimmt die Veräußerung der zu diesem Zeitpunkt noch auf den Ausgangslägern liegenden Bestände und damit der Rückfluß des in ihnen investierten Kapitals mehr Zeit in Anspruch, als hierfür vorgesehen war. Das Absatzvolumen spielt sich auf das neue, niedrigere Niveau ein, die Einzahlungen vermindern sich dementsprechend und machen nur noch einen Bruchteil des früheren Einzahlungsvolumens aus. Die Nachfrage nach den Erzeugnissen des Unternehmens kann eine Zeitlang aus den noch vorhandenen Überbeständen gedeckt werden. Die Leitung des Unternehmens sieht sich unter diesen Umständen zwei Alternativen gegenüber. Entweder hält sie die Produktion so lange an, bis die Überbestände verkauft sind, um dann unmittelbar auf das neue, niedrigere Niveau überzugehen, oder sie beschränkt lediglich die Zahl der Grundprozesse so weit, daß die Verkäufe aus den Überbeständen zuzüglich der Verkäufe aus der Neuproduktion die Nachfrage gerade decken.

Welche Alternative die günstigere ist, kann hier nicht im einzelnen erörtert werden. Wichtig ist allein die Tatsache, daß während der Zeit des Überganges auf das niedrigere Beschäftigungsniveau die Produktions- und die Absatzgeschwindigkeit, die über die Höhe der Bestände entscheidet, gewissermaßen außer Funktion gesetzt wird. Denn in einer Zeitperiode kann nunmehr nur ein Bruchteil der bisherigen Herstellung abgesetzt werden.

Hält das Unternehmen seine Produktion an, bis die Überbestände verkauft sind, und versucht es dann unmittelbar Anschluß an das neue, reduzierte Absatzvolumen zu gewinnen, indem es mit der dem neuen Niveau entsprechenden Anzahl von Grundprozessen beginnt, dann fehlen in diesem Zeitraum die entsprechenden Auszahlungen. Die Folge ist, daß die Kapitalbedarfskurve die Tendenz aufweist zu sinken. Auf der anderen Seite führen die verminderten Einzahlungen aus dem geringeren Umsatz zu ansteigendem Kapitalbedarf. Diese Tendenzen kommen in dem Verlauf der Kapitalbedarfskurve zum Ausdruck.

Wählt das Unternehmen die zweite Alternative und setzt es die Produktion, wenn auch in begrenztem Maße, fort, dann stehen den verminderten Einzahlungen in der Übergangszeit zwar Auszahlungen gegenüber, aber doch in einem übermäßig stark reduzierten Maße. Erst nach dem Verkauf der als Überbestände bezeichneten, aus der Zeit höheren Beschäftigungsgrades stammenden Vorräte wird der Gesamtprozeß auf die der neuen Absatzlage entsprechenden Grundprozesse einreguliert. Die beiden in entgegengesetzter Richtung wirkenden Tendenzen sind auch hier wirksam und bestimmen die Form und die Lage der Kapitalbedarfskurve in dem Übergangszeitraum.

Sind die dem neuen, verminderten Geschäftsumfang korrespondierenden Grundprozesse endgültig bestimmt und werden sie in der neuen Größenordnung vollzogen, dann lassen sich auch die Produktions- und Absatzgeschwindigkeiten der Ausgangsläger wiederherstellen. Der Prozeß verläuft, wenn nicht neue Störungen eintreten, in der früheren Zeitordnung, jedoch mit geringerer Prozeßanzahl weiter.

Da hier die Grundprozesse nur additiv und subtraktiv betrachtet werden, von einer Änderung ihrer zeitlichen Struktur auf die Dauer abgesehen wird, resultieren aus der unterschiedlichen Prozeßanordnung für die hier untersuchten Lagerergänzungsprozesse bei quantitativer Anpassung keine bedeutsamen Unterschiede.

Steigt die Beschäftigung, nachdem ein gewisses Tief erreicht wurde, wieder an, dann wird angenommen werden können, daß die zusätzliche Nachfrage nach den Erzeugnissen des Unternehmens aus den bereits vorhandenen Vorräten befriedigt wird. Das in diesen Teilvorräten investierte Kapital wird vorzeitig wieder freigesetzt. Diese Einzahlungen haben zur Folge, daß sich der Kapitalbedarf reduziert. Die Situation zwingt andererseits zu der beschleunigten Einleitung zusätzlicher Grundprozesse, um die neue erhöhte Nachfrage befriedigen zu können. Die Auszahlungen nehmen dementsprechend zu. In der Kapitalbedarfskurve kommen diese entgegengesetzt wirkenden Tendenzen zum Ausdruck.

Auch hier zeigt sich, daß sich die Ausgangs-Absatzgeschwindigkeit ändert. Denn in der gleichen Zeitperiode werden mehr Erzeugnisse abgesetzt als in der gleich langen Vorperiode. Der Lageranpassungsprozeß ist ohne derartige, in der Regel stoßartig verlaufende Übergangserscheinungen nicht vorstellbar. Denn jede Zunahme der Beschäftigung ist von beschleunigter Kapitalfreisetzung aus gewissermaßen vorverkauften Beständen an Fertigerzeugnissen und erhöhtem Kapitalbedarf aus zusätzlich eingeleiteten Grundprozessen begleitet.

Es läßt sich eine Kapitalbedarfskurve vorstellen, die niemals zum Einklang mit den ihr zugrunde liegenden Produktions- und Absatzgeschwindigkeiten gelangt. Diese Tatsache ist dann aber nicht auf bewußte Änderung der Prozeßgeschwindigkeiten zurückzuführen, sondern allein auf Schwierigkeiten der quantitativen Anpassung an niedrigere oder höhere Beschäftigungsgrade. Würde der Prozeß der Veränderung, dem die Beschäftigung im Zeitablauf unterworfen ist, jeweils zum Stehen kommen, und würde die Zeit ausreichen, um die Vorräte auf die Beschäftigungslage einregulieren zu können, dann würden die Produktions- und Absatzgeschwindigkeiten zum Vorschein kommen, von denen die tatsächlichen Kapitalbedarfskurven bei kontinuierlichem Beschäftigungswechsel ständig abweichen.

4. Der Einfluß von Beschäftigungsschwankungen auf den Kapitalbedarf von Betriebsanlagen.

4a. Paßt sich ein Unternehmen an veränderte Beschäftigungslagen quantitativ an, dann löst eine derartige Betriebspolitik nicht nur Änderungen im Kapitalbedarf für produktbezogene Verbrauchsgüter und für die Unterhaltung von Vorratslägern, sondern auch für Betriebsanlagen aus. Wie beeinflussen Änderungen des Beschäftigungsgrades die Maxima und Minima des Kapitalbedarfs für derartige Anlagen?

Quantitative Anpassung läßt die Betriebszeit und die Arbeitsgeschwindigkeit der Anlagen unverändert. Lediglich die Anzahl der Anlagen wird variiert, derart, daß bei rückgängiger Beschäftigung ein Teil der maschinellen Aggregate entweder stillgelegt oder verkauft wird, um bei steigender Beschäftigung wieder in Betrieb genommen oder neu angeschafft zu werden, bis die Ausgangskapazität wieder erreicht ist.

Die Betriebsanlagen unterscheiden sich einmal durch ihre technischen Eigenschaften, ihr Leistungsvermögen und den Stand ihrer Betriebsbereitschaft voneinander. Sie weisen außerdem einen bestimmten Altersaufbau auf und sind verschieden lange Zeit nutzbar. Würden die Anlagen stets dann durch neue Aggregate ersetzt werden, wenn sie technisch verschlissen sind, dann ließe sich eine Tabelle des Altersaufbaus der Betriebseinrichtungen aufstellen, aus der unter gewissen Voraussetzungen die Ersatzzeitpunkte für die Anlagen abzulesen wären. Nun sind aber die Erneuerungszeitpunkte technischer Anlagen nicht nur von ihrem Nutzungsverschleiß, sondern auch von der technischen Entwicklung abhängig, der die Produktions-, Gewinnungs- oder Veredelungsverfahren unterworfen sind, die ein Unternehmen für seine betriebliche Betätigung benötigt und verwendet. Die Erfahrung lehrt, daß es viele Unternehmen und Produktionszweige gibt, in denen es üblich ist, bereits dann Ersatzanschaffungen vorzunehmen, wenn der Maschinenpark durch neuere technische Entwicklungen überholt erscheint. Werden also technische Betriebsanlagen erst nach ihrem Verschleiß ersetzt, dann liegt der Ersatzzeitpunkt (1) vor. Ersetzt das Unternehmen die Anlagen aber bereits dann, wenn sie, obwohl noch voll brauchbar, als durch den technischen Fortschritt veraltet erscheinen, dann soll vom Ersatzzeitpunkt (2) die Rede sein. Die beiden Zeitpunktsysteme genügen für die Analyse, die nunmehr vorzunehmen ist.

Quantitative Anpassung der Kapazität an sich ändernde Beschäftigungslagen bedeutet nicht, daß sich die zeitliche Struktur der Ein- und Auszahlungen für das einzelne Produkt ändern muß. Insbesondere steht nichts der Annahme entgegen, daß die Produktionsgeschwindigkeit konstant bleibt, also die reine Produktionsdauer der Gegenstände auf den einzelnen Produktions- oder Erzeugungsanlagen von der Ausbringung unabhängig ist.

Werden die Ersatzzeitpunkte der Anlagen allein durch den Verschleiß bestimmt [Ersatzzeitpunkt (1)], und geht die Beschäftigung des Unternehmens zurück, dann hat die Unternehmensleitung darüber zu entscheiden, ob einige der Anlagen stillgelegt werden sollen, um unter günstigeren Umständen wieder in Betrieb genommen zu werden, oder ob sie verkauft werden sollen. Entschließt sich das Unternehmen für die Stillegung von Anlagen (in der Hoffnung, daß es sich nur um eine vorübergehende Maßnahme handeln werde), dann bleibt das in diesen stillgelegten Anlagen investierte Kapital gebunden, und der Kapitalfreisetzungsprozeß wird unterbrochen. Die Höhe des Kapitalbedarfs (der Kapitalbindungsbetrag) wird nicht reduziert. Wenn später die Anlage wieder in Betrieb genommen wird, tritt kein zusätzlicher Kapitalbedarf ein. Die Leitung des Unternehmens nimmt also vorübergehend einen angesichts der verminderten Beschäftigungslage (der geringeren Kapazitätsauslastung) überhöhten Kapitalbedarf in Kauf, um bei wieder ansteigender Beschäftigung (Kapazitätsausnutzung) die Entstehung zusätzlichen Kapitalbedarfs zu vermeiden. Werden die Anlagen dagegen verkauft, dann senkt die Einzahlung aus diesem Verkauf den Kapitalbedarf, und der Anpassungsprozeß an den neuen Beschäftigungsstand ist dann bereits vollzogen.

Ist das Leistungspotential einer benutzten und nicht stillgelegten Anlage erschöpft, dann wird noch keine Ersatzanschaffung nötig, weil nunmehr noch das bisher unausgeschöpfte Potential der stillgelegten und nicht verkauften Anlage zur Verfügung steht und genutzt werden kann. Der Ersatzzeitpunkt für die technisch unbrauchbar gewordene Anlage wird also um die noch verbliebene Nutzungszeit der bisher stilliegenden, nunmehr aber wieder in Betrieb genommenen Anlage hinausgeschoben. Der letzte Freisetzungsbetrag des in den beiden Maschinen investierten Kapitals geht also erst ein, wenn die Potentiale beider Maschinen erschöpft sind. Bei rückläufiger Beschäftigung, quantitativer Anpassung und Stillegung von Aggregaten liegt dieser Zeitpunkt hinter dem Zeitpunkt des letzten Kapitalrückflusses bei voller Beschäftigung der beiden Anlagen. Der Abstand dieser beiden Zeitpunkte wird durch das Maß und die Dauer des Beschäftigungsrückganges bestimmt. Unter diesen Umständen weist die Kapitalbedarfskurve, die die Höhe des in den Anlagen gebundenen Kapitals anzeigt, also zum Zeitpunkt der Stillegung von Aggregaten keine Änderungen, insbesondere keine Einzahlungen aus dem Verkauf von Anlagen auf. Zu dem Zeitpunkt, zu dem sie außer Betrieb genommen wird, zeigt die Kapitalbedarfskurve für die Betriebsanlagen keine Auszahlungen, also keine Mehrungen des Kapitalbedarfs. Erst zu einem späteren Zeitpunkt beeinflußt der Ersatz der Anlagen die Höhe des Kapitalbedarfs.

Ist der Zeitpunkt erreicht, in dem das Potential der zweiten Maschine erschöpft ist, und wird nunmehr eine, aber eben nur eine Maschine angeschafft, dann hat sich das Unternehmen an den verminderten Beschäftigungsgrad endgültig angepaßt. Solange dieser Beschäftigungsstand bleibt, läuft der Kapitalbindungs- und -freisetzungsprozeß in den Betriebsanlagen nach dem alten zeitlichen Rhythmus ab. Denn die Produktionszeit muß sich im Fall quantitativer Anpassung nicht ändern, wenn die Zahl der Aggregate, auf denen produziert wird, verringert wird. Dagegen verschiebt sich die Kapitalbedarfskurve für die Betriebsanlagen nach dem Vollzug des Anpassungsprozesses um eine der Differenz zwischen bisher realisiertem höherem und nunmehr praktiziertem niedrigerem Beschäftigungsniveau nach unten. In der Anpassungszeit kann die Zeitordnung der Kapitalbindung und Kapitalfreisetzung nicht aufrechterhalten werden.

Richtet sich der Zeitpunkt, an dem eine Anlage ersetzt wird, nach dem Stand des technischen Fortschritts auf dem Gebiete der Arbeits- und Kraftmaschinen, die ein Unternehmen für die Herstellung oder Gewinnung seiner Erzeugnisse benötigt [Ersatzzeitpunkt (2)], und fixiert es den Ersatz einer solchen Anlage auf einen bestimmten Zeitpunkt, dann muß die Anlage erneuert werden, bevor ihr Leistungspotential erschöpft ist. Ob das Unternehmen stark oder schwach beschäftigt ist — dieser Zeitpunkt bleibt, und wenn er gekommen ist, muß die Anlage nach den gemachten Voraussetzungen ersetzt werden.

Wenn zwei derartige Maschinen vorhanden sind und eine von ihnen ausreicht, um die verminderte Produktmenge herzustellen, dann kann die andere außer Betrieb genommen werden. Unter der Voraussetzung des Ersatzzeitpunktes (2) hat eine Stillegung aber nur dann Sinn, wenn das Potential der weiter arbeitenden Maschine sich bereits vor dem fixierten Ersatzzeitpunkt erschöpft. Denn nur in diesem Fall kann die zweite stillgelegte Maschine noch für die Zeit zwischen der Außerbetriebnahme der ersten Maschine und dem fixierten Ersatzzeitpunkt für Aggregate dieser Art betrieblich genutzt werden. Sieht man von dieser, im Falle von Beschäftigungsrückgängen wenig realistischen Annahme ab, dann weist die Kapitalbedarfskurve für den Fall, daß sich die Unternehmensleitung für den Verkauf der nicht mehr beschäftigten Anlage entschließt, bereits während des Zeitraumes, in dem die eine Anlage noch in Betrieb ist, eine Einzahlung aus dem Erlös der verkauften Anlage auf. Der Anpassungsprozeß ist bereits mit der Außerbetriebnahme der einen, nicht stillgelegten bzw. veräußerten Anlage beendet. Die dann für die zu ersetzende Maschine zum technisch fixierten Zeitpunkt zu leistende Auszahlung erhöht den Kapitalbedarf des Unternehmens zu diesem Zeitpunkt. Der Kapitalbedarf vermindert sich bereits zu einem früheren Zeitpunkt um die verkaufte Anlage. Die beiden Kapitalbedarfskurven weisen also für die durch die beiden Ersatzzeitpunkte (1) und (2) gekennzeichneten Situationen bei rückläufiger Beschäftigung völlig verschiedenartige Strukturen auf.

Wenn die Leitung eines Unternehmens der Ansicht ist, daß das frühere Beschäftigungsniveau in absehbarer Zeit nicht wiederzugewinnen ist, und aus diesem Grund den Entschluß faßt, sich quantitativ an die neue Beschäftigungslage dadurch anzupassen, daß sie einen dem erwarteten zukünftigen Geschäftsumfang entsprechenden Abbau der vorhandenen Anlagen vornimmt, dann führt der Verkauf dieser Anlagen zu einer sofortigen Minderung des Kapitalbedarfs in Höhe der Verkaufserlöse. Diese Reduzierung des Kapitals des Unternehmens unterstellt, daß der Ersatz der Anlagen in dem Zeitpunkt vorgenommen wird, in dem das Potential der Anlagen erschöpft ist [Ersatzzeitpunkt (2)]. Unter diesen Umständen bleibt es ohne Bedeutung, ob die verkauften Anlagen zum Ersatzzeitpunkt (1) oder (2) neu angeschafft und installiert werden müßten. In beiden Fällen werden diejenigen Aggregate in Betrieb gehalten, die zum Zeitpunkt des Beschäftigungsrückganges die längste, noch zu erwartende Lebensdauer aufweisen. Denn je längere Zeit die Anlagen noch benutzbar sind, um so später wird der Kapitalbedarf durch eine Auszahlung erhöht. Allgemein läßt sich deshalb sagen, daß die ausgeschiedenen Aggregate Ersatzzeitpunkte aufweisen werden, die vor den Ersatzzeitpunkten der Aggregate liegen, die nicht veräußert werden, sondern in Betrieb bleiben.

Sieht sich die Leitung eines Unternehmens bei vermindertem Geschäftsumfang einer Beschäftigungszunahme gegenüber und entschließt sie sich, die Kapazität wieder zu erhöhen und neue Anlagen anzuschaffen, dann ergeben sich zwei Möglichkeiten: Fällt der Zeitpunkt der Neuanschaffung mit Ersatzzeitpunkten der in Betrieb gehaltenen Aggregate zusammen, dann führt das höhere Beschäftigungsniveau zu einer den Neuanschaffungen und Ersatzanschaffungen entsprechenden Erhöhung des Kapitalbedarfs. Liegt der Zeitpunkt für eine Neuanschaffung dagegen zwischen den Ersatzzeitpunkten von Anlagen, die in Betrieb sind, dann führt eine solche Einordnung der Neuanschaffungen und Neuinvestierungen zu den gleichen Konsequenzen, wie sie sich für den Fall einer zeitlichen Staffelung der Zeitpunkte ergeben würden, in denen die verschiedenen Aggregate angeschafft und installiert wurden.

4b. Wenn sich ein Unternehmen an Beschäftigungsschwankungen zeitlich anpaßt, dann vermindert oder erhöht es die Betriebszeit der Anlagen. Zunächst sei der Fall untersucht, wie sich eine Verminderung der Betriebszeit auf die Höhe und zeitliche Verteilung des Kapitalbedarfs auswirkt, wenn eine technische Anlage nach vollkommener Erschöpfung ihres Potentials außer Betrieb genommen wird [Ersatzzeitpunkt (1)]. Der Fall mag durch die Annahme ergänzt werden, daß die Ersatzzeitpunkte zeitlich gestaffelt sind. Im übrigen wird weiter davon ausgegangen, daß sich der Rückfluß des in den Anlagen investierten Kapitals zeitlich dadurch hinausschiebt, daß die hergestellten Erzeugnisse erst eine gewisse Zeit nach der Benutzung der maschinellen Einrichtungen verkauft werden. Die Äquivalente für die im Maschinenprozeß angegebenen Nutzungseinheiten fließen um diese Zeitspanne verspätet zurück.

Unter den Bedingungen dieses Falles geht die Kapitalbedarfskurve, wie nicht erneut nachgewiesen werden muß, nach einer unregelmäßigen Anlaufphase in eine zyklische Bewegung über. Bleiben die Bedingungen konstant, dann verschiebt sich der Beginn des zyklischen Prozesses, wenn die zeitliche Staffelung der Prozeßanordnung geändert wird. Die zyklische Bewegung bleibt jedoch bestehen. Die gleichen Überlegungen gelten für den Fall, daß der Beginn des Kapitalrückflusses geändert wird, die Freisetzung der in den Erlösen für die Erzeugnisse enthaltenen Geldäquivalente für Anlagennutzung also etwas früher oder später beginnt. Auch in diesem Fall kommt es wieder zu einer zyklischen Bewegung. Grundsätzlich interessiert hier nur der zyklische Teil der Kapitalbedarfskurve.

Die Abb. 6 zeigt, wie die Kapitalbedarfskurve verläuft, wenn zwei Maschinen benutzt werden. Bei achtstündiger Arbeitszeit beträgt die Nutzungsdauer der Anlagen sechs Perioden, ihr Preis 6 GE. In jeder

Periode fließt nach einer Verzögerung von zwei Perioden jeweils eine GE zurück. Die zeitliche Staffelung für die Anschaffungstermine der beiden Maschinen beträgt vier Perioden.

Aus der Abb. 6 wird ersichtlich, daß in der Anlaufphase, also in den beiden ersten Perioden, der Kapitalbedarf unverändert 6 GE beträgt. Dann beginnt in der dritten Periode der Kapitalrückfluß mit 1 GE je Periode. Am Ende der sechsten Periode ist das Nutzungspotential der ersten Maschine erschöpft. Es sind aber erst 4 GE zurückgeflossen. Mithin besteht ein Überhang von 2 GE, der erst in der siebten und achten Periode freigesetzt wird. Zu Beginn der siebten Periode erhöht sich der

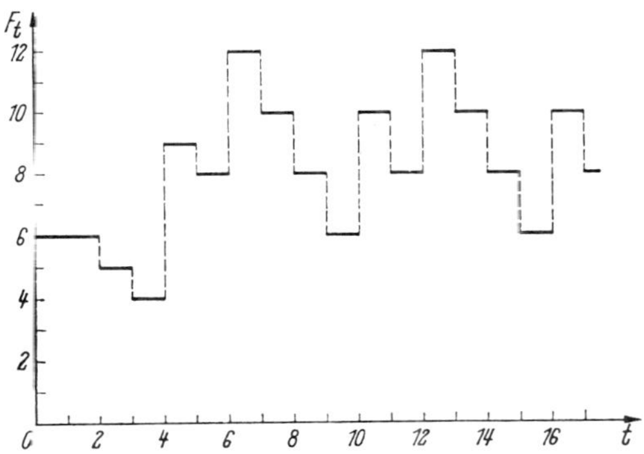

Abb. 6

Kapitalbedarf um 6 GE, weil die erste Maschine ersetzt wurde. Von dem Überhang von 2 GE wird im gleichen Zeitpunkt 1 GE freigesetzt, so daß der Kapitalbedarf für das erste Aggregat insgesamt 7 GE beträgt. Die zweite Maschine, die zu Beginn der fünften Periode mit 6 GE angeschafft wurde, weist in der sechsten Periode unverändert einen Kapitalbedarf von 6 GE auf. Zu Beginn der siebten Periode, in der die erste Anlage ersetzt werden muß, weil sie nicht mehr benutzbar ist, sind in der zweiten Maschine noch 6 GE abzüglich des Rückflusses in der siebten Periode von 1 GE, insgesamt also 5 GE gebunden. Der Gesamtkapitalbedarf für beide Maschinen beträgt zu Beginn der siebten Periode 7 GE für die erste und 5 GE für die zweite Maschine, insgesamt also 12 GE. Auf diese Weise erklärt sich das Maximum von 12 GE. Das Minimum beträgt 6 GE. Die Kapitalbedarfskurve schwingt also in einem 6 Zeitperioden umfassenden Zyklus mit einem Maximum von 12 und einem Minimum von 6 GE.

Wenn ein Betrieb unter sonst gleichen Bedingungen die Arbeitszeit von acht auf vier Stunden herabsetzt, dann zeigt der Verlauf der Kapitalbedarfskurve ein anderes Bild. Die Einzahlungen, also die Rückflüsse des in den technischen Anlagen investierten Kapitals, verlangsamen sich proportional der verkürzten Betriebszeit. Arbeitet ein Unternehmen nur vier Stunden je Tag und ist das Leistungspotential einer maschinellen Anlage beliebig über die Zeit dehnbar [Ersatzzeitpunkt (1)], dann verdoppelt sich der Nutzungszeitraum der Anlage. Damit schieben sich auch die Ersatzzeitpunkte hinaus. Wenn die Nutzungsdauer einer Anlage bei achtstündiger Arbeitszeit sechs Perioden beträgt, dann verlängert sie sich auf zwölf Perioden, wenn nur vier statt acht Stunden je Tag gearbeitet wird und der Zeitverschleiß der Aggregate vernachlässigt werden darf. Auch der Ersatzrhythmus beträgt nunmehr zwölf statt bisher sechs Perioden. Legt man den Überlegungen einen Zeitraum von zwölf Perioden zugrunde, dann fallen, sofern die Arbeitszeit acht Stunden beträgt, zwei Neuanschaffungen mit den entsprechenden Auszahlungen in diesen Zeitraum, aber nur eine Neuanschaffung oder Auszahlung, wenn der Betrieb mit vier Stunden arbeitet. Da die Auszahlungen die Kapitalbedarfskurve jeweils nach oben schieben, muß diese Tendenz um so stärker werden, je größer die Zahl der Auszahlungen in einer Vergleichsperiode ist. Umgekehrt ist diese Tendenz um so weniger ausgeprägt, je weniger Auszahlungen im Vergleichszeitraum vorgenommen werden. Bei verkürzter Arbeitszeit und entsprechend verminderter Zahl der Auszahlungen, bezogen auf eine bestimmte Anzahl von Perioden, bleibt also der Kapitalbedarf um die ausfallenden Auszahlungen reduziert. Da die Maxima immer dann eintreten, wenn Ersatzanschaffungen vorgenommen und entsprechende Auszahlungen geleistet werden, muß auch die Zahl der Maxima und — wie gleich hinzugefügt werden kann — die Zahl der Minima in den Vergleichsperioden bei reduzierter Arbeitszeit geringer sein als bei höherer Betriebszeit.

Auf der anderen Seite verzögert sich der Rückfluß des in den Anlagen investierten Kapitals, wenn die Arbeitszeit eingeschränkt wird, weil die Absatzlage eine volle Beschäftigung der Anlagen nicht mehr zuläßt. Bei vierstündiger Betriebszeit ist der Zeitraum, in dem das in einer Maschine investierte Kapital wieder freigesetzt wird, doppelt so lang wie bei einer Arbeitszeit von acht Stunden, und die Freisetzungsbeträge sind jeweils gleich der Hälfte der bei achtstündiger Arbeitszeit zurückfließenden Beträge. In den für die ursprüngliche Beschäftigungszeit von acht Stunden geltenden Ersatzzeitpunkten wird infolge der geringeren Rückflüsse bei vierstündiger Arbeitszeit erst weniger Kapital freigesetzt, das heißt, es bleibt mehr Kapital gebunden. Würden in diesen Zeitpunkten die Ersatzanschaffungen vorgenommen, dann würde sich die Kapitalbedarfskurve nach oben verschieben. Wenn die Kapitalbedarfskurve bei vierstündiger Beschäftigung und im übrigen gleichen Bedingungen dennoch nicht über der Kapitalbedarfskurve bei achtstündiger Beschäftigung liegt, dann ist diese Tatsache darauf zurückzuführen, daß die den Kapitalbedarf steigernden Impulse nicht wirksam werden, weil die Ersatzanschaffungen in den Zeitpunkten vorgenommen werden, in denen das Nutzungspotential der Anlagen erschöpft ist [Ersatzzeitpunkt (1)].

Wird die Situation wiederum dadurch gekennzeichnet, daß der Rückfluß des in den Anlagen gebundenen Kapitals erst nach einer bestimmten zeitlichen Verzögerung einsetzt, dann entsteht ein Rückflußüberhang der gleichen Art, wie er bereits früher geschildert wurde. Dieser Überhang von Kapitalrückflüssen aus einer bereits außer Betrieb gesetzten Anlage weist immer dann, wenn sie vor der Außerbetriebnahme mit reduzierter Stundenzahl benutzt wurde, einen geringeren Umfang auf als bei höherer Betriebszeit. Beträgt die Verzögerung zwei Zeitperioden und der Rückflußbetrag je Zeitperiode bei vierstündiger Beschäftigung der Anlagen nur die Hälfte desjenigen Betrages, der bei achtstündiger Beschäftigung eingehen würde, dann kann der Überhang bei vierstündiger Arbeitszeit nicht so groß sein wie bei achtstündiger Arbeitszeit (vgl. Tabelle 13). Da die Rückflußbeträge, solange sie noch nicht freigesetzt sind, Kapital binden, erhöhen sie den Kapitalbedarf und verschieben die Kapitalbedarfskurve nach oben, jedoch bei geringerer Arbeitszeit nicht in so starkem Maße wie bei längerer Arbeitszeit. Der Verlauf der Kapitalbedarfskurve ist das Ergebnis dieser den Kapitalbedarf beeinflussenden Kräfte.

Tabelle 13

		Zeitpunkte													
		0	1	2	3	4	5	6	7	8	9	10	11	12	13
Bei achtstündiger Arbeitszeit	Ausz.	6						6						6	
	Einz.			1	1	1	1	1	1	1	1	1	1	1	1
	Kap.-Bed.	6	6	5	4	3	2	7	6	5	4	3	2	7	6
Bei vierstündiger Arbeitszeit	Ausz.	6												6	
	Einz.			0,5	0,5	0,5	0,5	0,5	0,5	0,5	0,5	0,5	0,5	0,5	0,5
	Kap.-Bed.	6	6	5,5	5	4,5	4	3,5	3	2,5	2	1,5	1	6,5	6

Die Tabelle zeigt die Entwicklung des Kapitalbedarfs für jeweils eine Maschine. In den mit den Zeitpunkten 6 und 12 beginnenden Perioden beträgt der Überhang bei achtstündiger Arbeitszeit 2 GE und bei vierstündiger Arbeitszeit $2 \cdot 0{,}5 = 1$ GE.

Die Abb. 7 zeigt eine Kapitalbedarfskurve, der mit Ausnahme der Arbeitszeit die gleichen Daten zugrunde liegen wie der Abb. 6. In der

Anlaufphase wird deutlich sichtbar, daß in der dritten und vierten Periode — in der ersten und zweiten Periode treten nach der Annahme keine Rückflüsse ein — Kapitalbeträge freigesetzt werden. Vergleicht man diesen Kurvenabschnitt mit dem gleichen Abschnitt der Kurve in Abb. 6, dann zeigt sich, daß die schnelleren und größeren Rückflüsse bei achtstündiger Beschäftigung die Kapitalbedarfskurve stärker senken als bei vierstündiger Arbeitszeit (Abb. 7). Die durch die Anschaffung der zweiten Maschine ausgelöste Auszahlung zu Beginn der fünften Periode setzt denn auch in der Abb. 6 tiefer an als in der Abb. 7. Auch hier wird die Beschaffung der zweiten Maschine vier Perioden nach dem

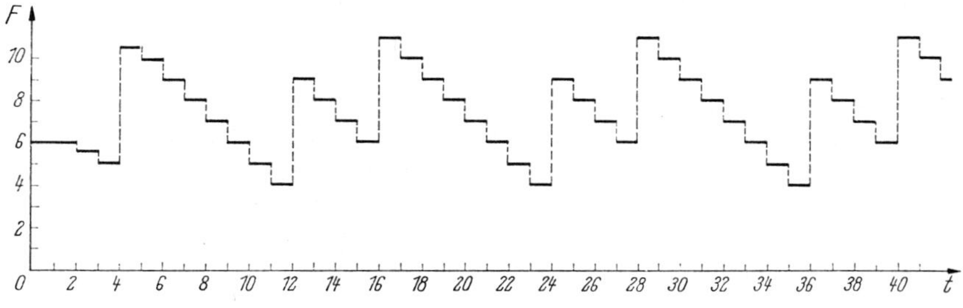

Abb. 7

Kauf des ersten Aggregates vorgenommen. Die Neuanschaffung zu Beginn der siebten Periode läßt dann die Kapitalbedarfskurve in der Abb. 6 erneut nach oben schnellen. Dagegen wird bei vierstündiger Beschäftigung (Abb. 7) die Ersatzmaschine erst nach zwölf Perioden angeschafft. Die sich so ergebenden Maxima bestimmen den weiteren zyklischen Verlauf der Kapitalbedarfskurve. Insgesamt liegt die Kapitalbedarfskurve in Abb. 7 niedriger als die in der Abb. 6, weil die den Kapitalbedarf erhöhenden Auszahlungen auf einen geringeren Kapitalüberhang treffen.

Bisher wurde untersucht, welche finanziellen Konsequenzen sich ergeben, wenn von vornherein mit einer achtstündigen oder mit einer vierstündigen Betriebszeit gearbeitet wird. Nunmehr ist die Frage zu prüfen, wie die Höhe und der Verlauf der Kapitalbedarfskurve beeinflußt werden, wenn von einer achtstündigen auf eine vierstündige Arbeitszeit umgestellt wird. In diesem Fall interessiert vor allen Dingen die finanzielle Entwicklung in der Zeitspanne des Übergangs auf eine verkürzte Arbeitszeit. Im Umstellungszeitpunkt kann es einige Anlagen geben, die gerade neu installiert sind. Sie beginnen bereits mit der verminderten Arbeitszeit. Andere Anlagen sind bereits in Betrieb. Die Umstellung hat für sie die Folge, daß sich nun die Zeit verlängert, in der sie betrieblich genutzt werden können.

Im folgenden sei nun von dem Beispiel mit achtstündiger Arbeitszeit ausgegangen (Abb. 6). Der Betrieb arbeitet mit achtstündiger Arbeitszeit bis einschließlich der zwölften Periode. Zu Beginn der dreizehnten Periode muß die Arbeitszeit auf vier Stunden verkürzt werden. Das Beispiel (Abb. 8) geht von zwei Maschinen aus, deren Anschaffungszeitpunkte zeitlich gestaffelt angeordnet sind. Die Nutzungszeit jeder Maschine beträgt bei Normalbeschäftigung (achtstündiger Arbeitszeit) sechs Zeitperioden. Zum Zeitpunkt 12 muß die erste Maschine ersetzt werden. Unter Berücksichtigung der Tatsache, daß die Rückflüsse mit einer Verzögerung von zwei Zeiteinheiten eintreten, bleibt im Zeitpunkt 12 ein Überhang von 2 GE, die in den mit den Zeitpunkten 12 und 13 beginnenden

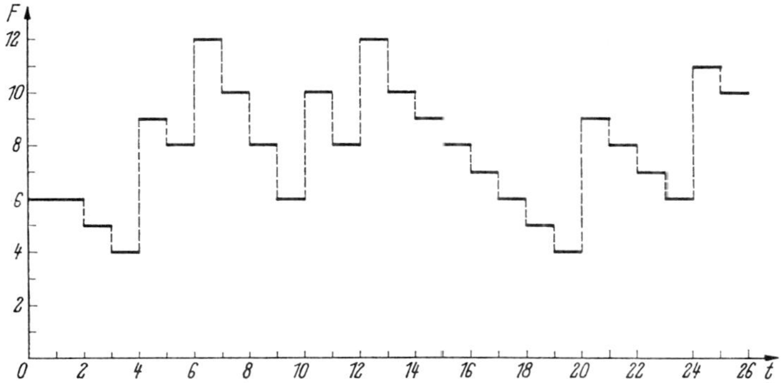

Abb. 8

Perioden zurückfließen. Die zum Zeitpunkt 12 angeschaffte (dritte) Maschine wird von vornherein nur 4 Stunden benutzt; der Kapitalrückfluß beginnt im Zeitpunkt 14 mit 0,5 GE pro Periode. Die im Zeitpunkt 4 angeschaffte Maschine wurde im Zeitpunkt 10 erneuert. Sie steht zum Umstellungszeitpunkt 12 noch für vier Perioden mit achtstündiger beziehungsweise für acht Perioden mit vierstündiger Arbeitszeit zur Verfügung. In den mit den Zeitpunkten 12 und 13 beginnenden Perioden fließen zusammen 2 GE zurück. Die Umstellung macht sich finanziell auch hier erst in der Periode, die mit dem Zeitpunkt 14 beginnt, bemerkbar. Mit diesem Zeitpunkt bringen beide Maschinen Rückflüsse von je 0,5 GE je Periode, also zusammen 1 GE je Periode. Der finanzielle Zyklus verläuft dann regulär weiter.

In der Übergangszeit, das heißt in den mit den Zeitpunkten 12 und 13 beginnenden Perioden beträgt der Kapitalrückfluß für beide Maschinen 2 GE je Periode.

In den beiden Übergangsperioden, die mit den Zeitpunkten 12 und 13 beginnen, unterscheidet sich also der Kapitalbedarf nach Höhe und Verlauf nicht von dem bei kontinuierlicher achtstündiger Beschäftigung.

Erst in der Periode, die mit dem Zeitpunkt 14 beginnt, und den folgenden wird die zum Zeitpunkt 12 vollzogene Umstellung finanziell wirksam. Die Kapitalbedarfskurve schwingt nun auf den finanziellen Zyklus ein, wie er sich bei vierstündiger Arbeitszeit einstellt.

Bisher ist der Verlauf der Kapitalbedarfskurve bei rückläufiger Beschäftigung für den Fall untersucht worden, daß das Leistungspotential der Betriebsanlagen zeitlich beliebig verteilt werden kann [Ersatzzeitpunkt (1)]. Dieser Fall formuliert den einen Grenzfall bei zeitlicher Anpassung des Betriebes an sich ändernde Beschäftigungslagen. Nun ist aber bereits darauf hingewiesen worden, daß es einen zweiten Grenzfall gibt. Er kennzeichnet sich dadurch, daß die Betriebsanlagen nur eine bestimmte Zeit in Betrieb gehalten werden können, wenn der Betrieb seine Anlagen auf dem neuesten Stande der Technik halten will. In diesem Fall ist also der Ersatzzeitpunkt zeitlich durch den Gang der technischen Entwicklung und nicht durch den Verschleiß der Anlage vorgegeben.

Zwei verschiedene Situationen haben für die Analyse dieser nunmehr interessierenden Zusammenhänge besondere Bedeutung. Wird unterstellt, daß sich die Beschäftigung des Unternehmens günstig entwickelt, und werden die Anlagen stärker ausgenutzt, als zum Zeitpunkt ihrer Installierung vorgesehen war, indem etwa Überstunden eingelegt werden, dann läßt sich der Fall denken, daß die Maschine bereits unbrauchbar wird, bevor der vorgesehene Ersatzzeitpunkt erreicht ist. In diesem Fall müssen diese Ersatzzeitpunkte vorverlegt und die Auszahlungen früher als vorgesehen geleistet werden. Damit entspricht dieser Fall der oben beschriebenen Situation, in der der Ersatzzeitpunkt durch die Ausschöpfung des Nutzungspotentials bestimmt ist. Es treten keine zusätzlichen Probleme auf.

Bedeutsamer ist in diesem Zusammenhang der Fall, daß infolge einer Verschlechterung der Beschäftigungslage die Anlagen nicht mehr so stark in Anspruch genommen werden können, so daß ihr Potential voll ausgenutzt zu werden vermag und das in ihnen investierte Kapital im geplanten Umfang zurückfließt. Eine derartige Entwicklung würde bedeuten, daß Teile des Leistungspotentials brachliegen und das in ihnen gebundene Kapital nicht freigesetzt wird. Dieser Prozeß würde sich weiter fortsetzen, wenn streng an den festgelegten Ersatzzeitpunkten festgehalten wird. Die Kapitalbedarfskurve würde um diese brachliegenden und nicht zurückkehrenden Kapitalteile nach oben verschoben werden.

Es ist nicht notwendig, im einzelnen zu zeigen, daß sich eine Unternehmensleitung, die diesen sich sukzessiv steigernden Kapitalbindungsprozeß zulassen würde, unverständlich verhalten würde. Aber die Geschäftsführung des Unternehmens steht vor einem echten Dilemma.

Hebt sie die fixierten Ersatzzeitpunkte auf, so wird das Leistungspotential der Betriebsanlagen längere Zeit produktiv genutzt und dementsprechend das investierte Kapital freigesetzt. Das Unternehmen wird finanziell entlastet. Es besteht jedoch die Gefahr, daß das technische Niveau der maschinellen Aggregate absinkt und sich infolgedessen die Position des Unternehmens auf seinen Absatzmärkten verschlechtert. Nur unter Berücksichtigung aller Umstände eines konkreten Falles läßt sich sagen, welches der richtige Weg aus dem Dilemma ist.

4c. Neben der quantitativen und zeitlichen Anpassung haben viele Unternehmen die Möglichkeit, sich intensitätsmäßig an variierende Beschäftigungsentwicklungen anzupassen. In diesem Falle wird das Produktionsvolumen bei gegebener und konstanter Zahl von Arbeitsplätzen und ebenfalls gegebener und konstanter Betriebszeit durch unterschiedlich starke Inanspruchnahme der Arbeitsplätze und maschinellen Einrichtungen erhöht oder vermindert. Die Änderung der Beschäftigung löst mithin im Falle intensitätsmäßiger Anpassung eine Änderung der Prozeßgeschwindigkeit aus. Quantitative und zeitliche Anpassung können zwar mit einer Änderung der Prozeßgeschwindigkeit verbunden sein. Intensitätsmäßige Anpassung aber führt stets zu einer Änderung der Prozeßgeschwindigkeit. Diesen Einfluß der intensitätsmäßigen Anpassung an sich ändernde Beschäftigungslagen auf die Höhe und zeitliche Verteilung des Kapitalbedarfs gilt es nunmehr zu untersuchen.

Erhöhung der Intensität bedeutet, daß in einer Zeiteinheit mehr Produktionsprozesse vorgenommen, die Erzeugnisse also schneller fertiggestellt und zu einem früheren Zeitpunkt verkauft werden können, wenn — abgesehen von der Produktionsgeschwindigkeit — die Zeitstruktur der Prozeßabfolgen unverändert bleibt. Die Verkürzung der reinen Produktionszeit hat zur Folge, daß sich die Dauer der Kapitalbindung in den auf der Anlage bearbeiteten Gegenständen verkürzt. Unter den gleichen Voraussetzungen führt umgekehrt eine Verringerung der Intensität zu einer Verlängerung dieser Kapitalbindungsdauer.

Wiederum sind in diesem Zusammenhang zwei Ersatzzeitpunkte zu unterscheiden. Entweder wird die maschinelle Anlage ersetzt, wenn ihr Leistungspotential erschöpft ist, oder sie wird ersetzt, wenn der Zeitpunkt erreicht ist, in dem sie technisch veraltet ist und verbesserte Maschinen auf dem Markt erscheinen.

Zunächst sei angenommen, daß der Ersatzzeitpunkt derartiger, intensitätsmäßige Anpassung zulassender technischer Anlagen allein durch ihren Verschleiß, also durch die Tatsache bestimmt wird, daß die Anlage technisch unbrauchbar geworden ist. Die Intensität, mit der die Anlage genutzt wird, werde nun erhöht und zwar derart, daß in einer Zeiteinheit die doppelte Zahl von Arbeitsoperationen auf der Maschine vorgenommen wird. Diese Steigerung der Arbeitsgeschwindigkeit hat zur Folge, daß in der Zeiteinheit der doppelte Anteil an den Anschaffungsausgaben für die Maschine freigesetzt wird, wenn alle übrigen Daten des Falles unverändert bleiben. Das Tempo der Kapitalfreisetzung erhöht sich also auf das Doppelte, unter der Voraussetzung allerdings, daß auf jeden Prozeß die gleiche Nutzungsabgabe und damit der gleiche Anteil an den Investitionsausgaben für die Anlage entfällt und diese Nutzungsäquivalente gleich bleiben. Die schnellere Erschöpfung des Leistungspotentials der Anlage hat zur Folge, daß ihr Ersatzzeitpunkt vorverlegt werden muß. Diese Tatsache und der beschleunigte Kapitalrückfluß verändern die zeitliche Struktur der Kapitalbedarfsentwicklung.

Das Ersatzaggregat muß, wenn die Produktion reibungslos ablaufen soll, einige Zeit vor der Außerbetriebnahme des alten Aggregates angeschafft werden, weil seine Installierung und Erprobung eine gewisse Zeit beansprucht. Es ist also zur Zeit der Inbetriebnahme der neuen Anlage in der alten Anlage noch Kapital gebunden, und zwar in Höhe der Nutzungsäquivalente der auf der Anlage noch vorzunehmenden Bearbeitungsprozesse. Der in dieser Höhe in der alten Anlage noch gebundene Kapitalbetrag wird bei einer Erhöhung der Arbeitsgeschwindigkeit der Anlage, hier einer Verdoppelung der Arbeitsgeschwindigkeit, doppelt so groß sein müssen wie bei der als Ausgangslage gewählten geringeren Arbeitsgeschwindigkeit der Anlage, denn in der gleichen Zeiteinheit muß nun die doppelte Zahl von Prozessen durchgeführt werden. Hieraus folgt, daß der maximale Kapitalbedarf um diesen höheren Bindungsbetrag im Falle der Intensitätssteigerung über dem maximalen Kapitalbedarf vor der Prozeßbeschleunigung liegen muß.

Der Kapitalbedarf für maschinelle Anlagen erhält also im Falle intensitätsmäßiger Anpassung an Beschäftigungsschwankungen nicht nur eine andere zeitliche Struktur, auch seine Maxima erhöhen sich.

Wenn die Ersatzzeitpunkte der maschinellen Anlagen dadurch bestimmt werden, daß die Anlagen stets dann außer Betrieb genommen werden, wenn technisch verbesserte Anlagen auf dem Markt erscheinen, dann ergibt sich eine andere Situation. Die Zahl der Prozesse, an denen die Anlage beteiligt ist, wird nun auf den fixierten Ersatzzeitpunkt bezogen, der früher liegt als der Zeitpunkt, bei dem die Maschine als verschlissen gelten kann. Bei einer gegebenen Arbeitsgeschwindigkeit erhält man die Nutzungsäquivalente der Anlage, wenn man die Anschaffungsausgaben für die Anlage durch die Zahl der Prozesse dividiert, die die Maschine vorzunehmen erlaubt.

Wird nun die Arbeitsgeschwindigkeit über das als Norm angesehene Maß hinaus gesteigert, im vorliegenden Fall verdoppelt, dann fließt das in der Anlage gebundene Kapital in der Hälfte der Zeit zurück, die sich für den Fall der Ausgangsplanung ergibt. Voraussetzung ist jedoch, daß sich die Nutzungsäquivalente nicht ändern, und daß die Maschine in der Lage ist, eine derartige Erhöhung der Arbeitsgeschwindigkeit zu leisten. Da die Ersatzzeitpunkte gemäß Annahme von der Intensität unabhängig sind, mit der die Anlagen genutzt werden, würden die Nutzungsäquivalente, das heißt das in der Anlage investierte Kapital im Falle einer Verdoppelung der Arbeitsgeschwindigkeit der Anlage bereits in der Hälfte der vorgesehenen Zeit zurückgeflossen sein. Es würde sich also eine in diesem Sinne unregelmäßige Kapitalfreisetzung ergeben. In der ersten Zeit (hier Hälfte) des fixierten Nutzungszeitraumes der Anlage würde viel, im Beispiel das gesamte Kapital zurückfließen, in der zweiten Hälfte des Nutzungszeitraumes dagegen wenig, im Beispiel überhaupt kein Kapital mehr freigesetzt werden. Die zeitliche Struktur des Kapitalbedarfs ändert sich also vollständig.

Will man im Falle einer Erhöhung der Prozeßgeschwindigkeit im Zuge intensitätsmäßiger Anpassung jeden Prozeß mit gleich hohen Nutzungsäquivalenten belasten, dann würden im vorliegenden Fall die Nutzungsäquivalente halbiert werden müssen. In diesem Falle würde sich der Kapitalrückfluß auf die gesamte fixierte Nutzungszeit der Anlage erstrecken. Die Rückflußkurve würde dann der Rückflußkurve entsprechen, die sich für den Fall der als Norm genommenen Arbeitsgeschwindigkeit ergeben würde.

Im Falle intensitätsmäßiger Anpassung an sich ändernde Beschäftigungslagen haben unterschiedlich hohe Beschäftigungsniveaus einen stärkeren Einfluß auf die Höhe und zeitliche Verteilung des Kapitalbedarfs als Anpassungsmaßnahmen quantitativer oder zeitlicher Art. Die Stärke des Einflusses intensitätsmäßiger Anpassungen auf die Höhe und zeitliche Struktur des Kapitalbedarfs hängt von dem Verhältnis ab, in dem die Produktionszeit zur gesamten Bindungsdauer des Kapitals steht.

In Übereinstimmung mit den methodischen Voraussetzungen der Analyse von Kapitalbedarfsentwicklungen bei quantitativer und zeitlicher Anpassung ist auch hier unterstellt worden, daß je Erzeugungseinheit eine bestimmte Inanspruchnahme des Nutzungspotentials der maschinellen Einrichtungen vorgegeben sei. Ist jedoch die Inanspruchnahme des Nutzungspotentials der Anlagen bei einer Variation der Intensität unterschiedlich groß, dann müssen bei dem Verkauf der Erzeugnisse für jede Einheit in den Erlösen unterschiedlich hohe Nutzungsäquivalente zurückfließen, und zwar nach Maßgabe der bei der Produktion des einzelnen Erzeugnisses gewählten Intensität und der Verbrauchsfunktionen, die die Anlage charakterisieren.

Fünftes Kapitel

Der Kapitalbedarf bei variablem Produktionsprogramm

1. Der Kapitalbedarf bei variierenden Absatzmengen im Rahmen eines gegebenen Verkaufsprogramms.

Für die Mehrzahl der Unternehmen bildet die Änderung des Produktions- oder Absatzprogramms eine der wichtigsten betriebswirtschaftlichen Möglichkeiten, sich im Kampf um den Marktanteil durchzusetzen. Mehr noch als alle anderen absatzpolitischen Instrumente haben sich Produktvariationen im weitesten Sinne des Wortes als geeignet erwiesen, gefahrdrohenden betrieblichen Entwicklungen zu begegnen oder Wachstumschancen wahrzunehmen.

Aus diesen Überlegungen heraus stellt sich die Frage, wie die Änderung von Produktions- oder Verkaufsprogrammen den Kapitalbedarf der Unternehmen beeinflußt. Die Weite und Differenzierung des Untersuchungsgegenstandes zwingt dazu, die strenge Bindung der Analyse an eine gegebene und konstante Kapazität aufzuheben, ohne daß jedoch die Variation der Kapazität selbst und ihr Einfluß auf den Kapitalbedarf des Unternehmens zum Objekt der Analyse gemacht würde.

Der Begriff des Produktions- oder Verkaufsprogramms soll hier weit gefaßt werden, um eine möglichst große Anzahl von Situationen erörtern zu können, wie sie der praktische Unternehmensvollzug in so mannigfaltiger Art kennt. So sei unter Programmvariation zunächst der Fall verstanden, daß die Zahl der Produktarten, aus denen das Programm besteht, unverändert beibehalten wird, dagegen die von den einzelnen Produktarten hergestellten und verkauften Mengen variiert werden. Die Absatzentwicklung kann derartige quantitative Umproportionierungen im Produktions- und Verkaufsprogramm nötig machen. In einem solchen Fall kann sich die betriebstechnische Elastizität als groß genug erweisen, um das neue Programm im wesentlichen mit dem vorhandenen Produktionsapparat herzustellen. Wenn die betriebstechnischen Voraussetzungen hierfür gegeben sind, dann ist der für die Umstellungen erforderliche Kapitalaufwand gering. Reicht jedoch die Umstellungsfähigkeit der vorhandenen Betriebseinrichtungen nicht aus, das neue Programm herzustellen, dann entsteht ein Kapitalbedarf, der unter

Umständen beträchtlichen Umfang annehmen kann. Nur dieser Fall interessiert hier.

Die Absatzentwicklung eines Unternehmens verlange, daß von dem bisherigen Programm abweichende Mengen hergestellt werden, ohne daß die Zahl der Erzeugnisarten verändert wird (Fall I). Die erforderlichen Umproportionierungen im qualitativ gegebenen und konstanten Herstellungs- und Verkaufsprogramm machen Umgruppierungen im Betriebsmittelbestand des Unternehmens notwendig. In diesem Fall werden Teile der bisherigen produktions- und erzeugnistechnischen Kapazität frei. Dagegen wird zusätzlich Kapazität benötigt, um größere Mengen von bestimmten Erzeugnissen herstellen zu können. Die Höhe und zeitliche Verteilung des Kapitalbedarfs richtet sich in diesem Fall nach dem Maß, in dem frei werdende Kapazität für die zusätzliche Produktion auf anderen Gebieten verwandt werden kann. Ist der Anteil der frei gewordenen, aber für das umproportionierte Produktionsvolumen benutzbaren Kapazität an der gesamtbetrieblichen Kapazität groß, dann entsteht ein verhältnismäßig geringer Kapitalbedarf. Ist dagegen der Anteil der frei gewordenen, aber weiter benutzbaren Kapazität an der Gesamtkapazität des Unternehmens klein und zieht sich der Aufbau der neuen Kapazität über längere Zeit hin, dann wird erhöhter Kapitalbedarf die Folge sein. Die zeitliche Verteilung der Auszahlungen richtet sich nach der Dauer des Aufbaus der zusätzlich erforderlichen Kapazität und die zeitliche Verteilung der Einzahlungen nach der Zeit, die verstreicht, bis die neuen Kapazitäten benutzt werden und die ersten Kapitalrückflüsse eintreffen. Der Verlauf der Kapitalbedarfskurve zeigt dann, wie mengenmäßige Umproportionierungen im Absatzprogramm die Höhe und zeitliche Verteilung des Kapitalbedarfs beeinflussen.

Im Absatzbereich ist für den hier erörterten Fall quantitativer Umproportionierung des Verkaufsprogramms nicht anzunehmen, daß Kapitalbedarf außergewöhnlicher Art entstehen wird, vergleichbar etwa dem finanziellen Bedarf, wie er sich für den Fall der Einführung und Durchsetzung neuer Erzeugnisse auf dem Markt einstellen würde. Das Unternehmen folgt in diesem Fall doch nur dem bereits sichtbaren Trend in der Programmentwicklung, der offenbar keine ungewöhnlichen Absatzanstrengungen verlangt.

Dagegen wird Kapital aus den Warenbeständen freigesetzt, die noch auf Fertigfabrikatelägern vorhanden sind. Die Kapitalbedarfskurve sinkt, bis eben die letzten in diesen Beständen gebundenen Kapitalteile zurückgeflossen sind. Diese dem Prinzip nach vollständige Freisetzung des in den noch vorhandenen Restbeständen der nicht mehr hergestellten Erzeugnisse gebundenen Kapitals hat kein Gegenbeispiel in den auf den Eingangslägern liegenden Werkstoffen. Entweder setzt sich dieses

Kapital erst mit großer Verzögerung frei, dann nämlich, wenn Ersatzteile auch nach der Einstellung der Fabrikation noch auf Lager gehalten werden müssen, oder aber es reproduziert sich nicht mehr und bleibt unproduktiv, wenn für das Material keine Verwendung mehr besteht. Diese Situation gilt grundsätzlich auch für technische Anlagen und zwar dann, wenn diese Anlagen unter den neuen Produktionsverhältnissen nicht mehr benutzt werden können.

2. Der Kapitalbedarf bei Aufnahme eines neuen Erzeugnisses in ein bestehendes Verkaufsprogramm.

Eine völlig andere Kapitalbedarfssituation zeichnet sich aus der Fülle betrieblicher Möglichkeiten ab, wenn eine Produktvariation derart vorgenommen wird, daß einem gegebenen Produktions- und Verkaufsprogramm ein neues Erzeugnis oder eine neue Erzeugnisgruppe unter entsprechender Erweiterung der Kapazität hinzugefügt wird, ohne daß im übrigen wesentliche Änderungen im bereits vollzogenen Programm eintreten (Fall II). Insofern unterscheidet sich dieser Fall II nicht unbeträchtlich von dem bereits erörterten Fall I. In diesem Fall, in dem lediglich die Herstellmengen, nicht dagegen die Erzeugnisarten als veränderlich angenommen werden, wird Kapital aus nun nicht mehr benötigten Lagerbeständen von Erzeugnissen frei, die im neuen Programm nur noch mit verminderten Produktzahlen enthalten sind. Die freigesetzten Kapitalbeträge vermindern den Kapitalbedarf für das neue Programm. Diese Wirkung tritt in dem hier zu erörternden Fall II nicht ein, da das bisherige Programm weiterproduziert wird und die Lagerhaltung insoweit keine Änderung erfährt. Während im zuerst untersuchten Fall I neue Kapazität für die Produktionsausweitung der verstärkt zu produzierenden Erzeugnisse geschaffen werden muß, zugleich aber alte Kapazität freigesetzt wird, gibt der Fall II keine Kapazität frei. Die gesamte zusätzlich erforderliche Investition ist neu zu finanzieren.

Wenn, wie im Fall I, ein Unternehmen nur die Proportionen zwischen den hergestellten Produktmengen ändert, läßt sich die Gefahr nicht grundsätzlich ausschließen, daß maschinelle Kapazität für das neue Programm nicht mehr verwendbar ist. Tritt dieser Fall ein, dann bleibt Kapital unproduktiv im Kapitalbestand des Unternehmens gebunden. Es regeneriert sich nicht mehr und ist in diesem Sinne totes Kapital.

Diese Gefahr besteht im Fall II nicht, da die Kapazität, die für die Herstellung der zusätzlich in das Programm aufgenommenen Erzeugnisse benötigt wird, völlig neu geschaffen werden muß.

Nun können, wenn die Produktionsanlagen vergrößert werden, um die neuen Erzeugnisarten herzustellen, zwar im Produktionsbereich als solchem keine Engpässe eintreten, da angenommen wird, daß die für die zusätzliche Produktion benötigten maschinellen Einrichtungen neu installiert werden. Die Erfahrung zeigt jedoch, daß sich in anderen Bereichen der betrieblichen Leistungserstellung Engpässe bilden können, die die Durchführung des neuen Programms erschweren. So entstehen zum Beispiel sehr häufig Engpässe in der Energieversorgung. In diesem Falle wird sich die Unternehmensleitung vor die Aufgabe gestellt sehen, die der Energieversorgung dienenden Anlagen zu erweitern, weil sie der neuen zusätzlichen Belastung nicht mehr gewachsen sind. Allerdings muß dieser Fall nicht eintreten, denn oft ist die Leistungsfähigkeit der Energiegewinnungsanlagen so dimensioniert und so elastisch, daß erhebliche Reserven für die Energieversorgung des Unternehmens vorhanden sind. Unter diesen Umständen entsteht im Energiegewinnungsbereich kein zusätzlicher Kapitalbedarf. Wenn aber die Kapazitätsgrenze der Energiegewinnung überschritten wird und neue Anlagen installiert werden müssen, dann kann sich allerdings der Kapitalbedarf ruckartig erhöhen und zu erheblichen Ausgaben führen.

Verschieben sich lediglich die Mengenproportionen im Produktionsprogramm, dann wird in der Regel nicht anzunehmen sein, daß die Kapazität der Energiegewinnungsanlagen erweitert werden muß und Ausgaben für die Installation von Energiegewinnungsanlagen erforderlich werden. Trifft diese Annahme zu — von ihr wird wohl als Regelfall ausgegangen werden können —, dann weisen die beiden Fälle I und II insofern doch erhebliche Unterschiede auf. Sie kommen in der Höhe des Kapitalbedarfs zum Ausdruck.

Im Fall II richtet sich der Kapitalbedarf erstens nach dem erforderlichen Vielfachen des auf eine zusätzliche Erzeugungseinheit entfallenden Kapitalbedarfs für Anlagekapital im Produktions- oder Gewinnungsbereich, zweitens nach den Lagerumschlagskoeffizienten der Bestände, die auf den Eingangs- und den Ausgangslägern zusätzlich unterhalten werden müssen (Vorräte an Roh-, Hilfs- und Betriebsstoffen, an Halbfabrikaten und an Fertigfabrikaten), drittens nach den Umschlagskoeffizienten der Bestände an Forderungen aus Warenlieferungen oder aus Leistungen und viertens nach dem Betrag an liquiden Mitteln, den das erweiterte Geschäftsvolumen zu unterhalten notwendig macht.

Wie immer in derartigen Fällen lassen sich die auf die Erzeugungseinheit (Leistungseinheit) bezogenen Koeffizienten für Anlagekapital durch technische Kapazitätsberechnungen verhältnismäßig leicht ermitteln. Die Berechnungen liefern zugleich Informationen über die Leerkapazität, die als Folge mangelnder Teilbarkeit der Anlagegegenstände nicht zu vermeiden ist oder die bewußt als Reservekapazität geplant wird. Der auf diese Weise entstehende Kapitalbedarf läßt sich im Regelfall nicht vermeiden.

Ein völlig anderes Bild zeigt sich, wenn die Fragen, die der hier erörterte Fall II aufwirft, im Entwicklungs- und im Absatzbereich untersucht werden.

Im Gegensatz zu dem bereits erörterten Fall I, in dem das Produktionsprogramm nicht durch die Aufnahme neuer zusätzlicher Erzeugnisse erweitert wird, sind im Fall II Situationen vorstellbar, in denen die Entwicklung neuer Baumuster oder Rezepte, unter Umständen auch neuer Verfahrenstechniken, sehr beträchtlichen Kapitalbedarf entstehen läßt. Oft müssen Patente oder Lizenzen erworben werden, um das neue Programm ausführen zu können. So gewiß diese Überlegungen richtig sind, ist zu fragen, ob sie den Regelfall treffen. Einmal wird zu berücksichtigen sein, daß die Entwicklung neuer Erzeugnisse und Verfahrenstechniken nur in einer begrenzten Zahl von Produktionszweigen das unterstellte Maß und Tempo erreicht. In den Produktionszweigen, in denen die Entwicklung der Produktionsprogramme und der Herstellungs- oder Gewinnungsverfahren nicht einem so schnellen Tempo unterliegt, können die Entwicklungsarbeiten keinen außergewöhnlich hohen Kapitalbedarf verursachen. Aber selbst in Industriezweigen, in denen die technische Entwicklung schnell fortschreitet, kann es zweifelhaft erscheinen, ob wirklich die Erweiterung des Produktionsprogramms in der hier beschriebenen Art einen besonders hohen Bedarf an Kapitel auslösen muß. Denn in der Mehrzahl der Fälle wird es sich bei Unternehmen, deren Produktionsprogramme einem häufigen Wechsel unterliegen, um Gesellschaften handeln, die ständig Forschung betreiben und die deshalb laufend für die Fertigungs- und Entwicklungsarbeiten Etats unterhalten. Sind also diese Arbeiten bereits im wesentlichen institutionalisiert und werden sie ständig betrieben, dann müssen Änderungen im Tempo oder Umfang dieser Arbeiten nicht notwendig finanzielle Maßnahmen außergewöhnlicher und einmaliger Art hervorrufen. Die Investitionen in Forschungs- und Entwicklungsarbeiten halten sich dann in einer bestimmten Größenordnung. Sie wird durch die technische und absatzwirtschaftliche Eigenart und Größe der Unternehmen, vor allem aber durch die Geschwindigkeit bestimmt, mit der sich technische Fortschritte in dem Produktionszweig durchsetzen. Solange der finanzielle Aufwand für Änderungen im Produktionsprogramm in der angegebenen Größenordnung bleibt, wird insofern kein außergewöhnlicher Kapitalbedarf aus der Umstellung des Produktionsprogramms eintreten. Die Größenordnung kann sich jedoch ändern, im allgemeinen aber nicht als Folge einer einmaligen und ganz bestimmten Variation des Produktionsprogramms. Generell läßt sich sicherlich nicht sagen, daß Programmvariationen stets mit einem außergewöhnlichen Anstieg des Kapitalbedarfs für Entwicklungsarbeiten verbunden sein müssen.

Zu anderen Ergebnissen wird man dagegen gelangen, wenn untersucht wird, wie die Einfügung neuer Erzeugnisarten oder -gruppen in ein bestehendes Produktions- oder Verkaufsprogramm die Entwicklung des Kapitalbedarfs im Absatzbereich der Unternehmen beeinflußt. Wird unterstellt, daß sich der Verkauf der neuen Erzeugnisarten im Rahmen einer bereits bestehenden Absatzorganisation vollziehen soll, dann leuchtet sofort ein, daß der Verkaufsapparat einen Engpaß bilden muß, wenn seine Kapazität bereits ausgeschöpft ist und freie Verkaufsreserven nicht mehr zur Verfügung stehen. Die Situation unterscheidet sich also sehr wesentlich von dem zuerst besprochenen Fall I, in dem vorausgesetzt wird, daß sich lediglich die Proportionen im Absatzgefüge ändern. Der zusätzliche Kapitalbedarf entwickelt sich nun nicht mehr nur als Folge der Aufnahme neuer Erzeugnisse in das im übrigen gleichbleibende Verkaufsprogramm. Denn es müssen Anstrengungen unternommen werden, die neuen Erzeugnisse auf dem Markt einzuführen und durchzusetzen. Wie groß das Spiel der Möglichkeiten ist, wenn man die Dinge in diesem Blickwinkel sieht, bleibt offen. Aus diesem Grunde läßt sich der Kapitalbedarf bei Neueinführungen auch nicht in einer aus wenigen Variablen bestehenden Kapitalbedarfsfunktion angeben, wenn eben nicht nur konstatiert werden soll, daß der Kapitalbedarf steigt, falls unter den gegebenen Bedingungen des hier erörterten Falles neue Erzeugnisse in das Verkaufsprogramm aufgenommen werden. Die Ausgaben für Marktuntersuchungen, für Werbemaßnahmen, für die Ausweitung des Vertriebsapparates als solchen steigen unter anderem mit dem Abstand der neuen Erzeugnisqualitäten von der qualitativen Beschaffenheit der bisher durch das Unternehmen verkauften Erzeugnisse. Sie hängen von der Möglichkeit, die Kontakte mit den bisherigen Käuferschichten auszunutzen, von der regionalen Verteilung der für die neuen Erzeugnisse in Frage kommenden Käufer, von der besonderen Konkurrenzsituation gerade für diese neu angebotenen Produkte und von vielen anderen, die Höhe des Kapitalbedarfs von Neueinführungen bestimmenden Umständen ab.

Mithin strukturiert der Fall II die Kapitalbedarfe doch wesentlich anders als der Fall I. Nicht nur die Produktionsbereiche weisen in dieser Beziehung wichtige Unterschiede auf. Auch für den Forschungs- und Entwicklungsbereich lassen sich Abweichungen in den beiden Fallsituationen feststellen. Vor allem aber ist es der Absatzbereich, der im Fall II anders als im Fall I erhebliche Kapitalaufwendungen erforderlich macht, weil das Verkaufsprogramm durch zusätzliche, neue Erzeugnisse ergänzt wird.

3. Der Kapitalbedarf im Fall qualitativer Umstrukturierung des Verkaufsprogramms.

Die Analyse des Kapitalbedarfs von Unternehmen, die sich der Produktvariation bedienen, um sich im Wettbewerbskampf zu behaupten und durchzusetzen, soll hier auf nur wenige Grundsituationen beschränkt werden, obwohl der Reichtum an Varianten gerade auf diesem Gebiet unübersehbar ist.

Aus diesem Grunde soll nur noch ein Fall III analysiert werden. Er läßt sich so beschreiben: Ein Unternehmen nimmt eine Änderung eines Produktions- und Verkaufsprogramms vor und zwar derart, daß das Programm durch eine Anzahl neuer Erzeugnisse erweitert, zugleich aber durch die Herausnahme von Erzeugnisarten aus dem Programm vermindert wird (Fall III). Unter diesen Umständen läßt sich von einer Substitution bestimmter Erzeugnisarten durch andere Erzeugnisarten sprechen. Da aber im konkreten Fall nicht zu sagen ist, ob wirklich eine Substitution vorliegt, soll, um Mißverständnisse zu vermeiden, lediglich angenommen werden, daß ein qualitativ umstrukturiertes Produktions- oder Verkaufsprogramm an die Stelle eines anderen tritt. Das neue Programm soll sich aber im Rahmen der bisher praktizierten Programme halten.

Das bisherige Programm X wird also durch das neue Programm X′ ersetzt. Die gesamte produktionstechnische und arbeitsorganisatorische Apparatur des Unternehmens ist auf das Produktionsprogramm X eingerichtet. Die Frage, ob das verfahrenstechnische Optimum in Hinsicht auf X erreicht wurde, besitzt für die vorzunehmende Untersuchung keine Bedeutung. Sie kann deshalb unerörtert bleiben.

Das neue Programm X′ möge so stark von dem Programm X abweichen, daß verfahrenstechnische Umorganisationen notwendig werden. Das System der quantitativen und qualitativen Aggregatkapazitäten stimmt nun nicht mehr. Es ist auf das neue Produktionsprogramm nicht eingerichtet.

Im Zuge der produktionstechnischen Anpassung an das neue Produktionsprogramm wird an vielen Stellen im Betrieb Kapitalbedarf ausgelöst. Die Höhe dieser Kapitalbedarfe hängt von den dann erforderlichen verfahrenstechnischen Änderungen der Produktionseinrichtungen ab.

Zunächst entstehen im Verfolg der produktionstechnischen Umstellungen Engpässe, weil das neue Programm — so wird angenommen — mit den bisherigen Produktionseinrichtungen nicht hergestellt werden kann. Neue Kapazitäten quantitativer wie qualitativer Art sind erforderlich. Diese zusätzlich erforderlichen betriebstechnischen Kapazitäten bilden eine wichtige Quelle für neuen Kapitalbedarf. Die Ermittlung der Höhe, in der dieser Bedarf entsteht, bereitet keine großen Schwierigkeiten, weil die Bestimmung der notwendigen betrieblichen Kapazität ein technisches Problem ist, das sich bei gegebenen Daten verhältnismäßig leicht lösen läßt. Nun werden aber im Zuge der Umstrukturierung der produktionstechnischen Einrichtungen und ihrer Anpassung an die neue Programmsituation betriebstechnische Kapazitäten frei, weil bestimmte Erzeugnisse gemäß Annahme aus dem Programm gestrichen sind. Diese Betriebseinrichtungen müssen nicht notwendig unbenutzbar werden. Sofern diese Einrichtungen für das neue Programm verwendbar sind, entsteht kein Kapitalbedarf. Es läßt sich sogar sagen, daß sich der absolute Betrag des Kapitalbedarfs für das neue Programm um den Kapitalbetrag vermindert, der auf den bereits vorhandenen, betrieblich weiter verwendbaren Teil der Betriebseinrichtungen entfällt. Insofern liegt also eine gewisse Parallele zum Fall I, nicht jedoch zum Fall II vor. Auch im Fall der Programmvariation, die sich auf eine Änderung der Mengenproportion beschränkt (Fall I), wird Kapital frei. Wenn sie für die vermehrte Produktion anderer Erzeugnisse verwandt werden kann, löst sie keinen Kapitalbedarf aus. Auch im Fall III wird infolge der Umstrukturierung des Programms und der fertigungstechnischen Einrichtungen Kapazität frei. In dem Maße, in dem sie für das neue Programm verwendbar bleibt, führt die Einrichtung der für das neue Programm benötigten produktionstechnischen Kapazität zu keinem Kapitalbedarf. Die Parallelität der beiden Fälle III und I ist insofern offenkundig. Der Fall II kennt diese Situation nicht, da die bisherige Kapazität in unverändertem Umfange benötigt wird, also kein Kapital frei wird.

Die beiden Fälle stimmen auch insofern miteinander überein, als Kapazität frei werden kann, für die keine betriebliche Verwendungsmöglichkeit mehr besteht. Die so unverwendbar gewordenen Anlagen müssen aus dem Betrieb herausgenommen, unter Umständen verkauft werden. Der Reproduktionsprozeß des Kapitals wird unterbrochen. Das Kapital bleibt dann leer und ohne produktiven Effekt. Eine derartige Entwicklung kennzeichnet sowohl den Fall I als auch den Fall III, nicht dagegen den Fall II. Er ist in dieser Hinsicht von völlig anderer Beschaffenheit.

Die beiden Fälle III und I weisen im produktionstechnischen Bereich allerdings insofern keine Parallelität auf, als der Fall III radikalere Voraussetzungen für die Umstrukturierung der produktionstechnischen Einrichtungen schafft. Das neue Programm X' läßt die Produktion einiger bisher produzierter Erzeugnisarten nicht mehr zu. Im neuen Programm sind diese Güter nicht enthalten. Infolgedessen wird auch die gesamte Kapazität frei, die für die Herstellung dieser Erzeugnisse benutzt wurde. Im Fall I wird die Herstellung bestimmter Erzeugnisarten dagegen nicht vollständig aufgegeben, sondern nur eingeschränkt. Es wird also weniger

Kapazität frei als in dem Fall, in dem die Produktion bestimmter Erzeugnisarten aufgegeben wird. Im Fall III, der eine solche Aufgabe vorsieht, kann die Betriebsleitung über die gesamte Kapazität der nun nicht mehr hergestellten Erzeugnisarten verfügen, ganz im Gegensatz zu Fall I, in dem diese Möglichkeit nicht besteht. Lassen sich die frei werdenden Anlagen im Fall III vollständig für die Herstellung des neuen Programms verwenden, dann löst das neue Programm keinen Kapitalbedarf aus. Im entgegengesetzten Fall, in dem die vorhandenen, nunmehr frei gewordenen maschinellen Anlagen nicht mehr benutzt werden können, muß die gesamte zusätzlich benötigte Kapazität neu beschafft werden. Es entsteht ein entsprechend hoher Kapitalbedarf. Das in den nicht mehr zu benutzenden Aggregaten investierte Kapital bleibt voll in dem Kapitalbestande des Unternehmens enthalten, wenn die Anlagen nicht verkauft werden. Es bildet nur zum Teil einen Bestandteil des Kapitalvolumens, wenn die Aggregate verkauft werden. Der verbleibende Restbetrag stellt dann in gleicher Weise wie die in den nicht verkauften (aber unbenutzbaren) Aggregaten investierten Kapitalbeträge Kapitalbindung dar, dem die Aussicht auf Lösung aus dieser Bindung, also auf Freisetzung fehlt. Unter diesen Umständen enthält die gesamtbetriebliche Kapitalbindung (oder der gesamtbetriebliche Kapitalbedarf) totes Kapitel ohne jede Aussicht auf produktive Verwendung. Diese radikale Belastung mit unproduktivem Kapital läßt sich für den Fall I nur schwer vorstellen, weil nur ein Teil der bisherigen Kapazität frei wird und es wahrscheinlich ist, daß die frei gewordenen Aggregatkapazitäten, wenigstens zu einem gewissen Teil, verwendbar bleiben. Es werden in diesem Fall ja nicht völlig neuartige Erzeugnisse hergestellt. Die qualitative Zusammensetzung des Programms bleibt erhalten. Im Fall qualitativer Variation des Produktionsprogramms ist es im übrigen sehr wahrscheinlich, daß völlig neuartige Maschinentypen benutzt werden müssen. In je höherem Maße hiermit zu rechnen ist, in so geringerem Umfang bleibt die alte Kapazität für die neue Produktion verwendbar. Der Kapitalbedarf ist entsprechend groß, und die Belastung der gesamtbetrieblichen Kapitalbindung mit totem Kapital nimmt einen entsprechend größeren Umfang an. Im produktionstechnischen Bereich können sich also insoweit zwischen den beiden Fallsituationen III und I im einzelnen doch erhebliche Abweichungen ergeben.

Die drei Fälle weisen insofern eine gleichgerichtete Kapitalbedarfsentwicklung auf, als Vorratsläger an Rohstoffen, Werkstoffen und ähnlichem Material neu aufgebaut werden müssen. Im Fall I insofern, als die Erzeugnisse, deren Produktion gesteigert wird, eine der Mehrproduktion entsprechende erhöhte Vorratshaltung an Einsatzstoffen erfordern, in den Fällen II und III insofern, als die neu in das Programm aufgenommenen Erzeugnisse die Unterhaltung bestimmter Bestände an Roh-, Hilfs- und

Werkstoffen verlangen. In welchem Maße diese Vorratsbestände erhöht werden müssen, läßt sich generell nicht sagen. Doch bestimmen die Verhältnisse zwischen dem Umsatz der neu in das Programm aufgenommenen Erzeugnisse (Fälle II und III) und den diesen Umsätzen korrespondierenden Materialbeständen die Höhe der zu unterhaltenden Lagervorräte und des in ihnen zu investierenden Kapitals. Während jedoch in den Fällen I und III Kapital aus abgebauten Roh- und Werkstoffbeständen frei wird und den Gesamtkapitalbedarf mindert, tritt diese Wirkung im Fall II nicht ein, da keine Eingangsläger vorhanden sind, die aufgelöst werden könnten.

Ähnliche Verhältnisse zeigt die Bestandshaltung auf Ausgangslägern (Fertigfabrikatelägern). Auch hier wird aus dem Abbau der Läger, die bisher für die nun nicht mehr fabrizierten Erzeugnisse unterhalten wurden, Kapital frei. Dieser Kapitalfreisetzungsprozeß gilt aber nur für die beiden Fälle I und III, weil in diesen Fällen Produktionen eingestellt werden. Dagegen verlangen die drei Fälle, daß zusätzlich Kapital in Fertigfabrikateläger investiert wird, und zwar in den Fällen II und III in Vorräten für die zusätzlich hergestellten neuen Erzeugnisse, im Fall I für die erhöhte Lagerhaltung in Produkten, deren Umsatz gestiegen ist.

Ein völlig anderes Bild zeichnet sich ab, wenn die Entwicklung des Kapitalbedarfs im Absatzbereich betrachtet wird. Im Fall I werden keine neuen Erzeugnisse in das Programm aufgenommen. In den Fällen II und III wird dagegen das Verkaufsprogramm durch neue Erzeugnisse ergänzt. Aus diesem Grunde bestehen gerade auf dem Gebiete des Absatzes bedeutsame Übereinstimmungen zwischen den beiden Fällen II und III, sofern es sich um den durch die Absatzmaßnahmen verursachten Kapitalbedarf handelt. In beiden Fällen müssen erhebliche Anstrengungen gemacht werden, die neuen Produkte auf den Märkten einzuführen und durchzusetzen. Die Durchführung gerade dieser absatzpolitischen Absichten erfordert erhebliche finanzielle Mittel. Im einzelnen mögen die absatzpolitischen Situationen, die für die beiden Fälle charakteristisch sind, beträchtliche Abweichungen aufweisen. Aber zwischen der Einführung und Durchsetzung neuer Produktarten, die in einer gewissen — engen oder auch mehr lockeren — Verbindung mit dem bisherigen Produktionsprogramm stehen (Fälle II und III) und der Zunahme des Absatzes eines bestimmten Erzeugnisses, das einem sich bereits durchsetzenden Trend folgt, bestehen erhebliche Unterschiede, die zu völlig anderen Kapitalbedarfen führen.

Die drei Grundsituationen, in die hier die Fülle möglicher Varianten des Kapitalbedarfs für den Fall einer Änderung des Produktions- und Verkaufsprogramms einzufangen versucht wird, zeigen typische Lokalisierungen des Kapitalbedarfs eines Unternehmens, das sich mit Hilfe von Produktvariationen auf den Märkten Raum zu schaffen versucht. Die

Entstehungsursachen der Kapitalbedarfe an den einzelnen Stellen im Gesamtverband des Unternehmens weisen zwar einen großen Reichtum an Varianten auf. Dennoch lassen sie sich, wie zu zeigen versucht wurde, auf die drei Grundsituationen zurückführen. Sie sind fast stets nachweisbar und wirksam, wenn ein Unternehmen von dem absatzpolitischen Instrument der Produktvariation Gebrauch macht. Ein derartiges absatzpolitisches Verhalten führt in der Regel zu Kapitalbedarfen und zu Kapitalfreisetzungen, die die entstehenden Kapitalbedarfe kompensierend mindern. Die absatzpolitischen Maßnahmen haben unter Umständen in einzelnen Betriebsteilen eine Beendigung des Kapitalrückflusses zur Folge. Das Unternehmen trägt dann eine Last an unproduktivem, weil sich nicht regenerierendem, totem Kapital. Sieht man von Grenzfällen ab, dann läßt sich sagen, daß mit jeder Änderung des Produktions- und Verkaufsprogramms die Entstehung von Kapitalbedarfen, die Freisetzung von Kapital und die Belastung des Kapitalbedarfsvolumens mit unproduktivem Kapital verbunden ist. Bei den drei Vorgängen handelt es sich um finanzielle Prozesse, die für den Fall typisch sind, daß die Geschäftsleitung von den Möglichkeiten der Produktvariation Gebrauch macht, um sich absatzpolitisch durchzusetzen.

Sechstes Kapitel

Der Einfluß von Änderungen der Betriebsgröße auf den Kapitalbedarf

1. Die Problemstellung.

Der Einfluß, den die vier Hauptdeterminanten auf die Entwicklung des Kapitalbedarfs im Zeitablauf ausüben, ist von der Größe des Unternehmens grundsätzlich unabhängig. Es ist bisher auch stets ein gegebenes Unternehmen beliebiger Art und Größe unterstellt worden. Aus dieser methodischen Indifferenz löst sich das Problem der Betriebsgröße, falls die Frage gestellt wird, wie sich der Kapitalbedarf ändert, wenn ein Unternehmen von einem Betriebsgrößenniveau auf ein anderes, höheres oder niedrigeres, übergeht. Dieser Übergang kann sich langsam oder schnell, stetig, aber auch in Schüben vollziehen. Er kann sich in Größenordnungen bewegen, die erhebliche, aber auch nur geringe Verschiebungen der Kapazitätsniveaus und der Geschäftsvolumina zum Ausdruck bringen. Schließlich können die Übergänge von einer Betriebsgröße auf eine andere lediglich mit multiplen, aber auch mit mutierenden Änderungen der Betriebsstruktur verbunden sein. Sind die neuen Betriebsgrößen erreicht, dann beeinflussen die vier Hauptdeterminanten Prozeßanordnung, Prozeßgeschwindigkeit, Beschäftigungsschwankungen und Änderungen des Produktionsprogramms den Kapitalbedarf auf dem neuen Betriebsgrößenniveau in der bereits analysierten und beschriebenen Weise. Wenn deshalb hier die Betriebsgröße als eine Hauptdeterminante des Kapitalbedarfs aufgefaßt wird, dann trifft die Fragestellung lediglich die Entwicklung des Kapitalbedarfs im Zeitablauf während der Übergangsphasen von einer Betriebsgröße auf eine andere.

Plant ein Unternehmen bewußt ein größeres Geschäftsvolumen oder paßt es sich an eine Geschäftsentwicklung an, die zu einer Vergrößerung seiner bisherigen Kapazität zwingt, dann führt die Erweiterung der geschäftlichen Tätigkeit über das bisher praktizierbare Maß hinaus zu einem Kapitalbedarf, der auf keine anderen Umstände als die Expansion des Unternehmens zurückzuführen ist. Soll dieser Expansionsbedarf an Kapital untersucht werden, dann ist es aus methodischen Gründen notwendig, den Einfluß, den die vier anderen Hauptdeterminanten auf die Entwicklung des Kapitalbedarfs im Zeitablauf ausüben, dadurch zu neutralisieren, daß die Prozeßanordnung, die Prozeßgeschwindigkeit, die

Beschäftigungslage und zunächst auch die Produktions- oder Verkaufsprogramme als konstant angenommen werden. Der durch die Erhöhung der Kapazität ausgelöste Kapitalbedarf interessiert auch nur insoweit und so lange, als er sich gewissermaßen „außerhalb des betrieblichen Kreislaufes“ befindet (wenn dieser Ausdruck einmal erlaubt wird). Sobald die zusätzlich geschaffenen Kapazitätsteile in den Betriebsprozeß und damit in den Kapitalfreisetzungsprozeß eingegliedert sind, verlieren sie für die Frage nach dem Einfluß von Betriebsgrößenänderungen auf die Entwicklung des Kapitalbedarfs im Zeitablauf an Interesse.

Geht der Umfang der geschäftlichen Tätigkeit eines Unternehmens zurück und paßt sich das Unternehmen an die verminderten Produktions- und Absatzmöglichkeiten durch Abbau von Kapazität an, dann gleicht diese Situation weitgehend derjenigen Lage, die sich ergibt, wenn sich ein Unternehmen quantitativ an einen Beschäftigungsrückgang anpaßt. Der Unterschied zwischen den beiden Situationen besteht lediglich darin, daß quantitative Anpassung im Fall von Beschäftigungsrückgängen nicht notwendig einen endgültigen Abbau der unbenutzbar gewordenen Kapazität voraussetzt. Die Kapazität kann auch vorübergehend stillgelegt werden, und zwar mit der Absicht, sie wieder zu mobilisieren, wenn die Beschäftigung des Unternehmens wieder ansteigen sollte. Eine Reduzierung der Betriebsgröße bedeutet jedoch endgültigen Abbau von Kapazität oder soll hier wenigstens in diesem Sinne interpretiert werden. Da sich die finanziellen Konsequenzen nicht wesentlich voneinander unterscheiden, ob ein vorübergehender oder ein endgültiger Beschäftigungsrückgang die Ursache für eine Stillegung von Teilen der betrieblichen Kapazität bildet, kann auf eine nochmalige explizite Analyse der finanziellen Wirkungen von Kapazitätsstillegungen oder Kapazitätsabbau verzichtet werden. Die im Zusammenhang mit der Untersuchung von Schwankungen des Beschäftigungsgrades gewonnenen Untersuchungsergebnisse gelten sinngemäß auch für den Fall verminderter Betriebsgröße.

Anders ist die Lage zu beurteilen, wenn ein Unternehmen den Entschluß faßt, seine bisherige Kapazität zu erweitern und neue zusätzliche Möglichkeiten für die Ausdehnung des bisherigen Produktions- und Absatzvolumens zu schaffen. In diesem Fall tritt ein Kapitalbedarf auf, der sich nicht im Rahmen der gegebenen Kapazität hält, sondern der Finanzierung zusätzlicher Kapazität dient. Einen Kapitalbedarf dieser Art kennt die Zunahme der Beschäftigung im Rahmen gegebener Kapazität nicht. Aus diesem Grunde sind die finanziellen Wirkungen von Beschäftigungszunahmen im Rahmen der gegebenen Kapazität auch nicht mit den finanziellen Konsequenzen zusätzlichen Kapazitätsausbaus gleichzusetzen. Die Untersuchung der finanziellen Folgen von Kapazitätserhöhungen erfordert deshalb eine eigene Analyse.

2. Die Grundlagen der Kapitalbedarfsfunktion im Fall einer Betriebsgrößenvariation.

2a. Gegeben sei ein Unternehmen, das sich entschlossen hat, Investitionen vorzunehmen, um die Kapazität, über die es gegenwärtig verfügt, auszubauen. Die Vergrößerung der Kapazität erstrecke sich nach dem Plan über einen bestimmten Zeitraum. Er beginnt finanzwirtschaftlich mit der ersten Auszahlung, die für die im Zusammenhang mit der Betriebserweiterung stehenden Arbeiten oder für neu anzuschaffende Gegenstände — welcher Art auch immer — geleistet werden. Der hier allein interessierende Zeitraum der Betriebsvergrößerung endet mit der letzten Auszahlung, von der angenommen wird, daß sie vor der Inbetriebnahme der neuen Anlagen und Einrichtungen vorgenommen wird. Die Betriebserweiterung führt also nur zu Auszahlungen, die sich nach dem Zahlungsplan richten, der für das Erweiterungsvorhaben vorgesehen ist. Da die Planung gemäß Annahme fristgerecht vollzogen werden kann und keine finanziellen Gründe bestehen sollen, den Zahlungsplan zu ändern (das Kapitalbeschaffungsproblem wird auch für diesen Fall als gelöst angesehen), kann die Zeitordnung der Auszahlungen, die für das Erweiterungsprojekt zu leisten sind, als fixiert und konstant angenommen werden. Die Auszahlungen verteilen sich also auf unterschiedliche Zeitpunkte im Verlauf der Kapazitätserweiterungen.

Die Höhe der in den einzelnen Zeitpunkten zu leistenden Zahlungen richtet sich nach dem Umfang der vorgesehenen Erweiterung des Geschäftsvolumens und damit nach der Art, der Zahl und den Preisen der Arbeiten und Einrichtungen, die erforderlich sind, um auf dem erhöhten Kapazitätsniveau produzieren und absetzen zu können. Der für das Projekt erarbeitete Zahlungsplan enthält somit die Höhe der Auszahlungen, die jeweils zu den in dem Plan vorgesehenen Terminen zu leisten sind.

Kennzeichnet sich die Ausgangssituation dadurch, daß vor dem Beginn der Betriebserweiterung alle Betriebseinheiten, besser: alle produktiven Faktoren voll in Anspruch genommen werden, so daß also weder Engpässe noch im Überschuß vorhandene Faktoren existieren, dann verlangt die Erhöhung der Kapazität (fertigungstechnischer wie absatzwirtschaftlicher Art), daß eine Kombination von Sachgütern, Arbeits- und Dienstleistungen geschaffen wird, die die zusätzlich verlangte Produktmenge herzustellen und zu verkaufen erlaubt. Es ist nicht notwendig, daß diese zusätzliche Kombination produktiver Faktoren das Vielfache der bisherigen Produktions- und Absatzeinrichtungen, also ein Multiplum der bisherigen Kapazität des Unternehmens sein muß. Hält die Leitung des Unternehmens es für angebracht und mit der Beschaffenheit der bisher benutzten Betriebseinrichtungen für vereinbar,

Produktions- und Absatzeinrichtungen anderer Beschaffenheit zu installieren, dann wird eine solche Maßnahme für die Entwicklung der Produktions- und Absatzkosten auf dem neuen Kapazitätsniveau bedeutsam sein. In finanzieller Hinsicht ist die Wahl zwischen verschiedenen Alternativen der qualitativen Kapazität insofern wichtig, als das Erweiterungsprojekt nunmehr mit einem anderen Zahlungsplan (der Höhe und der Zeit nach) verknüpft wird. Es ist auch hier in der gegenwärtigen Betrachtung ohne Bedeutung, ob sich die neuen Betriebsanlagen gerade so dimensionieren lassen, daß ihre Kapazität dem verlangten zusätzlichen Produktionsausstoß genau entspricht. Vermag diese Entsprechung nicht vollständig erreicht zu werden, weil die betrieblichen Anlagen nicht beliebig teilbar und damit kapazitätsmäßig nicht voll anpassungsfähig sind, dann gibt zwar die Aufbauperiode überschüssige Kapazität und damit unproduktives Kapital an die Perioden ab, in denen die Anlagen in Betrieb genommen und genutzt werden, aber für den Kapitalbedarf der Aufbauperiode ist diese Tatsache ohne Bedeutung.

Die Kapitalbedarfskurve, die sich für das Erweiterungsvorhaben ergibt, besteht aus den kumulierten Auszahlungen gemäß dem für das Projekt vorgesehenen Zahlungsplan. Sie erreichen ihr Maximum mit der letzten Auszahlung für das Vorhaben. Da während der Aufbauphase kein Kapital aus den zusätzlich installierten Anlagen freigesetzt wird und zurückfließt, stellen sich auch keine Einzahlungen ein, die den Kapitalbedarf mindern. Der aufsteigende Kurvenast im Diagramm der Abb. 1 (bis zum Beginn der zyklischen Bewegungen der Kapitalbedarfskurve) zeigt den typischen Verlauf der Kapitalbedarfskurve für die Aufbauphase, und zwar unter der Voraussetzung, daß alle für den Aufbau der beabsichtigten Kapazität erforderlichen Aggregate, Arbeiten und Dienstleistungen finanzwirksam sind, das heißt Auszahlungen auslösen.

2b. Wie sehr situationsbedingt die Höhe und zeitliche Verteilung des Kapitalbedarfs wachsender Unternehmen ist, zeigt sich besonders eindringlich, wenn man sich einige charakteristische Fälle vor Augen hält, die in einer lediglich globalen Betrachtung von Kapitalbedarfen expandierender Unternehmen untergehen.

Würden betriebliche Teileinheiten, um welche betrieblichen Funktionsbereiche es sich immer handeln mag, beliebig teilbar sein, dann würden sich die Betriebsmittel, Arbeits- und Dienstleistungen genau an den jeweiligen Betriebsumfang anpassen lassen. Unter diesen Umständen könnten in den betrieblichen Funktionsbereichen weder Engpässe noch überschüssige Kapazitäten entstehen. Die Betriebsgröße ließe sich unter diesen Umständen beliebig variieren. Es würde also jedes Produktions- und Absatzvolumen realisierbar sein. Sind aber die Produktions- und Absatzaktivitäten nur in fixierten Einheitskapazitäten verfügbar, dann ist damit die Möglichkeit aufgehoben, jede beliebige Betriebsgröße zu realisieren. Die mangelnde Teilbarkeit der Produktionsfaktoren steht dem entgegen.

Beabsichtigt nun die Leitung eines Unternehmens die Gesamtkapazität so auszudehnen, daß gerade ein bestimmtes erhöhtes Produktions- oder Absatzvolumen erreicht wird, dann läßt sich diese Absicht verwirklichen, wenn das geplante Produktions- und Absatzvolumen genau mit dem Vielfachen der kapazitätsfixierten betrieblichen Teileinheiten zusammenfällt. Verläuft das beabsichtigte Geschäftsvolumen nicht entlang oder an der Grenze derartiger Kapazitätssprünge, sondern gewissermaßen quer durch die für das beabsichtigte Geschäftsvolumen erforderlichen Produktions- und Absatzkapazitäten hindurch, dann müssen offenbar diejenigen betrieblichen Teileinheiten, deren Kapazität sich nicht genau an das verlangte Kapazitätsvolumen anpassen läßt, mit einer in dieser Hinsicht überdimensionierten Kapazität gekauft werden, weil sie nicht in kleineren Kapazitäten verfügbar sind oder weil die Summe dieser kleineren Kapazitäten nicht der von dem geplanten Geschäftsvolumen verlangten Kapazität entspricht. Die Auszahlungen für die nicht proportionierbaren, gleichwohl für die Realisierung des geplanten Geschäftsumfanges erforderlichen betrieblichen Teileinheiten enthalten gewissermaßen auch Äquivalente für überdimensionierte, nicht nutzbare betriebliche Kapazitäten, in welchen betrieblichen Teilbereichen sich diese Kapazitäten auch immer befinden mögen. Die Auszahlungskurve für die Neueinrichtungen wird um die Auszahlungsbeträge über jener Auszahlungskurve liegen, die sich für den Fall vollständiger Kapazitätsanpassung an die verlangte Betriebsgröße ergeben würde. Wenn also infolge der fehlenden Teilbarkeit und Dimensionierbarkeit einer Anlage oder eines Arbeitsplatzes die installierte Kapazität über das Maß hinausgeht, das die Betriebsgrößenänderung verlangt, und wenn gleichwohl gekauft werden muß, dann enthält die Kapitalbedarfskurve insofern Beträge, denen keine Leistungsäquivalente gegenüberstehen. Die Erhöhung des Kapazitätsniveaus muß also mit einem Kapital erkauft werden, das unproduktiv angelegt ist (Leerkapital). Das Maß, in dem die Kapitalbedarfskurve wachsender Unternehmen Leerkapital enthält, ist von der Expansionssituation abhängig, in der sich das Unternehmen befindet. Es ist aber klar, daß Unternehmen mit großen, in sich geschlossenen betrieblichen Teileinheiten größere Anpassungsschwierigkeiten aufweisen werden als Unternehmen mit klein dimensionierten kapazitativen Einheiten. Als generelle Regel läßt sich diese These jedoch nicht vertreten. Das gilt in gleicher Weise für die These, daß das Maß an Leerkapital, das die Kapitalbedarfskurve wachsender Unternehmen enthält, von der beabsichtigten oder vollzogenen prozentualen Betriebsgrößenänderung abhängig ist. Die Erhöhungsquote der

Betriebsgröße, sei sie groß oder klein, kann gerade in einen Kapazitätssprung der entscheidend wichtigen Neuinstallationen fallen. Unter diesen Umständen wird wenig Leerkapital investiert werden müssen. Fällt sie aber in die Kapazität selbst hinein, dann wird unter Umständen viel Leerkapital die Folge sein. Die Einmaligkeit und betriebliche Individualität von Expansionssituationen findet in der Durchsetzung der Kapitalbedarfskurve mit Leerkapital und damit in der Höhe und in dem Verlauf der Kapitalbedarfskurve expandierender Unternehmen ihren Ausdruck.

So kann bei einer Erhöhung des Geschäftsvolumens um den gleichen Prozentsatz der Kapitalbedarf sowohl der Höhe als auch der zeitlichen Verteilung nach beträchtliche Unterschiede aufweisen. Nicht nur die im Zeitablauf zu leistenden Auszahlungen variieren unter Umständen erheblich. Die finanziellen Aufwendungen für den Verkaufsapparat, vor allem in fremden Ländern, und die in diesen Ländern vorgenommenen Werbemaßnahmen werden, wenn sie überhaupt erfolgreich sind, erst verhältnismäßig spät zu erhöhten Einnahmen führen. Dagegen kann davon ausgegangen werden, daß bei erfolgreicher Kapazitätserhöhung und Verkaufssteigerung nach der Inbetriebnahme der Anlagen die Rückflüsse in Form von Kapitalfreisetzungen im regulären betrieblichen Prozeß und seiner zeitlichen Ordnung eintreten werden. Hier wird deutlich, welches die Gründe sind, die zu Vorbehalten gegen die Konstruktion einer allzu schematischen und vereinfachenden Kapitalbedarfsfunktion führen. Es läßt sich wohl doch nicht sagen, daß der Kapitalbedarf lediglich eine (lineare) Funktion der Betriebsgröße sei. Jede Betriebserweiterung stellt gewissermaßen einen individuellen Vorgang dar, und die Höhe des Kapitalbedarfs und seine zeitliche Verteilung ist gewissermaßen die Summe aller betriebsindividuellen Umstände, die gerade zu diesem Zeitpunkt und in dieser konkreten Situation den Kapitalbedarf bestimmen.

Die Einmaligkeit und Mannigfaltigkeit derartiger Situationen wird auch dann deutlich sichtbar, wenn die neu angeschafften betrieblichen Anlagen technische Entwicklungen darstellen, die erhebliche Fortschritte gegenüber den bisher benutzten Anlagen bedeuten. Es kann sein, daß die alten Anlagen in die neue fertigungs- oder erzeugungstechnische Konzeption überhaupt nicht mehr hineinpassen, und daß die neuen Anlagen eine völlig andere betriebliche Organisation verlangen. Unter diesen Umständen greift der neue technische Entwicklungen realisierende produktionstechnische Kapazitätszuwachs auf die bereits vorhandenen technischen und organisatorischen Einrichtungen über. Kann das Unternehmen nicht zwei produktionstechnische Anlagen unterschiedlicher qualitativer Struktur nebeneinander bestehen lassen, dann kann sich die Unternehmensleitung vor die Aufgabe gestellt sehen, die gesamte technische Apparatur oder Teile derselben umzustrukturieren. Ist die Unternehmensleitung der Auffassung, daß sich diese Eingriffe in die produktionstechnische Substanz des Unternehmens nicht vermeiden lassen, dann entsteht neben dem durch den Aufbau der zusätzlichen technischen Kapazität ausgelösten Kapitalbedarf auch ein Kapitalbedarf innerhalb der bereits vorhandenen und genutzten Kapazität. Es ist Tatbestandsfrage, in welchem Maße vorhandene maschinelle Anlagen durch Aggregate anderer technischer Beschaffenheit ersetzt werden müssen. Werden sie aber ersetzt, ohne daß der Zeitpunkt erreicht ist, an dem sie technisch unbrauchbar werden, dann ist der Expansionsprozeß des Unternehmens mit Kapitalverlusten im vorhandenen Betriebsmittelbestand und mit zusätzlichem Kapitalbedarf für eben diesen Bestand verbunden. Neue und alte Bestände (oder Teile derselben) lösen nun Auszahlungen aus. Die Termine der Auszahlungen richten sich nach den technischen Notwendigkeiten und dem Zeitplan der Umstellung. Sofern der geschilderte Sachverhalt vorliegt, nimmt die Kapitalbedarfskurve einen Verlauf, der die Besonderheiten wachsender Unternehmen und die Einmaligkeit der Situationen, die sich bei ihnen ergeben, besonders deutlich zum Ausdruck bringt.

2c. Diese für die Kapitalbedarfsentwicklung wachsender Unternehmen so wichtigen Sachverhalte lassen sich formalisieren und systematisieren.

Gibt man für jede betriebliche Teileinheit den Kapitalbedarf je Erzeugungseinheit an und ist α_i der Kapitalbedarf je Erzeugniseinheit in der i-ten Teilkapazität, wird zudem jede i-te Teileinheit oder Teilkapazität durch ein Kapazitätsintervall m_i in Erzeugniseinheiten gekennzeichnet, dann läßt sich für diese Teilkapazität, falls sie nicht voll ausgelastet ist, ein überschüssiges Kapital ($C\ddot{u}_i$) für ein bisher in dieser Teilkapazität realisiertes Produktionsvolumen x ermitteln:

$$\begin{aligned} C\ddot{u}_i &= m_i \cdot \alpha_i - x \cdot \alpha_i \\ &= \alpha_i (m_i - x) \end{aligned}$$

für jede dieser betrieblichen Teileinheiten $i = 1, 2, \ldots, n$.

Dieses überschüssige Kapital ist, wie bereits gesagt wurde, von erheblicher Bedeutung für die Finanzierung der Kapazitätsausdehnung auf ein erhöhtes Produktions- oder Absatzvolumen.

Bezeichnet man die in der Teileinheit i vorhandene Leerkapazität mit λ_i,

$$\lambda_i = m_i - x \qquad (i = 1, \ldots, n),$$

dann sind für das hier erörterte Problem zwei wichtige Fälle zu unterscheiden.

Ist $\lambda_i > 0$, dann entsteht kein zusätzlicher Kapitalbedarf und zwar so lange, als die Leerkapazität ausreicht, das zusätzliche Produktions- und Absatzvolumen Δx zu befriedigen, das heißt, solange für die i-te Teileinheit gilt:

$$\Delta x \leqq \lambda_i \quad (i = 1, \ldots, n).$$

Entspricht das gewünschte zusätzliche Produktionsvolumen genau der Leerkapazität, dann ist nach seiner Ausschöpfung kein überschüssiges Kapital mehr vorhanden.

Der zweite Fall kennzeichnet sich dadurch, daß $\lambda_i = 0$ ist, die verlangte Kapazitätserweiterung also die vorhandene Kapazität überschreitet, das heißt:

$$\Delta x > \lambda_i \quad (i = 1, \ldots, n).$$

In diesem Fall wird ein zusätzlicher Kapitalbedarf entstehen, da zur Herstellung des gewünschten Produktionsvolumens neue Kapazitäten geschaffen werden müssen. Dann entsteht im Teilbereich i zusätzlicher Kapitalbedarf, wenn die Produktionskapazität ausgedehnt werden soll. In diesem Fall ist der zusätzliche Kapitalbedarf Δf_i aus dem Produkt von α-Koeffizienten und Kapazitätszuwachs durch ein zusätzliches Aggregat — um ein Beispiel aus dem Produktionsbereich zu nennen — zu ermitteln:

$$\Delta f_i = \alpha_i \cdot m_i.$$

Hierbei ist die Möglichkeit eingeschlossen, daß der Kapazitätszuwachs über das gewünschte Maß hinausgeht und somit erneut Leerkapazität geschaffen wird, nunmehr im Hinblick auf das neue Produktionsvolumen.

Einige Beispiele mögen diesen Sachverhalt erläutern:

Im Teilbereich i ist ein Aggregat mit der Kapazität $m_i = 700$ vorhanden. Der Koeffizient α_i beträgt 10, d.h. in diesem Teilbereich ist Kapital in Höhe von 7000 Geldeinheiten (GE) gebunden. Das bisherige Produktionsvolumen beträgt $x = 450$ Mengeneinheiten (ME). Somit ist eine Leerkapazität von 250 ME vorhanden.

Verlangt die Unternehmensleitung, ein Produktionsvolumen $x =$ 600 ME zu verwirklichen, dann reicht die vorhandene Leerkapazität aus, um den Produktionszuwachs herzustellen. Unter diesen Umständen entsteht also kein zusätzlicher Kapitalbedarf ($\Delta f_i = 0$).

Wenn ein Produktionsvolumen von 700 ME gewünscht wird, ist das Höchstmaß an Produktionszuwachs erreicht, das ohne zusätzlichen Kapitalbedarf realisiert zu werden vermag. Wird dagegen eine Erzeugungsmenge von 800 ME verlangt, dann ist die Anschaffung einer zusätzlichen Maschine erforderlich. Der Kapitalbedarfszuwachs beträgt in diesem Fall:

$$\begin{aligned} \Delta f_i &= \alpha_i m_i \\ &= 10 \cdot 700 = 7000 \text{ GE}, \end{aligned}$$

das heißt, es entsteht zusätzlicher Kapitalbedarf, der dem Kapitalbedarf für ein neues Aggregat entspricht.

Vergleicht man die beiden Ausgangssituationen miteinander, dann gelangt man zu diesem Ergebnis:

Im Falle proportionierter Kapazitätsstruktur, also harmonischen Kapazitätsaufbaus, ist jedes zum Ausbau der betrieblichen Kapazität erforderliche Sachgut, handle es sich um Gegenstände des Anlage- oder des Umlaufvermögens, jede Arbeits- und Dienstleistung, die notwendig ist, die zusätzliche Kapazität zu schaffen, finanzwirksam, d.h. sie löst Auszahlungen aus. Die Kapitalbedarfskurve gibt die Höhe der Auszahlungen und die Zeitpunkte an, in denen sie geleistet werden. Das Maximum ist gleich der Summe der kumulierten Auszahlungen, die für die Kapazitätserweiterungen geleistet werden. Im Falle disproportionierten Kapazitätsaufbaus führen nicht alle für den Kapazitätsausbau benötigten Sachgüter, Arbeits- und Dienstleistungen zu Auszahlungen. Diejenigen Sachgüter, Arbeits- und Dienstleistungen, die, bisher abundant, zur Erhöhung der produktionstechnischen oder absatzwirtschaftlichen Kapazität herangezogen werden können, sind nicht finanzwirksam. Sie lösen keine Auszahlungen aus. Die Folge ist, daß die Summe der durch den Kapazitätsausbau verursachten Auszahlungen niedriger ist als die Summe der Auszahlungen im Fall proportionierten Kapazitätsaufbaus. Da die Verwendung abundanter Produktionsfaktoren nicht zu Auszahlungen führt, muß die Zahl der Auszahlungen in diesem Fall geringer sein als im Falle proportionierten Kapazitätsgefüges.

Die Situationen weichen auch insofern voneinander ab, als die mit überschüssiger Kapazität versehenen Faktoren (personeller wie sachlicher Art) für den Betriebsausbau sofort verfügbar sind. Diese Tatsache kommt im Zeitplan der vorzunehmenden Arbeiten und Installationen und damit auch im Zeitplan der zu leistenden Zahlungen zum Ausdruck. Mithin ist die Höhe des Kapitalbedarfs und der Verteilung dieses Bedarfs über die Zeit, also der Verlauf der Kapitalbedarfskurve wachsender Unternehmungen, von dem Maß der Proportionierung oder Disproportionierung im Kapazitätsgefüge des Unternehmens, von der Zahl, Art und Größe und dem Wert der abundanten Faktoren abhängig.

3. Die Kapitalbedarfsfunktion wachsender Unternehmen.

3a. Die Frage, wie sich der Kapitalbedarf bei Variation der Betriebsgröße im Zeitablauf ändert, läßt sich betriebswirtschaftlich einmal in der Weise beantworten, daß anhand betrieblichen Materials geprüft wird, wie groß der Kapitalbedarf des Unternehmens bei den verschiedenen Kapazitätsniveaus gewesen ist, die es während der Zeit seines Bestehens realisiert hat. Rückblickende Analysen der Kapitalbedarfsentwicklung im Untersuchungszeitraum lassen sich grundsätzlich auf die Weise durchführen, daß aus kurzfristig hintereinander aufgestellten Zwischenbilanzen der Kapitalbedarf ermittelt wird. Das Verfahren kann dadurch verfeinert werden, daß im Rahmen einer sich über den Untersuchungszeitraum erstreckenden Bewegungsbilanz oder einer Kapitalflußrechnung, die beide die finanzwirksamen und die finanzunwirksamen, das heißt die zu Zahlungen oder nicht zu Zahlungen führenden Geschäftsvorfälle zu trennen erlauben, für jeden Zeitpunkt der Kapitalbedarf, das heißt die jeweilige Kapitalausstattung des Unternehmens ermittelt und dem in dieser Periode erreichten Kapazitätsniveau gegenübergestellt wird. In diesen Bewegungen des Kapitalbedarfs sind allerdings die Einflüsse variierender Prozeßanordnungen, Prozeßgeschwindigkeiten und Produktionsprogramme, auch die Einflüsse von Beschäftigungsschwankungen innerhalb der jeweils errechneten und praktizierten Kapazität enthalten. Wenn ein neues, in diesem Fall höheres Kapazitätsniveau angestrebt wird und die hierfür erforderlichen Maßnahmen ergriffen werden, treten in den einzelnen Investitionszeitpunkten zusätzlich Auszahlungen in Erscheinung, die durch die in Angriff genommenen Kapazitätserweiterungen verursacht werden. Diesen Auszahlungen stehen, wenigstens dem Prinzip nach, zunächst keine Einzahlungen aus dem Umsatzprozeß gegenüber. Die Auszahlungen tragen während der Übergangszeit auf das neue Betriebsgrößenniveau additiven Charakter. Diese Tatsache müßte in der ex post errechneten Kapitalbedarfskurve des Unternehmens zum Ausdruck kommen, vorausgesetzt, daß es gelingt, diesen Effekt zu isolieren.

Betriebswirtschaftlich bedeutsamer erscheint allerdings eine Kapitalbedarfsfunktion wachsender Unternehmen ex ante. Wenn sich die Leitung eines Unternehmens, das neuzeitliche Planungsmethoden verwendet, mit der Absicht trägt, die Produktions- und Absatzkapazität zu vergrößern, weil sie der Ansicht ist, daß ein Verkaufsvolumen erreichbar ist, welches sich mit dem gegenwärtigen produktions- und absatzwirtschaftlichen Apparat nicht realisieren läßt, dann wird sie ihre Entscheidungen nur dann treffen, wenn sie weiß, mit welchem Kapitalbedarf sie rechnen muß. Ihr liegt also daran, verläßliche Unterlagen darüber zu erhalten, wie sich innerhalb eines von ihr als relevant angesehenen Zeitraumes der Kapitalbedarf ändern wird, wenn in diesem Zeitraum die technisch-ökonomischen Voraussetzungen für einen Ausbau der technischen und absatzwirtschaftlichen Kapazität geschaffen werden sollen. Ob sich die Absatzvolumen, die die Unternehmensleitung in Erwägung zieht, verwirklichen lassen, ist eine Frage, die hier nicht interessiert. Die Situation kennzeichnet sich vielmehr dadurch, daß die Geschäftsleitung allen von einer Kapazitätsausweitung betroffenen Stellen (der Linie oder der Stäbe) die Aufgabe stellt, zu untersuchen und Berechnungen darüber anzustellen, welcher Kapitalbedarf in ihren Funktionsbereichen entstehen würde, wenn das Produktions- und Absatzvolumen im Verlaufe eines Zeitraums, der sich über mehrere Jahre erstrecken kann, um jeweils bestimmte Beträge erhöht würde. Die Aufgabe wird zum Beispiel lauten: Welcher Kapitalbedarf würde in den betroffenen Abteilungen entstehen, wenn das Absatzvolumen und damit das Produktionsvolumen bis zum Zeitpunkt 1 um 5%, bis zu den Zeitpunkten 2, 3, 4, ... jeweils um 10%, 15%, 20% ... gesteigert würde.

Die Zahlen des Beispiels, die Zeiträume und Zeitpunkte sind hier willkürlich gewählt. Für die Kapitalbedarfsermittlungen können Alternativangaben gegeben sein, etwa derart, daß gleichzeitig zu ermitteln ist, welcher Kapitalbedarf entstehen würde, wenn die vorgegebenen Erhöhungen des Absatzvolumens in einem kürzeren oder längeren Zeitraum und zu anderen Zeitpunkten erreicht werden sollen, oder wenn der Umfang der Umsatzsteigerungen höher oder niedriger sein würde. Auch kann als zusätzliche Alternative für die anzustellenden Recherchen verlangt werden, den Berechnungen andere prozentuale Erhöhungen des Absatzvolumens innerhalb des Planungszeitraumes zugrunde zu legen.

Bildet das Kapazitätsniveau zu Beginn des Planungszeitraumes (genauer: des Zeitraums der Vorerwägungen für später zu treffende Planungsentscheidungen) die Ausgangssituation, dann muß errechnet werden, wie hoch der Kapitalbedarf in dem Zeitraum bis zum Erreichen des zweiten (höheren) Kapazitätsniveaus ist. Unter diesen Umständen erhält man eine Kapitalbedarfskurve, die die Höhe des Kapitalbedarfs aus der Kapazitätserhöhung und die zeitliche Verteilung der Kapitalbedarfe während der Übergangsphase bis zum neuen Kapazitätsniveau anzeigt, und zwar für alle Alternativen, für die die Unternehmensleitung die Berechnungen vorzunehmen aufgibt. Ist die neue Kapazität produktionstechnischer wie absatzwirtschaftlicher Art installiert, dann weist die Kapitalbedarfskurve keine weiteren Zahlungen für Kapazitätserweiterungen auf. Die Kapitalbedarfskurve schwingt dann in den durch die vier anderen Hauptdeterminanten des Kapitalbedarfs verursachten Zyklen ein. Erst dann, wenn sich die Kapazität wieder als zu gering erweisen sollte und erwogen wird, auf ein noch höheres Kapazitätsniveau zu gehen, setzt die Analyse der Kapitalbedarfe von neuem ein. Die Kapitalbedarfskurve enthält dann wieder, wenn die Kapazitätserhöhung beschlossen und die Planungen aufgrund der angestellten Recherchen im einzelnen festgelegt sind, der Höhe und der Zeit nach fixierte Auszahlungen für die zwischen den Kapazitätsstufen liegenden Übergänge, das heißt Einrichtungszeiten auf das neue Betriebsgrößenniveau.

Ihren endgültigen Ausdruck findet eine derartige Kapitalbedarfskurve in den von der Geschäftsleitung beschlossenen Planungen. In diesem Sinne wird hier von einer Kapitalbedarfskurve wachsender

Unternehmungen ex ante gesprochen. Daß die Entwicklung der tatsächlichen Auszahlungen von der geplanten Höhe und Terminierung der Auszahlungen abweichen wird, berührt nicht den Charakter der ex ante-Funktion.

3b. Wie kommt eine derartige Kapitalbedarfsfunktion in Wirklichkeit zustande? Sie beruht — in neuzeitlich organisierten Unternehmen — tatsächlich auf dem Studium aller Aktivitäten, die durch die in Erwägung gezogene Erhöhung des Verkaufsvolumens ausgelöst werden. Das Ergebnis dieser Untersuchungen findet in gutachtlichen Äußerungen seinen Niederschlag, die von der technischen Leitung, der Verkaufsleitung, den für das Beschaffungs- und Personalwesen zuständigen Personen, den Leitern der Forschungs- und Entwicklungsabteilungen und aller übrigen von den Planungen betroffenen Abteilungen der Geschäftsleitung unterbreitet werden. Die Summe der Berechnungsergebnisse, die sich aus den auch die kleinste betriebliche Einheit berücksichtigenden Ermittlungen zusammensetzen, gibt dann den Kapitalbedarf und seine zeitliche Verteilung an.

In Großbetrieben mit differenzierter Fertigung oder Erzeugung und breit gefächertem Verkaufsprogramm beruhen die Berechnungen auf einer großen Zahl vielfältiger Spezialermittlungen. Gerade in Unternehmungen mit modernen Planungssystemen erreichen Untersuchungen dieser Art ein hohes Maß an methodischer Präzision. Sie sichern im Rahmen des Überschaubaren und Zulässigen die Untersuchungsresultate gegen Risiken, die aus den Daten und der methodischen Prozedur der Gewinnung und Verarbeitung des benutzten Zahlenmaterials stammen. Im Rahmen der Recherchen für die Ermittlung des Kapitalbedarfs, die dann später zu der beschriebenen Kapitalbedarfskurve führen, übernehmen Abteilungen der Linie vorübergehend Stabsaufgaben.

In welchen betrieblichen Teilbereichen und auf welchen Stufen der Organisation die Ermittlung des Kapitalbedarfs auch vorgenommen wird — jede Berechnung stößt auf einmalige Bedingungen für die Entstehung, Art und Größe des Kapitalbedarfs. In diesem Sinne sind die Berechnungen des Kapitalbedarfs situationsbedingt. Alle Zufälligkeiten und Einmaligkeiten der Ausgangslage und der erwarteten Konstellation inner- und außerbetrieblicher Art gehen in die Kapitalbedarfsberechnungen ein. Keine Situation ist reproduzierbar. Geringfügige Unterschiede in den für die Berechnungen vorgegebenen Prozentsätzen des Absatzvolumens können zu großen Differenzen in den errechneten Kapitalbedarfen führen. So wird dieser Bedarf für Produktionsanlagen verhältnismäßig gering sein, wenn das geforderte Produktionsvolumen gerade noch in die vorhandene produktionstechnische Kapazität fällt. Würde ein nur geringfügig höherer Produktionsumfang verlangt werden, dann könnte sich ergeben, daß der Kapitalbedarf sprunghaft ansteigt. Neue, umfangreiche und kostspielige Produktionsanlagen müßten geschaffen werden, wenn es sich im konkreten Fall um große Produktionseinheiten handelt. Die finanzielle Planung betrieblichen Wachstums setzt sich aus einer Vielzahl derartiger betriebsindividueller, situationsbedingter Kapitalbedarfsentwicklungen zusammen. Derart sind die betriebswirtschaftlichen Tatbestände, wenn versucht wird, die vielfältig lokalisierten und verursachten Kapitalbedarfe, die sich als Folge von Kapazitätsausweitungen in allen betrieblichen Teilbereichen bis herunter zu den kleinsten Teileinheiten ergeben, in eine Kapitalbedarfsfunktion ex ante zu integrieren.

Die Art und Weise, wie im System finanzieller Planungen eine derartige Kapitalbedarfsfunktion zustande kommt, soll an einigen typischen, der Erfahrung entnommenen Situationen aufgezeigt werden.

Angenommen, ein Unternehmen sehe sich aus Wettbewerbsgründen gezwungen, seine Produktions- und Absatzkapazität zu erweitern. Die Geschäftsleitung verlangt deshalb von den für diese Fragen maßgebenden Personen und Abteilungen zu untersuchen, welche Maßnahmen ergriffen werden müssen, wenn das Absatzvolumen in einem bestimmten, für übersehbar gehaltenen Zeitraum Zug um Zug in genau angegebenen zeitlichen Intervallen um bestimmte Volumina erhöht werden soll. Es ist ein Zeitplan für die zu ergreifenden Aktivitäten aufzustellen. Der gesamte Kapitalbedarf und der Zeitplan für die Entstehung der einzelnen Kapitalbedarfe sind anzugeben.

Die Erfüllung einer solchen Aufgabe erfordert minuziöses Durchdenken aller Alternativen, die für die Lösung des Problems in Frage kommen. Die Vertriebsleitung sieht sich zum Beispiel vor die Aufgabe gestellt, Klarheit darüber zu gewinnen, ob die vorhandene Verkaufsorganisation für die von der Geschäftsleitung in Erwägung gezogenen Umsatzsteigerungen ausreichen wird oder ob die Organisation und ihre Methoden eine wesentliche Änderung erfahren müssen. Der Kapitalbedarf, der sich für den Absatzbereich des Unternehmens ergeben würde, wenn die Umsätze nach dem von der Geschäftsleitung vorgegebenen Zeitplan um die ebenfalls — alternativ — vorgegebenen Beträge erhöht werden sollen, kann durch viele absatzwirtschaftliche Maßnahmen verursacht werden. Rechnet die Vertriebsleitung mit einem großen Marktwiderstand, dann werden ihre Berechnungen zu einem anderen Ergebnis führen als dann, wenn man glaubt, davon ausgehen zu können, daß es nur verhältnismäßig geringer Anstrengungen bedarf, die gesteckten Ziele in der vorgegebenen Zeit zu erreichen. Die Vertriebsleitung müßte allerdings wissen, ob die Geschäftsleitung ihren Marktanteil im Gleichklang mit den Marktanteilen der Konkurrenzunternehmen halten will, oder ob sie beabsichtigt, den Wettbewerbskampf aggressiv zu führen. Die Stärke des Marktwiderstandes und die Wettbewerbspolitik der Unternehmensleitung bilden die beiden wesentlichen Bestimmungsgründe für die Intensität der absatzpolitischen Anstrengungen der Vertriebsleitung und damit für den Bedarf an Kapital, der im absatzwirtschaftlichen Bereich des Unternehmens entsteht, wenn die Absichten der Unternehmensleitung realisiert werden sollen. Kommt die Vertriebsleitung zu der Auffassung, daß die gestellten Ziele nur dann in der vorgesehenen Zeit erreicht werden können, wenn neue regionale Märkte erschlossen werden, auf denen die Erzeugnisse des Unternehmens noch nicht eingeführt oder nur wenig bekannt sind, oder daß die Verkaufsorganisation auf den bereits belieferten Märkten erhebliche Investitionen verlangt, wenn sie den neuen Aufgaben gewachsen sein soll, dann wird die Rechnung zu hohem Kapitalbedarf führen. Die Geschäftsleitung wird auch mit Recht von der Vertriebsleitung verlangen können, daß sie detaillierte Berechnungen über die für die vorgegebenen Alternativen erforderlichen Werbebudgets nach Art und Umfang, Zeit und finanziellem Aufwand vornimmt. Der Werbeaufwand ist wiederum von der Marktanteilspolitik der Unternehmensleitung abhängig. Diese Politik erweist sich gerade auf diesem Gebiet als eine wichtige Größe für die Bestimmung des Kapitalbedarfs auf absatzwirtschaftlichem Gebiet. Das erneute Durchdenken der preispolitischen Situation, insbesondere der Rabattgewährung und der Provisionssätze, gehört zu einem wesentlichen Bestandteil derartiger gutachtlicher Äußerungen, wenn diese absatzpolitischen Maßnahmen auch während der Zeit, in der die neuen Kapazitäten aufgebaut werden, noch nicht zu Auszahlungen führen. Das gleiche gilt für den Fall, daß die Vertriebsleitung zu der Auffassung gelangt, mit den zur Zeit produzierten Erzeugnissen den Anforderungen, die an sie gestellt sind, nicht nachkommen zu können. Mehr als alle anderen absatzpolitischen Instrumente, die Absatzorganisation, die Preispolitik und die Werbung, hat sich die Produktvariation im weitesten Sinne des Wortes als Mittel des Unternehmenswachstums erwiesen.

Werden also von der Vertriebsleitung im Zuge einer betrieblichen Expansion Umstrukturierungen des Verkaufsprogramms verlangt, dann bleibt die finanzielle Wirkung dieser Forderung nicht auf den Verkaufsbereich beschränkt. Vielmehr greift diese Wirkung vor allem auf den Produktionsbereich des Unternehmens über. Die Programmänderungen verlangen unter Umständen eine den Kapitalbedarf erhöhende Intensivierung der Arbeiten an den neuen Modellen, Baumustern, Dessins und erhöhen den Kapitalbedarf für die Produktion des neuen Programms. Diese sich vom Absatzbereich in den Produktions- oder Erzeugungsbereich übertragenden Umstrukturierungen erfordern finanziellen Aufwand über den Kapitalbedarf der allgemeinen Expansionsrate hinaus. In der einzelwirtschaftlichen Perspektive interessiert gerade diese

Vielgestaltigkeit an Kapitalbedarfssituationen, die das Wachstum der Unternehmen kennzeichnen und die irgendwie in die Kapitalbedarfsfunktion integriert sein müssen, wenn diese Funktion die Grundlage für konkrete finanz- und unternehmenspolitische Entscheidungen werden soll.

Die Bedeutung dieser Überlegungen tritt noch stärker hervor, wenn die Frage der Kapitalbedarfsentwicklung bei unterschiedlich geplanter Betriebsgröße im Forschungs- und Entwicklungsbereich der Unternehmen untersucht wird. Immer wieder ist darauf hingewiesen worden, daß die Vervollkommnung des Produktions- und Absatzprogramms für viele Unternehmungen die schlechthin gegebene Bedingung ihres Wachstums bildet. Die Entwicklungsarbeiten in diesem Sinne können mit unterschiedlicher Intensität betrieben werden. Wird nun aber von der Geschäftsleitung im Zusammenhang mit ihren Planungen verlangt, daß die Anstrengungen der Entwicklungsabteilung bereits zu einem früheren als dem vorgesehenen Zeitpunkt abgeschlossen sein sollen, dann steht die Leitung der Entwicklungsabteilung vor der Frage zu ermitteln, welcher Kapitalbedarf für ihre Arbeiten zusätzlich entsteht, wenn die Anstrengungen der Abteilung beschleunigt werden sollen und unterschiedliche Termine für den Abschluß bestimmter Forschungs- und Entwicklungsarbeiten vorgegeben werden. Auch hier wird wieder die unmittelbare und starke Bindung des Kapitalbedarfs an Vorgänge im güterwirtschaftlichen Bereich ersichtlich.

Der Versuch aufzuzeigen, wie situationsbedingt die Kapitalbedarfe bei unterschiedlichen Betriebsgrößen sind, wäre unvollständig, würde nicht auch auf die besonderen Verhältnisse eingegangen, die der Beschaffungsbereich der Unternehmen für den Fall aufweist, daß die Produktionskapazität alternativ entsprechend den vorgegebenen Zielen erhöht wird. Alle Überlegungen, die im Verlaufe der bisher in diesem Kapitel und den vorhergehenden Abschnitten über die den Kapitalbedarf bestimmenden Größen angestellt worden sind, gelten auch für den hier interessierenden besonderen Fall. Erhöhter Produktionsumfang hat erhöhten Bedarf an Arbeitskräften und Dienstleistungen, aber auch an Material zur Folge. Auch hier folgt der Zwang, die Probleme bis in die Einzelheiten hinein zu durchdenken, aus der gestellten Aufgabe. Besteht die Gefahr von Engpässen im Bereich der Arbeitsbeschaffung, dann können große finanzielle Aufwendungen erforderlich werden, wenn diese Schwierigkeiten beseitigt werden sollen. Auch diese Kapitalbedarfe sind Bestandteil der Kapitalbedarfsentwicklungen, die im Zeitablauf unterschiedlichen Betriebsgrößen zugeordnet werden müssen. Auch sie sind situationsbedingt, und nur die Umstände des konkreten Falles lassen es zu anzugeben, in welchem Maße die sich ergebenden Differenzierungen im Kapitalbedarf eingeglättet werden dürfen. Das gilt um so mehr, je stärker das Bestreben ist, Kapitalbedarfsermittlungen vorzunehmen und damit

Kapitalbedarfsfunktionen zu entwerfen, die eine gewisse Relevanz für Entscheidungen der angegebenen Art besitzen sollen. Die gleichen Überlegungen gilt es für die Ermittlung der Bestände an Roh-, Hilfs- und Betriebsstoffen, Halb- und Fertigfabrikaten, die die alternativ vorgegebenen Betriebsgrößen verlangen, anzustellen. In einer Kapitalbedarfsberechnung, die der Ermittlung des für ein höheres Produktionsvolumen erforderlichen Kapitalbedarfs dient, muß der zusätzliche Kapitalaufwand für die zusätzlich erforderlichen Warenvorräte enthalten sein.

Die besondere Situation, in der sich ein um die Ermittlung des Kapitalbedarfs unterschiedlicher Betriebsgrößen bemühtes Unternehmen befindet, tritt im Produktionsbereich nicht nur dann deutlich hervor, wenn die verlangten Produktionsvolumina Kapazitätssprünge verursachen. Sie wird auch dann mit besonderer Eindringlichkeit sichtbar, wenn das neue Kapazitätsniveau dazu zwingt, bereits vorhandene, keineswegs unbrauchbare technische Einrichtungen durch neue Aggregate zu ersetzen. Aber auch der Fall kann für die Höhe und zeitliche Verteilung des Kapitalbedarfs große Bedeutung erlangen, daß die für die Erweiterung der technischen Kapazität angeschafften und installierten Anlagen eine andere technische Struktur aufweisen als die Maschinenbestände, über die das Unternehmen gegenwärtig verfügt. Es gibt Produktionszweige, deren Herstellungs- oder Erzeugungsverfahren schnellen und starken Änderungen unterworfen sind. Nach wenigen Jahren bereits werden Aggregate auf den Markt gebracht, die im Vergleich zu den noch vor kurzem angebotenen Anlagen völlig neue Konstruktionen darstellen. Unter diesen Umständen kann der Fall eintreten, daß die alten Anlagen überhaupt nicht mehr in die technische Konzeption der Herstellung oder Erzeugung hineinpassen. Die in den neuen Aggregaten zum Ausdruck kommenden konstruktiven Gedanken entwerten gewissermaßen die alten Bestände an Anlagen. Sie verlangen eine Entscheidung darüber, wie sich der Betrieb produktions- und verfahrenstechnisch einrichten soll. Ist die technische Leitung der Auffassung, daß sich Eingriffe in die vorhandene technische Substanz des Unternehmens nicht vermeiden lassen, wenn ein technischer Stand erreicht werden soll, der dem Unternehmen wenigstens von der technischen Seite her seine Konkurrenzfähigkeit erhält, dann entsteht neben und zugleich mit dem durch den Aufbau der zusätzlichen Kapazität verursachten Kapitalbedarf ein weiterer Kapitalbedarf für Umstrukturierungen innerhalb der bereits vorhandenen Kapazität. Es läßt sich nur von Fall zu Fall sagen, in welchem Maße ein derartiger Umbau der vorhandenen Kapazität erforderlich ist und vorhandene Maschinenbestände ersetzt werden müssen, um einen optimalen Bestand an technischen Betriebseinrichtungen zu erreichen. Werden aber vorhandene Maschinen durch technisch leistungsfähigere und sich besser in die neue technische Konzeption einpassende Aggregate ersetzt, dann ist der Expansionsprozeß des Unternehmens mit Kapitalverlusten in dem vorhandenen Maschinenbestand verbunden und gleichzeitig mit zusätzlichem Kapitalaufwand für die vorhandene technische Kapazität des Unternehmens belastet. Der Kapitalbedarf resultiert also nicht nur aus Auszahlungen für Kapazitätserweiterungen, sondern auch aus Auszahlungen für den technischen Umbau der vorhandenen Kapazität. Die Termine für beide Arten von Auszahlungen richten sich nach dem Zeitplan des Kapazitätsausbaus und der Umstrukturierung der vorhandenen Kapazität. Der technische Fortschritt und der Zwang, ihn zu realisieren, ist unter diesen Umständen die die Höhe des Kapitalbedarfs wesentlich bestimmende Größe. Die Einmaligkeit der Kapitalbedarfssituation wachsender Unternehmen kommt in diesen Überlegungen besonders deutlich zum Ausdruck. Denn die geschilderte Situation kann innerhalb eines Produktionszweiges von Unternehmen zu Unternehmen verschieden sein, und selbst ein bestimmtes Unternehmen kann sich zu gewissen Zeitpunkten in diese Situation gestellt sehen, in anderen Zeitpunkten aber eine solche Situation nicht kennen.

Der Wachstumsprozeß vollzieht sich nun allerdings selten so, daß die gesamte produktions- und absatztechnische Kapazität des Unternehmens auf einmal ausgebaut wird. Im Regelfall werden es bestimmte technische Bereiche sein, die investitionspolitisch eine bevorzugte Behandlung verlangen. So ist es denkbar, daß ein Unternehmen in einer bestimmten Wachstumssituation große Investitionen im Produktions- oder Erzeugungsbereich vornehmen muß, um den erwarteten Bedarf an Erzeugnissen zu decken. Im Absatzbereich sind aber, so sei angenommen, keine besonderen betrieblichen Investitionen erforderlich, weil der Verkaufsapparat eine genügend große Kapazität besitzt und auch genügend elastisch ist, um die zusätzlich hergestellten Erzeugnisse zu verkaufen. Das gleiche Unternehmen kann sich aber wenig später in die genau entgegengesetzte Lage versetzt sehen. Die produktionstechnische Kapazität vermag durch verhältnismäßig geringe Investitionen auf den erforderlichen Stand gebracht zu werden, da Kapazitätsreserven zur Verfügung stehen, auf die nun zurückgegriffen werden kann. Den Engpaß bildet dagegen der Verkaufsapparat. Er muß erheblich erweitert werden, insbesondere erweist es sich, so sei wiederum angenommen, als erforderlich, die Auslandsorganisation auszubauen und für die Erschließung der neuen Märkte erhebliche finanzielle Mittel aufzuwenden.

In den beiden Fällen, in denen die Kapazität des Produktions- und des Absatzbereiches in einem jeweils umgekehrten Verhältnis zueinander stehen, zeigt der Kapitalbedarf, selbst wenn angenommen wird, daß in beiden Fällen das gleiche Geschäftsvolumen realisiert wird, große Unterschiede. Muß also die betriebliche Kapazität jeweils nur partiell erweitert werden, um die angestrebte Betriebsgröße zu erreichen, dann weisen der Kapitalbedarf und das Zeitpunktsystem, nach dem die Auszahlungen zu leisten sind, auch bei einer Betriebsgrößenvariation um den gleichen Betrag erhebliche Unterschiede auf. Nur eine betriebsindividuelle Analyse führt also zu Kapitalbedarfen, die sich mit einem gewissen Maß an Sicherheit unterschiedlichen Betriebsgrößen zuordnen lassen.

Wenn die Geschäftsleitung eines Unternehmens auf die angegebene Weise den betrieblichen Vollzug in allen seinen Teilbereichen analysieren läßt, gewinnt sie die den Umständen nach zuverlässigsten Informationen über die finanziellen Konsequenzen von Betriebsgrößenänderungen. Sie

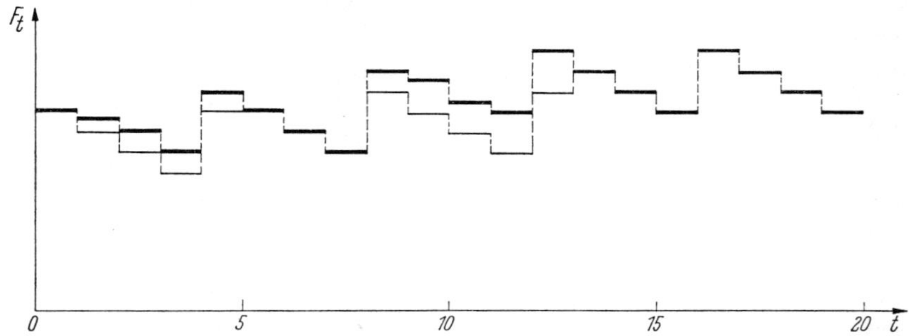

Abb. 9

gelangt so zu einer Kapitalbedarfsfunktion, die, zeitbedingt und auf die konkreten Verhältnisse ihres Unternehmens abgestellt, die Kapitalbedarfe und die Zeitpunkte ihrer Entstehung beim Übergang von einer Betriebsgröße auf eine andere angibt und die deshalb eine der wichtigsten Grundlagen für unternehmungspolitische Entscheidungen bildet.

Die Abb. 9 zeigt, wie der Übergang auf ein höheres Betriebsgrößenniveau den Kapitalbedarf eines Unternehmens beeinflußt. Das Unternehmen realisiert zunächst eine bestimmte Ausgangskapazität. Die Höhe und der zeitliche Rhythmus des hierdurch verursachten Kapitalbedarfs wird durch die schwach ausgezeichnete Kurve zwischen den Zeitpunkten 0 und 5 gekennzeichnet. Das Unternehmen soll jedoch eine Kapazitätserhöhung beschlossen haben, die in den Zeitpunkten 1 und 2 zu zusätzlichen Auszahlungen führt. Der gesamte Kapitalbedarf — in der Abb. 9 durch die stark ausgezeichnete Linie dargestellt — steigt über den Kapitalbedarf der produktiv genutzten Kapazität. Diese Aufbauphase dauert bis zum Zeitpunkt 5. In diesem Zeitpunkt steht die erweiterte Kapazität für die Erhöhung des Produktions- und Absatzvolumens zur Verfügung. Während das zusätzlich investierte Kapital in dem Zeitraum von 1 bis 5 betrieblich nicht nutzbares, noch unproduktives, in diesem Sinne totes Kapital darstellt, wird es dann Bestandteil des Kapitals, das bereits zu produktiver Verwendung gekommen ist. Es wird nunmehr in den regulären Betriebsprozeß einbezogen und damit in den Kapitalbindungs- und Kapitalfreisetzungsprozeß des neuen Kapazitätsniveaus eingefügt. Auf diesem Niveau schwingt nun der gesamte Kapitalbedarf im Rhythmus der neuen Kapazität. Wie die Abb. 9 zeigt, ist in der Phase zwischen den Zeitpunkten 5 und 8 kein totes Kapital vorhanden[1]. Ein weiterer Ausbau der Kapazität möge in den Zeitpunkten 8, 9 und 11 zu zusätzlichen Auszahlungen führen. Produktiv genutzt wird diese erweiterte Kapazität erstmalig im Zeitpunkt 13. Zwischen den Zeitpunkten 8 und 13 weichen Gesamtkapitalbedarf und produktiv genutztes Kapital wieder voneinander ab. Die dünn ausgezeichnete Kurve in Abb. 9 stellt den betrieblichen Rhythmus des produktiv genutzten Kapitals dar. Dieser Kapitalbedarf schwingt auf dem durch die erste Kapazitätserweiterung erhöhten Niveau weiter. Über ihm liegt der effektive Kapitalbedarf. Der Abstand zum produktiv genutzten Kapital in den Zeitpunkten 9 und 11 wird durch weitere Zahlungen vergrößert. Mit Inbetriebnahme der gesamten Kapazität im Zeitpunkt 13 ist das gesamte Kapital betrieblich genutztes Kapital, dessen zyklischen Verlauf dann die stark ausgezeichnete Kurve wiedergibt.

4. Über lineare und nichtlineare Kapitalbedarfsfunktionen wachsender Unternehmungen.

Grundsätzlich bildet die integrierte Kapitalbedarfsfunktion die Grundlage für die finanziellen Planungen und Entscheidungen der Unternehmen: das gilt insbesondere für den Fall wachsender Unternehmen. Nun mag es Fälle geben, in denen die Analyse von Wachstumsprozessen betrieblicher, vor allem aber gesamtwirtschaftlicher Art stark vereinfachte Kapitalbedarfsfunktionen zu verwenden erlaubt. Diese Vereinfachung kann darin bestehen, daß eine lineare Beziehung zwischen Kapitalbedarf und Betriebsgrößenänderung angenommen wird. Derartige Kapitalbedarfsfunktionen setzen voraus, daß die Unternehmen, für die diese globalen Funktionen gelten sollen, keine Änderungen ihres Produktionsprogramms kennen, daß die Produktionsfaktoren entweder beliebig teilbar sind oder sich die erhöhten Produktmengen mit einem Vielfachen der bisherigen betrieblichen Gesamtkapazität herstellen lassen und zwar mit der Bedingung, daß alle betrieblichen Teileinheiten voll ausgelastet werden. Auch muß unterstellt werden, daß die technisch-organisatorische Struktur der gesamtbe-

[1] Da der Rückfluß aus dem neu investierten Kapital im Verhältnis zu dem ganzen Kapital als nur gering angenommen worden ist, ist in dem Verlauf der Kapitalbedarfskurve, um die Darstellung zu vereinfachen, von der Berücksichtigung des Rückflusses abgesehen.

trieblichen Kapazität nicht Änderungen unterworfen ist, insbesondere also keine produktions-, verfahrens- und absatztechnischen Fortschritte berücksichtigt werden. Die Problemstellung wird also fast vollständig aus der Situationsbedingtheit finanzieller Vorgänge im Wachstumsprozeß der Unternehmen gelöst und die differenzierte Vielgestaltigkeit möglicher finanzieller Konstellationen und Entwicklungen in expandierenden Unternehmen anders als in der integrierten Kapitalbedarfsfunktion unberücksichtigt gelassen. Wird aber diese starke Reduzierung der betrieblichen Sachverhalte auf nur wenige Grundlinien in Hinsicht auf den zu untersuchenden Gegenstand für zweckmäßig gehalten, dann läßt sich die Beziehung zwischen Kapitalbedarf und Betriebsgröße in der Weise formulieren, daß für jedes hergestellte Erzeugnis einer bestimmten Art gleiche Kapazitätsanteile und damit gleiche Kapitalbedarfe unterstellt werden. In diesem Fall gelangt man zu einer linearen Beziehung zwischen dem Kapitalbedarf und der Betriebsgröße. Diese Beziehung läßt sich durch eine Gerade darstellen, die durch den Koordinatenursprung verläuft. Das Steigungsmaß der Kapitalbedarfskurve ist gleich dem Kapitalbedarf einer Produkteinheit (q). Ist wiederum F das Symbol für den Kapitalbedarf und gibt x die produzierte Menge an Erzeugnissen an, dann lautet die Gleichung für die Kapitalbedarfsfunktion

$$F(x) = q \cdot x.$$

Die Größe q enthält die Kapitalbedarfe für alle Produktionsfaktoren, die an der Herstellung und dem Verkauf der Erzeugnisse beteiligt sind. Nimmt man den Wert der Betriebsmittel, wie immer dieser Wert errechnet sein mag, und setzt man ihn zu der Ausbringung des Unternehmens in Beziehung, dann erhält man eine Angabe darüber, wie groß das in den Betriebsmitteln gebundene Kapital ist, das auf eine Ausbringungseinheit entfällt. Bezeichnet man den Quotienten aus dem in den Betriebsmitteln gebundenen Kapital und der hergestellten Produktmenge mit α_1, dann ist der Kapitalbedarf für die Betriebsmittel $f_1 = \alpha_1 \cdot x$. Interpretiert man x als den Umsatz des Unternehmens, dann gibt α_1 an, wieviel Anlagevermögen notwendig ist, um eine Geldeinheit Umsatz zu erzielen.

Werden auf die gleiche Weise die Quotienten aus dem in den Beständen auf Eingangslägern oder Teilen derselben gebundenen Kapital und der Ausbringung oder dem Umsatz des Unternehmens gebildet, dann erhält man Angaben darüber, welches Kapital in diesen Gegenständen durchschnittlich benötigt wird, um das Produktions- und Absatzvolumen zu erreichen oder halten zu können. Der Quotient aus dem für die Unterhaltung von Eingangslägern benötigten Kapital und dem Umsatz sei mit dem Symbol α_2 bezeichnet. In ähnlicher Weise läßt sich für das in Zwischen- und Ausgangslägern gebundene Kapital der Quotient α_3 bilden. Er soll besagen, wieviel Kapital erforderlich ist, um die Halb-

und Fertigfabrikatebestände unterhalten zu können, die der Ablauf des Betriebsgeschehens erforderlich macht. Für die Forderungen aus Warenlieferungen und Leistungen, für die zu unterhaltenden Reservegüter und liquiden Mittel lassen sich auf die gleiche Weise Quotienten ermitteln, die den Kapitalbedarf für diese Vermögensteile im Verhältnis zum Absatz oder zum Umsatz angeben.

Eine weitere differenzierte Aufteilung ist jederzeit möglich, so daß sich ganz allgemein anstelle der zuerst beschriebenen aggregierten Kapitalbedarfsfunktion die folgenden Teilfunktionen ergeben:

$$\begin{aligned} f_1 &= \alpha_1 \cdot x \\ f_2 &= \alpha_2 \cdot x \\ f_3 &= \alpha_3 \cdot x \\ &\vdots \\ f_n &= \alpha_n \cdot x. \end{aligned}$$

Die Gesamtkapitalbedarfsfunktion kann auch geschrieben werden:

$$F(x) = x \sum_{i=1}^{n} \alpha_i.$$

Wird die Annahme beliebiger Teilbarkeit aller betrieblichen Teileinheiten und damit ihre unbedingte vollständige Anpassung an sich ändernde Betriebsgrößen aufgehoben (die Bedingung gleichbleibender Beschaffenheit der Produktionseinrichtungen soll jedoch beibehalten werden), bleibt eine lineare Beziehung zwischen Kapitalbedarf und Betriebsgröße nur unter bestimmten Voraussetzungen bestehen. Die jeweils neue Betriebsgröße muß so gewählt werden, daß sich das neue Produktions- oder Umsatzvolumen mit einem Vielfachen der bisherigen betrieblichen Gesamtkapazität herstellen läßt, und zwar mit der Maßgabe, daß alle betrieblichen Teileinheiten voll ausgenutzt werden. Vollziehen sich alle Erweiterungen der Betriebsgröße in der gleichen Weise, dann erhält man zwar keine stetig verlaufende Kapitalbedarfsfunktion, aber doch Kapitalbedarfe für unterschiedliche Betriebsgrößen, die auf der gleichen Geraden wie diejenigen Kapitalbedarfe liegen, die sich im Fall vollständiger Teilbarkeit der betrieblichen Kapazitäten ergeben würden. Wenn die Punkte dieser Kapitalbedarfe durch eine Gerade verbunden werden, weist diese Gerade das gleiche Steigungsmaß (q) wie die Gerade auf, die man für den Fall kontinuierlicher Betriebsgrößenvariation erhalten würde. Wird diese Kapitalbedarfskurve disaggregiert, dann wird ihr grundsätzlich linearer Verlauf dadurch nicht aufgehoben.

War das bisherige Verhältnis zwischen dem in bestimmten Teilen der Betriebseinrichtungen gebundenen Kapital und dem Absatz $\alpha_4 = \frac{1}{3}$, dann wird diese Relation auch nach Vornahme der Betriebsgrößenvariation erhalten geblieben sein, wenn die neugeschaffene Kapazität voll ausgenutzt wird. Die gleiche Überlegung gilt auch für die Beziehung zwischen dem für Warenbestände erforderlichen Kapital und dem Produktions- oder Absatzvolumen. Wird diese Beziehung durch α_5 ausgedrückt, dann ist α_5 vor der Betriebsgrößenänderung gleich α_5 nach der Betriebsgrößenänderung. Wird unter α_6 das Verhältnis zwischen den durchschnittlichen liquiden Mitteln, die das Unternehmen unterhält, um jederzeit zahlungsfähig zu sein, und der Ausbringungsmenge verstanden, dann läßt sich wiederum sagen, daß α_6 für alle realisierten Betriebsgrößen gleich ist, solange die gemachten Voraussetzungen nicht aufgehoben werden. Denn nach diesen Voraussetzungen bleiben nicht nur alle Qualitäten und Quantitäten der Produktionsfaktoren, sondern auch alle Proportionen zwischen ihnen unverändert. Unter diesen Umständen ist die neugeschaffene Kapazitätsstruktur stets nur das Vielfache der vorhandenen Kapazitätsstruktur. Die beschriebene Situation trifft genau jenen Sachverhalt, der in anderem Zusammenhang als multiple Betriebsgrößenvariation bezeichnet wurde. Eine derartige Betriebsgrößenänderung würde zum Beispiel dann nicht vorliegen, wenn die Koeffizienten α_i von der neuen Betriebsgröße abhängig gemacht, also eine Funktion von x sein würden. Da dieser Fall aber hier ausgeschlossen ist, muß die Beziehung zwischen wachsendem Produktionsvolumen und dem erforderlichen Kapitalbedarf — eben bei konstantem α_i — linearer Art sein.

Selbst unter Verwendung globaler Größen für die Konstruktion der Kapitalbedarfsfunktion wird nicht stets ein linearer Verlauf der Kurve angenommen werden können. Die Ausweitung des Produktionsvolumens ist sehr häufig mit einer qualitativen Änderung der Produktionsbedingungen verbunden. Produktions- und verfahrenstechnische Verbesserungen, organisatorische Umstellungen und Erhöhungen der produktiven Wirkung absatzpolitischer Maßnahmen sind geradezu ein Merkmal der modernen technischen Entwicklung. Untersucht man die Beziehungen zwischen dem Kapitalbedarf und derartigen technischen und ökonomischen Entwicklungen, dann erhält damit das Problem der Konstruktion einer zwar auf globalen Werten beruhenden, nunmehr aber in die Sicht langperiodischer technischer Entwicklungen gerückten Kapitalbedarfsfunktion eine Wendung, die den bisher angenommenen linearen Verlauf der Kurve als wenig realistisch erscheinen läßt.

Versucht man also die für die technische Entwicklung in den vergangenen Jahrzehnten exemplarische Erhöhung der Produktivität des Faktoreinsatzes zu berücksichtigen, dann geht man am zweckmäßigsten von folgenden Überlegungen aus:

Wird unter dem Kapitalkoeffizienten das Verhältnis zwischen dem zur Herstellung einer bestimmten Zahl von Erzeugnissen erforderlichen

Kapital (C) und den Erzeugnissen (x) selbst verstanden, dann zeigt der Kapitalkoeffizient den Kapitalbedarf für ein hergestelltes Erzeugnis an (C/x). Der Arbeitskoeffizient gibt dagegen das Verhältnis zwischen den zur Herstellung einer bestimmten Zahl von Erzeugnissen benötigten Arbeitseinheiten (A) und den mit Hilfe dieser Arbeitsleistungen hergestellten Erzeugnisse (x) an. Der Arbeitskoeffizient ist also als der Arbeitseinsatz je Erzeugnis definiert (A/x). Das Verhältnis zwischen dem für ein bestimmtes Produktionsvolumen benötigten Kapital und den Arbeitseinheiten wird als Kapitalintensität (C/A) bezeichnet. Die moderne technisch-wirtschaftliche Entwicklung zeichnet sich dadurch aus, daß die Kapitalintensität zunehmend größer geworden ist, das heißt, daß ein Arbeitsplatz mit ständig größerem Kapital ausgestattet wird. Diese mutierenden Vorgänge in den technisch-organisatorischen Bedingungen der betrieblichen Leistungserstellung und -verwertung setzen keineswegs voraus, daß sich die Kapital- und die Arbeitskoeffizienten in einer ganz bestimmten Weise verändern. Es sind durchaus mehrere Möglichkeiten vorstellbar, die eine völlig andersartige Entwicklung zwischen den Kapital- und Arbeitskoeffizienten zeigen und dennoch zu einer Erhöhung der Kapitalintensität führen. In einem ersten Fall werden neue Techniken eingeführt, die keinen Mehraufwand an Kapital erfordern, aber Arbeitseinsparungen möglich machen. Bleibt die hergestellte Produktmenge gleich, dann ändert sich zwar der Arbeitskoeffizient, nicht dagegen der Kapitalkoeffizient. Gleichwohl variiert die Kapitalintensität, sie nimmt — in diesem Falle also bei konstantem Kapitalkoeffizienten — zu. Da der Kapitalkoeffizient über den Bedarf der Produktion an Kapital aussagt, ändert sich mit ihm der Kapitalbedarf je erzeugte Einheit nicht. Im zweiten Fall möge derart eine Änderung in den technisch-organisatorischen Bedingungen der Produktion eintreten, daß neue technische Installationen vorgenommen werden, die einen erhöhten Kapitalaufwand verursachen, aber eine höhere produktive Leistung aufweisen, derart, daß nunmehr auf eine Erzeugniseinheit ein geringerer Kapitalbetrag trotz des absolut zunehmenden Kapitalvolumens entfällt. Der Arbeitskoeffizient nehme im Zuge dieser verfahrenstechnischen Umorganisation der Produktionsbedingungen ebenfalls ab. Unter diesen Umständen ergibt sich ein Fall, der sich sowohl durch einen sinkenden Kapitalkoeffizienten als auch durch einen sinkenden Arbeitskoeffizienten kennzeichnet. Wie sich die Kapitalintensität entwickelt, hängt davon ab, ob in dem Quotienten C/A die Größe C stärker, im gleichen Verhältnis oder schwächer abnimmt als die Größe A. Somit kann in diesem Fall die Kapitalintensität abnehmen, gleichbleiben oder zunehmen. Der dritte Fall soll dadurch gekennzeichnet sein, daß die neu installierten technischen Anlagen einen Kapitalaufwand erfordern, der, bezogen auf eine Erzeugniseinheit, größer ist als vor der technischen Neueinrichtung des

Betriebes. Der Kapitalkoeffizient steigt in diesem Fall. Der Arbeitskoeffizient soll abgenommen haben. Auf ein fertiges Erzeugnis entfällt dann ein geringerer Betrag an Arbeitseinheiten. Die Kapitalintensität nimmt unter diesen Voraussetzungen ebenfalls zu, denn eine Arbeitseinheit ist nunmehr mit einem hohen Betrag an Kapital ausgestattet. Im Gegensatz aber zum zweiten Fall ist hier, im dritten Fall, die Zunahme der Kapitalintensität mit einer Zunahme des Kapitalkoeffizienten verbunden. Der Kapitalbedarf je Erzeugniseinheit würde also steigen.

Diese drei Fälle konstanter, abnehmender und zunehmender Kapitalkoeffizienten bei steigender Kapitalintensität und entsprechend verlaufenden Kapitalbedarfen umschließen zwar nicht alle Möglichkeiten, in denen sich das Verhältnis zwischen Kapital- und Arbeitskoeffizienten bewegen kann, aber sie sind in den hier interessierenden Zusammenhängen besonders wichtig, weil sie einige Perspektiven auf den Verlauf der Kapitalbedarfskurve eröffnen, die die Möglichkeit eines nichtlinearen Verlaufs der Kapitalbedarfsfunktion nicht ausschließen.

Andere Fälle, in denen über das Verhältnis zwischen Kapital- und Arbeitskoeffizienten Annahmen gemacht werden, die von den bisher gemachten Annahmen abweichen, sind durchaus denkbar, zum Beispiel der Fall, daß der Kapitalkoeffizient steigt, der Arbeitskoeffizient aber unverändert bleibt. Eine derartige Annahme würde bedeuten, daß sich die Produktionsbedingungen verschlechtern müßten. Die technische Entwicklung würde sich geradezu in ihr Gegenteil umkehren. Kein Unternehmen würde sich zu einer derartigen Verschlechterung seiner Produktionsbedingungen bereit finden. Der Fall schließt sich also praktisch aus. Das gilt auch für eine Anzahl anderer Fälle. Die Untersuchung soll also auf die drei zuerst beschriebenen Fälle beschränkt bleiben.

Die Frage, wie sich der Kapitalkoeffizient im Wachstumsprozeß der Wirtschaft tatsächlich entwickelt, läßt sich nur durch empirische Untersuchungen klären. In Deutschland ist der Kapitalkoeffizient, bezogen auf die gesamtwirtschaftliche Entwicklung, in den letzten Jahrzehnten trendmäßig nahezu gleichgeblieben. Die zum Teil recht beträchtlichen Schwankungen um diesen Trend lassen sich auf unterschiedliche Kapazitätsauslastungen während des Untersuchungszeitraumes zurückführen. In Zeiten mit verhältnismäßig niedriger Wachstumsrate liegt der Kapitalkoeffizient verhältnismäßig hoch, in Zeiten mit hohen Wachstumsraten dagegen verhältnismäßig niedrig[1].

Nun interessiert hier aber nicht so sehr der gesamtwirtschaftliche Kapitalkoeffizient, sondern der Kapitalkoeffizient für die gewerbliche Wirtschaft. Im gewerblichen Bereich der deutschen Wirtschaft zeigt der

[1] Hoffmann, W., Das Wachstum der deutschen Wirtschaft seit der Mitte des neunzehnten Jahrhunderts, Berlin-Heidelberg-New York, 1955, S. 22ff.

Kapitalkoeffizient während der Jahre 1870 bis 1913 eine steigende, nachher eine fallende Tendenz[1]. Zum Bereich der gewerblichen Wirtschaft rechnet man außer dem Bergbau, der Industrie und dem Handwerk auch den Handel, die Banken, die Versicherungswirtschaft und das Verkehrsgewerbe, ausschließlich Eisenbahnen und Post. Für den Bergbau und die Industrie allein ist so gut wie sicher anzunehmen, daß die diesen Gewerbezweigen angehörenden Unternehmen einen abnehmenden Kapitalbedarf je Leistungseinheit aufweisen. Im Bergbau, vor allem aber im Bereich der Industrie, hat sich zwar ständig die Kapitalintensität erhöht, weil zunehmend menschliche Arbeitskraft durch maschinelle Apparatur ersetzt worden ist. Gleichwohl hat sich aber der technische Fortschritt in der Weise vollzogen, daß je Einheit des industriell benötigten Kapitals eine größere Produktmenge hervorgebracht werden konnte.

Für den hier interessierenden Fall des Kapitalbedarfs wachsender Unternehmen wird man also davon ausgehen können, daß sich tendenziell der Kapitalbedarf, bezogen auf eine Leistungs- oder Erzeugungseinheit, vermindert. Da die Kapitalkoeffizienten Durchschnittsgrößen sind, wird angenommen werden können, daß der Fall steigender Kapitalkoeffizienten nicht grundsätzlich auszuschließen ist. In den beiden Fällen abnehmender und zunehmender Kapitalkoeffizienten würde man zu Kapitalbedarfskurven gelangen, die im ersten Fall abnehmende, im zweiten Fall zunehmende, jedenfalls keine gleichbleibenden Kapitalzuwächse aufweisen. Damit ist die Möglichkeit nichtlinearer Kapitalbedarfsfunktionen aufgezeigt.

Es darf noch hinzugefügt werden, daß diese These nicht nur für das in Gegenständen des Anlagevermögens investierte Kapital gilt. Die im Zusammenhang mit einer Erweiterung des Geschäftsvolumens vorgenommene Verbesserung der Produktionsbedingungen kann auch zur Folge haben, daß die durchschnittlich gehaltenen Bestände an Roh-, Hilfs- und Betriebsstoffen, aber auch die durchschnittlichen Bestände an verkaufseigenen Erzeugnissen im Verhältnis zum gestiegenen Umsatz absolut oder relativ abnehmen.

Unter den angegebenen Bedingungen sind die Koeffizienten, die über das durchschnittlich in Betriebsmitteln oder seinen Teilen und den Beständen auf Lägern oder seinen Teilen investierte Kapital und sein Verhältnis zum Umsatz des Unternehmens aussagen — für diese Verhältnisse wurde oben die Bezeichnung α_i gewählt —, nicht mehr konstant, und die Beziehungen zwischen dem Kapitalbedarf und der Betriebsgrößenvariation sind nicht mehr linear. Nimmt man wieder beliebige Teilbarkeit an, dann muß die lineare Kapitalbedarfsfunktion

$$F(x) = x \sum_{i=1}^{n} \alpha_i$$

[1] Hoffmann, W., a. a. O., S. 30ff.

durch eine nichtlineare Kapitalbedarfsfunktion ersetzt werden. Denn nunmehr werden die Koeffizienten α_i als von der Größe des Umsatzes x abhängig angenommen. Man erhält nun:

$$\begin{aligned} f_1 &= \alpha_1(x)\,x \\ f_2 &= \alpha_2(x)\,x \\ f_3 &= \alpha_3(x)\,x \\ &\cdot \quad \cdot \\ &\cdot \quad \cdot \\ f_n &= \alpha_n(x)\,x \end{aligned}$$

$$F(x) = x \sum_{i=1}^{n} \alpha_i(x).$$

Die Kapitalbedarfsfunktion verläuft in diesem Fall nichtlinear.

Es ist anzunehmen, daß eine solche nichtlineare, wenn auch auf globalen Größen beruhende Kapitalbedarfsfunktion der betrieblichen Wirklichkeit mehr gerecht wird als eine lineare Kapitalbedarfsfunktion, sofern man sich auf eine globale, die Differenziertheit der Kapitalbedarfssituationen in Unternehmen mit steigendem Wachstumstrend nur unzureichend berücksichtigende Kapitalbedarfsfunktion beschränkt.

Zweiter Teil

Der Kapitalfonds

Siebtes Kapitel

Merkmale des Kapitalfonds

1. Die zeitliche Struktur des Kapitalfonds.

Kapitalbedarf entsteht immer nur dann, wenn die Auszahlungs- und Einzahlungsreihen zeitlich gegeneinander verschoben sind. Würde eine derartige zeitliche Verwerfung nicht existieren, dann würde auch kein Kapitalbedarf vorhanden sein, und die finanziellen Probleme, die hier interessieren, treten nicht auf.

Besteht ein Kapitalbedarf, dann muß er gedeckt werden. Die Gesamtheit der finanziellen Mittel, die zu einem bestimmten Zeitpunkt zur Verfügung stehen, um den Kapitalbedarf eines Unternehmens zu befriedigen, wird als der Kapitalfonds des Unternehmens bezeichnet. Wie dieses Kapital zu dem Zeitpunkt disponiert ist und aus welchen Quellen es stammt, ist zunächst ohne Bedeutung.

Der Kapitalfonds besteht aus dem gebundenen (investierten) und dem nicht gebundenen (nicht investierten) Teil. Entspricht die Höhe des Kapitalfonds gerade dem Kapitalbedarf des Unternehmens und ist der Fonds dazu verwandt worden, alle Kapitalbedarfe des Unternehmens zu decken, dann ist der gesamte Kapitalfonds investiert, das heißt in dem Unternehmen gebunden. Kapitalbedarf, Kapitalbindung und Kapitalfonds sind in diesem Fall gleich. Baut ein Unternehmen seine Kapazität auf und wird der hierdurch entstehende Kapitalbedarf gerade in Höhe derjenigen Beträge gedeckt, die dem jeweils zusätzlich entstehenden Kapitalbedarf entsprechen, dann stimmt die Kurve der kumulierten Ein- und Auszahlungen und damit die Kapitalbindungskurve mit der Kurve des Kapitalfonds überein. Der jeweils zusätzliche Kapitalbedarf muß durch eine Auffüllung des Kapitalfonds gedeckt werden. Dieser Vorgang bedeutet einen Zuwachs an Kapitalbindung. Hat das Unternehmen seine Geschäftstätigkeit begonnen und Umsätze getätigt, dann vermindern die aus den Umsätzen stammenden Einzahlungen, soweit sie keine Gewinngrößen enthalten, den Betrag an Kapital, der in dem Unternehmen gebunden ist. Werden der in Höhe der Einzahlungen freigesetzte Kapitalbetrag und die eventuellen Gewinne dem Unternehmen sofort wieder entnommen, dann stimmen die drei Größen Kapitalbedarf, Kapitalbindung und auch Kapitalfonds miteinander überein. Entsteht nunmehr aus dem Umsatzprozeß oder aus Investitionen ein neuer Kapitalbedarf, so muß er wiederum durch Auffüllung des Kapitalfonds gedeckt werden.

Solange die aus dem Umsatzprozeß stammenden Einzahlungen noch nicht wieder betrieblich verausgabt werden, sind sie nicht gebundene Teile des Kapitalfonds (zum Beispiel Kassenbestand). Der Fonds besteht nunmehr aus gebundenen und nicht gebundenen Teilen. Würde man in eines der Diagramme, die die Kapitalbedarfskurve im Zeitablauf aufzeigen, eine Kurve des Kapitalfonds einzeichnen, so würde die Kurve des Fonds in unverändertem Abstand in Höhe des maximalen Kapitalbedarfs parallel zur Abszissenachse verlaufen, wenn der Kapitalfonds während des gesamten Zeitverlaufes konstant bleibt. Der Abstand zwischen der Kapitalbedarfskurve F_t und der Kurve des Kapitalfonds C_t zeigt die nicht gebundenen Teile des Kapitalfonds an, die sich irgendwie in Kassenbeständen niederschlagen.

Werden die aus dem Umsatzprozeß freigesetzten Beträge wieder verausgabt, um den Betriebsprozeß fortzusetzen, dann wandeln sich die nicht gebundenen Teile des Kapitalfonds wieder in gebundene Teile um. Solange der Kapitalbedarf aus den zurückfließenden Kapitalbeträgen befriedigt werden kann, entsteht kein zusätzlicher Fondsbedarf. Ist dagegen der zusätzliche Kapitalbedarf größer als die zurückfließenden, für die Wiederverausgabung verfügbaren Kapitalteile, dann muß insoweit der Fonds erhöht und betriebsextern dem Unternehmen zusätzlich Kapital zugeführt werden. Der sich zwischen zwei Zeitpunkten ergebende zusätzliche Kapitalbedarf wird nun gewissermaßen betriebsintern aus durch den Umsatzprozeß freigesetzten Teilen des bereits bestehenden und verfügbaren Fonds und aus betriebsextern vorzunehmenden Fondserhöhungen gedeckt[1]. Die Fondskurve nimmt unter diesen Umständen ein höheres Niveau an. Wird der Fonds nach diesen Vorgängen wieder

[1] Der um die betriebsinternen Mittel gekürzte Kapitalbedarf wurde früher als Finanzbedarf bezeichnet. GUTENBERG, E., Finanzierung und Sanierung, in: Handwörterbuch der Betriebswirtschaft, 2. Aufl. Stuttgart 1938, Spalten 1739ff. Die Begriffe sind hier so definiert worden: „Der Kapitalbedarf ist gleich der Summe der geldlichen Mittel, die ein Unternehmen zur Durchführung eines bestimmten Vorhabens benötigt. Diese Mittel können innerbetrieblich bereitgestellt werden oder von dritter Seite angefordert werden müssen. Zieht man die innerbetrieblich bereitgestellten Beträge von dem Kapitalbedarf (Gesamtkosten des Vorhabens) ab, so verbleibt als Restbetrag der Finanzbedarf, der bei Dritten gedeckt werden muß", a.a.O., Spalte 1745/46. In der Aufbauphase, in der noch keine Mittel aus der Umsatztätigkeit zurückfließen, ist der Finanzbedarf gleich dem Kapitalbedarf. Der

reduziert, weil der Kapitalbedarf abnimmt und die Unternehmensleitung eine Rückzahlung der Fondserhöhung vorzunehmen in der Lage ist, dann verläuft die Fondskurve auf einem etwas niedrigeren Niveau parallel weiter. Bleibt dem Unternehmen dagegen der Fonds in der neuen Höhe erhalten, dann verläuft die Fondskurve wieder unverändert parallel zur Abszissenachse.

Die Vorstellungen, die dem Begriff des Kapitalfonds zugrunde liegen, umfassen über den Betrag des bereits in dem Unternehmen angelegten Kapitals hinaus die noch nicht ausgeschöpften finanziellen Möglichkeiten, über die das Unternehmen verfügt, handele es sich dabei um Eigen- oder Fremdkapital. Besteht ein derartiges ungenutztes Kapitalbeschaffungspotential, dann besitzt das Unternehmen über den tatsächlich im Unternehmen arbeitenden Kapitalfonds hinaus noch freie finanzielle Kapazität. In günstigen Zeiten der gesamtwirtschaftlichen und der einzelbetrieblichen Entwicklung liegt die oberste Grenze des finanziellen Potentials höher als in Zeiten ungünstiger gesamtwirtschaftlicher und einzelbetrieblicher Entwicklung.

Während die an den gesamtbetrieblichen Umsatz- und Leistungsprozeß gekoppelten Ein- und Auszahlungen der Unternehmensleitung nur einen verhältnismäßig engen Spielraum gewähren, auf die Ein- und Auszahlungstermine einzuwirken, ergibt sich für die Maßnahmen, die mit dem Kapitalfonds im Zusammenhang stehen, eine andere Situation. Da diese finanziellen Maßnahmen nicht unmittelbar an konkrete Beschaffungs-, Produktions- und Absatzakte geknüpft sind, weisen die mit dem Auf- und Abbau des Kapitalfonds in Zusammenhang stehenden finanziellen Transaktionen einen größeren dispositiven Spielraum auf als die im unmittelbar güterwirtschaftlich bestimmten finanziellen Bereich vollziehbaren Maßnahmen. In dieser Unterschiedlichkeit ist der Grund dafür zu suchen, daß die beiden finanziellen Bereiche methodisch voneinander getrennt werden. Die Thematik der unmittelbar an den betrieblichen Leistungsprozeß gebundenen finanziellen Vorgänge unterscheidet sich betriebswirtschaftlich zu wesentlich von der des Kapitalfonds, als daß beide als eine Einheit betrachtet werden könnten.

Die Maßnahmen, die ein Unternehmen im Zusammenhang mit der Erhöhung oder Verminderung des Kapitalfonds (der Beschaffung und Rückzahlung von Kapitalbeträgen) trifft, bestehen aus zeitlich terminierten Einzahlungen in den Fonds und Auszahlungen aus diesem Fonds. Ähnlich wie die güterwirtschaftlichen und die sie begleitenden finanziellen Vorgänge läßt sich auch das finanzielle Geschehen, das der

Kapitalbedarf wird aber abweichend von der hier gebrachten Terminologie als „Gesamtkosten des Vorhabens" bezeichnet, also als die gesamten Auszahlungen ohne Rücksicht darauf, ob der Bedarf aus betriebsinternen oder betriebsexternen Zuflüssen gedeckt wird.

Beschaffung und der Rückzahlung von Kapital dient, als ein Prozeß auffassen.

Der Kapitalfondsprozeß sei mit $\boldsymbol{P}_c$ bezeichnet. Er stellt eine Zusammenfassung jener Zahlungsvorgänge dar, die einerseits Kapitalaufnahmen $c_1, \ldots, c_u$ und andererseits Kapitalrückzahlungen $c_{u+1}, \ldots, c_{u+v}$ sind.

Durch Zeitindizes wird die Planungsperiode in Teilperioden zerlegt. Diese Zerlegung fällt teilweise mit der Zerlegung durch den güterwirtschaftlichen und finanziellen Prozeß zusammen; möglicherweise sind auch zusätzliche Teilperioden zu bilden; hierdurch erhöht sich die Anzahl der Teilperioden von T' auf T. Damit ist eine endgültige, alle drei Prozesse umfassende Periodeneinteilung gefunden, die es gleichzeitig gestattet, die drei Zeitordnungen getrennt voneinander abzubilden. Für den Kapitalfondsprozeß gilt speziell:

$$\boldsymbol{P}_c = \begin{bmatrix} c_{11}, \ldots, c_{1u}, c_{1,u+1}, \ldots, c_{1,u+v} \\ \vdots \quad\quad \vdots \quad\quad \vdots \quad\quad \vdots \\ c_{\tau 1}, \ldots, c_{\tau u}, c_{\tau,u+1}, \ldots, c_{\tau,u+v} \\ \vdots \quad\quad \vdots \quad\quad \vdots \quad\quad \vdots \\ c_{T1}, \ldots, c_{Tu}, c_{T,u+1}, \ldots, c_{T,u+v} \end{bmatrix} = \begin{bmatrix} \boldsymbol{c}_1 \\ \vdots \\ \boldsymbol{c}_\tau \\ \vdots \\ \boldsymbol{c}_T \end{bmatrix}.$$

Kapitalaufnahmen bedeuten Einzahlungen und werden hier als positive Zahlen aufgefaßt, während Kapitalrückzahlungen Auszahlungen sind, die als negative Zahlen angesehen werden. Die Vielzahl der Aus- und Einzahlungen, die im Zusammenhang mit der Kapitalbeschaffung und der Kapitalrückzahlung einer Unternehmung auftreten, ist ein Ausdruck der vielfältigen Aktivitäten, die ein Unternehmen auf dem Kapitalmarkt zu entfalten vermag. Sie sind so lange unvollständig beschrieben, als nicht die Zeitindizes angegeben werden, die darüber informieren, zu welchen Zeitpunkten die auf die Kapitalausstattung eines Unternehmens gerichteten Maßnahmen getroffen werden. Jedem Zahlungsvorgang $c_{\tau,i}$ ist also ein Zeitindex (als erster Index) zugeordnet, der darüber unterrichtet, wann die Kapitalaufnahme oder -rückzahlung vorgenommen wird.

In dieser Formulierung finden jene vielfältigen Aktionen ihren Ausdruck, die dazu dienen, den durch die Kapitalbedarfsfunktionen indizierten Bedarf des Unternehmens an Eigen- und Fremdkapital zu decken.

Die dem Aufbau des Kapitalfonds eines Unternehmens dienenden Einzahlungen können aus Eigenfinanzierung, aber auch aus der Selbstfinanzierung stammen. In beiden Fällen überlassen die Eigentümer dem Unternehmen Kapital, um es dem Unternehmenszweck zu widmen, nur daß im zuerst genannten Fall die Kapitaleinlage dem privaten Vermögen der Gesellschafter entnommen wird, während im zweiten Fall die Kapitalzuführung auf dem Verzicht der Gesellschafter, Gewinne auszuschütten, beruht. Die Einzahlungen in den Kapitalfonds eines Unternehmens können auch aus der Aufnahme von Krediten in Form von gesicherten oder nicht gesicherten Darlehen, insbesondere in der Form von Schuldverschreibungen oder Schuldscheindarlehen, stammen. Zu den Beträgen, die den Kapitalfonds eines Unternehmens bilden, sollen auch die Bankkredite gehören, und zwar nicht in Höhe der Kreditinanspruchnahme, sondern der Kreditzusage. Diese Kredite bilden einen in besonderem Maße elastischen Bestandteil des unternehmungswirtschaftlichen Kapitalfonds. Die Unternehmen verfügen also über eine bestimmte Anzahl von Möglichkeiten, den Kapitalfonds, mit dem sie arbeiten, aufzubauen.

Der Kapitalfonds wird abgebaut durch die Rückzahlung von Eigenkapital und die Tilgung von Krediten.

Die Formen, in denen sich die Kapitalbeschaffung und die Kapitalrückzahlung vollziehen, handle es sich um Eigen- oder Fremdkapital, hängen in jedem Einzelfall von den besonderen betriebswirtschaftlichen, gesellschaftsrechtlichen und gesamtwirtschaftlichen Umständen ab, in denen sich die Unternehmen befinden. Die jeweilige Beschaffenheit der Kapitalmärkte und der Trend, der diese Märkte gerade beherrscht, ist dabei von besonderer Bedeutung für die Auswahl unter den Möglichkeiten, die sich den Unternehmen für den Aufbau und den Abbau ihres Kapitalfonds bieten.

Die Einzahlungen in den Kapitalfonds und die Auszahlungen aus diesem Fonds sind nicht unmittelbar an den betrieblichen Leistungsprozeß geknüpft wie etwa die Inanspruchnahme und die Gewährung von Warenkrediten (Zahlungsziele). Sieht man von den Gewinnen ab, dann fehlt dem Kapitalfonds diese unmittelbare Beziehung zu den Warenmärkten und damit zu den güterwirtschaftlichen Vorgängen im Unternehmen. Der Kapitalfonds tendiert damit mehr zu den Kapitalmärkten, und stets liegen gesellschaftsrechtliche oder vertragliche Abmachungen besonderer Art für die Teile vor, aus denen er sich zusammensetzt, und für die Veränderungen, denen er im Zeitablauf unterworfen ist.

Wird so der Kapitalfonds als die Summe aller Kapitalaufnahmen (Einzahlungen) abzüglich der Summe der Kapitalrückzahlungen (Auszahlungen) aufgefaßt, dann ist im Zeitablauf jedem Zeitpunkt ein bestimmter Kapitalfonds zugeordnet. In diesem Sinn wird der Kapitalfonds durch das Symbol C_t gekennzeichnet.

Berücksichtigt man die Einzahlungen in den Kapitalfonds und die Auszahlungen aus diesem Fonds, dann besteht der gesamtbetriebliche Prozeß $\boldsymbol{P}$ aus drei Teilprozessen, denen jeweils eine bestimmte Zeitordnung zugeordnet ist.

Den ersten dieser drei Teilprozesse bildet der gesamtbetriebliche Leistungsvollzug ($\boldsymbol{P}_w$), den zweiten das mit ihm verbundene finanzielle System von Ein- und Auszahlungen aus dem Umsatzprozeß ($\boldsymbol{P}_f$) und den dritten das finanzielle System des Kapitalfonds ($\boldsymbol{P}_c$).

Zusammenfassend gilt nunmehr für alle drei Prozesse

$$\boldsymbol{P} = (\boldsymbol{P}_w, \boldsymbol{P}_f, \boldsymbol{P}_c) = \begin{pmatrix} \boldsymbol{r}_1 & \hat{\boldsymbol{r}}_1 & \boldsymbol{x}_1 & \hat{\boldsymbol{x}}_1 & \boldsymbol{a}_1 & \boldsymbol{e}_1 & \boldsymbol{c}_1 \\ \vdots & \vdots & \vdots & \vdots & \vdots & \vdots & \vdots \\ \boldsymbol{r}_\tau & \hat{\boldsymbol{r}}_\tau & \boldsymbol{x}_\tau & \hat{\boldsymbol{x}}_\tau & \boldsymbol{a}_\tau & \boldsymbol{e}_\tau & \boldsymbol{c}_\tau \\ \vdots & \vdots & \vdots & \vdots & \vdots & \vdots & \vdots \\ \boldsymbol{r}_T & \hat{\boldsymbol{r}}_T & \boldsymbol{x}_T & \hat{\boldsymbol{x}}_T & \boldsymbol{a}_T & \boldsymbol{e}_T & \boldsymbol{c}_T \end{pmatrix}$$

Die in dieser Matrix abgebildeten Prozesse stehen in einem geschlossenen Zusammenhang. Ändert sich eine Größe in ihm, dann kann diese Änderung zu Konsequenzen führen, die die finanzielle Sicherheit des Unternehmens gefährden. Die Prozesse sind durch Gesetzmäßigkeit wie auch durch freie Koordination miteinander verknüpft. Nur aus methodischen Gründen können Vorgänge im güterwirtschaftlichen und finanziellen Bereich isoliert untersucht werden. Der systematische Zusammenhang zwischen der finanziellen Zeitordnung des Kapitalfonds, der güterwirtschaftlichen Zeitordnung des betrieblichen Leistungsvollzuges und der finanziellen Zeitordnung der an diesen Vollzug geknüpften Ein- und Auszahlungen bleibt von diesem methodischen Vorgehen unberührt.

In den drei Zeitordnungen läuft das betriebliche Geschehen ab. Ein- und Auszahlungen der drei Systeme in einem solchen Verhältnis zu halten, daß ihre Zeitordnungen aufeinander abgestimmt bleiben, ist die große Aufgabe, wenn nicht überhaupt die Kunst der finanziellen Führung von Unternehmungen.

2. Die Gliederung des Kapitalfonds.

In der Betriebswirtschaftslehre ist es üblich, die Quellen, aus denen die Unternehmen ihren Kapitalbedarf decken, also die verschiedenen Schichten, in die sich der Kapitalfonds untergliedern läßt, nach einem rechtlichen Kriterium zu spezifizieren. In diesem Sinne spricht man von Eigenkapital, wenn die Kapitalgeber rechtlich die Stellung von Eigentümern haben, und von Fremdkapital, wenn die Geldgeber dem Unternehmen als Gläubiger gegenüberstehen. Dieser rechtliche Unterscheidungsmaßstab reicht dann nicht aus, das Eigen- vom Fremdkapital abzugrenzen, wenn der wirtschaftliche Gehalt der vertraglichen Abmachungen nicht der rechtlichen Form der Kapitalüberlassung entspricht. So besteht die Möglichkeit, daß einem Geldgeber rechtlich die Stellung eines Gläubigers zukommt. In den vertraglichen Vereinbarungen zwischen ihm und der Gesellschaft beziehungsweise den Gesellschaftern können ihm aber Rechte gewährt werden, die wirtschaftlich über die eines Gläubigers hinausgehen und ihn wirtschaftlich in die Nähe der Stellung eines Unternehmenseigners rücken. Auch können die Rechte eines Beteiligten, der rechtlich die Stellung etwa eines Gesellschafters einer offenen Handelsgesellschaft einnimmt, derart eingeschränkt sein, daß er de facto nur die Stellung eines Gläubigers einnimmt. So kann — im Extremfall — vereinbart werden, daß der Kommanditist im Falle seines Ausscheidens mit dem Nennbetrag seiner Kapitaleinlage abgefunden wird und lediglich im Falle der Liquidation des Unternehmens einen Anspruch auf Teilnahme am Liquidationserlös besitzt. Wenn dem Kommanditisten keine anderen Teilnahmerechte an der Geschäftsführung eingeräumt werden, gleicht seine Stellung wirtschaftlich dann mehr der eines Gläubigers (bis auf seinen Anspruch auf den Liquidationserlös) als der eines Unternehmenseigners. Auch das Institut der stillen Gesellschaft läßt eine Vielzahl von rechtlichen Gestaltungsmöglichkeiten zu. Stiller Gesellschafter ist derjenige, der sich an dem Handelsgewerbe eines anderen in der Weise mit einer Vermögenseinlage beteiligt, daß die Einlage in das Vermögen des Unternehmenseigners übergeht. Der stille Gesellschafter ist für die Dauer des Verhältnisses zwingend am Gewinn des Unternehmens beteiligt. Die Beteiligung am Verlust des Unternehmens kann ausgeschlossen werden. Da die Vermögenseinlage in das Vermögen des Geschäftsinhabers übergeht, ist der stille Gesellschafter nicht am Geschäftsvermögen beteiligt. Der Eigentümer des Unternehmens hat lediglich die Verpflichtung, dem stillen Gesellschafter die Kapitaleinlage zum Nominalbetrag zurückzuzahlen. Die Rechte des stillen Gesellschafters bestehen dementsprechend in obligatorischen Ansprüchen auf Gewinnbeteiligung und auf Rückerstattung seiner Einlage bei Beendigung des Verhältnisses. Da die Stellung des stillen Gesellschafters insofern der eines Gläubigers gleicht, wäre seine Kapitaleinlage dem Fremdkapital zuzurechnen. Es ist aber fast die Regel, daß dem stillen Gesellschafter in den vertraglichen Vereinbarungen Rechte eingeräumt werden, die ihm wirtschaftlich gesehen eine Position im Unternehmen verschaffen, die weit über die Stellung eines Gläubigers hinausgeht. Diese Rechte können zum Beispiel darin bestehen, daß die Vornahme bestimmter geschäftlicher Transaktionen seiner Zustimmung bedarf, vor allem aber darin, daß er an bestimmten Vermögenswerten des Unternehmens, insbesondere des Anlagevermögens, partizipiert, daß er an den stillen Rücklagen, unter Umständen auch am Geschäftswert des Unternehmens teilhat. Besitzt der stille Gesellschafter im Fall seines Ausscheidens aus der Gesellschaft einen Anspruch auf ein Auseinandersetzungsguthaben, ähnlich wie der Gesellschafter einer offenen Handelsgesellschaft, dann gleicht er insofern wirtschaftlich mehr einem Gesellschafter als einem Gläubiger des Unternehmens. Seine Einlage wäre dann dem Eigenkapital zuzurechnen. Sobald ein Anspruch auf ein Auseinandersetzungsguthaben besteht — dieser Fall kann auch für einen Darlehensgeber zutreffen —, gleicht die Stellung einer solchen Person wirtschaftlich so sehr der Stellung eines Eigentümers, daß die Einlage oder das gewährte Darlehen dem Eigenkapital des Unternehmens zuzurechnen ist. Hat jemand dagegen lediglich den Anspruch auf Rückzahlung seiner Einlage oder seines Darlehens in Höhe des Nominalbetrages, dann würde eine solche Vereinbarung die Einlage oder das Darlehen zum Bestandteil des Fremdkapitals machen.

Während bei einer globalen Betrachtung die Unterscheidung in Fremd- und Eigenkapital nach rein rechtlichen Kriterien genügen mag, rückt bei einer mehr wirtschaftlichen Betrachtung, die der Bedeutung des überlassenen Kapitals für die Unternehmenspolitik Rechnung trägt, ein anderes Kriterium in den Vordergrund. Überlassenes Kapital wird dann dem Eigenkapital zuzurechnen sein, wenn dem Kapitalgeber ein Anspruch auf ein Auseinandersetzungsguthaben zugestanden wird; es wird dagegen vom wirtschaftlichen Standpunkt aus den Charakter von Fremdkapital haben, wenn die vertraglichen Vereinbarungen keinen Anspruch auf ein Auseinandersetzungsguthaben, sondern lediglich einen Anspruch auf Rückzahlung der überlassenen Kapitalbeträge zum Nominalwert vorsehen.

Wird dem Unternehmen dadurch Eigenkapital zugeführt, daß die Unternehmer auf die Auszahlung ihrer Gewinne ganz oder zum Teil verzichten, die Gewinne also dem Unternehmen überlassen, ohne sie zuvor ihrem privaten Vermögen zuzuführen, um sie dann in das Unternehmen zu retransferieren, dann liegt Selbstfinanzierung vor. Sie ist ein Spezialfall der Eigenfinanzierung und vollzieht sich in der Regel als ein aus kleinen und kleinsten Teilen bestehender, unregelmäßig verlaufender Prozeß von Einzahlungen der Unternehmenseigner in den Kapitalfonds. Werden dem Unternehmen Gewinne entnommen und in die private Haushaltsführung der Unternehmenseigner überführt, dann vollzieht sich dieser Vorgang in der Form von Auszahlungen aus dem Kapitalfonds.

Fremdfinanzierung kennzeichnet sich durch Einzahlungen, die die Kreditgeber in den Kapitalfonds des Unternehmens leisten. Tilgungen von Krediten dagegen durch Auszahlungen aus dem Kapitalfonds der Unternehmen an die Kreditgeber.

3. Die Gefährdung des Kapitalfonds durch Kapitalentzug.

Die Gliederung des Kapitalfonds nach der Herkunft der zur Deckung des Kapitalbedarfs verwandten Mittel erfährt eine zusätzliche Differenzierung, wenn man der unterschiedlichen Dauer der Kapitalüberlassung Rechnung trägt.

Es ist üblich, von kurz-, mittel- und langfristigen Kapitalüberlassungen zu sprechen. Die Zeitgrenzen, die für diese Einteilung vorgeschlagen werden, sind stets willkürlich gewählt. Aus diesem Grunde wird hier vorgeschlagen, die Absicht in den Vordergrund zu stellen, in der ein Kapitalgeber — sei er Eigentümer oder Gläubiger — einem Unternehmen Kapital zu überlassen gedenkt. Oft glauben die Kapitalgeber, überhaupt auf eine Rückzahlung des Kapitals verzichten zu sollen. In anderen Fällen beabsichtigen sie, das Kapital erst nach langer Überlassungszeit zurückzufordern. Häufig legen sie Wert darauf, das Kapital möglichst bald zurückzuerhalten. Die Frage, ob Kapital kurzfristig, mittel- oder langfristig gegeben wird, hängt also wesentlich von den Vorstellungen der Kapitalgeber über die Dauer der Kapitalüberlassung und von den rechtlichen Möglichkeiten des Kapitalentzugs ab. Die Kapitalüberlassungsterminierung ist mithin keine der Kapitalhingabe als solcher anhaftende Eigenschaft. Aufgrund äußerer Anzeichen kann nicht gesagt werden, ob es sich im konkreten Fall um kurz-, mittel- oder langfristiges Kapital handelt. Denn es läßt sich nicht grundsätzlich der Fall ausschließen, daß ein Geldgeber seine ursprüngliche Absicht ändert und sein Kapital zu einem anderen als dem vorgesehenen oder erwarteten Zeitpunkt zurückfordert. Damit taucht die Frage auf, ob das dem Kapitalfonds zugeführte Kapital mit dem Risiko vorzeitigen Entzuges behaftet oder ob es von diesem Risiko frei ist[1].

Das Eigenkapital der Gesellschaften wird in der Regel als langfristiges Kapital bezeichnet. Ohne Zweifel ist dieses Kapital in der Absicht gegeben, es dem Unternehmen auf einen längeren Zeitraum zu überlassen. Nun ist aber jeder Gesellschafter einer offenen Handelsgesellschaft unter Innehaltung einer sechsmonatigen Frist berechtigt, auf den Schluß des Geschäftsjahres den Gesellschaftsvertrag zu kündigen, wenn der Vertrag auf unbestimmte Zeit abgeschlossen und hinsichtlich der Kündigung nichts anderes vorgesehen ist. In solchen Fällen wird die Auflösung der Gesellschaft bewirkt. Es ist aber die Regel, daß der Gesellschaftsvertrag Bestimmungen derart enthält, daß die Gesellschaft unter den übrigen Gesellschaftern fortbestehen soll, wenn ein Gesellschafter kündigt oder stirbt oder der Konkurs über sein Vermögen eröffnet wird. Die Gesellschaft bleibt unter solchen Umständen trotz der Kündigung erhalten. Der kündigende Gesellschafter scheidet aber aus. An die Stelle seines Anteils am Gesellschaftsvermögen tritt nunmehr sein Anspruch auf ein Auseinandersetzungsguthaben. Er wird Gesellschaftsgläubiger. Teile des Eigenkapitals werden kurzfristig fällig. Ähnlich liegen die Dinge bei der Kommanditgesellschaft. Auch das Eigenkapital von Genossenschaften kann gekündigt werden.

In diesem Sinne läßt sich von kündbarem Eigenkapital sprechen, das heißt von Eigenkapital, das mit dem Risiko nicht genau vorhersehbaren vorzeitigen Kapitalentzuges belastet ist.

Bei Einzelfirmen und Personengesellschaften besteht die Möglichkeit, nicht nur Gewinn zu entnehmen, sondern auch Kapital auszuzahlen.

[1] Vgl. hierzu GUTENBERG, E., Finanzierung und Sanierung, in: Handwörterbuch der Betriebswirtschaft, zweite Auflage, Stuttgart 1937/38 Sp. 1740ff.

Voraussetzung ist hierfür ein entsprechender Beschluß der Gesellschafter. In diesem Sinne kann von einem durch Beschluß der Inhaber (oder des Inhabers) zurückzuzahlenden Eigenkapital gesprochen werden, das heißt von einem Eigenkapital, das ebenfalls mit dem Risiko vorzeitiger Rückzahlung belastet ist. Die Tatsache, daß das Eigenkapital kündbar und auf Beschluß der Inhaber rückzahlbar ist, bedeutet, daß es sich jederzeit in kurzfristig fälliges Eigenkapital umwandeln kann.

Unkündbares Eigenkapital liegt dagegen in folgenden Fällen vor: Bei einer Aktiengesellschaft begibt sich der Aktionär bei der Zeichnung der Aktien der Verfügungsmacht über den dem Unternehmen überlassenen Geldbetrag. Will er wieder in den Besitz dieses Geldbetrages gelangen, kann er nicht etwa kündigen. Er muß die Aktie vielmehr verkaufen. Auch bei Gesellschaften mit beschränkter Haftung tritt an die Stelle des Kündigungsrechtes die Notwendigkeit, den Geschäftsanteil zu veräußern.

Zur Entziehung des einer Aktiengesellschaft oder Gesellschaft mit beschränkter Haftung überlassenen Kapitals bedarf es der Liquidation einer solchen Gesellschaft oder der Kapitalherabsetzung. Für derartige Maßnahmen sind jedoch qualifizierte Mehrheiten erforderlich. Den Gesellschaften ist für den Fall der Kapitalherabsetzung ein so umständliches Verfahren vorgeschrieben, daß sich die Auffassung vertreten läßt, das Eigenkapital der Aktiengesellschaften und der Gesellschaften mit beschränkter Haftung sei nicht mit dem Risiko vorzeitigen Kapitalentzuges behaftet.

Mithin läßt sich sagen: Es gibt Eigenkapital, das mit dem Risiko vorzeitigen Kapitalentzuges belastet ist (kündbares Eigenkapital), und zum anderen Eigenkapital, das von dem Risiko vorzeitigen Kapitalentzuges frei ist (nicht kündbares Eigenkapital).

Unabhängig davon, ob Eigenkapital mit dem Risiko vorzeitigen Entzuges belastet ist oder von ihm frei bleibt, ist es der Gefahr der Dezimierung ausgesetzt, wenn das Unternehmen mit Verlust arbeitet. Hier liegt die Ursache für den Kapitalentzug nicht in der Person der Kapitalgeber, sondern in den wirtschaftlichen Verhältnissen des Unternehmens, die es — aus welchen Gründen auch immer — nicht zugelassen haben, daß das Unternehmen einen Gewinn erwirtschaftet hat. Wie die Kündigung von Kapitaleinlagen oder die Vornahme von Privatentnahmen über den Gewinn hinaus Kapitalentzug und damit Kapitalreduzierung bedeutet, so besagt die Aufzehrung des Eigenkapitals durch Verluste (Periodenverluste) nichts anderes, als daß dem Unternehmen ebenfalls Kapital entzogen wird. Jedes Eigenkapital ist also der Gefahr vorzeitigen Kapitalentzuges durch Kapitaldezimierung als Folge von Verlusten (Geschäftsverlusten) ausgesetzt.

Auch beim Fremdkapital läßt sich kündbares und nicht kündbares Fremdkapital unterscheiden. Anleihen in Form von Schuldverschreibungen können durch den Gläubiger nicht gekündigt werden. Sie sind also frei von dem Risiko einer vorzeitigen Rückzahlungsverpflichtung. Die Rückzahlungsmodalitäten liegen von vornherein fest. Mit Änderungen der Tilgungspläne ist außer in Sonderfällen nicht zu rechnen. Eine ähnliche Situation läßt sich für Schuldscheindarlehen nachweisen.

Anders liegen die Dinge bei Krediten, die in Form von gesicherten oder nicht gesicherten Darlehen aufgenommen werden. Sie werden in der Regel in der Absicht gegeben, dem Unternehmen den geliehenen Geldbetrag auf eine längere Dauer zu überlassen, und sind so die typische Form der Dauerschulden. Im Gegensatz zu Obligationen sind diese Darlehen aber kündbar. Die Kündigungsfristen können sehr lang sein, häufig betragen sie aber nur ein Vierteljahr oder ein halbes Jahr. Trotzdem ist es die Regel, daß derartige Darlehen den Unternehmen auf mehrere Jahre gewährt werden. Die Kündigungsfristen bestimmen also den zeitlichen Charakter der Geldüberlassung nicht. Trotz kurzfristiger Kündigungstermine handelt es sich um Fremdkapital, das den Unternehmen mit der Absicht auf langfristige Überlassung gewährt ist, aber es ist mit dem Risiko vorzeitiger Rückzahlung belastet. Die Erfahrung zeigt hinreichend deutlich, welche Gefahren in derartigen Kündigungsfristen liegen können.

Bankkredite in der Art, wie sie von Geschäftsbanken den Unternehmen in laufender Rechnung gewährt werden, besitzen formal den Charakter kurzfristiger Kredite. In Wirklichkeit stellen die Banken — wie immer die Prolongierungsabmachungen lauten mögen — den Unternehmen Jahre hindurch Kredite zur Verfügung, die mit kurzfristigen Kündigungsterminen versehen sind. Der Bankkredit unterscheidet sich in der Regel nur dadurch von anderen langfristigen Darlehensgewährungen, daß er seiner Höhe nach innerhalb des eingeräumten Kreditlimits schwankt. Aber nicht auf diese Schwankungen, sondern auf das Limit kommt es an. Oft bleibt es Jahre hindurch unverändert, kann aber auch plötzlich durch Beschluß der Bank herabgesetzt werden, wenn die Bank von ihrem Kündigungsrecht Gebrauch machen sollte. Mit diesem Kündigungsrecht hat es praktisch jedoch seine besondere Bewandtnis. Wenn eine Bank die Inanspruchnahme eines von ihr gegebenen Kredites durch das Unternehmen einzuschränken beabsichtigt, dann vollzieht sich dieser Vorgang in der Regel so, daß Kontoüberziehungen nicht mehr geduldet werden und das eingereichte Wechselmaterial stärker überprüft wird. Das Kreditvolumen wird auf das zugesagte Limit, bei Diskontkrediten auf das zugesagte Diskontierungskontingent (unter gleichzeitiger Verstärkung der Bonitätsprüfungen) begrenzt. Auch verlangen die Banken in derartigen Fällen zunächst zusätzliche und bessere Sicherheiten. Kündigungen des gesamten Kreditbetrages sind zwar möglich, sie werden auch vorgenommen, vor allem dann, wenn die Bank ihre geschäftlichen Verbindungen mit einem Unternehmen lösen möchte. Aber als größere und geschlossene Aktionen werden die Banken von ihrem Kündigungsrecht nur in Ausnahmefällen Gebrauch machen. Schon zu Teilreduzierungen der zugesagten Kreditkontingente entschließen sie sich nur dann, wenn besondere Umstände diesen Entschluß gerechtfertigt erscheinen lassen.

Gleichwohl stellt der Bankkredit Fremdkapital mit dem Risiko dar, dem Unternehmen kurzfristig wieder entzogen zu werden.

Es ist also zu unterscheiden zwischen nicht kündbarem und kündbarem Fremdkapital. Das nicht kündbare Fremdkapital kennzeichnet sich dadurch, daß zwar eine Rückzahlungsverpflichtung besteht, die, falls sie erfüllt werden muß, durch Auszahlungen den Kapitalfonds vermindert. Da aber der Gläubiger nicht kündigen kann, bleibt dieses Kapital von dem Risiko unvorhergesehenen und vorzeitigen Entzuges frei. Auf der anderen Seite gibt es Fremdkapital, das kündbar und ständig dem Risiko einer vorzeitigen Rückzahlungsverpflichtung ausgesetzt ist.

Der Kapitalfonds, über den ein Unternehmen verfügt, ist also auf die beschriebene Weise — unterschiedlich zwar für die Teile, aus denen er besteht — mit dem finanziellen Risiko unvorhergesehenen und damit vorzeitigen Kapitalentzuges behaftet.

Achtes Kapitel

Instrumentale und institutionelle Voraussetzungen für den Aufbau des Kapitalfonds

1. Strukturen und Motivationen im Kapitalangebot.

Wird angenommen, daß der Kapitalbedarf eines Unternehmens in irgendeiner Weise gegeben ist, und fragt man, welches die Instrumente sind, die die Unternehmen in die Lage versetzen, ihren Kapitalbedarf zu decken, dann zeigt die betriebliche Praxis für diese Zwecke Einrichtungen und Methoden in großer Vielzahl. Sie liefern gewissermaßen den institutionellen Rahmen, in dem sich der Aufbau des Kapitalfonds vollzieht und in den hinein die Unternehmen gebunden sind, wenn sie vor der Aufgabe stehen, sich mit dem für ihre betrieblichen Ziele erforderlichen Kapital zu versorgen. In diesem weiten Rahmen instrumentaler und institutioneller Möglichkeiten, den Kapitalbedarf zu decken, gibt es für jedes einzelne Unternehmen einen engen Ausschnitt von zulässigen Möglichkeiten. Er wird durch die Art, die Größe und das Ansehen des Unternehmens, durch seine Rechtsform, den besonderen Charakter seiner Investitions- und Finanzierungsmöglichkeiten und die Kapitalmarktverhältnisse zu dem Zeitpunkt bestimmt, in dem der Kapitalbedarf auftritt. Die Finanzierungsmöglichkeiten, über die ein Unternehmen verfügt, bewegen sich in dem engen Feld betrieblich zulässiger und nicht auf dem weiten Feld potentiell gegebener Möglichkeiten der Kapitalbeschaffung.

Zulässigkeitsbereiche, wie sie für die Nachfrage nach Kapital kennzeichnend sind, finden sich auch auf der Seite des Kapitalangebots. Die dieses Angebot repräsentierenden Personen, Unternehmungen, Verwaltungen und Organisationen sehen sich einer Fülle möglicher Verwendungen für ihr Kapital gegenüber. In dem großen Katalog dieser Möglichkeiten konkurrieren Geldanlagen der verschiedensten Art miteinander, zum Beispiel der Erwerb von Wertpapieren, Einlagen auf Sparkonten, Investitionen in Grundbesitz, Kauf von Gegenständen des gehobenen Bedarfs, Anlage von Kapital in kurz- oder langfristigen Forderungsrechten, auch in Anteilen an Unternehmungen, die nicht in der Rechtsform der Aktiengesellschaft betrieben werden. Jedoch steht einer Privatperson oder einer Institution nicht jede Möglichkeit der Geldanlage offen. Einzelpersonen verfügen über andere Möglichkeiten, ihre Wünsche nach Geldanlage zu befriedigen, als Industrieunternehmen, Banken oder

Versicherungsgesellschaften. Auch für den einzelnen Kapitalgeber — wer immer er sei — gibt es im Rahmen prinzipieller Möglichkeiten der Kapitalanlage ein engeres Feld nur für ihn in Frage kommender, in diesem Sinne zulässiger Alternativen der Kapitalanlage.

Zwar überschneiden sich diese Möglichkeiten der Kapitalverwendung, und eine Möglichkeit, die einem potentiellen Kapitalgeber zur Verfügung steht, schließt nicht unter allen Umständen aus, daß nicht auch ein anderer von ihr Gebrauch machen kann. Aber im allgemeinen läßt sich doch sagen, daß es eine Vielzahl von nur für bestimmte Personen oder Institutionen zulässigen Möglichkeiten der Kapitalanlage und der Kapitalverwendung gibt. Diese individuellen oder betrieblichen Grenzen der Zulässigkeitsbereiche für Kapitalanlagen verleihen dem Kapitalangebot, dem sich die kapitalnachfragenden Unternehmen gegenüber sehen, äußerst differenzierte Strukturen. Sie sind es, die in die Finanzierungsüberlegungen kapitalnachfragender Unternehmen als beeinflußbare oder nicht beeinflußbare Daten eingehen. Das gesamtwirtschaftliche Kapitalangebot spaltet sich so in eine Vielzahl begrenzter, nur für bestimmte Kapitalgeber zulässiger Möglichkeiten auf. Auf diese Weise entsteht jener Reichtum an Formen und Varianten des Kapitalangebots, der sich mit der Theorie vollkommener Kapitalmärkte nicht vereinbaren läßt.

Die Motive, die einen Kapitalgeber in einem Fall mehr diese, im anderen Fall mehr jene Anlagemöglichkeiten bevorzugen lassen, sind so vielgestaltig, wie nur eben menschliche Motivationsstrukturen sein können. Eine Person, die ihrer ganzen Natur und Anlage nach bereit ist, Risiken und Wagnisse zu übernehmen, wird unter gewissen Umständen eine andere Anlage ihres Vermögens bevorzugen als ein Kapitalgeber, der vor allem auf Sicherheit bedacht ist. Daß Menschen, deren persönliche Lebensumstände eine verhältnismäßig leichte Liquidierbarkeit der Vermögensanlagen verlangen, anders disponieren werden als Menschen, die langfristig zu disponieren in der Lage sind, ist offenkundig. Wie immer die Motivationen der Kapitalanlage beschaffen und die Entscheidungsakzente gesetzt sein mögen — im Kapitalangebot sind sie als bestimmende und reflektierende Größen enthalten. Sicherlich lassen sie sich auf einige Grundüberlegungen und -forderungen der Kapitalanlage zurückführen, und diese Reduktionen mögen auch genügen, um gewisse Verhaltensweisen potentieller Kapitalgeber verständlich zu machen. So handeln sie aus einer bestimmten Interessenlage heraus, und nur wenn ihre Interessenlage mit der Interessenlage der kapitalnachfragenden Unternehmen in Übereinstimmung zu bringen ist, lassen sich im konkreten Fall Kapitalbeschaffung und Kapitalüberlassung miteinander koordinieren. Dem steht die Tatsache nicht entgegen, daß das Kapitalangebot, faßt man es als eine gesamtwirtschaftliche Größe auf, von Motivationsstrukturen mannigfaltiger Art durchzogen ist.

Durch die verschiedenartigsten Strukturen und Motivationen differenziert, steht also das gesamtwirtschaftliche Kapitalangebot den kapitalnachfragenden Unternehmen gegenüber. In ihm müssen sich die Unternehmen um diejenigen bemühen, die unter bestimmten Bedingungen bereit sind, ihnen das Kapital zu überlassen, dessen sie für die Erfüllung ihrer betrieblichen Aufgaben bedürfen.

2. Die Versorgung nicht emissionsfähiger Unternehmen mit Eigenkapital.

Die Einzelfirmen, Personengesellschaften, Gesellschaften mit beschränkter Haftung, die kleinen und mittleren Aktiengesellschaften sehen sich bei ihrem Bemühen, ihr Eigenkapital zu erhöhen, einem Kapitalmarkt gegenüber, der, verglichen mit den hochorganisierten Kapitalmärkten der emissionsfähigen Aktiengesellschaften, eine gewisse institutionelle Schwäche aufweist. Eine begrenzte Zahl von Finanzinstituten und Maklern bemüht sich, die Nachfrage nach Eigenkapital derartiger Unternehmen mit dem Angebot an Beteiligungskapital zum Ausgleich zu bringen. Mehr noch vollzieht sich dieser Ausgleich zwischen dem Kapitalangebot und der Kapitalnachfrage über Inserate in den Finanz- und Fachzeitschriften und den großen Tageszeitungen. Die Organisation dieses für nicht emissionsfähige Unternehmen in Frage kommenden Kapitalmarktes bereitet — in übrigens allen großen Industrieländern — deshalb so große Schwierigkeiten, weil jede Beteiligung an einem Unternehmen der erwähnten Art zu viel persönliche Umstände aufweist, als daß sich ein allgemeiner Markt für Anteile an derartigen Unternehmen bilden könnte. Jede Beteiligung an einem nicht emissionsfähigen Unternehmen verlangt individuelle Abmachungen aus der besonderen Situation heraus, in der verhandelt wird. Stellt aber jede Beteiligung an einem derartigen Unternehmen einen individuellen Akt dar und besteht keine Möglichkeit, die Mitgliedschaftsrechte, die Gewinnansprüche und die Ansprüche der Beteiligten beim Ausscheiden aus dem Unternehmen zu normen und zu standardisieren, sind zudem die Aktien der kleinen und mittleren Aktiengesellschaften nicht im eigentlichen Sinne marktgängig, dann bleibt dem Kapitalmarkt für Beteiligungskapital nicht emissionsfähiger Unternehmen jene organisatorische Schwäche, von der oben die Rede war.

Jede Beteiligung an einem Unternehmen, das unter marktwirtschaftlichen Bedingungen arbeitet, ist eine risikoreiche Kapitalanlage. Da aber Beteiligungen an einem Unternehmen, dessen Anteile nicht durch den Kapitalmarkt bewertet werden, keine vertretbaren Sachen sind und aus diesem Grunde der an einem nicht emissionsfähigen Unternehmen Beteiligte sich nicht durch Verkauf des Anteils auf einem hierfür eingerichteten Markt in den Besitz des in dem Anteil angelegten Kapitals setzen kann, fehlt den Beteiligungen an derartigen Gesellschaften fast jede Mobilisierbarkeit. Bereits diese Tatsache belastet die Anlage von Kapital in einem nicht emissionsfähigen Unternehmen mit einem hohen Risiko.

Die Anteile an nicht emissionsfähigen Unternehmen werden nicht, wie die Anteile an emissionsfähigen Gesellschaften, ständig auf dem Kapitalmarkt bewertet. Der Kursbildungsprozeß stellt einen derartigen ständigen Bewertungsprozeß dar. Die vielen individuellen Beurteilungen eines Unternehmens finden in den an der Börse notierten Kursen einen generellen Ausdruck. Da kein organisierter Kapitalmarkt für die Anteile an nicht emissionsfähigen Unternehmen besteht und die vielen individuellen Bewertungen der Risiken und Chancen eines Unternehmens nicht zu einem kontrollierten und institutionell gesicherten Ausgleich gebracht werden können, so muß es bei dem individuellen Urteil potentieller Kapitalgeber über die gegenwärtige Lage und die Entwicklungsmöglichkeiten eines Unternehmens bleiben. Trägt sich ein Kapitalgeber mit dem Gedanken, eine Beteiligung an einem nicht emissionsfähigen Unternehmen einzugehen und eine Kapitaleinlage zu leisten, dann ist er ganz auf sich selbst und — unter Umständen — seine persönlichen Berater angewiesen. Von den Vorstellungen, die er so über die Chancen und Risiken des Unternehmens gewinnt, hängt sein Entschluß, sich zu beteiligen, und mit diesem Entschluß die Sicherheit seiner Kapitaleinlage ab. Die Tatsache also, daß sich der Bewertungsprozeß des Unternehmens nicht ständig und nicht in der Öffentlichkeit vollzieht, sondern ein einmaliger und völlig privater Akt bleibt, verursacht die so wesentlich voneinander abweichende Kapitalfondssituation nicht emissionsfähiger und emissionsfähiger Unternehmen.

Da sich die Beteiligung an einem nicht emissionsfähigen Unternehmen durch die Stellung von Sicherheiten nicht schützen läßt, wie sie bei der Begebung von Bankkrediten üblich sind, muß nach Mitteln und Möglichkeiten gesucht werden, die Kapitaleinlage auf andere Weise gegen die Gefahr von Verlusten zu schützen. Eine dieser Möglichkeiten besteht darin, eine aktive Teilnahme an der Geschäftsführung des Unternehmens zu verlangen. Dieses Verlangen nach „tätiger Beteiligung", um einen Ausdruck der Praxis zu wählen, entspringt zu einem wesentlichen Teil dem Verlangen, die Kapitaleinlage gegen Verluste zu sichern. Tritt also ein Kapitalgeber als persönlich haftender Gesellschafter in ein Unternehmen ein, dann gibt ihm seine Stellung in der Unternehmung die Möglichkeit, unmittelbar in das Geschäftsgebaren des Unternehmens einzugreifen, und — soweit Chancen bestehen und seine Fähigkeiten ausreichen — seine Kapitaleinlage gegen Verluste zu schützen. Die tätige Beteiligung schafft zugleich die besten Voraussetzungen für die Gewinnung von

Informationen über die gegenwärtige Lage, die Aussichten, die Chancen und Risiken des Unternehmens. Bessere Informationsmöglichkeiten, als sie die tätige Beteiligung gewährt, gibt es nicht.

Es erhebt sich aber doch die Frage, ob die tätige Beteiligung nicht zu tief in das persönliche und berufliche Schicksal des sich an dem Unternehmen Beteiligenden eingreift, als daß sie ein weithin praktizierbares Verfahren der Beschaffung von Eigenkapital nicht emissionsfähiger Unternehmen sein könnte. Nur wenige an der Anlage von Kapital in einem derartigen Unternehmen interessierte Personen werden in der Lage und willens sein, aktiv an der Geschäftsführung eines Unternehmens teilzunehmen, an dem sie sich mit einer Kapitaleinlage beteiligen. Es sind zu viele persönliche und sachliche Umstände, die den Entschluß beeinflussen, eine tätige Beteiligung einzugehen. Auf diese Tatsache ist es zurückzuführen, daß die Möglichkeiten so begrenzt sind, das Eigenkapital eines nicht emissionsfähigen Unternehmens auf dem Wege über eine tätige Beteiligung aufzustocken. Der Vielzahl nicht emissionsfähiger Unternehmen bleibt dieser Weg verschlossen. Die Voraussetzungen, die zu einer solchen Beteiligung führen können, sind, zunächst nur vom Kapitalgeber her gesehen, zu einmalig und zu persönlich, als daß sie sich generell für alle Unternehmen dieser Art schaffen ließen.

Sucht der potentielle Kapitalgeber keine tätige Beteiligung, gibt er sich vielmehr mit der Stellung eines Kommanditisten oder eines stillen Gesellschafters zufrieden, dann vermindert sich einmal der Schutz, den die aktive Teilnahme an der Geschäftsführung des Unternehmens für die Erhaltung und Sicherung der Kapitaleinlage gewährt. Zum anderen reduziert sich das Maß an laufenden Informationen, aus denen sich der Beteiligte ein Bild von der Lage und Entwicklung des Unternehmens machen kann. Die gesetzlichen Bestimmungen, die im deutschen Gesellschaftsrecht gelten, statten die Kommanditisten und die stillen Gesellschafter mit so geringen Informationsrechten aus, daß es zu verstehen ist, wenn die vertraglichen Abmachungen, die im einzelnen Fall zwischen den Vertragschließenden getroffen werden, über die gesetzlichen Bestimmungen hinausgehen. Besonders charakteristisch ist die Entwicklung, die die stille Beteiligung in den letzten Jahrzehnten genommen hat. Wie bereits an anderer Stelle angedeutet, wird die im Gesetz vorgesehene bloße Gewinn- und eventuelle Verlustbeteiligung heute in der Regel durch ein gewisses Miteigentum am Vermögen des Unternehmens (zum Beispiel Miteigentum an den stillen Rücklagen und an bestimmten Teilen des Betriebsvermögens) und durch die Einräumung von umfangreichen, weit über das gesetzliche Maß hinausgehenden Informationsrechten ersetzt. Die Regelungen haben zur Folge, daß der stille Gesellschafter eng mit den Geschicken des Unternehmens verbunden ist. Außer den Miteigentums- und den erhöhten Informationsrechten finden sich häufig in den vertraglichen Abmachungen auch Vereinbarungen, die dem stillen Gesellschafter gewisse Mitspracherechte bei geschäftlichen Maßnahmen einräumen. Diese Rechte können darin bestehen, daß der Eintritt neuer Gesellschafter in das Unternehmen oder die Erweiterung der Geschäftsgrundlagen an die Zustimmung des mit einer stillen Einlage an dem Unternehmen Beteiligten geknüpft wird. Eine derartige Erweiterung der Rechte bedeutet, daß potentielle Kapitalgeber nur dann bereit sind, dem Unternehmen Kapital zu überlassen, wenn sie auf die geschilderte Weise Sicherheit für ihre Kapitaleinlagen erhalten. Der Kapitalgeber sucht unter anderem ein Surrogat für die Sicherung seiner Kapitaleinlage, die die Möglichkeit zu persönlichem Eingreifen in die Geschicke des Unternehmens bietet, und für die intensiven Informationsmöglichkeiten, die eine tätige Beteiligung gewährt. Er sucht, auch so läßt sich die Situation auslegen, nach einem Ersatz für die Sicherungsmittel, die ihm angeboten werden, wenn er dem Unternehmen sein Kapital leihweise überläßt. Der diffizile und komplexe Charakter der Aufnahme von Beteiligungskapital in ein nicht emissionsfähiges Unternehmen zeigt sich auch in diesem Fall mit aller Deutlichkeit. Daß eine derartige Situation die Chancen, den Kapitalfonds durch Zuführung von Eigenkapital auf dem Wege über eine nicht tätige Beteiligung zu erhöhen, erheblich vermindert, ist offensichtlich. Für die tatsächliche Lage auf dem Kapitalmarkt nicht emissionsfähiger Unternehmen ist sie charakteristisch.

Es hieße jedoch, das Risikoproblem unvollständig sehen, wenn die Tatsache nicht berücksichtigt würde, daß hohe Kapitalanlagerisiken durch hohe Gewinnerwartungen aus der Beteiligung kompensiert werden können. Ob und in welchem Maße die Kapitalgeber bei ihren Anlageentscheidungen mit derartigen Kompensationen rechnen, hängt von ihrer Risiko-Präferenzskala ab. Über diese Skala selbst lassen sich keine allgemeingültigen Aussagen machen, aber es kann kein Zweifel daran bestehen, daß die Anlage von Kapital in einem kleinen oder mittleren, wenig bekannten Unternehmen ein hohes Risiko bedeutet. Der Pegel dieses Risikos ist im Falle einer nicht tätigen Beteiligung ganz besonders hoch. Wenn überhaupt ein potentieller Kapitalgeber bereit sein sollte, die Unsicherheit einer solchen Kapitalhingabe durch hohe Gewinnerwartungen ganz oder zum Teil als kompensiert anzusehen, dann müssen die Gewinnerwartungen schon sehr hoch sein, wenn ein derartiger Ausgleich zwischen Gewinn und Risiko zustande kommen soll. Viele Kapitalgeber werden eine nachhaltig erzielbare mittlere Verzinsung ihres Kapitals bei geringem Risiko einer hohen Verzinsung bei hohem Risiko vorziehen. Grundsätzlich ist der Fall jedoch nicht auszuschließen, daß hohe Gewinnerwartungen das Risiko aus der Kapitalanlage selbst bei nicht tätiger Beteiligung überspielen, daß insbesondere die Einräumung weitgehender Mitsprache- und Informationsrechte, auch persönliche und geschäftliche Kontakte zwischen den Beteiligten, den Risikopegel senken können, steht außer Zweifel. Aber nur in Ausnahmefällen vermögen hohe Gewinnchancen in Verbindung mit stärkeren Informations- und Mitspracherechten groß genug zu sein, um die Vorstellung von der Gefährdung zu überwinden, der Kapitaleinlagen in nicht emissionsfähigen Unternehmen ausgesetzt sind. Das hohe Risikoniveau bremst den Zustrom von Beteiligungskapital in Unternehmen dieser Art.

Der oft verwandte Ausdruck „Mindestgewinnerwartungen" trifft übrigens den Sachverhalt, um den es hier geht, nur ungenau. Er legt die Erwartungen zu sehr auf ein bestimmtes Niveau fest. In Wirklichkeit steht dem Risiko auch die Chance hoher Gewinne gegenüber, und diese Chance muß für sehr groß gehalten werden, wenn sie den Widerstand überwinden soll, der aus der Befürchtung stammt, das Kapital, welches in einem Unternehmen in Form einer Beteiligung — sei sie tätig oder nicht tätig — angelegt wird, könne verlorengehen.

Vom kapitalnachfragenden Unternehmen aus gesehen zeigt sich das Problem in einer anderen Sicht. Die Inhaber eines derartigen Unternehmens wissen, daß sie einen hohen Preis dafür bezahlen müssen, wenn unter den geschilderten Umständen eine Person oder eine Institution bereit sein soll, sich an ihrem Unternehmen mit einer Kapitaleinlage zu beteiligen. Die Vorstellungen potentieller Kapitalgeber über die Gefährdung ihres Kapitals im Falle einer Beteiligung an einem Unternehmen und ihre Vorstellungen über den Ausgleich, den sie durch entsprechend hohe Gewinnchancen zu finden hoffen, gehen gewissermaßen als Daten in den Kapitalbeschaffungskalkül der kapitalnachfragenden Unternehmen ein. Sie werden es bald spüren, ob die Risikovorstellungen und Gewinnerwartungen potentieller Kapitalgeber überhaupt aussichtsreiche Beteiligungsverhandlungen zulassen. Schon die Tatsache, daß nur ein kleiner Kreis von Personen Kapital in einem nicht emissionsfähigen Unternehmen anzulegen bereit ist, zeigt, daß die Risikobefürchtungen vieler Kapitalgeber zu groß sind, als daß sie durch die Erwartung hoher Gewinnchancen kompensiert werden könnten.

In der Tat ist es auch ein hoher Preis, der von den Inhabern eines Unternehmens gefordert wird, wenn eine tätige Beteiligung als Bedingung für die Überlassung von Kapital verlangt wird. Es geht hier um eine grundsätzliche Entscheidung. Nur in verhältnismäßig seltenen Fällen werden die Inhaber bereit sein, einen neuen Gesellschafter in das Unternehmen aufzunehmen. Wägen sie die Bedingung des Kapitalgebers mit ihren menschlichen Konsequenzen gegen die Vorteile der Kapitalaufstockung ab, dann wird die Entscheidung nur in Ausnahmefällen zugunsten der Kapitalauffüllung fallen. Die Situation ist jedoch nicht nur für nicht emissionsfähige Unternehmen typisch. In den emissionsfähigen Gesellschaften, deren Kapital sich in den Händen von Großaktionären befindet, können ebensolche Situationen entstehen, etwa wenn die Großaktionäre durch die Emission von Aktien die bisherigen Mehrheitsverhältnisse gefährdet sehen und aus diesem Grunde glauben, einer Kapitalerhöhung, also einer Aufstockung des Eigenkapitals ihrer Gesellschaft, nicht zustimmen zu können. Die Interessenlage dieser Aktionäre entspricht fast vollkommen der der Inhaber von Einzelfirmen oder Personengesellschaften, die eben befürchten, durch die Aufnahme eines Gesellschafters könnte ihr Einfluß auf die Geschäftsführung in einer unerwünschten Weise geändert werden. Nur dann also, wenn der neue Gesellschafter den bisherigen Inhabern des Unternehmens bekannt ist und über seine menschlichen und fachlichen Eigenschaften keine Meinungsverschiedenheiten bestehen, wenn zudem Bestand und Entwicklung des Unternehmens von dieser Kapitalzuführung abhängig sind, wird die Aufnahme eines neuen Gesellschafters einen echten Anreiz dafür bieten, das Dilemma zu beseitigen, in das die Wachstumschancen das Unternehmen geführt haben.

Nicht viel anders liegen die Dinge, wenn über eine Beteiligung verhandelt wird, die dem Kapitalgeber lediglich die Stellung eines Kommanditisten oder stillen Gesellschafters einräumt. Auch hier entstehen Schwierigkeiten aus dem Verlangen der Kapitalgeber, ein der Gefährdung der Kapitaleinlage entsprechendes Informations- oder Mitspracherecht bei bestimmten geschäftlichen Transaktionen eingeräumt zu erhalten. Oft müssen die kapitalnachfragenden Unternehmen Zugeständnisse machen, wenn sich Kapitalgeber bereit finden sollen, eine Einlage zu leisten. In vielen Fällen werden die Firmeninhaber hierzu nicht bereit sein. Unter diesen Umständen legt sich das Verlangen der potentiellen Kapitalgeber nach Mitsprache- und Informationsrechten wie eine Barriere vor die Absicht der Firmeninhaber, ihren Eigenkapitalfonds zu vergrößern und an die geänderten betrieblichen und marktlichen Verhältnisse anzupassen. Persönliche Momente dieser Art sind aus dem Kapitalbeschaffungsprozeß gerade der Einzelfirmen und Personengesellschaften nicht auszuschalten. Sie beherrschen die Situation in einem Maße, das emissionsfähige Gesellschaften nicht kennen.

Es läßt sich nicht bestreiten, daß die Einräumung großer Informations- und Mitspracherechte an die Kapitalgeber, wenn sie sie als Bedingung für die Leistung der Kapitaleinlage stellen, ein Opfer bedeutet, das die Inhaber der Unternehmen nicht ohne weiteres zu bringen bereit sind. Viele Versuche, den Kapitalfonds durch Eigenkapital aufzufüllen, scheitern an diesen entgegengesetzten Interessen der Firmeninhaber und der potentiellen Kapitalgeber und nicht an der Forderung nach einem hohen oder überhöhten Anteil am Gewinn des Unternehmens. Diese persönlichen Umstände der Beteiligungsfinanzierung nicht emissionsfähiger Unternehmen lassen sich zwar nicht quantifizieren. Aber ihre Bedeutung für den Kapitalbeschaffungsprozeß derartiger Unternehmen ist deshalb nicht weniger groß.

Die Inhaber eines Unternehmens werden sich nur dann um eine Kapitaleinlage Außenstehender bemühen, wenn sie nicht aus eigener Kraft in der Lage sind, das erforderliche Kapital aufzubringen. Kommt eine Beteiligung zustande, dann ist es offenbar der fremde Kapitalgeber, der die Voraussetzung für eine volle Ausnützung des Ertragspotentials schafft, über das das Unternehmen nach Ansicht seiner Eigentümer verfügt. Er seinerseits verlangt für seine Leistung ein angemessenes Entgelt, das in einem Anteil an den Erträgen besteht, die das Unternehmen in einer Geschäftsperiode erzielt. Dieser Ertragsanteil ist gewissermaßen der Preis, den die bisherigen Inhaber dafür zu zahlen haben, daß ihnen der neue Gesellschafter die Möglichkeit verschafft, Gewinnchancen, die ihr Unternehmen enthält, zu realisieren. Für diese Ausnützung von Gewinnchancen, für die Hilfe, die der neue Gesellschafter ihnen, den bisherigen Gesellschaftern, für diesen Zweck leistet, räumen sie ihm die Teilhabe an der Chance selbst ein. Würde sich der neue Gesellschafter nicht bereit gefunden haben, das Kapital einzuschießen, dann würden die bisherigen Inhaber des Unternehmens auf die volle Realisierung von Gewinnchancen verzichten müssen. Sie stehen also vor der Wahl: Sollen sie auf die volle Ausschöpfung des in ihrem Unternehmen enthaltenen Ertragspotentials verzichten oder sollen sie es mit Hilfe anderer Personen und Organisationen auszunutzen versuchen? Verzichten sie nicht, müssen sie sich die Mobilisierung der Chancen etwas kosten lassen — nämlich den auf die Kapitaleinlage des neuen Gesellschafters entfallenden Gewinnanteil. Offen bleibt allerdings die Frage, ob ihnen dieser Preis für die Ausschöpfung des Gewinnpotentials mit Hilfe neu in das Unternehmen aufgenommener Gesellschafter nicht zu hoch erscheint. Denn die Ausnutzung der Gewinnchancen hängt von vielen Faktoren ab, deren Entwicklung sich nicht mit Sicherheit voraussagen läßt. Bleibt der Gewinn des Unternehmens trotz der Kapitalzuführung auf seiner bisherigen Höhe, dann entfällt auf jeden der Gesellschafter ein verminderter Gewinnanteil, weil die bisherigen Inhaber nach den vertraglichen Abmachungen den neuen Gesellschafter am Gewinn beteiligen müssen. Solange die Gewinnentwicklung nicht mindestens proportional der zunehmenden Erweiterung der Eigenkapitalbasis des Unternehmens verläuft, entwickelt sich die Transaktion zuungunsten der bisherigen Inhaber; zuungunsten des neuen Gesellschafters nicht absolut, sondern nur dann, wenn sich seine Gewinnerwartungen nicht erfüllen. Erst wenn Teile seiner Kapitaleinlage verloren sind, würde die Beteiligung ein wirklicher Mißerfolg werden.

Aus diesen Überlegungen folgt einmal, daß die Zuführung von Eigenkapital in ein Unternehmen nicht nur mit einem Risiko für den Kapitalgeber, sondern auch für den Kapitalnehmer verbunden ist. Es sind also zwei Risiken, um die es hier geht und die denn auch in die Überlegungen beider Parteien hineinspielen und ihre Entscheidung beeinflussen. Nur wenn die Risikopegel sowohl der Kapitalgeber als auch der Unternehmenseigner durch Gewinnerwartungen unterschritten werden, kommt es zu einer Beteiligung an den Unternehmen. Zum anderen aber zeigt die Analyse, daß die Kosten der Eigenkapitalbeschaffung gleich dem Gewinnanteil für das zur Verfügung gestellte Kapital sind, den die bisherigen Inhaber eines Unternehmens einem neuen Gesellschafter dafür überlassen müssen, daß er sie in die Lage versetzt, die ohne ihn nicht realisierbaren Ertragschancen auszunutzen. Hierin besteht die Leistung des neuen Gesellschafters, die ihm im Gewinnanteil vergütet wird.

Die Schwierigkeiten, die die Beschaffung von Eigenkapital dem nicht emissionsfähigen Unternehmen bereitet, zeigen sich mit besonderer Deutlichkeit, wenn sich die Wachstumsrate der Gesamtwirtschaft oder des Geschäftszweiges, dem die Unternehmen angehören, verlangsamt. Jedes Unternehmen hat — von Ausnahmefällen abgesehen — die Tendenz, mit der allgemeinen wirtschaftlichen Entwicklung seines Produktionszweiges Schritt zu halten. Diese Geschäftspolitik setzt in der Regel voraus, daß die Unternehmen in der Lage sind, ihr Eigenkapital zu vergrößern. Überschreitet diese betriebswirtschaftlich notwendige Verbreiterung der Eigenkapitalbasis die Möglichkeiten der Selbstfinanzierung, und gelingt es den Unternehmen nicht, ihre Ausstattung mit Eigenkapital durch die Aufnahme eines Gesellschafters den Wachstumserfordernissen anzupassen, dann ist die Leitung des Unternehmens auf die Erweiterung des Kapitalfonds durch Zuführung von Fremdkapital angewiesen. Trifft der Rückgang der Geschäfte auf eine derart unzulängliche Kapitalausstattung, dann kann der Rückgang der Beschäftigung katastrophale Folgen haben. Die Erfahrung zeigt immer wieder, daß es die schnell wachsenden und die großen Privatunternehmen sind, die bei einer Verschlechterung der Wirtschaftslage zuerst in finanzielle Schwierigkeiten geraten.

Auf der anderen Seite läßt sich nicht verkennen, daß gerade die Schwierigkeiten der Beschaffung von Eigenkapital kleine und mittlere Unternehmen daran hindern, daß sie am allgemeinen Wirtschaftswachstum wie die großen Unternehmen teilnehmen. Gerade dann, wenn die Selbstfinanzierungsmöglichkeiten begrenzt sind und die Unternehmensleitung eine vorsichtige Verschuldungspolitik betreibt, erweisen sich Unzulänglichkeiten in der Versorgung dieser Unternehmen mit Eigenkapital als echte Wachstumshemmnisse.

Es ist grundsätzlich richtig, daß die Rechtsform, in der ein Unternehmen betrieben wird, einen wichtigen institutionellen Grund für seine

Versorgung mit Eigenkapital bildet. Die Ansicht, daß die Rechtsform der Aktiengesellschaft in besonderem Maße geeignet sei, den Gesellschaften den Zugang zum Kapitalmarkt zu öffnen, gilt allerdings nur in begrenztem Maße. Der großen Zahl kleiner und mittlerer, nicht börsenfähiger Aktiengesellschaften steht dieser Zugang zum Kapitalmarkt nicht offen. Sie müssen damit auf eine Chance der Kapitalbeschaffung verzichten, die die größeren Gesellschaften besitzen. Aus diesem Grund ist es auch nicht zu verwundern, daß Familienaktiengesellschaften oder Gesellschaften, deren Aktienkapital sich in wenigen Händen befindet, versuchen, ihre Aktien in den amtlichen Börsenhandel, zum mindesten in den nicht amtlich geregelten Freiverkehr einzuführen. Die Absicht ist klar. Die Gesellschaften wollen günstigere Voraussetzungen für künftige Emissionen von Aktien oder Obligationen schaffen, oder Großaktionäre wünschen, auf diese Weise ihre Anteile besser mobilisieren zu können. Jedoch wird sich eine solche Absicht nur in Ausnahmefällen erreichen lassen. Der breiten Masse nicht börsenfähiger Aktiengesellschaften bleibt trotz ihrer Rechtsform der Weg zum Kapitalmarkt und die Kapitalbeschaffung durch die Begebung von Aktien über die Börse versagt. Sie unterscheiden sich also insofern nicht von den Einzelunternehmen und den Personengesellschaften, von denen bisher die Rede war.

Diese institutionelle Einengung des Zugangs zum Kapitalmarkt gilt zum Beispiel auch für amerikanische Aktiengesellschaften. Die Emissionsbanken sind bis auf wenige Ausnahmen vor allem daran interessiert, große und angesehene Unternehmen zu finanzieren. Sie verhalten sich kleineren Gesellschaften gegenüber reserviert, weil ihre Emissionen nur schwierig auf dem Kapitalmarkt unterzubringen sind. Das Emissionsrisiko erscheint ihnen im Verhältnis zu dem Gewinn aus der Transaktion zu groß. Nur wenn eine kleinere oder mittlere Gesellschaft eine gute Entwicklung verspricht, sind sie bereit, sich für die Gesellschaft einzusetzen.

Eine Emissionsbank wird auch nur dann eine Emission für eine Aktiengesellschaft übernehmen, wenn die Emission einen bestimmten Mindestbetrag erreicht, der in der Regel das Emissionsvolumen kleiner und mittlerer Gesellschaften übersteigt. Wenn die Provision für kleinere Emissionen im Regelfall auch größer sein wird als für größere Aktienbegebungen, so wird gleichwohl die Begebung großer Emissionen, auch mit Rücksicht auf die Kosten für die Prüfung der Emissionswürdigkeit der Gesellschaften, bevorzugt. Den kleineren und mittleren Aktiengesellschaften steht dann nur die Möglichkeit für eine Selbstemission mit der Garantiezusage einer Emissionsbank offen, die nicht untergebrachten Wertpapiere zu übernehmen oder den Verkauf der Papiere nur als Kommissionär zu übernehmen[1]. Die Stellung emissionsfähiger und nicht

[1] LENEN, G. J., u.a., New Money for Business, New York 1956, S. 19ff.

emissionsfähiger Gesellschaften weist also auch in den Vereinigten Staaten beträchtliche institutionelle Unterschiede auf, und die Versorgung der nicht emissionsfähigen Unternehmen mit Eigenkapital bereitet die gleichen Schwierigkeiten wie in der Bundesrepublik.

Diese Überlegungen gelten auch für die Gesellschaften mit beschränkter Haftung. Sie gehören zu den Unternehmen, die, anders als die Aktiengesellschaften, keine genormten Beteiligungsquoten kennen und insofern große Ähnlichkeiten mit den offenen Handelsgesellschaften besitzen. Der Kapitalanteil bringt die Beteiligung einer Person oder eines Unternehmens an einer derartigen Gesellschaft in einer Summe zum Ausdruck. Im Gegensatz zur Aktie kann die Urkunde über die Beteiligung nicht auf den Inhaber oder an Order ausgestellt werden. Sie ist kein Wertpapier. Daß eine solche Ausgestaltung der Anteile an einer Gesellschaft der Marktgängigkeit dieser Anteile entgegensteht, ist ohne weiteres einsichtig.

Die Anteile sind als solche fungibel. Insofern unterscheiden sie sich nicht von den Wertpapieren. Aber ihre Marktgängigkeit wird wiederum dadurch in Frage gestellt, daß es zur Abtretung eines Geschäftsanteils durch einen Gesellschafter eines gerichtlichen oder in notarieller Form geschlossenen Vertrages bedarf. Die Absicht des Gesetzgebers, den Handel mit Geschäftsanteilen an einer Gesellschaft mit beschränkter Haftung zu erschweren, wird aus dieser Regelung klar ersichtlich. Der deutsche Gesetzgeber versuchte, als er die Rechtsform der Gesellschaft mit beschränkter Haftung schuf, die Verflüchtigung des mitgliedschaftlichen Interesses zu verhindern. Deshalb band er den Verkauf der Mitgliedschaft an den schweren Formzwang und entzog die Anteile an diesen Unternehmen dem Börsenhandel. Ein Markt für Anteile an Gesellschaften, die in der Form der Gesellschaft mit beschränkter Haftung betrieben werden, existiert deshalb auch nicht. Aus diesem Grunde wäre es verfehlt, den Anteil an einer Gesellschaft mit beschränkter Haftung bevorzugt unter dem Gesichtspunkt erleichterter Eigenkapitalbeschaffung zu sehen. Eine derartige Funktion hat er gerade nicht. Die Gesellschafter befinden sich also, wenn sie ihr Eigenkapital ergänzen wollen, trotz der unbestreitbaren Fungibilität ihrer Geschäftsanteile in der gleichen Situation wie die Aktiengesellschaften, deren Aktien nicht vom Kapitalmarkt bewertet werden.

Ihre Lage entspricht insofern der Situation, wie sie in dieser Hinsicht für Einzelfirmen, offene Handelsgesellschaften und Kommanditgesellschaften typisch ist. Die persönliche Komponente besitzt in allen diesen Fällen eine so große Bedeutung, daß diese Gesellschaften insofern mit den großen Kapitalmarkt-Aktiengesellschaften überhaupt nicht verglichen werden können. In allen Industrieländern weist die Beschaffung von Eigenkapital nicht emissionsfähiger Unternehmen die gleichen

Schwierigkeiten auf. Dieses Problem befriedigend zu lösen, ist bisher noch nicht gelungen. Aber es ist eines der drängendsten Probleme moderner Kapitalmarktorganisation.

3. Die Ausstattung emissionsfähiger Unternehmen mit Eigenkapital.

3a. Die sich über die Institutionen hochorganisierter Kapitalmärkte finanzierenden Aktiengesellschaften sehen sich einem völlig anders strukturierten Kapitalangebot gegenüber als die nicht emissionsfähigen Aktiengesellschaften. Die persönlichen Umstände, die von der Kapitalbeschaffung nicht emissionsfähiger Unternehmen unablösbar sind, haben für die großen Publikumsaktiengesellschaften jede Bedeutung verloren. Die Mitgliedschafts- und Informationsrechte sind genormt. Sie können zudem nur im Kollektiv (über die Versammlung der Aktionäre, also der Unternehmenseigner) wahrgenommen werden. Diese Regelung schließt aus, daß auf dem Wege über persönliche Verhandlungen Vereinbarungen getroffen werden, in denen sich Gesellschafter über das genormte und gesetzlich oder statutarisch geregelte Maß hinaus Mitgliedschafts-, Gewinnanspruchs- und Informationsrechte einräumen lassen. Die Beteiligungsakte sind vollkommen versachlicht und entindividualisiert. Damit fehlt diesen Gesellschaften jene große Barriere, die den Zufluß von Eigenkapital in Einzelfirmen und Personengesellschaften, überhaupt in alle nicht emissionsfähigen Unternehmen so stark bremst, wenn nicht überhaupt verhindert. Auf diese Tatsache ist es vor allem zurückzuführen, daß die großen Aktiengesellschaften in einem unvergleichlich höheren Maße am gesamtwirtschaftlichen Kapitalangebot partizipieren — soweit es auf organisierten Kapitalmärkten in Erscheinung tritt —, als es ihrem Anteil an der Produktion des Sozialprodukts entspricht[1].

[1] SCHMALENBACH, E., Finanzierungen, 1. Auflage, Leipzig 1915, 3. Auflage, Leipzig 1922; derselbe, die Beteiligungsfinanzierung, 9. Auflage, bearbeitet von R. BAUER, Köln und Opladen 1966; derselbe, Die Aktiengesellschaft, 7. Auflage, Köln und Opladen 1950; TÖNDURY, H. und E. GSELL, Finanzierungen — Das Kapital in der Betriebswirtschaft, Zürich 1948; HARTMANN, B., Das Kapital in der Betriebswirtschaft, Meisenheim/Glan 1957; KOCH, H., Finanzplanung; in: Handwörterbuch der Betriebswirtschaft, 3. Auflage, Band 2, Stuttgart 1958, Sp. 1910ff.; GROCHLA, E., Finanzierung, in: Handwörterbuch der Sozialwissenschaften, Stuttgart-Tübingen-Göttingen 1961, 3. Band, S. 604ff.; BECKMANN, L., Die betriebswirtschaftliche Finanzierung, 2. Auflage, Stuttgart 1956; BECKMANN, L. und E. PAUSENBERGER, Gründungen, Umwandlungen, Fusionen, Sanierungen, Wiesbaden 1961; THIESS, E., Kurz- und mittelfristige Finanzierung, Wiesbaden 1958; MÜNSTERMANN, H., Geschichte und Kapitalwirtschaft, Wiesbaden 1963; VORMBAUM, H., Finanzierung der Betriebe, Wiesbaden 1964; DEUTSCH, P., Grundfragen der Finanzierung, 2. Auflage, Wiesbaden 1967; JONAS, H., Grenzen der Kreditfinanzierung, Wiesbaden 1962; SANDIG, C., Finanzierung und Fremdkapital, 2. Auflage, Stuttgart 1965; SELLIEN, H., Finanzierung und Finanzplanung, 2. Auf-

Nicht unter allen Umständen stimmt allerdings die Interessenlage der Unternehmens-Aktionäre mit der Interessenlage potentieller Aktienerwerber im Fall einer Kapitalerhöhung überein. Hat eine Gruppe von Aktionären eine große Beteiligung an einer Aktiengesellschaft in der Absicht erworben, sich einen bestimmten Einfluß auf das Unternehmen zu sichern, dann wird sie nicht unter allen Umständen bereit sein, sich diesen Einfluß durch eine Verschiebung der Machtposition im Falle einer Kapitalerhöhung nehmen zu lassen. Die Interessenlage dieser Aktionärsgruppe ist also auf die Erhaltung ihrer Einflußposition gerichtet. Sieht sie diese ihre Stellung in der Gesellschaft durch eine Änderung der Stimmrechtsverhältnisse als gefährdet an, wird sie versuchen, entweder die Kapitalerhöhung zu verhindern oder Aktien ohne oder mit mehrfachem Stimmrecht oder auch vinkulierte Namensaktien auszugeben, sofern diese Aktien gesetzlich erlaubt sind. Die Interessenlage derartiger Aktionäre (Großaktionäre, Beteiligungsaktionäre) gleicht also mehr der Interessenlage von Inhabern nicht emissionsfähiger Unternehmen als der Interessenlage von Aktionären solcher Aktiengesellschaften, deren Aktien sich im Streubesitz befinden. Die Mittel allerdings, unerwünschte Einflüsse auf die Führung und Entwicklung der Unternehmen abzuwehren, sind bei Aktiengesellschaften andere als bei Einzelfirmen oder Personengesellschaften.

Es besteht kein Grund anzunehmen, daß das besondere Interesse der Großaktionäre mit dem Interesse des Unternehmens kollidieren müsse. Die enge Verbindung, die zwischen den hauptbeteiligten Aktionären und ihrem Unternehmen besteht, schließt zwar nicht, ähnlich wie im Fall von Einzelfirmen und Personengesellschaften, Interessenkollisionen aus, und es lassen sich ohne Zweifel Fälle aufweisen, in denen das Verhalten von Großaktionären und Inhabern von Einzelfirmen und Personengesellschaften gegen das Interesse des Unternehmens, seine Sicherheit und seine Entwicklung verstoßen hat. Diese Tatsache berechtigt jedoch nicht zu der Annahme, daß die Interessenlage der Großaktionäre mit den Interessen des Unternehmens in Widerstreit stehen müßte.

---

lage, Wiesbaden 1964; Bellinger, B., Langfristige Finanzierung, Wiesbaden 1964; Rittershausen, H., Industrielle Finanzierungen, Wiesbaden 1964; derselbe, Die kurzfristige Finanzdisposition, Handbuch der Wirtschaftswissenschaften, 1. Band, 2. Auflage, Köln und Opladen 1966, S. 343; Hax, K., Langfristige Finanz- und Investitionsentscheidungen, in: Handbuch der Wirtschaftswissenschaften, 1. Band, 2. Auflage, Köln und Opladen 1966, S. 399; Vaes, U. J. und M. Goblet, La Technique du Financement des Entreprises et spécialement des Sociétés de capitaux, 4. Aufl., Paris 1965; Depallens, G., Théorie et practique de la Gestion Financière de l'Entreprise, Paris 1960; Dewing, A. St., The Financial Policy of Corporations, 5. Auflage, 2. Band, New York 1953; Taylor, W., Financial Policies of Business Enterprise, 2. Auflage, New York 1956; Solomon, E., The Theory of Financial Management, New York und London 1963; Paish, F. W., Business Finance, 3. Auflage, London 1965.

3b. Die großen Kapitalmarktaktiengesellschaften unterscheiden sich von der großen Gruppe kleiner und mittlerer Aktiengesellschaften, auch vieler Familienaktiengesellschaften dadurch, daß ihnen ein Finanzierungsreservoir zur Verfügung steht, welches ihnen erlaubt, Kapitalbedarfe in einer Größenordnung zu befriedigen, die für kleine und mittlere Gesellschaften unerreichbar bleibt. Worin liegt dieser fundamentale Unterschied zwischen den beiden Gruppen emissionsfähiger und nicht emissionsfähiger Aktiengesellschaften begründet? Offenbar reicht die Tatsache, daß die Aktie ein rechtlich genormter und standardisierter Anteil an einem Unternehmen ist, nicht aus, die Frage zu beantworten. Denn gleichgültig, ob eine Aktiengesellschaft ein Großunternehmen von internationalem Rang oder eine Gesellschaft von mehr lokaler Bedeutung ist — alle Aktien, sofern nur eine Gattung von Aktien vorhanden ist, gewähren die gleichen Mitgliedschaftsrechte, die gleichen Ansprüche auf Gewinn, auf Liquidationserlös und auf den Bezug junger Aktien im Falle einer Kapitalerhöhung.

Besteht das Grundkapital einer Aktiengesellschaft aus mehreren Gattungen von Aktien, also aus Stammaktien und aus Vorzugsaktien, dann können sich die Aktiengattungen voneinander durch die Art und den Umfang der Mitgliedschaftsrechte, durch die Partizipation am Gewinn des Unternehmens, durch die Teilhabe am Liquidationserlös, durch die Gewährung des Bezugsrechtes, auch durch die Regelung der Stimmrechte unterscheiden. Die besonderen Berechtigungen von Vorzugsaktien bestehen in prioritätischen Dividendenansprüchen gegenüber den Stammaktien derart, daß die Vorzugsaktionäre das Recht haben, ihren Anspruch auf Gewinnanteil befriedigt zu erhalten, bevor die Ansprüche der Stammaktionäre oder anderer Gattungen von Vorzugsaktien befriedigt werden. Die Finanzierungspraxis kennt eine große Mannigfaltigkeit der Art und Weise, wie im einzelnen das Verhältnis der an die Vorzugsaktionäre zu zahlenden Dividenden zu den an die Stammaktionäre oder die Inhaber von Vorzugsaktien anderer Art zu zahlenden Dividenden geregelt werden kann (ob also zum Beispiel die Vorzugsaktionäre prioritätisch eine Dividende in einer bestimmten Höhe oder in bestimmten Relationen zu der Höhe der an die Stammaktionäre zu zahlenden Dividende erhalten sollen u.ä.). Die Berechtigungen können auch in einem prioritätischen Anspruch auf das Gesellschaftsvermögen, den Abwicklungserlös im Falle einer Liquidation und auch in der Gewährung eines mehrfachen Stimmrechts bestehen. Das Stimmrecht kann aber auch ausgeschlossen werden. Das internationale Aktienwesen kennt hier die größte Mannigfaltigkeit. In der Bundesrepublik herrscht der Typ der Stammaktie vor. Es wird also die Emission nur einer Aktiengattung bevorzugt. In England und den Vereinigten Staaten beherrscht die Vorzugsaktie die Finanzierungspraxis. Diese Differenzierung des modernen Aktienwesens nach Aktientypen ist auf die besonderen Umstände und Entwicklungen der wirtschaftlichen Verhältnisse, insbesondere der Kapitalmärkte zurückzuführen, aber sie besagt nicht, daß die eine Aktiengattung deshalb einen besseren Zugang zu den großen nationalen und internationalen Aktienmärkten hat als eine andere Aktiengattung[1].

Die Tatsache, daß Aktien — Stammaktien oder Vorzugsaktien — vertretbare Gegenstände sind, ist zwar eine Voraussetzung für ihre Marktgängigkeit, aber sie erklärt noch nicht die Tatsache, daß eben der Anteil an einer Aktiengesellschaft weltweit gehandelt wird, der Anteil an einer anderen Aktiengesellschaft dagegen nicht.

Für die Marktgängigkeit von Aktien und damit für ihre Eignung, die Kapitalfonds großer Unternehmen aufzubauen, ist es auch ohne Bedeutung, ob die Aktien auf einen festen Geldbetrag ausgestellt sind oder auf einen dem Anteilsrecht entsprechenden Bruchteil am Gesellschaftsvermögen lauten (zum Beispiel bei insgesamt tausend Aktien auf ein Tausendstel des Gesellschaftsvermögens). Die nennwertlose Aktie wird auch als Quotenaktie bezeichnet.

Die Frage, ob die nennwertlose Aktie für die Rückgewährung von Einlagen und gegen die Unterpariemission den gleichen Schutz gewährt

---

[1] Die Ausstattung von Aktien mit besonderen Vorrechten ist im allgemeinen darauf zurückzuführen, daß die emittierende Gesellschaft besondere Anreize zur Zeichnung oder zum Erwerb der Aktien geben will. Derartige Anreize zu schaffen, ist dann zweckmäßig, wenn erstens der Kapitalmarkt zu eng und zu wenig organisiert erscheint, wie es zum Beispiel für das England des neunzehnten Jahrhunderts zutrifft. Das Weltfinanzierungszentrum London stand zwar den Emissionswünschen fast aller Länder der Welt offen, aber die englischen industriellen Unternehmen deckten ihren Kapitalbedarf bei vermögenden Personen, Verwandten, Freunden, Angestellten. An der Londoner Börse wurden zwar Wertpapiere aller Länder der Welt gehandelt, aber nur mit verschwindend geringen Ausnahmen die Aktien englischer Industrieunternehmen. Entstand in diesen Unternehmen neuer, zusätzlicher Kapitalbedarf und sollte er durch die Begebung von Aktien gedeckt werden, mußten die neuen Aktien mit besonderen Vorrechten gegenüber den bereits ausgegebenen Aktien ausgestattet werden, um neue Anreize zum Erwerb der Aktien zu schaffen. So erklärt es sich, daß die Stammaktien im englischen Aktienwesen verhältnismäßig geringe Bedeutung besitzen. Dagegen lehrt ein Blick in die Bilanzen englischer Aktiengesellschaften, wie groß die Zahl von Vorzugsaktien mit unterschiedlichen Berechtigungen ist. Die Verhältnisse liegen also genau umgekehrt wie in Deutschland. Die Stammaktie ist hier die normale Form der Aktie.

Schließlich können in den emittierenden Unternehmen selbst liegende Umstände zur Schaffung von Vorzugsaktien führen. Vor allem handelt es sich hierbei um Gesellschaften, die saniert werden müssen. Erweist es sich als notwendig, in dieser Situation eine Kapitalerhöhung vorzunehmen, dann muß die Geschäftsleitung der Unternehmen, die sich in einer solchen Lage befinden, große Zugeständnisse machen und die Aktien mit Vorrechten ausstatten, wenn es gelingen soll, Aktionäre zu gewinnen. Viele Vorzugsaktien in Deutschland, vor allem in der Zeit vor dem ersten Weltkrieg, sind auf diese Weise entstanden.

wie die Nennwertaktie, läßt sich nur in dem Sinne beantworten, daß grundsätzlich nicht einzusehen ist, aus welchen Gründen die nennwertlose Aktie diese Aufgabe nicht ebenso gut zu lösen imstande sein soll wie die Nennwertaktie. Die Unterpariemission kann durch die Vorschrift verhindert werden, daß derjenige Teil des Ausgabebetrages neuer Aktien, der nicht zur Erhöhung des Grundkapitals verwandt wird, der gesetzlichen Rücklage zugeführt werden muß. Auf diese Weise wird verhindert, daß er ausgeschüttet wird. Ausschüttungen dürfen nicht zu Lasten des Grundkapitals und der gesetzlichen Rücklage vorgenommen werden. In den Vereinigten Staaten können Aktien mit Nennwert und ohne Nennwert ausgegeben werden. Etwa 20% der an der New Yorker Börse gehandelten Aktien sind Aktien ohne Nennwert. Auch viele andere Staaten, zum Beispiel Kanada, Japan, Belgien und Luxemburg kennen die nennwertlose Aktie. Das Aktiengesetz der Bundesrepublik sieht die Ausgabe von nennwertlosen Aktien nicht vor.

So wenig bestritten werden kann, daß gewisse Unterschiede hinsichtlich des Erfolges von Aktienemissionen bestehen, wenn Nennwert- oder nennwertlose Aktien ausgegeben werden, so läßt sich doch andererseits nicht leugnen, daß es für die Marktgängigkeit von Aktien — vom Grundsätzlichen her gesehen — ohne große Bedeutung ist, ob nur Nennwertaktien oder neben ihnen auch nennwertlose Aktien ausgegeben werden können.

Es läßt sich auch gar nicht verkennen, daß die leichte Übertragbarkeit der Aktienrechte im Falle eines Besitzwechsels das Aktienwesen stark gefördert hat. Die moderne Entwicklung des Aktienwesens hat aber dahin geführt, daß praktisch keine wesentlichen Unterschiede mehr zwischen dem Übergang von Namens- oder Inhaberaktien von einem Aktienbesitzer auf einen anderen bestehen. Wenn die großen Aktiengesellschaften beabsichtigen, ihre Aktien breit zu streuen, dann muß auch die Übertragungstechnik erleichtert werden. Dieses Ziel hat sich dadurch erreichen lassen, daß die Namensaktien durch Indossament nach wechselrechtlichen Regeln, insbesondere durch Blankoindossament übertragen werden können.

Im Verhältnis zur Gesellschaft gilt nur derjenige als Aktionär, der im Aktienbuch der Gesellschaft eingetragen ist. Für die Wirksamkeit der Übertragung ist diese Eintragung aber ohne Bedeutung. Sie besitzt keine rechtsbegründende Wirkung. Das Blankoindossament berechtigt jeden Inhaber zur Anmeldung.

Für die Marktgängigkeit von Aktien ist es also ohne Bedeutung, ob die Aktien auf den Namen oder auf den Inhaber lauten. Bei der Zulassung von Aktien zum Handel an den internationalen Börsen mögen gelegentlich gewisse Schwierigkeiten daraus entstehen, daß die Aktien, für die eine Zulassung beantragt wird, auf den Inhaber lauten, wenn es in dem Lande der Zulassung die Regel bildet, daß Namensaktien ausgegeben werden. In diesem Falle mag die Marktgängigkeit der Aktien eine gewisse Beeinträchtigung erfahren. Prinzipiell aber wird die Marktfähigkeit von Aktien nicht dadurch berührt, ob die Aktien auf den Inhaber oder auf den Namen lauten.

Die Anpassung der Übertragungstechnik von Namensaktien an die der Inhaberaktien und das Streben nach Erleichterung des Besitzwechsels von Aktien hat der Frage ihre Bedeutung genommen, ob die Aktien auf den Inhaber oder auf den Namen lauten sollten. Das gilt nicht für vinkulierte Namensaktien.

Auch die Gewährung von Bezugsrechten erhöht nicht im eigentlichen Sinne die Marktgängigkeit der Aktien, also die Möglichkeit, die Aktien über die Institutionen des Kapitalmarktes und mit Hilfe seiner Techniken an die große Masse des anlagesuchenden Publikums heranzubringen. Dagegen vermag unter Umständen die Einräumung eines bestimmten Bezugsrechtes die Anziehungskraft von Aktien zu erhöhen.

Die Frage, ob im Falle einer Kapitalerhöhung die Aktien unmittelbar dem gesamten aktienkaufenden Publikum angeboten werden sollten oder ob zuvor den bisherigen Aktionären die Chance zu gewähren ist, die Aktien zu beziehen, wird keinesfalls übereinstimmend und einheitlich beantwortet. Zwei Auffassungen stehen sich gegenüber. Im einen Fall wird argumentiert, die wohlerworbenen Rechte der Gesellschaftsaktionäre dürften durch die Erhöhung des Kapitals, also durch die Schaffung neuer Gesellschaftsrechte, nicht gefährdet werden. Würde das Recht auf den Aktienbezug im Fall einer Kapitalerhöhung den bisherigen Aktionären versagt, dann würden die bisherigen Stimmrechtsverhältnisse gestört und die Einflußpositionen geändert. Auch der bisherige Anteil des einzelnen Aktionärs am Geschäftsvermögen ließe sich nicht aufrechterhalten, und schließlich habe die Kapitalerhöhung zur Folge, daß der absolute Wert des Aktienbetrages sinke. Über dem Grundsatz der wohlerworbenen Rechte stehe aber, so wird dem entgegengehalten, der Grundsatz der Souveränität der Aktionärsversammlung, das heißt der Grundsatz, daß unter gewissen Umständen das gesetzliche Bezugsrecht der Aktionäre ausgeschlossen werden kann. Nach diesem Grundsatz ist das Bezugsrecht in der Bundesrepublik geregelt. In England und den Vereinigten Staaten kennt man ebenfalls das gesetzliche Bezugsrecht der Aktionäre, das aber unter gewissen Voraussetzungen ausgeschlossen werden kann. Die Schweiz, Frankreich, auch einzelne Staaten der Vereinigten Staaten von Nordamerika haben das gesetzliche Bezugsrecht nicht eingeführt. Enthält die Satzung keine Bestimmung über das Bezugsrecht, dann ist die Begebung frei, es sei denn, die Aktionärsversammlung beschließe das Bezugsrecht. Von dieser Möglichkeit wird häufig Gebrauch gemacht.

In der Bundesrepublik bildet die formelle (unechte) Ausschließung des Bezugsrechtes die Regel. Sie besteht darin, daß das Bezugsrecht der Aktionäre zunächst ausgeschlossen wird, damit die Bank oder das Bankenkonsortium die Aktien zeichnen kann. Nach Durchführung dieser Transaktion haben die Aktionäre das Recht zu verlangen, daß ihnen die Aktien zum Kauf angeboten werden.

Grundsätzlich bestehen drei Möglichkeiten, den Emissionskurs der neuen Aktien festzusetzen. Dieser Kurs kann über, aber auch unter dem Kursniveau der an der Börse gehandelten Aktien liegen. Er kann aber auch dem Kursniveau am Emissionsstichtag entsprechen. Der erste Fall ist unrealistisch und hier deshalb ohne Interesse, der zweite Fall entspricht der in der Bundesrepublik und der dritte Fall der in den Vereinigten Staaten vorherrschenden Emissionstechnik. In den Vereinigten Staaten werden den bisherigen Aktionären die neuen Aktien zum Börsenkurs im Emissionszeitpunkt angeboten. In diesem Fall kann für das Bezugsrecht kein besonderer Wert zustande kommen. Der Aktionär zahlt den vollen Preis für die neue Aktie. Der Preis ist gleich dem Börsenkurs zum Emissionszeitpunkt.

Die Aktien können auch zu einem Kurs angeboten werden, der unter dem Börsenkurs der alten Aktie liegt. Die deutschen Aktiengesellschaften machen in der Regel von dieser Möglichkeit Gebrauch. Es gilt der Grundsatz, daß dem einzelnen Aktionär kein Schaden entstehen darf, ob er sein Bezugsrecht ausübt oder auf diese Ausübung verzichtet. Diese Forderung läßt sich deshalb nicht vollständig erfüllen, weil die Bezugsrechte als selbständige Rechte an der Börse gehandelt werden und ihr Wert — wie der der Aktien — von Angebot und Nachfrage abhängig ist. Denn es kann sehr wohl sein, daß der Aktionär einer Gesellschaft, die Aktien emittiert, nicht in der Lage oder aus anderen Gründen nicht willens ist, die jungen Aktien zu beziehen und das hierfür erforderliche Kapital aufzuwenden. In diesem Fall wird er von der Möglichkeit Gebrauch machen, seine Bezugsrechte zu verkaufen. Andere Aktionäre, die gewillt sind, über die an ihren Aktien hängenden Bezugsrechte hinaus Aktien aus der Emission zu erwerben, werden ihrerseits von der Möglichkeit Gebrauch machen, Aktienbezugsrechte käuflich zu erwerben, wenn der für die Bezugsrechte geforderte Preis ihren Vorstellungen entspricht. Mit Ausnahme der beiden letzten Börsentage vor Ablauf der Bezugsfrist für die jungen Aktien werden während der gesamten Bezugszeit an der Börse Kurse für die Bezugsrechte ermittelt und notiert. Mit Beginn des Handels der Bezugsrechte an der Börse werden die alten Aktien ex Bezugsrecht notiert.

Derjenige Wert des Bezugsrechtes, bei dem einem Aktionär weder aus der Ausübung noch dem Verkauf seiner Bezugsrechte ein Nachteil entsteht, ist die Bezugsrechtsparität. Sie wird aus dem Börsenkurs der alten

Aktien, dem Emissionskurs der jungen Aktien und aus dem Verhältnis ermittelt, in dem junge Aktien auf die alten Aktien zum Bezuge angeboten werden (zum Beispiel drei junge Aktien auf fünf alte Aktien). Der Kurs der alten Aktien betrage 300%, der Emissionskurs der jungen Aktien 120% und das Bezugsverhältnis drei junge auf fünf alte Aktien. Das Grundkapital betrage 1000000 DM. Es bestehe aus 1000 Aktien zu je 1000 DM. Fünf alte Aktien haben unter diesen Umständen einen Kurswert von 15000 DM. Für die drei jungen Aktien sind 3600 DM zu bezahlen. Die acht Aktien haben also zusammen einen Mischkurs von $18600:8 = 2325$ DM oder 232,5% (Mischaktienkurs). Der Wert eines Bezugsrechtes beträgt $3000-2325 = 675$ DM oder 67,5%. Der Vermögensverlust an den fünf alten Aktien beträgt rechnerisch $5 \times 675 = 3375$ DM und der Vermögensvorteil beim Erwerb von drei jungen Aktien $3 \times (2325 - 1200) = 3375$ DM.

Nutzt ein Aktionär das Bezugsrecht aus und erwirbt er drei junge Aktien, dann erleidet er ebensowenig einen Vermögensverlust als wenn er das Bezugsrecht nicht ausübt, sondern verkauft. Verwertet er sein Bezugsrecht, dann vollzieht sich in seinem Vermögen lediglich eine Umschichtung[1].

Da sich der tatsächliche Wert des Bezugsrechtes nach Angebot und Nachfrage richtet, kann der Börsenkurs des Bezugsrechtes von der rechnerischen Parität nach oben oder unten abweichen. Nicht alle Aktionäre üben das ihnen zustehende Bezugsrecht aus. In diesem Falle werden sie ihre Bezugsrechte an diejenigen verkaufen, die die Absicht haben und in der Lage sind, ihre Beteiligungsquote zu erhöhen. Spekulationsvorgänge fehlen auch im Bezugsrechtshandel nicht.

Der Erlös aus dem Verkauf des Bezugsrechtes stellt den Gegenwert für die Aufgabe eines Teiles der mit der Aktie verbundenen Mitgliedschaftsrechte und für den verminderten Anteilswert der bisherigen Aktienbeteiligung am Gesellschaftsvermögen dar. Bezugsrechtserlöse sind also unter keinen Umständen als Erträge der Aktien oder als Gewinnausschüttungen anzusehen. Der Aktionär erlitte eine Vermögenseinbuße,

[1] Aus der zahlreichen Literatur über die Bezugsrechtsermittlung sei auf das immer noch grundlegende Buch von SOMMERFELD, H., Die betriebswirtschaftliche Theorie des Bezugsrechts, Stuttgart 1927, verwiesen. Über den Aspekt des Ertragswertes bei der Ermittlung des Wertes von Bezugsrechten vgl. THEISINGER, K., Effekten als Kapitalbeschaffungsmittel der Unternehmung, Stuttgart 1928. Vgl. ferner RITTERSHAUSEN, H., Industrielle Finanzierungen, Wiesbaden 1964, S. 71ff.; DEUTSCH, P., Grundfragen der Finanzierung im Rahmen der betrieblichen Finanzwirtschaft, 2. Aufl., Wiesbaden 1967, S. 148ff.; BÜSCHGEN, Wertpapieranalyse. Die Beurteilung von Kapitalanlagen in Wertpapieren, Stuttgart 1966, S. 267ff.

In der Praxis wird häufig die Formel $x = (K-B)\, n/(a+n)$ benutzt. In ihr bedeutet x den rechnerischen Wert des Bezugsrechts, K den Kurs der alten, B den Kurs der jungen Aktien, a die Zahl der für den Bezug der jungen Aktien benötigten, n die Zahl der zum Bezuge angebotenen Aktien.

wenn ihm kein Bezugsrecht gewährt würde. Diese Einbuße wird durch die Einräumung des Bezugsrechts ausgeglichen. Die Auffassung, das Bezugsrecht sei eine Art Geschenk der Gesellschaft an die Aktionäre, verkennt den Sinn der Bezugsrechtsgewährung.

Wenn nach der Einführung der jungen Aktien an der Börse die Kursentwicklung so verläuft, daß der Kursabschlag bald wieder eingeholt wird, dann bedeutet diese Kursbewegung einen Vorteil für die Aktionäre. Aber dieser Vorteil hat mit dem Bezugsrechtserlös nichts zu tun.

Die Marktfähigkeit von Aktien hängt also weder davon ab, ob die Aktien Stamm- oder Vorzugsaktien sind, noch davon, ob sie als Nennwertaktien oder als nennwertlose Aktien ausgegeben werden, noch auch davon, ob sie auf den Namen oder den Inhaber lauten. Die Einräumung eines „günstigen Bezugsrechts" kann besonders günstige Voraussetzungen für die Begebung junger Aktien schaffen, aber ihre Marktgängigkeit wird dadurch nicht erhöht. Die Chance, über die Einrichtungen des organisierten Kapitalmarktes am volkswirtschaftlichen Kapitalfonds zu partizipieren, beruht nicht auf der Ausstattung, die eine Gesellschaft ihren Aktien gibt. Auch ihre Fungibilität, die Tatsache also, daß Aktien vertretbare Gegenstände sind, reicht nicht aus, um aus ihnen wirksame Instrumente großbetrieblicher Kapitalbeschaffung zu machen. Es müssen also noch andere Umstände gegeben sein, die bestimmte Gesellschaften aus der großen Zahl der Aktiengesellschaften herausheben und emissionsfähig machen. In der Regel handelt es sich bei diesen Aktiengesellschaften um Großbetriebe, die zur Erfüllung ihres Unternehmungszweckes einen großen Kapitalfonds benötigen, um bekannte und angesehene Gesellschaften, die zur Spitzengruppe ihres Geschäfts- oder Produktionszweiges gehören, und um Unternehmen, deren Solidität außer Frage steht. Auch diese Gesellschaften unterliegen dem Wechselspiel ökonomischer Entwicklungen, und menschliche Unzulänglichkeiten sind ebensowenig auszuschließen wie gefährdende Ereignisse in außerökonomischen Bereichen.

Niemand verbürgt sich für die Solidität dieser Gesellschaften, aber die Prozedur, der sie sich unterwerfen müssen, wenn sie Aktien emittieren, ist so, daß alles geschieht, um den Zeichnern oder Erwerbern dieser Aktien Informationen über die emittierende Gesellschaft zu geben, aus denen sie sich ein Bild von der Art und Bonität des Unternehmens machen können. Die Tatsache auch, daß Finanzhäuser, in Deutschland vor allem Banken, mit hohem internationalem Ansehen in den Emissionsgang eingeschaltet werden und die Emission öffentlich ankündigen, sichert den Erwerb von Aktien der emittierenden Unternehmen zwar nicht gegen die Risiken ab, denen jeder Aktienerwerb wie jede wirtschaftliche Betätigung in marktwirtschaftlichen Systemen ausgesetzt ist. Aber der gesamte Vorgang erfährt durch die strengen gesetzlichen Vorschriften über die Emission von Wertpapieren und durch die tatsächliche Handhabung der Emissionsprozedur bis hin zur Einführung der Aktien an der Börse eine so strenge Überwachung, daß die Begebung der Aktien von Gesellschaften, deren Aktien durch den Kapitalmarkt bewertet werden, weitgehend gegen Unsolidität abgesichert erscheint. So gewiß die Prüfungs- und Zulassungsvorgänge noch zweckmäßiger gestaltet werden können, so läßt sich doch sagen, daß die Prozedur bei der Begebung von Aktien in allen großen Industrieländern ein hohes Maß an Strenge und Informationskraft aufweist.

Die Tatsache also, daß es sich bei Aktien um fungible Gegenstände handelt, ist nicht die Ursache, sondern nur die Voraussetzung für das hohe Maß an Marktgängigkeit, das die Aktien emissionsfähiger Gesellschaften aufweisen und das sie im Gegensatz zu den Aktien nicht emissionsfähiger Gesellschaften zu einem ungewöhnlich erfolgreichen Kapitalbeschaffungsmittel macht. In dieser Aufgabe erschöpfen sich zwar nicht die Funktionen der Aktien. Die Bedeutung, die sie für die Durchführung von Konzentrationsprozessen in der modernen Wirtschaft besitzen, ist nicht weniger groß. Aber hier interessiert nur ihre Finanzierungsfunktion, nicht ihre Eignung für großbetriebliche Unternehmungszusammenschlüsse.

3c. Auf welche Weise mobilisieren die Aktiengesellschaften das volkswirtschaftliche Kapitalangebot für die Finanzierung von Betriebsvorhaben, die große Kapitalien beanspruchen? Betrachtet man diese Fragen, ihrer Bedeutsamkeit entsprechend, in mehr internationaler Sicht, dann zeigt sich sogleich, daß die Kapitalbeschaffung der emissionsfähigen Aktiengesellschaften in den großen Industrieländern, von denen hier nur die Vereinigten Staaten zum Vergleich herangezogen werden sollen, viele Gemeinsamkeiten, aber auch große Unterschiedlichkeiten aufweist. Die Abweichungen voneinander sind vor allem darauf zurückzuführen, daß die wirtschaftliche, insbesondere die industrielle Entwicklung in den verschiedenen Ländern ungleichartig verläuft, und daß die Rechtssysteme dieser Länder in wesentlichen Teilen nicht miteinander übereinstimmen. So sehen sich die Unternehmen, die an den Kapitalmarkt herantreten, in den einzelnen Ländern Kapitalbeschaffungssituationen gegenüber, die erhebliche institutionelle Unterschiede aufweisen.

Das größte Problem bei der Emission von Aktien ist nicht eigentlich die Ausgabe als vielmehr die Unterbringung der Wertpapiere bei den Kapitalgebern. Bei der Weite, Differenzierung und internationalen Verflechtung der Kapitalmärkte kann die emittierende Gesellschaft diese Aufgabe nicht mehr allein übernehmen und erfüllen. Aus diesem Grunde gehört heute die Selbstemission von Aktien durch die begebende Gesellschaft zu den Seltenheiten. Nur dann, wenn ein bestimmter Kreis von

Interessenten zur Zeichnung oder Übernahme junger Aktien verpflichtet ist und die Aktien nicht allen Aktionären zum Bezug angeboten werden müssen, vermag eine Gesellschaft ihre Aktien selbst zu begeben.

Heute bildet die Fremdemission die Regel. Die Wertpapiere werden in diesem Fall von bestimmten Kapitalmarktinstituten, einer Bank oder einem Finanzierungsinstitut, in den Vereinigten Staaten von Nordamerika den „investment bankers", übernommen, die sie auf eigene Rechnung und Gefahr im Publikum unterbringen. In der Bundesrepublik sind es vor allem die drei großen Geschäftsbanken und einige Privatbankhäuser, die die Aktien zeichnen und die vom Gesetz vorgeschriebenen Zahlungen leisten. Nach deutschem Recht werden Aktien rechtlich erst dann existent, wenn die Gründung oder Kapitalerhöhung in das Handelsregister eingetragen ist. Diese Eintragung wird nur vollzogen, wenn auf die Aktien der angeforderte Betrag eingezahlt ist und zur Verfügung des die Anmeldung vornehmenden Vorstandes steht. Sind durch die Satzung die Verwaltungsorgane der Gesellschaft ermächtigt, selbständig darüber zu entscheiden, ob überhaupt, zu welcher Zeit und in welcher Höhe eine Kapitalerhöhung durchzuführen ist, so spricht man vom „genehmigten (autorisierten) Kapital". Auch in diesem Fall muß nach den Bestimmungen des deutschen Aktienrechtes der Betrag eingezahlt sein, bevor die Aktie rechtlich existent wird und verkauft werden kann.

Die Banken — in der Regel sind es die Hausbanken der Gesellschaften — sind im allgemeinen von den Emissionsabsichten der Unternehmen unterrichtet. Oft haben sie an den Emissionsvorbereitungen teilgenommen und mitgearbeitet.

Sie schalten sich also zwischen das emittierende Unternehmen und das anlagesuchende Publikum ein, indem sie die Emission übernehmen und auf eigene Rechnung und Gefahr verkaufen. Oft kommt es dabei zur Bildung von Emissionskonsortien. Sie bestehen aus mehreren Banken, die sich in die Emission teilen, um ihr finanzielles Engagement und ihr Risiko zu vermindern und die Weite ihrer Filialnetze für die Begebung der Aktien oder Obligationen auszunutzen.

Die Situation weicht in anderen Ländern nicht viel von den Verhältnissen in der Bundesrepublik ab. Als Beispiel sei kurz auf die Verhältnisse in den Vereinigten Staaten von Amerika eingegangen. Zwar besteht insofern ein Unterschied zu den deutschen rechtlichen Bestimmungen über die Emission von Aktien, als in den Vereinigten Staaten die Aktien rechtlich dann bereits existent werden, wenn die Finanzierung noch nicht vollzogen ist[1]. Liegt der Gesellschaftsvertrag, bestehend aus den articles

[1] Hier wird allerdings, bevor die Gesellschaft ihre Geschäftstätigkeit beginnen darf, verlangt, daß die Zuteilung von Aktien in Höhe der sehr niedrigen minimum subscription vorgenommen wurde. Die Gesellschaft ist aber bereits — nach der Eintragung in das öffentliche Register — rechtlich existent. Eine mehr den

of memorandum und den mehr die innere Organisation der Gesellschaft regelnden by-laws vor, dann wird — nach Erfüllung gewisser zusätzlicher Formalitäten — die Gesellschaft in das öffentliche Register eingetragen. Mit dieser Registrierung wird die Gesellschaft rechtlich existent. Sie kann ihre Geschäftstätigkeit beginnen und die bereits rechtlich bestehenden Aktien verkaufen, um sich auf diese Weise Eigenkapital zu verschaffen.

Seit dem Jahre 1934 ist es den „commercial banks" untersagt, Emissionen vorzunehmen und mit Aktien und Obligationen von Aktiengesellschaften zu handeln. Das Emissionsgeschäft ist damit ganz in die Hände des investment banking gelangt[1]. Die Situation weist also im Vergleich zur Bundesrepublik institutionell völlig andere Voraussetzungen auf. Kommt es zwischen einer dieser Emissionsbanken und einer Aktiengesellschaft zum Abschluß eines Emissionsvertrages, dann verpflichtet sich die Bank, wenn ein Übernahmekonsortium aus mehreren Emissionshäusern besteht, die führende Emissionsbank, nach in der Regel sehr eingehender Prüfung der emittierenden Gesellschaft und aller Emissionsmodalitäten die Emission gegen Zahlung des Kaufpreises aufzunehmen, wenn das Registrierungsverfahren ordnungsmäßig durchgeführt ist. Da das Kapital der Emissionsbanken — verglichen mit dem Kapital deutscher Emissionsbanken — verhältnismäßig gering ist, müssen die Institute versuchen, die Emission möglichst schnell abzusetzen. Ein wesentlicher Unterschied gegenüber deutschen Verhältnissen liegt darin, daß die amerikanischen investment banks über kein Filialnetz wie die deutschen Geschäftsbanken verfügen und damit nicht den engen Kontakt mit dem anlagesuchenden Publikum besitzen wie die deutschen Banken. Hierin liegt es begründet, daß die investment bankers ein anderes Absatzsystem für die endgültige Placierung der Wertpapiere haben schaffen müssen als die deutschen Geschäftsbanken. Das Emissionshaus oder das Emissionskonsortium baut sich eine selling group auf, die aus Mitgliedern besteht, welche in der Regel der National Association of Securities Dealers angehören. In den vertraglichen Abmachungen mit diesen Händlern wird für jedes Mitglied der Gruppe eine bestimmte Quote an der Emission vereinbart, die von ihm akzeptiert oder von ihm zurückgewiesen werden kann, und vorgesehen, daß die Wertpapiere an ihn zum Emissionskurs abzüglich einer Provision abgegeben werden. Der Vertrag bestimmt in der Regel weiter, daß erst, nachdem das Emissionskonsortium an einem bestimmten Tag mit der öffentlichen Werbung für die Emission begonnen

deutschen Bestimmungen entsprechende Regelung weist das französische Aktienrecht auf. Hier liegt der finanzielle Akt vor der Inkorporierung der Aktiengesellschaft. Im einzelnen weist der Finanzierungsvorgang allerdings erhebliche Abweichungen gegenüber der Regelung in der Bundesrepublik auf.

[1] Vgl. Prochnow, H. V., American Finance Institutions, New York 1951, S. 404 (Banking Act of 1933; Glass-Steagall Act).

hat, die Mitglieder der selling group im eigenen Namen und auf eigene Rechnung gemäß den Vorschriften der Securities and Exchange Commission Anzeigen aufgeben dürfen. Bei der Werbung muß sich jeder Wertpapierhändler streng an den Prospekt für die Emission halten.

Nach den Vorschriften der National Association of Securities Dealers, Inc. (Rules of Fair Practice) ist jedes Mitglied, das Vertreter beschäftigt, verpflichtet, die Verkaufsmethoden des Vertreters und seine Werbung für neue Emissionen zu überwachen. Jeder Verkauf muß von ihnen persönlich bestätigt werden[1].

Es kann keinem Zweifel unterliegen, daß die Werbung und die Beschäftigung von Wertpapierverkäufern, die meist auf Provisionsbasis arbeiten, bei der Plazierung von Wertpapieren in den Vereinigten Staaten zu großen Erfolgen geführt hat. Kaum ein Land kennt heute eine so scharfe Emissionsüberwachung wie die Vereinigten Staaten. Es kommt hinzu, daß die Anlageberatung, die in sehr starkem Maße von den neueren Methoden der Finanzanalyse Gebrauch macht, bedeutsame Fortschritte erzielt hat.

Die Börse ist in den Vereinigten Staaten niemals als Emissionsorgan verwandt worden. Sie für die Planung von Erstemissionen zu benutzen, ist in den Staaten auch heute noch völlig ungebräuchlich. Der freihändige Verkauf war stets die typische amerikanische Emissionsmethode. Sie ist es bis heute geblieben.

Im Gegensatz hierzu ist die Börse in Deutschland von jeher in die Begebung von Wertpapieren eingeschaltet gewesen. Zwar haben sich auch hier in den letzten Jahrzehnten Änderungen vollzogen, am wenigsten jedoch bei der Emission von Aktien. Seit den dreißiger Jahren sind Neugründungen von Aktiengesellschaften in der Form von Bargründungen äußerst selten geworden. In der Regel handelte es sich bei den Gründungen um Sachgründungen, die sich, wie leicht verständlich ist, mehr abseits von den Emissionsbanken vollzogen haben. Verschmelzungen und Umwandlungen berühren den Kapitalmarkt nicht. Die Banken beschränken sich hierbei auf eine mehr beratende Mitwirkung. Der Fall, daß Banken überhaupt noch Aktien aus Gründungen an das anlagesuchende Publikum verkaufen, ist äußerst selten geworden. Bei Kapitalerhöhungen übernimmt eine Bank oder ein Konsortium unter Ausschluß des Bezugsrechts der Aktionäre die jungen Aktien en bloc mit der Verpflichtung, sie den alten Aktionären zum Bezug anzubieten. Die emittierende Gesellschaft wird auf diese Weise von dem Risiko entlastet, daß die alten Aktionäre nicht alle Aktien übernehmen. Durch eine entsprechende Gestaltung des Emissionskurses und des Bezugsrechts läßt sich — in gewissen Grenzen — eine solche Entwicklung vermeiden. Die Aktien emissionsfähiger Gesellschaften aus Kapital-

[1] Nach einer Mitteilung der Gesellschaft.

erhöhungen werden in der Regel erst nach ihrer Einführung an der Börse von den Emissionsbanken verkauft, das heißt also, nachdem die amtliche Notierung begonnen hat. Die Situation ist also eine völlig andere als in den Vereinigten Staaten, weil eben die Börse in Deutschland Emissionsorgan ist. Es steht nichts im Wege, die Börse in dieser Weise zu kennzeichnen. Das gilt grundsätzlich allerdings nur für die zum amtlichen Börsenhandel zugelassenen Wertpapiere.

Außer den Wertpapieren, die nicht zum amtlichen Handel an der Börse zugelassen sind, können an der Börse auch Wertpapiere gehandelt werden, die zum geregelten Freiverkehr an der Börse zugelassen sind. In diesem Fall entscheidet der Ausschuß für Geschäfte in amtlich nicht notierten Werten (Freiverkehrsausschuß) über die Zulassung der Wertpapiere zum geregelten Freiverkehr. An jeder deutschen Börse besteht ein solcher Ausschuß. Er setzt sich aus Börsenbesuchern mit Handelsbefugnis zusammen. Seine Aufgabe besteht darin, den geregelten Freiverkehr zu überwachen und über die Zulassung von Wertpapieren zum Freiverkehr zu entscheiden. Die Kursbildung für derartige Wertpapiere vollzieht sich ohne Mitwirkung der amtlichen Kursmakler. Eine amtliche Kursfeststellung und eine Veröffentlichung amtlicher Kurse findet also nicht statt. Die im Freiverkehr zustande kommenden Kurse beruhen auf privaten Vereinbarungen der Kontrahenten. In der Regel werden die Freiverkehrskurse in einer Beilage zum amtlichen Kursblatt veröffentlicht. Dabei werden jedoch stets zwei Kurse bekanntgegeben, ein Mindest- und ein Höchstkurs. Die einzelnen Umsätze werden in der dazwischen liegenden Spanne getätigt.

Der nicht amtliche Handel mit unnotierten Werten hat eine große Bedeutung erlangt. Die Tatsache, daß die Kurse nicht durch die amtlichen Kursmakler ermittelt werden und deshalb auch keine andere Kursnotiz zustande kommt, bedeutet nicht, daß ein qualitatives Gefälle zwischen den zum amtlichen Handel zugelassenen und den im geregelten Freiverkehr gehandelten Wertpapieren besteht. Oft sind es Aktien, die sich überwiegend im Familienbesitz befinden, gelegentlich auch Aktien von Neugründungen, vor allem aber Aktien von Gesellschaften, die später die Zulassung ihrer Aktien zum amtlichen Börsenhandel anstreben.

4. Formen der Fremdkapitalbeschaffung.

4a. Für den Aufbau ihres Kapitalfonds stehen den Unternehmen nicht nur die aus der Eigen- und Selbstfinanzierung stammenden finanziellen Mittel zur Verfügung. Die Unternehmen sind in der Regel auch in der Lage, Fremdkapital aufzunehmen. Die gesetzlichen Bestimmungen über Darlehen, um die es sich in diesem Fall handelt, finden nur dann Anwendung, wenn keine besonderen vertraglichen Vereinbarungen vorliegen. Im Kreditgeschäft der Banken gelten anstelle der bürgerlichrechtlichen Vorschriften über das Darlehen in erster Linie die im Einzelfall im Kreditvertrag und die generell in den allgemeinen Geschäftsbedingungen getroffenen Abmachungen.

Die Fremdfinanzierung weist einen noch größeren Reichtum an Formen auf als die Beteiligungsfinanzierung. Institutionelle Umstände bestimmen auch hier in hohem Maße, welchen Weg die einzelnen Unternehmen gehen können, wenn sie ihren Kapitalfonds durch Kreditaufnahmen vergrößern oder umschichten wollen.

Wie auf dem Gebiete der Eigenfinanzierung gilt auch hier, daß den einzelnen Unternehmen jeweils nicht alle Möglichkeiten, Kapitalbedarf durch Fremdkapital zu decken, offenstehen. Art, Größe, Rechtsform, Sicherheiten, geschäftliches Ansehen, betriebliche Lage und die besonderen, das Kapitalangebot bestimmenden Umstände machen jede Kreditgewährung zu einer speziellen und individuellen Operation. Alle Kreditinstrumente, die außerhalb des für ein Unternehmen geltenden Zulässigkeitsbereiches liegen, fallen als kreditpolitische Möglichkeiten aus. So bleibt einem kleinen oder mittleren, auch großen Unternehmen, wenn es wenig bekannt ist, die Aufnahme eines Akzeptkredits bei einer Bank verschlossen. Wenn ein Unternehmen wirtschaftlich weniger gut beurteilt wird als ein anderes, erhält es auch ungünstigere Kreditkonditionen. Obwohl die Begebung einer Anleihe nicht von der Rechtsform des Unternehmens abhängig ist, verfügen doch nur die großen und angesehenen Unternehmen über die Möglichkeit, sich Kapital durch die Begebung einer Anleihe zu verschaffen.

Auch auf dem Gebiete der Fremdfinanzierung sind die großen und angesehenen, vor allem die emissionsfähigen Unternehmen erheblich besser gestellt als die kleinen und mittleren Unternehmen. Diese Erscheinung trifft mehr noch für die langfristigen als für die kurzfristigen Kreditaufnahmen zu. So besteht für kleinere Unternehmen keine Möglichkeit, Schuldverschreibungen zu emittieren. Auch von der Aufnahme eines Schuldscheindarlehens sind sie ausgeschlossen, wenngleich der Zugang zu diesen Kreditmöglichkeiten für sie erheblich leichter ist als der Zugang zum Kapitalmarkt über die Begebung von Obligationen. Den Unternehmen des gewerblichen Mittelstandes bleibt deshalb nur die Möglichkeit, bei Spezial-Kreditinstituten langfristige Darlehen aufzunehmen oder den Hypothekarkredit der Realkreditinstitute, auch der Sparkassen, in Anspruch zu nehmen. Eine Fülle von gesetzlichen Vorschriften, von Satzungsanweisungen und Verwaltungsvorschriften regelt die Kreditgewährung dieser Institute. Bei der Gewährung eines Hypothekendarlehens erwirbt der Kreditgeber ein dingliches Recht und eine persönliche Forderung. Nur wenn die Person des Kreditnehmers dafür bürgt, wird der Kredit gegeben. Neben der persönlichen Haftung des Kreditnehmers sind die Möglichkeiten des Kreditgebers, sich durch Verwertung der vorhandenen Sicherheiten zu befriedigen, von großer Bedeutung. Institutionelle Faktoren, hier insbesondere die Beleihungsgrundsätze setzen dem Kreditbegehren der Unternehmen verhältnismäßig enge Grenzen. In welchem Umfange ein Hypothekarkredit gegeben werden kann, hängt von der Höhe der Beleihungsgrenze und den im Rang vorangehenden oder gleichrangigen dinglichen Belastungen ab. Die Beleihungsgrenze liegt bei den Sparkassen im allgemeinen bei fünfzig Prozent des Grundstückswertes. Die Beleihungsgrenzen stellen obere Limits dar.

Nur selten werden sie voll ausgenutzt. Bei Sparkassen und privaten Hypothekenbanken ist die Beschränkung auf erststellige Hypothekendarlehen die Regel. Die Spezialinstitute für die Gewährung langfristiger Investitionskredite haben ähnliche Beleihungsregeln. Ihnen ist nicht zwingend vorgeschrieben, daß die langfristig gewährten Kredite durch Grundpfandrechte gesichert sein müssen. Aber gewisse obere Beleihungsgrenzen überschreitet die Bank in der Regel nicht, bei aller Differenzierung der Kredite nach der Bonität der Kreditnehmer und ihrer Sicherheiten. Auch hier gilt, daß jede Kreditgewährung ein einmaliger, die Besonderheiten des kreditsuchenden Unternehmens berücksichtigender Vorgang ist. Institutionelle Faktoren prägen also auch hier die individuelle Kapitalbeschaffungssituation.

4b. Schuldverschreibungen sind Wertpapiere, in denen verzinsliche Forderungsrechte verbrieft sind, wenn die Wertpapiere auf den Inhaber lauten oder durch Indossament übertragen werden können oder in Teilabschnitten ausgefertigt oder mit Zinsscheinen versehen sind.

Die Ausgabe von Schuldverschreibungen unterliegt der staatlichen Genehmigungspflicht. Die Genehmigung soll vor der Ausgabe unsolider Anleihen schützen. Sie wird heute aber auch in einer gewissen Beziehung zur Lenkung der Emissionen benutzt.

Die Zulassung der Anleihen zum Handel an der Börse bildet zwar nicht in so starkem Maße wie bei Aktien die Voraussetzung ihrer Marktgängigkeit. Aber diese Marktgängigkeit erhöht sich beträchtlich, wenn die Obligationen an der Börse zugelassen sind oder ihre Zulassung in Aussicht steht. Institutionelle Gründe sind es auch hier, die eine Kapitalbeschaffung durch Begebung von Schuldverschreibungen denjenigen Gesellschaften öffnen, deren Aktien an der Börse gehandelt werden. Auch haben im wesentlichen nur solche Unternehmungen die Möglichkeit für eine derartige Kapitalbeschaffung, die über Grundbesitz verfügen. Zwar ist eine hypothekarische Sicherung einer Anleihe nicht unter allen Umständen erforderlich. Sie schafft aber besonders günstige Voraussetzungen für die Emission von Obligationen durch industrielle Unternehmungen.

Bei der Emission von Industrieobligationen, die an sich nicht lombardfähig und auch nicht mündelsicher sind, wird die emittierende Gesellschaft Wert darauf legen, daß die von ihr begebenen Obligationen deckungsstockfähig sind. Denn nur unter diesen Umständen werden die großen Kapitalsammelstellen, insbesondere die Versicherungsgesellschaften die Obligationen kaufen. Ein unternehmens- und kapitalmarktfremder Tatbestand, die Vorschriften des Versicherungsaufsichtsamtes über den Deckungsstock der Versicherungsgesellschaften, bestimmt hier über die Begebung und Ausstattung von Obligationen.

Die Nennbeträge der Anleihestücke unterliegen keinen gesetzlichen Beschränkungen. Das emittierende Unternehmen kann sich also vollkommen frei den wirtschaftlichen Gegebenheiten anpassen. Im allgemeinen lauten die Obligationen auf Beträge zwischen 100 DM und 5000 DM.

Die Anleihen sind in der Regel durch die Gläubiger unkündbar. Der Schuldner behält sich fast stets ein Kündigungsrecht nach einer gewissen Laufzeit vor.

Der in der Bundesrepublik zur Zeit vorherrschende Typ der Industrieobligation ist grundbuchlich gesichert. Bürgschaften sind als Sicherungsinstrumente von Industrieanleihen selten geworden. Sie kommen vor als Bürgschaften von Muttergesellschaften für Tochtergesellschaften im Rahmen von Konzernen. Die starke Betonung der grundbuchlichen Sicherheiten setzt der Verschuldung der Unternehmen durch die Begebung von Anleihen eine allein institutionell gegebene, obere Grenze.

In den Vereinigten Staaten sind hypothekarisch nicht gesicherte Anleihen, die ,,Debentures'', ein weitverbreiteter Typ von Industrieanleihen. Sie werden aber fast ausschließlich von den großen und angesehenen Unternehmen, namentlich den Versorgungsbetrieben ausgegeben. Nur die Schwerindustrie bedient sich im allgemeinen der grundbuchlich gesicherten ,,Mortgage Bonds''.

Der Schuldner ist verpflichtet, einen festen Zins zu zahlen, es sei denn, es handele sich um Gewinnobligationen. Steigt der Marktzinsfuß dann ist der aufgenommene Kredit verhältnismäßig billig, im anderen Falle verhältnismäßig teuer. Im Gegensatz zur Aktienausgabe ist bei der Begebung von Schuldverschreibungen die Unterpariemission zulässig. Die Effektivverzinsung kann also über der Nominalverzinsung liegen. Der in die Unternehmung fließende Gegenwert ist entsprechend niedriger als der Nominalbetrag der Anleihe. Liegt der Rückzahlungskurs über dem Nominalbetrag der Obligation, dann erhält der Gläubiger eine entsprechend höhere Verzinsung. Dieses Rückzahlungsagio stellt eine nachträgliche zusätzliche Verzinsung dar, während das Emissionsdisagio eine vorweggenommene Zinszahlung ist. Da die Obligationszinsen steuerlich abzugsfähig sind, belasten sie die Gesellschaft nur zum Teil.

Der Erfolg der Anleiheemission ist in nicht geringem Maße von den Rückzahlungsmodalitäten abhängig. Die Rückzahlung der Anleihe kann in einer Summe oder in Raten nach einem Tilgungsplan oder durch Rückkauf vorgenommen werden. Tilgungen und Abschreibungen haben betriebswirtschaftlich nichts miteinander zu tun. Über den als Tilgungsplan vorgesehenen Auslosungsbetrag hinaus ist verstärkte Auslosung zulässig (vorteilhaft, wenn der Kurs unter pari steht). Vor den Beginn der Rückzahlung kann eine tilgungsfreie Zeit (zum Beispiel von fünf Jahren) gelegt werden. Rückzahlung in Form von Annuitäten ist bei deutschen Industrieanleihen selten. Die Laufzeit von Anleihen weist nicht nur von Unternehmen zu Unternehmen, sondern auch im Zeitablauf nach Maßgabe der gegenwärtigen oder erwarteten Kapitalmarktverhältnisse Unterschiedlichkeiten auf. Laufzeiten zwischen 15 und 25 Jahren bilden zur Zeit in der Bundesrepublik die Regel. Die emittierenden Unternehmen behalten sich heute meist das Recht vor, die Anleihe nach Ablauf einer bestimmten Frist zu kündigen. Die Gesellschaften sichern sich in den Anleihebedingungen auch das Recht, Anleihestücke an der Börse zurückzukaufen, eine Maßnahme, die dann vorteilhaft sein kann, wenn der Börsenkurs unter pari liegt. Im allgemeinen pflegt aber in dem Kurs der Anleihe eine erhöhte Chance auf Rückzahlung escomptiert zu werden, wenn die Tilgung bereits begonnen hat oder bereits erhebliche Teile der Anleihe getilgt sind.

Sinkt das allgemeine Zinsniveau, dann steigt das Kursniveau für Schuldverschreibungen; wenn sich dagegen das allgemeine Zinsniveau erhöht, dann sinkt das Kursniveau. In derartigen Situationen kann es für die Schuldnergesellschaft vorteilhaft sein, eine Konversion vorzunehmen. Von einer Herunterkonversion spricht man, wenn hochprozentige Papiere in niedriger verzinsliche umgetauscht werden, im umgekehrten Fall von einer Heraufkonvertierung. Die Herunterkonvertierung setzt im Gegensatz zur Heraufkonvertierung der Anleihen eine Kündigung durch die emittierende Gesellschaft voraus. Dabei werden den bisherigen Obligationären Stücke der neuen, niedriger verzinslichen Anleihe angeboten. In der Regel bietet sie die neuen Anleihen mit einem etwas größeren Disagio an, als es dem Kurs der vergleichbaren Anleihen entspricht. Dieser Angebotskurs ist ein Anreiz für die Obligationäre, den Umtausch vorzunehmen. Bei der Heraufkonvertierung handelt es sich in der Regel um die Korrektur zu niedrig eingesetzter Zinssätze, die den Absatz der Anleihe gefährden.

Die Gesellschaften haben die Möglichkeit, den Nominalzins, den Ausgabekurs und den Rückzahlungskurs so zu wählen, daß der Erwerb der Anleihe nicht nur für das anlagesuchende Publikum, sondern auch für die institutionellen Kapitalanleger reizvoll erscheint. Die den Kapitalgeber interessierende Effektivrendite ist eine Funktion dieser Größen, modifiziert durch die Laufzeit und die Tilgungsbedingungen der Anleihe.

Die Effektivverzinsung einer Anleihe ist gleich demjenigen Renditensatz, zu dem Rückzahlungspreis und Zinsen diskontiert werden müssen, damit die Summe ihrer Barwerte dem Begebungskurs entspricht[1].

Ein Beispiel mag diese Berechnung erläutern. So betrage der Nennwert (N) 100%, der Zinssatz (r) 4%, die Laufzeit (t) 20 Jahre, der Emissionskurs (E) 102% und der Rückzahlungskurs (R) 106%.

a) Nominalverzinsung $= \frac{r \times 100}{N} = \frac{4 \times 100}{100} = 4\%$.

b) Laufende Verzinsung $= \frac{r \times 100}{E} = \frac{4 \times 100}{102} = 3{,}92\%$.

c) Effektivverzinsung

Barwert des Rückzahlungswertes von 1060,— DM, diskontiert zu 4% für 20 Jahre	483,78 DM
Rentenbarwert der jährlichen Zinsen von 40,— DM, diskontiert zu 4% für 20 Jahre	543,61 DM
Summe der Barwerte	1027,39 DM

Bei einem Diskontierungszinssatz von 4% überschreitet die Summe der Barwerte den Emissionskurs von 1020,— DM um 7,39 DM. Der Diskontierungszinssatz muß also höher angesetzt werden.

Barwert des Rückzahlungswertes von 1060,— DM, diskontiert zu 5% für 20 Jahre	399,51 DM
Rentenbarwert der jährlichen Zinsen von 40,— DM diskontiert zu 5% für 20 Jahre	498,49 DM
Summe der Barwerte	898,— DM

Bei einer Diskontierung zu 5% unterschreitet die Summe der Barwerte den Emissionswert von 1020,— DM um 122,— DM. Der Diskontierungssatz muß also niedriger angesetzt werden.

Wenn die Barwertsummendifferenz von 129,39 DM einer Zinsfußdifferenz von 1% entspricht, dann bedeuten bei einer als Approximation verwandten linearen Interpolation 7,39 DM einen Zinsfuß von 0.06%. $4{,}0\% + 0{,}06\% = 4{,}06\%$.

---

[1] Eine praktische und leicht zu handhabende Kurzformel gibt Baldwin, R.R., An Approximate Formula for the Yield on Bonds Selling Close to Par, in: Analysts' Journal, Hrsg. The National Federation of Financial Analysts, New York, Vol. 14, (1958), Nr. 4, S. 77.

Die Effektivverzinsung ist die aussagefähigste der hier in Frage kommenden Relationen, weil sie alle wertbestimmenden Variablen berücksichtigt. Aus diesem Grund bildet sie auch den bevorzugten Wertmaßstab auf dem Markt für Anleihen. Nur die effektive Rendite der Anleihen macht die Anleiheverzinsung mit dem Zinssatzgefüge auf Geld- und Kapitalmärkten vergleichbar. Sie ist deshalb auch diejenige Größe, die der Gesellschaft etwas über die Kosten der Anleihe sagt, und an der die Erwerber von Anleihen ihre Kaufentscheidungen orientieren.

Die Tatsache, daß Industrieobligationen der geschilderten Art festverzinslich sind, hat dazu geführt, daß die Schuldverschreibungen bevorzugt von den Unternehmen begeben werden, die eine nachhaltig gesicherte Ertragsfähigkeit aufweisen, stark anlageintensiv sind und nur einem begrenzten Unternehmensrisiko ausgesetzt sind. Diese Tatsache schließt nicht aus, daß auch Unternehmen, die diese Voraussetzungen nicht erfüllen, sich mit Erfolg der Industrieobligation als Finanzierungsmittel zu bedienen vermögen.

Die Festsetzung eines für die gesamte Laufzeit der Obligation geltenden Zinssatzes macht die Obligation insofern zu einem starren Finanzierungsinstrument, als es der Unternehmensleitung in aller Regel nicht gelingt, sich an ein sinkendes Zinsniveau anzupassen. In dieser Sicht ist die Aktie sicherlich ein flexibleres Instrument der Kapitalbeschaffung, weil die Dividendenzahlungen dem jeweiligen Kapitalbedarf und den gegebenen Kapitalbeschaffungsmöglichkeiten angepaßt werden können. Vergleicht man die mit den beiden Instrumenten verbundene Zahlungsbelastung, so ist hierbei zu berücksichtigen, daß die Abzugsfähigkeit von Zinsen bei der Ermittlung des steuerpflichtigen Einkommens Steuerersparnisse bewirkt, die Nichtabzugsfähigkeit von Dividendenzahlungen hingegen durch die damit verbundene Körperschaftssteuer eine zusätzliche Belastung auslöst.

Nun bestimmen aber die Emissionskurse — unter Berücksichtigung der mit der Emission verbundenen Ausgaben für Gebühren, Steuern usw. — denjenigen Kapitalbetrag, der den Unternehmen tatsächlich zufließt. Bezieht man die um die Steuerersparnisse verminderten Zinsen bzw. die um die zusätzliche Steuerbelastung erhöhten Dividenden auf die hereinfließenden Kapitalbeträge mit ein, dann läßt sich durch einen Vergleich der Zahlungsbelastung feststellen, welches Instrument das vorteilhaftere ist. Hierbei ist zu beachten, daß dieser Vergleich allein auf die finanzielle Belastung abstellt und alle anderen in diesem Zusammenhang bedeutsamen Einflußgrößen ausschließt. Beschränkt man sich also auf den besonderen Aspekt der laufenden Zahlungsbelastungen durch Aktien oder Obligationen, dann läßt sich der kritische Dividendensatz ermitteln, bei dem die Verwendung des einen Kapitalbeschaffungsinstrumentes vorteilhafter ist als die des anderen.

Die institutionellen Voraussetzungen der Kapitalbeschaffung durch die Begebung von Anleihen zeigen mehr Variationsmöglichkeiten als die entsprechenden Voraussetzungen bei der Begebung von Aktien. Die Anleihen können durch ein öffentliches Angebot in Form einer Einladung zur Subskription (Zeichnung) oder einer Einladung zum käuflichen Erwerb der Wertpapiere begeben werden. Dieses Verfahren ist selten geworden. Der freihändige Verkauf der Anleihen bildet heute die Regel. Ebenso selten ist die Selbstemission, das heißt die Begebung der Anleihe durch den Emittenten selbst, indem er sich unmittelbar an das anlagesuchende Publikum wendet, um die Papiere bei ihm unterzubringen. Die komplizierten Kapitalmarktverhältnisse und gesetzlichen Vorschriften lassen es in der Regel angebracht erscheinen, Banken oder Bankengemeinschaften einzuschalten und sich der Mitwirkung dieser Institute zu bedienen. Diese Entwicklung hat auch die Emissionstechnik in den Vereinigten Staaten genommen. Da den Banken seit dem Jahre 1934, in dem der Banking Act von 1933 in Kraft trat, praktisch das Emissionsgeschäft verschlossen ist, haben besondere Emissionshäuser dieses Geschäft übernommen. Die Beratung eines Unternehmens durch eine Bank oder ein Emissionshaus macht jedoch die Begebung von Schuldverschreibungen noch nicht zu einer Selbstemission. Nur wenn das emittierende Unternehmen selbst das Risiko aus der Emission trägt und eine zwischenzeitliche Übernahme durch Effektenbanken nicht stattfindet, liegt Selbstemission vor. Sie ist nicht nur in der Bundesrepublik, sondern auch in den USA ohne Bedeutung. Aktien werden in den USA viel häufiger auf dem Wege der Selbstemission begeben als Obligationen. Wird eine Bank oder ein Emissionshaus in den Begebungsprozeß in der Weise eingeschaltet, daß ein derartiges Institut die gesamte Anleihe zu einem festen Preis kauft und im eigenen Namen und für eigene Rechnung verkauft, dann liegt ein Fall von Fremdemission vor. Der Kurs, zu dem die Bank oder das Emissionshaus die Anleihe übernimmt, hängt von vielen, in den Unternehmen selbst und in den jeweiligen Kapitalmarktverhältnissen liegenden Umständen ab. Der Ausgabekurs an das anlagesuchende Publikum kann von dem Emissionsinstitut frei oder in Verbindung mit dem emittierenden Unternehmen festgesetzt werden. Dieses Verfahren ist in der Bundesrepublik üblich. Es findet auch in den USA mannigfache Anwendung[1].

Anders als in der Bundesrepublik ist es in den USA keineswegs ungewöhnlich, daß sich das Emissionshaus nur zur Übernahme des Teiles einer Emission verpflichtet, den die emittierenden Unternehmen nicht selbst

[1] Vgl. Burtchett, F. F., and C. H. Hicks, Corporation Finance, rev. Ed. New York 1948. Waterman, M. H., Investment Banking Functions, Ann Arbor 1958. Welfing, W., Financing Business Enterprise, New York 1960. Steibrücke, B., und H. Scholze, Das Konsortialgeschäft der deutschen Banken, Berlin 1956.

absetzen. Diese Garantie in Form einer Restübernahmeverpflichtung ist in den USA sehr häufig anzutreffen. Schließlich kann zwischen dem emittierenden Unternehmen und dem Emissionshaus eine Absprache derart getroffen werden, daß das Emissionshaus nur nach bestem Bemühen verpflichtet ist, die Wertpapiere im Publikum unterzubringen.

Das emittierende Unternehmen tätigt die Emission auf eigene Rechnung und Gefahr. Das Emissionshaus fungiert lediglich als Kommissionär. Die Aussicht auf Einführung der Obligation an der Börse erhöht im allgemeinen die Emissionschancen.

Bei der Emission durch Konsortien oder Syndikate obliegt der Weiterverkauf der Obligation der Leitung des Konsortiums oder Syndikats nach den im Konsortialvertrag getroffenen Bestimmungen.

Betriebswirtschaftlich handelt es sich bei der Fremdemission darum, das Risiko, mit dem die Begebung der Anleihe verbunden ist, auf die an der Emission beteiligten Institute abzuwälzen. Außerdem bietet die Fremdemission dem kapitalnachfragenden Unternehmen den Vorteil, sich die Erfahrungen und das Filialnetz der Finanzinstitute nutzbar machen zu können. Hierin hat der Wandel von der Selbst- zur Fremdemission seine Wurzel.

4c. Die besondere Lage eines Unternehmens und eine bestimmte Verfassung der Kapitalmärkte können es vorteilhaft erscheinen lassen, Schuldverschreibungen als Kapitalbeschaffungsmittel auszugeben, die eine Mischform zwischen dem Gläubigerrecht einer reinen Schuldverschreibung und dem Anteilsrecht eines Gesellschafters verkörpern. Es gibt zwei Arten derartiger Schuldverschreibungen, einmal die Schuldverschreibungen, mit denen das Recht für den Gläubiger verbunden ist, gegen Rückgabe der Schuldverschreibung und damit gegen Aufgabe seiner Rechte aus der Schuldverschreibung Aktionär zu werden. Die Schuldverschreibungen, die mit einem derartigen Umtauschrecht in Aktien ausgestattet werden, sind Wandelschuldverschreibungen. Sind die Schuldverschreibungen dagegen mit dem Recht ausgestattet, Aktionär zu werden, ohne daß deshalb die Schuldverschreibungen zurückgegeben und die Rechte aus den Schuldverschreibungen aufgegeben werden müssen, dann liegen Schuldverschreibungen mit Bezugsrecht auf Aktien vor. Sie werden Optionsanleihen genannt. Ein „Wandel" findet hierbei nicht eigentlich statt. Das Recht, Aktionär zu werden, tritt zu dem Recht aus der Schuldverschreibung hinzu. Der Schuldverschreibungsgläubiger hat seine Bar- oder Sacheinlage auf die Bezugsaktien zu leisten.

Die Verbindung eines festen Forderungsrechts mit der Aussicht, bei günstiger Entwicklung des Unternehmens Aktionär zu werden, kann einen starken Anreiz bilden, Obligationen zu erwerben. Gewisse

Schwierigkeiten, die früher in Deutschland bei der Emission derartiger Obligationen entstehen konnten, sind durch die „bedingte Kapitalerhöhung" beseitigt worden. Sie dient dazu, den Umtausch von Wandelschuldverschreibungen gegen Aktien zu sichern.

Gewinnschuldverschreibungen sind Schuldverschreibungen, bei denen die Rechte der Gläubiger mit Ansprüchen auf Gewinne gekoppelt werden, denn sie verbriefen in der Regel Forderungen, die das Vorhandensein eines Reingewinns bei der emittierenden Gesellschaft voraussetzen. Es ist aber keineswegs ausgeschlossen, daß die Gesellschaft, die die Schuldverschreibungen ausgegeben hat, ihren Obligationären die zugesagte Leistung auch dann gewähren muß, wenn sie selbst keinen Gewinn erzielt hat, eine Situation, wie sie bei Konzerngesellschaften durchaus nicht ungewöhnlich ist.

Gewinnschuldverschreibungen können Wandel- oder Optionsanleihen sein.

Wenn der Börsenkurs der Aktien für eine Kapitalerhöhung zu ungünstig ist und niedrige Aktienkurse das Börsenbild kennzeichnen, dann kann die Begebung von Wandelobligationen gerade für diejenigen Anleger interessant sein, die der Kapitalanlage in Aktien positiv gegenüberstehen, aber durch ungünstige Börsenkurse davon abgehalten werden, Aktien zu kaufen.

Einem Unternehmen, das seinen Kapitalstock aufbaut, bieten die Wandelanleihen in besonders hohem Maße die Möglichkeit, die Konditionen der Anleihen attraktiv zu gestalten. Sieht man von den allgemeinen Anleihekonditionen ab, in denen sich die Mischformen der Anleihebegebung nicht wesentlich von den Standardformen der Industrieobligationen unterscheiden, und richtet man den Blick nur auf die besonderen Umstände, die aus dem Charakter der Wandelanleihe als Zwischenform zwischen Aktie und Obligation stammen, dann zeigt sich sogleich, daß es vor allem die Umtauschbedingungen sind, denen das besondere Interesse der emittierenden Unternehmen gehört[1]. Grundsätzlich können die Anleihebedingungen bestimmen, daß die Ausübung des Rechts auf Umtausch oder auf Bezug von Aktien erst nach Ablauf einer bestimmten Frist zulässig ist oder nach einer bestimmten Zeit nicht mehr geltend gemacht werden kann, oder daß diese Rechte nur unter bestimmten Voraussetzungen — zum Beispiel nach Einhaltung einer bestimmten Vorankündigungsfrist — ausgeübt werden können, oder daß die Ausübung der Rechte nur zulässig ist, wenn eine größere Zahl von Anleihegläubigern von dem Recht gleichzeitig Gebrauch macht. Eine

[1] Aus der Fülle der Literatur zu diesem Gegenstand sei vor allem auch verwiesen auf Rusch, H., Die Wandelschuldverschreibung, Berlin 1956, und Kuhn, K., Wandelschuldverschreibungen als Finanzierungsmittel der Aktiengesellschaft, Diss. Köln 1953.

sofortige Umwandlung von Obligationen in Aktien ohne Sperrfrist ist ungewöhnlich. Im allgemeinen sehen die Anleihebedingungen eine Sperrfrist von mindestens zwei Jahren vor. Von der Ausgestaltung des Umtauschrechtes hängt es wesentlich ab, ob eine Wandelschuldverschreibung von der emittierenden Unternehmung wirklich so ausgestaltet ist, daß für die Kapitalgeber ein großer Anreiz besteht, die Obligation zu erwerben.

In der Mehrzahl der Fälle wird man also davon ausgehen können, daß die Gesellschaften das Umtauschrecht lediglich als Anreiz betrachten, daß ihnen gar nicht in erster Linie daran gelegen ist, das Aktienkapital zu erhöhen. Diese Situation schließt den Fall nicht aus, daß die Gesellschaft im Endergebnis eine Erhöhung ihres Aktienkapitals wünscht und die Begebung der Anleihe also mehr den Charakter einer Durchgangsstation für spätere Kapitalerhöhungen bildet[1].

Bei der Mehrzahl der in Deutschland begebenen Wandelschuldverschreibungen enthält die Anleihebedingung die Bestimmung, daß die Obligationäre ihr Umtauschrecht drei Monate vor einem Umtauschtermin, meist einem Zinstermin, anmelden. Die Unternehmen haben aber auch hier einen großen Gestaltungsspielraum. Kürzere Anmeldefristen, etwa ein Monat oder zwei, auch zweieinhalb Monate sind keineswegs selten. Jederzeitiges Umtauschrecht wird nur in Ausnahmefällen eingeräumt. Lange Anmeldefristen schwächen im allgemeinen die Attraktionskraft von Wandelanleihen. Kurze Fristen kommen den Wünschen der Gläubiger mehr entgegen, sofern diese Gläubiger gewisse spekulative Interessen haben. Die Entwicklung läßt sich schwer für einen längeren Zeitraum als drei Monate voraussehen. Für Obligationäre, die gewillt sind, von dem Umtauschrecht überhaupt nur unter besonderen Umständen Gebrauch zu machen, sind die Umtauschfristen ohne große Bedeutung. Es ist aber gerade die Frage, ob diese Obligationäre die Situation bestimmen und ob die Unternehmensleitung mit ihnen rechnet. Es wird auch davon auszugehen sein, daß ein Wandelrecht den Obligationären selbst dann eingeräumt werden kann, wenn die Anleihe bereits zur Tilgung ausgelost ist. In diesem Fall muß allerdings der Gläubiger in einer im voraus bestimmten Frist seine Absicht zu wandeln kundtun. Es liegt im Interesse der Unternehmen, diese Regelung zu treffen, weil den Obligationären hierdurch eine gewisse Sicherheit gegeben wird, daß ihnen durch Kündigung oder Auslosung das Wandelrecht nicht entzogen werden kann.

Bei der Festsetzung der Umtauschbedingungen ist zu berücksichtigen, daß die Anziehungskraft, die eine Wandelanleihe auf den Geldgeber ausübt, mit zunehmender Begrenzung des Umtauschzeitraumes

[1] Auf diese doppelte Funktion der Wandelschuldverschreibungen weist vor allem Rittershausen, H., a.a.O., S. 229 hin.

abnimmt. Die Schuldner der Wandelanleihen pflegen dann auch allen Obligationären eine Umtauschzeit zuzugestehen, die erst nach Ablauf der Anleihe endet. Damit erhalten die Obligationäre einen größeren Entscheidungsspielraum, ein stärkeres Empfinden dafür, daß ihnen wirklich eine Chance geboten werden soll. Diese Aussicht ist es aber, die eine Wandelanleihe reizvoll erscheinen läßt. Je mehr der Umtauschzeitraum eingeengt und auf das Ende der Laufzeit der Anleihe gelegt wird, um so unattraktiver ist die Anleihe für den Erwerber und um so risikoreicher für das Unternehmen, das seine geschäftliche Lage nicht auf viele Jahre voraussehen kann.

Die Umtauschverhältnisse geben an, in welchem Verhältnis die Nennbeträge der einzureichenden Schuldverschreibungen zu den Nominalwerten des Konversionsgegenstandes stehen. Ein Umtauschverhältnis von 1:1 besagt, daß nominal 1000 DM Aktien für nominal 1000 DM Teilschuldverschreibungen erworben werden können. Dieses Konversionsverhältnis war in Deutschland bis zum Jahre 1955 die Regel. Später finden sich häufig Umtauschverhältnisse wie 2:3 oder 7:10 u.a. Das Konversionsverhältnis ist für die Anziehungskraft einer Wandelschuldanleihe von großer Bedeutung. Regeln lassen sich hierfür nicht aufstellen. Die besonderen Verhältnisse des emittierenden Unternehmens und die besonderen Kapitalmarktverhältnisse wirken auf die Festlegung der Umtauschrelation ein. Gleichwohl gibt es relative Bestlösungen. Sie zu treffen, ist das nicht immer erreichte Ziel der für diese Fragen zuständigen Personen in der Geschäftsleitung der Unternehmen.

Auch die Frage, wie das Problem der Zuzahlungen gelöst ist, hat entscheidende Bedeutung für die Begebbarkeit einer Wandelanleihe. Die Zuzahlung stellt gewissermaßen den Preis für das Wandlungsrecht dar. Ist die Differenz zwischen den Kursen der Aktien und der Wandelobligation so groß, daß sich der Umtausch lohnt, dann partizipiert die Gesellschaft über die von ihr verlangte Zuzahlung an der Kursdifferenz und damit an dem Wandlungsrecht, das sie dem Obligationär eingeräumt hat. Erst wenn der Kurs der Aktien über dem Kurs der Obligationen plus Zuzahlung liegt, wird der Umtausch reizvoll.

Es gibt Wandelobligationen, die für den Fall der Wandlung keine Zuzahlungen vorsehen. Andere Anleihen verlangen fixe Zahlungen im Fall der Wandlung, zum Beispiel 10% oder 40% des Nennwertes der Obligation. Viele Emittenten nehmen gleitende Zuzahlungen in ihre Anleihebedingungen auf, derart, daß sich zum Beispiel das Aufgeld, das auf 150 DM festgesetzt wurde, um jährlich 10 DM auf 30 DM für den Fall der Umwandlung zu einem relativ spät liegenden Termin ermäßigt oder daß die Zahlung von der Höhe der Dividende abhängig gemacht wird.

Durch eine geschickte Kombination des Tilgungsplanes der Anleihe mit einer gleitenden Konversionsskala läßt sich erreichen, daß der

Obligationär so spät wie möglich in die Stellung eines Aktionärs hinüberwechselt. In diesem Fall soll offenbar die Konversion nach Möglichkeit gehemmt oder zeitlich hinausgezögert werden. Andere Zielsetzungen erfordern andere Taktiken. Diesem Gestaltungswillen der Geschäftsleitung sind keine engen Grenzen gesetzt. Sie kann durch die Gestaltung der Umtauschkonditionen die Konversion fördern, hemmen oder sogar hindern. Daneben kann im Aufgeld der Versuch gemacht werden, zukünftige Kurssteigerungen der Aktien in die Rechnung einzubeziehen. Jedenfalls ist bei der Begebung derartiger Obligationen davon auszugehen, daß die gleitenden Zuzahlungen die Rendite der Wandelobligationen verbessern. Je weiter die Wandlung in die Zukunft hinausgeschoben wird, um so länger genießt das Unternehmen die Kostenvorteile einer Obligation, vorausgesetzt, daß diese Kostenvorteile tatsächlich bestehen. Schließlich stellen im Falle einer Wandlung in Aktien die Aufgelder eine oft willkommene Verbesserung der Liquidität dar, die nicht von der Ertragsteuer erfaßt wird.

Die Leitung eines Unternehmens, das Wandelanleihen ausgibt, muß damit rechnen, daß mit steigenden Aktienkursen die Bereitschaft der Obligationäre zu wandeln, zunimmt. Je mehr die Anleger glauben, während des Umtauschzeitraumes steigende Aktienkurse erwarten zu dürfen, um so stärker macht sich das Recht auf Wandlung im Kurs der Anleihe bemerkbar. Die Kurse der Wandelanleihen lösen sich dann von den Kursen vergleichbarer Anleihen ohne Umtauschrecht ab. Erst nach Erlöschen des Umtauschrechts fallen die Kurse der Wandelobligationen auf die Kurse dieser Anleihen zurück.

Das Risiko aus der Anlage von Kapital in Wandelobligationen wird von vornherein auf das Kursrisiko vergleichbarer Nicht-Wandelanleihen begrenzt. Ihr Kurs bildet gewissermaßen die Untergrenze für den Kurs der Wandelanleihen. Die Gewinnchancen bleiben jedoch, solange das Wandelrecht besteht. Aus diesem Grunde nähert sich während der Umtauschfrist der Kurs dem Aktienkurs an. Grundsätzlich müßte er am Umtauschtage gleich dem Aktienkurs sein. In Wirklichkeit sind jedoch viele Umstände wirksam, die diese Übereinstimmung zwischen dem Kurs der Wandelanleihe und dem korrespondierenden Aktienkurs nicht zustande kommen lassen. Diese Tatsache ist einmal auf das Umtauschverhältnis zurückzuführen, das die Anleihebedingungen vorsehen (das Umtauschverhältnis 3:1 besagt, daß drei Obligationen für den Umtausch in eine Aktie erforderlich sind). Unter dieser Voraussetzung müßte der Kurs der Obligation während der Umtauschfrist gleich einem Drittel des Aktienkurses sein. Zum anderen wird der Kurs der Wandelobligation um die beim Umtausch verlangte Zuzahlung unter dem Aktienkurs liegen. Schließlich können Umstände den Umtausch vorteilhaft erscheinen lassen, die in der Kursentwicklung der Aktien während des Umtauschzeitraums oder in der Beurteilung der Gesellschaft durch die Obligationäre liegen. Auch das Verhältnis zwischen der Höhe der Obligationenzinsen und der Höhe der Dividende spielt in die Umtauschüberlegungen hinein. Ebenso ist auch die Art von Bedeutung, wie ein eventuelles Recht der Wandelobligationäre auf den Bezug von Aktien im Falle einer Kapitalerhöhung bis zum Ablauf der Bezugsfrist geregelt ist (Schutz gegen Kapitalverwässerung)[1].

Trotz aller dieser Vorteile und taktischen Manipulierungsmöglichkeiten, auch trotz der Tatsache, daß der Zinssatz in der Regel ein bis zwei Prozent unter dem Zinssatz für reguläre Obligationen liegt, haben die großen Gesellschaften in Deutschland die Wandelanleihe nicht zu dem regulären Typ der Industrieobligation gemacht. Je mehr sich der Kapitalmarkt normalisiert, um so geringer sind — wenigstens in Deutschland — die Chancen für die Emission von Wandelschuldverschreibungen. Je mehr das Denken in Kapitalerträgen gegenüber dem Denken in Sicherheit und Substanz vorherrscht, desto günstigere Voraussetzungen weist die Begebung von Wandelanleihen auf. Gleichwohl sind die sehr vielgestaltigen und komplizierten Anleihebedingungen der Attraktivität dieses an sich äußerst brauchbaren Finanzierungsinstruments wenig förderlich. Es läßt sich schließlich auch nicht leugnen, daß die Unsicherheit darüber, ob, wann und in welchem Maße die Obligationäre von ihrem Umtauschrecht Gebrauch machen, die Übersicht über die künftige Zusammensetzung des Kapitalfonds gefährdet.

4d. Die Emissionstechnik bei der Begebung von Anleihen zeigt im Gegensatz zur Begebungstechnik von Aktien verhältnismäßig große Ähnlichkeit mit der Art und Weise, wie Effekten im Ausland, vor allem in den Vereinigten Staaten, placiert werden. Selbstemissionen von Schuldverschreibungen kommen nicht mehr vor. Das Emissionskonsortium bildet auch hier die Regel. Es übernimmt die ganze oder auch nur einen Teilbetrag der Emission. Oft läßt es sich für den Rest der Papiere eine Option einräumen. Entweder werden die Papiere, um sie im anlagesuchenden Publikum unterzubringen, zur öffentlichen Zeichnung aufgelegt (Subskription) oder sie werden freihändig verkauft. Die Börse kommt hier lediglich als zusätzliches Emissionsorgan in Frage, von dem Gebrauch gemacht werden kann. Alle Verfahren, die Emission im Publikum unterzubringen, spielen sich außerbörslich ab. Die Auflegung einer Anleihe zur öffentlichen Zeichnung hat in der Bundesrepublik wie in den

[1] Den Sachverhalt mag folgendes Beispiel erläutern: Die XY-AG erhöht ihr Kapital. Die neuen Aktien werden den Aktionären im Verhältnis 10:1 und den Inhabern der $6^1/_2$% Wandelschuldverschreibungen im Verhältnis 30:1 zum Kurse von 275% zum Bezug angeboten. Die neuen Aktien können in der Zeit vom 8. Juli bis zum 22. Juli 19.. bezogen werden. Das Bezugsrecht wird in der Zeit vom 8. Juli bis zum 18. Juli 19.. gehandelt.

Vereinigten Staaten nach dem zweiten Weltkrieg stark an Bedeutung verloren. Der freihändige Verkauf ist für Industrieobligationen die Regel geworden. In diesem Falle wird die Zuteilung nicht, wie bei der öffentlichen Zeichnung, gleichmäßig vorgenommen (bzw. gleichmäßig repartiert), vielmehr behalten sich die Banken die Zuteilung vor. Nur der erste Verkaufstag wird bekanntgegeben. Ob es vorteilhafter ist, die Papiere freihändig oder in öffentlicher Zeichnung zu verkaufen, richtet sich nach den Kapitalmarktverhältnissen. Beide Verfahren verlangen unter Umständen eine intensive Werbung.

Der Markt für festverzinsliche Wertpapiere hat sich mehr noch als der für Aktien von der Zulassung zum Börsenhandel emanzipiert. Es sind sehr große Mengen in- und ausländischer Wertpapiere im deutschen anlagesuchenden Publikum untergebracht worden, ohne daß vorher oder nachher die Zulassung zum Börsenhandel nachgesucht worden wäre. Häufig sind Papiere zur Zeichnung aufgelegt worden mit der Mitteilung, daß die Zulassung zum Börsenhandel beantragt werden soll. Das Risiko, ob die Zulassung tatsächlich zustande kommt, belastet die Zeichner. Es kann aber kein Zweifel daran bestehen, daß die Aussicht auf eine spätere Zulassung der Papiere an der Börse und die Zulassung selbst den Wert einer Emission gerade von Industrieobligationen erhöht. Das gilt nicht nur für Deutschland, sondern auch für die Verhältnisse im Ausland.

4e. Eine andere Art von Finanzierungsmitteln hat gerade im Laufe der letzten Jahre für die Finanzierung gewerblicher Unternehmen eine große Bedeutung gewonnen, das Schuldscheindarlehen. Nicht jedes Darlehen, das aufgrund eines Darlehensvertrages gegen Schuldschein gewährt wird, ist deshalb bereits ein Schuldscheindarlehen in dem Sinne, in dem dieser Ausdruck heute in der Finanzierungspraxis gebraucht wird. Unter Schuldscheindarlehen werden Kredite verstanden, die vor allem von privaten und öffentlich-rechtlichen Versicherungsunternehmen, von Trägern der Sozialversicherung und anderen Kapitalsammelstellen, die nicht Kreditinstitute sind, an private Unternehmen und Körperschaften des öffentlichen Rechts gegeben werden. Mit der Verwendung finanzieller Mittel von Versicherungsgesellschaften — grundsätzlich nur der langfristigen — ist für die private und öffentliche Wirtschaft eine Kapitalquelle erschlossen, die mit früheren Vorstellungen von Kapitalanlagen der Versicherungsgesellschaften nicht ohne weiteres in Einklang zu bringen ist, sich heute aber durchgesetzt hat.

Die Finanzierung des Kapitalbedarfes gewerblicher Unternehmen mit Hilfe von Schuldscheindarlehen vollzieht sich also außerhalb des Bankensystems. Dieser Umstand schließt nicht aus, daß sich auch Kreditinstitute in die Gewährung von Schuldscheindarlehen einschalten. Sie fungieren in diesem Fall aber nur als Vermittler der Darlehen.

Wenn ein Unternehmen ein Großdarlehen aufzunehmen beabsichtigt, wird in der Regel eine Bank oder ein Bankenkonsortium die Vermittlung übernehmen, oft die Hausbank des kreditbegehrenden Unternehmens. Diese Bank erscheint hierzu aufgrund ihrer engen geschäftlichen Beziehungen zu dem Unternehmen besonders geeignet. Oft übernimmt sie auch die Vorfinanzierung später gewährter Schuldscheindarlehen. Außer von Banken werden derartige Geschäfte von Finanzmaklern vermittelt, die aber besondere Bedingungen erfüllen müssen. Die unmittelbare Gewährung von Schuldscheindarlehen durch die Versicherungsgesellschaften an die Industrie ist heute selten geworden. In der Regel geht man den indirekten Weg über Vermittler, die die Geschäfte anbahnen, die erforderlichen Unterlagen besorgen, sich insbesondere um die Beschaffung der sogenannten Deckungsstockfähigkeit bemühen. Praktisch sind alle Schuldscheindarlehen, die an die Unternehmen der gewerblichen Wirtschaft gegeben werden, nur deckungsstockfähig, wenn das Bundesaufsichtsamt für das Versicherungs- und Bausparwesen die Emission als deckungsstockfähig anerkennt. Bei Schuldscheinkrediten, die an Städte, Kommunen und sonstige öffentlich-rechtliche Institutionen gegeben werden, bedarf es keines Antrages auf Anerkennung der Deckungsstockfähigkeit durch das Bundesaufsichtsamt, weil alle Schuldscheinemissionen öffentlich rechtlicher Institutionen kraft gesetzlicher Bestimmungen deckungsstockfähig sind. Für derartige Kredite wird auch keine Sicherung durch grundbuchliche Eintragungen verlangt.

Nur wenige Schuldscheindarlehen werden in der Form von Einzelkrediten gewährt. Die Regel bildet das Konsortialdarlehen. Die Ursachen dafür, daß Konsortialdarlehen überwiegen, bestehen vor allem darin, daß es sich in der Regel um Großkredite handelt, die gegeben werden, und daß die einzelne Versicherungsgesellschaft allein nicht in der Lage ist, diese großen Beträge zu kreditieren. Das Einzeldarlehen, das eine Versicherungsgesellschaft zu gewähren in der Lage ist, darf ein Prozent ihres Deckungsstocks nicht überschreiten. Auch werden aus Gründen der Risikostreuung Konsortialdarlehen bevorzugt. Darlehen über zehn Millionen DM werden wohl nur als Konsortialkredit gegeben werden können.

Da die Schuldscheindarlehen Individualforderungen und keine Wertpapiere sind, können sie nicht an der Börse gehandelt werden. Die Tatsache jedoch, daß die Schuldscheindarlehen oft in Teilabschnitten angeboten werden, verleiht ihnen eine gewisse Handelsfähigkeit, obwohl ihnen im strengen Sinne jede Fungibilität und Marktgängigkeit fehlt. Die Übertragung der Forderung aus dem Schuldschein wird durch privatrechtliche Abtretung vollzogen, und diese „Abtretungen" sind es, die dem Schuldscheingeschäft seinen besonderen Charakter verleihen.

Der Ausgabebetrag von Schuldscheindarlehen erreicht die Höhe von Anleiheemissionen. Er setzt sich aus vielen Abtretungen zusammen, die die Makler beziehungsweise Banken besorgen.

Die Laufzeit beträgt im allgemeinen acht bis fünfzehn Jahre, ist also oft erheblich kürzer als die Laufzeit der Industrieobligationen.

Die Zinssätze und Auszahlungskurse sind von Kapitalmarktbedingungen abhängig. Mit Rücksicht auf die niedrigen Kosten sind die Schuldscheindarlehen in der Regel billiger als Anleihen.

Für die kreditsuchenden Unternehmen weisen die Schuldscheindarlehen viele Vorteile auf. Sie verursachen verhältnismäßig wenig Verwaltungsaufwand, da mit der Aufnahme eines Schuldscheinkredits im Gegensatz zur Emission von Obligationen keine staatliche Genehmigung verbunden ist. Die Kredite können also ohne behördliche Entscheidungen gegeben werden. Ebenso wird die zeitraubende und umständliche Börsenzulassung mit ihren weitgehenden Publizitätspflichten vermieden. Schuldscheindarlehen lassen sich an die Entwicklung des Kapitalbedarfs für die Investitionsvorhaben im Zeitablauf ohne Schwierigkeiten anpassen. Sie können in Beträgen und Zeitpunkten aufgenommen werden, die dem Verlauf des Kapitalbedarfs für die Investition entsprechen. Der Schuldner hat nicht das Recht, Schuldscheindarlehen zu kündigen. Er muß seine Schuld zu den festgelegten Terminen bezahlen. Jedoch hat er die Möglichkeit, Teilabschnitte zurückzukaufen und auf diese Weise zusätzlich zu tilgen. Das kapitalaufnehmende Unternehmen stößt allerdings auch hier an Grenzen der Kreditaufnahme, die durch institutionelle Umstände bestimmt werden. Denn Schuldscheinabtretungen werden grundsätzlich dinglich gesichert, und zwar in der Regel durch die Eintragung von Grundschulden an erster Stelle. Nur in Ausnahmefällen lassen sich andere Sicherheiten verwenden (Bürgschaften einer öffentlich-rechtlichen Körperschaft, einer Bank, der Muttergesellschaft eines Konzerns). Für Schuldscheindarlehen kommen also vor allem solche Unternehmen in Frage, die über ein großes Anlagevermögen verfügen, beispielsweise Unternehmen der Schwerindustrie, der chemischen Industrie, auch der Automobilindustrie, weil diese Industriezweige besonders günstige Bedingungen für die Stellung dinglicher Sicherheiten aufweisen. Viele Unternehmen verfügen eben nicht über ausreichendes Vermögen an Grund und Boden und Maschinen, die für die Beleihungshöhe und damit für die Höhe der Kreditgröße Bedeutung besitzen. Die strengen Anforderungen des Versicherungsaufsichtsamtes bilden für Unternehmen, die über keine unbelasteten Grundstücke verfügen, ein Haupthindernis für die Aufnahme von Schuldscheindarlehen.

Unternehmen mit ausgeglichenem Geschäftsgang werden bevorzugt. Zu diesen Industrien rechnen die Unternehmen der Grundstoffindustrie. Es ist also deutlich, daß große und angesehene Unternehmen den Weg der Finanzierung mit Schuldscheindarlehen leichter zu geben vermögen als Unternehmen, die diese Voraussetzung nicht erfüllen. Der Großteil der Schuldscheindarlehen wird an emissionsfähige Unternehmen gegeben, und zwar vornehmlich zur Investitionsfinanzierung oder zur Schließung von Finanzierungslücken, die durch die Ausgabe von Obligationen nicht gedeckt werden können, weil sie unterhalb der Grenze liegen, bei der die Begebung von Anleihen beginnt. Das Problem der Verwendung von Schuldscheindarlehen für mittelständische Unternehmen ist noch nicht befriedigend gelöst.

4f. Anleihen, Schuldscheindarlehen, Hypotheken, Grund- und Rentenschulden, sofern sie nicht nur der Sicherung anderer Kredite dienen, sind Kapital, das die Darlehnsgeber den Unternehmen in der Regel auf lange Sicht zu überlassen beabsichtigen. Diese Absicht tritt dann besonders deutlich zutage, wenn der Darlehnsgeber überhaupt auf ein Kündigungsrecht verzichtet oder das Kapital für einen langen Zeitraum fest gibt. Aber auch dann, wenn keine derartigen Kündigungsverzichte und Terminierungen vorliegen, kann der Kreditnehmer unterstellen, daß die Darlehen dem Unternehmen für eine längere Zeit überlassen bleiben sollen, es sei denn, die Situation lasse eine andere Absicht des Kreditgebers deutlich erkennen. Die Tatsache, daß sich die Darlehnsgeber verhältnismäßig kurzfristige Kündigungszeiten ausbedingen, steht der Langfristigkeit der Darlehen nicht entgegen. Der Unterschied zwischen dem ohne Kündigungsfristen gegebenen Kapital und dem mit derartigen Kündigungsfristen ausgestatteten Kapital besteht wesentlich darin, daß die zuerst genannten Kapitalien von dem Risiko vorzeitigen und unvorhergesehenen Kapitalentzuges frei sind, während die mit Kündigungsfristen ausgestatteten Kapitalien mit diesem Risiko behaftet bleiben.

Andererseits aber besteht für die Unternehmen, die derartige Kredite aufgenommen haben, nur unter gewissen Voraussetzungen die Möglichkeit, die Kredite zu einem Zeitpunkt zurückzuzahlen, der eine derartige Abtragung von Krediten betriebswirtschaftlich erwünscht erscheinen läßt.

Es sind jederzeit betriebliche Situationen denkbar, in denen die Kapitalbedarfskurve fällt, also Kapitalbeträge freigesetzt werden, die zur Abzahlung von Krediten und damit zu einer Anpassung des Kapitalfonds an die veränderte finanzielle Lage verwendet werden könnten. Die Unmöglichkeit, Kreditrückzahlungen vorzunehmen, um auf diese Weise eine betriebswirtschaftlich sinnvolle finanzielle Entlastung zu erreichen, führt unter diesen Umständen zu einer Inanspruchnahme des Kapitalfonds, die über das betriebswirtschaftlich gebotene Maß hinausgeht. Die mangelnde Anpassungsfähigkeit dieser Teile des Kapitalfonds an sich ändernde Kapitalbedarfssituationen hat zur Folge, daß die Fremdkapitalkosten auf einem unnötig hohen Niveau bleiben und die Rendite des Unternehmens mindern. Denn die Kredite verursachen für die Zeit ihrer Nichtinanspruchnahme Kosten, da die Zinsen ohne Rücksicht auf die betriebliche Verwendung des Kapitals gezahlt werden müssen. Es gibt Fälle, in denen sich Unternehmen, die auf ein eigenes Kündigungsrecht verzichten, sei es freiwillig oder aus den besonderen Umständen der Situation heraus, gezwungen sehen, die freigewordenen und betrieblich zur Zeit nicht benötigten Darlehensbeträge bei Kreditinstituten zinsbringend anzulegen. Die Zinssätze, die für diese „Finanzinvestition" vergütet werden, sind in der Regel niedriger als die Zinssätze, mit denen das Unternehmen selbst den aufgenommenen Kredit zu verzinsen hat. Werden die Zinsen aus der Finanzinvestition von den zu zahlenden Zinsen aus der Darlehensaufnahme in Abzug gebracht, dann vermindert sich zwar die gesamte Zinsbelastung aus dem aufgenommenen Kredit um die für die Finanzinvestition vergüteten Zinsen. Da die Zinsen aber niedriger sind als der zu zahlende Darlehenszins, findet die Zinsbelastung aus der Anleihe oder dem Darlehen in dem vergüteten Zins keinen vollen Ausgleich. Wenn es deshalb gilt, den Betrag derjenigen Kosten zu ermitteln, den die Aufnahme einer Anleihe oder eines langfristigen Darlehens verursacht, dann ist zu berücksichtigen, daß zwar während der Zeit, in der die Kredite nicht genutzt werden, Zinsen zu zahlen sind, allerdings nur in Höhe der Differenz zwischen den Schuldzinsen und den vergüteten Habenzinsen auf die ausgeliehenen Beträge. Da bei kurzfristigen Krediten, sofern es sich um Buchkredite handelt, überhaupt keine Inanspruchnahme der Kredite erforderlich sein würde und damit überhaupt keine Zinsen gezahlt werden müßten, ist dieser Kredit insofern billiger als der langfristige Kredit.

4g. Auch der Bankkredit, in der Regel als kurzfristig bezeichnet, bildet einen Bestandteil des Kapitalfonds, aus dem die Unternehmen ihren Kapitalbedarf decken. Er wird von den Banken vor allem in Form von Buch-, Diskont- und Akzeptkrediten gewährt. Unter Buchkrediten versteht man den als Kontokorrentkredit gegebenen Barkredit, unter Diskontkredit den mit dem Ankauf von Handelswechseln verbundenen Kredit und unter Akzeptkredit die Akzeptierung eines von den Kunden der Bank auf die Bank gezogenen Wechsels. In der Regel wird dieser Wechsel von der Bank angekauft und der Gegenwert dem Konto des Kunden gutgeschrieben.

Für die Wahl der Kreditart ist eine Anzahl von Umständen maßgebend, zum Beispiel die Art der Kontoführung, die Rückzahlungstermine, die durchschnittliche Dauer der Kreditinanspruchnahme, die verlangten Sicherheiten, die Bestimmungen über die Kontrolle der technischen Abwicklung der Kredite und die Kreditkosten. Vergleiche über die

Vorteilhaftigkeit der einzelnen Kreditarten lassen sich also nur begrenzt und nur für bestimmte Situationen durchführen. Selbst reine Kreditkostenvergleiche sind nur für den Einzelfall möglich, denn die Kreditabmachungen richten sich nach der Bonität, das heißt nach den individuellen Verhältnissen der den Kredit nachsuchenden und in Anspruch nehmenden Unternehmungen.

Kontokorrentkredite werden vor allem durch Zessionen, Sicherungsübereignungen, Lebensversicherungen und Bürgschaften, auch durch Höchstbetragshypotheken, Grundschulden oder die Abtretung der Rechte einer Eigentümer- (Brief-)Grundschuld gesichert. Nur Unternehmen mit einwandfreier Bonität werden Kontokorrentkredite als Blankokredite, also nur aufgrund der persönlichen Sicherheit des Kreditnehmers und ohne zusätzliche Sicherheiten gewährt. Die Sicherung der Diskont- und Akzeptkredite kann in gleicher Weise wie bei Kontokorrentkrediten vorgenommen werden. Jedoch ist die Absicherung der Kredite in diesen Fällen nicht von so großer Bedeutung wie beim Kontokorrentkredit, weil im Falle des Diskontkredits nicht nur der Kunde der Bank, sondern in erster Linie der Akzeptant haftet, dessen Bonität die Bank prüft. Für den Akzeptkredit kommen überhaupt nur ausgesuchte Kreditnehmer in Frage. Aus diesem Grunde werden diese Kredite meist blanko gegeben.

Man sieht auch hier, wie sehr sich die besonderen Umstände der einzelnen Unternehmen bei der Aufnahme von Bankkrediten durchsetzen. Akzeptkredite sind bestimmten Unternehmungen einfach verschlossen, und das Maß an verlangten Sicherheiten schwankt mit den Vorstellungen, die die Bank über die Bonität des Unternehmens hat.

Obwohl die Bankkredite unter der Bezeichnung kurzfristige Kredite laufen, handelt es sich bei ihnen in Wirklichkeit und in der Regel doch um langfristig gegebene Darlehen. Sie stehen den Unternehmen oft Jahre hindurch zur Verfügung. Zwar sind die Kontokorrentkredite im allgemeinen täglich fällig, und die in der Kreditzusage festgelegten Konditionen gelten auch immer nur für drei Monate. Da die Kredite aber, wenn nicht besondere Umstände eintreten, prolongiert werden, so laufen sie oft über Jahre, ohne daß es zu einer Reduzierung der Kreditzusage kommt.

Die de facto langfristige Überlassung von Bankkapital an die Unternehmen wird durch die Erfahrung bestätigt. Mit Nachdruck weist auch Schmalenbach auf die Tatsache hin, daß es nur an der Kündigungsbestimmung und der — sehr elastischen — Zinspolitik der Banken liege, wenn die von ihnen gegebenen Wirtschaftskredite größtenteils als Kurzfristkredite eingestuft werden. So sagt er wörtlich: „Die Kreditbanken behalten sich zwar vor, die von ihnen gegebenen Kontokorrentkredite jederzeit kündigen zu können, aber die jederzeitige Kündbarkeit macht einen langfristigen Kredit nicht kurzfristig, genau so wenig, wie ein Angestellter dadurch Gelegenheitsarbeiter wird, wenn als Kündigungsfrist nur ein Monat vereinbart ist ... Wenn die Kreditbanken ihre Kredite auf der Aktivseite, insbesondere solche an die Industrie, hauptsächlich kurzfristig geben wollten, und wenn die Kurzfristigkeit nicht lediglich ein Mittel wäre, gegenüber dem Schuldner die Aktionsfähigkeit und Zinsanpassungsmöglichkeit zu behalten, dann würden die Kreditbanken eine wichtige wirtschaftliche Funktion unerfüllt lassen. Gerade diese, die Transformation, ist heute ihre wesentlichste und wichtigste und auch tatsächlich durchgeführte Aufgabe."[1]

In der Hauptsache unterscheidet sich der Bankkredit, wenn man von den Kündigungsfristen absieht, von anderen langfristigen Darlehnsgewährungen dadurch, daß er seiner Höhe nach schwankt, sich also innerhalb der eingeräumten Kreditzusage an den Kapitalbedarf des Unternehmens anzupassen in der Lage ist. Nach Art eines Revolvingprozesses füllt er sich ständig wieder auf, vor allem dann, wenn die Zahlungen zur Regulierung der Forderungen und Verpflichtungen aus Warenlieferungen und Leistungen über ihn laufen. Der Bankkredit gleicht die sich hier ergebenden Fälligkeitsspitzen aus, aber seiner Funktion nach läßt sich nicht bestreiten, daß er der Finanzierung von Aktivbeständen dient. Er bildet das elastische Glied im Kapitalfonds der Unternehmen. Über ihn paßt sich der Fonds, der im übrigen verhältnismäßig unelastisch ist, dem schwankenden Geldbedarf aus der Umsatzsphäre an. Die Unternehmen verfügen also gerade in den Bankkrediten über ein sehr differenziertes und anpassungsfähiges Instrument der Kapitalbeschaffung. Es unterscheidet sich in vielem von den anderen Einrichtungen und Verfahren, die die Unternehmen für finanzielle Zwecke benutzen können. Aber es ist unentbehrlich, unter welchen sachlichen und persönlichen Bedingungen auch immer die Unternehmen gezwungen sind, ihre Geschäfte zu finanzieren.

Die Tatsache, daß jede Kreditgewährung ein individueller Akt ist, kommt nicht nur darin zum Ausdruck, zu welchen Arten von Krediten ein Unternehmen Zugang hat, sondern auch darin, welche Zinskonditionen den kreditnachsuchenden Unternehmen eingeräumt werden. Die Kosten des Kontokorrentkredits, mögen die Sollzinsen und die Kreditprovisionen gesondert berechnet oder in einem Zinssatz zusammengefaßt werden, sind im allgemeinen 1—2% höher als die Kosten der Wechseldiskontkredite. Im Diskontgeschäft variieren die Sätze mit der Bonität der Wechsel, der Liquiditätslage der Banken und mit dem Betrag der hereingegebenen Abschnitte. Die Kreditkosten für Akzeptkredite liegen in der Regel noch unter den für Diskontkredite berechneten Sätzen. Im Einzelfall zeigen sich stets große Unterschiede. Wenn auch bei angespannter Geldmarktlage die Zinsen höher liegen werden als bei größerer Liquidität

[1] SCHMALENBACH, E., Kapital, Kredit und Zins, 4. Auflage 1961, Köln und Opladen, S. 137 und 138.

des Bankensystems, so schließen diese Tendenzen individuelle Kreditabmachungen zwischen der Bank und dem kreditnachfragenden Unternehmen keineswegs aus. Das Gegenteil ist vielmehr der Fall. Jede Kreditgewährung ist ein individueller Akt und nur aus den besonderen Umständen der konkreten Situation zu verstehen.

4h. In den hier erörterten Zusammenhängen erscheint es angebracht, auch die Lieferantenkredite in die Untersuchungen einzubeziehen, obwohl hier aus methodischen Gründen die Lieferantenkredite nicht zum Kapitalfonds gerechnet werden. Die Unternehmen machen oft von der Möglichkeit Gebrauch, Lieferantenkredite durch Bankkredite zu ersetzen. Räumen Lieferanten ein Zahlungsziel ein, dann gewähren sie ihren Kunden einen Kredit, der auf einen bestimmten Zeitraum begrenzt ist, und den das belieferte Unternehmen nach seinem Ermessen in Anspruch nehmen kann. Leistet das Unternehmen seine Zahlungen früher als zu dem Zielzeitpunkt, so ist es berechtigt, einen Preisabschlag in Höhe eines Skontos vorzunehmen. Das Skonto, oder wie sich auch sagen läßt, der Zinssatz des Lieferantenkredits ist stets auf den Zeitraum der Zielinanspruchnahme bezogen, also in der Regel auf einen Teil des Jahres. Aufgrund dieses Umstandes wird leicht der Eindruck gewonnen, als sei der von Lieferanten gewährte Kredit billiger als die von Banken gewährten Kredite. In der Regel sind sie aber teuerer. Dieses Ergebnis erhält man leicht, wenn das Skonto auf das Jahr umgerechnet wird. Der durch die Inanspruchnahme des Skontoabzugs erzielte Gewinn ist um so höher, je größer die Zinsdifferenz zwischen dem Handelskredit (Skonto) und dem Bankkredit ist, und je mehr Lieferantenkredit durch Bankkredit ersetzt werden kann[1].

4i. Der Unterschied zwischen Schuldverschreibungen, Schuldscheindarlehen und anderen gesicherten oder nicht gesicherten langfristigen Darlehen auf der einen und den Bankkrediten auf der anderen Seite besteht einmal darin, daß die Kredite unterschiedliche Zinskonditionen aufweisen, und zum anderen darin, daß sich das Volumen der zuerst genannten langfristigen Kredite nicht an den jeweiligen Bedarf des Unternehmens anschließt, während der Bankkredit diese Elastizität und Anpassungsfähigkeit besitzt. Der Einfluß dieser Elastizität auf die Kosten, die die Inanspruchnahme derartiger Kredite verursacht, sei an einem für diese Zwecke formulierten Beispiel aufgezeigt[2].

Für ein langfristig aufgenommenes Darlehen, das nicht kündbar sein soll, müssen Zinsen (p_l) in Höhe von 6% p.a. gezahlt werden. Die

[1] Vgl. hierzu im einzelnen JONAS, H., Grenzen der Kreditfinanzierung, Wiesbaden 1960, S. 117ff.

[2] Vgl. auch GOLDSCHMIDT, H. O., Financial Planning in Industry, Leiden 1956.

Rückzahlungen beginnen nach 25 Zeiteinheiten (ZE). Wird ein Teil des Darlehens betrieblich nicht benötigt, wird er an eine Bank ausgeliehen, die hierfür 4% Zinsen (p_f) vergütet. Dieser Kredit wird als jederzeit kündbar angenommen.

Das Unternehmen besitzt aber auch die Möglichkeit, einen Bankkredit in Form eines Kontokorrentkredits aufzunehmen. Der Zinssatz beträgt 8% p.a. (p_k).

Die Lieferanten gewähren dem Unternehmen ein Skonto in Höhe von 3%, wenn die Rechnung innerhalb von drei Monaten beglichen wird. Wird die Rechnung tatsächlich nach drei Monaten bezahlt, dann betragen, auf das Jahr umgerechnet, die Zinsen 12% p.a.

Ein Vergleich der Zinssätze zeigt, daß der Lieferantenkredit für den Fall, daß er in Anspruch genommen wird, der teuerste Kredit ist. Wird der langfristig gewährte Darlehnskredit mit dem Bankkredit verglichen, dann läßt sich nicht auf den ersten Blick sagen, welcher Kredit der billigere ist, auch nicht welches Verhältnis zwischen den beiden Krediten zu wählen wäre, wenn es nötig sein sollte, beide Kreditquellen in Anspruch zu nehmen. Vergleicht man die Zinssätze der beiden Kredite miteinander, dann zeigt sich, daß der Bankkredit teurer ist als der Darlehnskredit, allerdings nur dann, wenn der Darlehnskredit voll beansprucht wird.

Die Kostensituation muß dagegen anders beurteilt werden, wenn der Fall eintreten sollte, daß ein auf 90 GE limitiertes Darlehen zeitweilig nicht in voller Höhe benötigt wird. Für den Fall, daß keine Beschränkungen irgendwelcher Art vorliegen, führt die Rechnung zu folgendem Ergebnis. Die Gesamtperiode setzt sich aus achtzehn Teilperioden zusammen (eine Teilperiode = 1 Monat). Der kumulierte Kapitalbedarf betrage in der

1. Teilperiode 20 GE	10. Teilperiode 65 GE
2. Teilperiode 40 GE	11. Teilperiode 50 GE
3. Teilperiode 55 GE	12. Teilperiode 60 GE
4. Teilperiode 70 GE	13. Teilperiode 75 GE
5. Teilperiode 60 GE	14. Teilperiode 80 GE
6. Teilperiode 90 GE	15. Teilperiode 85 GE
7. Teilperiode 75 GE	16. Teilperiode 65 GE
8. Teilperiode 65 GE	17. Teilperiode 60 GE
9. Teilperiode 55 GE	18. Teilperiode 70 GE

Für das Darlehen erhält man in der ersten Teilperiode folgende Zinskosten:

$$90 \frac{6 \cdot 1}{12 \cdot 100} - 70 \frac{4 \cdot 1}{12 \cdot 100} = 0{,}22 \text{ GE}.$$

Der Bankkredit in Höhe von 20 Geldeinheiten kostet in der ersten Teilperiode:

$$20 \frac{8 \cdot 1}{12 \cdot 100} = 0{,}13 \text{ GE}.$$

Unter diesen Umständen würde die Finanzierung mit Bankkrediten günstiger sein als die Aufnahme des Darlehens. Die Berechnung läßt jedoch die Frage unbeantwortet, welcher Kredit, auf die gesamte Periode bezogen, der vorteilhaftere ist.

Bezeichnet man die Zinsen, mit denen das Darlehen während der n Teilperioden belastet ist, mit x_1, die durch den Bankkredit ausgelöste Zinsbelastung mit x_2, die Anzahl der Teilperioden pro Jahr mit N, die Höhe des Darlehens mit K und den Kapitalbedarf je Teilperiode mit y_i, dann erhält man folgenden Ausdruck:

$$x_1 = \frac{K \cdot p_l \cdot n}{N \cdot 100} - \frac{p_f}{N \cdot 100} \sum_{i=1}^{n} (K - y_i),$$

$$x_2 = \frac{p_k}{N \cdot 100} \sum_{i=1}^{n} y_i.$$

Setzt man in diese Formel die dem Beispiel zugrunde liegenden Angaben ein, dann ist das Ergebnis: Der Darlehnskredit in Höhe von 90 GE verursacht insgesamt Kosten in Höhe von 6,5 GE und der Bankkredit Kosten in Höhe von 7,6 GE.

Unter diesen Umständen würde es für das Unternehmen günstiger sein, wenn es das Darlehen aufnehmen würde, als wenn es seinen Kapitalbedarf durch den Bankkredit decken würde.

Neuntes Kapitel

Die Strukturierung des Kapitalfonds

1. Der Einfluß der Kapitalstruktur auf die Rentabilität des Eigenkapitals.

Die Rentabilität des Eigenkapitals nimmt so lange zu, wie eine positive Differenz zwischen der Rendite des Gesamtkapitals und dem Kostensatz des Fremdkapitals besteht[1]. Solange diese Renditenspanne erhalten bleibt, ist die Rendite des Eigenkapitals größer als die Rendite des im Unternehmen eingesetzten Gesamtkapitals[2]. Der Zusammenhang zwischen der Rentabilität des Eigenkapitals und dem Verhältnis, in dem Eigen- und Fremdkapital zueinander stehen, läßt sich am besten an drei typischen Grundsituationen erläutern.

a. Ein Unternehmen verfüge über einen bestimmten Betrag an Eigenkapital in Höhe von E Geldeinheiten. Es besitzt nicht die Möglichkeit, seine Eigenkapitalbasis zu erweitern; alle zusätzlichen Investitionen müssen deshalb mit Fremdkapital in Höhe von F Geldeinheiten finanziert werden. Der vom Gesamtkapital erwirtschaftete Ertrag (Gewinn vor Abzug von Zinsen) bezogen auf das Gesamtkapital, also die interne Rendite r_i, und der für das Fremdkapital berechnete Zinssatz k seien konstant. Wie beeinflußt unter diesen Bedingungen eine Änderung des Fremdkapitalanteils die Eigenkapitalrentabilität r_e?

Der Reingewinn setzt sich zusammen aus den auf das Eigenkapital entfallenden Erträgen, vermehrt um die mit Hilfe des Fremdkapitals erwirtschafteten Erträge, die nach Abzug der Zinsen ebenfalls dem Eigenkapital zuwachsen.

Für den Reingewinn erhält man folgende Beziehung:

$$R = E r_i + F(r_i - k). \tag{1}$$

Bezieht man diesen Reingewinn auf das Eigenkapital, dann erhält man folgende Rendite des Eigenkapitals:

$$r_e = \frac{R}{E} = r_i + \frac{F}{E}(r_i - k). \tag{2}$$

---

[1] Siehe hierzu auch Barges, A., The Effect of Capital Structure on the Cost of Capital, A Test and Evaluation of the Modigliani and Miller Propositions, Englewood Cliffs, N.Y. 1963, S. 8ff.

[2] In der amerikanischen Literatur wird diese Wirkung als leverage effect bezeichnet.

Die Beziehung zwischen der Rentabilität des Eigenkapitals r_e und dem Verhältnis F/E ist für konstantes r_i, konstantes k und konstantes E linear (vgl. Abb. 10).

Wenn der Kapitalfonds nur aus Eigenkapital besteht, also $F = 0$ ist, stimmt die Rendite des Eigenkapitals r_e mit der internen Verzinsung r_i überein. Wird sukzessiv Fremdkapital dem Eigenkapital hinzugefügt, dann steigt die Rendite r_e, also die Rentabilität des Eigenkapitals, unter der Voraussetzung, daß $r_i > k$ ist, mit zunehmender Verschuldung.

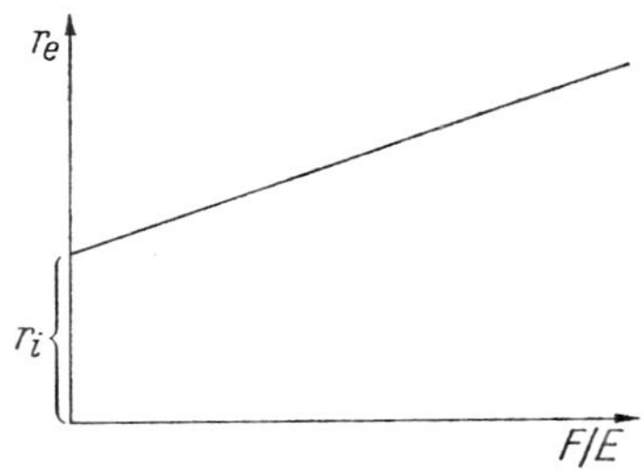

Abb. 10

Die Eigenkapitalrendite ist allgemein eine Funktion der Proportion zwischen Fremd- und Eigenkapital, der internen Rendite und des Marktzinses.

b. In dem nunmehr zu betrachtenden Fall soll die gesamte Kapitalausstattung ($K = E + F$) konstant bleiben. Lediglich die Proportionen zwischen den beiden Kapitalquellen werden kontinuierlich variiert. Auch in diesem Fall wird die funktionale Abhängigkeit der Eigenkapitalrentabilität r_e von den Einflußgrößen F/E, r_i und k durch die gleiche Relation beschrieben[1]. Somit gilt auch in diesem Fall der Kapitalsubstitution

$$r_e = r_i + \frac{F}{E}(r_i - k). \tag{2}$$

c. Der dritte Fall kennzeichnet sich dadurch, daß alle Größen mit Ausnahme der Rendite auf das Gesamtkapital r_i als konstant angenommen werden. Dieser Fall steht mit den Rentabilitätswirkungen der Fremd-

[1] Einen nichtlinearen Verlauf erhält man nur dann, wenn man wie folgt vorgeht: In der Eigenkapitalrenditenfunktion ersetzt man für den Fall b E durch $K-F$. Dann lautet die Renditenfunktion:

$$r_e = r_i + \frac{F}{K-F}(r_i - k).$$

Die Eigenkapitalrentabilität ist in diesem Falle zwar nichtlinear, aber nichtlinear in bezug auf die Variable F, also in bezug auf die Höhe des Fremdkapitals, und nicht mehr in bezug auf das Verhalten F/E.

finanzierung nur in einem mittelbaren Zusammenhang. Dennoch erscheint es sinnvoll, ihn zu erörtern, da eine bestimmte, über dem Niveau des Zinssatzes k liegende interne Verzinsung r_i ganz allgemein die Voraussetzung dafür bildet, daß zusätzliches Fremdkapital die Rentabilität des Eigenkapitals erhöhen kann und eine als Folge von Krediten induzierte Steigerung von r_e durch ein Wachsen der internen Verzinsung überlagert oder forciert wird.

Das Unternehmen habe also seine Kapitalstruktur in einer bestimmten Weise geplant. Die Fremd-Eigenkapitalrelation liegt fest. Sie kann von sich aus keine Rentabilitätsänderung auslösen. Unter dieser Voraussetzung läßt sich der Einfluß wachsender interner Rendite r_i isolieren. Geht man wiederum von der Beziehung (2) aus, dann zeigt sich, daß für $r_i = k$ die Eigenkapitalrentabilität gleich der Gesamtkapitalrentabilität ist. Sinkt die interne Rendite noch unter das Niveau des Zinssatzes k, dann ist die Eigenkapitalrentabilität kleiner als die Gesamtrentabilität. Durch Umformen der Beziehung läßt sich veranschaulichen, daß bei konstanter Fremd-Eigenkapitalrelation und konstantem k die Beziehung zwischen r_e und r_i linear ist:

$$r_e = \left(1 + \frac{F}{E}\right) r_i - \frac{F}{E}\, k. \qquad (3)$$

Die Abhängigkeit der Eigenkapitalrendite von der internen Rendite und der Struktur des im Unternehmen arbeitenden Gesamtkapitals sei an einem kurzen Beispiel aufgezeigt. Die Unternehmensleitung erwarte alternativ Gesamtkapitalrenditen von 15%, 10% und 5%. Für $F = 0$ ist $r_e = r_i$. Die Kosten des Fremdkapitals sollen 8% betragen. Wie wirkt sich in diesen drei Fällen der Verschuldungsgrad, angegeben durch das Verhältnis Fremdkapital zu Gesamtkapital, auf die Eigenkapitalrendite aus?

Tabelle 13

Verschuldungsgrad F/K	r_i	15%	10%	5%
0	r_e	15%	10%	5%
0,5	r_e	22%	12%	2%
0,75	r_e	36%	16%	− 4%

Arbeitet das Unternehmen nur mit Eigenkapital, dann stimmt die Verzinsung des Eigenkapitals mit der Gesamtkapitalrendite r_i überein (erste Zeile der Tabelle 13). Bei einer Zusammensetzung des

Gesamtkapitals zu 50% aus Fremdkapital und zu 50% aus Eigenkapital steigt die Eigenkapitalrendite bei $r_i = 15\%$ auf 22%. Eine weitere Steigerung des Verschuldungsgrades auf 0,75 läßt die Eigenkapitalrendite auf 36% anwachsen.

Beträgt die interne Verzinsung des im Unternehmen eingesetzten Kapitals nur 10%, dann vermag die Steigerung des Verschuldungsgrades auf 0,5 bzw. auf 0,75 eine Steigerung der Eigenkapitalrendite auf 12% bzw. 16% zu bewirken. Da die interne Verzinsung des Gesamtkapitals die Fremdkapitalkosten jedoch in geringerem Maße übersteigt als im ersten Fall, wächst die Eigenkapitalrendite weniger stark.

Liegt die interne Verzinsung noch unter den Fremdkapitalkosten, dann läßt zunehmende Kreditfinanzierung die Eigenkapitalrendite stark absinken. Bei einem Fremdkapitalanteil von 0,5 ist die Rendite des Eigenkapitals noch positiv ($r_e = 2\%$). Steigt der Verschuldungsgrad auf 0,75, dann ist die Eigenkapitalrendite negativ (— 4%).

Während also im Fall einer positiven Renditenspanne ($r_i > k$) die Verwendung des relativ kostengünstigen Fremdkapitals dem Unternehmen gestattet, die Eigenkapitalrendite zu steigern, führt die gleiche Erhöhung des Fremdkapitalanteils bei negativer Renditenspanne ($r_i < k$) zu einer Verschlechterung der Eigenkapitalrentabilität, bei hoher Verschuldung sogar zu einer teilweisen, durch Verluste verursachten Dezimierung des Eigenkapitals.

2. Rentabilität und Risiko.

Unter marktwirtschaftlichen Verhältnissen kann die Leitung eines Unternehmens nicht damit rechnen, daß sich die Geschäfte immer so günstig entwickeln werden, wie es notwendig wäre, wenn die positiven Einflüsse zunehmender Verschuldung auf die Rentabilität des Unternehmens voll zur Entfaltung kommen sollen. In schwierigen geschäftlichen Situationen gestaltet sich die Lage eines Unternehmens um so bedrohlicher, je stärker es verschuldet ist. Hohe Zinslasten mindern gerade unter solchen Umständen die Rentabilität des Unternehmens. Je höher die Zinslast ist, die das Unternehmen zu tragen hat, um so geringere Abschwächungen der geschäftlichen Entwicklung genügen, um die Eigenkapitalrendite zu vermindern, unter Umständen sogar, das Unternehmen mit Verlust arbeiten zu lassen. Mit dem Risiko zurückgehender oder fehlender Gewinne steigt das Risiko aus der Verschuldung. Anders ausgedrückt: Mit zunehmendem Anteil der Fremdfinanzierung am Kapitalfonds der Unternehmen erhöht sich die Empfindlichkeit der Renditen des Eigenkapitals gegenüber geschäftlichen Rückschlägen.

Nachdem bisher die Rentabilitätswirkungen zunehmender Verschuldung untersucht wurden, gilt es nunmehr zu zeigen, daß eine zunehmende

Verschuldung auch steigende Risiken aus eben dieser Verschuldung zur Folge haben kann.

In aller Regel werden finanzielle Entscheidungen nicht unter sicheren Erwartungen über die Renditen getroffen, die sich durch Einsatz von Kapital im Unternehmen erzielen lassen. Aus diesem Grunde kann dem Kapitaleinsatz auch nicht nur eine Rendite (r_i) zugeordnet werden. Vielmehr zwingt die Ungewißheit über die Entwicklung der Geschäfte dazu, dem im Unternehmen arbeitenden Kapital mehrere einander ausschließende Renditen zuzuordnen. Für sie gelten bestimmte Wahrscheinlichkeiten. Die für die erwarteten Renditen eines Unternehmens (r_i) angenommene Wahrscheinlichkeitsverteilung bringt zum Ausdruck, daß unabhängig von der Kapitalstruktur des Unternehmens jede Verwendung von Kapital von dem Risiko bedroht ist, dem jedes unter marktwirtschaftlichen Bedingungen arbeitende Unternehmen ausgesetzt bleibt. In jeder Entscheidungssituation von einiger betrieblicher Relevanz sind die für die Entscheidung verantwortlichen Personen bestrebt, zu möglichst klaren Vorstellungen über die Chancen und Risiken ihrer Maßnahmen zu gelangen. In dem hier interessierenden Falle finden diese Vorstellungen darin ihren Niederschlag, daß eine bestimmte Rendite auf das im Unternehmen investierte Kapital mit einer höheren oder geringeren Wahrscheinlichkeit erwartet wird als eine andere Rendite. Die Analyse des Zusammenhanges zwischen Kapitalstruktur und Risiko läßt sich deshalb nur durchführen, wenn man von einer bestimmten Wahrscheinlichkeitsverteilung der r_i-Werte ausgeht. Wird unter dieser Voraussetzung die Verschuldung des Unternehmens variiert, hier besonders erhöht, um zu untersuchen, wie die Änderung des Verschuldungsgrades das Risiko beeinflußt, dem die Renditen auf das Eigenkapital ausgesetzt sind, dann läßt sich dieser Einfluß nur nachweisen, wenn ein Maßstab für die Risikowirkungen besteht, die als Folge einer Änderung der Verschuldung des Unternehmens eintreten. Von den für diese Zwecke in Frage kommenden Möglichkeiten wird hier die Streuung der Renditensätze als Maß für das Risiko genommen.

Läßt es also die Unsicherheit der wirtschaftlichen Verhältnisse nicht zu, die künftige Entwicklung des Unternehmens in einer einzigen Größe r_i zum Ausdruck zu bringen, dann ist für r_i eine Vielzahl von Werten innerhalb bestimmter Grenzen anzunehmen. Für jeden dieser Werte r_i bestehen in dem Unternehmen bestimmte Vorstellungen darüber, mit welcher Wahrscheinlichkeit er eintreten wird. So ist zum Beispiel der Fall denkbar, daß die Leitung des Unternehmens glaubt, eine interne Rendite von 10% mit der größten Wahrscheinlichkeit realisieren zu können, während sie der Ansicht ist, eine Rendite von 15% mit einer erheblich geringeren Wahrscheinlichkeit erwarten zu dürfen. Eine Rendite von 5% möge sie für ebenso wahrscheinlich halten. Auch die

Werte zwischen diesen extremen Rentabilitätssituationen — im Beispiel 5% und 15% — werden in der Vorstellung der Unternehmensleitung mit bestimmten Wahrscheinlichkeiten erwartet.

Diese Erwartungsstruktur läßt sich in Form einer Dichtefunktion beschreiben. Sie kann zum Beispiel die Form einer Beta-Verteilung oder einer Dreiecksverteilung annehmen. Wählt man die Dreiecksverteilung, dann sind nur drei Parameter erforderlich, um diese Funktion zu kennzeichnen, und zwar die kleinstmögliche, die wahrscheinlichste und die größtmögliche Rendite. Durch diese drei Werte ist das existentielle Risiko des Unternehmens charakterisiert.

Unter der Bedingung, daß kein Fremdkapital verwandt wird, in dem Ausdruck

$$(2) \qquad r_e = r_i + \frac{F}{E}(r_i - k)$$

der Faktor F/E also gleich Null ist, wird die Rendite auf das Eigenkapital r_e durch die gleiche Wahrscheinlichkeitsverteilung wie die interne Verzinsung r_i charakterisiert. In dieser Übereinstimmung der Wahrscheinlichkeitsverteilungen für r_i und r_e kommt zum Ausdruck, daß keine Verschuldung vorliegt und deshalb auch kein finanzielles Risiko besteht. Sobald das Unternehmen jedoch mit Fremdkapital arbeitet, stimmen die beiden Wahrscheinlichkeitsverteilungen nicht mehr miteinander überein. In der Veränderung der Dichtefunktion der Renditen auf das Eigenkapital r_e bei unveränderter Verteilung der Renditen auf das Gesamtkapital r_i kommt das besondere finanzielle Risiko zum Ausdruck, das auf die Verwendung von Fremdkapital in dem Unternehmen zurückzuführen ist. Dabei wird die Streuung der Renditensätze als Maß für dieses Risiko genommen.

Im folgenden soll untersucht werden, wie ein zunehmender Fremdkapitalanteil bei einer für die interne Verzinsung r_i gegebenen Dreiecksverteilung die Eigenkapitalrendite r_e beeinflußt[1]. Der wahrscheinlichste Wert für r_i sei mit $h = 10\%$, der kleinstmögliche Wert mit $a = 5\%$ und der größtmögliche Wert mit $b = 15\%$ angenommen. Der Fremdkapitalkostensatz betrage $k = 8\%$.

Wenn F die Höhe des Fremdkapitals, E die des Eigen- und K die des Gesamtkapitals bezeichnet und α das Verhältnis von Fremdkapital zu Gesamtkapital, also den Verschuldungsgrad, angibt, dann kann die Rentabilität des Eigenkapitals r_e mit:

$$(4) \qquad F = \alpha K \text{ und } E = (1-\alpha) K \qquad (0 \leqq \alpha \leqq 1)$$

[1] Vgl. hierzu GUTENBERG, E., Zum Problem des optimalen Verschuldungsgrades, in: Zeitschrift für Betriebswirtschaft, 36. Jg. (1966) S. 681ff.; derselbe, Zur Frage der Messung des optimalen Verschuldungsgrades, in: Zeitschrift für Betriebswirtschaft, 37. Jg. (1967) S. 148ff.

angegeben werden:

$$r_e = r_i + \frac{\alpha}{1-\alpha}(r_i - k) \tag{5}$$

$$= \frac{r_i(1-\alpha) + \alpha(r_i - k)}{1-\alpha}, \tag{5a}$$

$$r_e = \frac{r_i - \alpha k}{1-\alpha}. \tag{6}$$

Setzt man die gesamten Werte der Dreiecksverteilung für die Rendite des Gesamtkapitals in die Formel (6) ein, dann lassen sich die der Eigenkapitalrendite zugeordneten Werte als Funktion des Verschuldungsgrades ausdrücken. Es gilt also

$$h(\alpha) = \frac{h(0) - \alpha k}{1-\alpha}, \tag{7}$$

$$a(\alpha) = \frac{a(0) - \alpha k}{1-\alpha}, \tag{8}$$

$$b(\alpha) = \frac{b(0) - \alpha k}{1-\alpha}, \tag{9}$$

wobei also $h(0)$, $b(0)$ und $a(0)$ die mit den gegebenen Werten der Verteilung der Gesamtkapitalverzinsung r_i übereinstimmenden Verzinsungen des Eigenkapitals bei einem Fremdkapitalanteil von $\alpha = 0$ sind.

Die Tabelle 14 zeigt die entsprechenden Werte der Eigenkapitalverzinsung bei einem Fremdkapitalanteil von $\alpha = 0, \alpha = 0{,}5$ und $\alpha = 0{,}75$[1].

Tabelle 14

α \ r_e	$a(\alpha)$	$h(\alpha)$	$b(\alpha)$
0	5%	10%	15%
0,5	2%	12%	22%
0,75	— 4%	16%	36%

Die Dichtefunktionen für die Eigenkapitalrenditen $f(r_e)$ haben für die drei angegebenen Kapitalzusammensetzungen folgendes Aussehen (Abbildung 11)[2].

[1] Die errechneten Werte stimmen mit den entsprechenden Zahlen der Tabelle 13 überein, haben hier jedoch eine andere Bedeutung. Sie sind die Parameter der Dreiecksverteilungen der erwarteten Eigenkapitalrenditen bei unterschiedlichen Zusammensetzungen des Gesamtkapitals.

[2] Da die Fläche unter der Dichtefunktion $f(r_e)$ immer gleich 1 bleibt (Abb. 11), muß mit zunehmendem Abstand der Parameter a und b voneinander die Höhe abnehmen.

Da die Veränderung der Streuung der Eigenkapitalrenditesätze als Maß für die Risikostruktur genommen werden soll, gilt es nunmehr, für die dargestellten Wahrscheinlichkeitsverteilungen der Eigenkapitalrenditen die jeweilige Streuung zu berechnen.

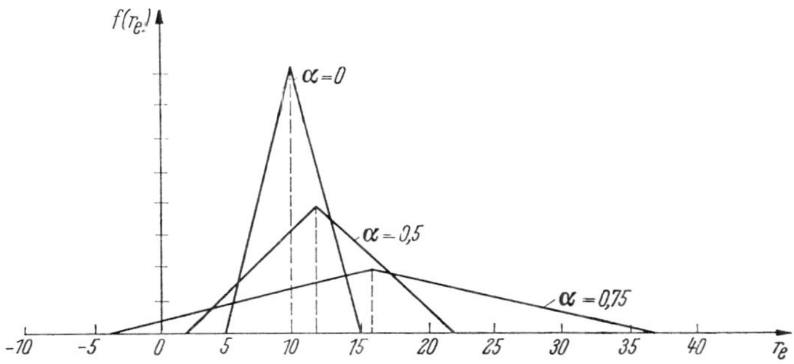

Abb. 11

Im Falle der Dreiecksverteilung ergibt sich für die Streuung[1]:

(10) $$\sigma^2 = \frac{[b(\alpha) - a(\alpha)]^2 + [h(\alpha) - a(\alpha)]\,[h(\alpha) - b(\alpha)]}{18}.$$

Setzt man in (10) die Beziehungen (7) bis (9) ein, dann erhält man für den Fall der Veränderung des Fremdkapitalanteils α einen Ausdruck, der die Abhängigkeit der Streuung der Eigenkapitalrendite vom Verschuldungsgrad α angibt.

(11) $$\sigma^2 = \frac{C_2}{(1-\alpha)^2},$$

wobei

$$C_2 = \frac{[b(0) - a(0)]^2 + [h(0) - a(0)]\,[h(0) - b(0)]}{18}$$

konstant ist. Für steigendes α nimmt der Nenner von (11), da $\alpha < 1$ ist, streng monoton ab, so daß die Streuung insgesamt mit steigendem α, also mit steigendem Fremdkapitalanteil, ständig zunimmt. Da diese Streuung als Maß für das aus der Verschuldung stammende finanzielle Risiko verwandt wird, ist zugleich nachgewiesen, daß unter den hier gemachten Voraussetzungen das Finanzierungsrisiko (das Risiko aus der

[1] Zum mathematischen Problem der Bestimmung von Mittelwert und Streuung bei Dreiecksverteilungen vgl. MacCrimmon, K. R., und C. A. Ryavek, An Analytical Study of the Pert Assumptions, in: The Rand Corporation, Dec. 1962, (Memorandum RM-3408-PR) S. 47.

Kapitalstruktur) mit steigendem Fremdkapitalanteil zunimmt, jedoch unabhängig von dem Fremdkapitalzinsfuß k ist[1].

Die bisherigen Ergebnisse erfahren eine gewisse Modifikation, wenn das finanzielle Strukturrisiko nicht durch die Streuung der Verteilungsfunktion der Eigenkapitalrendite, sondern durch den Variationskoeffizienten $v = \sigma/\mu$ gemessen wird[2], wobei der Mittelwert μ:

$$\mu = \frac{a + b + h}{3} \tag{12}$$

ist. In Abhängigkeit von dem Verschuldungsgrad α ergibt sich:

$$\mu(\alpha) = \frac{a(0) - \alpha k + b(0) - \alpha k + h(0) - \alpha k}{3(1 - \alpha)} \tag{13}$$

Die Funktion läßt sich vereinfacht darstellen in der Form:

$$\mu(\alpha) = C_1 \frac{1}{1 - \alpha} - k \frac{\alpha}{1 - \alpha}, \tag{14}$$

dabei ist

$$C_1 = \frac{a(0) + b(0) + h(0)}{3}. \tag{15}$$

Der Variationskoeffizient lautet dann:

$$v = \frac{\sqrt{C_2}/(1 - \alpha)}{(C_1 - k\alpha)/(1 - \alpha)} = \frac{\sqrt{C_2}}{(C_1 - k\alpha)}. \tag{16}$$

Es zeigt sich, daß der Variationskoeffizient v sowohl mit zunehmendem Fremdkapital als auch mit zunehmendem Zinssatz k steigt.

Dieser Zusammenhang ist in Abb. 12 dargestellt [$a(0) = 5$, $h(0) = 10$, $b(0) = 15$]. Hierbei ist allerdings vorauszusetzen, daß C_1, also die durchschnittliche Eigenkapitalrentabilität bei reiner Eigenfinanzierung, größer als $k\alpha$ sein muß. Da jedoch die durchschnittliche Eigenkapitalrentabilität C_1 in der Regel größer als der Fremdkapitalkostensatz sein wird, ist für diese Fälle die Voraussetzung erfüllt. Sie ist auch für die Behauptung, daß der Mittelwert mit steigendem α zunimmt, notwendig.

Die hier vorgenommene Untersuchung läßt sich für jede Verteilungsfunktion wiederholen, doch erscheint die Dreiecksverteilung hierzu besonders geeignet, da sie wie auch die Beta-Verteilung nur über einem endlichen Intervall definiert ist.

---

[1] Es läßt sich zeigen, daß auch für andere stetige Dichtefunktionen, zum Beispiel für die Beta-Verteilung, ein entsprechendes Ergebnis gilt. Die Streuung als Maß des Risikos erhöht sich ebenfalls mit zunehmender Verschuldung, wenn diskrete Dichtefunktionen unterstellt werden.

[2] Im Zahlenbeispiel stimmen Mittelwerte und häufigste Werte überein, da hier von einer symmetrischen Dichtefunktion ausgegangen wird.

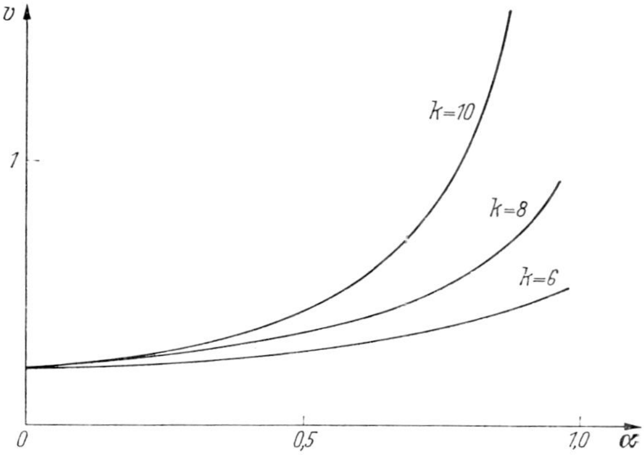

Abb. 12

3. Der Einfluß des Verschuldungsgrades auf die Kapitalausstattung nicht emissionsfähiger Unternehmen.

Es liegt nahe, die Risikowirkung zunehmender Verschuldung als ein Regulativ aufzufassen, das ganz allgemein die Zufuhr von Eigen- und Fremdkapital in emissionsfähige und nicht emissionsfähige Unternehmen steuert. Die Tatsache jedoch, daß die nicht emissionsfähigen Unternehmen ihreneBedarf an Eigenkapital nicht auf so hoch organisierten Kapitalmärkten decken können, wie sie den emissionsfähigen Gesellschaften zur Verfügung stehen, hat zur Folge, daß die Leistung einer Kapitaleinlage in ein nicht emissionsfähiges Unternehmen einen ebenso singulären Fall bildet wie die Aufgabe einer derartigen Beteiligung. Die individuellen Vorstellungen der Kapitalgeber vom Wert des Unternehmens, an dem sie sich zu beteiligen beabsichtigen, finden keinen Ausgleich und keinen einheitlichen Ausdruck in Markt- oder Kurswerten der Geschäftsanteile, wie es für emissionsfähige Gesellschaften charakteristisch ist. Die Unterschiede zwischen diesen beiden Arten von Unternehmungen sind in dieser Hinsicht so groß, daß zunächst davon abgesehen wird, den Einfluß von Änderungen des Verschuldungsgrades auf die Zufuhr von Eigenkapital in nicht emissionsfähige Unternehmen zu untersuchen. Dagegen weisen die Grundsätze und Techniken der Aufnahme von Fremdkapital, wenn es sich um Bankkredite handelt, Gemeinsamkeiten für emissionsfähige und nicht emissionsfähige Unternehmen auf. Aus diesem Grunde gelten die Ergebnisse der Untersuchung darüber, wie die Risikowirkungen zunehmender Verschuldung den Zufluß finanzieller Mittel in Form von Bankkrediten beeinflussen, auch für emissionsfähige Unternehmen. Das Schwergewicht der Betrachtung soll aber bei den nicht emissionsfähigen Unternehmen liegen.

Zunächst muß darauf hingewiesen werden, daß es keinen Kapitalmarkt gibt, auf dem sich diejenigen, die einem Unternehmen darlehensweise Kapital überlassen oder zu überlassen beabsichtigen, so genau über die Unternehmen unterrichten können wie die Banken, wenn sie Kredite gewähren. Sie sind allerdings in unterschiedlichem, von Fall zu Fall wechselndem Maße in der Lage, sich über die Verhältnisse des Unternehmens zu informieren. Nicht nur, daß der Zahlungsverkehr, den das schuldnerische Unternehmen mit seinen Lieferanten und Kunden abwickelt, zu einem wesentlichen Teil über die bei der Bank geführten Konten läuft, daß die Überwachung der gegebenen Kredite, in besonderen Fällen auch Expertisen von Sachverständigen, Informationen über das Schuldnerunternehmen gewähren, auch die ständigen persönlichen Kontakte zwischen den Banken und ihren Geschäftspartnern erlauben verhältnismäßig umfassende und zuverlässige Einblicke in die geschäftliche Lage des Unternehmens. Jedoch können besondere Umstände, zum Beispiel die Tatsache, daß das Unternehmen nicht in ausreichendem Maße buchhalterische Unterlagen zu liefern imstande ist, unter Umständen auch Konkurrenzgründe zwischen den Banken selbst, die Möglichkeit einschränken, sich über die Lage des Kreditnehmers zu informieren. Gleichwohl entzieht sich die Verschuldung der von ihnen kreditierten Unternehmen nicht ihren Informationsmöglichkeiten. Das gilt insbesondere für Zeiten, in denen sich das Tempo der allgemeinen wirtschaftlichen Entwicklung verlangsamt oder die finanzielle Lage des Unternehmens aus anderen Gründen zunehmend schwieriger wird. Im Vergleich zu den Informationen, die — von Ausnahmen abgesehen — Aktionären und Obligationären über die Betriebsgeschehnisse zur Verfügung stehen, müssen die kreditgebenden Geschäftsbanken als verhältnismäßig genau über die geschäftlichen, insbesondere finanziellen Vorgänge in den Unternehmen unterrichtet angesehen werden, obwohl auch hier große Unterschiede bestehen.

Die Banken besitzen im allgemeinen auch gute Informationen über den Trend der gesamtwirtschaftlichen Entwicklung, über den Zustand der Geld- und Kapitalmärkte und über die Aussichten und Gefährdungen des Wirtschaftszweiges, dem das von ihnen mit Kredit zu versorgende Unternehmen angehört. Gerade die laufende Beobachtung und Analyse der Daten und Entwicklungstendenzen, die die einzelnen Wirtschaftszweige aufweisen, bildet eine der wichtigsten Informationen für die Beurteilung kreditnachsuchender Unternehmen. Es leuchtet ein, daß Gesellschaften, die an den großen modernen technischen Entwicklungen oder in steigendem Maße am Wachstum des Massenwohlstandes teilhaben, anders zu beurteilen sind als Unternehmen, die in dieser Hinsicht nicht so günstige Voraussetzungen aufweisen. Die Risiken und Chancen der Wirtschaftszweige, die gesamtwirtschaftlichen Tendenzen und schließlich die

Entwicklung des kreditnachsuchenden Unternehmens selbst bilden die Summe aller Überlegungen, die schließlich in dem Entschluß darüber gipfeln, ob an das Unternehmen ein Kredit in bestimmter Höhe unter bestimmten Konditionen gegeben werden kann.

Die Tatsache bleibt unbestritten, daß jede Kreditgewährung einen individuellen Akt darstellt, in den nicht meßbare Umstände hineinspielen. Denn die Beurteilung und Bewertung von Chancen und Gefährnissen ist von den subjektiven Bedingungen des Entscheidenden nicht loszulösen. Aber der Ausdruck „subjektiv" droht doch auch einen Sachverhalt zu verdecken, der für den Entschluß, ob einem Kreditantrag entsprochen werden soll oder ob er abzulehnen ist, große Bedeutung besitzt. Wenn über einen Antrag auf Gewährung eines Kredites entschieden werden soll, der sich in einer vom Regelfall abweichenden Größenordnung bewegt, dann bildet dieser Kreditantrag den Gegenstand eines eingehenden Informations- und Meinungsaustausches. Bei Krediten, die eine — in der Regel nicht sehr hohe — Grenze übersteigen, muß die Zustimmung derjenigen Personen eingeholt werden, die diese Kredite an zentraler Stelle bearbeiten und für sie zuständig sind. Von den Sachbearbeitern in den Kreditabteilungen der Zweigniederlassungen über die für das Kreditgeschäft zuständigen Personen in der Leitung der Niederlassung und dann weiter über die zuständigen Sachbearbeiter in der Zentrale der Bank bis zu den obersten Entscheidungsgremien in der Zentrale werden Personen in den Prozeß der Kreditgewährung eingeschaltet, die über gute Informationen, über Erfahrung und Sachverstand verfügen. Wenn Zweifelsfragen auftreten, stehen Gutachten von Sachverständigen zur Verfügung. Auch wenn eine aus nur wenigen Personen bestehende Instanz die endgültige Entscheidung über die Gewährung oder Nichtgewährung des Kredites trifft, bleibt zwar die Entscheidung „subjektiv". Aber es sind doch viele Ansichten gehört und Argumente geprüft worden. Insofern ist die Entscheidung über die Kreditgewährung doch auf eine mehr allgemeine und objektive Grundlage gestellt.

Es wird also gewissermaßen eine gemeinsame Vorstellung über die Kreditwürdigkeit des Unternehmens erarbeitet. Sie bildet die Grundlage für die Beurteilung des kreditnachfragenden Unternehmens. Da das existentielle Risiko eines Unternehmens auch hier in einer Wahrscheinlichkeitsverteilung der erwarteten Renditen r_i zum Ausdruck kommt, und da diese Verteilung zugleich die Grundlage für die Wahrscheinlichkeitsverteilung der Renditen auf das Eigenkapital r_e bildet, geht die r_i-Verteilung als bestimmende Größe in die Entscheidung über die Gewährung oder Ablehnung des beantragten Kredites ein. So stellt die Einigung über eine bestimmte r_i-Verteilung eine Beurteilung des existentiellen Risikos dar, von der die Bank bei ihren weiteren Beschlußfassungen glaubt ausgehen zu sollen. Im Rahmen einer solchen Wahrscheinlichkeitsverteilung von r_i-Werten, in denen also die Vorstellungen der Bank über die Gefährdungen des Ertragspotentials ihrer um die Gewährung von Krediten nachsuchenden Kunden zum Ausdruck kommen, finden die Überlegungen der Bank ihren abstrakten Ausdruck, wenn sie vor der Entscheidung steht, die Verschuldung eines Unternehmens durch die Gewährung von Krediten zu erhöhen. Andere Vorstellungen über das existentielle Risiko eines Unternehmens müssen zu anderen Ergebnissen über die Risikowirkungen zunehmender Verschuldung führen.

Die Rendite auf das Gesamtkapital des Unternehmens r_i enthält keine Kosten des Fremdkapitals, hier insbesondere des Bankkredits. Fügt man diese Größe in den Kalkül ein, dann erhält man auf der Basis der bereits bestehenden r_i-Verteilung eine bestimmte Verteilung der Renditen auf das Eigenkapital des Unternehmens. Hier ist eine bestimmte bereits eingegangene Verschuldung zugrunde gelegt. Diese r_i-Verteilung bildet die Grundlage für die Beurteilung des Unternehmens, wenn es sich darum handelt, zusätzliche Kredite zu gewähren.

Ist die Renditenspanne $r_i - k$ groß, dann wird die weitere Verschuldung des Unternehmens zu verhältnismäßig hohen Renditensätzen auf das Eigenkapital führen. Die Risikowirkungen bleiben dabei zunächst unberücksichtigt. Ist die Renditenspanne klein, dann muß die Rentabilitätswirkung zunehmender Verschuldung geringer sein als im zuerst angenommenen Fall. Zeigt sich, daß die Renditenspanne negativ ist, dann muß die Gewährung zusätzlicher Kredite zu einer weiteren Verschlechterung der Ertragslage des Unternehmens führen. Unter diesen Umständen wird die Bank nicht bereit sein, zusätzliche Kredite zu gewähren.

Sowohl vom Unternehmen als auch von der Bank aus gesehen, bedeutet es jedoch einen Verlust an Sicherheit, wenn durch zunehmende Fremdkapitalaufnahme eines Unternehmens günstigere Gewinnsituationen realisiert werden.

Da Kredite auf längere Zeit gewährt werden und nicht feststeht, ob sich die auf der augenblicklichen Ausgangslage basierende Wahrscheinlichkeitsverteilung im Laufe der Zeit ändern wird, weil sich auf Grund von neuen Erkenntnissen und Entwicklungen neue Ertragserwartungen für die Zukunft ergeben, muß diesen Gegebenheiten durch andere Wahrscheinlichkeitsverteilungen Rechnung getragen werden.

Dieser Vorgang bedeutet lediglich, daß das allgemeine existentielle Risiko des Unternehmens entgegen der Risikoeinschätzung der Ausgangslage als sich verbessernd oder verschlechternd angenommen wird. Glaubt man mit Abweichungen der zu erwartenden Entwicklung des Ertragspotentials der Unternehmung rechnen zu müssen, dann bedeutet eine derartige Auffassung über die Stabilität oder Nichtstabilität der Ausgangslage, daß die Risikowirkungen zunehmender Verschuldung nunmehr auf der Grundlage einer anderen Wahrscheinlichkeitsverteilung der r_i-

Werte zum Ausdruck kommen. Die von der Ausgangslage abweichende Beurteilung des allgemeinen Unternehmensrisikos führt zu einer anderen Verteilung der Renditenwerte r_i und damit zu anderen Konsequenzen zunehmender Verschuldung des Unternehmens hinsichtlich Höhe und Verteilung für die Werte der Eigenkapitalrendite r_e. Wird die Ausgangslage für instabil gehalten, und geht die allgemeine Ansicht dahin, daß mit einer Verschlechterung der allgemeinen Risikosituation des Unternehmens gerechnet werden sollte, dann wird die erwartete Verminderung der Renditenspanne die Bereitschaft der Bank, über den Kreditantrag des Unternehmens positiv zu entscheiden, herabsetzen. Ist die Renditenspanne hoch, und wird damit gerechnet, daß sich die interne Verzinsung in der bisherigen Höhe nicht halten läßt, dann ist die Entscheidungssituation gleichwohl günstiger als dann, wenn die Renditenspanne der Ausgangslage niedrig ist. Dagegen bildet eine Änderung des allgemeinen Unternehmensrisikos dann eine Verbesserung der Aussichten auf eine Kreditgewährung, wenn damit gerechnet wird, daß sich die zu erwartenden Renditen günstig entwickeln werden. In diesem Fall würde zunehmende Verschuldung zu einer höheren Rendite auf das Eigenkapital führen und so die Risikowirkungen steigender Verschuldung abschwächen.

Wenn im Falle einer Erhöhung des Fremdkapitalanteils durch Bankkredit die erwartete Eigenkapitalverzinsung nicht den Vorstellungen der Kreditgeber entspricht oder wenn, anders ausgedrückt, den Kreditgebern die Wahrscheinlichkeit zu gering erscheint, daß die im Falle neuer Zuführung von Kreditkapital von dem Unternehmen zu erzielende Rendite auf das Eigenkapital ihren Vorstellungen entspricht, dann wird nicht damit zu rechnen sein, daß die Bereitschaft der Bank groß ist, dem Unternehmen zusätzlich Kredite zu gewähren. Die Risikowirkungen des Verschuldungsgrades erschweren unter diesen Umständen den Zufluß von Kapital, in diesem Falle von Fremdkapital in das Unternehmen. Die beiden Konsequenzen zunehmender Verschuldung, die Rentabilitäts- und die Risikowirkungen, regulieren die Zufuhr von Fremdkapital in das Unternehmen.

Bisher wurden die Kosten des Fremdkapitals als konstant angenommen. Weder von der Sache her noch aus methodischen Gründen besteht ein Anlaß dafür, diese Annahme beizubehalten. Eine Bank kann im Falle einer Erhöhung des Kreditkontingents eines Unternehmens die bisherigen Konditionen beibehalten, also insbesondere den Zinssatz unverändert lassen. Sie kann aber auch anders verfahren und den Zinssatz erhöhen oder ermäßigen. Da jede Kreditgewährung ein individueller Akt ist, hängen die Vereinbarungen über die Zinskonditionen von der Stärke der Verhandlungsposition der beiden Kreditpartner ab. Wird ein höherer Zinssatz vereinbart, dann reduziert sich die Spanne $(r_i - k)$. Umgekehrt bedeutet eine Senkung des Zinssatzes eine Vergrößerung der

Renditenspanne. Da sie das Niveau der r_i-Verteilung bestimmt und diese Verteilung wiederum die Grundlage für die Entscheidung über die Gewährung weiterer Kredite bildet, so werden damit die Kreditkonditionen als bestimmende Größen in den Verschuldungszusammenhang und seine Konsequenzen für die Versorgung der Unternehmen mit Fremdkapital einbezogen.

Die gestaffelte Anordnung der Zinskosten derart, daß der von dem Kreditnehmer zu zahlende Zins in einem bestimmten Verhältnis zur Vergrößerung des Kreditvolumens steigt, betrifft einen Sonderfall, der nicht weiter untersucht werden soll.

Grundsätzlich bleibt es bei dem Ergebnis der bisherigen Untersuchungen über die Wirkung des allgemeinen existentiellen Risikos und des speziellen Verschuldungsrisikos auf die Bereitschaft der Banken, Kredite zu gewähren. Wenn das existentielle Risiko des Unternehmens für hoch gehalten wird, dann wird das zulässige Verschuldungsniveau relativ niedrig sein müssen, um nicht noch zusätzliche Verschuldungsrisiken zu induzieren. Umgekehrt wird ein niedriges Existenzrisiko in Verbindung mit einem stabilen Ertragspotential die Banken geneigt machen, dem Unternehmen einen hohen Verschuldungsgrad zuzugestehen. Es läßt sich auch sagen, daß im Fall hohen Existenzrisikos das Sicherheitsdenken vorherrscht, während im Fall niedrigen Existenzrisikos das Rentabilitätsstreben der Banken überwiegt. Dadurch, daß sie dem Unternehmen die Ausnutzung größter geschäftlicher Chancen ermöglichen, partizipieren sie selbst an dieser rentabilitätsgünstigen Entwicklung.

Sowohl für die Beurteilung der Situation in dem Unternehmen selbst als auch in der Bank ergeben sich hieraus einige wichtige Konsequenzen. Den um Kredit nachsuchenden Unternehmen und den Kredit gewährenden Banken ist bewußt, daß sich das existentielle Risiko nicht ausschließen läßt, dem alle unter marktwirtschaftlichen Bedingungen arbeitenden Unternehmen ausgesetzt sind. Trotz aller Verfeinerungen der Technik moderner Informationsgewinnung und -verarbeitung ist das existentielle Unternehmungsrisiko nicht aufhebbar, bleibt auch ein in den Prinzipien marktwirtschaftlicher Systeme verankerter Bestandteil unternehmerischer Betätigung. Gerade diese prinzipielle Unsicherheit des Eintritts und der Beurteilung wirtschaftlicher Ereignisse lastet auf allen geschäftspolitischen Maßnahmen, auch auf jedem von den Banken gewährten Kredit. Wenn die Banken selbst für Kredite Sicherheiten verlangen, die unter günstigen persönlichen, betrieblichen und gesamtwirtschaftlichen Bedingungen gegeben werden, so bedeutet dieses Verhalten der Banken nichts anderes als den Versuch, die Kreditgewährung gegen das existentielle Risiko abzusichern, dem jedes unter marktwirtschaftlichen Bedingungen arbeitende Unternehmen ausgesetzt ist. Das Bestreben der Banken, die Kredite durch Sicherheiten gegen Verluste zu schützen, hat also mehr Bezug auf das existentielle Risiko als auf das Risiko aus der Kapitalstruktur, insbesondere das aus zunehmender Verschuldung resultierende Risiko. Hieraus würde folgen, daß eine verhältnismäßig ungünstige Kapitalstruktur oder die Erwartung, daß sich die Kapitalstruktur des kreditnachsuchenden Unternehmens ungünstig entwickeln könnte, zu einer eventuellen Ablehnung des Kredites führen müßte, auch wenn Sicherheiten gestellt werden können. Denn die Banken beleihen nicht Sicherheiten, sondern sie gewähren Kredite an von ihnen als kreditwürdig angesehene Unternehmen. Diese Kreditwürdigkeit hängt aber primär von den Rentabilitätschancen, der Kapitalstruktur und dem Trend der Geschäftsentwicklung der Unternehmung ab, nicht dagegen von den Sicherheiten, die das Unternehmen zu stellen in der Lage ist. Diese Tatsache schließt nicht aus, daß im konkreten Fall die Stellung guter Sicherheiten eine gewisse Bereitwilligkeit der Banken hervorrufen kann, auch dann Kredite zu gewähren, wenn die Kreditwürdigkeit des Unternehmens, also seine gegenwärtige und sein erwartete betriebliche Situation, nicht als günstig angesehen wird. In besonderen Fällen und unter besonderen Umständen mögen also gute Sicherheiten in dieser Hinsicht (und in Grenzen) einen hohen Verschuldungsgrad kompensieren. Grundsätzlich ist jedoch daran festzuhalten, daß die Gewährung von Krediten von der Kreditwürdigkeit der Unternehmen, insbesondere ihren Umsatzerwartungen und ihrer Rentabilitäts- und Kapitalstruktur abhängig ist. In diesem Sinne soll der Satz verstanden werden, daß die Absicherung der Kredite durch Kreditsicherheiten bankühlicher Art dem existentiellen Risiko der Unternehmen gilt. Dieses Risiko bleibt, auch wenn das Unternehmen gegenwärtig und auf absehbare Zeit kreditwürdig erscheint.

4. Der Einfluß des finanziellen Risikos auf die Gestaltung der Kapitalstruktur emissionsfähiger Gesellschaften.

4 a. Vergleicht man die äußeren Umstände, unter denen emissionsfähige Unternehmen ihren Kapitalfonds aufbauen, mit den Bedingungen, denen sich nicht emissionsfähige Unternehmen gegenübersehen, so zeigt sich zunächst, daß die emissionsfähigen Gesellschaften bei diesem ihrem Bemühen eine weitaus größere Zahl von Einflußgrößen zu berücksichtigen haben. Entscheidet in nicht emissionsfähigen Unternehmen außer den für die Kreditvergabe zuständigen Banken nur ein kleiner Kreis von aktiv in der Geschäftsführung tätigen Personen über die Zusammensetzung des Kapitalfonds, so liegt es in der Konstruktion der emissionsfähigen Aktiengesellschaft begründet, daß eine — oftmals anonyme — Vielzahl von Kapitalanlegern über Bewertungsprozesse und -mechanismen, die sich an der Börse vollziehen, unablässig neue Daten setzt. Sie verlangen nach Berücksichtigung im Finanzierungskalkül der Geschäftsleitung.

Beachtet man, daß der sich in Aktien und Obligationen gliedernde Fonds aus Kapitalanlagen anderer Unternehmen (insbesondere institutioneller Kapitalsammelstellen wie Versicherungsgesellschaften, Investmentfonds, Banken) und Privatpersonen gespeist wird, die sich sämtlich die Möglichkeit offenhalten wollen, ihre Anteile über die Börse wieder zu veräußern, dann wird verständlich, daß der Kapitalfonds der emissionsfähigen Gesellschaften einer ständigen Bewertung, ständig sich vollziehenden Preisbildungsprozessen ausgesetzt ist. In dieser Tatsache also liegt das grundsätzlich andere gegenüber der Konstruktion nicht emissionsfähiger oder emissionswilliger Unternehmungen.

Noch ein anderes Moment darf in diesem Zusammenhang nicht unberücksichtigt bleiben. In den modernen Großunternehmen, soweit sie in der Form der emissionsfähigen Aktiengesellschaft betrieben werden, haben sich seit langem Entwicklungen vollzogen, die den Entscheidungsprozeß in eine mehr kollektive Form gebracht haben. Die Trennung von Unternehmensführung und Eigentum am Kapitalfonds ist gewiß die Ursache für die Entwicklung. Damit entsteht aber auch ein Entscheidungsproblem, das in nicht emissionsfähigen Gesellschaften kaum akut werden kann. Sollen die Mitglieder der Geschäftsführung oder die Eigentümer, unter Umständen auch die Kreditgeber des Unternehmens über die Zusammensetzung des Fonds entscheiden? Es ist verständlich, daß die letzte Entscheidung bei derfinanziellen Führung der Gesellschaft liegt. Allein, die äußeren Umstände, unter denen diese Entscheidung getroffen wird, sind anderer Art als in nicht emissionsfähigen Unternehmen. Sind es dort die Banken, deren Vorstellungen von Rentabilität und Risiko die entscheidend wichtigen Daten für die Bestimmung des Verhältnisses zwischen Fremd- und Eigenkapital bilden, so ist es hier die Vielzahl der Kapitalanleger, deren Urteile über die Zusammensetzung des Fonds von der kapitalaufnehmenden Gesellschaft zu beachten sind. Mit anderen Worten: Die Unternehmensleitung wird versuchen müssen, die Reaktionen des Kapitalmarktes auf Risiko und Ertragspotential des im Unternehmen investierten Kapitals zu antizipieren, bevor sie über die Proportionen von Fremd- und Eigenkapital entscheidet.

Wenn sich unter diesen Umständen eine große Zahl von Kapitalanlegern Urteile über das Ertragspotential des Unternehmens und dessen allgemeines Risiko bildet, wenn diese Urteile ihren täglich beobachtbaren Reflex in den Kurs- oder Marktwerten von Aktien und Obligationen finden, dann liegt die Frage nahe, ob sich nicht aus den Kurs- oder Marktwerten Anhaltspunkte für die zweckmäßigste Bestimmung der Kapitalfondsstruktur gewinnen lassen.

In den Kurs- oder Marktwerten von Anteilen am Kapitalfonds emissionsfähiger Aktiengesellschaften (also den Marktwerten von Aktien und Obligationen) werden die vielfältigen individuellen Vorstellungen vom

Wert dieser Anteile auf einen gemeinsamen Nenner gebracht. Die Marktwerte von Aktien und Obligationen sind so der Ausdruck bestimmter Renditenvorstellungen der Kapitalgeber. Die Effektiv- oder Realverzinsung, die Ertragsrate einer Kapitalanlage, ist gleich dem Quotienten aus dem Ertrag der Anlage und dem zum Erwerb der Anlage erforderlichen Kapital. Diejenige Ertragsrate, die die Kapitalgeber für die Überlassung ihres Kapitals glauben verlangen zu sollen (required rate of profit)[1], stellen für die Unternehmen Kosten des aufzunehmenden Kapitals dar. Insofern sind die Kapitalkosten ein Kapitalmarktdatum. Die Wirkung der Renditenforderung sei an einem Beispiel verdeutlicht. Eine Aktie erbringe eine effektive Dividendenrendite von 6%. Aus irgendwelchen Gründen mögen die Aktionäre diese Rendite als nicht mehr ausreichend betrachten, um das mit der Kapitalanlage verbundene Risiko zu kompensieren. Unter den geänderten Bedingungen und der geänderten Beurteilung des Risikogrades ihrer Kapitalanlage fordern sie 7%. Die Unternehmensleitung kann dieser Forderung nicht kurzfristig durch eine Erhöhung der Dividende entsprechen. So bleibt den Aktionären nur übrig, ihre Anteile zu veräußern und in Papieren einer Gesellschaft anzulegen, die sich effektiv mit 7% verzinsen. Die Abgaben in Papieren der zuerst betrachteten Gesellschaft drücken auf deren Kursniveau. Wenn der Abgabeprozeß vollzogen ist, weist auch die erste Gesellschaft eine 7%ige Rendite auf, weil sich bei unveränderten Dividendenerwartungen ihr Kursniveau ermäßigt hat und zwar insoweit, als die wirksam vom Kapitalmarkt geforderte Rendite von 7% zustande gekommen ist.

Verfügen die Kapitalgeber über mehrere Anlagemöglichkeiten, dann werden sie die Vorteilhaftigkeit der Kapitalanlage an Rentabilitäts- und Risikoniveau dieser Möglichkeiten messen. So werden sie einer Unternehmung nur dann Kapital zur Verfügung stellen, wenn sie aus dieser Anlage bei sonst gleichem Risiko eine höhere Effektivverzinsung glauben erwarten zu dürfen als in konkurrierenden Verwendungsmöglichkeiten. Wenn die Kapitalgeber ihre Entscheidung, ob sie der Unternehmung Geld zur Verfügung stellen sollen, von der Erzielung eines bestimmten Rentabilitätsniveaus abhängig machen, dann geht diese von ihnen geforderte Effektivrendite als Datum in die Finanzierungsüberlegungen der Unternehmensleitung ein. Sind demnach Aktionäre und Obligationäre nur dann bereit, der Unternehmung Kapital anzubieten, wenn eine bestimmte Mindestverzinsung nachhaltig erwartet werden darf, dann stellen diese Renditenvorstellungen beziehungsweise Renditenforderungen in der Sicht der Unternehmensleitung die effektive Kapitalkostenbelastung für die Beschaffung des Eigen- und Fremdkapitals dar.

---

[1] Vgl. GORDON, M. J., und E. SHAPIRO, Capital Equipment Analysis: The Required Rate of Profit, in: Management Science, Vol. 3 (1957), S. 102ff.

Die Determinanten der Renditenforderung, die als die den Aktionären oder Obligationären zu gewährende Effektivrendite in die Überlegungen der finanziellen Führung eingeht, sind vielfältiger Art. Es lassen sich jedoch bestimmte Haupteinflußgrößen isolieren. Die in allen Urteilen der Kapitalanleger über die zu fordernde Effektivverzinsung und den ihr zugeordneten Kurswert von Aktien und Obligationen dominierende Einflußgröße ist der erwartete Ertrag und zwar in einer Höhe, wie ihn das Unternehmen aus der Sicht aller gegenwärtigen und potentiellen Kapitalgeber in zukünftigen Geschäftsjahren erzielen wird. Die Einschätzung des Ertragspotentials seinerseits wird davon abhängen, unter welchen Wettbewerbsverhältnissen und in welcher konjunkturellen Situation die Unternehmung zu operieren hat. Auch die Frage ist von Bedeutung, ob die Kapitalmarktverhältnisse eine Erweiterung des Investitionsvolumens grundsätzlich zulassen, oder ob eine Verknappung der gesamtwirtschaftlichen Liquidität der Unternehmung Restriktionen auferlegt, welche die volle Ausnutzung von Wachstums- und Ertragschancen verhindern könnten. Veränderungen der gesamtwirtschaftlichen Daten werden sich in den einzelnen Wirtschaftszweigen in unterschiedlichem Maße auswirken. So gibt es zum Beispiel langfristige Änderungen der Absatzchancen, die für einzelne Branchen günstig, für andere hingegen ungünstig sein können. Von einem konjunkturellen Aufschwung profitieren einige Geschäftszweige der Wirtschaft in höherem, andere in geringerem Maße. Ist abschätzend fixiert, wie sich die einzelnen Branchen innerhalb der Gesamtkonjunktur entwickeln werden, dann richtet sich der Blick auf die einzelne Gesellschaft. Auch sie wiederum wird an der Veränderung des Umsatzvolumens einer Branche in unterschiedlichem Umfang teilhaben. So kommt es zum Beispiel darauf an, ob das einzelne Unternehmen mit dem richtigen Investitions- und Produktionsprogramm eine rechtzeitige Steigerung des Ertragspotentials zu erreichen vermag und ob seine Absatzbemühungen Erfolg haben. Nicht zum wenigsten werden sich die Kapitalgeber bei der Abschätzung des wahrscheinlichen Ertragspotentials ein Urteil über die Qualifikation der Unternehmensleitung bilden. Die Gesamtheit dieser Überlegungen und Beurteilungen wird in der Schätzung des Ertragspotentials als der den Wert eines Unternehmensanteils bestimmenden Größe ihren Niederschlag finden. Hat eine Steigerung des Gewinn- und Ertragspotentials eine Erhöhung der Kurs- oder Marktwerte, eine Stagnation oder Verminderung des Ertragspotentials ein Abbröckeln der Kurse zur Folge, dann läßt sich sagen, daß tendenziell die Entwicklung der Kurs- oder Marktwerte und damit das Niveau der Renditenforderungen von der Einschätzung der Ertragskraft des Unternehmens durch die Kapitalgeber bestimmt wird.

Ist somit das Ertragspotential bei der Bewertung von Unternehmungsanteilen die beherrschende Größe, so kann andererseits beobachtet werden, daß das allgemeine Kursniveau einer Unternehmung, einer Branche und der Gesamtheit aller Branchen von Einflußgrößen bestimmt wird, die ihrem Wesen nach mehr gesamtwirtschaftlicher Art sind, den Zinssätzen für kurz- und langfristige Kapitalanlagen. Sie sind ihrerseits von der gesamtwirtschaftlichen Liquidität abhängig. Kommt es zu einer Erhöhung der gesamtwirtschaftlichen Liquidität und damit zu einem tendenziellen Absinken der Zinssätze, dann wird eine derartige Entwicklung regelmäßig in höheren Kurswerten ihren Niederschlag finden.

Der Anpassungsmechanismus, der durch eine Veränderung des Zinsniveaus ausgelöst wird, soll an einem Beispiel verdeutlicht werden. Der Zinssatz für die langfristige Überlassung von Kreditkapital betrage 8%. Stellt ein Kapitalgeber seine Mittel einer Unternehmung in der Form von Beteiligungskapital zur Verfügung, dann wird er eine Verzinsung seiner Kapitalanlage fordern, die mindestens gleich oder größer ist als der angenommene Zinssatz von 8%. Wird ad infinitum eine gleichbleibende Ertragslage vorausgesetzt, dann bedeutet das, daß der Kapitalgeber die von ihm erwarteten Erträge mit einem Kapitalisierungsfaktor von 100:8 = 12,5 bewertet, um den Wert eines Anteils an dem Unternehmen zu ermitteln. Nunmehr möge sich die gesamtwirtschaftliche Liquidität erhöhen, der Zinssatz soll auf 7%i sinken. Solange ein Kapitalgeber die Anlage in festverzinslichen Wertpapieren als Alternative zur Anlage in Beteiligungskapital ansieht, wird sich der von ihm benutzte Kapitalisierungsfaktor auf 100:7 = 14,3 erhöhen. Zusätzlich sei angenommen, daß der auf einen Anteil am Aktienkapital entfallende Ertrag auf 20 DM geschätzt werde. Orientiert der Kapitalgeber seine Renditenforderung an dem Zinssatz von 8%, das heißt, bewertet er das Ertragspotential mit einem Kapitalisierungsfaktor von 12,5, dann beträgt der Wert dieses Anteils nach den Vorstellungen dieses Käufers 250 DM. Die mit der Senkung des Zinsniveaus verbundene Verringerung der Renditenansprüche hat über die Erhöhung des Kapitalisierungsfaktors eine höhere Bewertung der Anteile an dem Unternehmen zur Folge. Fällt also der Zins auf 7% und steigt damit der Kapitalisierungsfaktor auf 14,3, dann wird der Investor seiner Kapitalanlage einen Wert von 286 DM zumessen. Die tatsächlichen Kurswerte müssen nicht mit den hier errechneten Werten übereinstimmen. Gleichwohl läßt sich sagen, daß für einen Kapitalgeber, der den Kauf von festverzinslichen, in der Regel risikoarmen Papieren als Vergleichsalternative heranzieht, der Kauf von Aktien so lange vorteilhaft ist, wie der Kurswert der Aktien kleiner oder gleich 250 DM im ersten Fall bzw. kleiner oder gleich 286 DM im zweiten Fall ist. Im Falle einer Zinssenkung sind also die Kapitalgeber unter Renditengesichtspunkten bereit, einen höheren Preis für die Kapitalanlage im Beteiligungskapital zu zahlen. Auf welchem Niveau auch immer sich der Kurswert der Unternehmensanteile einspielen mag, Veränderungen des Kursniveaus als Folge einer Zinssatzänderung sind in aller Regel beobachtbar. Sie werden somit zu Daten des Finanzierungskalküls der Unternehmensleitung[1].

Der bisherigen Untersuchung lag die Annahme zugrunde, daß sich ein Kapitalgeber bei der Bewertung der Ertragskraft seiner Anteile am Zinssatz für langfristige und risikoarme Kapitalanlagen orientiert. Ändert sich in seinen Vorstellungen das Risiko, dem der Wert der Kapitalanlage ausgesetzt ist, und das Maß an Risiko der aus ihr fließenden Erträge, dann wird er über die Verzinsung der risikolosen oder risikoarmen Anlagen hinaus eine zusätzliche Verzinsung verlangen, die gleichsam ein Äquivalent für das gestiegene Risiko bildet.

Neben den genannten Einflüssen, die ihrer Natur nach ökonomischer Art sind, wirken andere Tatbestände überwiegend nichtökonomischer Art auf die Kursbildung der Unternehmensanteile ein. So können insbesondere psychologische Faktoren bewirken, daß das tatsächlich erreichte Kursniveau der Unternehmensanteile um den vom Ertragspotential der Unternehmen bestimmten Trend oszilliert. Auch der Kursverlauf selbst beeinflußt das Verhalten der Marktparteien. Das klassische Beispiel für diesen Vorgang liefert die Tatsache, daß nachhaltig steigende Kurse immer mehr Käufer anziehen, so daß der sich verbreitende Optimismus die Hausse oft weit über das wirtschaftlich vertretbare Maß hinausführt. Umgekehrt kommt es in einer Baisse, je länger sie dauert, zu immer mehr Positionslösungen, weil sich an der Börse eine pessimistische Stimmung durchsetzt, die zu einer Massenerscheinung wird mit der Folge, daß die Aktienkurse noch weiter absinken. Auf diese Weise machen sich massenpsychologische Erscheinungen im Börsengeschehen bemerkbar.

Wieweit diese Erscheinungen dazu beitragen, daß die Marktwerte der Unternehmensanteile von dem durch ihre Risiken und Ertragschancen bestimmten Werte abweichen, vermag nicht endgültig beurteilt zu werden. Die Diskussion spitzt sich auf die Frage zu, ob die Kurswerte der Papiere tatsächlich trendartigen Gesetzmäßigkeiten folgen, ob sie also grundsätzlich und über längere Zeiträume hinweg von Größen bestimmt werden, die die Situation der Gesellschaften und der Kapitalmärkte kennzeichnen, oder ob sie einen „Zufallspfad" beschreiben. Prognosen für Entwicklung der Kurse und der Kapitalkosten würden dadurch erheblich erschwert. Orientieren sich die Kurse an Indikatoren wie der Auftragslage der Gesellschaften, der Sicherheit ihrer Gewinnerwartungen oder dem Volumen ihrer langfristigen Verschuldung, reagieren also die

[1] Vgl. hierzu auch WEISMANN, A., Die Bewertung von Aktien, in: Beiträge zur Aktienanalyse, Hrsg. Deutsche Vereinigung für Finanzanalyse und Anlageberatung (DVFA), Heft 1, S. 12ff. und SAUVAIN, H. C., Changing Interest Rates and the Investment Portfolio, in: Journal of Finance, Vol. 14, 1959, S. 230ff.

Anleger wenigstens im Prinzip auf Tatbestände mehr ökonomischer Natur, dann werden sie auch ihre Renditenforderungen diesen Sachverhalten anpassen. Solange aber Indikatoren der genannten Art kursbestimmend wirken, sind auch die Reaktionen der Anleger auf Änderungen der Unternehmenspolitik oder weitreichende Maßnahmen speziell im Bereich der finanziellen Führung in einem gewissen Maß prognostizierbar. Damit soll nicht ausgeschlossen werden, daß zufallsbedingte Abweichungen vom Trend vorkommen, daß, anders ausgedrückt, außerökonomische Einflüsse den Trend der ökonomischen Größen überlagern und je nach Situation forcieren oder abschwächen können[1].

Die geschilderten Reaktionen setzen nun allerdings ein hohes Maß an Reagibilität für die Vorgänge auf den Kapitalmärkten voraus. In dieser Hinsicht weisen die einzelnen Länder ohne Zweifel große Unterschiede auf. Außerdem verlangt ein solches Verhalten Publizitätsbereitschaft und Interesse für die Informationen, welche die Gesellschaften über ihre betrieblichen Verhältnisse geben. Die Veröffentlichung auch weitgehend aufgeschlüsselter Jahresabschlüsse und gelegentliche Verlautbarungen über besondere Vorhaben genügen nicht für ein Publizitätsinteresse, das im Dienste von Kapitalmarktpflege und Anlageintensivierung steht. Es gibt eine bestimmte Kapitalmarktatmosphäre, die durch Umstände der verschiedensten Art erzeugt wird und die von breiten Schichten eines Volkes Besitz ergreifen kann, während sich die Bevölkerung anderer Länder den Kapitalmarktvorgängen gegenüber verhältnismäßig indifferent verhält.

Die Markttransparenz auf Kapitalmärkten hat auch dadurch eine nicht unbeträchtliche Steigerung erfahren, daß Methoden der Finanzanalyse[2] entwickelt wurden, die, wenn auch für den konkreten Fall von unterschiedlichem Wert, dennoch die Unternehmen und die Vorgänge auf den Kapitalmärkten in einem Maße zu durchleuchten erlauben, wie es in früheren Jahrzehnten nicht für möglich gehalten wurde. Es ist sicherlich nicht gerechtfertigt, den modernen finanzanalytischen Methoden jenes Maß an methodischer Durchbildung und Überzeugungskraft zuzuerkennen, das die neuzeitlichen Marktforschungsmethoden mit Recht für sich beanspruchen können. Daß aber finanzanalytische Methoden

---

[1] Zur neueren Diskussion über Kursbewegungen vgl. auch OSBORNE, M. F. M., Brownian Motion in the Stock-Market, in: Operations Research, Vol. 8 (1959), S. 145–173; GODFREY, M. D., C. W. J. GRANGER und O. MORGENSTERN, The Random Walk Hypothesis of Stock Market Behavior, in: Kyklos, Vol. 17 (1964), S. 1–30; COOTNER, P. H., Hrsg., The Random Character of Stock Market Prices, Cambridge, Mass. 1964.

[2] Vgl. hierzu u.a. LERNER, E. M., und W. T. CARLETON, A Theory of Financial Analysis, New York-Chicago-Burlingame 1966; BÜSCHGEN, H. E., Wertpapieranalyse, Die Beurteilung von Kapitalanlagen in Wertpapieren, Stuttgart 1966, und die hier angegebene umfangreiche Literatur des Aus- und Inlandes.

heute ein hohes Maß an Markttransparenz zu schaffen in der Lage sind, noch dazu auf Märkten, die bisher im Dunkel äußerst zurückhaltender Berichterstattung lagen, steht außer Zweifel. Allein die Bedeutung, die in den Vereinigten Staaten der price-earnings-ratio bei den Anlageüberlegungen großer Gesellschaften nicht nur von großen Kapitalsammelstellen und Beratungsbüros, sondern auch im breiten anlagesuchenden Publikum beigemessen wird, ist ein Zeichen dafür, daß gewisse Leitgrößen, mit denen die Finanzanalyse arbeitet, in das Bewußtsein des an Kapitalmarktfragen interessierten Publikums eingedrungen sind.

4b. Diese Ausführungen über das Verhalten der Kapitalgeber emissionsfähiger Unternehmen sind deshalb erforderlich, weil ohne sie die methodischen Grundlagen für die Ableitung des Verschuldungsgrades aus Daten des Kapitalmarktes unzureichend aufgezeichnet sein würden. Wie lassen sich nun aus den beobachtbaren Renditenforderungen der Aktionäre und Obligationäre Anhaltspunkte für die Proportionierung des Kapitalfonds gewinnen?

Zunächst ist wieder darauf hinzuweisen, daß die einer Kapitalanlage zuzuordnenden Rentabilitäts- und Risikoerwartungen der Kapitalgeber in den Kurswerten der Aktien und Obligationen ihren Ausdruck finden. Wie gezeigt wurde, bringt der Bewertungsprozeß der Börse voneinander abweichende Urteile der Kapitalgeber zu einem gewissen Ausgleich. Für die Entscheidungen der Unternehmensleitung ist deshalb nicht das Urteil des einzelnen Kapitalgebers über das Unternehmen, sondern der im Kursbildungsprozeß ermittelte Marktwert der Unternehmensanteile maßgebend.

Im Marktwert der Aktien und Obligationen finden nun aber Rentabilitäts- und Risikoerwägungen unterschiedlicher Art — aus dem Bündel sämtlicher Einflußgrößen seien sie als die Hauptdeterminanten isoliert — ihren Ausdruck. So sind, um mit den Rentabilitätserwartungen der Kapitalgeber zu beginnen, in den Marktwerten sowohl Urteile über das Gewinnpotential des Unternehmens enthalten als auch über die Möglichkeiten, dieses Gewinnpotential durch zusätzliche Verschuldung zu steigern. Ähnlich verhält es sich mit den Risikowirkungen. Im Kurs- oder Marktwert der Anteile an emissionsfähigen Gesellschaften wird einmal das allgemeine marktliche Existenzrisiko reflektiert, dem jedes Unternehmen ausgesetzt ist, völlig unabhängig davon, ob es verschuldet ist oder nur mit Eigenkapital arbeitet, zum anderen das hier besonders interessierende Risiko aus der Verschuldung. Will man aus den Kurswerten und den mit ihnen verbundenen Renditegrößen (Kapitalkostensätzen) eine Aussage über den zulässigen Verschuldungsgrad herleiten, dann ist es erforderlich, die Analyse auf jene Rentabilitäts- und Risikowirkungen auszurichten, die mit der Verschuldung in ursächlichem Zusammenhang stehen. Anders ausgedrückt: Der Gegenstand der Untersuchung verlangt eine methodische Ausklammerung der nicht auf Verschuldung zurückzuführenden Rentabilitäts- und Risikoerwartungen. Gelingt die Eliminierung dieser Einflüsse, dann sind insoweit die Voraussetzungen geschaffen, um die Abhängigkeiten zwischen Marktwerten (bzw. Kapitalkosten) und Verschuldungsgrad untersuchen zu können. Faßt man Unternehmen, die dem gleichen Existenzrisiko ausgesetzt sind, das heißt Unternehmen, deren interne Renditen durch gleiche Wahrscheinlichkeitsverteilungen gekennzeichnet sind, zu einer Gruppe zusammen, dann läßt sich der Einfluß der Kapitalstruktur auf die Kapitalkosten und die Kurswerte der Unternehmensanteile auf empirischem Wege ermitteln[1].

Eine Gruppe von Unternehmen gleichen existentiellen Risikos möge nach einem Vorschlag von MODIGLIANI und MILLER als Risikoklasse bezeichnet werden[2]. Der gleichen Risikoklasse werden in aller Regel Unternehmen angehören, die weitgehend unter ähnlichen Marktbedingungen arbeiten, gleichartige Produktionsstrukturen und betriebstechnische Elastizitäten aufweisen. Richtet sich das Interesse auf eine so gekennzeichnete Gruppe von Unternehmen, dann kann das allgemeine Existenzrisiko die zu untersuchenden Abhängigkeiten nicht beeinflussen.

Ändern sich die Marktwerte und damit die Kapitalkosten der zu einer Risikoklasse zusammengefaßten Unternehmen, dann lassen sich diese Wertbewegungen aufgrund der Annahme unveränderten Unternehmensrisikos allein auf die Rentabilitäts- und Risikowirkungen finanzieller Maßnahmen zurückführen. Bezeichnet man mit ϱ_{ij} die Kapitalkosten eines Unternehmens j $(1, \ldots, n)$ in der Risikoklasse $i\,(1, \ldots, m)$, so läßt sich die Abhängigkeit der Kapitalkosten ϱ_{ij} von der in einer Unternehmung realisierten Kapitalstruktur schreiben als $\varrho_{ij} = \varphi_{ij}(F/E)$. F/E drückt das Verhältnis des Fremdkapitals zum Eigenkapital aus. In jeder Unternehmung der Klasse i möge der Zusammenhang zwischen Kapitalkosten und Kapitalstruktur F/E durch eine derartige Beziehung gekennzeichnet sein. Sollten nur wenige Firmen j bei der Planung ihrer Kapitalstruktur unter besonders günstigen oder besonders ungünstigen Kapital-

[1] Die Zusammenfassung von Unternehmen gleichen Risikos ist als methodische Absicherung für die empirische Analyse der Abhängigkeit zwischen Kapitalstruktur und Kapitalkosten gedacht. Der andere Weg, bei einer einzelnen Unternehmung die Abhängigkeiten zwischen den relevanten Größen zu überprüfen, erscheint insofern nicht recht gangbar, als es unmöglich sein wird aufzuzeigen, wie sich, bezogen auf einen bestimmten Zeitpunkt, die Renditenforderungen der Kapitalgeber mit der Kapitalstruktur verändern. Um die hier interessierenden Abhängigkeiten sichtbar zu machen, würde also angenommen werden müssen, daß eine Unternehmung im fixierten Zeitpunkt verschiedene Kapitalstrukturen aufweist.

[2] MODIGLIANI, F., und M. H. MILLER, The Cost of Capital, Corporation Finance, and the Theory of Investment, in: American Economic Review, Vol. 48, (1958), S. 261—296, insbesondere S. 266 und 267.

marktbedingungen operieren, finden auch diese Abweichungen von den für die Unternehmensgruppe allgemeingültigen Konditionen in dem Verlauf der nunmehr abzuleitenden Kapitalkostenfunktion ihren Ausdruck.

5. Kostenverläufe im finanziellen Bereich der Unternehmung.

A. Der nichtlineare Kapitalkostenverlauf.

Wie gezeigt wurde, müssen Unternehmen, die vor der Aufgabe stehen, ihren Kapitalfonds zu vergrößern oder umzustrukturieren, bei ihren Finanzierungsüberlegungen davon ausgehen, daß die präsumtiven Kapitalgeber sehr konkrete Vorstellungen über die Höhe der Effektivverzinsung haben, die sie für die Anlage ihres Kapitals in Aktien oder Obligationen der Gesellschaft glauben verlangen zu können. Diese Vorstellungen wird die Leitung des Unternehmens berücksichtigen müssen, wenn ihre finanzierungspolitischen Maßnahmen erfolgreich sein sollen.

Reagieren die derzeitigen und potentiellen Kapitalgeber stark verschuldeter Unternehmen auf die durch Kreditfinanzierung ausgelösten Risiken, dann werden sie als Kompensation Ertragsraten verlangen, deren Höhe über dem Renditenniveau für Kapitalanlagen in mäßig verschuldeten Unternehmen liegt. Die Ertragsrate einer Kapitalanlage ist dabei gleich dem Quotienten aus den laufenden Erträgen eines Geschäftsjahres (Dividenden oder Zinszahlungen) und dem zum Erwerb der Anlage erforderlichen oder aufgewandten Kapital. Sind die Erträge fixiert, dann kommt ein Anstieg der Ertragsraten nur dann zustande, wenn das Kursniveau der Aktien oder Obligationen sinkt. Die Kapitalgeber haben unter diesen Umständen weniger Mittel für den Erwerb von Anteilen am Eigen- oder Fremdkapital der Unternehmung aufzubringen. Nur so wird auch die Auffassung verständlich, daß Wertpapiere von Gesellschaften mit vergleichsweise hohem Strukturrisiko hohe Effektivrenditen aufweisen, während Anteile an Unternehmen mit niedrigem finanziellem Risiko entsprechend niedrigere Renditen zeigen. Fordern demnach die Kapitalgeber mit steigendem Risiko eine höhere Realverzinsung, dann werden Anteile an Unternehmen mit hohem Strukturrisiko niedriger bewertet als Papiere von Gesellschaften, denen diese zusätzliche Risikoposition aus der Verschuldung nicht zulässig erscheint.

Sieht man den beschriebenen Zusammenhang aus der Sicht der finanziellen Führung des Unternehmens, dann sind die von den Anlegern geforderten Ertragsraten Kosten des Eigen- oder Fremdkapitals. Unter sonst gleichen Voraussetzungen ist die Kapitalkostenbelastung der Unternehmung um so geringer, je höher das Kursniveau der Anteile am Eigen- oder Fremdkapitalfonds ist.

Wird ein irgendwie gegebener Kapitalbedarf durch die Emission von Aktien oder Obligationen gedeckt, dann nehmen die den Kapitalgebern zuzubilligenden Dividenden oder Zinszahlungen das finanzielle Reservoir der Gesellschaft um so weniger in Anspruch, je mehr die herrschenden Kapitalmarktverhältnisse es zulassen, die neuen Papiere zu hohen Kursen zu emittieren. Die Änderung der Kostensätze, ausgelöst durch Umschichtungen im Kapitalfonds, erscheint allerdings nur dann wahrscheinlich, wenn die aktuellen und potentiellen Kapitalgeber der Gesellschaft auf Änderungen des Verschuldungsgrades reagieren.

Wächst der Anteil des Fremdkapitals an der Kapitalausstattung des Unternehmens, dann werden, je nach den Risikoerwartungen der beteiligten Kapitalgeber, die Eigen- und Fremdkapitalkosten in einem durch das gestiegene Risikoniveau bestimmten Maß ebenfalls steigen. Dieser Zusammenhang zwischen Änderungen des Verschuldungsgrades oder Umschichtungen im Kapitalfonds und Änderungen der Kapitalkostensätze (Ertragsraten) ist gemeint, wenn von Kostenverläufen innerhalb der finanziellen Sphäre der vom Kapitalmarkt bewerteten Unternehmung gesprochen wird. Kostenverläufe in der finanziellen Sphäre der Unternehmung sind Ergebnisse von Kursbildungsprozessen des Kapitalmarktes, die ihrerseits wiederum das Resultat der Vorstellungen sind, die sich die Kapitalgeber über Risikograd und Ertragspotential der kapitalnachfragenden Unternehmen bilden.

So beruhen die Kostenverläufe der finanziellen Sphäre auf bestimmten Verhaltensweisen der Kapitalanleger. Ob und in welcher Weise die Anleger auf Änderungen des Verschuldungsgrades der börsennotierten Unternehmen reagieren, läßt sich nur im Anschluß an empirische Untersuchungen beantworten, und tatsächlich ist bereits eine ganze Anzahl derartiger Tests vorgenommen worden, auf die noch zurückzukommen ist. Hier wird davon ausgegangen, daß Reaktionen eintreten, über die bestimmte Annahmen gemacht werden.

Trotz dieser starken Verankerung in personalen Bereichen ist der Zusammenhang zwischen Kapitalkosten und Kapitalstruktur in einem gewissen Maße quantifizierbar. Ist das der Fall, dann entsteht die Frage, ob zwischen den Variablen F und E nicht ein Verhältnis zu ermitteln ist, das unter den gegebenen Kapitalmarktverhältnissen als das bestmögliche angesehen werden kann. Bei dieser Relation zwischen Fremd- und Eigenkapital würde das Streben nach maximaler Rentabilität und nach größtmöglicher Absicherung gegen die Risiken der Kreditfinanzierung zum Ausgleich kommen. Ist diese Relation erreicht, dann erscheint eine weitere Steigerung des Verschuldungsgrades nicht mehr sinnvoll. Damit wäre ein Maß an Verschuldung realisiert, bei dem das wachsende Strukturrisiko der weiteren Inanspruchnahme billigen Fremdkapitals eine Grenze setzt. Läßt sich ein derartiges Optimum nachweisen, dann ist dies ein Hinweis dafür, daß das „Prinzip des wachsenden Risikos"[1] gleichsam zu einem Regulativ in dem Bestreben wird, die Eigenkapitalrentabilität durch zusätzliche Verschuldung fortlaufend zu steigern.

Die in die Analyse der Rentabilitäts- und Risikowirkungen eingeführten Größen stellen eine Beziehung zwischen den Erträgen und dem mit Nominalwerten angesetzten Kapital her. In dieser Weise sind die Begriffe Rendite des Gesamtkapitals (r_i), Rendite des Eigenkapitals (r_e) und Kosten des Fremdkapitals (k) definiert. Die Nominalbeträge müssen benutzt werden, weil sich die Rentabilitätswirkungen der Verschuldung nur dann einwandfrei erfassen lassen, wenn Kursfluktuationen der Kapitalmärkte neutralisiert werden.

Soll die Proportionierung zwischen Fremd- und Eigenkapital aus den Daten der Kapitalmärkte abgeleitet werden, dann müssen die Variablen r_i, r_e und k in Größen transformiert werden, in denen sich die Reaktionen der Anleger auf die Finanzierungspolitik der Unternehmensleitung niederschlagen. Derartige Reaktionen werden aber — wie gezeigt wurde — ausschließlich in den Ertragsraten oder Kapitalkosten reflektiert. Die Beziehung zwischen dem Ertrag einer Kapitalanlage und ihrem Kurswert zeigt die von der Gesamtheit gegenwärtiger und potentieller Anleger geforderte Effektivverzinsung. Dabei ist der Kurs- oder Marktwert eines Papiers insofern als Ausdruck der Renditen- und Risikoerwägungen der Anleger anzusehen, als er den Betrag angibt, den neue Kapitalanleger aufzuwenden bereit wären und im Falle der Aktienemission anlegen würden. Für einen bereits beteiligten Aktionär stellt er den fiktiven Kapitaleinsatz dar, den er aufzubringen hätte, wenn er noch nicht an dem Unternehmen beteiligt wäre. Werden im folgenden Kapitalkosten oder Ertragsraten als Verhaltensgrößen definiert, so soll hierdurch zum Ausdruck gebracht werden, daß alle Reaktionen der Kapitalanleger auf finanzielle Maßnahmen der Geschäftsführung in Kurswertänderungen und damit in Oszillationen der Kapitalkosten zum Ausdruck kommen. Somit wird unter r_e^* die von den Eigenkapitalgebern angestrebte Effektivverzinsung verstanden. Die Größe k^* soll in ähnlicher Weise die von den Fremdkapitalgebern verlangte Verzinsung bezeichnen. Fremdkapital, dessen Ein- und Auszahlungsbeträge vom Nominalwert des hingegebenen Kapitals abweichen (zum Beispiel Schuldverschreibungen, unter Umständen auch Hypotheken), geht mit seiner auf diese Weise bestimmten Effektivverzinsung in den Kalkül des Unternehmens ein, während bei Schulden, die in Höhe des überlassenen Geldbetrages zurückgezahlt werden müssen, die Nominalverzinsung gilt. Sie stimmt in diesen Fällen mit der Effektivverzinsung überein. Die Umdeutung der Variablen in Verhaltensgrößen verlangt zugleich, die

[1] Vgl. hierzu KALECKI, M., The Principle of Increasing Risk, in: Economica N. S. Vol. IV, 1937.

mit ihren Nominalbeträgen angesetzten Kapitalien durch Werte zu ersetzen, die sich auf den Kapitalmärkten bilden. Dementsprechend gibt die Rate r_e^* die auf das zu Kurs- oder Marktwerten bewertete Eigenkapital E^* bezogenen Erträge und die Rate k^* die auf das mit Kurs- oder Marktwerten veranschlagte Fremdkapital F^* geforderten Zinsen oder Kreditkosten an. Die dem Gesamtkapital K^* zuzuordnende Rendite ist nunmehr ebenfalls als Verhaltensgröße r_i^* zu deuten. Diese Umformulierung der Größe r_i in r_i^* macht es erforderlich, auf die beiden Raten r_e^* und k^* zurückzugehen und mit den neubewerteten Kapitalanteilen zu gewichten[1]:

$$r_i^* = \frac{E^*}{K^*} \cdot r_e^* + \frac{F^*}{K^*} \cdot k^*. \tag{17}$$

Die Größe r_i^* ist keine originär vom Kapitalmarkt vorgegebene Größe, sondern eine aus den zugrunde liegenden Verhaltensgrößen, den Eigenkapitalkosten r_e^* und den Fremdkapitalkosten k^* abgeleitete Rechengröße, die als bestimmende Variable in die Finanzierungs- und Investitionsplanungen der Unternehmen Eingang findet[2].

Nunmehr sind die Abhängigkeiten zu untersuchen, die zwischen der Größe r_i^* und dem Verschuldungsgrad der Unternehmen bestehen. Wie die Formulierung der den gewogenen Kostendurchschnitt repräsentierenden Größe r_i^* ein Zurückgehen auf die zugrunde liegenden Verhaltensvariablen r_e^* und k^* erforderlich machte, so erscheint es jetzt bei der Ableitung des Funktionalzusammenhanges zwischen r_i^* und dem Verschuldungsgrad notwendig, auf die originären Verhaltensfunktionen $r_e^* = r_e^*(F^*/E^*)$ und $k^* = k^*(F^*/E^*)$ zurückzugehen. In diesen Funktionen kommt zum Ausdruck, wie sich die Eigentümer bzw. die potentiellen Eigenkapitalgeber einerseits und die Fremdkapitalgeber andererseits zu den jeweils auftretenden Risiken im Finanzbereich des Unternehmens verhalten und zwar nur zu dem durch die Finanzierung ausgelösten Strukturrisiko. Das allgemeine Existenzrisiko des Unternehmens wurde durch die Voraussetzung gleichbleibenden Unsicherheitsgrades ausgeschaltet.

In der Abb. 13 ist auf der Abszissenachse der Verschuldungsgrad abgetragen und zwar definiert als das Verhältnis des Fremdkapitals zum Eigenkapital, bewertet zu Kurswerten. Auf der Ordinatenachse erscheinen die Kostensätze als die Verhaltensgrößen r_i^*, r_e^* und k^*. Da zunächst von einem Unternehmen ausgegangen wird, das ohne Fremdkapital arbeitet, fällt die auf das Eigenkapital geforderte Rendite unter

[1] Die Gl. (17) folgt nach einigen Umformungen aus der Gl. (2); vgl. die Ausführungen im ersten Abschnitt dieses Kapitels.

[2] Zur Ermittlung dieser Größe aus Bilanzpositionen und Ergebnisrechnungen, vgl. SOLOMON, E., Measuring a Company's Cost of Capital, in: SOLOMON, E. (Hrsg.), The Management of Corporate Capital, Glencoe, III, 1959, S. 128ff.

diesen Umständen mit der auf das Gesamtkapital geforderten Rendite zusammen. Nunmehr möge sich der Verschuldungsgrad ändern und zwar dadurch, daß die Unternehmung bei konstant bleibendem Eigenkapital sukzessiv Fremdkapital aufnimmt, um den günstigen Einfluß dieser Maßnahme auf die Rentabilität des Unternehmens auszunutzen.

Aus der Differenz zwischen r_i und k wächst dem Unternehmen ein steigendes r_e zu, das tendenziell den inneren Wert der Anteile am Eigenkapital zu steigern vermag. Jedoch ist nunmehr zu fragen, ob und

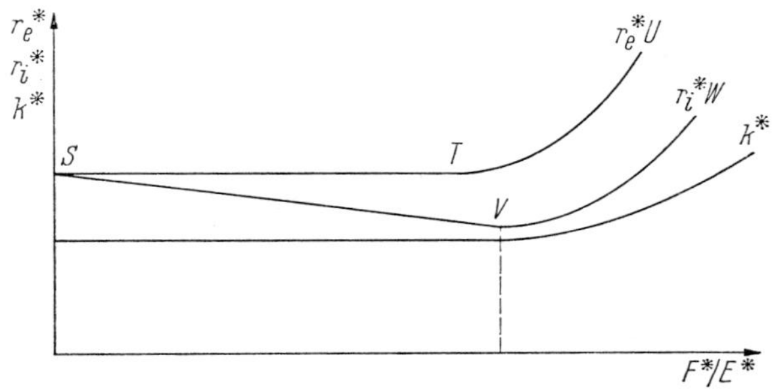

Abb. 13

gegebenenfalls in welcher Weise die Eigentümer des Unternehmens beziehungsweise die potentiellen Kapitalgeber auf das ebenfalls wachsende Strukturrisiko reagieren werden. Erscheint ihnen nunmehr bei unveränderter Ertragslage r_i des Unternehmens das finanzielle Risiko zu groß, dann werden sie in der Weise reagieren, daß sie Teile ihres Anteilbesitzes abstoßen. Die Werte dieser Anteile werden sinken, und gleichzeitig wird die Effektivverzinsung ihrer Kapitalanlagen steigen. Tatsächlich kann aber angenommen werden, daß sie sich in einem breiten Intervall möglicher Verschuldungsgrade indifferent verhalten. Die Indifferenz findet darin ihren Ausdruck, daß bis zu einem hier noch nicht näher zu bestimmenden Verschuldungsgrad ihre Renditenforderung auf dem gleichen Niveau bleibt. Diese Wirkung tritt aber nur dann ein, wenn die Marktwerte (Kurswerte) in dem Maße wachsen, wie es der Anreicherung der Ertragskraft aus der Rentabilitätsspanne entspricht. Diesen Zusammenhang veranschaulicht der Abschnitt ST der Kurve $r_e^* = r_e^*(F^*/E^*)$ in der Abb. 13.

Jenseits dieses Verschuldungsgrades hingegen kann das finanzielle Risiko von den Eigentümern und potentiellen Kapitalgebern als so stark empfunden werden, daß infolge der dadurch ausgelösten Verkäufe von Anteilen die Eigenkapitalkosten r_e^* als die von den Aktionären geforderte Effektivverzinsung zunehmen.

Mit dieser Steigerung der Renditenforderung verschlechtern sich aber auch die Bedingungen, unter denen die Unternehmung Neuemissionen zu begeben in der Lage ist, und auch die Konditionen, welche die Kreditgeber dem kapitalnachfragenden Unternehmen auferlegen werden. Dieser Bereich steigender Eigenkapitalkosten wird in Abb. 13 durch den Kurvenabschnitt TU repräsentiert.

Man wird davon ausgehen können, daß auch die Zinskosten auf das Fremdkapital k^* in einem großen Intervall zunehmender Verschuldung unverändert bleiben werden. Nur bei extremen Verschuldungsgraden wird mit einer Reaktion der Kreditgeber zu rechnen sein. Diese Verhaltensweise liegt der Kurve k^* zugrunde.

Andere Verhaltensweisen führen zu anderen Kostenverläufen, die dann aber nach dem gleichen Prinzip abzuleiten sind[1].

Ist der Verlauf der beiden Kurven r_e^* und k^* bekannt, dann läßt sich aus ihnen durch Addition der gewichteten Kostensätze die Funktion r_i^* ermitteln. Die Addition führt zu der in Abb. 13 enthaltenen Kurve. Der Abschnitt SV der Kurve r_i^* zeigt den fallenden, der Abschnitt VW den ansteigenden Bereich der gewogenen Durchschnittskosten. Diese Kurve weist in V ein Minimum auf, das den optimalen Verschuldungsgrad angibt. Der Kurvenverlauf besagt, daß bei einem in einem bestimmten Intervall konstant bleibenden Kostensatz des Eigenkapitals und einem ebenfalls konstanten Fremdkapitalzins das mit zunehmender Verschuldung zunehmende Gewicht des billigen Fremdkapitals das Niveau der durchschnittlichen Kapitalkosten sinken läßt. Der ansteigende Ast der Kurve findet seine Begründung in der Erhöhung des Eigenkapitalkostensatzes, der von den Eigentümern und potentiellen Eigenkapitalgebern als angemessene Kompensation für das wachsende Strukturrisiko gefordert wird. Unter Umständen wird diese Wirkung dadurch verstärkt, daß — wie in Abb. 13 angenommen wird — auch die Kreditgeber eine höhere Verzinsung des der Unternehmung überlassenen Fremdkapitals verlangen. Der optimale Verschuldungsgrad ist damit als jene Position bestimmt, in der sich die Risiko- und Rentabilitätswirkungen finanzieller Entscheidungen ausgleichen.

Für den vom Verschuldungsgrad überwiegend unabhängigen Verlauf der Eigenkapitalkostenfunktion und damit für den nichtlinearen Verlauf der Kurve, die für die durchschnittlichen Kosten des gesamten Kapitaleinsatzes ermittelt wurde, lassen sich noch andere Argumente anführen, von denen hier nur auf die Inflationsthese eingegangen sei[2].

---

[1] Vgl. zum Beispiel SOLOMON, E., The Theory of Financial Management, New York/London 1963, S. 84, 96.

[2] TILNEY, N. S., Security Selection During a Period of Inflation, New York 1959, S. 9.

Diese zum Teil umstrittene These zeigt immerhin das Problem in einer Sicht, die ihm einen interessanten Akzent verleiht. Wenn es den Tatsachen entspricht, daß die mangelnde Stabilität des Preisniveaus wachsender Verschuldung Vorschub leistet und diese Instabilität zu einer stark expansiven Entwicklung des Geschäftsvolumens führt, weil die aufgenommenen Kredite später mit entwertetem Geld zurückgezahlt werden, dann ist der Auffassung zuzustimmen, daß die Renditenspanne mit der Steigerung des Preisniveaus wächst. Dieser Vorgang setzt allerdings voraus, daß der Inflationsprozeß nicht mit einem Kostenauftrieb verbunden ist. Steigende Kosten würden die besonderen Gewinne aus den Preisauftriebstendenzen kompensieren, unter Umständen auch überkompensieren. Es ist denkbar, daß im Fall einer Kosteninflation die Erlöse nicht in gleichem Maße wie die Kosten steigen, so daß sich die Gewinnspanne des Unternehmens vermindert. Werden die auf diese Weise entstehenden Scheingewinne nicht durch bilanzielle Umrechnungen und preispolitische Maßnahmen aus dem gesamtbetrieblichen Bewertungszusammenhang eliminiert, dann wachsen aus der Entwertung des Fremdkapitals stammende Gewinne dem Eigenkapital des Unternehmens zu. Unter dem Einfluß inflationistischer Tendenzen lohnt sich also Kreditfinanzierung, und zwar solange es nicht erforderlich ist, die Vereinbarungen über Rückzahlung des Kapitals und Entrichtung der Zinsen durch Gleitklauseln der Geldentwertung anzupassen. Von den Aktionären werden die Extragewinne aus der Entwertung des Fremdkapitals als Kompensation für das wachsende Strukturrisiko empfunden, mit der Folge, daß sie sich mit dem bisherigen Niveau der Effektivrendite ihrer Kapitalanlage zufriedengeben, zumindest so lange, wie nicht eine das konventionelle Maß überschreitende Verschuldung die Gewinnerwartungen einem unangemessen hohen Risiko aussetzt.

Die aus dem Rentabilitätsgefälle zufließenden Gewinne, insbesondere die inflationären Extragewinne, lassen die Steigerung des Verschuldungsgrades sinnvoll erscheinen. Entstehen aber derartige Extragewinne, dann ist nicht einzusehen, aus welchen Gründen die Aktionäre bei mäßiger Verschuldung die von ihnen geforderte Effektivverzinsung revidieren sollten.

Demnach bestehen hinreichende Anhaltspunkte für die Existenz von Verhaltensweisen, die zu einem gekrümmten Verlauf der Kurve der gewogenen Durchschnittskosten des Kapitals führen.

B. Der lineare Kapitalkostenverlauf.

Der Ansicht, daß die Kurve der gewogenen Durchschnittskosten des Kapitals zunächst fallend und dann steigend verläuft, steht die andere Position gegenüber, wonach die durchschnittlichen Kapitalkosten unabhängig von dem Verschuldungsgrad sind[1]. Geht man davon aus, daß zwischen der Zunahme der erwarteten Eigenkapitalrendite (Eigenkapitalkosten) und der Erhöhung des Fremdkapitalanteils und somit des Strukturrisikos eine lineare Beziehung besteht — das Steigungsmaß dieser Funktion wird durch das Verhältnis zwischen Fremd- und Eigenkapital angegeben —, dann erhält man bei allen Kapitalstrukturen einen konstanten Durchschnittskostensatz (s. Abb. 14), das heißt, die Anteilseigner werden unter diesen Voraussetzungen einen Kapitalisierungsfaktor für ihre Gewinnerwartungen wählen, der dem wachsenden Strukturrisiko entspricht. Der Kurs- oder Marktwert einer Aktie bleibt unter diesen Umständen konstant. Er ist dann also von der Kapitalstruktur unabhängig.

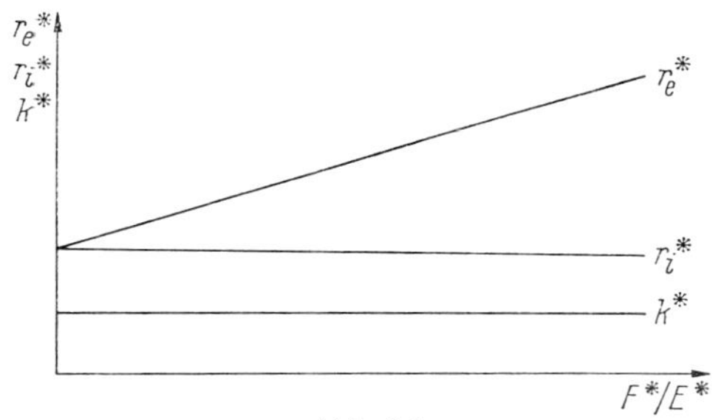

Abb. 14

Da sich der Wert des Gesamtkapitals einer Unternehmung aus der Summation der Kurs- oder Marktwerte des Eigenkapitals und des Fremdkapitals ergibt, führen konstante Marktwerte der Eigenkapitalanteile, verbunden mit konstanten Marktwerten der Fremdkapitalanteile, zu konstanten Werten des Gesamtkapitals. Bezieht man die erwarteten Erträge des Gesamtkapitals auf die im Gesamtwert unveränderten Kapitalsummen, dann erhält man einen konstanten Durchschnittssatz der Kapitalkosten.

In der linear ansteigenden Eigenkapitalkostenfunktion kommt eine bestimmte Risiko-Gewinn-Präferenz der Anteilseigner und der potentiellen Aktienkäufer zum Ausdruck. Angesichts des wachsenden Finanzierungsrisikos fordern die Aktionäre, so wird angenommen, linear ansteigende Renditen. Kapitalisieren sie mit diesen steigenden Ertragsraten die ebenfalls zunehmenden Gewinne aus dem Gefälle zwischen interner Verzinsung und Marktzins, dann bleibt — wie gezeigt wurde — der Kurs- oder Marktwert eines Eigenkapitalanteils unverändert. Wenn

[1] Modigliani, F., und M. H. Miller, The Cost of Capital, Corporation Finance, and the Theory of Investment, in: American Economic Review, Vol. 48 (1958), S. 261 ff.

aber mit sich ausdehnendem Kreditvolumen linear ansteigende Renditen gefordert werden, so wird doch offenbar unterstellt, daß die Aktionäre bereits in der geringsten Änderung des Verschuldungsgrades eine Steigerung des Strukturrisikos erblicken. Hier zeigt sich wiederum deutlich, daß die geforderten Effektivverzinsungen reine Verhaltensgrößen sind. In dieser Interpretation wird aus der linearen Eigenkapitalkostenfunktion ebenfalls eine Verhaltensfunktion. Der konstante Kurs- oder Marktwert der Eigenkapitalanteile bringt zum Ausdruck, daß die steigende Rentabilität gerade als Kompensation für das gestiegene Strukturrisiko angesehen wird. Eine derartige Verhaltenshypothese muß jedoch nicht notwendig dem tatsächlichen Verhalten der Eigenkapitalgeber entsprechen.

Bleiben die Kosten des Fremdkapitals konstant, das heißt, bleibt ihr Niveau unabhängig von Veränderungen des Verschuldungsgrades, dann erhält man die Funktion der durchschnittlichen Kapitalkosten, die sich unter den oben genannten Voraussetzungen gegenüber Umschichtungen im Kapitalfonds als indifferent erweisen.

Die in diesem Zusammenhang von MODIGLIANI und MILLER vertretene Auffassung, daß nicht nur die durchschnittlichen Kapitalkosten, sondern auch die Marktwerte der Unternehmen unabhängig von der Strukturierung des Gesamtkapitals sind, beruht auf zwei Unterstellungen, erstens der Annahme vollkommener Kapitalmärkte und zweitens der Annahme rationalen Verhaltens aller Finanzinvestoren[1]. Unter diesen Voraussetzungen müssen nach dem Satz, daß für homogene Güter auf einem vollkommenen Markt keine voneinander abweichenden Preise bestehen können, zwei Kapitalanlagen, deren Reinerträge die gleiche Höhe haben und dem gleichen Unternehmensrisiko unterworfen sind, den gleichen Kurs- oder Marktwert aufweisen. Der Verschuldungsgrad der Unternehmen ist dabei ohne Einfluß. Sollte nun eine verschuldete Gesellschaft tatsächlich einen höheren Gesamtwert und damit niedrigere Kapitalkosten aufweisen als eine nicht verschuldete Gesellschaft, dann setzt, so wird argumentiert, ein Arbitrageprozeß ein, der die Vorzugsstellung der kreditfinanzierten Unternehmung beseitigt.

Der Ablauf des Prozesses ist folgendermaßen gedacht[2]: Das Unternehmen U_1 sei das auch mit Fremdkapital, das Unternehmen U_2 das nur mit Eigenkapital arbeitende Unternehmen. Die Aktienkurse und damit der Marktwert des Unternehmens U_1 seien aus irgendwelchen, hier nicht näher interessierenden Gründen höher als die Aktienkurse und

---

[1] MODIGLIANI, F., und M. H. MILLER, The Cost of Capital, Corporation Finance, and the Theory of Investment, a.a.O., S. 266.

[2] Vgl. hierzu SOLOMON, E., The Theory..., a.a.O., S. 99ff. Bei SOLOMON wird die Bedingung gleichen Risikos für beide Kapitalanlagen nicht eingehalten. Aus dieser Tatsache ergibt sich das von SOLOMON abweichende Ergebnis.

damit der Marktwert des Unternehmens U_2. Das Gesamtkapital des Unternehmens U_1 setze sich (zu den Kurswerten gerechnet) aus 8000 DM Eigenkapital und 3000 DM Fremdkapital zusammen. Der Gewinn betrage vor Abzug der Zinsen 1000 DM, nach Abzug von 120 DM Zinsen (4% von 3000 DM) 880 DM. Auf einen Aktionär, der mit 10% am Kapital des Unternehmens beteiligt ist, entfällt also ein Gewinnanteil von 88 DM.

Das nur mit eigenen Mitteln arbeitende Unternehmen U_2 weise einen Marktwert von 10000 DM auf. Der Gewinn sei wiederum 1000 DM. Auf 10% Aktienbesitz entfällt also ein Gewinnanteil von 100 DM.

Ist nun der Aktionär bereit, sich auch für den Fall des Erwerbes von Aktien an der Gesellschaft U_2 zu verschulden und im gleichen Maße ein Strukturrisiko zu übernehmen, wie es die Gesellschaft U_1 aufweist, dann wird er einen Kredit aufnehmen und sich persönlich verschulden. Aus dem Erlös seiner verkauften U_1-Aktien erhält er 10% von 8000 DM gleich 800 DM. Da er bereit ist, das gleiche Risiko aus der Kapitalzusammensetzung einzugehen, wie es die Gesellschaft U_1 kennt (8000:3000), wird er einen Kredit von 300 DM aufnehmen. Das Verhältnis zwischen Eigen- und Fremdkapital beträgt nun bei ihm persönlich 8:3. Es stimmt mit dem Verhältnis zwischen Eigen- und Fremdkapital bei dem Unternehmen U_1 überein. Für nunmehr 1100 DM vermag er 11% von dem Kapital des Unternehmens U_2 zu erwerben.

Auf 1100 DM Aktienanteil erhält er 110 DM Gewinnanteil. Nach Abzug der Zinsen von 4% auf 300 DM gleich 12 DM verbleibt ihm ein Gewinnüberschuß von 98 DM.

Der Aktionär verschafft sich also einen Vermögensvorteil, wenn er die U_1-Aktien verkauft und die U_2-Aktien erwirbt. Durch diese Transaktion verlagert er gewissermaßen das Strukturrisiko, wie es die Unternehmung U_1 aufweist, in eine private Sphäre (eben durch die teilweise Fremdfinanzierung seines neuen Besitzes an Aktien der Gesellschaft U_2). Die von der Gesellschaft U_2 nicht ausgenutzte Renditenspanne wird nunmehr von dem Arbitrageur persönlich ausgenutzt. Das Kursgefälle zwischen verschuldeter und nichtverschuldeter Gesellschaft verschafft ihm die Möglichkeit, sich mit dem Erlös aus den verkauften Aktien an der nicht verschuldeten Unternehmung zu beteiligen, und zwar in einem höheren Verhältnis als dem, mit dem er an dem Unternehmen U_1 beteiligt war. Solange die Kurse der Aktien und damit die Marktwerte der beiden Gesellschaften voneinander abweichen, erscheint es vorteilhaft, auf die geschilderte Weise vorzugehen. Die Tauschoperation selbst hat zur Folge, daß sich die Marktwerte der Unternehmen angleichen.

Ein Ausgleichsprozeß, der sich auf ähnliche Weise vollzieht, wird von Modigliani und Miller auch für den umgekehrten Fall aufgezeigt, daß der Marktwert der nichtverschuldeten Gesellschaft über dem der verschuldeten Gesellschaft liegt. Hier muß darauf hingewiesen werden, daß persönliche Verschuldung und Verschuldung von Unternehmen, deren Haftung beschränkt ist, nicht miteinander gleichgestellt werden können. Diese Unternehmen vermögen außerdem zu anderen Konditionen Kapital aufzunehmen als Privatpersonen. Auch ist zu beachten, daß institutionelle Beschränkungen die Realisierung eines bestimmten Verschuldungsgrades verhindern können (Beleihungsgrenzen, Mindesteinschußpflicht)[1].

6. Der Einfluß von Steuern auf den Kapitalkostenverlauf.

Die bisherigen Untersuchungen beruhen auf der Voraussetzung, daß die Unternehmen, deren Anteile auf den Kapitalmärkten bewertet werden, keine Versteuerung ihres Gewinnes vorzunehmen haben und daß die Anteilseigner auf die von den Unternehmen bezogenen Gewinne ebenfalls keine Steuern zahlen müssen. Diese Annahmen sind so lange notwendig, als es gilt, die Einflüsse wachsender Verschuldung auf die Kapitalkosten und die Kurs- oder Marktwerte der Anteile zu isolieren. Wird aber berücksichtigt, daß die kapitalnachfragenden Unternehmen und ihre Eigen- und Fremdkapitalgeber persönliche Steuern zu zahlen haben, dann gilt es, die Frage nach dem Bestehen eines optimalen Verschuldungsgrades weiter zu untersuchen.

Aus diesem Grunde soll zunächst die Voraussetzung, daß die Gewinne der Gesellschaften steuerfrei sind, fallen gelassen und untersucht werden, wie die Körperschaftsteuer den Verlauf der Kapitalkostenfunktion beeinflußt.

Das im Unternehmen investierte Kapital K möge sich mit der durchschnittlichen internen Rendite r_i verzinsen. Das Ertragspotential beträgt demnach Kr_i. In diesem Zusammenhange ist es ohne Bedeutung, ob die Erträge vom Fremd- oder Eigenkapital erwirtschaftet werden. Beachtet man, daß der gesamte Kapitalfonds ohne Rücksicht auf seine Zusammensetzung der Deckung des gesamten Kapitalbedarfs dient, dann schließt sich ohnehin die Möglichkeit aus, den einzelnen Vermögensteilen oder Investitionsobjekten bestimmte Finanzquellen zuzuordnen.

---

[1] Vgl. hierzu die Ausführungen von Modigliani, F., und M. H. Miller, a.a.O., S. 270; Durand, D., The Cost of Capital in an Imperfect Market: A Reply to Modigliani and Miller, in: Solomon, E. (Hrsg.), The Management of Corporate Capital, Glencoe, Ill., 1959, S. 182ff. Vgl. auch Hax, H., Der Kalkulationszinsfuß in der Investitionsrechnung bei unsicheren Erwartungen, in: Zeitschrift für betriebswirtschaftliche Forschung, N.F., 16. Jg. (1964), S. 187ff.; Büschgen, H. E., Wertpapieranalyse, Die Beurteilung von Kapitalanlagen in Wertpapieren, Stuttgart 1966, S. 193ff.

Den Gegenstand der Besteuerung bildet aber nicht das Ertragspotential Kr_i, sondern der Gewinn des Unternehmens, der in dem hier zu untersuchenden Fall mit seinem steuerpflichtigen Einkommen übereinstimmen möge. Wenn auch die Steuergesetze der einzelnen Länder viele Unterschiede aufweisen, vor allem hinsichtlich der Steuertarife, so zeigt sich doch, daß die steuerlichen Vorschriften in fast allen Ländern das Fremdkapital und das Eigenkapital unterschiedlich behandeln. Alle Steuergesetze dieser Länder erklären die Zinsen auf Fremdkapital bei der Ermittlung des steuerpflichtigen Gewinns als abzugsfähig. Die Gewinnausschüttungen hingegen unterliegen trotz ihres Kapitalkostencharakters der Körperschaftssteuer. Der Körperschaftssteuersatz sei mit Θ bezeichnet. Es wird angenommen, daß dieser Satz von der Höhe des erzielten Gewinnes unabhängig ist. In diesem Falle unterliegt der nach Abzug der Zinsen auf das Fremdkapital verbleibende Geschäftsgewinn E der Besteuerung, also der Gewinnbetrag $E = Kr_i - Fk$. Nach Abzug der Steuern verbleibt also ein Betrag von $E_\tau = (Kr_i - Fk)\,(1 - \Theta)$ im Unternehmen.

Steigt nun der Verschuldungsgrad innerhalb einer als konstant angenommenen Kapitalausstattung K, und legt man den Überlegungen die Größe r_i, also die Rendite auf das Gesamtkapital des Unternehmens zugrunde, dann nehmen immer mehr Einheiten des von dem Unternehmen erwirtschafteten Ertrages die Form von Zinsen an. Sie mindern das Einkommen der Kapitalgesellschaft und damit ihre Steuerlast. Bereits dieser Tatbestand gibt der Unternehmensleitung einen Anreiz, in stärkerem Maße von der Finanzierung durch Kredite Gebrauch zu machen als es der Fall wäre, wenn die Fremdkapitalzinsen die gleiche steuerliche Behandlung erfahren würden wie die Dividendenzahlungen. Ist der finanziellen Führung des Unternehmens daran gelegen, ein bestimmtes Ertragspotential zu verwirklichen, dann wird sie zu beachten haben, daß eine Einheit fremder Mittel nach ihrer Investition den gleichen Beitrag zum Ertragspotential leistet wie eine Einheit Eigenkapital, daß aber Fremdkapitalzinsen die Steuerlast mindern, während die Kosten des Eigenkapitals bei der steuerlichen Einkommensermittlung unberücksichtigt bleiben. Die Besteuerung der Gesellschaften durch die Körperschaftssteuer hat also zur Folge, daß mit zunehmendem Anteil des Fremdkapitals an der gesamten Kapitalausstattung des Unternehmens Steuerersparnisse eintreten, die zur Folge haben, daß die durchschnittlichen Kosten des Kapitaleinsatzes sinken. Beachtet man die Tatsache, daß das Ertragspotential starken existentiellen Risiken ausgesetzt ist, daß also keine Sicherheit darüber besteht, wie groß es in der nächsten Zeit sein wird, dann ist offenkundig, daß ein bestimmter Steuersatz nicht nur darüber entscheidet, in welchem Maße der Staat am allgemeinen Unternehmensrisiko beteiligt wird, sondern auch darüber, in welchem Maße die Beteiligung des Staates am Gewinn der Unternehmen dem Strukturrisiko der Verschuldung ausgesetzt ist.

Die Situation ändert sich, wenn der Steuersatz Θ eine steigende Funktion des Gewinnes R ist ($\Theta = \Theta(R)$). Es wird weiter angenommen, daß sich bei gegebener Kapitalausstattung und gegebenem Ertragspotential ($Kr_i = \text{const.}$) der Anteil des Fremdkapitals vergrößern möge. Die Folge ist, daß die Zinsbelastung wächst und die Gewinne sinken. Da nun mit abnehmendem R die Steuerlast ebenfalls zurückgeht, müssen die nach Steuerabzug verbleibenden Gewinne größer als die ebenfalls nach Abzug der Steuern verbleibenden Gewinne sein, die sich ergeben würden, wenn der Steuersatz konstant ist. Die vergleichsweise höheren Gewinne (im Fall, daß der Steuersatz nicht konstant ist) führen zu einem Ansteigen der Kurs- oder Marktwerte. Die Eigenkapitalkosten würden sinken.

Wie auch immer die konkrete Ausgestaltung der Steuertarife sein mag, die steuerliche Abzugsfähigkeit von Schuldzinsen beeinflußt über die bisher verbundene Minderung der Kapitalkostenbelastung den Verlauf der Kapitalkostenfunktion. Das Maß dieser Beeinflussung hängt von der Höhe des Steuersatzes, gegebenenfalls auch, wenn die Steuergesetze eine solche Regelung vorsehen, von der unterschiedlichen Behandlung der ausgeschütteten und der nicht ausgeschütteten Gewinne ab. Sobald man Steuern in das Modell einbezieht, ist auf jeden Fall eine Abhängigkeit der durchschnittlichen Kapitalkosten vom Verschuldungsgrad des Unternehmens festzustellen.

7. Optimaler und konventioneller Verschuldungsgrad.

Die funktionalen Zusammenhänge zwischen Kapitalkostenniveau und Verschuldungsgrad finden ihren Ausdruck in Gleichungen, die sich mit Hilfe statistischer Methoden überprüfen lassen. Die erste Untersuchung über diesen Gegenstand ist im Jahre 1958 von Modigliani und Miller vorgenommen worden. Ihre methodische Zuverlässigkeit wird aber von den Autoren selbst mit Vorbehalt beurteilt. Eine mit erheblich verfeinerten statistischen Verfahren arbeitende Untersuchung wurde von den beiden Autoren im Jahre 1965 in der Elektrizitätswirtschaft der Vereinigten Staaten vorgenommen. Das Ergebnis dieser Untersuchung scheint den linearen Kostenverlauf zu stützen[1]. Unternehmungspolitisch würde hieraus zu folgern sein, daß es einen optimalen Verschuldungsgrad nicht gibt.

---

[1] Miller, M. H., und F. Modigliani, Some Estimates of the Cost of Capital to the Electric Utility Industry, 1954—57, in: American Economic Review, Vol. 56 (1966), S. 333ff.

Demgegenüber zeigt aber die lebhafte Diskussion über den gekrümmten Kostenverlauf und das Bestreben der Unternehmen, das in ihnen arbeitende Kapital richtig zu strukturieren, daß die Frage nach dem Vorhandensein einer optimalen Kapitalstruktur ein durchaus bedeutsames betriebswirtschaftliches Problem bildet. In diese Richtung weisen jene Tests, die zu einer weitgehenden Bestätigung des gekrümmten Kapitalkostenverlaufes führen. Von besonderer Wichtigkeit sind in diesem Zusammenhang die Untersuchungen von BARGES aus dem Jahre 1962[1].

In einem höheren Maße als MODIGLIANI und MILLER versucht BARGES durch Bildung verhältnismäßig homogener Unternehmensgruppen die unterschiedlichen Bedingungen zu berücksichtigen, unter denen die Unternehmen arbeiten. Wenn zum Beispiel große Unternehmen interne Liquiditätskompensationen vornehmen können, so liegt hierin ein wesentlicher Vorteil gegenüber kleineren Unternehmen, die in der Regel nicht über derartige Möglichkeiten verfügen. Liquiditätsausgleiche der beschriebenen Art haben einen unterschiedlichen Grad an finanzieller Sicherheit zur Folge, der wiederum in der Höhe der Kapitalkosten seinen Niederschlag findet. Die Aufgliederung der zu untersuchenden Firmen nach dem Maß finanzieller Stabilität erscheint deshalb unumgänglich.

Auch ist es für das vorliegende Problem nicht ohne Bedeutung, welches Maß an Publizitätsbereitschaft das kapitalnachfragende Unternehmen aufweist, und welches Informationsbedürfnis bei dem kapitalanlegenden Publikum vorhanden ist. Eine Trennung der Gesellschaften nach dem tatsächlichen Informationsgrad verfeinert die Analyse und erhöht nicht nur die Aussagefähigkeit, sondern auch die Verwendbarkeit der Ergebnisse derartiger Untersuchungen. Auch diese Forderung ist von BARGES durch die Bildung von Subsamples berücksichtigt worden.

Sichert man in ähnlicher Weise wie BARGES die zu untersuchenden Firmen durch Bildung geschichteter Samples gegen störende Einflüsse ab, die aus ihrer Heterogenität stammen, dann werden in den Untersuchungen zwei zentrale Ergebnisse sichtbar. Erstens: In einem weiten Bereich möglicher Verschuldungsgrade verhalten sich die Eigenkapitalkosten (gemessen an dem erwirtschafteten Gewinn je Aktie) gegenüber Umschichtungen im Kapitalfonds und dadurch hervorgerufenen Änderungen des finanziellen Risikos indifferent. Zweitens: In allen homogenen Untergruppen führt die Bestimmung der gewogenen Durchschnittskosten des Kapitals zu einem gekrümmten Kostenverlauf.

Die verhältnismäßig engen Zusammenhänge zwischen den relevanten Variablen, die von J. F. WESTON in einem Sample von Firmen der Elektri-

[1] Vgl. BARGES, A., The Effect of Capital Structure on the Cost of Capital, Prentice-Hall, Englewood Cliffs, N.J. 1963, insbesondere S. 52, 55ff. und 61ff.

zitätswirtschaft gefunden wurden, weisen ebenfalls auf eine ausgeprägte Abhängigkeit der gewogenen Durchschnittskosten des Kapitals von Veränderungen der Finanzstruktur hin[1].

Ein recht bedeutsames Ergebnis der Untersuchungen von BARGES ist das Verhältnis zwischen dem von einer Vielzahl von Unternehmungen realisierten Verschuldungsgrad und dem optimalen Verschuldungsgrad, der sich aufgrund der statistischen Erhebung ergibt. Erstreckt sich die Untersuchung auf eine verhältnismäßig große Zahl von Unternehmen, die zu gleichartigen Gruppen zusammengefaßt werden, dann läßt sich mit hinreichender Genauigkeit eine Optimalposition bestimmen, in der die durchschnittlichen Gesamtkosten des Kapitals ihr Minimum erreichen. Eine streng nach dem erwerbswirtschaftlichen Prinzip, das heißt hier nach dem Prinzip der Kapitalkostenminimierung arbeitende Unternehmung müßte bestrebt sein, diesen Verschuldungsgrad zu verwirklichen. Tatsächlich zeigen die Untersuchungsergebnisse weit niedrigere, suboptimale Verschuldungsraten. Diese Tatsache läßt den Schluß zu, daß die Unternehmen die Möglichkeiten, die der Kapitalmarkt bietet, nicht in dem Maße ausnutzen, wie es hätte geschehen müssen, wenn ihnen daran gelegen wäre, die unter den gegebenen Kapitalmarktverhältnissen durchaus realisierbaren Finanzierungsmöglichkeiten auszuschöpfen.

Überlegungen anderer Art als die Kapitalkostenminimierung veranlassen offenbar die Unternehmen, einen Verschuldungsgrad zu realisieren, der weit nach unten von dem Optimum der Unternehmensklasse abweicht. Hierbei zeigt sich ein interessantes Phänomen. Die Mehrzahl der Unternehmen strebt offenbar einen nach den Geschäftsusancen, das heißt konventionell vertretbaren Verschuldungsgrad an. Langjährig verfolgte Finanzpraktiken, in denen sich ein bestimmtes Verschuldungsniveau als der allgemeinen Risikosituation des Unternehmens in besonderem Maße angemessen herausgestellt hat, und die Einflußnahme von Kreditgebern auf die Unternehmen, die die Gewährung von Krediten von der Beachtung bestimmter Bilanzrelationen abhängig machen, setzen Daten, die die Ausnutzung der Optimalposition verhindern können. Oft ist es also nicht nur die Furcht der Unternehmensleitung vor einem allzu hohen Strukturrisiko und einer allzu großen Abhängigkeit von den Kreditgebern, sondern auch die Fixierung bestimmter betriebs-, vor allem kreditwirtschaftlicher Standards und der Einfluß institutioneller Grenzen, die allgemein dahin wirken, daß die an sich in den Kostenverläufen enthaltenen und durchaus realisierbaren Optimalpositionen nicht erreicht werden. Die Festlegung des Verschuldungsgrades nach konventionellen Maßstäben ist ein Ausdruck dafür, daß die

[1] WESTON, J. F., A Test of Cost of Capital Propositions, in: The Southern Economic Journal, Vol. XXX (1963), S. 105ff.

finanzielle Führung der Unternehmen bestrebt ist, eine Finanzierungspolitik zu verfolgen, die am ehesten dem allgemeinen Unternehmensrisiko ihrer Klasse angemessen ist. Was dabei als angemessen zu betrachten ist, wird nicht so sehr von den allgemeinen Tendenzen des Kapitalmarktes bestimmt, die ja eine höhere Verschuldung zulassen würden, sondern von den betriebsindividuellen Umständen der Kreditaufnahme beziehungsweise der Kreditgewährung.

Mit diesen Feststellungen gewinnt der eingangs erwähnte Zusammenhang zwischen Unternehmensrisiko und Verschuldung neues Gewicht. Bislang wurde er durch die Annahme, alle betrachteten Firmen gehörten einer Klasse gleichen Existenzrisikos an, verdeckt. Beachtet man, daß Kreditgeber und finanzielle Führung das für zulässig zu erachtende Maß an Verschuldung von der allgemeinen Risikosituation eines Unternehmens und dem Sicherheitsgrad seines Ertragspotentials abhängig machen, dann läßt sich zumindest bei emissionsfähigen Unternehmen der Verschuldungsgrad als Funktion des allgemeinen Existenzrisikos angeben. Wird aber das Existenzrisiko als veränderlich angenommen, werden also mit anderen Worten in statistischen Untersuchungen Unternehmen verschiedener Wirtschaftszweige in einer großen Unternehmensgruppe zusammengefaßt, dann müßte sich eine Abhängigkeit der Kapitalstruktur und der Kapitalkosten vom Sicherheitsgrad der Ertragserwartungen nachweisen lassen.

Ausgangspunkt der Untersuchung ist die These, daß mit wachsender Verschuldung das Strukturrisiko steigt. Über das Maß dieser Risikosteigerung entscheidet aber der Grad des allgemeinen Existenzrisikos. Steigt der Verschuldungsgrad, dann wird die Gefahr einer Insolvenz eher solche Firmen bedrohen, deren Ertragskraft gering und unsicher ist, als jene Unternehmen, die über sichere Ertragsaussichten verfügen[1]. Eine auf Absicherung bedachte Unternehmensführung wird sich demnach bei ihren Entscheidungen über den zulässigen Verschuldungsgrad stets am Sicherheitsgrad des Ertragspotentials orientieren müssen.

Wirkt also das Existenzrisiko auf das zulässige Maß an Verschuldung ein, dann wird diese Abhängigkeit auch in die Wertungen und Renditeforderungen der Kapitalgeber hineinreflektieren. Weist eine Kapitalgesellschaft eine stabile Ertragsentwicklung auf, so werden die Kapitalgeber für Finanzinvestitionen in einer derartigen Unternehmung niedrigere Ertragsraten fordern als für Kapitalanlagen in einer Gesellschaft, deren Ertragspotential einem hohen Existenzrisiko ausgesetzt ist.

Ermittelt man die Kurven der durchschnittlichen Kapitalkosten für Firmengruppen unterschiedlich hohen Existenzrisikos, dann erhält man die in Abb. 15 dargestellte Kurvenschar.

[1] Benishay, H., Variability in Earnings-Price Ratios of Corporate Equities, in: American Economic Review, Vol. 51 (1961), S. 81ff.

Für die Firmengruppe mit dem höchsten Unsicherheitsgrad ist demnach ein hohes Kapitalkostenniveau und ein niedriger optimaler Verschuldungsgrad typisch, während Unternehmensgruppen mit einem in höherem Maße sicheren Ertragspotential infolge niedrigerer Kapitalkosten die optimale Kapitalstruktur bei einem höheren Verschuldungsniveau erreichen. Verbindet man diese Optima durch eine Kurve, dann gibt sie die Verschiebung der optimalen Proportionen zwischen Eigen- und Fremdkapital an, die dann eintritt, wenn ein Unternehmen — aus welchen betrieblichen und marktlichen Gründen es auch immer sein

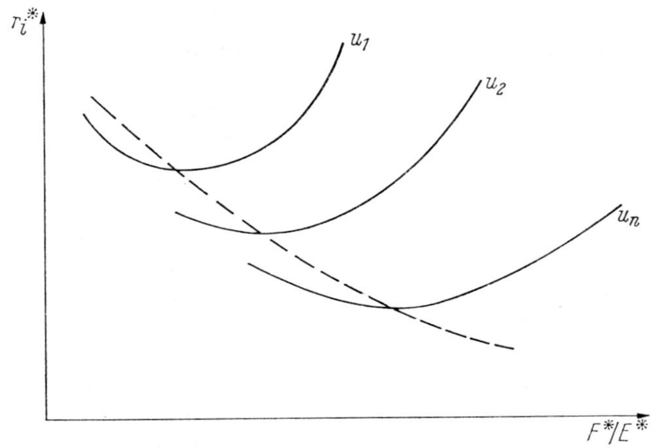

Abb. 15

mag — in eine günstigere Risikoklasse hinüberwechselt und dabei den der neuen Klasse zugeordneten optimalen Verschuldungsgrad realisiert (vgl. Abb. 15).

Selbst wenn die exakte Optimalposition unter Ungewißheit und vielfältig wechselnden Kapitalmarktbedingungen schwer realisierbar ist, so zeigt sich doch, daß die These von der Irrelevanz der Kapitalstruktur dann mit Vorbehalt zu beurteilen ist, wenn man den Auswirkungen des allgemeinen Geschäftsrisikos Rechnung trägt, insbesondere den Risikograd der Ertragserwartungen als variabel annimmt. Allein aus Gründen methodischer Zweckmäßigkeit durfte der Risikograd des Ertragspotentials in den bisherigen Überlegungen als Datum figurieren. Bezeichnet man den Grad existentiellen Risikos mit U, dann läßt sich die die Minima verbindende Kurve durch eine Funktion der folgenden Art beschreiben:

$$(F^*/E^*)_{\text{opt}} = \psi(U).$$

Dieser Ausdruck besagt also, daß die optimale Kapitalstruktur eine Funktion des Risikogrades der Ertragserwartungen einer Klasse ist. Bei allen Entscheidungen über die richtige Proportionierung der Kapitalquellen ist dieser Zusammenhang zu beachten.

Was für die Abhängigkeit des optimalen Verschuldungsgrades vom Risikoniveau des Ertragspotentials gilt, trifft in gleicher Weise auf den Zusammenhang zwischen optimalem Verschuldungsgrad und der Höhe des Ertragspotentials zu. Je größer die Ertragschancen eines Unternehmens sind, desto höher wird — unter sonst gleichen Bedingungen — der optimale Verschuldungsgrad sein. Gut rentierende Unternehmen weisen also in dieser Hinsicht günstigere Voraussetzungen auf als nur wenig rentierende Unternehmungen. Aus dieser Tatsache haben vor allem die Finanzanalytiker bestimmte Konsequenzen für die Beurteilung der Kapitalstruktur von Unternehmungen gezogen. Sie gehen von der Überlegung aus, daß langfristige Schulden aus Gewinnen zurückgezahlt zu werden pflegen (und nicht aus Umsätzen, wie die kurzfristigen Verpflichtungen). Unter diesen Umständen liegt es nahe zu sagen, daß zum Beispiel von mehreren Unternehmen gleicher Art und Größe und gleichen Risikoniveaus, die etwa gleich große langfristige Schulden aufweisen, dasjenige Unternehmen seinen finanziellen Verpflichtungen aus der Tilgung der langfristigen Verpflichtungen am besten nachkommen kann, das die höchsten Gewinne erzielt. Setzt man deshalb den in einer Periode erzielten Gewinn zu den langfristigen Schulden in Beziehung, dann erhält man für die Unternehmen verschiedene Gewinn/Verschuldungskoeffizienten. Sie deuten die unterschiedlich lange Zeit an, die ein Unternehmen benötigen würde, um seine langfristigen Schulden aus den erzielten Überschüssen zurückzahlen zu können.

Diese Überlegungen haben dahin geführt, Kennziffern für die Beurteilung der finanziellen Struktur der Unternehmen zu entwickeln, die nicht auf der Gegenüberstellung von Bilanzpositionen, insbesondere von Eigen- und Fremdkapital, sondern auf der Gegenüberstellung von Gewinn und langfristiger Verschuldung beruhen. Der Gewinn ist dabei zum cash flow erweitert worden. Als solcher besteht er einmal aus dem bilanzmäßig ausgewiesenen Gewinn, ergänzt durch zu Lasten des Gewinns verbuchte Dotierungen von Rücklagen und Rückstellungen, sofern letztere Eigenkapital enthalten, und durch die Abschreibungen. Der Einbeziehung der Abschreibungen auf das Anlagevermögen in den cash flow liegt offenbar der Gedanke zugrunde, daß die Rückflüsse aus dem in Anlagen investierten Kapital (die Anlagen werden hierfür als Maß angesehen) gegebenenfalls für die Tilgung von Schulden zur Verfügung stehen. Der cash flow wird heute in verfeinerter Form errechnet und verwandt. Aber der Grundgedanke besteht doch eben darin, einen wenn auch hypothetischen und auf einer Als-ob-Konstruktion beruhenden

Maßstab zu gewinnen, der die Verschuldung eines Unternehmens (hier grundsätzlich die langfristige Verschuldung) mit dem Gewinnpotential des Unternehmens und dem Rückfluß des in Anlagen investierten Kapitals in Zusammenhang bringt. Die cash flow-Kennziffer gibt an, wie oft das Unternehmen seinen cash flow einsetzen müßte, wenn es seine langfristigen Schulden zurückzahlen wollte, oder: wie viele Jahre es benötigen würde, um seine langfristigen Schulden aus dem cash flow abzulösen.

Für die Beurteilung der Kapitalstruktur und damit der Verschuldung insbesondere industrieller Unternehmen hat der cash flow trotz seines hypothetischen Charakters vor allem in Verbindung mit anderen Kennziffern zweifellos eine gewisse Bedeutung. Für die Beurteilung des Ertragspotentials von Unternehmungen erscheint er dagegen wenig geeignet.

Zehntes Kapitel

Die Bedeutung der Selbstfinanzierung für den Aufbau des Kapitalfonds

1. Die unterschiedlichen Ausgangspositionen in nicht emissionsfähigen und emissionsfähigen Unternehmungen.

Die Selbstfinanzierung bildet neben der externen Zuführung von eigenen Mitteln eine zweite Quelle der Beschaffung von Eigenkapital. Sie kann in der Form der Bildung stiller oder offener Rücklagen vorgenommen werden und steht grundsätzlich allen Unternehmungen offen, welcher Art und Größe sie auch sind, und in welcher Rechtsform sie betrieben werden.

Bei der Untersuchung der Frage, ob und in welchem Maße ein Unternehmen die von ihm in einer Geschäftsperiode erzielten Gewinne ausschütten oder einbehalten soll, stößt man auf ein ähnliches Proportionierungsproblem wie bei der Erörterung der Frage nach der Strukturierung des Kapitalfonds. Nur handelt es sich im Falle der Selbstfinanzierung nicht um die Frage nach der Proportionierung zwischen Eigen- und Fremdkapital, sondern um die Frage nach der Proportionierung zwischen Ausschüttungs- und Reinvestitionsquoten von Gewinnen. Wenn die Leitung eines Unternehmens sich für eine bestimmte Proportion zwischen einzubehaltenden und auszuschüttenden Gewinnteilen entscheidet, dann hat dieser Entschluß zugleich die Folge, daß sie für die spätere Ausstattung des Unternehmens mit von außen zuzuführendem Kapital Daten setzt.

Das Thema spitzt sich also erstens auf die Frage zu, wie das Verhältnis zwischen der Einbehaltungs- und der Ausschüttungsquote ganz allgemein zu bestimmen ist, und zweitens auf die Frage, in welchem Maße zukünftige Erfordernisse der Kapitalbeschaffung bei der gegenwärtigen Bestimmung des Verhältnisses zwischen Ausschüttungs- und Einbehaltungsbeträgen zu berücksichtigen sind. Die zweite Frage besitzt zwar nicht nur, aber doch bevorzugt für Unternehmen Bedeutung, die ihren Bedarf an Eigenkapital auf den organisierten Kapitalmärkten decken und deshalb den gegenwärtigen und voraussichtlichen Zustand dieser Märkte in ihre Finanzierungsüberlegungen einbeziehen müssen.

Die Unternehmenseigner kennzeichnen sich ganz allgemein durch eine Doppelfunktion, die sie im Finanzierungsprozeß ausüben. Einmal bieten sie den in ihrem Unternehmen erzielten Gewinn oder Teile desselben sich selbst als den Eigentümern der Unternehmen für betriebliche Investitionszwecke an. Zum anderen sind sie aber auch diejenigen, die, ebenfalls in ihrer Eigenschaft als Eigentümer der Unternehmen, diese Gewinne nachfragen, um den Kapitalfonds ihres Unternehmens zu erhöhen. Mit anderen Worten: in ihrer Person vereinigt sich das Angebot an Eigenkapital und die Nachfrage nach Eigenkapital, das aus Gewinnen stammt, die in dem Unternehmen erzielt werden.

Obwohl diese Situation für alle Unternehmungen kennzeichnend ist, in welcher Rechtsform sie auch betrieben werden, zeigen sich im einzelnen doch sehr starke Unterschiede bei nicht emissionsfähigen Unternehmungen, insbesondere den Einzelfirmen und Personengesellschaften und den emissionsfähigen Unternehmungen, insbesondere den großen Publikumsaktiengesellschaften. Für die Einzelfirmen und Personengesellschaften ist charakteristisch, daß die Inhaber grundsätzlich nach eigenem Ermessen bestimmen, welche Gewinnbeträge sie dem Unternehmen auf dem Wege der Selbstfinanzierung anbieten oder für das Unternehmen nachfragen. Es gibt kein betriebliches Organ, das in diesen Prozeß der Gewinnverwendung einzugreifen berechtigt wäre. Die Unmittelbarkeit und Ausschließlichkeit, mit der die Inhaber der Einzelfirmen oder Personengesellschaften über die Gewinnverwendung bestimmen, ist ein signifikantes Merkmal für die Gewinnverwendung in derartigen Unternehmungen.

Die Kapitalgesellschaften, insbesondere die großen Publikumsaktiengesellschaften weisen demgegenüber ganz andere Verhältnisse auf. In diesen Fällen bestimmen die Eigentümer, die Aktionäre, nicht allein und nach eigenem Ermessen über die Aufteilung der von dem Unternehmen erzielten Gewinne in Einbehaltungs- und Ausschüttungsbeträge. Diese Tatsache ist vor allem darauf zurückzuführen, daß sich im Verlaufe einer jahrzehntelangen Entwicklung die Geschäftsführung in immer stärkerem Maße von dem Eigentum am Unternehmen losgelöst hat. Diese Entwicklung führte dahin, daß sich die Verwaltungsorgane dieser Gesellschaften (im deutschen Aktienrecht: der Vorstand und der Aufsichtsrat) zu einem eigenen Zentrum betrieblicher Willensbildung entwickelten und in die Beschlußfassung über die Gewinnverwendung eingeschaltet sind.

In dem Maße, in dem das geschah, büßten die Eigentümer der Unternehmen, insbesondere die Aktionäre der großen Publikumsaktiengesellschaften, an Einfluß auf die Bestimmung der Aufteilung zwischen auszuschüttenden und einzubehaltenden Gewinnteilen ein. Sie bestimmen heute diese Rate nicht mehr nach eigenem Ermessen. In der Regel schlägt die Verwaltung die Gewinnverwendung vor. Die Eigentümer haben kaum noch die Möglichkeit, diese Vorschläge abzuändern, es sei denn, es handele sich um Großaktionäre, die in der Regel im Aufsichtsrat vertreten sind. Das Angebot an Eigenkapital, das aus den erzielten, grundsätzlich den Eigentümern zustehenden Gewinnen stammt, und die Nachfrage nach eben diesem Eigenkapital sind nicht mehr in der Person der Eigentümer vereinigt. Eine zusätzliche betriebliche Instanz hat sich in die Gewinnverwendung eingeschaltet.

Die Folge dieser Entwicklung ist, daß nur noch bei Einzelfirmen und Personengesellschaften die Entscheidung darüber, welche Gewinnbeträge in dem Unternehmen belassen werden sollen, um Eigenkapital zu bilden, in das Ermessen der Eigentümer gestellt ist. Sie haben die unmittelbare und ausschließliche Verfügungsgewalt über die auf dem Wege der Selbstfinanzierung dem Kapitalfonds zuzuführenden Mittel behalten. Die Tatsache zum Beispiel, daß die Kapitalkonten der persönlich haftenden Gesellschafter einer offenen Handelsgesellschaft der Höhe nach große Unterschiede aufweisen, auch wenn sie ursprünglich gleich groß gewesen sind, ist ein Zeugnis dafür, daß es Fälle geben kann, in denen die Gesellschafter in sehr unterschiedlichem Maße Gewinne entnehmen, und daß von einer wirklich koordinierten Entnahme- und damit Selbstfinanzierungspolitik kaum gesprochen werden kann.

Berücksichtigt man die besonderen Umstände, wie sie die Einbehaltung und Ausschüttung von Gewinnen bei Kapitalgesellschaften kennzeichnen, hält man sich insbesondere vor Augen, daß den Unternehmenseignern von Aktiengesellschaften die Freiheit fehlt, nach eigenem Ermessen über die Gewinneinbehaltung zu entscheiden, dann zeigen sich deutlich die Unterschiede, die hinsichtlich der Selbstfinanzierung zwischen nicht emissionsfähigen und emissionsfähigen Unternehmen bestehen. Diese Unterschiede gewinnen für die Behandlung des hier zu erörternden Problems noch dadurch an Gewicht, daß die Selbstfinanzierungspolitik vor allem der großen emissionsfähigen Aktiengesellschaften in einem für nicht emissionsfähige Gesellschaften ungewöhnlichen Maße durch Kapitalmarktüberlegungen bestimmt wird[1].

2. Die Entscheidungssituation in nicht emissionsfähigen Unternehmungen.

2a. Grundsätzlich ist daran festzuhalten, daß es sich bei der Selbstfinanzierung um ein Phänomen der Gewinnverwendung, nicht der Gewinnerzielung handelt. Denn der Gewinn des Unternehmens liegt bereits

[1] Die vielen Fragen, die die Selbstfinanzierung aufwirft, haben seit Jahrzehnten im In- und Ausland eine sehr eingehende literarische Behandlung erfahren. An dieser Stelle sei hingewiesen auf den grundlegenden Beitrag, den M. Lohmann diesem Problem gewidmet hat. Lohmann, M., Kapitalbildung und Kapitalverwendung in der Unternehmung, in: Schriften des Vereins für Socialpolitik,

vor, wenn darüber beschlossen werden kann, in welchem Verhältnis er einbehalten oder ausgeschüttet werden soll. Die Frage bleibt offen, inwieweit es bei nicht emissionsfähigen Gesellschaften überhaupt zu derartigen gemeinsamen Beschlüssen kommt und es nicht dem einzelnen Gesellschafter überlassen bleibt, wie er über seinen Gewinnanteil disponieren will. Sind aber so Gewinnerzielung und Gewinnverteilung (im Sinne von Gewinnverwendung) verschiedene betriebswirtschaftliche Tatbestände, dann müssen auch die Prinzipien der Gewinnerzielung und der Gewinnverteilung nicht unbedingt miteinander identisch sein. Die nicht emissionsfähigen Unternehmungen, also insbesondere die Einzelfirmen, Personengesellschaften und die personenbezogenen Kapitalgesellschaften unterscheiden sich vor allem dadurch von den großen Publikumsaktiengesellschaften (nicht so sehr von den Beteiligungsaktiengesellschaften), daß in die Selbstfinanzierungsüberlegungen sowohl geschäftliche als auch private Absichten der Geschäftsinhaber hineinspielen. Aus diesem Grunde lassen sich auch keine allgemeinen Regeln darüber aufstellen, wie die Prioritäten von den Geschäftsinhabern im einzelnen Fall gesetzt werden. Die Präferenzfunktionen der Geschäftsinhaber tragen zu persönlich-individuellen Charakter, als daß sich generelle Aussagen über sie machen ließen.

Sieht man das Problem der Selbstfinanzierung der nicht emissionsfähigen Unternehmungen vor diesem Hintergrund, dann läßt sich die Entscheidungssituation über die Gewinnverwendung in diesen Unternehmungen durch drei wichtige Einflußgrößen kennzeichnen.

N. F. Band 5, Berlin 1958, S. 169ff.; auf die Gefahren der Selbstfinanzierung macht vor allem aufmerksam: HASENACK, W., Der Begriff der Selbstfinanzierung als Ursache gefährlicher Mißverständnisse, in: Betriebswirtschaftliche Forschung und Praxis, 10. Jg. 1958, S. 673ff.; zu aktuellen Fragen der Selbstfinanzierung nimmt Stellung FETTEL, J., Die Selbstfinanzierung der Unternehmung, in: Zeitschrift für Betriebswirtschaft, 32. Jg. (1962), S. 553; systematische Darstellungen enthalten die Beiträge von GROCHLA, E., Finanzierung, in: Handwörterbuch der Sozialwissenschaften, 3. Bd., Stuttgart, Tübingen und Göttingen 1961, S. 604ff. und OETTLE, K., Selbstfinanzierung, in: Handwörterbuch der Betriebswirtschaft, 3. Aufl., 3. Bd., Stuttgart 1960, Sp. 4867ff.

Die Frage nach der Möglichkeit, den optimalen Selbstfinanzierungsgrad zu bestimmen, ist in der deutschen betriebswirtschaftlichen Literatur vor allem in folgenden Aufsätzen behandelt worden: MOXTER, A., Die Bestimmung des optimalen Selbstfinanzierungsgrades unter privatwirtschaftlichem Aspekt, in: Der Betrieb in der Unternehmung, Festschrift für WILHELM RIEGER, Stuttgart 1963, S. 300ff.; BUCHNER, R., Anmerkungen zum Fisher-Hirshleifer-Ansatz der simultanen Bestimmung von Gewinnausschüttungs-, Finanzierungs- und Investitionsentscheidungen, in: Zeitschrift für betriebswirtschaftliche Forschung, N. F. 20. Jg., (1968), S. 30ff.; SCHNEIDER, D., Ausschüttungsfähiger Gewinn und das Minimum an Selbstfinanzierung, in: Zeitschrift für betriebswirtschaftliche Forschung, 20. Jg. (1968), S. 1ff.; BÜSCHGEN, H. E., Zum Problem optimaler Selbstfinanzierungspolitik in betriebswirtschaftlicher Sicht, in: Zeitschrift für Betriebswirtschaft, 38. Jg. (1968), S. 305ff.

a. Soll das Gewinnpotential eines Unternehmens erhalten bleiben oder erhöht werden, dann gilt ganz allgemein für alle Unternehmen emissionsfähiger wie nicht emissionsfähiger Art, daß der Kapitalfonds ausreichen muß, um die gesteckten Unternehmungsziele zu erreichen. Es gibt Situationen, in denen die Kapitalausstattung des Unternehmens den betrieblichen Erfordernissen vollkommen entspricht und aus diesem Grunde kein Anlaß besteht, den Kapitalfonds des Unternehmens aufzufüllen oder umzuschichten. Andererseits sind Fälle denkbar — sie sind sicherlich nicht selten —, in denen die geschäftlichen Absichten der Inhaber nur dann realisierbar erscheinen, wenn dem Unternehmen neues Kapital zugeführt wird. Da die Selbstfinanzierung eine der Hauptquellen bildet, aus denen gerade die nicht emissionsfähigen Unternehmen ihren Bedarf an Eigenkapital decken, so kann von den geschäftspolitischen Zielen der Unternehmensinhaber ein starker Sog auf die im Unternehmen erzielten Gewinne ausgehen, der unter Umständen große Teile der Gewinne in die geschäftliche Betätigung hineinzieht. Es ist anzunehmen, daß nicht nur dann ein derartiger Sog entsteht, wenn Unternehmen die Tendenz aufweisen zu expandieren, sondern auch dann, wenn die Lage des Unternehmens ungünstig ist und Umsatzrückgänge, die bereits eingetreten sind, auf die Dauer nur durch erhebliche Rationalisierungsinvestitionen im Produktions- und Absatzbereich aufgefangen werden können. Stehen in einem solchen Fall keine anderen Finanzierungsalternativen zur Verfügung, dann zwingt der Wille zu überleben zur bevorzugten Verwendung der Gewinne in dem Unternehmen, falls überhaupt noch Gewinne erzielt werden konnten.

Die Entscheidung über die Verwendung der im Unternehmen erzielten Gewinne hängt also von den geschäftspolitischen Zielen ab, die die Leitung des Unternehmens anstrebt. Mithin bilden die Unternehmungsziele eine erste, die Selbstfinanzierungsentschlüsse der Geschäftsinhaber bestimmende Einflußgröße.

b. In der Regel steht die Selbstfinanzierung in Konkurrenz mit der Nutzung anderer Kapitalquellen. Es sind aber auch Situationen denkbar, in denen die finanzielle Bewegungsfreiheit eines Unternehmens so eingeengt ist, daß die Selbstfinanzierung praktisch die einzige Kapitalquelle ist, die für eine Ausweitung des Kapitalfonds übrigbleibt. Im ersten Fall, in dem die Selbstfinanzierung mit anderen Kapitalquellen konkurriert, besteht die Möglichkeit, in den durch die Bedingungen des Falles gezogenen Grenzen statt der Selbstfinanzierung eine andere Art der Finanzierung zu wählen. Im zweiten Fall ist diese Möglichkeit nicht gegeben. Die Antwort auf die Frage, ob überhaupt und, wenn möglich, in welchem Umfange von der Kapitalbeschaffung durch Einbehaltung von Gewinnen Gebrauch gemacht werden soll, richtet sich deshalb auch danach, ob überhaupt Finanzierungsalternativen bestehen. Ihre

Existenz oder Nichtexistenz bildet eine zweite bestimmende Einflußgröße für Entscheidungen darüber, in welchem Maße Gewinne ausgeschüttet oder einbehalten werden sollen.

c. Die Gewinne, die die Inhaber von Einzelfirmen und Personengesellschaften durch den Einsatz ihres Kapitals und ihre unternehmerische Aktivität erzielen, bilden eine der wichtigsten Einkommensquellen dieser Personen. Steigen die Ansprüche, und differenziert sich der Bedarf, dann werden offenbar größere Gewinne oder Teile derselben benötigt, um den Lebensstandard zu erhöhen. Über das Anspruchsniveau der Menschen lassen sich in der Sicht, in der das Phänomen hier interessiert, keine allgemeingültigen Aussagen machen. Aber ohne Zweifel gibt es eine Präferenzfunktion, in der die Prioritäten des einzelnen vor allem für die Güter differenzierteren Bedarfes zum Ausdruck kommen. Präferenzen dieser Art sind nicht quantifizierbar. Zudem ändern sich die Prioritäten im Zeitablauf und in den einzelnen Lebenssituationen. Diese Tatsache schließt jedoch nicht aus, daß der für erstrebenswert gehaltene Lebensstandard die Inhaber der hier erörterten Einzelfirmen oder Personengesellschaften oder personenbezogenen Kapitalgesellschaften mit den Kapitalerfordernissen ihrer Unternehmen oder, anders gesagt: mit den kurz- und langfristigen Unternehmenszielen in Konflikt bringen kann.

In aller Regel ist die Anlage von Kapital in Unternehmen, die unter marktwirtschaftlichen Bedingungen arbeiten, mit hohen Risiken verbunden. Das gilt auch dann, wenn der Investor der Inhaber des Unternehmens ist. Um sich gegen die hohen Risiken zu sichern, denen der in dem Unternehmen angelegte Teil ihres Vermögens ausgesetzt ist, werden die Inhaber derartiger Unternehmen versuchen, Teile ihres Einkommens oder Vermögens in Anlagen mit geringerem Risiko zu überführen, indem sie zum Beispiel Wertpapiere bestimmter Art, Grundbesitz u. ä. erwerben. Dieses Bestreben der Unternehmenseigner, das Risiko zu streuen und Teile ihres aus Gewinnen stammenden Einkommens oder Vermögens in weniger gefährdet erscheinenden Verwendungen anzulegen, konkurriert mit der Reinvestition der erzielten Gewinne in dem Unternehmen, aus dem sie stammen.

Kapitaleinlagen in Unternehmen, die zur Gruppe der nicht emissionsfähigen Unternehmen rechnen, sind verhältnismäßig schwer liquidisierbar. Es gibt keinen hochorganisierten Markt für Anteile an Unternehmen dieser Art wie etwa die Börse. Zwar besteht grundsätzlich die Möglichkeit, dem Unternehmen auch dann Kapital zu entziehen, wenn keine Gewinne gemacht werden, und sicherlich gibt es viele Fälle, in denen ein solcher Kapitalentzug ohne Schaden für das Unternehmen vorgenommen werden kann. Wenn es sich aber um Kapitalentnahmen handelt, die im Verhältnis zum Kapital des Unternehmens groß sind, dann besteht die Gefahr, daß das Unternehmen durch eine so große Kapitalentnahme in finanzielle Schwierigkeiten gerät. Unter diesen Umständen verbietet sich die Entnahme von Kapital in dem vorgesehenen Umfang. Der Mobilisierung des in einem Unternehmen gebundenen Kapitals sind also Grenzen gesetzt, die im einen Fall eng-, im anderen Fall weitgezogen sein können. Aus dieser Sachlage heraus ist es zu verstehen, daß die Inhaber von Einzelfirmen oder Personengesellschaften bestrebt sind, Teile ihres Einkommens oder Vermögens in verhältnismäßig leicht realisierbaren Gegenständen oder Rechten anzulegen. Dieses Bestreben nach liquider Kapitalanlage kann ebenfalls mit den geschäftspolitischen Zielen des Unternehmens selbst in Widerstreit geraten. Von der Entscheidung zwischen diesen beiden konkurrierenden Alternativen kann das Verhältnis zwischen Gewinneinbehaltung und Gewinnausschüttung bestimmt werden.

Es gibt noch ein anderes Motiv für die Anlage von Gewinnen in außerbetrieblichen, wenn auch gewerblichen Verwendungen. Infolge der strukturellen Wandlungen, die sich auf weiten Gebieten der Industrie vollzogen haben, hat die Ergänzung von Unternehmen durch Unternehmen, die anderen Produktionszweigen angehören, wachsende Bedeutung gewonnen. Auf diese Weise werden Unternehmen mit unterschiedlichem Branchenrisiko, deren Umsatz- und Ertragsentwicklung nur wenig miteinander korreliert, im Interesse des Risikoausgleichs in einer Hand vereinigt. Unter diesen Umständen wird das Risiko aus der Kapitalinvestition in gewerblichen Unternehmen gestreut und vermindert. Gleichzeitig kann, wenn die Umstände es zulassen, eine gleichmäßigere Auslastung innerhalb des technischen, personellen, vertriebstechnischen, finanziellen und organisatorischen Potentials des Unternehmenskomplexes erreicht werden. Für diese Verteilung des Risikos bei gleichzeitiger Anlage von Kapital in mit dem hohen Risiko gewerblicher Unternehmen behafteten Betrieben hat sich heute der Ausdruck Diversifikation eingebürgert. Im allgemeinen stehen diese Möglichkeiten des Risikoausgleichs innerhalb gewerblicher Betätigungen vor allem großen Unternehmen offen. Aber auch mittlere und kleinere Unternehmen machen von den Möglichkeiten der Diversifikation Gebrauch[1]. Ist das der Fall, dann konkurriert die Reinvestition der in einem Unternehmen erzielten Gewinne mit der Anlage in Unternehmen, die anderen Produktionszweigen angehören.

Der Katalog der außerbetrieblichen Gewinnverwendungen besteht also erstens aus Ausgaben für die Sicherung und Erhöhung des Lebens-

[1] Vgl. hierzu Gort, M., Diversification and Integration in American Industry, Princeton 1962; ferner Huppert, W., Internationale Industriekonzerne. Eine Studie zur Erklärung, Systematisierung und Quantifizierung ihres Auslandsgeschäftes, Berlin 1966, S. 19ff.

standards, zweitens aus dem Erwerb von Gegenständen oder Rechten, die mit einem geringeren Risiko verbunden sind als Kapitaleinlagen in Unternehmen der beschriebenen Art, drittens aus dem Erwerb von verhältnismäßig leicht zu liquidierenden Vermögensanlagen und viertens aus dem Erwerb gewerblicher Unternehmen oder wesentlicher Beteiligungen an ihnen aus Gründen der Risikostreuung durch Diversifikation.

Mit diesen Möglichkeiten der außerbetrieblichen Gewinnverwendung konkurriert die Reinvestition von Gewinnen bei Unternehmungen, welche in der Form von Einzelfirmen oder Personengesellschaften betrieben werden.

Die Entscheidung über die Verwendung der erzielten Gewinne wird in diesen Unternehmen wesentlich durch die kurz- oder langfristigen Unternehmensziele, die Existenz oder Nichtexistenz von Finanzierungsalternativen und durch die außerbetrieblichen Möglichkeiten der Gewinnverwendung bestimmt. Diese Aspekte bilden die drei wichtigsten Einflußgrößen für die Selbstfinanzierungspolitik nicht emissionsfähiger Unternehmungen.

2b. Die Situationen, denen sich die Inhaber von Einzelfirmen oder Personengesellschaften gegenüber sehen können, wenn sie Entscheidungen über die Höhe der Gewinnentnahmen zu treffen haben, sind so mannigfaltig wie das betriebliche Leben überhaupt. Keine Rückführung dieser Mannigfaltigkeit auf einige für typisch gehaltene Entscheidungssituationen kann der Wirklichkeit gerecht werden. Gleichwohl bleibt kein anderer Weg, die Vielfalt der möglichen Entscheidungssituationen einzufangen als durch die Herausarbeitung und Diskussion typischer Situationen.

In einem zunächst zu erörternden Falle möge ein Unternehmen betrachtet werden, dessen Geschäftsumfang, Rentabilität und finanzielle Lage den Erwartungen und Wünschen seiner Inhaber entsprechen. Es ist deshalb nicht geplant, besonders große Anstrengungen zu machen, um die Kapazität des Unternehmens zu erweitern. Die Rentabilität des Unternehmens ist gut, sie befriedigt die Geschäftsinhaber, der Verschuldungsgrad ist gering. Die Zukunft läßt keine besonders starken Gefährdungen erwarten.

Die Inhaber des Unternehmens stehen vor der Frage, wie sie den Gewinn verwenden sollen. Sie würden ihn im äußersten Fall voll ausschütten können, ohne das Unternehmen zu gefährden.

Nach den Annahmen, die dem Fall zugrunde liegen, reicht die Ausstattung des Unternehmens mit Kapital aus, um den erreichten Geschäftsumfang zu finanzieren. Es besteht also keine Notwendigkeit, die erzielten Gewinne in dem Unternehmen zu belassen. Mithin kann auch kein Konflikt zwischen den kurz- oder langfristigen Zielen der Geschäftsleitung und den außerbetrieblichen Verwendungen der Gewinne bestehen.

Das Unternehmen ist nach den Voraussetzungen des Falles finanziell gut konsolidiert. Sein Kreditpotential ist nicht voll in Anspruch genommen. Institutionelle Beschränkungen für die Ausweitung der Verschuldung — wenn sie sich in gewissen Grenzen hält — bestehen nicht. Das Risiko aus der Verschuldung ist also sehr gering. Gleichwohl gibt es eine finanzierungstechnische Alternative zur Gewinnausschüttung. Und zwar insofern, als die erzielten Gewinne oder Teile von ihnen dazu benutzt werden können, Kredite, etwa Bankkredite, abzulösen und zurückzuzahlen. Welche Folgen würde eine derartige Substitution fremder Mittel durch Eigenkapital haben, das aus Selbstfinanzierung stammt?

Die Frage, wie eine Änderung des Fremdkapitalanteils die Rentabilität des Eigenkapitals beeinflußt, läßt sich mit Hilfe der bereits oben für den Fall der Kapitalsubstitution entwickelten Formel beantworten[1].

Danach ist

$$r_e = \frac{R}{E} = r_i + \frac{F}{E}\,(r_i - k).$$

Geht man von einem Fremdkapital (F) von 50 Geldeinheiten (GE) und einem Eigenkapital von ebenfalls 50 (GE) aus, dann erhält man bei einer Verzinsung des Gesamtkapitals (r_i) von 15% (vor Abzug der Fremdkapitalkosten (k) von 8%) eine Eigenkapitalrendite (r_e) von 22%. Werden 10 (GE) des Fremdkapitals durch 10 (GE) des Eigenkapitals (aus einbehaltenen Gewinnen stammend) ersetzt, dann erhält man eine Fremdkapital-Eigenkapital-Relation von 4:6. Die Rendite des Eigenkapitals (r_e) sinkt unter diesen Umständen auf 19,66%. Wird Fremdkapital weiter durch aus Selbstfinanzierung stammendes Eigenkapital ersetzt und wird auf diese Weise ein Verschuldungsgrad von 3:7 erreicht, dann beträgt die Rendite auf das Eigenkapital (r_e) 18%.

Das Ergebnis der Rechnung zeigt deutlich, wie die Rentabilitätswirkung des Fremdkapitals mit dem sich vermindernden Fremdkapital abnimmt.

Würden die Inhaber des Unternehmens in der angegebenen Weise verfahren, dann würde die Folge sein, daß sich das nunmehr in dem Unternehmen investierte Eigenkapital in einer geringeren Höhe verzinst als vor der Zuführung von Gewinnen in den Kapitalfonds des Unternehmens. Die Inhaber der Unternehmen würden aber die Gewinne nur dann aus dem Unternehmen abziehen, wenn die Verzinsung des Gesamtkapitals bei außerbetrieblicher Verwendung höher ist als bei innerbetrieblicher Verwendung. Liegt dieser Fall nicht vor, dann würde es

[1] Vgl. hierzu die Ausführungen im ersten Abschnitt des neunten Kapitels.

für die Unternehmenseigner trotz der reduzierten Rendite auf das Eigenkapital vorteilhafter sein, das aus der Selbstfinanzierung stammende Kapital im Unternehmen zu belassen. Ob sich die Unternehmer für eine Entnahme oder für die Einbehaltung der Gewinne entschließen werden, ist aus den bisher bekannten Daten nicht abzuleiten, denn in den Entscheidungszusammenhang schieben sich Motivationen hinein, die für den endgültigen Entschluß über die Verwendung der erzielten Gewinne von großer Bedeutung sein können. Die Reduktion derartiger Motivationskomplexe auf einen Zins, etwa den Zins für Einlagen auf Depositenkonten oder für langfristige, risikoarme Wertpapiere bedeutet, daß der Sachverhalt, um den es in der Entscheidungssituation geht, über Gebühr vereinfacht wird. Denn wenn der Zins auf derartige Einlagen oder Wertpapiere geringer ist als die Rendite auf das Eigenkapital, dann besagt diese Tatsache in Wirklichkeit noch nicht, daß die Gewinne im Unternehmen belassen werden sollten, weil sie dort eine höhere Verzinsung erzielen. In Wirklichkeit geht es darum, daß Motive anderer, sich nicht lediglich an einer Zinsdifferenz oder einem Zinsgefälle orientierender Art in die Entscheidung eingreifen. Von der Intensität, mit der sich diese Motive in der Person des sich entscheidenden Unternehmers durchsetzen, hängt der Beschluß über die Verwendung der Gewinne ab.

Derartige Motive stehen zum Beispiel in dem Bestreben, den persönlichen Lebensstandard zu erhöhen oder das soziale Prestige zu steigern. Sie können auch in Diversifikationsüberlegungen oder in der Bevorzugung von Vermögensanlagen, die einem verhältnismäßig geringen Risiko ausgesetzt sind, oder in dem Versuch bestehen, Vermögensteile möglichst leicht realisierbar anzulegen. Diese außerbetrieblichen Verwendungen der Gewinne konkurrieren mit der Reinvestition der Gewinne in dem Unternehmen, in dem sie entstanden sind. Nutzenvorstellungen privater oder persönlicher Art sind es, die die Prioritäten setzen und den Entschluß über die Gewinnverwendung entscheidend mitbestimmen.

Nunmehr werde eine Einzelfirma oder Personengesellschaft angenommen, die günstige Wachstumsbedingungen aufweist. Die Inhaber sind bereit, diese Chance auszunutzen und die Kapazität des Unternehmens zu erweitern. Die Verschuldung des Unternehmens sei verhältnismäßig gering, sein Kreditpotential sei bei weitem nicht ausgenutzt. Die Leitung des Unternehmens besitzt also die Möglichkeit, das für die Erweiterung des Geschäftsumfanges benötigte Kapital auf dem Kreditwege zu beschaffen. Unter diesen Umständen bestehen zwei Finanzierungsalternativen: die Aufnahme von Krediten oder die Einbehaltung von Gewinnen, die das Unternehmen erzielt hat. Die beiden Alternativen mögen sich gegenseitig ausschließen. Beide liefern aber genug Kapital, um den finanziellen Bedarf zu decken.

Wenn sich die Inhaber des Unternehmens entschließen, den gesteigerten Kapitalbedarf durch die Aufnahme von Krediten zu finanzieren, dann kommen sie in den Genuß der Wirkung, die eine Erhöhung der Verschuldung auf die Rentabilität des Unternehmens ausübt. Da nach den Annahmen, die dem Fall zugrunde liegen, mit der Erhöhung des Kreditvolumens keine nennenswerte Steigerung des Risikos aus der Verschuldung verbunden ist, bestehen aus Risikoerwägungen heraus keine Bedenken, den Kredit aufzunehmen. Verhält sich das Unternehmen in dieser Weise, dann können die erzielten Gewinne ausgeschüttet und für private Zwecke verwendet werden.

Auch in dieser Situation ist wiederum nicht einzusehen, aus welchen Gründen die Inhaber des Unternehmens die Vorteile, die ihnen die Kreditfinanzierung bietet, nicht wahrnehmen sollten. Zwar ist die Rendite, die sie bei einer Reinvestition der Gewinne erzielen würden, höher als die Rendite, die sie mit jeder anderen Kapitalanlage erreichen können. Trotzdem ist nicht eindeutig zu sagen, ob sie dieser Differenz zwischen den Renditen folgen und die Gewinne im Unternehmen belassen würden, um in den Genuß der höheren innerbetrieblichen Verzinsung zu gelangen. Auch in diesem Fall ist es von entscheidender Bedeutung, wie die Inhaber des Unternehmens ihre Prioritäten setzen, das heißt von welcher Verwendung der Gewinne sie den höchsten Nutzen erwarten.

Die Lage eines wachsenden Unternehmens möge nun dadurch gekennzeichnet sein, daß alle Eigen- und Fremdkapitalquellen erschöpft sind. Die günstige Gewinnentwicklung lasse aber Selbstfinanzierung in befriedigendem Umfang zu.

Würden die Gesellschafter unter diesen Umständen die Gewinne entnehmen, dann würden sie ihre auf betriebliche Expansion abgestellten Unternehmensziele nicht realisieren können. Üben die außerbetrieblichen Verwendungsmöglichkeiten eine große Anziehungskraft aus, dann geraten die außerbetrieblichen Verwendungsmöglichkeiten für die erzielten Gewinne in Konflikt mit den geschäftspolitischen Möglichkeiten des Unternehmens. Die Situation spitzt sich nun auf die Frage zu: Reinvestition der erzielten Überschüsse zur Finanzierung des Wachstums und Verzicht auf die außerbetrieblichen Verwendungsmöglichkeiten oder Entnahme der erzielten Überschüsse aus dem Unternehmen, um sie für außerbetriebliche Zwecke der angegebenen Art zu verwenden und zwar unter gleichzeitigem Verzicht auf eine Erweiterung des Produktionsvolumens. Wollen die Inhaber des Unternehmens also betriebliche Expansion oder wollen sie Befriedigung ihrer privaten Verwendungswünsche aus den in ihrem Unternehmen erzielten Überschüssen. Die Entscheidung über die Gewinnverwendung ist in diesem Fall zugleich eine unternehmungspolitische Entscheidung. So eng sind die beiden Entscheidungen unter den Bedingungen dieses Falles miteinander verknüpft.

Die Entscheidungssituation erhält dadurch noch einen zusätzlichen Akzent, daß Unternehmungswachstum auf Dauer nur in seltenen Fällen ohne Erhöhung der Kredite finanziert werden kann. Die Erhöhung des Kreditvolumens setzt aber voraus, daß die Eigenkapitalbasis des Unternehmens erweitert wird. Das kann aber bei Unternehmen der hier erörterten Art nur dann geschehen, wenn Selbstfinanzierung betrieben wird, es sei denn, die Gesellschafter erhöhen ihre Kapitaleinlage durch Zuführung neuen Kapitals oder sie nehmen einen neuen Gesellschafter in ihr Unternehmen auf, der sich mit einer Kapitaleinlage an dem Unternehmen beteiligt. Sieht man von den beiden zuletzt genannten Möglichkeiten ab, dann bleibt nur die Reinvestition erzielter Gewinne in das Unternehmen. Der Prozeß kann als sich fortlaufend vollziehend gedacht werden. Die Vergrößerung der Eigenkapitalbasis durch Zuführung von Mitteln, die aus gegebenen Gewinnen stammen, erhöht die Verschuldungsmöglichkeiten. Ihre Inanspruchnahme wiederum erhöht die Rendite des Eigenkapitals. Die erhöhte Rendite schafft günstige Voraussetzungen für eine weitere Vergrößerung der Eigenkapitalbasis des Unternehmens. Diese größere Eigenkapitalbasis schafft wieder günstige Voraussetzungen für die Ausweitung des Fremdkapitals usw. Ob dieser Spiraleffekt überhaupt eintritt, hängt von vielen, hier nicht weiter zu erörternden Umständen ab. Daß aber dieser als Spiraleffekt bezeichnete Vorgang in den Finanzierungsüberlegungen und den Entscheidungen über Gewinneinbehaltung und Gewinnausschüttung gerade in Unternehmen, deren Wachstum in besonders hohem Maße von der Selbstfinanzierung abhängt, Berücksichtigung findet, wird anzunehmen sein.

Wiederum aber ist die Entscheidung in das eigene und freie Ermessen der Unternehmenseigner gestellt. Ihre Vorstellungen darüber, was vorrangig für sie ist, der Ausbau der betrieblichen Kapazität des Unternehmens oder ihre außerbetrieblichen Verwendungswünsche für die erzielten Überschüsse, lassen sich nicht allein vom betriebswirtschaftlichen Standpunkt aus determinieren. Es läßt sich nur sagen, daß sich diejenigen, denen die Entscheidung über die Gewinnverwendung zukommt, von dem Bestreben leiten lassen, den Nutzen, den sie aus der Gesamtsituation und allen ihren Umständen ziehen, möglichst groß werden zu lassen.

Wird in einem vierten Fall ein Unternehmen unterstellt, das geschäftliche Rückschläge erlitten hat und nun bestrebt ist, die Lage wieder zu verbessern, dann steht das Selbstfinanzierungsproblem in einem völlig anderen Zusammenhang. Dem Unternehmen möge es trotz der ungünstigen Umsatzentwicklung gelungen sein, Gewinne zu erzielen, die zwar nicht sehr hoch sind, aber immerhin die Möglichkeit bieten, Selbstfinanzierung zu betreiben. Sind die Kreditmöglichkeiten erschöpft und kann Eigenkapital nicht aus anderen Quellen als erzielten Gewinnen beschafft werden, bleibt dem Unternehmen nur die Möglichkeit, die Gewinne zu reinvestieren, wenn es wieder wettbewerbsfähig werden will.

Die Gewinne, die das Unternehmen erwirtschaften kann, sind so gering, daß die Rendite auf das Eigenkapital unter die Rendite für risikoarme Anlagen außerhalb des Betriebes gesunken ist. Unter diesen Umständen würde die Entnahme der Gewinne und ihre Anlage in risikoärmeren, gleichwohl relativ hoch verzinslichen Werten einer Belassung des Gewinnes im Unternehmen vorzuziehen sein, wenn der Satz gilt, daß eine betriebsinterne Verwendung von Kapital nur dann vorteilhaft ist, wenn der Ertrag aus seiner Verwendung größer ist, als in jeder anderen Verwendung außerhalb des Unternehmens. Es erscheint jedoch zweifelhaft, ob sich die Inhaber des Unternehmens an diese Regel halten würden. Denn das Unternehmen selbst und mit ihm ihre berufliche Existenz stehen auf dem Spiel. Der Nutzen, den die Investierung der Gewinne im Unternehmen den Inhabern bringen würde, ist in diesem Fall sicherlich als größer anzusehen als der Nutzen, den die Anlage des Geldes in höher verzinslichen Verwendungen stiften würde. Die Situation diktiert das Verhalten und deshalb ist auch die Gewinneinbehaltung trotz hoher außerbetrieblicher Verzinsung durchaus möglich. Wiederum läßt sich nur sagen, daß das Verhalten gewählt werden wird, das im Vergleich zu dem unterlassenen Verhalten den größeren Nutzen bringt.

Trotz großer Unterschiede im einzelnen weisen die soeben erörterten vier Selbstfinanzierungsfälle Merkmale auf, die auf eine gewisse gemeinsame Struktur der Selbstfinanzierungsentscheidungen schließen lassen. Der Satz, wonach die betriebliche Verwendung von Kapital nur dann einer außerbetrieblichen Anlage des Kapitals vorzuziehen sei, wenn die Rendite auf dieses Kapital im Unternehmen größer ist als die in außerbetrieblichen Verwendungen erzielbare Verzinsung, muß nicht in Einklang mit dem tatsächlichen Verhalten der Unternehmer stehen. Die Erfahrung lehrt, daß die Inhaber von Einzelfirmen und Personengesellschaften auch dann die im Unternehmen erzielten Gewinne bzw. große Teile derselben entnehmen und für außerbetriebliche Zwecke verwenden, wenn die betriebliche Verzinsung größer als die in außerbetrieblichen Verwendungen zu erzielende Verzinsung ist. Wie anders wäre es zu erklären, daß die Inhaber derartiger Unternehmen oft über großen Vermögensbesitz verfügen, der Grundstücke, Finanzanlagen der verschiedensten Art, Gegenstände des anspruchsvollen Bedarfes und andere Anlagemöglichkeiten außerhalb des Unternehmens enthält.

Wenn also die Unternehmenseigner trotz hoher Renditen auf das in ihren Unternehmen investierte Kapital Gewinne entnehmen und für außerbetriebliche Zwecke verwenden, wenn sie unter Umständen sogar bereit sind, ihre langfristigen Unternehmensziele zurückzustecken, um anderen, ihnen vordringlicher erscheinenden Verwendungen den

Vorzug zu geben, dann wird der Konflikt zwischen inner- und außerbetrieblichen Verwendungsmöglichkeiten der im Unternehmen erzielten Gewinne offenbar aufgrund der gesetzten Prioritäten zugunsten der außerbetrieblichen Vermögensanlage entschieden. Ob aber im konkreten Fall so entschieden wird, hängt eben ganz von diesen Prioritäten ab, über die sich keine allgemeingültigen Aussagen machen lassen. Sehr kraß kommt die Situation dann zum Ausdruck, wenn die Rendite auf das im Unternehmen arbeitende Eigenkapital niedriger ist als in jeder anderen Verwendung und gleichwohl die Gewinne im Unternehmen belassen und unter Umständen sogar außerbetrieblicher Vermögensbesitz veräußert und der Gegenwert dem Unternehmen trotz seiner geringen Rentabilität zugeführt wird.

Die Beschlüsse, die die Unternehmer in derartigen Entscheidungssituationen treffen, lassen sich nur verständlich machen, wenn sie auf die Tatsache zurückgeführt werden, daß die Einheit zwischen betrieblicher und privater Sphäre trotz aller Tendenzen, sie aufzulösen, bestehen geblieben ist. Das Unternehmen selbst ist die Grundlage der beruflichen Existenz seiner Inhaber und ihre Haupteinkommensquelle. Es ist aber nur ein Teil ihres Vermögens und seine Erträgnisse fließen ihrem Vermögensfonds zu, ob sie einbehalten oder ausgeschüttet werden.

Für die Frage aber, wie eine Person über ihr Einkommen verfügt und ihr Vermögen anlegt, gibt es als Anhaltspunkt nur ihre Nutzenfunktion.

Welche Rangordnung zwischen den Nutzen besteht, die die Verwendung bestimmter Einkommens- (und damit auch Gewinn-)teile gewährt, wie die Prioritäten gesetzt und der Nutzen auf sein Maximum gebracht wird, wie das Maximum im einzelnen strukturiert ist und ob es quantitativ meßbar ist oder nicht — nur der Rekurs auf das Prinzip der Nutzenmaximierung läßt das Verhalten der Inhaber von Unternehmen der hier erörterten Art sinnvoll erscheinen.

In Wirklichkeit schieben sich in dem Selbstfinanzierungsproblem drei Ebenen ineinander. Erstens handelt es sich um ein reines Aufteilungsphänomen. Die Höhe des im Geschäftsjahr erzielten Gewinnes steht fest. Wie er im einzelnen zustande gekommen ist, interessiert in diesem Zusammenhang nicht. Er liegt vor und es geht lediglich darum, ihn auf Einbehaltungs- und Ausschüttungsbeträge aufzuteilen. Diejenigen, die diesen Aufteilungsprozeß vornehmen, kennen die Investitionsbedürfnisse ihres Unternehmens auf kurze oder lange Sicht, sie wissen, welche Finanzierungsquellen ihnen zur Verfügung stehen und in welchem Maße sie sie in Anspruch nehmen können. Anders ausgedrückt, sie kennen die Unternehmensziele und die Finanzierungsalternativen. Sie sehen sich aber auch den außerbetrieblichen Verwendungsmöglichkeiten ihrer Gewinne gegenüber. In dieser Lage geben die individuellen, oder — unter Umständen und keineswegs im Regelfall — die auf eine gemeinsame Linie gebrachten Prioritäten der an dem Beschluß über die Gewinnverwendung beteiligten Personen den Ausschlag über die Aufteilung der Gewinne in einzubehaltende und zu entnehmende Beträge. Indem jeder einzelne aufgrund seiner individuellen Umstände, seiner Einsicht in die Lage und seiner Ambitionen die Gewinne, auf die er rechtlich Anspruch hat, in die Skala seiner Einkommens- und Vermögensverwendungen einfügt, werden sie Bestandteil eines Prozesses, der darauf zielt, den Nutzen aus den gesamten Vermögens- und Einkommensbeständen einer Person zu maximieren. Sofern es sich bei dem Selbstfinanzierungsphänomen um ein explizites Aufteilungsproblem von bereits erzielten Gewinnen handelt, bilden Nutzenmaximierungsüberlegungen das Regulativ für die sich auf dieses Problem konzentrierenden Entscheidungen.

Diejenigen Fragen, die mit der Investition der durch die Selbstfinanzierung verfügbar gemachten Mittel in betrieblichen Anlagen verknüpft sind, liegen gewissermaßen auf einer zweiten Ebene. Hier gelten alle Kalküle, die entwickelt worden sind, um die Vorteilhaftigkeit von Investitionen zu errechnen und Rangordnungen zwischen ihnen herzustellen. Eines der für diese Rechnungen besonders häufig verwandten Auswahlkriterien ist zum Beispiel der maximale Gewinn. Es geht hier aber nicht um Gewinnverteilung, sondern um Investitionsrechnung. So gewiß es richtig ist, daß die Skala der errechneten Vorteilhaftigkeiten von Investitionen wichtige Grundlagen und Informationen für Gewinnverwendungsentscheidungen bildet, so gewiß ist es unrichtig, das Gewinnaufteilungsproblem lediglich als ein Gewinnmaximierungs- oder Kostenminimierungsproblem anzusehen und das Aufteilungsproblem unter diese Kriterien zu stellen.

In dem Problem der Selbstfinanzierung zeigt sich aber noch eine dritte Ebene. Sie wird sichtbar, wenn der Blick auf die Tatsache gerichtet wird, daß die Selbstfinanzierung nur eine Alternative unter mehreren Finanzierungsalternativen bildet. Hier mündet das Selbstfinanzierungsproblem in die Frage nach der Ermittlung optimaler Finanzierungsprogramme ein. In diesem Problemzusammenhang ist für den Grundsatz der Nutzenmaximierung kein Raum. Gewinnmaximierungs-, Kostenminimierungs- oder andere quantitative Kriterien beherrschen den Kalkül.

In Wirklichkeit schieben sich diese drei Ebenen ineinander, und das Selbstfinanzierungsproblem würde sich nur dann wirklich befriedigend lösen lassen, wenn es gelänge, das Verteilungs-, Investitions- und Finanzierungsproblem durch einen simultanen Ansatz in den Griff zu bekommen. Aber, ob eine solche Lösung des Problems überhaupt möglich sein wird, erscheint fraglich, und zwar vor allem deshalb, weil die

Selbstfinanzierungsentscheidung dem Prinzip nach eine Aufteilungsentscheidung ist und in diese Entscheidung jener Komplex von Nutzenvorstellungen hineinspielt, der aus nicht quantifizierbaren Motivationsbeständen stammt.

3. Die Entscheidungssituation in emissionsfähigen Unternehmungen.

3a. Die allgemeine Struktur der Selbstfinanzierung kommt in Entscheidungssituationen, wie sie vornehmlich in Einzelfirmen, Personengesellschaften und personenbezogenen Kapitalgesellschaften anzutreffen sind, mit besonderer Eindeutigkeit zum Ausdruck. Denn nur in Unternehmen dieser Art bieten die Unternehmenseigner das aus Gewinnen ihrer Unternehmen stammende Kapital sich selbst als Eigenkapital an, oder fragen sie dieses Kapital bei sich selbst nach. In den großen emissionsfähigen Aktiengesellschaften ist diese ursprüngliche Identität zwischen Kapitalangebot und Kapitalnachfrage, sofern es sich um Selbstfinanzierung handelt, aufgehoben. Der Zusammenhang zwischen dem Kapitalangebot und der Kapitalnachfrage aus in den Unternehmen erzielten Gewinnen hat sich entindividualisiert und die Eigentümer bestimmen nicht mehr nach eigenem Ermessen darüber, wie die Gewinne aufgeteilt werden sollen. Die Tatsache, daß die Verwaltung in den Prozeß der Aufteilung erzielter Gewinne in auszuschüttende und einzubehaltende Teile eingeschaltet ist, bedeutet einen institutionellen Faktor, welcher der Entscheidungssituation über die Gewinnverwendung der Unternehmen ein wesentlich anderes Gepräge verleiht als der Gewinnverwendung von Unternehmen, denen dieses institutionelle Moment fehlt. Es gibt aber auch emissionsfähige Aktiengesellschaften, die bei der Beschlußfassung über die Selbstfinanzierungsrate eine ähnliche Entscheidungssituation aufweisen wie die Einzelfirmen, Personengesellschaften oder die personenbezogenen Kapitalgesellschaften. Im Gegensatz zu den großen Publikumsaktiengesellschaften, deren Aktien sich weitgehend im Streubesitz befinden, sind die Aktien vor allem von Beteiligungsaktiengesellschaften in der Hand von Großaktionären, die in der Regel ein betriebliches Interesse mit der Gesellschaft verbindet, an der sie beteiligt sind. Diese Aktionäre verfügen im allgemeinen über Sitz und Stimme in den Aufsichtsräten, also in dem Gesellschaftsorgan, das an der Beschlußfassung über die Gewinnverwendung beteiligt ist. Die Großaktionäre sind deshalb im Gegensatz zu der breiten Masse der Aktionäre von Publikumsaktiengesellschaften in der Lage, ihren Einfluß auf die Selbstfinanzierungspolitik der Gesellschaft unmittelbar zur Geltung zu bringen. Da vor allem die aus dem Beteiligungsverhältnis stammenden geschäftlichen Interessen, insbesondere zum Beispiel Konzerninteressen, die Gewinnverwendungspolitik der Hauptaktionäre bestimmen, besitzen insofern betriebliche und nicht private Nutzenfunktionen dieser Aktionäre für die Einbehaltungs- bzw. Ausschüttungspolitik entscheidende Bedeutung.

Zwischen der Selbstfinanzierungspolitik emissionsfähiger und nicht emissionsfähiger Gesellschaften besteht jedoch insofern Übereinstimmung, als die Selbstfinanzierungsmaßnahmen beider Arten von Unternehmungen einmal von den unternehmungspolitischen Zielen abhängig sind, die sie zum Zeitpunkt der Beschlußfassung über die Selbstfinanzierung verfolgen, und zum anderen von den Finanzierungsalternativen, über die sie verfügen.

Die beiden Arten von Unternehmungen unterscheiden sich in dem hier interessierenden Zusammenhang insofern voneinander, als die emissionsfähigen Unternehmungen über die Begebung von Aktien den Kapitalmarkt in Anspruch nehmen können. Diese Finanzierungsalternative ist den nicht emissionsfähigen Unternehmen versagt.

Hieraus ergibt sich die Frage, ob die emissionsfähigen Unternehmen bei der gegenwärtigen Bestimmung des Verhältnisses zwischen Ausschüttung und Einbehaltung die künftigen Kapitalbeschaffungsnotwendigkeiten in ihren Selbstfinanzierungskalkül einbeziehen müssen. Grundsätzlich werden die Aktionäre nur dann bereit sein, die auf sie entfallenden Gewinne dem Unternehmen weiter zu belassen, wenn die Rendite auf diese Gewinnbeträge in Anlagen außerhalb des Unternehmens geringer ist als die Rendite, die sie im Unternehmen selbst glauben erwarten zu dürfen[1]. Es ist jedoch zu beachten, daß ein Vergleich der beiden Renditensätze im Fall einer Kapitalgesellschaft deshalb gewisse Schwierigkeiten bereitet, weil die individuellen Unterschiede in den außerbetrieblichen Anlagemöglichkeiten sehr groß sind und sich deshalb aus diesen vielen individuellen Situationen der Aktionäre (Steuerbelastungen, Risikopräferenzen u.a.) nicht unmittelbar ableiten läßt, welches Verhältnis zwischen Gewinnausschüttung und -einbehaltung das günstigste sein wird. Würde die Selbstfinanzierungspolitik nach diesen Grundsätzen vorgenommen werden, dann würde eine solche Politik bedeuten, daß die Geschäftsleitung der Unternehmen die individuellen Einkommen der Aktionäre zu maximieren versucht. Ob solche Grundsätze das Verhalten der Leitung von Aktiengesellschaften wirklich bestimmen, erscheint äußerst unwahrscheinlich. Es ist deshalb zu fragen, ob nicht die vielen einzelnen und sehr individuellen Situationen der Kapitalanleger durch den Kapitalmarkt so zum Ausgleich gebracht

[1] Dieses Verhältnis zwischen Innen- und Außenrendite wird nach den Grundsätzen des Opportunitätskostenprinzips besonders deutlich von A. MOXTER herausgearbeitet, um es für die Bestimmung des optimalen Selbstfinanzierungsgrades zu verwenden. Vgl. MOXTER, A., Die Bestimmung des optimalen Selbstfinanzierungsgrades unter privatwirtschaftlichem Aspekt, in: Festschrift für WILHELM RIEGER, Stuttgart 1963, S. 300ff.

werden, daß unter Berücksichtigung dieses Umstandes gewisse allgemeine Kriterien für die Einbeziehung der Interessenlage der Kapitalanleger in die Selbstfinanzierungspolitik emissionsfähiger Unternehmen gewonnen werden können.

3b. Unternehmen, die darauf angewiesen sind, den Kapitalmarkt zur Deckung ihres Bedarfs an Eigenkapital in Anspruch zu nehmen, müssen damit rechnen, daß sich die potentiellen Kapitalgeber keineswegs übereinstimmende Vorstellungen über den Wert des Unternehmens und seiner Aktien machen. Persönliche Meinungen, gestützt auf unterschiedlich gute Informationen, spielen in die Beurteilung hinein, die sich im anlagesuchenden Publikum über eine Gesellschaft bildet, deren Aktien an der Börse notiert werden. In den Kauf- oder Verkaufsaufträgen für die Aktien der Gesellschaft kommen diese unterschiedlichen Ansichten über die Ertragschancen, die finanzielle Solidität und die Entwicklungsaussichten des Unternehmens zum Ausdruck. Die Vielfalt dieser Urteile über die gegenwärtige Lage und die Zukunft der Gesellschaft wird durch den Mechanismus des Kapitalmarktes, insbesondere durch den Prozeß der Kursbildung an der Börse zu einem gewissen Ausgleich gebracht. Die Börsenkurse registrieren die Schwankungen, denen die Vorstellungen des Publikums über die Chancen und Risiken eines Unternehmens unterliegen. Die Kurse selbst sind Daten des Kapitalmarktes, in diesem Sinne objektive Gegebenheiten, in denen sich die Beurteilung und damit die Bewertung des Unternehmens und seiner Aktien niederschlägt.

Diese Feststellung schließt die Frage in sich, inwieweit die Börsenkursbildung überhaupt Maßstäbe für den Wert eines Unternehmens und der Anteile an ihm zu liefern vermag. Eine kaum übersehbare Fülle von Umständen persönlicher und sachlicher Art spielt insbesondere kurzfristig in die Kursbildung an der Börse hinein. Schnell wechselnde einzelwirtschaftliche, gesamtwirtschaftliche und politische Situationen, persönliche Umstände, Ansichten und Absichten kommen in den Börsenkursen zum Ausdruck. Aus diesem Grund kann mit Recht gefragt werden, ob diese kurzfristigen Elemente der Kursbildung an der Börse überhaupt Aussagen über den inneren Wert eines Unternehmens zulassen. Ganz ohne Zweifel ist das nicht der Fall. Löst man allerdings die Börsenkurse von diesen kurzfristig und zumeist unkontrolliert wirkenden Einflüssen und sieht man sie im langfristigen Trend, dann zeichnet sich in der Entwicklung dieser Kurse eine Bewertung der Unternehmensanteile durch den Kapitalmarkt ab, die die auf lange Sicht wirkenden Kräfte des einzelwirtschaftlichen und gesamtwirtschaftlichen Geschehens nicht ohne ein gewisses Maß an Eindringlichkeit zum Ausdruck bringt. Je mehr der Einfluß institutioneller Anleger auf die Entwicklung der Aktienkurse wächst, je mehr die Methoden der Kapitalmarktanalyse verbessert werden und die über das einzel- und gesamtwirtschaftliche Geschehen berichtenden Informationen, ihre Verarbeitung und Auswertung an Güte zunehmen, ein desto höheres Maß an Gültigkeit für den Wert der Unternehmen werden — in langfristiger Sicht — die Kurse der Anteile an den Unternehmen gewinnen, und zwar mit der Maßgabe, daß nicht der objektive Wert des Unternehmens, sondern die Ansichten der Kapitalanleger über den Wert des Unternehmens die Kurse der Unternehmensanteile bestimmen. In den Aktienkursen kommen so die Vorstellungen der Kapitalgeber — vor allem der langfristigen Anleger — über das Rentabilitäts- und Risikoniveau, die finanzielle Stabilität und die Entwicklungschancen der Unternehmen, wenn auch nur mit einem gewissen Maß an Genauigkeit, zum Ausdruck. Ein Blick auf die Börsenkurse zeigt, wie unterschiedlich die einzelnen Unternehmen vom Kapitalmarkt bewertet werden, daß also die Kapitalgeber sehr unterschiedliche Vorstellungen über die Chancen und Risiken der Gesellschaften besitzen. Diese Vorstellungen aber bilden die Grundlage für die Kurse, die sich für die Anteile an den Gesellschaften bilden, denn sie lösen die Kauf- und Verkaufsaufträge aus, deren Ergebnis dann der für die Anteile ermittelte Kurs ist.

Die Besitzer und Veräußerer von Aktiendepots haben also sehr konkrete, im einen Fall gut, im andern Fall weniger gut fundierte Vorstellungen über die Unternehmen, deren Aktien zum Handel an der Börse zugelassen sind. Sie werden nur dann bereit sein, die Aktien, die sie besitzen, zu behalten oder neue Aktien zu erwerben, wenn die Real- oder Effektivverzinsung des in Aktien einer Gesellschaft angelegten Kapitals mindestens gleich der Verzinsung ist, die sie bei alternativen Anlagen vergleichbaren Risikos erzielen können. Die sich an dieser Rendite orientierende Verzinsung, die die Besitzer oder Erwerber von Aktien einer Gesellschaft glauben verlangen zu sollen, wird als die von ihnen geforderte Mindestverzinsung bezeichnet. Technisch gesehen errechnet sie sich als Quotient aus dem nachhaltig erwarteten Ertrag des in Aktien der Gesellschaft angelegten Kapitals und dem Kurs, den die Kapitalanleger als Preis für den Erwerb der Aktien bewilligen müssen.

Die Real- oder Effektivverzinsung, die die potentiellen Kapitalgeber für die Investition von Kapital in Aktien verlangen, sind in der Sicht des Unternehmens Kosten des Eigenkapitals[1]. Wenn ein Unternehmen seinen Eigenkapitalfonds durch die Begebung von Aktien zu erhöhen beabsichtigt und gleichzeitig bestrebt ist — diese Annahme werde hier gemacht —, die Kosten des zusätzlich zu beschaffenden Eigenkapitals möglichst niedrig zu halten, dann gehen damit die Kapitalkosten — zu-

[1] Zum Begriff der Eigenkapitalkosten sei auf die Ausführungen im vierten Abschnitt des neunten Kapitels hingewiesen.

gleich unter einer Optimierungszielsetzung — in den Finanzierungskalkül des Unternehmens ein. Da die Kapitalkosten gleich der Mindestverzinsung sind, die die potentiellen Kapitalgeber für die Überlassung ihres Kapitals an die Gesellschaft glauben fordern zu sollen, müssen sich die Finanzierungsentscheidungen der Gesellschaften an den Vorstellungen und Interessen der Aktionäre orientieren[1].

Auf diese Weise werden — über den objektiven Befund der Kurswerte der Aktien — die von den potentiellen Kapitalgebern als Bedingung der Kapitalhingabe geforderten Mindestrenditen zu Kosten, die die Gesellschaft aufzuwenden hat, wenn sie Eigenkapital durch die Begebung von Aktien beschafft. Anders ausgedrückt: Über die Kurswerte der Aktien werden die unterschiedlichen Vorstellungen der Kapitalgeber über die Risiken und Chancen eines emissionsfähigen Unternehmens zu Determinanten der Eigenkapitalkosten und damit auch zu einem Bestandteil des Selbstfinanzierungskalküls emissionsfähiger Unternehmen.

3c. Werden so die Kapitalkosten als von den Verhaltensweisen der potentiellen Kapitalgeber abhängige Größe aufgefaßt, dann ergibt sich die weitere Frage, ob die Aktionäre einer Gesellschaft oder die potentiellen Kapitalgeber ihre Kauf- und Verkaufsentscheidungen von dem Verhältnis abhängig machen, in dem der Gewinn des Unternehmens ausgeschüttet oder einbehalten wird. Beschränkt sich der Begriff der Mindestverzinsung auf die ausgeschütteten Gewinnteile, also auf die Dividende je Unternehmensanteil (Aktie) oder ist der Begriff weiter zu fassen und sind unter der erwarteten und geforderten Mindestverzinsung auch die nicht ausgeschütteten Gewinnteile zu verstehen? Wenn die Aufspaltung des Geschäftsgewinns in einbehaltene und ausgeschüttete Teile keinen Einfluß auf das Verhalten der Kapitalgeber ausüben sollte, dann erledigt sich damit die Frage nach dem Zusammenhang zwischen Kapitalkosten und Gewinneinbehaltung. Wenn aber die Kapitalgeber auf die Einbehaltung und Ausschüttung der Gewinne reagieren und diese Reaktion in ihren Vorstellungen über die für ihre Kapitalanlage in Aktien der Gesellschaft zu fordernde Mindestverzinsung zum Ausdruck kommt, dann besteht offenbar ein Abhängigkeitsverhältnis zwischen Selbstfinanzierung und Kapitalkosten. Weist die Kapitalkostenkurve (Kapitalkosten in Abhängigkeit vom Selbstfinanzierungsgrad) ein Minimum auf, dann muß sich ein Selbstfinanzierungsgrad ermitteln lassen, der der kapitalkostengünstigste und damit optimale ist. Läßt sich für die Kapitalkostenkurve kein Minimum ermitteln, dann kann es insofern auch keinen optimalen Selbstfinanzierungsgrad geben. Die Untersuchung konzentriert sich damit auf die Frage, welche Aussagen über die Reaktion der potentiellen Kapitalgeber auf unterschiedliche Gewinneinbehaltungen oder Ausschüttungen gemacht werden können.

[1] Der duale Charakter des Phänomens tritt damit deutlich in Erscheinung.

4. Die Bedeutung der Gewinne für die Selbstfinanzierungspolitik emissionsfähiger Unternehmungen.

Die Frage, ob die Aufteilung der von einem Unternehmen in einem Geschäftsjahr erzielten Gewinne in einzubehaltende und auszuschüttende Beträge den Kurswert der von dieser Gesellschaft ausgegebenen Aktien beeinflußt, bedeutet, daß aus der Vielzahl möglicher Einflußgrößen der Börsenkursbildung nur eine Größe herausgegriffen und untersucht wird, nämlich die Höhe des von dem Unternehmen erzielten Geschäftsgewinnes und die Aufspaltung dieses Gewinnes in Ausschüttung und Einbehaltung. Die Isolierung dieser einen Einflußgröße der Aktienkursbildung bereitet methodisch Schwierigkeiten, und zwar nicht nur bei der mehr deduktiven Behandlung des Problems, sondern auch bei den Bemühungen, den tatsächlichen Einfluß der Gewinnhöhe und der Aufspaltung der Gewinne in Ausschüttungs- und Selbstfinanzierungsquoten mit den Methoden der empirischen Sozialforschung zu testen. Es ist deshalb ein großer Vorteil für die Diskussion über die Einflußgrößen gewesen, daß MODIGLIANI und MILLER ihre Argumentation im Rahmen eines explizite formulierten Modells vornehmen, das die Fülle der im Kursbildungsprozeß wirksamen Einflußgrößen auf eindeutig fixierte Größen reduziert. So wird vorausgesetzt, daß auf dem Kapitalmarkt keine institutionellen und persönlichen Beschränkungen bestehen, daß vollkommene Markttransparenz herrscht und sich die Anleger rational verhalten, daß es ihnen gleichgültig ist, ob der Ertrag ihrer Kapitalanlage in Aktien der Gesellschaft in Bardividenden oder in der Realisierung von Kurswertsteigerungen besteht. Das Modell setzt außerdem sichere Erwartungen und Unternehmen gleicher Risikoklasse voraus. Die Annahme sicherer Erwartungen wird später wieder aufgehoben[1].

Unter den angegebenen Bedingungen erhalten die Aktionäre des Unternehmens im Fall von Gewinneinbehaltungen nur einen Teil der vom Unternehmen erzielten Gewinne ausbezahlt. Dieser Verzicht der Aktionäre auf volle Barausschüttung bedeutet zunächst, daß sich der Kapitalfonds des Unternehmens durch Zuführung der einbehaltenen Mittel erhöht. Unter den Bedingungen des Modells, das vollkommene Voraussicht unterstellt, muß jeder im Unternehmen zurückbehaltene und investierte Gewinnbetrag zu einer den zurückbehaltenen Beträgen proportionalen Steigerung des Kurswertes der Aktien der Gesellschaft führen. Da der Wertzuwachs der Aktien unter den Bedingungen des Modells (vollkommener Kapitalmarkt) realisiert werden kann, ist es den

[1] MILLER, M. H., und F. MODIGLIANI, The Cost of Capital, Corporation Finance, and the Theory of Investment, American Economic Review, Vol. 48 (1958) S. 261 ff., dies, in: Dividend Policy, Growth and the Valuation of Shares, Journal of Business, Vol. 34 (1961) S. 411 ff.; GORDON, M. J., The Investment, Financing and Valuation of the Corporation, Homewood, Ill. 1962.

Aktionären grundsätzlich gleichgültig, ob ihnen die Erträge aus ihrer Kapitalanlage in Form von Dividendenzahlungen oder in Form von den Einbehaltungsbeträgen entsprechenden Kurswertsteigerungen der Unternehmensanteile zufließen. Es liegt also insofern eine Substitution gegenwärtiger Barzahlungen durch später realisierbare Kurswertsteigerungen vor. Ist es aber den Aktionären gleichgültig, wie sie in den Genuß des Ertrages aus ihrer Kapitalanlage in Aktien der Gesellschaft gelangen, dann besagt dieser Umstand, daß jede Reaktion der Aktionäre auf die Art der Gewinnverwendung fehlt, die die Gesellschaft vornimmt. Unter diesen Umständen übt die Aufspaltung der Gewinne in Ausschüttungs- und Einbehaltungsbeträge, also die Selbstfinanzierung keinen Einfluß auf die Kurse der Unternehmensanteile aus. Die Kapitalkosten werden mithin durch Änderungen der Einbehaltungs- und Ausschüttungsrelationen nicht beeinflußt. Für die Emissionspolitik des Unternehmens würde es bedeutungslos sein, wie die Gewinne verwendet werden.

Die Auffassung, daß allein die Gewinne und nicht ihre Aufspaltung in Einbehaltung und Ausschüttung für die Höhe der Aktienkurse maßgebend sind, wird als Gewinnthese bezeichnet.

Diese These von der Bedeutungslosigkeit der Gewinnverwendung für die Bildung der Aktienkurse gilt zwar zunächst unter der Annahme sicherer Erwartungen, sie wird dann aber auch auf den Fall unsicherer Erwartungen ausgedehnt. Auf diese Weise wird der Geltungsbereich der These erweitert[1].

Unter den besonderen Bedingungen, wie sie im Modell gesetzt sind, gilt, daß der Kurs- oder Marktwert der Anteile an einer Aktiengesellschaft zu einem Zeitpunkt gleich der Summe aus dem Barwert der am Ende der Periode gezahlten Dividende zuzüglich dem Barwert des Anteils an der Gesellschaft ist, der sich durch die Diskontierung der am Ende der Periode erwarteten Kurswerte ergibt. Auf einen längeren Zeitraum bezogen, wird der Gegenwert eines derartigen Anteils an einer Aktiengesellschaft durch den Zinssatz bestimmt, zu dem ein Kapitalanleger die zukünftigen, aus den Dividendenzahlungen und den Kursgewinnen stammenden Erträge seiner Kapitalanlage diskontiert[2].

Da die Vertreter der Gewinnthese von der Auffassung ausgehen, daß die Kurse der Aktien lediglich von den Gewinnen und nicht von den Dividendenzahlungen abhängen, ist der Kurs- oder Marktwert der Aktien allein das Ergebnis der Diskontierung der Gewinne, die für das Unternehmen innerhalb eines bestimmten Zeitraumes erwartet werden. Die

---

[1] Miller, M. H., und F. Modigliani, Dividend Policy, a.a.O., S. 428ff.

[2] Bezüglich der mathematischen Ableitung der These sei verwiesen auf Miller, M. H., und F. Modigliani, Dividend Policy, a.a.O., S. 425. Vgl. hierzu auch Trabant, G., Zur Finanzierung des Unternehmungswachstums aus internen Mitteln, Diss. Köln 1966, S. 84ff.

Kapitalgeber verzichten also auf eine unterschiedliche Bewertung von Gewinnausschüttungen und Gewinneinbehaltungen. Voraussetzung hierfür ist allerdings, daß für die einbehaltenen und reinvestierten Gewinnteile eine interne Rendite erwirtschaftet werden kann, deren Höhe der von den Aktionären geforderten Mindestverzinsung für ihre Kapitalanlage in Aktien der Gesellschaft entspricht. Zudem übt die Aufteilung des Gewinns in Einbehaltung und Ausschüttung nur dann keinen Einfluß auf die Bewertung der Unternehmensanteile aus, wenn das Unternehmen in der Lage ist, die durch die Dividendenzahlungen ausfallenden Mittel durch die Aufnahme von Kapital zu ersetzen und so sein Investitionsvolumen aufrechtzuerhalten. Die Gewinnverwendung hat dann allerdings auf die Gewinne der zukünftigen Periode keinen Einfluß.

Da von Modigliani und Miller die Ansicht vertreten wird, daß sich die Annahme von der Indifferenz der Aktionäre und potentiellen Kapitalgeber gegenüber der Gewinnverwendungspolitik der Gesellschaft mit der Wirklichkeit (auch unter unsicheren Erwartungen) deckt, bleibt die Frage, ob dieser Ansicht zuzustimmen ist und ob sich nicht andere Verhaltensweisen der Kapitalgeber einsichtig machen lassen. Zunächst aber bleibt festzustellen, daß, wenn es nur einen Diskontierungsfaktor für die Gewinne des Unternehmens gibt, die Möglichkeit, die Aktienkurse durch Variation der Ausschüttungsrate zu beeinflussen, ausgeschlossen wird und daß deshalb unter diesen Umständen die Frage nach einer optimalen Selbstfinanzierungsrate überhaupt nicht entstehen kann.

5. Die Bedeutung der Gewinnausschüttungen für die Selbstfinanzierungspolitik emissionsfähiger Unternehmungen.

Das Argument der Gewinnthese, die Aufspaltung des Gewinnstromes in einzubehaltende und auszuschüttende Beträge übe keinen Einfluß auf den Marktwert des Unternehmens aus, findet seine Begründung in der Annahme, das Unternehmen habe die Möglichkeit, sein vorgegebenes Investitionsvolumen in der Weise aufrechtzuerhalten, daß die durch Dividendenzahlungen ausfallenden Selbstfinanzierungsmittel mit Hilfe der Aufnahme von Eigenkapital im Wege der Aktienemission ersetzt werden können. Bei fehlender Vollkommenheit der Kapitalmärkte wird jedoch die Unternehmung im allgemeinen bei der Kapitalbeschaffung auf Widerstände stoßen, die das Maß der aufzunehmenden Mittel und damit zugleich den Umfang des Investitionsvolumens begrenzen.

Grundsätzlich wächst in dem Maße, in dem ein Unternehmen seine Gewinne einbehält und für die Finanzierung von Investitionen verwendet, der Kapitalfonds des Unternehmens an. Wird angenommen, daß das Unternehmen die von ihm erzielten Gewinne stets in einer gegebenen und unveränderten Relation auf Einbehaltung und Ausschüttung verteilt, dann erbringen die in dieser Periode einbehaltenen Gewinnteile in den nachfolgenden Perioden wiederum Gewinne. Der Gewinnstrom wächst also im Zeitablauf um die jeweils aus den investierten Selbstfinanzierungsmitteln stammenden Gewinne. Da die Gewinne nach dem gegebenen Verhältnis auf Ausschüttung und Einbehaltung aufgeteilt, also zum Teil für die Zahlung von Dividenden verwandt werden, steigen auch die Dividendenzahlungen in den folgenden Jahren an. Die Einbehaltung von Gewinnen führt unter diesen Voraussetzungen zu einer Erhöhung des Kapitalfonds, einer Vergrößerung des Gewinnpotentials und zu einer Verlagerung der Gewinnauszahlungen, also der Dividendenzahlungen in spätere Perioden. Die Aktionäre werden diese erhöhten Dividendenzahlungen, die sich als Folge der erhöhten Gewinneinbehaltungen für die Zukunft ergeben, durch höhere Kurswerte eskomptieren. Sollen sich die Änderungen des Gewinnstroms im Zeitablauf allein auf die Vergrößerung des Kapitalfonds durch einbehaltene Gewinne zurückführen lassen, dann muß die Bedingung erfüllt sein, daß sich das im Unternehmen investierte Kapital mit einer von der Größe des Investitionsvolumens unabhängigen Rendite verzinst. Nur in diesem Fall läßt das wachsende Investitionsvolumen die Durchschnittsverzinsung des im Unternehmen angelegten Kapitals unbeeinflußt. Änderungen der Gewinnentwicklung sind dann nur eine Folge der Vergrößerung des Kapitalfonds durch Selbstfinanzierung. Produktivitätserhöhungen und auf sie zurückzuführende Gewinnzunahmen werden ausgeschlossen. Solange die Rendite auf das im Unternehmen investierte Kapital gleich und von der Größe des Investitionsvolumens unabhängig bleibt, solange außerdem die Kapitalgeber die Erträge aus der Anlage ihres Kapitals in Aktien einer Gesellschaft mit dem Zinssatz diskontieren, der gleich der Rendite auf das im Unternehmen investierte Kapital ist, kann sich der Marktwert der Aktien nicht ändern.

Wenn jedoch die Bedingung aufgehoben wird, daß die Aktionäre einer Gesellschaft glauben, die von dem Unternehmen einbehaltenen Gewinne jederzeit und ohne Ertragseinbuße durch Verkauf der Aktien mobilisieren zu können, dann bedeutet die Aufhebung dieser Bedingung eine Änderung der Verhaltensweisen von Aktionären und potentiellen Kapitalgebern. Halten sie es für unsicher, ob in Zukunft die Kurswertsteigerungen den Gewinneinbehaltungen entsprechen werden und ob der Wertzuwachs der Aktien gleich den Gewinneinbehaltungen sein wird, dann werden sie Bardividenden späteren Gewinnrealisierungen durch Aktienverkauf vorziehen. Die Aktionäre oder potentiellen Kapitalgeber scheuen also das aus der Unsicherheit der Beurteilung künftiger Entwicklungen stammende Risiko, die dem Unternehmen gegenwärtig überlassenen Gewinnbeträge später durch den Verkauf der Aktien mobilisieren zu können. In diesem Fall verlangt die Ungewißheit, ob sich später der Wertzuwachs der Aktien, zurückzuführen auf die einbehaltenen Teile des Gewinnes, auf dem Wege über eine Veräußerung der Aktien auch in voller Höhe wird realisieren lassen, einen höheren Diskontierungssatz für Gewinnrealisierungen durch Anteilsveräußerung als für Gewinnzahlungen in Form von Dividendenausschüttungen.

Im Unterschied zu den finanzmathematischen Methoden der Investitionsrechnung wird den Zahlungen späterer Perioden der Diskontierungszinsfuß nicht nur in einer höheren Potenz zugeordnet, vielmehr wird der Diskontierungszinsfuß selbst mit wachsendem zeitlichen Abstand der Gewinnauszahlungen vom Zeitpunkt der Gewinnerzielung als Ausdruck des damit verbundenen Risikos und der Abneigung der Kapitalanleger gegen Risiko erhöht. Solange das Verhältnis zwischen Einbehaltungs- und Ausschüttungsbeträgen unverändert bleibt, sind die steigenden Diskontierungssätze für die in Zukunft zu erwartenden Dividendenzahlungen allein ein Ausdruck des zunehmenden Risikos in der Zeit.

Ist zusätzlich die Bedingung erfüllt, daß die Diskontierungszinssätze, von denen hier die Rede ist, über der Rendite auf das im Unternehmen investierte Kapital liegen, dann muß der Kurs- oder Marktwert der Aktien mit zunehmendem zeitlichen Abstand zwischen Gewinnerzielung und Gewinnausschüttung sinken. Der Kurswert der Aktien ist dann allein eine fallende Funktion der zeitlichen Verlagerung der Gewinnauszahlungen.

Wenn sich dagegen die einbehaltenen Mittel höher verzinsen, als es der von den Aktionären verlangten Mindestverzinsung entspricht, dann kann die entgegengesetzte Situation eintreten. In diesem Falle würden infolge der Einbehaltung der Gewinne die Kurswerte der Aktien des Unternehmens steigen. Ist es dem Unternehmen nicht möglich, die durch die Dividendenzahlungen ausfallenden Mittel auf dem Wege über den Kapitalmarkt zu beschaffen, dann führt die erhöhte Selbstfinanzierung zu günstigen Voraussetzungen für ein erhöhtes Investitionsvolumen. Unter der Bedingung, daß die einbehaltenen Gewinne im Unternehmen zu einer Rendite führen, die gleich oder höher ist als die von den Aktionären verlangte Mindestverzinsung, ist mit einer Steigerung des Kursniveaus zu rechnen.

Wird die Annahme konstanten Verhältnisses zwischen Gewinnausschüttungs- und Einbehaltungsbeträgen aufgehoben, dann bedeutet zunehmende Selbstfinanzierung, daß das Verhältnis zwischen den einbehaltenen und den ausgeschütteten Gewinnteilen zugunsten der Einbehaltungsbeträge geändert wird. Unter diesen Umständen werden in steigendem Maße Gewinnbeträge der mit höherem Risiko verbundenen Gewinnverwendung zugeführt. In diesem Fall unterliegen stets steigende Gewinnanteile der verstärkten Diskontierung. Die Kurs- oder Marktwerte der Aktien sind dann eine fallende Funktion steigender Selbstfinanzierungsquoten.

Dieser Vorgang besagt zugleich, daß die Kapitalanleger für ihr in Aktien der Gesellschaft angelegtes Kapital eine höhere Mindestverzinsung fordern. Da diese Mindestverzinsung gleich den Kapitalkosten ist, steigen die Kapitalkosten mit zunehmender Selbstfinanzierung an. In diesem Fall würde das Minimum der Kapitalkosten bei dem Selbstfinanzierungsgrad Null, also bei voller Ausschüttung der Gewinne liegen. Zwischen den Selbstfinanzierungsgraden 0 und 1 steigen die Kapitalkosten ständig an. In diesem Intervall ergibt sich kein kostenminimaler und damit optimaler Selbstfinanzierungsgrad. Von der Selbstfinanzierung würde unter den Bedingungen dieses Falls überhaupt kein Gebrauch gemacht werden, da jede andere Lösung günstiger ist.

Die Präferenzen der Aktionäre für bestimmte Arten der Gewinnverwendung hängen nicht allein von Risikoerwägungen der beschriebenen Art ab, sondern auch von der individuellen einkommenssteuerlichen Belastung der Anteilseigner. Wenn die steuerliche Belastung durch Aktienverkauf realisierter Wertzuwächse geringer ist als die entsprechende Belastung der den Aktionären unmittelbar zufließenden Dividenden, werden Aktionäre mit hoher Einkommensteuer der unmittelbaren Reinvestition erzielter Gewinne den Vorzug geben. Diese Präferenz für Gewinneinbehaltungen wiederum mag zur Folge haben, daß Aktionäre mit hoher steuerlicher Belastung angesichts der steuerlichen Vorteile, die ihnen eine spätere Realisierung der auf Gewinneinbehaltungen zurückzuführenden Wertzuwächse bietet, das Risiko aus der späteren Mobilisierung der erzielten Gewinne nicht so hoch einschätzen, als es bei geringerer steuerlicher Belastung des Dividendeneinkommens der Fall sein würde[1].

Eine andere Art von Kompensation für das Risiko, erst in späteren Jahren die Gewinne gegenwärtiger Perioden ausbezahlt zu bekommen, kann unter Umständen darin bestehen, daß die Gesellschaft über bessere Anlagemöglichkeiten verfügt, als sie dem Anteilseigner zur Verfügung stehen. Ist die Leitung des Unternehmens in der Lage, für die einbehaltenen Gewinne eine höhere Rendite zu erzielen, als sie der Aktionär durch Wiederanlage der ausgeschütteten Mittel außerhalb des Unternehmens zu erzielen vermag, dann kann die Gewinneinbehaltung auch aus der Sicht der Anteilseigner gewisse Vorteile bieten. Die Spanne zwischen der im Unternehmen zu erwirtschaftenden Rendite und der außerhalb der Gesellschaft erzielbaren Verzinsung stellt den entscheidenden Faktor dafür dar, in welchem Maße eine Geldeinheit einbehaltenen Gewinnes mehr wert ist als eine Einheit ausgeschütteten Gewinnes.

---

[1] Vgl. zum Einfluß der steuerlichen Belastung auf das Selbstfinanzierungsproblem Jääskeläinen, V., Growth of Earnings and Dividend Distribution Policy, in: Swedish Journal of Economics, Vol. 69 (1967), S. 184ff.

Die von den Aktionären verlangte Effektivrendite hängt also nicht nur von den Risikoerwägungen der Aktionäre, sondern auch von ihrer steuerlichen Belastung und ihren privaten Investitionsmöglichkeiten ab.

6. Die Verbindung zwischen Gewinn- und Dividendenthese.

Über die Frage, ob Aktionäre und potentielle Kapitalanleger den von den Unternehmen erzielten Gewinnen oder den ausgezahlten Dividenden die größere Bedeutung beimessen, besteht keine einheitliche Auffassung. Die statistischen Untersuchungen, die den Zusammenhang zwischen Aktienkursen, Gewinnhöhe und Höhe der Dividendenzahlungen zu klären versuchen, lassen zwar erkennen, daß eine enge Beziehung zwischen Kursentwicklung und Dividendenzahlungen besteht. Würden aus dem für die Untersuchungen benutzten statistischen Material alle kurzfristigen und spekulativen Einflüsse eliminiert werden, die von anderen als den hier interessierenden Faktoren auf die Kursentwicklung ausgeübt werden, dann würde der enge Zusammenhang zwischen Aktienkursen und der Höhe der gezahlten Dividenden noch stärker hervortreten. Die Korrelation zwischen diesen beiden Größen ist aber doch auch wieder nicht so eng, als daß sie den Einfluß des Faktors Gewinn auf die Aktienkursentwicklung ausschlösse. Ohne Zweifel besteht zwischen der Höhe der von einem Unternehmen erzielten Gewinne und dem Maß seiner Dividendenausschüttungen ein Zusammenhang derart, daß das Gewinnpotential des Unternehmens endgültig darüber entscheidet, in welchem Umfang die Gesellschaft ihren Aktionären Dividenden zu zahlen in der Lage ist. In der Regel und auf die Dauer werden Änderungen des Gewinnpotentials auch Änderungen in der Höhe der Gewinnausschüttungen zur Folge haben. Zwischen der Entwicklung der in den einzelnen Geschäftszweigen erzielten Gewinne und der Dividendenausschüttungen besteht jedoch keine Parallelität. Die Kurve der Dividendenzahlungen zeigt im allgemeinen nicht die starken Ausschläge, die die Gewinnkurve aufweist. Sie verläuft flacher und löst sich auch von den mancherlei besonderen Einflüssen, auch Zufälligkeiten und Bewertungsüberlegungen, denen die Ermittlung des Jahresgewinns in der Bilanz ausgesetzt ist.

Die Abweichung der Dividendenkurve von der Gewinnkurve tritt dann mit besonderem Nachdruck in Erscheinung, wenn die Unternehmen eine auf möglichst große Stabilität gerichtete Dividendenpolitik betreiben. In dem Maße, in dem die Gesellschaften die Höhe der Dividende auf lange Zeit unverändert zu lassen bestrebt sind, lösen sich die Dividendenzahlungen von den von Jahr zu Jahr schwankenden Geschäftsergebnissen. Die Tendenz, die Höhe der Dividenden nicht zu sehr schwanken zu lassen, beherrscht die Ausschüttungspolitik vieler Unternehmen in allen Industriestaaten der Welt[1]. Sie vermindert zwar die Unsicherheit der Dividendenvorausschätzungen, ohne sie indessen aufzuheben. Denn die Erwartung stabiler Dividenden gilt nur für den Fall, daß sich die Voraussetzungen für die geschäftliche Lage und Entwicklung des Unternehmens nicht wesentlich ändern und die Geschäftsergebnisse in den einzelnen Perioden nicht zu stark voneinander abweichen. Erfahren die Voraussetzungen für die Ertragsgestaltung des Unternehmens Änderungen von einigem Gewicht, und zwar entweder nach der positiven oder nach der negativen Seite, dann folgen die Dividendenbeschlüsse dieser Lage. Aber selbst in diesem Fall verläuft die Entwicklung der Dividenden retardierend und nur in Ausnahmefällen proportional der Gewinnentwicklung. Insofern haben MODIGLIANI und MILLER recht, wenn sie sagen, daß Änderungen der Dividendenhöhe zwar der Anlaß für Änderungen der Börsenkurse, nicht aber ihre Ursache sind und daß es insofern die Gewinne und Wachstumsmöglichkeiten sind, welche den Kurs der Aktien bestimmen[2]. Da die Leitung der Unternehmen nur dann eine Erhöhung der Dividenden vornehmen wird, wenn sie damit rechnet, daß sich auf lange Sicht höhere Gewinne erzielen lassen, besitzen die Dividendenzahlungen insofern einen gewissen Informationswert, als aus ihrer Höhe auf die Beurteilung der Entwicklung des Unternehmens durch die Geschäftsleitung selbst geschlossen werden kann. Die Schlußfolgerung der beiden Autoren dagegen, daß damit die Dividendenzahlungen keinen Einfluß auf die Entwicklung der Aktienkurse auszuüben in der Lage seien, kann nicht überzeugen. Denn in den Vorstellungen der Aktionäre und potentiellen Kapitalgeber verbindet sich mit der Ankündigung, daß die geschäftliche Entwicklung des Unternehmens ein günstiges Ergebnis erhoffen läßt, die Erwartung, daß die günstige Geschäftsentwicklung auch zu einer Erhöhung der Dividende und nicht nur zu einer Erhöhung der Selbstfinanzierungsbeträge führen wird. Sehen sich die Aktionäre in ihren Erwartungen getäuscht, dann sind sie trotz der günstigen Gewinnaussichten nicht bereit, die Aktien bei den gegenwärtigen Kursen zu behalten, oder neue Aktien zu erwerben. Den Dividendenzahlungen kommt also bei der Bewertung der Unternehmensanteile ein eigenständiger Wert zu. Trotz der unbestreitbaren Abhängigkeit der Dividendenausschüttungen von dem im Geschäftsjahr erzielten Gewinn bleibt die Abhängigkeit von dem Aufspaltungsverhältnis der Gewinne in Ausschüttungs- und Einbehaltungsbeträge bestehen[3].

[1] Aus der Fülle der zu dieser Frage Stellung nehmenden Literatur sei auf die empirische Untersuchung von LINTNER, I., Distribution of Incomes of Corporations among Dividends, Retained Earnings, and Taxes hingewiesen, in: American Review, Papers and Proceedings, Vol. 46 (1956) S. 97ff.

[2] MODIGLIANI, F. und MILLER, M. H., The Cost of Capital, Reply, a.a.O., S. 667.

[3] Zwischen den einzelnen Geschäfts- und Produktionszweigen bestehen in dieser

Es wäre jedoch verfehlt zu unterstellen, daß das Interesse des an Aktienbesitz interessierten Publikums, insbesondere auch der institutionellen Anleger und der Großaktionäre (im Falle von Beteiligungsgesellschaften) ausschließlich auf Gewinnausschüttung gerichtet sei und kein Verständnis für die Einbehaltung von Gewinnen durch die Gesellschaften besteht. Je mehr sich auch in der breiten Masse des anlagesuchenden Publikums die Einsicht durchsetzt, daß die Ertragskraft eines Unternehmens in der Zukunft von der gegenwärtigen innerbetrieblichen Kapitalbildung (Selbstfinanzierung) abhängig ist, um so mehr steigt das Verständnis für eine die betrieblichen Erfordernisse des Unternehmens berücksichtigende Selbstfinanzierungspolitik. Insofern ist es wieder der sich aus Ausschüttungen und Einbehaltungen zusammensetzende Gewinn des Unternehmens, der die Entscheidungen der Kapitalanleger bestimmt und über sie seinen Einfluß auf die Aktienkurse ausübt[1]. Dieser Umstand besagt jedoch nicht, daß es den Aktionären gleichgültig sein müsse, in welcher Form ihnen die Erträge aus ihrer Kapitalanlage in Aktien zufließen, ob in Form von gegenwärtiger Bardividende oder in Form späterer Wertzuwachsrealisierungen oder höherer Dividende. Die Aufspaltung der Gewinne in Ausschüttungs- und Einbehaltungsbeträge behält des unterschiedlichen Risikos wegen, mit denen diese beiden Formen der Gewinnzuführung an die Aktionäre zu verbinden sind, seine Bedeutung. Die Kurse der Anteile an Aktiengesellschaften sind also weder eindeutig eine Funktion der von den Unternehmen gemachten Gewinne noch ebenso eindeutig eine Funktion der Gewinnausschüttungen, also der Dividendenzahlungen. Sie sind vielmehr das Ergebnis der Gewinne wie auch des Verhältnisses, in dem die Gewinne in Ausschüttungs- und Einbehaltungsbeträge aufgespalten werden, sofern es überhaupt möglich und zulässig erscheint, die Fülle der kursbestimmenden Größen auf Gewinn und Ausschüttung zu reduzieren.

Hinsicht erhebliche Unterschiede, wie u. a. die Untersuchungsergebnisse von Friend, J., und M. Puckett, in: Dividends and Stock-Prices, American Economic Review, Vol. 54, (1964), S. 656ff. zeigen.

[1] In diesem Sinne ist wohl auch Büschgen in seinem Beitrag zu diesem Problem zu verstehen. Vgl. Büschgen, H., Die Beurteilung der Aktien nach Dividenden und Gewinnen, in: Wirtschaftsprüfung, Jg. 13 (1965), S. 763ff. und S. 808ff.; derselbe, Wertpapieranalyse, Die Beurteilung von Kapitalanlagen in Wertpapieren, Stuttgart 1966, S. 91ff., insbesondere S. 94 und S. 158. In diesem Zusammenhang sei auf die wenig überzeugende Prämisse von Miller und Starr hingewiesen, daß sich die Leitung eines Unternehmens das Ziel setzt, in einer bestimmten Periode die Summe der Dividendenzahlungen zu maximieren. Die Geltung ihres Untersuchungsergebnisses für reale Situationen wird durch die Setzung dieser Prämisse erheblich eingeschränkt. Vgl. Miller, W., und M. K. Starr, Executive Decisions and Operations Research, 1960, S. 328ff.

7. Zum Problem des optimalen Selbstfinanzierungsgrades.

Die Untersuchungen über den Zusammenhang zwischen Geschäftsgewinn, Ausschüttungsrate, Aktienkurs und Kapitalkosten haben zu dem Ergebnis geführt, daß das Problem eines optimalen Selbstfinanzierungsgrades, so wie es hier verstanden wird, überhaupt nicht auftaucht, wenn angenommen wird, daß die Aktienkurse ausschließlich von der Höhe der erzielten Jahresgewinne abhängig sind. Die Untersuchungen haben außerdem gezeigt, daß die Kurve der Aktienkurse monoton fällt, wenn die einbehaltenen Gewinnbeträge von den Aktionären und potentiellen Kapitalgebern ungünstiger bewertet werden als die ausgeschütteten Gewinnbeträge. Das gilt unter den beiden Voraussetzungen, daß sich erstens die wiederangelegten Mittel mit der von den Aktionären verlangten Rendite verzinsen und daß zweitens das Investitionsvolumen von der Aufteilung der Gewinne in Ausschüttung und Einbehaltung unbeeinflußt bleibt. Das Minimum der sich unter diesen Umständen ergebenden Kapitalkostenfunktion liegt bei dem Selbstfinanzierungsgrad Null[1].

Wird das mögliche Verhalten der Aktionäre und der in Frage kommenden Kapitalgeber zunächst für die beiden Fälle untersucht, daß entweder alle Gewinne ausgeschüttet oder alle Gewinne einbehalten werden, dann lassen sich über die Beziehung zwischen Selbstfinanzierungsgrad und Kapitalkosten bei emissionsfähigen Aktiengesellschaften folgende Aussagen machen:

Im ersten Grenzfall — denn um Grenzfälle handelt es sich — wird ein Unternehmen angenommen, das alle Gewinne ausschüttet. Da sich die Kapitalkosten nach dem Verhalten der Kapitalanleger richten, hängt das Kapitalkostenniveau davon ab, wie das anlagesuchende Publikum und die institutionellen Anleger auf die volle Ausschüttung der Gewinne reagieren. Es gibt zwei Möglichkeiten. Entweder richten sich die Aktionäre allein nach der Höhe der Dividende, die in diesem Falle — immer bezogen auf eine Aktie — gleich der Höhe der erzielten Gewinne ist. Oder die Kapitalanleger berücksichtigen bei ihren Entscheidungen über den Kauf oder Verkauf der Aktien des Unternehmens auch alle Konsequenzen, die sich für das künftige Wachstum des Unternehmens ergeben. Im ersten Fall würden die Aktienkurse allein eine Funktion der Dividendenhöhe sein, im zweiten Fall würden noch andere Umstände in dem Verhalten der Aktionäre und damit im Aktienkurs zum Ausdruck kommen.

Der Fall unterstellt, daß die Leitung des Unternehmens offenbar darauf verzichtet, Rücklagen zu bilden, die verhüten würden, daß Ver-

[1] An dieser Stelle sei auf die im ersten Abschnitt dieses Kapitels angegebene Literatur zum Problem des optimalen Selbstfinanzierungsgrades hingewiesen.

luste unmittelbar auf das Grundkapital (Aktienkapital) durchschlagen. Der Fall unterstellt weiter, daß sich die Leitung des Unternehmens der Möglichkeit begibt, kurzfristig fällige Kredite durch aus Gewinneinbehaltungen stammende eigene Mittel zu ersetzen, falls derartige finanzielle Konsolidierungen notwendig werden sollten. Das Unterlassen jeglicher Selbstfinanzierung bedeutet zwar nicht, daß eine Erhöhung des Kapitalfonds durch die Begebung von Aktien grundsätzlich ausgeschlossen sei, jedoch werden derartige Transaktionen erschwert. Denn beide Maßnahmen, sowohl die zusätzliche Versorgung mit Eigenkapital als auch mit Fremdkapital, setzen in der Regel eine Erweiterung der Eigenkapitaldecke des Unternehmens durch Gewinnzuführungen voraus.

Eine Gesellschaft, die alle Gewinne ausschüttet, unternimmt nichts für die Sicherung ihrer Existenz und ihrer Chancen in der Zukunft. Nur dann, wenn den Kapitalgebern dieser vollständige Verzicht auf Sicherung der Existenz und Zukunft des Unternehmens nichts bedeutet, werden sich die Aktienkurse allein nach der Höhe der Dividendenzahlungen richten, die in diesem Falle gleich dem erzielten Geschäftsgewinn sein würden.

Reagieren aber die gegenwärtigen oder potentiellen Aktionäre des Unternehmens auf das Verhalten der Geschäftsleitung negativ, das heißt vermögen sie nicht einzusehen, daß die vollständige Ausschüttung der Gewinne im Interesse des Unternehmens und damit in ihrem eigenen Interesse liegen soll, dann werden sie hieraus die Konsequenzen ziehen. Ihre Vorbehalte gegenüber der Ausschüttungspolitik des Unternehmens werden sie dann dazu veranlassen, Aktien der Gesellschaft abzustoßen, wenn sie sie besitzen, oder auf den Erwerb von Aktien der Gesellschaft zu verzichten. Diese Zurückhaltung der Anleger bedeutet einen Druck auf die Aktienkurse des Unternehmens. Die Kurse werden auf ein Niveau absinken, das unter dem Niveau liegt, welches sich für den Fall einstellen würde, daß die Aktionäre dem Unterlassen jeglicher Existenzsicherung durch die Unternehmensleitung gleichgültig gegenüberstehen. Reagieren aber die Aktionäre auf die radikale Ausschüttungspolitik der Unternehmensleitung in der angegebenen Weise, dann werden sie eine höhere Effektivverzinsung für ihr in Aktien angelegtes Kapital verlangen. Bei gegebenem Gewinn des Unternehmens und ermäßigten Kursen sind die Kapitalkosten höher als in dem Fall, daß die Aktionäre aus dem Unterlassen der Existenzsicherung durch die Unternehmensleitung keine Folgerungen ziehen.

Der Druck auf die Aktienkurse wird unter den angegebenen Umständen um so größer sein, je intensiver die Markttransparenz ist, das heißt, je mehr das anlagesuchende Publikum und die institutionellen Anleger über das völlige Unterlassen von Gewinneinbehaltungen unterrichtet sind.

In der Abb. 16 ist auf der Abszissenachse der Selbstfinanzierungsgrad (S), (Gewinneinbehaltung: Gesamtgewinn) und auf der Ordinatenachse der Kapitalkostensatz (k), stets bezogen auf einen Unternehmensanteil, abgetragen. OA möge der Kapitalkostensatz sein, der sich für den Fall einstellen würde, daß die Aktionäre auf das Unterlassen jeder finanziellen Existenzsicherung durch Selbstfinanzierung ablehnend oder mit Vorbehalten reagieren.

Im zweiten entgegengesetzten Grenzfall wird unterstellt, daß das Unternehmen überhaupt keine Gewinne ausschüttet. Die Reaktion der

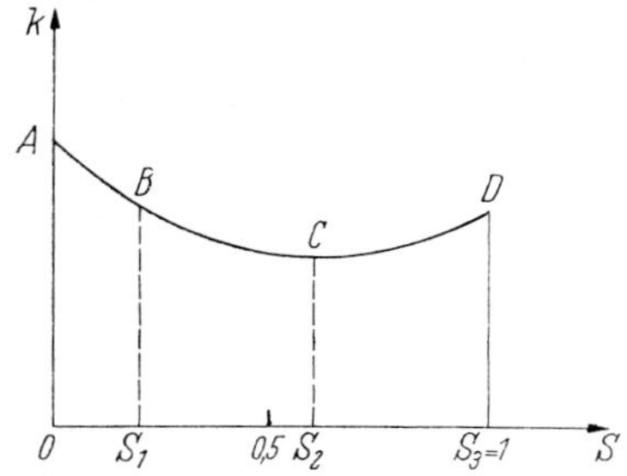

Abb. 16

Aktionäre auf dieses Verhalten der Unternehmensleitung wird unterschiedlich sein, doch ist damit zu rechnen, daß nicht alle Aktionäre mit der Gewinnverwendungspolitik, die das Unternehmen betreibt, einverstanden sind. Wenn der Satz gilt, daß gegenwärtige Ausschüttungen eine günstigere Bewertung erfahren als spätere und dementsprechend auch als spätere ungewisse Gewinnrealisationen durch Aktienverkauf, dann müssen unter den Umständen des zweiten Grenzfalls die Aktienkurse niedrig und die Kapitalkosten hoch sein. In der Abb. 16 gibt $S_3\,D$ die Höhe der Kapitalkosten für diesen Grenzfall an.

Zwischen diesen beiden Extremsituationen gibt es eine Vielzahl von Fällen mit anderen Merkmalsstrukturen.

Einer dieser Fälle möge sich dadurch kennzeichnen, daß die Gesellschaft — es handele sich wieder um das gleiche Unternehmen — einen Teil der im Geschäftsjahr erzielten Gewinne einbehält und für innerbetriebliche Zwecke verwendet. Wenn die Aktionäre diese Gewinneinbehaltung als ein Zeichen dafür ansehen, daß die Leitung des Unternehmens gewillt ist, die finanzielle Position der Gesellschaft und damit deren Aussichten für die Zukunft zu verbessern, dann werden sie bereit sein, sich mit einer geringeren Effektivverzinsung ihres in Aktien der Gesellschaft angelegten Kapitals zu begnügen. Die Kapitalkosten werden sinken. Sie mögen die durch die Strecke $S_1\,B$ gekennzeichnete Höhe aufweisen.

Eine Vergrößerung der Selbstfinanzierungsrate über S_1 hinaus muß noch nicht notwendig zur Folge haben, daß die positive Einstellung der Kapitalanleger zur Ausschüttungspolitik des Unternehmens ins Gegenteil umschlägt. Gerade dann, wenn die Kapitalanleger ein solches Papier wünschen und Wachstumschancen durch gegenwärtigen Verzicht auf Barausschüttungen zu honorieren bereit sind, wird diese Einstellung des anlagesuchenden Publikums und der institutionellen Anleger in verhältnismäßig hohen Aktienkursen zum Ausdruck kommen. In der Abbildung gebe S_2C die Höhe der Kapitalkosten an.

Beim Ausschüttungsgrad S_2 sei aber jenes Verhältnis zwischen Gewinnausschüttung und -einbehaltung erreicht, welches die Aktionäre als gerade noch in ihrem Interesse liegend empfinden. Wenn die Gesellschaft ihre Einbehaltungsquote noch weiter erhöht, dann, so sei angenommen, würde die Kapitalgeber eine solche Selbstfinanzierungspolitik nicht mehr überzeugen. Neue Aktionäre würden nur noch gewonnen werden können, wenn die Effektivverzinsung der Aktien steigt, das Kursniveau also fällt.

Das Minimum der Kapitalkostenkurve liegt bei dem Selbstfinanzierungsgrad, bei dem die Mehrzahl der Kapitalanleger noch überzeugt ist, daß die Gewinneinbehaltung im Interesse des Unternehmens und damit in ihrem eigenen Interesse liegt.

In der Abb. 16 stellt S_2 diesen Selbstfinanzierungsgrad dar. Er ist deshalb optimal, weil die Eigenkapitalkosten am geringsten sind, wenn er realisiert wird.

Da die Kapitalkosten von den Reaktionen der Kapitalgeber auf das Verhältnis zwischen Gewinneinbehaltung und Gewinnausschüttung abhängen, ist der Verlauf der Kapitalkostenkurve von diesem Verhalten bestimmt. Reagieren sie so, wie hier angenommen wird, dann muß die Kapitalkostenkurve ein Minimum aufweisen.

8. Die Beziehungen zwischen Selbstfinanzierungsgrad und Emissionspolitik.

Die Untersuchungen über die Beziehungen zwischen Selbstfinanzierungsgrad und Kapitalkosten beruhen auf der Voraussetzung, daß alle anderen Einflußgrößen der Aktienkursbildung konstant sind. Nur auf diese Weise kann der hier interessierende Zusammenhang isoliert und von anderen Einflüssen frei gehalten werden.

Zur Beantwortung der Frage, ob und in welchem Maße die emissionsfähigen Unternehmen auch die Möglichkeit und Freiheit besitzen, kostenminimal zu emittieren, bedarf es anderer Überlegungen. In Wirklichkeit wird das emissionspolitische Verhalten der Unternehmen auch durch Umstände bestimmt, die die bisherige Analyse als konstant annahm, obwohl ihre Bedeutung für konkrete emissionspolitische Maßnahmen nicht verkannt wird. Der Kapitalbedarf richtet sich nicht nach Konstellationen des Kapitalmarktes, sondern nach betrieblichen Notwendigkeiten. Verlangen die gesamtbetrieblichen Umstände, daß der Kapitalbedarf gedeckt wird, und stehen keine anderen Finanzierungsalternativen zur Verfügung, dann muß auch dann emittiert werden, wenn die Kapitalmarktkonstellation nicht das unter allen Umständen günstigste Kapitalkostenminimum zu realisieren erlaubt. Es ist denkbar, daß die finanzielle Situation, in der sich das Unternehmen befindet, die Möglichkeit bietet, den Emissionszeitpunkt solange hinauszuschieben, bis sich ein günstigeres Verhältnis zwischen Aktienkursen und Gewinnen einstellt, als es zur Zeit der Fall ist. Es ist aber auch möglich, daß die Situation dazu zwingt, die Aktien zu emittieren, obwohl die Kapitalkosten verhältnismäßig hoch sind.

Andererseits können sehr günstige Emissionsbedingungen vorliegen. Das Unternehmen ist aber nicht in der Lage, sie wahrzunehmen, weil zu diesem Zeitpunkt kein Kapitalbedarf besteht.

Die Tatsache, daß es nicht allein im Ermessen und in der Macht emissionsfähiger Unternehmen liegt, zum kostengünstigsten Zeitpunkt zu emittieren, daß also betriebliche und außerbetriebliche Faktoren daran hindern können, den günstigsten Emissionszeitpunkt auszusuchen, bedeutet nicht, daß die Unternehmen nicht bestrebt seien, die Kapitalkosten zu minimieren. Es gibt kein Unternehmen, das diesen Grundsatz nicht zu realisieren versucht. Es würde allen betriebswirtschaftlichen Grundsätzen widersprechen, wenn ein Unternehmen nicht auch im Bereich der Eigenkapitalbeschaffung auf Kostenminimierung bedacht wäre. Es ist nur die Frage, ob im konkreten Fall die einzel- und gesamtwirtschaftlichen Umstände es zulassen, dieses Ziel zu erreichen und ob Regulierungen des Verhältnisses zwischen Gewinneinbehaltung und -ausschüttung die Möglichkeit gewähren, die Emissionsbedingungen so zu beeinflussen, daß kostenminimal emittiert werden kann.

9. Der Einfluß steuerrechtlicher Bestimmungen auf die Selbstfinanzierungspolitik emissionsfähiger Unternehmungen.

9a. Der Einfluß steuerrechtlicher Vorschriften auf die Gewinnverwendung emissionsfähiger Unternehmungen ist bisher aus dem Untersuchungszusammenhang ausgeklammert worden, weil anders die Beziehung zwischen den Renditenvorstellungen der Kapitalanleger und den Kapitalkosten nicht rein zur Darstellung gebracht werden konnte. Nun ist es aber unbestritten, daß die Selbstfinanzierungsmaßnahmen der Unternehmen nicht ohne das bestehende Einkommen- und Körperschaftsteuersystem zu begreifen sind. Das gilt in besonderem Maße für die neuen Entwicklungen auf dem Gebiet des Körperschaftsteuerrechts in der Bundesrepublik. Wirtschaftspolitische Überlegungen führten Anfang der fünfziger Jahre dazu, vor allem den großen emissionsfähigen Aktiengesellschaften Anreize zu geben, die von ihnen erzielten Gewinne in einem höheren Maße als bisher üblich auszuschütten. Auf diese Weise sollte versucht werden, das Angebot an Beteiligungstiteln zu erweitern und den Erwerb von Aktien größeren Bevölkerungskreisen erstrebenswert zu machen. Das Instrument, das für diese Zwecke) geeignet erschien, war der „gespaltene Körperschaftsteuersatz". Er betrug nach einigen Tarifänderungen 15% für die ausgeschütteten Gewinne und für die einbehaltenen Gewinne 51%. Personenbezogene Kapitalgesellschaften waren unterschiedlichen Sätzen unterworfen. Die tatsächliche steuerliche Belastung der ausgeschütteten Gewinne betrug jedoch 22,65% vor Körperschaftsteuer, weil diese Steuer selbst als dem höheren Satz von 51% unterliegende Gewinneinbehaltung galt.

Die Erfahrung hat gezeigt, daß der gespaltene Körperschaftsteuersatz die Ausschüttungspolitik der emissionsfähigen Aktiengesellschaften zwar beeinflußt hat, daß aber dieser Einfluß deutlich nachließ, als sich das Dividendenniveau auf die Körperschaftsteuerregelung eingespielt hatte. Trotz der Spaltung des Körperschaftsteuersatzes hatte aber die Selbstfinanzierung in der Praxis nicht an Bedeutung verloren.

Das Körperschaftsteuergesetz vom 31. August hat die Doppelbesteuerung der Kapitalerträge endgültig beseitigt. Das oberste Ziel blieb unverändert das Bestreben, den Anteilsbesitz am Produktivvermögen der deutschen Wirtschaft möglichst breit zu streuen und zwar dadurch, daß wiederum Gewinnausschüttungen steuerlich begünstigt, Gewinnthesaurierungen dagegen steuerlich benachteiligt werden sollten. Dabei wird unterstellt, daß hohe Gewinnausschüttungen das Angebot an Beteiligungstiteln auf den Aktienmärkten vergrößern, weil die Unternehmen unter diesen Umständen gezwungen sind, durch Kapitalerhöhungen das erforderliche Eigenkapital über den Kapitalmarkt zu beschaffen. Es muß allerdings gesagt werden, daß dieser Prozeß nicht unbedingt auch zu einer Vermehrung der Zahl der Anteilseigner führt.

Sollten für die Eigenfinanzierung über die Aktienmärkte günstigere Voraussetzungen geschaffen werden, so mußte die Tendenz der Unternehmen gehemmt werden, sich auf dem Weg über Selbstfinanzierung und (langfristige) Fremdfinanzierung zu finanzieren. Auch sollte versucht werden, den Interessengegensatz zwischen Groß- und Kleinaktionären zu vermindern, sofern er auf steuerliche Maßnahmen zurückzuführen ist. Zugleich wurde im Rahmen der Reform des

Körperschaftsteuerrechts angestrebt, den Einfluß steuerlicher Überlegungen auf die Wahl der Unternehmensform zurückzudrängen.

Die wichtigste Bestimmung des Körperschaftsteuergesetzes besteht darin, daß die Doppelbelastung der ausgeschütteten Gewinne durch die Körperschaftsteuer bei der ausschüttenden Gesellschaft und durch die Einkommensteuer bei den Anteilseignern beseitigt wird. Nach dieser Regelung ergibt sich diese Situation:

Schüttet die körperschaftsteuerpflichtige Kapitalgesellschaft den in einem Geschäftsjahr erzielten Gewinn ganz oder teilweise aus, dann wird die hierauf entfallende Körperschaftsteuer bei den Anteilseignern als bereits gezahlte Steuer auf ihre Einkommensteuer- oder Körperschaftsteuerschuld angerechnet. Sofern es sich bei den Steuerpflichtigen um im Sinne des Gesetzes anrechnungsfähige und veranlagungspflichtige Anteilseigner handelt, können die Körperschaftsteuerguthaben nur auf dem Weg über die Veranlagung zur Einkommensteuer als Abzug von der Einkommensteuerschuld realisiert werden. Nicht veranlagungspflichtige, aber gleichwohl anrechnungsfähige Anteilseigner erhalten (nach Vorlage der erforderlichen Bescheinigungen) das auf sie entfallende Körperschaftsteuerguthaben (die Steuergutschrift) ausbezahlt. Für ausländische Anteilseigner gibt es zur Zeit noch keine Anrechnungsmöglichkeiten der beschriebenen Art, weil die Doppelbesteuerungsabkommen eine solche Möglichkeit nicht vorsehen.

Nach den geltenden körperschaftsteuerrechtlichen Bestimmungen wird der körperschaftsteuerpflichtige Gewinn der Kapitalgesellschaft mit 56% besteuert (Tarifbelastung)[1]. Die Gewinnausschüttungen unterliegen einer Besteuerung von 36%. Bei einem steuerpflichtigen Gewinn von 100 DM verbleibt also nach Abzug der Körperschaftsteuer (Tarifsteuersatz 56%) ein versteuerter Gewinn von 44 DM. Er kann einbehalten, aber auch ganz oder teilweise ausgeschüttet werden. Die Gewinne werden auch dann, wenn eine Ausschüttung vorgenommen werden soll, zunächst einer Rücklage (Eigenkapital 56) zugeführt, in die die mit 56% versteuerten Gewinne eingestellt werden. Bei einem Gewinn von 100 DM werden also 44 DM der Rücklage 56 (d.h. dem für Ausschüttungszwecke verwendbaren Eigenkapitalkonto) zugeführt[2]. Soll eine Ausschüttung vorgenommen werden, so ist der

[1] Vgl. KStG 1976 §§ 27ff.; EStG § 20 und § 36; vgl. ferner: GEIGER, K., und F. CH. ZEITLER, Körperschaftssteuerreform, Frankfurt a.M. 1976; insb. S. 30ff.; ROSE, G., Betrieb und Steuer, Erstes Buch, Die Ertragssteuern, Wiesbaden 1978, vor allem S. 138ff.; WÖHE, G., Die Steuern des Unternehmens, 4. Aufl. München 1978, S. 80ff.; GOETZE, W. und G. SIEBEN (Hrsg.) Betriebwirtschaftliche Auswirkungen der Körperschaftssteuerreform GEBERA-Schriften Bd. 2, Köln 1977.

[2] Nach dem KStG von 1976 ist die Ermittlung, Gliederung und Fortschreibung derjenigen Teile des Eigenkapitals notwendig, die für die Gewinnausschüttungen erforderlich sind. Zu diesen Fragen muß auf die Speziallliteratur verwiesen werden.

für diese Zwecke erforderliche Betrag aus der Rücklage 56 (versteuertes Eigenkapital) zu entnehmen. Da das Prinzip des gespaltenen Körperschaftsteuersatzes beibehalten ist und die ausgeschütteten Gewinne nur mit 36% belastet werden, ergibt sich als Unterschied zwischen Tarifbelastung und Ausschüttungsbelastung eine Differenz von 20 Prozentpunkten. Der ihnen entsprechende Betrag steht für die Ausschüttungen ebenfalls zur Verfügung. Im Fall der Vollausschüttung könnten also 44+20=64 DM ausgeschüttet werden. Die Kapitalgesellschaft hat dann 36 DM Körperschaftsteuer (Ausschüttungsbelastung auf den Gewinn von 100 DM vor Steuern) als eine Art Vorauszahlung auf die Einkommensteuer des Gesellschafters einbehalten. Hiervon wird dem Gesellschafter Mitteilung gemacht. Für die verbleibenden 36% erhält der Gesellschafter eine Steuergutschrift (Erstattungsanspruch). Das steuerpflichtige Einkommen des Anteileigners erhöht sich also um die Steuergutschrift auf die körperschaftsteuerliche Ausschüttungsbelastung von 36%, mithin um 36/64 oder 9/16 (56,25%) der Barausschüttung. Die Summe aus Bardividende und Steuergutschrift wird auch als Bruttodividende bezeichnet. Der Anteilseigner hat diese Bruttodividende als Einkünfte aus Kapitalvermögen zu versteuern. Nach Feststellung des steuerpflichtigen Einkommens wird die Steuergutschrift auf seine Einkommen- oder Körperschaftsteuerschuld angerechnet.

Beim Steuerpflichtigen wird also die empfangene Bruttodividende als Einkünfte aus Kapitalvermögen mit dem für ihn persönlich nach seinen individuellen Einkommensteuerverhältnissen geltenden Einkommensteuersatz besteuert. Beträgt sein Steuersatz zum Beispiel 38%, dann müßte er auf die Bruttodividende von 100 DM eine Einkommensteuer von 38 DM abführen. Auf diese Steuerschuld wird aber die Steuergutschrift der Kapitalgesellschaft von 36 DM sowie die einbehaltene Kapitalertragssteuer (25% auf 64 DM) von 16 DM angerechnet. Der Steuerpflichtige hat also einen Anspruch gegen das Finanzamt auf Erstattung von 14 DM[1].

Für einen Anleger ist es steuerlich ohne Bedeutung, ob er sein Geld in Aktien oder Anleihen anlegt, wenn Bruttodividende und Zinsertrag gleich hoch sind. Die Unternehmen aber müssen mit unterschiedlich hohen Kapitalkosten im Fall der Eigen- oder der Fremdfinanzierung rechnen. Die Kosten für das Eigenkapital sind gleich

[1] Vgl. hierzu Wöhe, G., Die Steuern des Unternehmens, 4. Aufl. München 1978, S. 103ff.; Goetze, W. und G. Sieben, Betriebswirtschaftliche Auswirkungen der Körperschaftssteuerreform, GEBERA-Schriften Bd. 2, Köln 1977, S. 214, ebenda D. Schneider, Finanzierungs-, Bilanz- und Ausschüttungspolitik der Kapitalgesellschaft unter der Herrschaft des KStG 1977, S. 67ff., ebenda Büschgen, H. E., Betriebswirtschaftliche Beurteilung von Beteiligungen an Kapitalgesellschaften unter der Herrschaft des KStG 1977, S. 89ff.

der Summe aus Körperschaftsteuer, Vermögensteuer und Gewerbesteuer, die Kosten des (langfristigen) Fremdkapitals bestehen aus der Zinsbelastung und der Gewerbesteuer. Die Kapitalkosten der Fremdfinanzierung sind also niedriger, weil die Vermögensteuer steuerlich nicht abzugsfähig ist. Sie bleibt deshalb mit der auf sie entfallenden Körperschaftsteuer eine zusätzliche Kostenbelastung der Finanzierung mit Eigenkapital. Die gegenüber der Fremdfinanzierung höheren Kosten der Eigenfinanzierung beruhen also nicht auf körperschaftsteuerlichen Tatbeständen, sondern allein auf der Tatsache, daß die Doppelbelastung der Vermögensteuer nicht beseitigt worden ist. Sie wird sowohl bei der Gesellschaft wie bei dem Gesellschafter erhoben. Da also die Unternehmen mehr Gewinn vor Steuern erwirtschaften müssen, wenn sie Bardividende plus Steuergutschrift in gleicher Höhe ausschütten wollen wie Zinsen auf Fremdkapital, ist es für die Unternehmen nach wie vor steuerlich günstiger, Fremdkapital aufzunehmen.

Die Absicht also, durch das ,,Anrechnungsverfahren'' besonders günstige Voraussetzungen für eine Kapitalzuführung über den Aktienmarkt zu schaffen, um damit zugleich eine breitere Streuung der Beteiligungstitel am Produktivvermögen der deutschen Wirtschaft zu erreichen, ist nicht voll verwirklicht worden. Solange das Anrechnungsverfahren nicht auf die Vermögensteuer ausgedehnt wird, bleibt es, wenn man lediglich steuerliche Argumente gelten läßt, für die Unternehmen nach wie vor vorteilhafter, Fremdkapital aufzunehmen als Aktien zu emittieren.

Nun läßt sich aber nicht verkennen, daß das Anrechnungsverfahren die Aktie für die potentiellen Erwerber attraktiver gemacht hat, als es vorher der Fall gewesen ist. Wenn die Rendite auf Aktien 3—4%, die Rendite auf festverzinsliche Wertpapiere dagegen 8—12% beträgt, dann wird es für den Anleger im allgemeinen wenig interessant sein, Aktien zu kaufen. Da aber das Anrechnungsverfahren mit Hilfe der Steuergutschrift — ohne die vollständige Diskriminierung der Aktie zu beseitigen — erreicht, daß sich der Abstand zwischen Aktienrendite und Anleihenrendite verringert, dann bleibt insofern doch festzustellen, daß die Aktie für den Anleger attraktiver geworden ist. Diese höhere Attraktivität der Aktie und die zunehmende Bereitschaft der Gesellschaften, einen größeren Teil der erwirtschafteten Gewinne auszuschütten haben zur Folge gehabt, daß der Renditenvorteil der festverzinslichen Wertpapiere immer geringer wurde. Zum Teil übersteigt die Aktienrendite die Rendite festverzinslicher Wertpapiere. Nun ist die Rendite nicht das alleinige Kriterium dafür, ob ein Anleger sein Geld in Aktien oder festverzinslichen Wertpapieren anlegen will. Und für die Unternehmen bilden die Renditen oder besser: die Kapitalkosten nicht das alleinige Kriterium dafür, sich für Finanzierungszwecke der Aktie oder der Anleihe zu bedienen. Es läßt sich auch nicht verkennen, daß in der Bundesrepublik der Aktie nur eine verhältnismäßig geringe Bedeutung für die Geldvermögensbildung der privaten Haushalte zukommt. In den Entscheidungsprozeß sowohl des Anlegers wie des emittierenden Unternehmen spielt eine Fülle von sachlichen und persönlichen Umständen hinein. So ist die Höhe der Renditen und der Abstand zwischen Aktienrendite und der Rendite für festverzinsliche Wertpapiere abhängig von dem gegenwärtigen und dem erwarteten Trend der Zinsentwicklung, insbesondere also von der Geldpolitik der Zentralbank, von der Entwicklung des privaten Verbrauchs, der Investitionsbereitschaft der Wirtschaft, der Auslandsnachfrage, der Inflationsrate und anderen gesamtwirtschaftlichen Daten. Persönliche Situationen, Sicherheitsvorstellungen und Präferenzen anderer Art bestimmen die Entscheidungen der Anleger. Gleichwohl läßt sich nicht verkennen, daß das Anrechnungsverfahren und die Tarifgestaltung des Körperschaftsteuergesetzes die Attraktivität der Aktien für die Anleger und die Bereitschaft der Unternehmen, Gewinne auszuschütten erhöht haben. Die Ausdehnung des Anrechnungsverfahrens auf die Vermögensteuer und die Aufhebung der Gesellschaftsteuer würden die noch bestehenden steuerlichen Diskriminierungen der Aktie beseitigen.

Den Bestimmungen des Körperschaftsteuergesetzes liegt auch die Absicht zugrunde, die Eigenkapitalbildung der Gesellschaften durch Selbstfinanzierung zurückzudrängen. Grundsätzlich liegt es nahe, davon auszugehen, daß die hohe Tarifbesteuerung von 56% auf Gewinnthesaurierungen restringierend wirkt und die Tendenz, das Ausschüttungsvolumen zu erhöhen, verstärkt. Doch gilt, daß wichtige Finanzierungsentscheidungen nicht nur unter steuerlichen Gesichtspunkten, sondern aus der besonderen Situation des Unternehmens heraus gefaßt werden. Liegt in einem Fall die Möglichkeit vor, einbehaltene Gewinne auf die Weise in Eigenkapital zu überführen, daß zunächst ausgeschüttet, dann aber durch die Leistung von Einlagen (Kapitalerhöhungen) in gleicher Höhe wie der dem Unternehmen durch den Verzicht auf die Gewinnthesaurierung entgehende Betrag wieder eingezahlt wird, dann kann sich für die Gesellschafter ein steuerlicher Vorteil ergeben. Er entsteht dann, wenn der den Gesellschaftern nach Abzug aller Steuern (Einkommen-, Kirchen-, Gesellschaftsteuer) und den sonstigen Kosten der Wiederanlage (Emissionskosten) verbleibende Betrag größer ist, als die der Thesaurierung entsprechende Summe.

Dieses Schütt-aus-hol-zurück-Verfahren ist nur begrenzt anwendbar (kleine Aktiengesellschaften und Gesellschaften mit beschränkter

Haftung). Es setzt einen überschaubaren Kreis von Gesellschaftern und Übereinstimmung zwischen ihnen voraus. Für die großen Publikumsaktiengesellschaften mit anonymem Kapitalbesitz ist das Verfahren wenig geeignet[1]. In der Regel ist es nicht möglich, einem Aktionär die Wahl zu nehmen, ob er ein Bezugsrecht seiner Gesellschaft im Fall der Kapitalerhöhung ausüben will. Zudem befreit die Einschaltung der Banken in den Kapitalerhöhungsprozeß die Gesellschaften von dem Risiko des Mißlingens der Emission.

Es ist aber davon auszugehen, daß im konkreten Fall alle in Betracht gezogenen Ausschüttungs- und Thesaurierungsvorschläge auf die steuerlichen Konsequenzen hin geprüft und durchdacht werden. Hierdurch verlieren die kapitalmarkt- und emissionspolitischen Überlegungen für die Ausschüttung oder Einbehaltung von Gewinnen nicht an Bedeutung. Zwar können steuerliche Vorteilsberechnungen den Dividendensatz in gewissen, nicht eben zu breiten Grenzen beeinflussen. Im allgemeinen aber wird anzunehmen sein, daß bei allen Unterschieden im einzelnen das Ertragspotential, die Unternehmensplanungen, die Emissionsabsichten, die finanziellen Alternativen, die der Gesellschaft zur Verfügung stehen, und das dividendenpolitische Verhalten der Konkurrenzunternehmen die Ausschüttungspolitik, insbesondere die Dividendenhöhe der Gesellschaften bestimmen. So bedeutsam der gespaltene Körperschaftsteuersatz und das Anrechnungsverfahren auch für die Ausschüttungspolitik sein mögen — es bleibt doch immer der übergeordnete Aspekt, daß der Einfluß steuerlicher Überlegungen auf die Selbstfinanzierungspolitik eines Unternehmens nur in den durch betriebs- und gesamtwirtschaftliche Daten bestimmten Zusammenhängen gesehen werden darf.

10. Selbstfinanzierung in gesamtwirtschaftlicher Sicht.

10a. Die Erörterung der Selbstfinanzierung in gesamtwirtschaftlicher Sicht soll hier auf zwei Fragen beschränkt werden, die auch betriebswirtschaftlich von großem Interesse sind. Die erste Frage lautet: Kann angenommen werden, daß zwischen Dividendenzahlung, Dividendenempfang und Wiederanlage der Dividenden in Aktien, besonders in jungen Aktien, eine enge Verknüpfung besteht? Die zweite Frage läßt sich so formulieren: Wohnt der Selbstfinanzierung in besonderem Maße die Gefahr inne, daß sie — gesamtwirtschaftlich gesehen — zu Kapitalfehlleitungen führt?

[1] Wöhe, G., Die Steuern des Unternehmens, 4. Aufl. München 1977, S. 104ff., ferner Hax, H., Zur Bedeutung der Körperschaftssteuerreform 1977 für die Dividendenpolitik der Aktiengesellschaften, ZfbF 31. Jg. (1979), S. 322ff.

Die Beantwortung der ersten Frage verlangt einen mehr gesamtwirtschaftlichen Aspekt. Wenn in der Betriebswirtschaftslehre die Begebung von Stockdividenden als Schütt-aus-Hol-zurück-Verfahren bezeichnet wird, dann ist damit gemeint, daß eine bestimmte Aktiengesellschaft Gewinne einbehält, den Aktionären dafür einzahlungsfrei zusätzliche Aktien (beziehungsweise ein Bezugsrecht auf diese Aktien) gewährt, die den Einbehaltungsbeträgen entsprechen. Diese Stockdividenden können neben oder anstelle von Bardividenden gegeben werden. In den Vereinigten Staaten sind Stockdividenden sehr häufig. Das deutsche Aktien- und Steuerrecht macht diese Form der Dividendenzahlung unmöglich. Die deutschen Aktiengesellschaften haben jedoch gewisse Sonderformen der Stockdividende entwickelt, die aber hier nicht interessieren.

Unter der besonderen Problematik des Schütt-aus-Hol-zurück-Verfahrens wird hier ein anderer Sachverhalt verstanden, die Tatsache nämlich, daß Aktiengesellschaften Gewinne in Form regulärer Bardividenden ausschütten, gleichzeitig aber Aktienemissionen vornehmen und auf diese Weise die ausgeschütteten Gewinne wieder in das Unternehmen zurückholen. Eine ähnliche Situation stellt sich ein, wenn Aktiengesellschaften ihre Ausschüttungen erhöhen, ohne selbst Aktien zu begeben, gleichzeitig aber andere Aktiengesellschaften Emissionen vornehmen, ohne ihre Ausschüttungen zu erhöhen. Im einen Fall spricht man von betriebsindividueller, im andern Fall von kollektiver Schütt-aus-Hol-zurück-Politik[1].

Im ersten Fall wird ein Unternehmen eine verhältnismäßig hohe Dividende ausschütten, um seine Emissionschancen zu verbessern und das Mehrfache dessen an Kapital hereinzubringen, was es erhalten hätte, wenn die Gewinne nicht ausgeschüttet, sondern unmittelbar für Reinvestitionszwecke verwandt worden wären. Die Selbstfinanzierungsbeträge können dann verhältnismäßig klein sein, wenn die Kapitalzufuhr von außen groß und die Gewinne hoch sind. Im zweiten Fall vollzieht sich ein Kapitalaustausch unter den Gesellschaften. Die aus hohen Gewinnausschüttungen der selbst nicht emittierenden Unternehmungen stammenden Kapitalbeträge fließen dann, so lautet die Argumentation, den nicht übermäßig hohe Dividenden gewährenden, aber emittierenden Gesellschaften zu.

Bei der gegenwärtigen doppelten steuerlichen Belastung der Gewinnausschüttungen — sowohl bei der ausschüttenden Gesellschaft als auch

[1] Vgl. im einzelnen Stützel, W., Aktienrechtsreform und Konzentration, in: Die Konzentration in der Wirtschaft, herausgegeben von H. Arndt, Berlin 1960, Zweiter Band, S. 907ff.

bei den Empfängern der Zahlungen — ist die Summe der von der Gesellschaft und den Dividendenempfängern zu zahlenden Steuer so hoch, daß sie wie eine Art Bremse auf die Schütt-aus-Hol-zurück-Politik wirkt. Sieht man aber von dieser Tatsache ab, fragt man vielmehr grundsätzlich, wie sich die Eigenkapitalfonds der großen Publikumsaktiengesellschaften entwickelt hätten, wenn sie in stärkerem Maße als es in den beiden letzten Jahrzehnten geschehen ist, ihre Selbstfinanzierungspolitik eingeschränkt und dafür von den Möglichkeiten des Schütt-aus-Hol-zurück-Verfahrens Gebrauch gemacht hätten, dann hängt die Antwort auf diese Frage wesentlich davon ab, für welche Zwecke die Empfänger der Dividenden die an sie ausgeschütteten Gewinnbeträge verwandt haben würden.

Diese Frage läßt sich nur mit Hilfe empirischer Tests beantworten. Selbst dann jedoch, wenn diese Untersuchungen zu verläßlichen Ergebnissen führen würden, bliebe die Frage offen, wie sich die Dividendenempfänger unter anderen persönlichen und gesamtwirtschaftlichen Umständen verhalten hätten. So gewiß es die Erfahrung der Banken ist, daß ein großer Teil der Dividendenzahlungen wieder in Aktien der ausschüttenden Gesellschaft oder anderer Gesellschaften angelegt wird, so läßt sich doch nicht leugnen, daß Teile dieses Dividendenstromes nicht wieder in Aktien, sondern in Forderungstiteln angelegt oder für konsumtive Zwecke verwandt werden. Aus diesem Grunde erscheint es fraglich, ob die zur Auszahlung gelangenden Dividenden in gleicher oder annähernd gleicher Höhe wieder in Aktien, insbesondere in jungen Aktien, angelegt werden. Teile dieses Dividendenstromes gehen sicherlich für die Wiederanlage in Aktien verloren, wie andererseits ein ständiger Wechsel zwischen der Anlage in Beteiligungstiteln, Forderungstiteln und konsumtiven Verwendungen besteht. Die Ungewißheit über die Breite des Dividendenrückstroms in die die Dividenden zahlenden Unternehmen, die unzureichenden Informationen über die Verwendung der aus ausgeschütteten Gewinnen stammenden Mittel läßt kein abschließendes Urteil darüber zu, ob das Schütt-aus-Hol-zurück-Verfahren die Unternehmen besser mit Eigenkapital versorgen würde als eine mehr auf Selbstfinanzierung gerichtete Finanzierungspolitik. In Wirklichkeit handelt es sich hier nur um graduelle Unterschiede. Denn eine absolute Forcierung der Schütt-aus-Hol-zurück-Politik würde einer ausreichenden und rechtzeitigen Versorgung der Unternehmen mit eigenen Mitteln ebensowenig gerecht werden wie eine ausschließlich auf Selbstfinanzierung gerichtete Politik. Die Frage, ob sich die Gesellschaften einem größeren gesamtwirtschaftlichen Kapitalfonds gegenübersehen würden, wenn sie mehr von der Möglichkeit der Gewinnausschüttung und anschließenden Retransferierung der Beträge über die Begebung junger Aktien Gebrauch machen würden, diese Frage ist nicht hinreichend genau zu beantworten, weil zuverlässige Informationen über diesen Gegenstand fehlen[1].

Die Einbehaltung von Gewinnen bedeutet, daß über Teile des gesamtwirtschaftlichen Kapitalfonds, soweit er aus Unternehmensgewinnen gespeist wird, bereits vorverfügt ist. Denn diese Gewinnteile werden nicht auf den Kapitalmarkt gelenkt und können aus diesem Grunde auch nicht umverteilt werden. Muß dieses Ausscheiden der Gewinne aus dem Umverteilungsprozeß auf andere Gesellschaften einen Verlust an Rationalität bedeuten, mit der der gesamtwirtschaftliche Kapitalfonds auf seine möglichen Verwendungen aufgeteilt wird? Trägt die Einschaltung der großen Masse privater Dividendenempfänger in den Entscheidungsprozeß über die Verteilung des gesamtwirtschaftlichen Kapitalfonds zu einer höheren Rationalität dieses Prozesses bei? Auch hier erscheint es fraglich, ob bei diesen Kapitalanlegern genügende Informationen und ein hinreichendes Maß an Sachkenntnis bestehen, um entscheiden zu können, welche Verwendung des Kapitalfonds (über den Erwerb von Aktien) die gesamtwirtschaftlich vorteilhafteste ist. Die Börsenzulassungsprospekte enthalten zwar vorzügliche Informationen, aber es erscheint zweifelhaft, ob der Aktionär-Interessent sie auch eingehend studiert. Unsicherheit über die Entwicklung der einzelnen betrieblichen und der gesamtwirtschaftlichen Lage, spekulative Erwägungen, persönliche Umstände zum Zeitpunkt des Dividendenempfanges, gewisse Zufälligkeiten der Kapitalmarktsituation — diese und andere Umstände können zur Folge haben, daß die Rationalität der Entscheidungsprozesse über die Zuführung von Kapital aus dem gesamtwirtschaftlichen Kapitalfonds in die kapitalnachfragenden Unternehmen nicht jenes Maß erreicht, daß in Hinsicht auf die Knappheit des gesamtwirtschaftlichen Kapitalangebots erwünscht wäre.

Es ist anzunehmen, daß Unternehmen über die Art, den Umfang und die Lokalisation ihrer Kapitalbedarfe am besten unterrichtet und an einer rationellen Verwendung ihrer finanziellen Mittel interessiert sind. Insoweit besteht eine gewisse Berechtigung, davon auszugehen, daß die unmittelbare Verfügung über erzielte Gewinne für Reinvestitionszwecke ein gewisses Maß an Rationalität erreicht. Ist das der Fall, dann wird diese Vorverfügung über Mittel des gesamtwirtschaftlichen Kapitalfonds durch die Unternehmen, die diese Mittel erwirtschaftet haben, eine Steigerung der gesamtwirtschaftlichen Investitions- und Wachstumsraten zur Folge haben. Starke Selbstfinanzierung setzt also nicht notwendig die Rationalität der Verteilung des gesamtwirtschaftlichen Kapitalfonds herab. Das Gegenteil wird vielmehr der Fall sein.

[1] Vgl. hierzu Gutenberg, E., Über den Einfluß der Gewinnverwendung auf das Wachstum der Unternehmen, in: Zeitschrift für Betriebswirtschaft, 33. Jg. (1963), S. 193ff.

Wenn allerdings ein sehr großer Kapitalbedarf zu decken ist, der die Möglichkeiten der Selbstfinanzierung weit übersteigt, dann können geringe Selbstfinanzierung und hohe Gewinnausschüttungen günstige Voraussetzungen für die Auffüllung des Kapitalfonds schaffen, über den das Unternehmen verfügen muß, wenn es seine Absichten realisieren will. Denn hohe Ausschüttungen können hohe Aktienkurse bedeuten. Sie wiederum sind die Bedingung dafür, daß die Emissionen zu vorteilhaften Konditionen ausgeführt werden können. Sieht man aber von diesem Fall ab, dann läßt sich nicht bestreiten, daß hohe Selbstfinanzierungsquoten zu einer zweckmäßigeren und rationelleren Verteilung des gesamtwirtschaftlichen Kapitalfonds führen können als eine exzessiv vollzogene Schütt-aus-Hol-zurück-Politik. Mit dieser Feststellung mündet die Untersuchung in die zweite, unter gesamtwirtschaftlichen Aspekten zu erörternde Frage ein, ob dem Selbstfinanzierungsprozeß nicht doch auch die Gefahr der Kapitalfehlleitung innewohnt.

10b. In der Betriebswirtschaftslehre wird seit langem die Auffassung vertreten, daß gewisse Schleusen, die als eine Art Filter in den Strom der Retransferierung ausgeschütteter Gewinne vom Kapitalmarkt in die Unternehmen eingebaut werden, zu einer verstärkten und verbesserten Auslese unter den an den ausgeschütteten Gewinnen partizipierenden Unternehmen führen werden. Diese, in den Rückstrom der ausgeschütteten Gewinne eingebauten Schleusen müssen von allen finanziellen Mitteln passiert werden, die durch Außenfinanzierung in die Unternehmen hineingelangen. Und zwar insofern, als die Unternehmen gezwungen sind, dann, wenn sie an diesem Rückstrom teilhaben wollen, ihre Lage vor sachverständigen Personen offenzulegen und über alle für das Unternehmen relevanten Dinge zu berichten. Einer solchen Durchleuchtung ihrer ökonomischen und technischen Struktur können sich nur Unternehmen unterziehen, die alle Anstrengungen gemacht haben, über sich selbst zur Klarheit zu kommen und die darüber hinaus eingehende Untersuchungen angestellt haben, ob sich die Partizipation an den zurückströmenden Gewinnen betriebswirtschaftlich vertreten läßt. Es kann kein Zweifel daran bestehen, daß hierdurch die Unternehmen zu einem rationelleren Kalkül ihrer Investitionsvorhaben und ihrer Anforderung von für diese Vorhaben erforderlichen Mitteln veranlaßt werden. Denn der Weg zur Rechenschaftslegung vor anderen ist zugleich ein Zwang zur Rechenschaftslegung vor sich selbst. Es besteht die Gefahr, daß im Falle der Finanzierung der Investitionsvorhaben aus Gewinnen der fehlende Zwang, andere, in der Regel sachverständige Personen zu informieren, gegebenenfalls mit ihnen das Problem durchzusprechen, zu einer großzügigeren, wenn nicht nachlässigeren Behandlung des Investitionskalküls verleitet. Die Tatsache, daß sich große und angesehene Bankinstitute bei der Emission von Aktien oder Obligationen zwar nicht rechtlich, aber doch de facto für die Bonität eines bestimmten Unternehmens verbürgen, bedeutet ganz allgemein und grundsätzlich eine Rationalisierung der Kapitalzuleitung via Emission, deren Bedeutung nicht übersehen werden darf, mögen die Aktionäre selbst diese Prospekte lesen oder auf ihre Lektüre verzichten. Ein Börsenprospekt schließt natürlich nicht mit Sicherheit aus, daß das Kapital, das dem Unternehmen zugeführt wird, fehlgeleitet wird.

Handelt es sich um die Emission von Obligationen oder um die Aufnahme von Schuldscheindarlehen oder um die Inanspruchnahme von mittleren oder kurzfristigen Krediten, dann legt sich die von den Banken vorgenommene Kreditwürdigkeitsprüfung wie eine Schranke vor allzu unbekümmerte Finanzierungsvorhaben.

In diesem Falle sind es also institutionelle Einrichtungen, die den Partizipationsprozeß der Unternehmen an den gesamtwirtschaftlichen Kapital- und Kreditmöglichkeiten rationalisieren. An diesen Einrichtungen und an diesem Rationalisierungsfaktor geht die Selbstfinanzierung vorbei.

Wenn es sich um Fremdfinanzierung handelt, dann zwingt die Tatsache, daß die aufgenommenen Kredite verzinst und zurückgezahlt werden müssen, zu besonders kritischem Durchdenken aller Risiken und Chancen, die mit dem Finanzierungsvorhaben verbunden sind. Dabei wird im Augenblick weniger auf die äußere Tatsache der Verzinsung und der Rückzahlung der aufgenommenen Kredite als vielmehr auf die Tatsache abgestellt, daß die Kapitalrückzahlung und Zinszahlung zu verfeinerter Investitions- und Finanzrechnung führen. Dieser Zwang hat zur Folge, daß die Investitions- und Finanzierungsvorhaben schärfer auf ihre betrieblichen Konsequenzen hin durchdacht werden als dann, wenn das erforderliche Kapital mühelos einbehaltenen Gewinnen entnommen werden kann. Die institutionalisierten Kontrolleinrichtungen und der Verzinsungs- und Rückzahlungszwang haben die Eigenheit, den Kapitalverteilungsprozeß zu rationalisieren. Insofern ist es nicht ganz dasselbe, ob Gewinne direkt für Investitionsvorhaben verwandt werden oder ob sie erst ausgeschüttet und retransferiert werden. Insoweit wird anzunehmen sein — ohne die Bedeutung dieser Dinge für die Praxis zu überschätzen —, daß hohe Gewinnausschüttungen und Retransferierungen der Gewinne von den Kapitalmärkten in die Gesellschaften zu weniger Fehlinvestitionen und Kapitalfehlleitungen führen werden als niedrigere Gewinnausschüttungen.

Sofern freilich die Unternehmungen ihre Investitionsvorhaben selbst durch Investitionsrechnungen der geschilderten Art filtern, sinken Bedeutung und Notwendigkeit dieser institutionellen Einrichtungen.

Dritter Teil

Die Abstimmung zwischen Kapitalbedarf und Kapitalfonds

Elftes Kapitel

Finanzielles Gleichgewicht und Fristenkongruenz

1. Methodische Vorbemerkung.

Im ersten Teil der Untersuchungen dieses Buches wurde Antwort auf die Frage zu geben versucht, welche Faktoren die Höhe und Entwicklung des Kapitalbedarfs im Zeitablauf bestimmen. Hierbei wurde vorausgesetzt, daß es dem Unternehmen grundsätzlich möglich sei, den Kapitalbedarf zu decken. Die Untersuchungen des zweiten Teiles fragen nach den institutionellen und prinzipiellen Möglichkeiten, den Kapitalbedarf der Unternehmen zu befriedigen, und zwar unter der Voraussetzung, daß irgendwie Kapitalbedarfe bestehen. In den Untersuchungen des dritten Teiles werden die Voraussetzungen der beiden ersten Teile aufgehoben. Unter der Annahme, daß sowohl der Kapitalbedarf als auch der Kapitalfonds innerhalb bestimmter Grenzen variabel sind, wird im dritten Teil der Untersuchungen danach gefragt, wie Kapitalbedarf und Kapitalfonds aufeinander abzustimmen sind, wie sich also die im Zeitablauf wechselnden, in allen betrieblichen Teilbereichen auftretenden Kapitalbedarfe auf die vorteilhafteste Weise mit den Möglichkeiten ihrer Deckung aus dem Kapitalfonds in Übereinstimmung bringen lassen. Das Abstimmungsproblem zwischen Kapitalfonds und Kapitalbedarf enthält auch die Frage nach den günstigsten Finanzierungsprogrammen, die die Unternehmen zu realisieren in der Lage sind.

2. Das finanzielle Gleichgewicht.

Die allgemeine Voraussetzung aller finanzwirtschaftlichen Maßnahmen, welchen Wirtschaftssystemen die Betriebe auch immer angehören mögen, bildet die Aufrechterhaltung des finanziellen Gleichgewichtes. Wie bereits an anderer Stelle aufgezeigt wurde, vollzieht sich das gesamtbetriebliche Geschehen in drei Zeitordnungen. Die erste dieser Zeitordnungen besteht aus der zeitlichen Abfolge aller Vorgänge, aus denen sich der betriebliche Leistungsvollzug, in welchen Teilbereichen des Unternehmens er immer sich vollziehen mag, zusammensetzt. Die zweite Zeitordnung enthält das mit dem betrieblichen Leistungsvollzug verhältnismäßig eng verbundene System von Ein- und Auszahlungen und die dritte Zeitordnung setzt sich aus den Einzahlungen in den Kapitalfonds und den Auszahlungen aus diesem Fonds zusammen. Die zeitliche Struktur der Kapitalfondsein- und -auszahlungen weist in der Regel eine verhältnismäßig starke Unabhängigkeit von den beiden zuerst genannten Zeitordnungen auf.

Die betrieblichen Geschehnisse sind in diese Prozeß- und Zeitzusammenhänge hineingebunden. Gesetzmäßigkeit und Freiheit werden in diesem System der Zeitordnungen auf eine merkwürdige und mannigfaltige Weise miteinander verknüpft. Die Systeme konvergieren nicht von sich aus gegeneinander, vielmehr bedarf es hierzu dispositiver Aktivität. Die finanzielle Zeitordnung des Kapitalfonds, die güterwirtschaftliche Zeitordnung des betrieblichen Leistungsvollzuges und die finanzielle Zeitordnung der an diesen Vollzug geknüpften Ein- und Auszahlungen im Gleichgewicht zu halten, ist eine der Voraussetzungen betrieblicher Existenz und eine der Hauptaufgaben der finanziellen Führung aller Unternehmen, von welcher Art und Größe sie sein mögen.

Greift man auf die Kapitalbedarfsfunktion und den Kapitalfonds zurück, so, wie diese beiden Phänomene in den vorhergehenden Abschnitten erörtert und beschrieben wurden, dann ist leicht einzusehen, daß das Verhältnis zwischen den beiden Größen auf die finanzielle Entwicklung eines Unternehmens von großem Einfluß sein muß. Ändert sich der Kapitalfonds in der gleichen Richtung wie die Kapitalbedarfskurve, dann wird sich, wenigstens der Tendenz nach, die finanzielle Lage des Unternehmens nicht verschlechtern, unter Umständen sogar verbessern. Weist dagegen die Kapitalbedarfskurve eine steigende Tendenz auf, bleibt dagegen der Kapitalfonds unverändert oder verringert er sich sogar, dann wird sich die finanzielle Lage des Unternehmens tendenziell verschlechtern.

Wird so die finanzielle Entwicklung eines Unternehmens auf das Verhältnis zwischen Kapitalbedarf und Kapitalfonds zurückgeführt, dann ergibt sich für die Definition des finanziellen Gleichgewichtes die Bedingung:

$$C_t \geqq F_t \; (t=1, \ldots, T).$$

Diese Bedingung besagt, daß von allen möglichen Kapitalfonds, die aufgrund der besonderen wirtschaftlichen Lage des Unternehmens und der Kapitalmarktsituation realisiert werden können, nur diejenigen zulässig sind, deren Wert für keinen Zeitpunkt t den entsprechenden Wert der Kapitalbedarfsfunktionen unterschreitet.

Der Kapitalfonds muß mithin ausreichen, zu jedem Zeitpunkt das aus der zeitlichen Verwerfung der Auszahlungs- und Einzahlungsreihen resultierende Volumen des Kapitalbedarfs zu decken. Aus welchen Quellen diese Deckung stammt, ob aus innerbetrieblichen Kapitalfreisetzungen oder aus einer Kapitalzufuhr von außen, ist dabei grundsätzlich ohne Bedeutung[1, 2].

Da sich das finanzielle Gleichgewicht nicht selbsttätig einstellt und reguliert, vielmehr auf Maßnahmen und Entscheidungen der Unternehmensleitung beruht, diese Entscheidungen aber ihr Ziel verfehlen können, so ist jedes Unternehmen durch das Risiko finanziellen Ungleichgewichtes bedroht. Die Existenz eines solchen Ungleichgewichtes ist ein Zeichen dafür, daß es der Unternehmensleitung nicht gelungen ist, das von ihr realisierte Geschäftsvolumen in einem ausgeglichenen Verhältnis mit seinen Finanzierungsmöglichkeiten zu halten.

Die Aufrechterhaltung des finanziellen Gleichgewichtes ist die Bedingung schlechthin für die Existenz der Unternehmen, welchem Wirtschaftssystem sie immer angehören mögen. Ob ein Unternehmen unter marktwirtschaftlichen oder zentralplanwirtschaftlichen Bedingungen arbeitet — wenn die finanzielle Gleichgewichtsbedingung nicht mehr erfüllt ist, kann das Unternehmen nicht mehr länger existieren. In diesem Sinne wird das Prinzip des finanziellen Gleichgewichtes hier als ein vom Wirtschaftssystem unabhängiger systemindifferenter Tatbestand aufgefaßt[3].

Wird angenommen, daß sich ein Unternehmen zu einem bestimmten Zeitpunkt nicht in seinem finanziellen Gleichgewicht befindet und fragt man nach den Ursachen, die die Störungen in diesem Gleichgewicht hervorgerufen haben, dann lassen sich diese Ursachen unschwer systematisieren. Sie liegen entweder im güterwirtschaftlichen Bereich des gesamtbetrieblichen Leistungsvollzuges oder im finanziellen Bereich, der an diesen Vollzug unmittelbar gekoppelt ist, oder in Änderungen, denen der Kapitalfonds ausgesetzt ist.

Zunächst sei angenommen, daß die Zahlungsweise der Kunden und die Zahlungsgewohnheiten des Unternehmens selbst unverändert bleiben. Die Dauer der in Anspruch genommenen und der gewährten Zahlungsziele sei also konstant. Auch die Höhe des Kapitalfonds soll unver-

---

[1] In der Regel wird finanzielles Gleichgewicht angenommen, wenn zu jedem Zeitpunkt die Ausgaben durch die Einnahmen gedeckt sind. So zum Beispiel Kosiol, E., Finanzplanung und Liquidität, in: Zeitschrift für handelswissenschaftliche Forschung, N. F. 7. Jg. (1955), S. 251ff., insbesondere S. 264.

[2] Zur Frage des Verhältnisses zwischen wirtschaftlichem und finanziellem Gleichgewicht und zur Frage der Beeinflussungsfaktoren des finanziellen Gleichgewichts sei verwiesen auf Massmann, G., Das Problem des finanziellen Gleichgewichts in der Unternehmung, Diss. Köln 1959, insbesondere S. 14ff. und S. 36ff.

[3] Hierzu sei auf den dritten Teil des ersten Bandes verwiesen.

ändert bleiben. Dagegen soll der betriebliche Leistungsvollzug gewissen zeitlichen Änderungen unterworfen sein. Nun verlangsame sich das Tempo des betrieblichen Leistungsvollzuges. Dieser Umstand mag, um nur einige Beispiele zu nennen, darauf zurückzuführen sein, daß die Ablaufplanung versagt oder daß im Materialfluß Stockungen auftreten oder daß maschinelle Störungen den Arbeitsablauf unterbrechen und verzögern. Die Folge wird sein, daß die Grundprozesse eine längere Zeit beanspruchen, die betriebliche Leistungserstellung und -verwertung sich also über einen längeren Zeitraum ausdehnt. Eine gleiche Wirkung wird zu verzeichnen sein, wenn die Einkaufsdispositionen geändert werden und der Rhythmus der Zu- und Abgänge auf Eingangslägern in längeren zeitlichen Abständen verläuft. Auch im Absatzbereich können die Ursachen für eine derartige zeitliche Dehnung des gesamtbetrieblichen Prozesses liegen, mögen diese Ursachen in innerbetrieblichen oder außerbetrieblichen Vorgängen ihre Ursache haben. Auf jeden Fall nimmt die zeitliche Dauer der betrieblichen Prozesse zu. Die Auszahlungs- und die Einzahlungszeitpunkte rücken weiter auseinander. Unter diesen Umständen kann der Fall eintreten, daß die Auszahlungen für einen Prozeß bereits geleistet werden müssen, bevor, wie es bisher der Fall war, die Einzahlungen aus den vorhergehenden Prozessen eingegangen sind. Da der Kapitalbedarf stets gleich der Summe der Auszahlungen vermindert um die Summe der Einzahlungen bis zum Betrachtungszeitpunkt ist, muß eine Verzögerung der Einzahlung über diesen Zeitpunkt hinaus zu einem erhöhten Kapitalbedarf führen. Die Kapitalbedarfskurve wird also zu diesem Zeitpunkt auf einem höheren Niveau liegen als vor dem Eintreten der Störung. Übersteigt sie die Kurve des Kapitalfonds, dann muß der gesamtbetriebliche Prozeß zum Stillstand kommen, wenn es nicht gelingen sollte, die Lage anderweitig zu meistern. Der Kapitalfonds reicht, wenn die Bemühungen zur Wiederherstellung der Lage erfolglos bleiben, nicht mehr aus, den Kapitalbedarf zu decken. Die Störung des finanziellen Gleichgewichtes führt unter diesen Umständen zum Zusammenbruch des Unternehmens.

Die Störungsursache kann aber auch in dem mit dem Umsatzprozeß gekoppelten finanziellen System liegen. Bleiben die güterwirtschaftlichen Vorgänge und die Höhe des Kapitalfonds unverändert und variiert nur dieser finanzielle Bereich, etwa, indem die Kunden des Unternehmens längere Zahlungsziele in Anspruch nehmen, dann verschieben sich die Einzahlungszeitpunkte. Wenn das Unternehmen seine eigenen Zahlungsgewohnheiten, insbesondere die Dauer seiner Zielinanspruchnahme nicht ändert, dann verlängert sich die Dauer der Grundprozesse. Wenn das Unternehmen sein eigenes Zahlungsverhalten ändert, dann ändern sich auch die Auszahlungszeitpunkte. Unter diesen Umständen können in einem gewissen Maße kompensatorische Wirkungen eintreten. Aber selbst in dem Fall, daß es dem Unternehmen gelingt, die Termine für seine eigenen Zahlungen hinauszuschieben, und zwar im gleichen Maße, wie die Kunden die Zahlungsziele nunmehr in Anspruch nehmen, wird es nicht immer gelingen, das finanzielle Gleichgewicht aufrechtzuerhalten. Der Umfang der Auszahlungen, die zeitlich hinausgeschoben werden können, ist in der Regel geringer als das Einzahlungsvolumen. Der Einfluß der Störung im finanziellen Bereich würde die Kapitalbedarfskurve in gleicher Weise beeinflussen wie die Störung, die im güterwirtschaftlichen Bereich ihre Ursache hat.

Tritt wiederum in diesem Bereich und in der an ihn gekoppelten finanzwirtschaftlichen Zeitordnung keine Änderung ein, wird dagegen nunmehr die Höhe des Kapitalfonds als veränderlich angenommen, dann kann es ebenfalls zu Störungen des finanziellen Gleichgewichtes und damit zu einer Gefährdung der finanziellen Sicherheit des Unternehmens kommen. Verschiebt sich die Kurve des Kapitalfonds nach unten, dann bleiben die Kapitalbedarfsspitzen ungedeckt. Sie ragen nunmehr über die Kapitalfondskurve hinaus. Läßt sich die Lage nicht ändern, dann ist ein Zusammenbruch des Unternehmens unvermeidlich. Eine derartige Entwicklung des Kapitalfonds kann einmal darauf zurückzuführen sein, daß die Auszahlungen aus dem Kapitalfonds größer sind als die Einzahlungen in ihn, wenn etwa dem Unternehmen im Zusammenhang mit dem Ausscheiden von Gesellschaftern Kapital entzogen wird, oder wenn langfristige Darlehen gekündigt oder Kreditrestriktionen vorgenommen werden und kein Ausgleich für diese Kapitalentziehungen erreicht werden kann. Die Verschiebung der Kapitalfondskurve nach unten läßt sich unter Umständen aber auch darauf zurückführen, daß Verluste eingetreten sind, die das Kapital des Unternehmens dezimieren.

Die Störungen des finanziellen Gleichgewichtes können also ihre Ursache in Vorgängen haben, die sich in der güterwirtschaftlichen, aber auch in den beiden finanziellen Zeitordnungen vollziehen. Dieser Systematisierung der Ursachen für die Störung des finanziellen Gleichgewichtes und damit nicht nur für die finanzielle, sondern auch für die existentielle Gefährdung eines Unternehmens führt zugleich zu dem Ergebnis, daß die Aufrechterhaltung des finanziellen Gleichgewichtes sowohl güterwirtschaftliche, als auch finanzielle Aktionen in den beiden finanziellen Bereichen verlangt. Damit wird auch an dieser Stelle deutlich, daß die finanzielle Führung von Unternehmen auch die Einflußnahme auf güterwirtschaftliche Vorgänge voraussetzt, und daß es eine unzulässige Einengung der Aspekte bedeuten würde, wenn die Regulative zur Wiederherstellung gestörten finanziellen Gleichgewichtes lediglich in Kreditprolongationen und -substitutionen gesehen würden. So wichtig es sein kann, in schwierigen Lagen ein Moratorium zu erlangen oder kurzfristige durch langfristige Kredite zu ersetzen oder sogar in einer für die Zuführung von Eigenkapital ungünstigen Situation dennoch eine Kapitalaufstockung zu erreichen — für die Wiederherstellung des gestörten finanziellen Gleichgewichts kann es wichtiger als eine spezielle finanzielle Maßnahme sein, technische Umstellungen in der Prozeßanordnung vorzunehmen oder die Einkaufspolitik zu ändern oder preispolitische Maßnahmen zu ergreifen, um das in den Fertigfabrikatebeständen gebundene Kapital freizusetzen und für die finanziellen Maßnahmen des Unternehmens verfügbar zu machen.

Wieder drängt sich die ganze Fülle betrieblicher Aktivitäten in den Blick, wenn es sich darum handelt, das finanzielle Gleichgewicht zu erhalten oder Störungen im Gleichgewichtsgefüge des finanziellen Bereiches abzuwenden. In diesem Sinne bedeutet finanzielle Sicherung des Unternehmensvollzuges ein Operieren aus dem Ganzen des Unternehmens heraus.

Sieht man so das Problem der finanziellen Sicherung der Unternehmen in dieser, das ganze Problem aufblendenden Sicht, dann wird damit sogleich deutlich, daß es fraglich erscheint, ob der Grundsatz der Fristenkongruenz in der Form der goldenen Bilanzregel die Unternehmen vor finanziellem Ungleichgewicht zu schützen in der Lage ist. Diese Frage gilt es nunmehr zu untersuchen.

3. Das Prinzip der Fristenkongruenz.

3a. Eine alte Bankregel, die als ein ungeschriebenes Gesetz der Kreditwirtschaft gilt, besagt, daß kurzfristige Mittel grundsätzlich nur kurzfristig weitergeliehen und langfristige Kredite nur aus langfristig aufgenommenen Geldern gewährt werden sollen. Ob sich die Banken wirklich an diese Regel halten, soll hier nicht weiter untersucht werden. Die Regel wird auch mehr im Sinne einer grundsätzlichen Forderung zu verstehen sein als im Sinne einer für alle Fälle geltenden Forderung. Auch von denjenigen, die diese Regel sehr eng auslegen und sie für eine unumstößliche Maxime der Bankpraxis halten, werden Abweichungen von ihr in besonderen Fällen und unter besonderen Umständen als durchaus zulässig und ihr nicht widersprechend angesehen. Es soll hier nicht weiter untersucht werden, ob sich wirklich die Bankpraxis regelmäßig oder nur in Sonderfällen nach dieser kreditwirtschaftlichen Forderung richtet. Jedenfalls gibt es viele Autoren, die die Auffassung vertreten, daß die Banken die goldene Bankregel nicht nur nicht in Sonderfällen beachten, sondern daß sie sich auch im Regelfall nicht an sie halten. Stellvertretend für viele Autoren, die diese Auffassung vertreten, sei hier auf R. Stucken hingewiesen, der der Ansicht ist, daß die Banken sogar regelmäßig Kredite mit längeren Fristen gewähren, als die Kredite befristet sind, die sie in Anspruch nehmen. Ein großer Teil der Bankverpflichtungen bestehe aus Sichtdepositen, sei also jederzeit sofort fällig. Andere Einlagen seien mit einer Frist von einem Monat oder von wenigen Monaten fällig. Das Aktivgeschäft der Banken sei aber längerfristig. Hiermit werde dem Kreditbedürfnis der Wirtschaftssubjekte entsprochen. Sie müssen der Verwendung wegen, für die sie die Kredite bestimmen, auf längere Kreditfristen Wert legen. Die Innehaltung der goldenen Bankregel, das heißt die Übereinstimmung der Fristen im Aktiv- und Passivkreditgeschäft der Banken bilde jedenfalls die Ausnahme und nicht die Regel[1]. Die Tatsache, daß die Banken von der goldenen Bankregel abweichen können, ohne ihre Liquidität zu gefährden, ist darauf zurückzuführen, daß im Passivkreditgeschäft Abgänge und Zugänge revolvieren, so daß zwar die Zusammensetzung der Einlagen einem ständigen Wechsel unterworfen ist, die Summe der aufgenommenen Kredite aber in weitgehendem Maße konstant bleibt, also trotz der Zusammensetzung aus kurzfristig limitierten Einlagen dennoch insgesamt einen langfristigen passiven Kreditbestand der Banken bildet. Dieser Vorgang läßt jene Transformierung kurzfristig terminierter Kredite in langfristige Ausleihungen zu — ein Vorgang, der noch dadurch erleichtert wird, daß die gegebenen Kredite zum Teil in einer Form gewährt werden, die es ermöglicht, sie kurzfristig durch Verkauf der Forderungsrechte, die sie darstellen, zu mobilisieren, ohne die Dauer der aktiven Kreditgewährung dadurch zu beeinflussen.

Für Unternehmen der gewerblichen Wirtschaft formulieren Töndury und Gsell die Regel so: zwischen der Dauer der Bindung des Vermögensmittels, also der Dauer der einzelnen Kapitalbedürfnisse und der Dauer, während welcher das zur Deckung des Kapitalbedürfnisses herangezogene Kapital zur Verfügung steht, muß Übereinstimmung bestehen[2]. Hier wird auf das einzelne Investitionsobjekt, den einzelnen Vermögensgegenstand abgestellt und gefragt, wie ein derartiger Gegenstand zu finanzieren sei — offenbar so, daß die Überlassungsdauer des für die Finanzierung des Gegenstandes benötigten Kapitals mit der Bindungsdauer des Kapitals in diesem Gegenstand übereinstimmen muß. Beträgt die Nutzungsdauer eines Anlagegegenstandes zwanzig Jahre, dann steht, wenn betrieblich alle Voraussetzungen hierfür gegeben sind, das in dem Gegenstand gebundene Kapital nach zwanzig Jahren wieder zur Verfügung. Die so gedachte Koppelung bestimmter Finanzierungsmittel mit einem bestimmten Gegenstand würde Mülhaupt als objektbezogene Betrachtungsweise bezeichnen[3]. In diesem Fall wird einem bestimmten

---

[1] Stucken, R., Banken (II), in: Handwörterbuch der Sozialwissenschaften, Erster Band, Stuttgart, Tübingen, Göttingen 1956, S. 550—560, hier S. 556.

[2] Töndury, H., und F. Gsell, Finanzierung, Zürich 1948, S. 37ff.

[3] Mülhaupt, L., Der Bindungsgedanke in der Finanzierungslehre unter be-

Vermögensgegenstand eine Einzahlungsreihe zugeordnet und unterstellt, daß mit diesen Einzahlungen die Auszahlungen, die für das Objekt zu leisten sind, abgedeckt werden. Folgt man dieser objektbezogenen Betrachtung, dann würde das Gesamtsystem der Unternehmensfinanzierung als aus einer großen Zahl eindeutig bestimmter Koppelungen von Kapitalbedarfen und Kapitaldeckungen bestehend aufzufassen sein. Die Grundkonzeption, die diesen Bindungen bestimmter Finanzierungsmittel an bestimmte Kapitalbedarfe zugrunde liegt, läßt sich ohne Schwierigkeit in der Weise abwandeln und erweitern, daß bestimmte Gruppen von Vermögensgegenständen mit bestimmten Finanzierungsmitteln oder Finanzierungsquellen verknüpft werden. In diesem Fall würde von einer gruppenbezogenen Betrachtungsweise zu sprechen sein[1]. Faßt man so Vermögensgegenstände zu Gruppen einer bestimmten Art zusammen, dann erhält man jene Abfolge von sich überlappenden Aus- und Einzahlungen, die typisch ist, wenn die Gegenstände zu verschiedenen Zeitpunkten angeschafft werden, unterschiedliche Nutzungsdauern besitzen und zeitlich voneinander abweichende Kapitalfreisetzungstermine aufweisen.

Wird das Prinzip der Bezogenheit bestimmter Finanzierungsmittel auf bestimmte Vermögensgegenstände oder bestimmte Gruppen von Vermögensgegenständen auf den gesamtbetrieblichen Vermögensbestand übertragen, dann wird jedem Vermögensgegenstand oder jeder Gruppe von Vermögensgegenständen, die zu einem Unternehmen gehören, eine ganz bestimmte Kapitalquelle zugeordnet. Eine solche Koppelung läßt sich als eine gesamtvermögensbezogene Betrachtungsweise kennzeichnen[2]. Sie würde die Forderung zur Folge haben, daß der Kapitalbedarf in seinem dauernden Teil dauerhaft, in seinem schwankenden Teil lang-, mittel- oder kurzfristig zu finanzieren sei[3]. Diese Regel besagt nichts anderes, als daß Kapitalbindungs- und Kapitalüberlassungsfristen einander entsprechen sollen. Sie ist also eine besondere Formulierung der goldenen Bankregel. Stets bleibt der Bindungsgedanke die bestimmende Norm der Verhaltensweise.

In der Terminologie von J. L. Mey bedeutet die objekt- und die gruppenbezogene Betrachtungsweise eine irgendwie partielle Betrachtung, weil der Finanzierungsgegenstand und die Mittel, aus denen er finanziert wird, gewissermaßen herausgelöst aus dem Unternehmensverband betrachtet wird[4]. Die übrigen Vermögensgegenstände sind in

sonderer Berücksichtigung der holländischen Finanzierungsliteratur, Wiesbaden 1966, vgl. insbesondere S. 16.

[1] Mülhaupt, L., a.a.O., S. 17.

[2] Vgl. Mülhaupt, L., a.a.O., S. 18ff.

[3] Zu dieser Formulierung sei verwiesen auf Goldschmidt, Financial Planning in Industry, Leiden 1956, S. 86ff. und S. 102.

[4] Mey, J. L., Kritische Bemerkungen zur Finanzierungslehre, Zeitschrift für

der jeweils speziellen Verknüpfung von Kapitalbedarfs- und Kapitaldeckungsobjekten nicht enthalten. Diese Überlegung gilt grundsätzlich auch für den gesamtvermögensbezogenen Aspekt, den Mey als totale Betrachtungsweise bezeichnet. Zwar wird in dem totalen Aspekt das Ganze des Unternehmens umfaßt, aber in den Finanzierungsüberlegungen für die einzelnen Vermögensgegenstände oder Gegenstandsgruppen fehlen jeweils die anderen Gegenstände oder Gruppen. Insoweit besteht zwischen der partiellen und der totalen Betrachtungsweise kein prinzipieller Unterschied.

Ob man nun aber die Koppelung von Kapitalverwendungen an Mittelbereitstellungen in partieller oder totaler Sicht betrachtet — das finanzielle Gleichgewicht setzt eine derartige Bindung von Kapitalquellen an Kapitalverausgabungen nicht voraus. Es verlangt lediglich, daß jederzeit der Kapitalfonds des Unternehmens ausreicht, die sich aus der zeitlichen Verschiebung der Auszahlungs- und Einzahlungsreihen ergebenden Kapitalbindungen zu finanzieren. Ob dabei die von dem Prinzip der Fristenkongruenz geforderte Deckung bestimmter Vermögensobjekte durch Finanzierungsmittel einer ganz bestimmten Art erhalten bleibt oder geändert wird, ob bestimmte Proportionen zwischen dem Anlagevermögen und dem Eigenkapital bestehen bleiben oder sich verschieben, ob als kurzfristig deklarierte fremde Mittel für die Investierung in langlebigen Wirtschaftsgütern — vorübergehend oder dauernd — verwandt werden — diese Vorgänge sind für die Aufrechterhaltung des finanziellen Gleichgewichtes solange ohne Bedeutung, als der Kapitalfonds ausreicht, den wie auch immer verursachten Kapitalbedarf zu decken. Das Prinzip der Fristenkongruenz setzt voraus, daß das finanzielle Gleichgewicht gewahrt wird, wenn der Bestand des Unternehmens gewährleistet sein soll. Aber das Prinzip des finanziellen Gleichgewichtes setzt nicht das Prinzip der Fristenkongruenz voraus.

3b. Die goldene Bilanzregel ist irgendwie in allen Finanzierungsvorschriften enthalten, die auf dem Bindungsgedanken beruhen und aus ihm ihre Konsequenzen ziehen. Im Bereich der gewerblichen Wirtschaft wird diese Regel in einer engeren und einer erweiterten Form vorgetragen. In der engeren Form dann, wenn lediglich verlangt wird, das Anlagevermögen eines Unternehmens durch Eigenkapital und langfristiges Fremdkapital und das Umlaufvermögen durch kurzfristiges Fremdkapital zu decken. Die Ausweitung, die die Regel in neuer Zeit erfahren hat, besteht darin, daß nicht nur gefordert wird, das Anlagevermögen, sondern auch die Teile des Umlaufvermögens mit anlageähnlichem

handelswissenschaftliche Forschung, N. F. 9. Jg. (1957), S. 521ff., derselbe: Leerboek der Bedrijfseconomie, Deel II, Theoretische Bedrijfseconomie II, door Mey, J. L., und P. M. M. H. Snel, 5. Aufl., 's-Gravenhage 1958.

Charakter (vor allem also die gebundenen Teile der Bestände an Roh-, Hilfs- und Betriebsstoffen) langfristig zu decken. Nur das nach Abzug dieser Bestände verbleibende Umlaufvermögen soll kurzfristig finanziert werden. So verstanden, wird von der goldenen Bilanzregel als einer horizontalen, auf die Aktiv- und die Passivseite der Bilanz übergreifenden Regel gesprochen. In der horizontalen Verknüpfung von Bilanzpositionen kommt der Grundsatz der Fristenkongruenz auf eine besonders eindrückliche Weise zum Ausdruck.

Die goldene Bilanzregel hat auch insofern eine zusätzliche Bestimmung erfahren, als nicht nur die Verknüpfungen von Aktiv- und Passivpositionen der Bilanz, sondern auch die Innehaltung bestimmter Relationen zwischen Eigen- und Fremdkapital und zwischen den Teilen gefordert wird, aus denen das Eigenkapital und das Fremdkapital besteht oder bestehen kann. In diesem Sinne wird die goldene Bilanzregel durch ein vertikales Postulat ergänzt. Zwar wird das verlangte Verhältnis zwischen Eigen- und Fremdkapital nirgends deduziert oder durch Tests zu belegen versucht. Soweit empirische Untersuchungen über die von den Unternehmen realisierten Proportionen zwischen den Kapitalteilen auf der Passivseite der Bilanz vorgenommen worden sind, haben sie — wenigstens in der Bundesrepublik — weder eine Bestätigung der von der goldenen Bilanzregel verlangten horizontalen noch der vertikalen Proportionssysteme erbracht. So zeigen denn auch die Vorschläge, die in der Literatur für die betriebswirtschaftlich richtige vertikale Proportionierung gemacht werden, eine große Mannigfaltigkeit. Zumeist wird ein Verhältnis von 1:1 für das Eigen- und das Fremdkapital als erstrebenswert angesehen. Es finden sich aber auch Vorschläge, die ein anderes Verhältnis zwischen diesen beiden Kapitalteilen für betriebswirtschaftlich notwendig und gerechtfertigt halten. So wird in einem Falle das Verhältnis 2:1 zwischen Eigen- und Fremdkapital als erstrebenswert angenommen und für „eine gesunde Norm" gehalten[1]. Nach VIEL ist es ein Erfahrungssatz, daß bei Unternehmen, die über Grundbesitz verfügen, etwa dreißig Prozent des Gesamtkapitals, bei Unternehmen, die in gemieteten Räumen arbeiten, dagegen 50% des Gesamtkapitals auf Eigenkapital entfallen[2]. Die Banken weisen in dieser Hinsicht große Unterschiede auf. LOHMANN teilt mit, daß nach der heutigen Bankpraxis ein Verhältnis von 1:3 für den Bestand an Eigen- und Fremdkapital als zulässig angesehen werde[3,4].

---

[1] BREDT, O., Was verbleibt dem Unternehmen vom Gewinn? Stuttgart 1952, S. 19.

[2] VIEL, J., Betriebs- und Unternehmungsanalyse, 2. Aufl., Köln-Opladen 1958, S. 249.

[3] LOHMANN, M., Zur Problematik der goldenen Bilanzregel, in: Wirtschaftsprüfung, 12. Jg. (1959), S. 141ff.

[4] Eine besonders eingehende Darstellung des Grundsatzes der Fristenkongruenz

Die Vertreter der goldenen Bilanzregel sind sich des approximativen Charakters ihrer Vorschläge bewußt. Sie wollen die von ihnen vorgeschlagenen Bilanzrelationen sicherlich nicht als Kriterien für eine optimale Kapitalstruktur im strengen Sinne dieses Wortes verstanden wissen. Zweifellos aber schwingen derartige Optimierungsvorstellungen in ihren Vorschlägen mit. Wie dem nun im einzelnen sei, es läßt sich nicht bestreiten, daß die Proportionen zwischen den Vermögens- und Kapitalbeständen, die nach den Vorstellungen der goldenen Bilanzregel konzipiert sind, als Leitbilder für die finanzielle Führung von Unternehmen aufgefaßt werden sollen und daß angenommen wird, es werde ein hohes Maß an finanzieller Sicherheit erreicht, wenn im Ablauf der wechselnden außer- und innerbetrieblichen Situationen ständig nach ihnen verfahren würde.

Die Finanzierungsvorschriften nach der goldenen Bilanzregel beruhen auf der Annahme, daß das Anlagevermögen langfristigen und das Umlaufvermögen kurzfristigen Charakter trägt, und daß das Eigenkapital langfristig, Bankkredite aber kurzfristig terminiert sind. Mit diesen Unterstellungen stimmt die betriebliche Wirklichkeit nicht überein. Sieht man davon ab, daß im Anlagevermögen, das die Bilanz eines Unternehmens ausweist, auch Gegenstände enthalten sein können, die kurzfristig zu veräußern sind oder bewußt für derartige Zwecke gehalten werden (gemeint sind die auf der Aktivseite der Bilanz ausgewiesenen, der langfristigen Liquiditätsvorsorge dienenden Gegenstände), so bleiben die abnutzbaren und die nicht abnutzbaren Gegenstände des Anlagevermögens einschließlich der Beteiligungen und die selbständig oder nichtselbständig veräußerlichen immateriellen Güter, deren Wertminderungen Betriebsausgaben darstellen. Sieht man von den nicht abnutzbaren Gegenständen des Anlagevermögens und den Beteiligungen ab (es wird angenommen, daß ihre Veräußerung kurzfristig nicht zu erwarten ist), dann trifft für die große Zahl der verbleibenden Teile des Anlagevermögens zu, daß sich das in ihnen gebundene Kapital dauernd mindert, sofern die Anlagen regelmäßig benutzt werden. Das in diesen Gegenständen gebundene Kapital ist also keineswegs auf die Dauer in ihnen gebunden, ist nicht „dauerhafter Art", wird vielmehr im regelmäßig verlaufenden Betriebsprozeß frei gesetzt. Es kennzeichnet sich zudem gerade dadurch, daß die freigesetzten Kapitalbeträge des Anlagevermögens zur allgemeinen Liquidität des Unternehmens beitragen, wie an anderer Stelle ausführlich beschrieben wurde[1]. Die Kennzeichnung der materiellen und immateriellen Gegenstände des Anlagevermögens

---

gibt N. J. Polak, in: Enige Grondslagen voor de financierung der onderneming, Teil I, 8. Aufl., Harlem 1946 deutsche Übersetzung: Grundzüge der Finanzierung mit Rücksicht auf die Kreditdauer, Berlin-Wien 1926.

[1] Vgl. hierzu die Untersuchungen des zweiten Kapitels.

als einer dauerhaften Anlage von Kapital und die finanzierungstaktische Konsequenz hieraus, daß diese Anlagen nur mit Eigenkapital finanziert werden sollten, läßt also die tatsächlichen Bindungs- und Freisetzungsstrukturen im Anlagevermögen außer Betracht.

Es ist das große Verdienst von SCHMALENBACH, den anlageähnlichen Charakter von Teilen der Warenbestände erkannt und aus ihm die nötigen Konsequenzen für die Bilanzierung dieser Bestände gezogen zu haben. In der Tat bedürfen die für die Durchführung der Produktion und die vorteilhafteste Gestaltung des Absatzes erforderlichen Warenvorräte eines Kapitals, das, so könnte man sagen, dauerhaft in den Beständen gebunden ist. Zwar verlassen ständig Gegenstände die Läger, aber sie werden immer wieder ersetzt. Der Bestand erneuert sich ständig und gerade diese Tatsache verleiht dem Kapital, das in den Warenvorräten gebunden ist, den Charakter einer dauerhaften Kapitalanlage. Das Bestandsvolumen mag Schwankungen unterworfen sein, aber der regenerative Charakter der Lagerergänzungsprozesse läßt das in den Warenbeständen gebundene Kapital „auf die Dauer" festgelegt erscheinen. Es setzt sich im Unterschied zu den abnutzbaren Gegenständen des Anlagevermögens nicht laufend frei, bleibt vielmehr auf die Dauer gebunden. Wenn für die Finanzierung bestimmter Gruppen von Vermögensgegenständen Eigenkapital erforderlich sein sollte, dann würde sich — unterstellt man, die Vorschriften der goldenen Bilanzregel würden befolgt — allerdings zwingend ergeben, daß die Warenbestände mit einem derartigen Kapital finanziert werden sollten.

Nun ist aber nicht einzusehen, aus welchen Gründen nicht große Teile der Bestände an Forderungen aus Warenlieferungen und Leistungen ebenfalls anlageähnlichen Charakter besitzen sollten. Die Unternehmen leihen ständig einen Teil ihres Kapitals aus und legen es auf diese Weise fest. Die einzelnen Forderungen erlöschen, wenn sie bezahlt werden, aber neue treten an ihre Stelle. Die ständige Wandlung, denen der Fonds aktiver Kredite unterworfen ist, stört nicht den anlageähnlichen Charakter dieses Fonds.

Wie auf die geschilderte Weise der aktive Kreditfonds zwar seine Zusammensetzung ständig ändert, als ganzer jedoch — in durch den Betriebsprozeß vorgeschriebenen Grenzen — konstant bleibt und Kapital „auf die Dauer" bindet, so tragen auch die Liquiditätsreserven, die ein Unternehmen unterhält, um sich gegen unvorhergesehene Entwicklungen in seinem finanziellen Bereich abzusichern, anlageähnlichen, in diesem Sinne dauerhaften Charakter. Die Barbestände müssen ständig unterhalten werden, um Fälligkeitsspitzen im Aus- und Einzahlungsprozeß ausgleichen zu können. In Wirklichkeit stehen diese Liquiditätsreserven, sofern es sich um Barbestände handelt, die für den kurzfristigen Liquiditätsausgleich bestimmt sind, überhaupt außerhalb des betrieblichen Umsatzprozesses. Da sie ständig unterhalten werden, müßten sie nach der goldenen Bilanzregel auch langfristig finanziert werden.

Die Differenzierung des Kapitals nach seiner Verwendungsdauer erscheint also höchst problematisch. Die Bindungs- und Kapitalfreisetzungsstrukturen im Anlage- und im Umlaufvermögen stimmen, wie immer man diese Dinge sehen mag, nicht mit den Terminstrukturen überein, die die goldene Bilanzregel unterstellt. Wenn der gesamte Vermögensbestand eines Unternehmens bis auf unwesentliche Teile langfristig Kapital bindet, welchen Sinn soll dann noch die von der goldenen Bilanzregel geforderte Zuordnung kurzfristigen Kapitals an die de facto langfristigen Kapitalverwendungen im Unternehmen haben?

Überprüft man die Kapitalausstattung eines Unternehmens auf die in ihr enthaltenen Fristigkeiten, dann zeigt sich, daß die übliche, an die Bilanz anknüpfende Betrachtungsweise diese Struktur nur undeutlich sichtbar werden läßt. Man denke daran, daß das Eigenkapital einer Personengesellschaft sehr schnell in eine kurzfristige Verpflichtung umschlagen kann. Wie bereits in den Ausführungen über das Risiko vorzeitigen Kapitalentzuges gezeigt wurde, ist das Kapital von Personengesellschaften keineswegs von dem Risiko vorzeitigen Entzuges frei. Es bedarf nur einer Kündigung — falls der Gesellschaftsvertrag sie vorsieht —, um einen Anspruch auf ein Auseinandersetzungsguthaben entstehen zu lassen, der in der Regel kurzfristig geltend gemacht wird. Es ist durchaus der Fall denkbar, daß eine kurz vor der Kündigung aufgestellte Bilanz den zu erwartenden Abfluß von Eigenkapital nicht kenntlich macht. Eigenkapital kann also durchaus kündbar sein. Dieses Risiko haftet ihm an. Wird es akut, dann wird die Finanzierungspolitik, wenn sie, was unterstellt werde, der goldenen Bilanzregel folgt, von dieser Seite her in Frage gestellt.

Wenn Teile von aufgenommenen Anleihen nach einer gewissen, in den Anleihebedingungen festgelegten Zeit Jahr für Jahr getilgt werden müssen, dann sind die zur Tilgung anstehenden Teile kurzfristig fälliges Kapital. Gleichwohl werden auch diese Teile in der Bilanz unter langfristigen Verbindlichkeiten ausgewiesen.

Zu ebenfalls verzerrten Ergebnissen gelangt man, wenn Bankkredite zu den grundsätzlich als kurzfristig anzusehenden fremden Mitteln gerechnet werden. Die Erfahrung widerspricht einer solchen zeitlichen Kennzeichnung dieser Kredite. Die Tatsache, daß Bankkredite in der Regel durch die Kreditgeber kurzfristig kündbar sind, macht einen solchen Kredit keineswegs zu einer kurzfristig fälligen Verpflichtung der Unternehmen. Vielmehr hängt seine „Fristigkeit“ davon ab, wie die Wachstumsquote und das Ertragspotential des Unternehmens in bestimmten gesamt- und einzelwirtschaftlichen Konstellationen beurteilt wird. Auch hier also lassen sich Vorbehalte gegen die Etikettierung von fremden Mitteln als kurz- oder langfristige Kapitalüberlassungen nach Maßgabe ihrer Kündbarkeit anmelden.

Lieferantenkredite müssen in der Tat nach einer Frist, die in der Regel einige Wochen nicht übersteigt, zurückgezahlt werden. Aber auch hier gilt, daß die in Anspruch genommenen Kredite revolvieren, daß also neue Kreditinanspruchnahmen an die Stelle bezahlter Kreditinanspruchnahmen treten. Jedes Unternehmen kann mit einem bestimmten Bestand an in Anspruch genommenen Krediten rechnen. Der passive Kreditfonds wechselt wie der aktive Kreditfonds ständig seine Zusammensetzung, aber das Fondsvolumen wird hierdurch nicht grundsätzlich geändert. Gleichwohl bleibt das besondere Risiko, das diesem Fonds anhaftet. Es besteht nicht in der Gefahr vorzeitigen Kapitalentzuges, denn die Dauer der Zielgewährung liegt fest und das beziehende Unternehmen hat das Recht, die Ziele in Anspruch zu nehmen. Das für diese Kredite charakteristische Risiko besteht unter diesen Umständen darin, daß die Gläubiger sich nicht zu einer Verlängerung des Zahlungszieles bereit erklären, wenn eine solche Verlängerung im Interesse des beziehenden Unternehmens liegt und ihm aus diesem Grunde eine Verlängerung der Kreditgewährung erwünscht ist. In einer solchen Lage kann es geschehen, daß der Kapitalfonds nicht mehr ausreicht, die sich aus dieser zeitlichen Verschiebung der Ein- und Auszahlungen ergebende Lücke zu schließen. Die Kapitaldecke ist zu knapp. Das Geschäftsvolumen steht nicht mehr in einem ausgewogenen Verhältnis zu den Finanzierungsmöglichkeiten des Unternehmens.

Vergegenwärtigt man sich die von den Vorstellungen der goldenen Bilanzregel abweichenden Terminstrukturen im finanziellen Aufbau der Unternehmen, dann erscheint es fraglich, ob es betriebswirtschaftlich überhaupt sinnvoll und vertretbar ist, den Gedanken der Koppelung bestimmter Kapitalquellen an bestimmte Kapitalverwendungen aufrechtzuerhalten. Die Fristenunsicherheit im finanziellen Gefüge der Unternehmen verstärkt diese Bedenken[1].

[1] Aus der Vielzahl der sich mit diesem Problem beschäftigenden Literatur sei verwiesen auf POLAK, N. J., Grundzüge der Finanzierung mit Rücksicht auf die Kreditdauer, Berlin-Wien 1926; derselbe, Enige grondslagen voor de financiering der onderneming, 8. Aufl., Haarlem 1946; MEY, I. L., Leerboek der Bedrijfseconomie, Deel II, Theoretische Bedrijfseconomie II. Door MEY, J. L. und SNEL, P. M. M. H., 5. Aufl., 's-Gravenhage 1958; MEY, J. L., Kritische Bemerkungen zur Finanzierungslehre, in: Zeitschrift für handelswissenschaftliche Forschung, 9. Jg. (1957), S. 521ff.; LOHMANN, M., Zur Problematik der Goldenen Bilanzregel, in: Wirtschaftsprüfung, 12. Jg. (1959), S. 141ff.; HÄRLE, D., Finanzierungsregeln und ihre Problematik, Wiesbaden 1961; KINNEBROCK, FR., Gibt es allgemeingültige Finanzierungsregeln?, in: Wirtschaftsprüfung, 14. Jg. (1961), S. 229ff.; ALBACH, H., Zur Finanzierung von Kapitalgesellschaften durch ihre Gesellschafter, in: Zeitschrift für die gesamten Staatswissenschaften, 118. Jg. (1961), S. 653ff.; derselbe, Finanzplanung im Unternehmen, in: Management International, 5. Jg.

3c. In diesem Zusammenhang gewinnt ein Tatbestand erhöhte Bedeutung, auf den MÜLHAUPT in seiner Auseinandersetzung mit dem das finanzwirtschaftliche Denken noch weitgehend beherrschenden Bindungsgedanken zu sprechen kommt. Seine Untersuchungen haben ihn zu dem Ergebnis geführt, daß sich, wenn die gruppenbezogene Betrachtung streng auf die Finanzierung des Anlagevermögens angewandt wird, eine gewisse Tendenz zur Überliquidität im gesamten Vermögensbestande des Unternehmens nachweisen läßt. Diese Erscheinung tritt immer dann hervor, wenn die auf die unterschiedlichen Anschaffungszeitpunkte und Nutzungsdauern des Anlagenparks zurückzuführenden Kapitalfreisetzungsbeträge von der Unternehmensleitung nicht zur Finanzierung einer Kapazitätserweiterung verwandt werden[1]. Läßt man zu, daß die aus dem Anlagevermögen freigesetzten Mittel nicht nur für eine Erweiterung des Anlagenbestandes, sondern auch für andere Zwecke innerhalb der Unternehmung benutzt werden können, dann wird der Liquiditätseffekt unter den oben genannten Bedingungen erst einsetzen, wenn alle kurzfristigen Verbindlichkeiten getilgt sind. Dieser Effekt wird sich um so stärker bemerkbar machen, je höher einerseits der Anteil des langfristigen Kapitals am Gesamtvermögen (Eigenkapital plus langfristiges Fremdkapital) und je größer andererseits der Anteil abschreibungsfähigen Anlagevermögens am Gesamtvermögen und damit bei entsprechender Ertragslage die Mittelfreisetzung ist. Die strikte Befolgung der

(1962), S. 67ff.; derselbe, Kennzahlen deutscher Aktiengesellschaften, in: Wirtschaftsprüfung, 20. Jg. (1967), S. 505ff.; WYSOCKI, K. v., Das Postulat der Finanzkongruenz als Spielregel, Stuttgart 1962; DEUTSCH, P., Grundfragen der Finanzierung im Rahmen der betrieblichen Finanzwirtschaft, 2. Auflage, Wiesbaden 1967, S. 24ff.; HOFFMANN, R.-R., Beziehungen zwischen Investition und Finanzierung im Bereiche des Betriebes, Berlin 1962; MELLEROWICZ, K., Unternehmungspolitik, Band II, Freiburg 1963; MÜNSTERMANN, H., Geschichte und Kapitalwirtschaft, Wiesbaden 1963; LIPFERT, H., Finanzierungsregeln und Finanzstrukturen, in: Finanzierungshandbuch, herausgegeben von H. JANBERG, Wiesbaden 1964, S. 163ff.; derselbe, Wandlungen von Kapitalstruktur und Finanzierungsformen deutscher Industrie-Aktiengesellschaften, in: Strukturwandlungen einer wachsenden Wirtschaft, Schriften des Vereins für Socialpolitik, N. F. Bd. 30/II, Berlin 1964, S. 576ff.; GUTENBERG, E., Über den Einfluß der Gewinnverwendung auf das Wachstum der Unternehmen, in: Zeitschrift für Betriebswirtschaft 33. Jg. (1963), S. 193ff.; OETTLE, K., Unternehmerische Finanzpolitik, Elemente einer Theorie der Finanzpolitik industrieller Unternehmungen, Stuttgart 1966, S. 188ff.; MÜLHAUPT, L., Der Bindungsgedanke in der Finanzierungslehre unter besonderer Berücksichtigung der holländischen Finanzierungsliteratur, Wiesbaden 1966; VOSS, H., Finanzstruktur und Liquidität, Düsseldorf 1966; SCHEFFER, C. F., Entwicklungen der Finanzierungslehre, in: Zeitschrift für Betriebswirtschaft, 38. Jg. (1968), S. 1ff.; LIPFERT, H., Optimale Unternehmensfinanzierung, Frankfurt a.M. 1967; BERGER, K.-H., Zur Liquidität industrieller Unternehmungen, in: Zeitschrift für Betriebswirtschaft, 38. Jg. (1968), S. 221ff.

[1] MÜLHAUPT, L., Der Bindungsgedanke in der Finanzierungslehre, Wiesbaden 1966, Seite 40ff., hier insbesondere S. 43.

goldenen Bilanzregel in dem Sinne, daß alle Investitionen in das Anlagevermögen (und in die gebundenen Bestände) durch Eigenkapital oder langfristiges Fremdkapital zu finanzieren seien, führt also bei einer Unternehmung, die keine Expansionsmöglichkeiten mehr sieht, zu einer zu reichlichen Ausstattung mit Eigen- und Fremdkapital, mithin zur Überliquidität[1].

3d. Die Forderung nach finanzieller Sicherheit durch Erhaltung des finanziellen Gleichgewichtes konkurriert in einem gewissen Sinne mit der Forderung nach Erzielung einer möglichst hohen Rendite auf das im Unternehmen investierte Kapital. Diese Tatsache findet in den finanzwirtschaftlichen Forderungen, die auf der goldenen Bilanzregel beruhen, überhaupt keine Berücksichtigung. Nur aus der Spannung zwischen den beiden Polen Sicherheit und Rentabilität heraus sind finanzielle Maßnahmen unternehmungswirtschaftlicher Art zu verstehen. Warum sollen aber durch die Dogmatisierung einer bestimmten Proportion zwischen Eigen- und Fremdkapital Strukturen dekretiert werden, die unterhalb jener Risikoschwelle liegen, deren Überschreiten erst die finanzielle Sicherheit des Unternehmens ernsthaft gefährdet? Die Rentabilitätswirkung der Kreditfinanzierung bildet ebenso einen betriebswirtschaftlichen Tatbestand wie die gefahrdrohende Entwicklung des finanziellen Risikos nach Überschreiten eines bestimmten Verhältnisses zwischen Eigen- und Fremdkapital. Es läßt sich nicht leugnen, daß die Rentabilität des Eigenkapitals solange zunimmt, wie eine positive Differenz zwischen interner Verzinsung und Marktzins besteht und daß dieser Prozeß zunehmender Fremdkapitalaufnahme eben durch das Risiko überhöhter Verschuldung gebremst und aufgehalten wird. Die Tatsache, daß die goldene Finanzierungsregel diesen Sachverhalt außer Ansatz läßt, beeinträchtigt ihre Brauchbarkeit für konkrete Finanzierungsentscheidungen.

Rentabilität des Eigenkapitals bedeutet stets eine Aussage über das Verhältnis zwischen dem von einem Unternehmen in einer Zeitperiode erzielten Gewinn und dem Eigenkapital, mit dem das Unternehmen in dieser Zeiteinheit gearbeitet hat. Die Gewinne, die das Unternehmen erzielt hat, sind um so größer, je geringer die Kosten der betrieblichen Leistungserstellung und der marktlichen Verwertung dieser Leistungen sind. Zu den Kosten gehören auch die Finanzierungskosten, und es leuchtet ein, daß die Unternehmen im Zuge ihres Bestrebens, die Kosten zu minimieren, auch die Finanzierungskosten möglichst niedrig halten. Sie werden diejenige Kapitalstruktur anstreben, die die kostenminimale ist. Nur dann, wenn das nach der Bilanzregel zu verwendende Kapital

[1] MÜLHAUPT, a.a.O., S. 52, vgl. hier insbesondere auch die Ausführungen für den Fall wachsender Unternehmungen.

auch gleichzeitig das kostengünstigste ist, wird diese Finanzierungsregel nicht dem Grundsatz der Kostenminimierung im finanziellen Bereich der Unternehmen widersprechen. Wie häufig dieser Zustand in der betrieblichen Praxis anzutreffen sein wird — diese Frage soll hier nicht weiter erörtert werden. Es darf aber wohl angenommen werden, daß dieser Zustand nicht die Regel ist. Ist das aber der Fall, das heißt, würde die Finanzierungsentscheidung eine andere sein, wenn sie nach dem Grundsatz der Kostenminimierung oder dem Grundsatz der goldenen Bilanzregel, genauer nach dem Grundsatz der Fristenkongruenz, getroffen würde, dann besteht offenbar ein Gegensatz zwischen dem Grundsatz der Fristenkongruenz und dem Grundsatz der Kapitalkostenminimierung.

4. Das Prinzip der Fristenkongruenz und der Rhythmus des betrieblichen Geschehens.

4a. Die Aufgaben der finanziellen Führung von Unternehmen, die unter marktwirtschaftlichen Bedingungen arbeiten, können sich nicht darin erschöpfen, den Kapitalbedarf und das Maß seiner Deckung auf ein bestimmtes System von Proportionen zwischen Vermögens- und Kapitalbeständen einzuregulieren und darüber zu wachen, daß Abweichungen von diesem System alsbald beseitigt werden. Ein derartiger Aspekt wäre zu eng. Denn in allen finanzierungspolitischen Überlegungen verlangen gesamtwirtschaftliche Konstellationen und einzelwirtschaftliche Zielsetzungen Berücksichtigung. Es geht darum, dem Unternehmen diejenige Kapitalausstattung zu geben, die diesen Umständen auf die vorteilhafteste Weise gerecht wird. Kann eine nach den Regeln des Prinzips der Fristenkongruenz geführte Finanzpolitik diese Aufgabe erfüllen?

Grundsätzlich läßt sich der Fall nicht ausschließen, daß die Steuerung der finanziellen Ausstattung eines Unternehmens auf die Bilanzproportionen, die der goldenen Bilanzregel entsprechen, mit den geschäftspolitischen Zielsetzungen der Unternehmensleitung kollidiert. Eine derartige Situation ist für den Fall denkbar, daß die Leitung des Unternehmens echte Wachstumschancen auszunutzen bestrebt ist, in diesem Fall aber die der Regel entsprechenden Proportionen zwischen den Vermögens- und Kapitalteilen verlassen muß. Bleibt es bei der Ausrichtung der Kapitalausstattung auf die vorgegebenen Proportionen und werden Abweichungen von diesen Proportionen nicht zugelassen, dann kann das Prinzip der Fristenkongruenz im gewissen Sinne eine wachstumshemmende Wirkung ausüben. Diese Wirkung ist dem Prinzip des finanziellen Gleichgewichtes fremd, denn es verlangt lediglich, daß das Geschäftsvolumen jederzeit in einem ausgewogenen Verhältnis zu den Finanzierungsmöglichkeiten des Unternehmens steht. Nur in diesem Fall besteht die Gewähr dafür, daß die zeitliche Verwerfung der Aus- und Einzahlungsreihen zu keinen finanziellen Schwierigkeiten führt.

Dieser Zusammenhang ist bereits an anderer Stelle so beschrieben worden: „Solange ein Unternehmen in der Lage ist, seine Lieferanten rechtzeitig zu bezahlen, ist es nicht illiquide, mag die Quote des Fremdkapitals noch so groß sein. Errechnet sich aus der Bilanz ein ungünstiger finanzieller Status, so ist die rechnerische Illiquidität, die nicht mit der wirklichen zu verwechseln ist, lediglich ein Zeichen hoher finanzieller Anspannung dieses Unternehmens. Das heißt aber häufig nichts anderes, als daß dieser angespannte Status der Reflex günstiger Absatzverhältnisse und ebenso günstiger produktiver Ausdehnung des Betriebes ist ... Stark rentierende Unternehmen sind regelmäßig die am wenigsten liquiden Unternehmen. Solange das finanzielle Gleichgewicht in den Unternehmen aber nicht gestört ist, kann angespannter finanzieller Status im Regelfall nur als ein Zeichen an sich günstiger Geschäftslage gedeutet werden"[1].

Diese Sätze treffen genau den Sachverhalt, der hier gemeint ist.

4b. Es ist an dieser Stelle der Ort, sich der Tatsache zu vergewissern, daß die Struktur des Vermögens- und Kapitalaufbaues der Unternehmen vielen Einflüssen unterworfen ist. Insbesondere wird dieser Vermögensaufbau durch die besondere Struktur des Produktions- und Geschäftszweiges bestimmt, dem ein Unternehmen angehört. Die konjunkturelle Lage, Saisonsituationen, Preisniveaubewegungen und betriebsindividuelle Umstände prägen die Aktivseite einer Bilanz. Im Kapitalaufbau eines Unternehmens ist zwar auch die Struktur des Produktions- und Geschäftszweiges nachweisbar, keineswegs jedoch mit der Stärke, mit der dieser Faktor die Aktivseite der Bilanz bestimmt. Konjunkturelle und saisonale Einflüsse finden sich auch auf der Passivseite der Bilanz, aber eben doch viel stärker überdeckt durch die in den besonderen sachlichen und persönlichen Umständen liegenden Praktiken der Kapitalbeschaffung. Daß Preisniveaubewegungen auf der Passivseite der Bilanz zum Ausdruck kommen, liegt auf der Hand.

Auch die Entscheidungen über die Gewinnverwendung bringen so viel betriebsindividuelle Einmaligkeit in den Kapitalaufbau der Unternehmen, wie sie sich in dem weitgehend durch die Struktur der Geschäfts- und Produktionszweige bestimmten Vermögensaufbau der Unternehmen nicht findet.

---

[1] Gutenberg, E., Die Unternehmung als Gegenstand betriebswirtschaftlicher Theorie, Berlin-Wien 1929, S. 59.

Mit Nachdruck soll deshalb noch einmal hervorgehoben werden, daß die Zusammensetzung des Unternehmensvermögens neben der Branchenstruktur durch die konjunkturelle Lage des Unternehmens bestimmt wird. Jeder Produktions- oder Geschäftszweig besitzt eine verschieden stark ausgeprägte Konjunkturempfindlichkeit. Im Rahmen dieser besonderen Empfindlichkeit ist es die Regel, daß bei ansteigender Konjunktur die Tendenz zu relativ sinkenden Anteilen des Anlagevermögens am Gesamtvermögen und relativ steigendem Anteil des Umlaufvermögens am Gesamtvermögen des Unternehmens besteht. Diese Tatsache ist vor allem darauf zurückzuführen, daß die sich belebende Geschäftsentwicklung mit der Zunahme des Produktionsvolumens zu einer Erhöhung der Lagerbestände und Außenstände führt. Der Ausbau der Produktionseinrichtungen erfordert aber längere Zeit. Oft wird er zunächst nur zögernd und abwartend vorgenommen. Die Entwicklung des Anlagevermögens hinkt hinter der Entwicklung des Umlaufvermögens her. Bei rückgängiger Geschäftsentwicklung oder Konjunktur besteht umgekehrt die Tendenz zu relativ steigendem Anteil des Anlagevermögens am Gesamtvermögen. Die im konjunkturellen Aufschwung geschaffenen Kapazitäten lassen sich nicht in gleichem Maße an die veränderte Absatzsituation anpassen wie die Waren- und Forderungsbestände, in denen die rückläufige Geschäftsentwicklung zuerst ihren Niederschlag findet. Unter den geschilderten Verhältnissen kann sogar von einer Tendenz zu einer Scherenentwicklung gesprochen werden. Die Öffnung der Schere ist besonders groß bei konjunkturempfindlichen Unternehmen mit hohem Anteil des Anlagevermögens am Gesamtvermögen und umgekehrt besonders gering bei wenig konjunkturempfindlichen Unternehmen mit verhältnismäßig niedrigem Anteil des Anlagevermögens am Gesamtvermögen. Ist die unterschiedliche Geschäftsentwicklung mit starken Preisbewegungen verbunden, dann wird die Scherenwirkung noch verstärkt.

Der Kapitalaufbau der Unternehmen hat sich im allgemeinen als nicht so stark von der konjunkturellen Geschäftsentwicklung abhängig erwiesen wie ihr Vermögensaufbau. Vor allem wird durch die konjunkturelle Entwicklung das in der üblichen Terminologie als „kurzfristig" bezeichnete Fremdkapital betroffen. Die „langfristige" Finanzierung bleibt tendenziell bei günstiger konjunktureller Entwicklung hinter den Ausgaben für die Beschaffung der Anlagen und für die Erzeugung zurück. Hieraus ergibt sich die Notwendigkeit, bis zum Zeitpunkt rückgängiger Geschäftsentwicklung kurzfristig zu finanzieren. Besteht keine Möglichkeit für eine spätere Konsolidierung — und sie ist im allgemeinen gerade dann nicht gegeben, wenn sich bereits Krisenerscheinungen bemerkbar machen —, dann verschärfen sich die Spannungen im finanziellen Gefüge der Unternehmen. Im allgemeinen aber steigt mit zunehmender Konjunktur das kurzfristige Fremdkapital absolut und im Verhältnis zum Gesamtkapital schneller an als das langfristige Kapital. Im Falle entgegengesetzter konjunktureller Entwicklung kehrt sich das Verhältnis der relativen Anteile des langfristigen und des kurzfristigen Kapitals am Gesamtkapital des Unternehmens um. Auch hier verstärken Bewegungen des Preisniveaus die Wirkungen unterschiedlicher Geschäftsentwicklung.

Auch die Tatsache, daß der finanzielle Habitus von Unternehmen im saisonalen Rhythmus schwingt und sich jede Phase in diesem Rhythmus durch eine andere Zuordnung von Proportionierungen zwischen den Vermögens- und Kapitalteilen zu Beginn und am Ende der Saison — oder zu irgendeinem anderen Zeitpunkt des saisonalen Ablaufes — kennzeichnet, genügt, um zu sehen, wie oft, fast kontinuierlich, die Vermögens- und Kapitalstrukturen wechseln. Die Erfahrung zeigt auch, daß die Unternehmen nicht zu dem bisherigen Proportionsstatus nach dem Ablauf der Saisons zurückkehren, sondern daß Verschiebungen eintreten, die auf die Unregelmäßigkeiten des Saisonablaufes und die mit Rücksicht auf diesen Ablauf vorgenommenen geschäftlichen Dispositionen zurückzuführen sind. Mehr noch zeigt — wie bereits ausgeführt wurde — die Bewegung des Geschäftsvolumens und damit der Kapital- und Vermögensstrukturen um den geschäftlichen oder konjunkturellen Trend einen solchen Wechsel in den Kapitalbedarfen, daß ein einziges Proportionssystem — welches immer nach den Forderungen der goldenen Bilanzregel gewählt werden mag — den tatsächlichen finanziellen Erfordernissen in den konkreten Situationen nicht gerecht werden kann.

Die Ausführungen mögen genügen, um deutlich zu machen, wie sehr der finanzielle Bereich der Unternehmen betriebswirtschaftlich sinnvollen Dehnungen und Schrumpfungen unterliegt und wie wenig, auch wenn diese Prozesse in einer sehr kurzfristig vorgestellten Abfolge von Bilanzen gedacht werden, die mehr oder weniger willkürlich herausgegriffenen und dogmatisierten Proportionen zwischen Bilanzpositionen der Bewegtheit und Fülle gerecht werden können, die die betrieblichen Anpassungsprozesse an sich ändernde technische und ökonomische Daten kennzeichnen. Daß eine Finanzierungsregel, die sich wie die goldene Bilanzregel mehr auf gegriffene als auf abgeleitete Proportionen zwischen Vermögens- und Kapitalteilen stützt, auf viele Vorbehalte stoßen muß, ist angesichts der geschilderten Lage nicht verwunderlich. Für gewisse Approximationen mag sie dienlich sein. Wissenschaftlich befriedigt sie nicht.

Es ist bisher nicht gelungen nachzuweisen, daß die Grundsätze der goldenen Bilanzregel auch tatsächlich befolgt werden. Neuerdings ist sogar aufgrund statistisch verfeinerter Verfahren nachgewiesen worden, daß ein nicht unbeträchtlicher Teil der deutschen Unternehmen das von der goldenen Bilanzregel verlangte Verhältnis zwischen Anlagevermögen und Eigenkapital nicht kennt[1]. Im Regelfall ist das Eigenkapital kleiner als das Anlagevermögen (auch kleiner als das Fremdkapital). Diese Tatsache führt, wie die Erfahrung zeigt, keineswegs mit Notwendigkeit zu Finanzierungsschwierigkeiten. Diese Schwierigkeiten sind mehr das Ergebnis unzureichender Finanzplanung auf nahe und weite Sicht als das Resultat von Verstößen gegen Bilanzregeln, welcher Art sie auch immer seien. Die Finanzplanung moderner Unternehmen berücksichtigt die Proportionspostulate der Banken, weil von ihrer Innehaltung die Kreditgewährung der Banken abhängig ist. Insofern sind die Regeln Daten der Finanzpolitik. Sie liefern aber nicht die Kriterien für das „gebotene Maß" an Eigenkapital. Sie sind Faustregeln der Finanzpolitik[2].

5. Die Verknüpfung des Prinzips der Fristenkongruenz mit dem Optimierungsproblem.

Der Versuch, den Bindungsgedanken mit dem Optimierungskalkül zu koordinieren, ist von H. O. Goldschmidt unternommen worden[3]. Das Problem der finanziellen Sicherheit löst er grundsätzlich dadurch, daß er nach dem Grundsatz der Fristenentsprechung die Kapitalbedarfe nach der Bindungsdauer und die Mittel der Kapitaldeckung nach ihrer Überlassungsdauer an das Unternehmen klassifiziert. Mit Abweichungen im einzelnen von der goldenen Bilanzregel kommt er zu dem Ergebnis, daß ein Unternehmen, wenn es sich seine finanzielle Widerstands-

---

[1] Vgl. hierzu insbesondere Albach, H., Zur Finanzierung von Kapitalgesellschaften durch ihre Gesellschafter, in: Zeitschrift für die gesamten Staatswissenschaften, 118. Jg. (1962), S. 160ff.; derselbe, Kennzahlen deutscher Aktiengesellschaften, in: Wirtschaftsprüfung, 20. Jg. (1967), S. 505ff., vor allem S. 506ff.; Berndsen, R., Erkenntniswert der Bilanzstatistik der Aktiengesellschaften für die Finanzierung der Unternehmen, in: Finanzierungshandbuch, Wiesbaden 1964, S. 91ff.; Hintner, O., Eigen- und Fremdkapital in betriebswirtschaftlicher Sicht, in: Betriebswirtschaftliche Umschau, 33. Jg. (1963), S. 155ff.; Lipfert, H., Finanzierungsregeln und Bilanzstrukturen, in: Finanzierungshandbuch, Wiesbaden 1964, S. 163ff.; derselbe, Theorie der optimalen Investitionsfinanzierung, in: Zeitschrift für betriebswirtschaftliche Forschung, N. F. 16. Jg. (1964), S. 59ff.; derselbe, Optimale Unternehmensfinanzierung, Frankfurt a.M. 1967, vor allem S. 22ff.

[2] Vgl. hierzu auch die Untersuchungen von Wissenbach, H., Die Bedeutung der Finanzierungsregeln für die betriebliche Finanzpolitik, in: Zeitschrift für betriebswirtschaftliche Forschung, N. F. 16. Jg. (1964), S. 447 und von Albach, H., Das optimale Investitionsbudget unter Unsicherheit, in: Zeitschrift für Betriebswirtschaft, 37. Jg. (1967), S. 503ff.; außerdem die Ausführungen von Börner, D., Die Bedeutung von Finanzierungsregeln für die betriebswirtschaftliche Kapitaltheorie, in: Zeitschrift für Betriebswirtschaft, 37. Jg. (1967), S. 341ff. und von Berger, K.-H., Zur Liquidität industrieller Unternehmungen, in: Zeitschrift für Betriebswirtschaft, 38. Jg. (1968), S. 221ff.

[3] Goldschmidt, H. O., Financial Planning in Industry, Leiden 1956.

kraft sichern will, nach den Vorschriften der „qualitativen Finanzierungsnorm" finanzieren sollte[1]. Dieser Norm liegen drei Arten von Kapitalbedarfen zugrunde, erstens der permanente, zweitens der langfristige und drittens der kurzfristige Kapitalbedarf. Wie immer die Kapitalbedarfe im einzelnen unterschieden werden mögen — das entsprechende Entscheidungskriterium bildet die Länge der Zeit, die die Vermögensgegenstände im Unternehmen gebunden bleiben (unter permanentem Kapitalbedarf wird insbesondere das für Grundstücke, Beteiligungen usf. benötigte Kapital verstanden). Dementsprechend wird das Kapital nach Maßgabe des Zeitraumes, für den es den Unternehmen überlassen wird, untergliedert in permanentes Kapital (Eigenkapital, zum Beispiel Einlagen der Unternehmer, Stammkapital, Grundkapital einschließlich Rücklagen), langfristiges Kapital (zum Beispiel Schuldscheindarlehen, Schuldverschreibungen, Hypotheken und andere langfristige Kredite), schließlich kurzfristiges Kapital (Bankkredite, Lieferantenkredite und andere kurzfristige Darlehensaufnahmen). Der Kapitalbedarf läßt sich so nach dem Verlauf der Kapitalbedarfskurve gliedern in den permanenten, den langsam fluktuierenden und den schnell fluktuierenden Teil des Kapitalbedarfs. Die qualitative Finanzierungsnorm besagt, daß das Minimum des permanenten Kapitalbedarfs mit permanentem Kapital, der schnell fluktuierende Teil bis zum Maximalbetrag kurzfristig und der langsam und der schnell fluktuierende Teil des Kapitalbedarfs jeweils bis zur Höhe des Maximalbetrages langfristig finanziert werden kann. Sieht man von Einzelheiten ab, dann zeigt sich deutlich, daß hier der Grundsatz der Fristenkongruenz streng durchgehalten wird. Das finanzielle Risiko wird also nach dem gleichen Prinzip aufzufangen versucht, das von allen Vertretern des Kongruenzgedankens, insbesondere der goldenen Bilanzregel benutzt wird.

Wenn nun auch das Optimierungsproblem bei GOLDSCHMIDT in keinem unmittelbaren Zusammenhang mit der qualitativen Finanzierungsnorm steht — wenigstens läßt seine Darstellung des Problems nur sehr schwer einen derartigen Zusammenhang erkennen[2] —, so erscheint es gleichwohl zulässig, das Optimierungsproblem in eine bestimmte Beziehung zur qualitativen Finanzierungsnorm zu bringen. Den Ausgangspunkt für eine derartige Verknüpfung der beiden Phänomene bildet der Satz, daß der schnell fluktuierende Teil des Kapitalbedarfs sowohl mit langfristigem, — ohne Zweifel auch mit permanentem Kapital — als auch mit kurzfristigem Kapital gedeckt werden kann, ohne daß die finanzielle Sicherheit und Widerstandskraft des Unternehmens gefährdet

---

[1] GOLDSCHMIDT, a.a.O., S. 106.

[2] Die Ausführungen über die qualitative Finanzierungsnorm brechen auf S. 107 ab. Die Ausführungen auf S. 133ff. stehen in einem anderen Zusammenhang, lassen aber doch offenbar die hier gegebene Interpretation zu.

erscheint[1]. Unter diesen Umständen ergibt sich die Frage, welcher der beiden Finanzierungsarten der Vorzug zu geben ist, da beide aus der zugrunde liegenden Bindungsstruktur heraus als zulässig angesehen werden können. GOLDSCHMIDT greift bei der Lösung dieser Frage auf den Ansatz zurück, den POLAK für die Lösung dieses Problems gegeben hat. Ausgangspunkt für das Bestreben POLAKS, das Kapitaloptimum zu bestimmen, ist die Tatsache, daß die Zinssätze für aufgenommenes langfristiges Kapital andere sind als für kurzfristig beschaffbares Kapital und daß die Zinssätze für kurzfristig von den Unternehmen an eine Bank ausgeliehenes, weil im Augenblick nicht benötigtes Kapital wiederum von den beiden Zinssätzen für geliehenes Kapital abweichen. Im Regelfall wird der Zinssatz für kurzfristiges Kapital höher als der für langfristiges Kapital und der Zinssatz für ausgeliehene Kapitalbeträge niedriger als die beiden bereits genannten Zinssätze sein. Für eine Unternehmung mit regelmäßigem und allmählich wechselndem Kapitalbedarf kennt er ein „Kapitaloptimum". Es wird definiert als der Teil des zeitweiligen Bedarfs an Betriebskapital, dessen Deckung durch kurzfristigen Kredit teurer sein würde als seine Deckung durch langfristigen Kredit unter Berücksichtigung der Tatsache, daß das vorübergehend nicht benötigte Kapital für diesen Zeitraum ausgeliehen wird und Zinsen bringt[2]. Sind die drei erwähnten Zinssätze bekannt und berücksichtigt man die Tatsache, daß der kurzfristige Kredit zwar teurer als der langfristige ist, sich aber elastisch an den jeweiligen Kapitalbedarf anzupassen vermag, langfristiger Kredit in der Regel zwar billiger ist, aber seiner Unelastizität wegen dazu zwingt, die vorübergehend freien Beträge zu verhältnismäßig niedrigen Zinssätzen in kurzfristigen Finanzinvestitionen anzulegen, dann wird sich ein Unternehmen für diejenige Kreditart entscheiden, die die geringsten Kosten verursacht. Wenn also regelmäßig in vier Monaten eines Jahres kurzfristige Kapitalbedarfe auftreten — wobei es gleichgültig ist, ob die Monate aufeinanderfolgen oder ob das nicht der Fall ist und wie hoch die Bedarfe in den einzelnen Monaten sind —, dann kann es billiger sein, diese Bedarfe durch kurzfristigen als durch langfristigen Kredit zu decken. Zwar ist — gemäß Annahme — der Zinssatz für kurzfristiges Kapital höher als für langfristiges, aber die Zinsen sind nur für vier Monate zu zahlen. Wird der Kapitalbedarf durch einen langfristigen Kredit gedeckt, dann müssen in den übrigen acht Monaten ebenfalls Zinsen gezahlt werden, die durch die Verzinsung während ihrer Ausleihung nur geringfügig vermindert werden. Die

[1] Es ist nicht unmittelbar einzusehen, aus welchen Gründen GOLDSCHMIDT hier (auf S. 134) von proportionalem statt langfristigem Kapital spricht, obwohl auf S. 106 für den gleichen Tatbestand nur von langfristigem Kapital die Rede ist.

[2] POLAK, N. J., Enige grondslagen foor de financiering der onderneming, Neudruck, Haarlem 1940, S. 115ff. Deutsche Übersetzung: Grundzüge der Finanzierung mit Rücksicht auf die Kreditdauer, Berlin 1926, S. 102.

kostenminimale Finanzierung hängt nur von der Höhe der einzelnen Zinssätze und von der Anzahl der Perioden ab, in denen kurzfristige Kapitalbedarfe eintreten. Aus diesen Überlegungen folgt, daß es eine „kritische Zeit" gibt, bei der es keinen Unterschied macht, ob der (kurzfristige) Kapitalbedarf kurz- oder langfristig finanziert wird, weil die Kosten einander gleich sind. Liegt diese kritische Zeit zum Beispiel bei fünf Monaten, dann werden alle Kapitalbedarfe, die nur in fünf Monaten (oder weniger Monaten) auftreten, mit kurzfristigem Kapital gedeckt werden müssen. Ist die Zeit, in der langfristiger Kapitalbedarf besteht, größer als die kritische Zeit, dann wird es vorteilhafter sein, den Kapitalbedarf mit langfristigen Mitteln zu decken.

Die Kostenminimierung ist, wie man sieht, nur für die Bestimmung des günstigsten Verhältnisses zwischen zwei Kreditarten verwandt worden, also nur für einen Teilaspekt des finanzwirtschaftlichen Optimierungsproblems. Aufschluß über das günstigste Verhältnis zwischen Eigen- und Fremdkapital zu gewinnen, wird nicht versucht. Auch ist bereits darüber entschieden, daß für die Finanzierung der in Frage stehenden betrieblichen Objekte kurzfristige Mittel verwandt werden dürfen. Diese grundsätzliche Entscheidung beruht auf dem Grundsatz der Fristenentsprechung. Er wird auch bei GOLDSCHMIDT ganz allgemein für die Wahl der Finanzierungsform als maßgebend angesehen. Gleichwohl löst das Kostenminimierungsprinzip, wie es hier mit dem Prinzip der Fristenkongruenz gekoppelt wird, den Grundsatz der Fristenentsprechung aus seiner Starre und dogmatischen Gebundenheit. In diesem Sinne handelt es sich hier um einen wichtigen Beitrag zur Entwicklung der Lehre von der goldenen Bilanzregel, vorausgesetzt, daß man es überhaupt für richtig hält, an dem Bindungsgedanken als Prinzip der Sicherung gegen Störungen des finanziellen Gleichgewichtes festzuhalten.

6. Lösung vom Prinzip der Fristenkongruenz.

Aus den Ergebnissen der bisherigen Untersuchungen über die Leistungsfähigkeit des Grundsatzes der Fristenkongruenz für die Planung des Kapitalbedarfs und seiner Deckung folgt, daß der Rückgriff auf die zeitlichen Unterschiede der Bindung von Kapital in den Vermögensbeständen der Unternehmen nicht ausreicht, um die Aufgabe zu lösen, wie ein Unternehmen unter Berücksichtigung seiner individuellen Rentabilitäts- und Risikolage gerade mit dem Kapital auszustatten ist, das die Erfüllung seiner Aufgaben auf die vorteilhafteste Art gewährleistet. Gibt man deshalb den Versuch auf, durch spezielles Zurechnen von Verwendungszweck und Mittelherkunft in partieller oder totaler Sicht das Problem zu lösen und als Kriterium für eine optimale Kapitalstruktur das Maß zu verwenden, in welchem diese Struktur mit der Vermögensstruktur der Unternehmen übereinstimmt, dann löst sich damit zugleich die Finanzierungsaktivität der Unternehmen aus ihrer Unterordnung unter das Prinzip der Fristenkongruenz. Dieses Prinzip verweigert ihr jene Beweglichkeit, die notwendig ist, wenn die geschäftlichen Möglichkeiten eines Unternehmens ausgeschöpft, aber gleichzeitig im Rahmen der finanziellen Ressourcen, über die es verfügt, bleiben sollen. Nur wenn der Entscheidungsspielraum unabhängig von der Herkunft und dem Verbleib der finanziellen Mittel ist, wird jene operative Freiheit gesichert, die sich vom Schema löst und die Ziele zu unterstützen in der Lage ist, die sich die Leitung des Unternehmens gesetzt hat. Die Aufgabe der finanziellen Führung von Unternehmen wird damit auf ihren Kern zurückgeführt, den Kapitalbedarf des Unternehmens mit den Möglichkeiten abzustimmen, die für seine Deckung zur Verfügung stehen, und zwar mit der maßgeblichen Bedingung, daß das finanzielle Gleichgewicht aufrechterhalten bleibt. Ein im strengen Sinne des Wortes optimales Finanzierungsprogramm läßt sich nicht sukzessiv, sondern nur simultan bestimmen. Daß aber die Finanzplanung neuzeitlicher Unternehmen auch dann, wenn die Voraussetzungen für eine simultane Bestimmung von Kapitalbedarf und -deckung noch nicht gegeben sind, ein derartiges Programm anzusteuern und zu verwirklichen versucht, steht außer Zweifel. Es bedarf auch keiner speziellen Beweise, daß eine derartige Abstimmung zwischen dem Kapitalbedarf und seiner Deckung nur im Rahmen des gesamten interdependenten Systems von Einzahlungen und Auszahlungen möglich ist, — daß es also Ein- und Auszahlungsreihen, und nicht Bilanzrelationen sind, auf die sich das Interesse der für die finanzielle Führung von Unternehmungen verantwortlichen Personen konzentriert. Die Ein- und Auszahlungsreihen im Zeitablauf in ein solches Verhältnis zueinander zu bringen, daß das gegenwärtige oder geplante Geschäftsvolumen, die angestrebte Rendite, die Risikolage und die Finanzierungsmöglichkeiten des Unternehmens miteinander in Einklang stehen, diese zentrale Aufgabe der Unternehmensführung ist offenbar nur mit Hilfe der Finanzplanung möglich, aber nur einer solchen, die in gesamtbetrieblichen Zusammenhängen denkt.

Zwölftes Kapitel

Die Abstimmung zwischen Kapitalbedarf und Kapitalfonds im Rahmen der integrierten Finanzplanung

1. Gewinnplanung als Voraussetzung der Finanzplanung.

1a. Wenn bisher gefragt wurde, von welchen Größen die Höhe des Kapitalbedarfs abhängig ist, ohne daß darauf eingegangen wurde, ob überhaupt die Möglichkeit gegeben ist, den Bedarf zu decken, — wenn weiter gefragt wurde, welche Quellen für die Befriedigung von Kapitalbedarfen in Anspruch genommen werden können, ohne daß darauf rekurriert wurde, ob diese Quellen genug Kapital für die Deckung des Kapitalbedarfs zu liefern imstande sind, so stellt sich nunmehr die Frage, wie der Kapitalbedarf eines Unternehmens mit seinen Finanzierungsmöglichkeiten in Einklang zu bringen ist. Kapitalbedarf und Kapitalfonds sind dabei als in gewissen Grenzen variabel anzunehmen.

In dieser Abstimmung zwischen Kapitalbedarf und Kapitalfonds besteht die spezifische Aufgabe der finanziellen Führung gewerblicher Unternehmen. Sie ist also auf das engste an die großen unternehmungspolitischen Zielsetzungen gekoppelt. Nur im Zusammenhang mit ihnen wird die besondere Funktion deutlich, die finanzierungspolitische Maßnahmen im Rahmen der großen operativen Ziele der Unternehmungsleitung besitzen. Sind diese Ziele mit den finanziellen Möglichkeiten des Unternehmens nicht in Übereinstimmung zu bringen, und werden sie dennoch durchzusetzen versucht, dann besteht die Gefahr, daß das Unternehmen in finanzielle Schwierigkeiten gerät.

Die Geschäftspolitik eines Unternehmens kann eindeutig auf die Expansion des Geschäftsvolumens gerichtet sein. Sie ist in diesem Fall das Ergebnis bewußter, auf lange Sicht abgestellter Planung. Es gibt aber auch Situationen, in denen die expansive Tendenz der Geschäftsentwicklung eines Unternehmens vor allem das Ergebnis von Marktkonstellationen ist, deren günstige Entwicklung die Unternehmensleitung mehr hinnimmt als bewußt planend gestaltet. In den beiden Fällen unterschiedlicher planender Aktivität stellen sich die finanziellen Probleme jedoch in gleicher Art und mit der gleichen Stärke. Verfolgt die Leitung eines Unternehmens statt einer expansiven eine mehr hinhaltend operierende Geschäftspolitik, weil ihr die gegenwärtige oder die erwartete Lage ein derartiges Verhalten als angebracht erscheinen läßt, dann setzt diese Politik voraus, daß die finanziellen Möglichkeiten des Unternehmens sie überhaupt zulassen. Auch für eine mehr hinhaltend operierende Geschäftspolitik bleibt also die Forderung bestehen, daß das Geschäftsvolumen mit den Finanzierungsmöglichkeiten des Unternehmens in einem ausgewogenen Verhältnis stehen muß. Verlangen schließlich ungünstige Geschäftsentwicklungen Maßnahmen, um den Rückgang des Umsatzes aufzuhalten, dann kann eine solche Politik wiederum nur dann Erfolg haben, wenn die geschäftspolitischen Aktivitäten mit den finanziellen Möglichkeiten des Unternehmens in Übereinstimmung bleiben. Gelingt es nicht, zwischen Kapitalbedarf und Kapitaldeckung ein ausgewogenes Verhältnis herzustellen, erweist sich also die auf Sicherung des finanziellen Gleichgewichtes gerichtete Politik als erfolglos, dann bleibt nur noch die Möglichkeit, durch finanzielle Maßnahmen besonderer Art, insbesondere durch die Inanspruchnahme von Moratorien oder Forderungsnachlässen der Gläubiger, die finanziellen Grundlagen des Unternehmens zu reorganisieren. Führen die Bemühungen, die Kapitalausstattung des Unternehmens mit den neuen geschäftlichen Bedingungen in Übereinstimmung zu bringen, nicht zum Ziel, dann ist das Unternehmen offenbar nicht mehr lebensfähig. Die erwähnten Sanierungsmaßnahmen sind Grenzsituationen, die sich entgegen dem Plan einstellen. Sie bilden nicht den Gegenstand planender geschäftlicher Kalküle.

Zwischen diesen Grundformen unternehmungspolitischen Handelns gibt es viele Übergänge und nur im konkreten Fall läßt sich sagen, welchen Charakter derartige Maßnahmen besitzen. Stets aber bleibt die unaufhebbare Forderung nach der Übereinstimmung des geschäftspolitischen Zieles und des finanziellen Potentials. Mit dieser Forderung ist eine Position gewonnen, die es erlaubt, die finanziellen Probleme in dem weiten Rahmen zu diskutieren, in dem sie in Wirklichkeit stehen, und sie in den gesamtbetrieblichen Zusammenhang zu rücken, aus dem heraus sie ihre Bedeutung für den praktischen betrieblichen Vollzug und ihre wissenschaftliche Problematik erhalten.

1b. Die Geschäftspolitik, die die Leitung eines Unternehmens betreibt, findet in den geplanten oder erwarteten Umsätzen oder Marktanteilen (im Falle eines Oligopols) ihren Niederschlag.

Es gibt Unternehmen, die in der Lage und willens sind, ihre in der Zukunft erwarteten Geschäftsvolumina zu planen und in diesen ihren Planungen für alle güterwirtschaftlichen und finanziellen Maßnahmen Vorsorge zu treffen, die darauf gerichtet ist, die angestrebten Ziele zu erreichen. Andere Unternehmen weisen in dieser Hinsicht nicht so günstige Voraussetzungen auf. Ihre betrieblichen Verhältnisse lassen langfristige geschäftspolitische Planungen nur in begrenztem Maße zu. In wieder anderen Unternehmen bestehen zwar günstige Bedingungen für die bewußte Planung ihrer Geschäftsentwicklung auf weite Sicht.

Sie beschränken sich aber gleichwohl darauf, die allgemeinen geschäftlichen Voraussetzungen für eine günstige oder gefahrabweisende Entwicklung ihres Geschäftsvolumens zu schaffen und ohne bewußt aufgebaute langfristige Planung zu arbeiten.

Wie immer sich die Unternehmen planend verhalten mögen, — sie sind gezwungen, ihr Geschäftsvolumen so zu finanzieren, daß die Kapitalausstattung ausreicht, den Kapitalbedarf zu befriedigen, den der jeweils geplante oder realisierte Geschäftsumfang verursacht und damit verlangt. Nur wenn dieser Forderung genügt zu werden vermag, bleibt die Existenz des Unternehmens wenigstens von der finanziellen Seite her gesichert.

1c. Faßt man die geschäftspolitischen Planungen auf weite Sicht als eine Abfolge der Geschäftsvolumina auf, die in einem für überschaubar gehaltenen Zeitraum erreicht werden sollen oder für diesen Zeitraum erwartet werden, dann würde in diesen geschäftspolitischen Überlegungen ein wesentliches Merkmal fehlen, falls von der Tatsache abgesehen würde, daß die Unternehmen Gewinn erzielen müssen, wenn sie ihren Wettbewerbskampf bestehen und sich in ihm durchsetzen wollen. Unternehmen, die über ein hohes Maß an auf weite Sicht eingerichteter geschäftspolitischer Planung verfügen, stellen nicht ohne Grund die Gewinnplanung in den Vordergrund ihrer unternehmungspolitischen Planungen, mögen diese Planungen nun auf betriebliche Expansion abgestellt sein oder begrenzte Ziele verfolgen.

Da die großen, für das Bestehen und die Zukunft der Unternehmen bedeutsamen Entschlüsse in der Regel auf weite Sicht gefaßt werden und nur besondere Umstände kurzfristig Entscheidungen dieser Art verlangen, erhält auch die Gewinnplanung eine bestimmte zeitliche Struktur. Hieraus folgt, daß die Gewinnplanung taktische Möglichkeiten auszunutzen imstande ist, da nicht die Teilperiode, sondern die gesamte Planungsperiode unter dem Gebot steht, einen nach Lage der Dinge höchstmöglichen Gewinn auf das investierte Kapital zu erzielen. So gewiß der Maxime: Umsatz um jeden Preis jede betriebswirtschaftliche Legitimation fehlt, weil sie die Möglichkeit verlustbringenden Umsatzes nicht ausschließt, so besteht dennoch die Möglichkeit, ihre Berechtigung dann nicht zu bestreiten, wenn der Expansionsdrang des Unternehmens nach einem Marktanteil verlangt, der die Ausgangsposition für eine auf Steigerung der Unternehmensrendite in späteren Jahren gerichtete Unternehmenspolitik bildet. Ob sich ein Unternehmen ein derartiges Verhalten erlauben kann, hängt von vielen Umständen, insbesondere auch von seiner finanziellen Stärke ab. Aber grundsätzlich ist der Fall nicht auszuschließen, daß geschäftstaktische Überlegungen sogar vorübergehend Verluste in Kauf zu nehmen zwingen, um eine neue Geschäftsposition aufzubauen, von der aus dann bewußt auf eine Steigerung der Unternehmensrendite hin operiert werden kann. Taktische Überlegungen lassen also zurückhaltende Gewinnplanung für Teilperioden ebenso gerechtfertigt erscheinen wie Gewinnplanungen, die bis zur äußersten Grenze der Gewinnerzielung gehen. Auch ist jederzeit der Fall nachzuweisen, daß die Leitung eines Unternehmens mit der gegenwärtigen Gewinnsituation, mag sie sich nach dem Plan oder von ihm abweichend entwickelt haben, nicht zufrieden ist und deshalb darauf drängt, die Gewinnsituation kurzfristig zu verbessern, den Geschäftsgewinn bereits für das nächste Vierteljahr auf ein höheres Niveau zu bringen und alle Maßnahmen zu ergreifen, die diesem Ziel dienlich sind. Die für viele Unternehmen bestehende Möglichkeit, gewinntaktisch zu operieren, schließt nicht aus, daß die Unternehmen kurzfristig jede Gewinnchance ausnutzen, unter Umständen sogar radikal ausnutzen, wenn sie hierdurch ihre langfristigen Planungen nicht gefährden. Die entschlossene Realisierung kurzfristiger Gewinnmöglichkeiten kann ebenso wie der kurzfristige Gewinnverzicht ein Zeichen überlegener Unternehmensführung sein. Ein derartiges taktisches Verhalten steht dem operativen Ziel, eine möglichst hohe Rendite auf das in dem Unternehmen investierte Kapital zu erwirtschaften und diese Ertragsquelle für die Dauer zu sichern, nicht entgegen. Schließlich kann es doch nicht das Leitziel unternehmerischer Betätigung und Entscheidungen sein, auf die Dauer eine Kapitalrendite zu erwirtschaften, die unter dem Zinsfuß der Sparguthaben liegt. Für Unternehmen, die unter marktwirtschaftlichen Bedingungen leben, würde ein solches Ergebnis ihrer wirtschaftlichen Betätigung mit Recht als unzureichend und als dem Sinn von Kapitalinvestitionen in Unternehmen der beschriebenen Art wenig entsprechend angesehen werden. Es gibt Sonderfälle, insbesondere in der öffentlichen Wirtschaft, die eine derartige Verzinsung auch auf die Dauer als gerechtfertigt erscheinen lassen. Aber diese Art von Unternehmen bildet nicht den für das System charakteristischen Betriebstyp. Für diesen Typ — nur von ihm ist hier die Rede — gilt, daß das Jahresergebnis als um so befriedigender angesehen wird, je höher unter Vermeidung aller die Existenz und die Zukunft des Unternehmens gefährdender Entscheidungen die Rendite auf das investierte Kapital ist. Unternehmen, die bei ihren geschäftspolitischen Entscheidungen dieser Leitlinie folgen, bilden die Mehrzahl unter den großen und mittleren Unternehmen in Ländern, die ihre Wirtschaft nach marktwirtschaftlichen Grundsätzen aufgebaut haben.

Bleibt so die Grundorientierung der Unternehmen am erwerbswirtschaftlichen Prinzip beibehalten, wird andererseits den Unternehmen ein Spielraum eingeräumt, der sie gewinntaktisch so operieren läßt, wie es im Interesse der Grundorientierung liegt, dann ist damit ein Standpunkt gewonnen, der die finanziellen Probleme der Gewinnplanung stärker hervortreten läßt. Zwischen der Höhe des geplanten Gewinnes, dem geplanten Geschäftsvolumen und der finanziellen Sicherung dieser Planung besteht ein enger Zusammenhang. Ist in der langfristigen Gewinnplanung der Gewinn zu niedrig angesetzt, dann muß mit der Möglichkeit gerechnet werden, daß die innerbetriebliche Kapitalbildung unzureichend ist und deshalb die gesteckten Ziele nicht erreicht werden können. Hält insbesondere eine Aktiengesellschaft aus taktischen Gründen ihr Gewinniveau sehr niedrig, dann kann sie sich damit in die Gefahr begeben, daß sie ihren Kapitalbedarf nicht mehr über den Kapitalmarkt zu finanzieren imstande ist. Die Kapitalkosten werden unter Umständen so hoch, daß sich das Unternehmen vom Kapitalmarkt ausschließt. Die Ausstattung des Unternehmens mit dem für seine Planungen erforderlichen Kapital wird damit in Frage gestellt. Das Verhalten der Unternehmensleitung führt, wenn nicht umdisponiert wird, unter Umständen zu ähnlich ungünstigen Folgen für die Inanspruchnahme anderer finanzieller Möglichkeiten. Werden wie bisher die Gewinne für einen bestimmten Zeitraum bewußt niedrig geplant, dann droht auch die Selbstfinanzierung als Kapitalbeschaffungsquelle zu versiegen. Stehen dem Unternehmen andere Finanzierungsquellen zur Verfügung, dann wird sich die Lücke im Kapitalfonds aus diesen Quellen speisen lassen. Bleiben dem Unternehmen diese Möglichkeiten verschlossen, dann gerät das Unternehmen in Kapitalbeschaffungsnot.

Bereits an anderer Stelle ist nachzuweisen versucht worden, daß sich in dem Maße, in dem sich die Differenz zwischen der Rendite, bezogen auf das Gesamtkapital, und den Kosten des Kapitals verringert, das Risiko aus der finanziellen Struktur der Unternehmen wächst. Wird der Abstand zwischen den beiden Größen, der Kapitalrendite und den Kapitalkosten, in den Planungen sehr klein gehalten oder läßt die Lage des Unternehmens keinen anderen Abstand zu, dann produziert das Fremdkapital nur geringe Beiträge zur Rendite auf das Eigenkapital des Unternehmens.

Je niedriger also die Gewinne sind, die als Leitgröße in den Planungskalkül eingesetzt werden, um so größer ist die Gefahr, daß keine weiteren Kreditzusagen erteilt werden, weil der Verschuldungsgrad des Unternehmens von den für die Beurteilung der Bonität ihrer Kunden verantwortlichen Bankexperten als zu hoch angesehen und deshalb kreditpolitisch Zurückhaltung geübt wird.

Wenn die Lage eines Unternehmens einen Spielraum für gewinntaktisches Operieren gewährt, dann wird der Gewinn zu einer Instrumentalvariablen des gesamten Systems. In wie hohem Maße der Gewinn heute bereits als eine solche Variable in verfeinerten Planungssystemen verwandt wird, zeigt die Tatsache, daß fast alle neuzeitlichen Budgetsysteme von der Gewinnplanung her konzipiert werden. Diese Planung verzahnt alle Planungseinzelheiten zu einem geschlossenen Zusammenhang. Ohne Bedeutung ist es, ob die in diesen Systemen verwandten Gewinne auf das Eigen- oder das Gesamtkapital der Unternehmen bezogen werden. In einigen Planungssystemen wird die Rendite auf das Eigenkapital (r_e), in anderen Systemen dagegen die interne Verzinsung des Gesamtkapitals (r_i) als Leitmaxime der Gewinnplanung verwandt. Sieht man von diesen mehr technischen Fragen ab, dann bleibt die Beobachtung, daß Gewinnsituationen in modernen Planungssystemen nicht als sich irgendwie einstellendes Ergebnis geschäftlicher Bedingungen, sondern als operatives Element von sich über lange Zeiträume erstreckenden geschäftspolitischen Zielsetzungen aufgefaßt werden. Ein solches Operieren mit Gewinnen, die in diesem Fall gewissermaßen als Aktivitätsvariable behandelt werden, setzt allerdings voraus, daß alle relevanten betrieblichen Größen in den güter- und den finanzwirtschaftlichen Bereichen in einem gewissen Umfang elastisch, das heißt innerhalb bestimmter Definitionsbereiche variabel sind. Nur wenn diese Bedingung erfüllt ist, lassen sich für bestimmte Entscheidungssituationen Alternativen bilden, die aus taktischen Überlegungen heraus unterschiedlich hohe Gewinne enthalten.

Dieser Verwendbarkeit der Gewinne für Planungsalternativen und -zusammenhänge steht das erwerbswirtschaftliche Prinzip nicht entgegen. Es bleibt die Grundorientierung aller Unternehmen, die unter den Bedingungen marktwirtschaftlicher Ordnungen arbeiten und die Freiheit besitzen, ihre geschäftspolitischen Maßnahmen in eigener Verantwortlichkeit zu treffen.

Wenn also die Aufgabe der finanziellen Führung von Unternehmen darin bestehen soll, dafür Sorge zu tragen, daß das jeweils verwirklichte oder das geplante Geschäftsvolumen in einem ausgewogenen Verhältnis zu den Finanzierungsmöglichkeiten des Unternehmens steht, dann läßt sich nunmehr hinzufügen, daß nicht jeder Geschäftsumfang finanzierungswürdig ist, auch wenn er finanziert werden könnte. Denn nur dasjenige Geschäftsvolumen ist als zulässig anzusehen, das bestimmten Renditenansprüchen genügt. Die Höhe dieser Ansprüche ist von vielen Umständen einzel- und gesamtwirtschaftlicher Art abhängig. Sie schwankt im Zeitablauf und unterliegt taktischen Erwägungen.

Jedem Geschäftsvolumen, das für die nahe oder ferne Zukunft als vollziehbar angesehen wird, läßt sich also als mit einem Renditenindex versehen auffassen. In den auf diese Weise indizierten Geschäftsvolumina beziehungsweise in ihrer Abfolge, kommt die Gewinnpolitik zum Ausdruck, die die Unternehmensleitung zu betreiben für richtig hält. Es geht also nicht ganz allgemein darum, den gegenwärtigen oder zukünftigen

Geschäftsumfang mit den Finanzierungsmöglichkeiten des Unternehmens in Einklang zu bringen, sondern vielmehr darum, nur solche Geschäftsvolumina zu finanzieren, deren Renditenbedingung den operativen und taktischen Gewinnerwartungen der Unternehmensleitung entspricht. Diese Renditenbedingung kompliziert die finanzierungspolitische Aufgabe, denn auch sie muß mit dem Geschäftsvolumen und des Unternehmens der Kapitalausstattung in Einklang gehalten werden.

2. Güterwirtschaftliche und finanzielle Maßnahmen der Finanzplanung.

2a. Um Güter einer bestimmten Art in einem bestimmten Umfange herzustellen und abzusetzen, bedarf es güterwirtschaftlicher Maßnahmen. Die Wirkung dieser Maßnahmen bleibt nicht auf den güterwirtschaftlichen Bereich beschränkt, sie erstreckt sich auch auf den finanziellen Bereich der Unternehmen. Denn jede beschaffungs-, produktions- und absatzwirtschaftliche Maßnahme hat nicht nur güterwirtschaftliche, sondern stets zugleich auch finanzielle Konsequenzen. Soll also auf finanzielle Vorgänge Einfluß genommen werden, dann läßt sich dieser Einfluß auch durch güterwirtschaftliche Maßnahmen ausüben. In diesem Sinne bilden die güterwirtschaftlichen Maßnahmen eine Art von Instrumenten, um Vorgänge in der finanziellen Sphäre so einzuregulieren, wie es den Absichten der Unternehmensleitung und den Zielen der mit Planungsaufgaben betrauten Personen entspricht. Bei diesen güterwirtschaftlichen Maßnahmen zur Beeinflussung finanzieller Vorgänge handelt es sich also um mittelbar wirkende Instrumente für finanzielle Planungen. Ihnen stehen diejenigen Instrumente gegenüber, die unmittelbar in das finanzielle Geschehen eingreifen und güterwirtschaftlicher Aktivität nicht bedürfen. Geht man davon aus, daß es zwei finanzielle Bereiche gibt, einmal den an den betrieblichen Leistungsprozeß gekoppelten und zum anderen den durch den Kapitalfonds gebildeten Bereich, dann werden damit zwei verschiedene Zentren finanzieller Aktivität sichtbar, die zwar von unterschiedlicher Art sind, sich aber insofern nicht voneinander unterscheiden, als sie unmittelbar die finanzielle Sphäre der Unternehmen betreffen. Maßnahmen, die darauf gerichtet sind, die Zahlungsweise des Unternehmens selbst und die der Kunden des Unternehmens zu beeinflussen, gehören dem zuerst genannten finanziellen Bereich des Unternehmens an. Die Vereinbarungen über die Zahlung des Preises für Waren, die ein Unternehmen von seinen Lieferanten bezieht und die Bezahlung von Gebühren, die ein Unternehmen für in Anspruch genommene Arbeitsleistungen oder Dienste zu entrichten hat, enthalten in der Regel eine gewisse zeitliche Spanne, in der das Unternehmen die Rechnungsbeträge zu begleichen hat. Innerhalb dieser Spanne besitzt das Unternehmen die Freiheit, die Termine, in denen es seine Verpflichtungen abdeckt, selbst zu bestimmen. Gewisse Situationen können dazu Veranlassung geben, daß sich das Unternehmen bemüht, mit seinen Lieferanten Zahlungstermine zu vereinbaren, die von den eingeräumten Zahlungszielen abweichen. Erklären sich die Lieferanten damit einverstanden, daß das Unternehmen, an das die Waren geliefert sind oder geliefert werden sollen, seine Zahlungen nach einem Zeitplan leistet, der die besondere Art des Geschäftes oder die besondere Lage des kaufenden Unternehmens berücksichtigt, dann sind diesem Unternehmen damit Möglichkeiten in die Hand gegeben, den Verlauf der Kapitalbedarfskurve so zu beeinflussen, wie es seinen finanziellen Möglichkeiten entspricht. Der Auszahlungsstrom wird auf die besondere Kapitalbedarfssituation des Unternehmens einreguliert.

Wie das kaufende Unternehmen, so haben in der Regel auch seine Kunden das Recht und die Freiheit, innerhalb des Zeitraumes, in dem ihnen das liefernde Unternehmen Kredit gewährt, die Zeitpunkte zu bestimmen, an denen sie ihre Zahlungen vornehmen. Das zielgewährende Unternehmen kann also nie genau sagen, wann ein Kunde seinen Zahlungsverpflichtungen nachkommt. Die Zahlungsgewohnheiten sind zudem von Unternehmen zu Unternehmen, aber auch im Zeitablauf sehr verschieden. Es gibt Zeiten, in denen sehr schnell gezahlt wird, aber auch Zeiten, in denen die Forderungen aus Warenlieferungen und Leistungen schleppend eingehen. Die durchschnittlichen Zahlungstermine sind also zeitweilig starken Schwankungen unterworfen. Zwar verfügen die zielgewährenden Unternehmen über Möglichkeiten, die Zahlungsweise ihrer Kunden zu beeinflussen. Die Gewährung von Skonti, ihre Höhe und zeitliche Staffelung oder die Einräumung anderer Vorteile für den Fall beschleunigter Zahlung verschafft dem liefernden Unternehmen gewisse Chancen, den Kapitalrückfluß nach seinen Interessen zu beeinflussen. Aber auch hier sind die Möglichkeiten begrenzt. Denn grundsätzlich trifft nicht das liefernde, sondern das belieferte Unternehmen innerhalb der vertraglichen Abmachungen die Entscheidung über den Zeitplan der Erfüllung seiner Verpflichtungen.

Der nicht an den Umsatzprozeß gekoppelte finanzielle Bereich, der Kapitalfonds, bietet weit größere Möglichkeiten, auf die Entwicklung der finanziellen Sphäre des Unternehmens und damit auf den Verlauf der Kapitalfondskurve Einfluß zu nehmen. Wenn ein Unternehmen sein Eigenkapital aufstockt oder durch Rückzahlungen vermindert, wenn es das Verhältnis zwischen auszuschüttenden und einzubehaltenden Gewinnbeträgen festlegt, wenn es Kredite aufnimmt oder tilgt — in allen diesen Fällen handelt es sich um Einzahlungen in den Kapitalfonds und um Auszahlungen aus diesem Fonds. Die finanziellen Maßnahmen führen jeweils unmittelbar zu Konsequenzen für die finanzielle Lage des Unternehmens und damit auch für den Abstand der Kapitalfonds- von der Kapitalbedarfskurve. So ist es denn zu verstehen, daß gerade diese Art von unmittelbar das finanzielle Gefüge und den finanziellen Ablauf beeinflussenden Maßnahmen ein hervorragendes und wichtiges Instrument für die Abstimmung zwischen Kapitalfonds und Kapitalbedarf bildet.

Die mittelbar wirkenden güterwirtschaftlichen und die unmittelbar wirkenden finanziellen Maßnahmen bilden zusammen das Abstimmungsinstrumentarium, über das die Planungsabteilungen verfügen, wenn sie den Kapitalbedarf des Unternehmens mit den Finanzierungsmöglichkeiten in Einklang bringen und halten wollen. Güterwirtschaftliche Maßnahmen sind in gleicher Weise Bestand und Mittel der Finanzplanung wie die unmittelbar in den finanziellen Prozeß eingreifenden finanziellen Maßnahmen der beschriebenen Art. Jede Finanzplanung ist von vornherein zu eng, die güterwirtschaftliche Maßnahmen nicht in ihre Abstimmung einbezieht oder der es untersagt ist, von güterwirtschaftlichen Möglichkeiten Gebrauch zu machen, um finanzielle Planungsziele zu verwirklichen.

2b. Nur mit unterschiedlicher Zuverlässigkeit und Sicherheit läßt sich im konkreten Fall sagen, wann die finanzielle Wirkung einer güterwirtschaftlichen oder einer finanziellen Maßnahme beginnt, wie groß diese Wirkung ist, zu welchem Zeitpunkt sie ihren Höhepunkt erreicht und wie lange sie dauert. Es gibt Fälle, in denen die finanziellen Wirkungen derartiger Maßnahmen mit einem verhältnismäßig hohen Maß an Genauigkeit voraussehbar sind, so etwa, wenn eine Rationalisierungsinvestition unterbleiben soll. In diesem Fall läßt sich eindeutig sagen, daß eine Auszahlung nicht vorgenommen und deshalb die Kapitalbedarfskurve zu dem für die Planung vorgesehenen Zeitpunkt nicht nach oben verschoben wird. Wenn lediglich der Zeitpunkt geändert wird, an dem die Investition vorgenommen werden soll, dann bleibt zwar der ursprünglich vorgesehene Zeitpunkt von der Auszahlung frei. Aber man weiß, wenn nicht überhaupt von der Investition Abstand genommen wird, daß die Auszahlung in einem späteren Zeitpunkt vollzogen werden muß und daß dann die Kapitalbedarfskurve nach oben verschoben wird. Werden aber im Betrieb bestimmte Maßnahmen mit der Absicht ergriffen, zugleich die Kosten zu senken und den Kapitaldurchlauf zu beschleunigen, dann läßt sich nicht genau angeben, in welchem Maße und zu welchem Zeitpunkt der Verlauf der Kapitalbedarfskurve verändert wird. Im allgemeinen wird sich sagen lassen, daß die finanziellen Wirkungen güterwirtschaftlicher Maßnahmen im technischen Bereich genauer zu übersehen sind als im Beschaffungs-, vornehmlich aber im Absatzbereich der Unternehmen. Sollen Umstellungen in der

Absatzorganisation vorgenommen oder preispolitische Maßnahmen ergriffen oder Werbeaktionen eingeleitet werden, um bestimmte absatzpolitische Ziele zu erreichen, dann läßt sich nicht genau voraussagen, wie groß die finanzielle Wirkung dieser güterwirtschaftlichen Maßnahmen ist, wann diese Wirkung beginnt und wie lange sie dauert. Zwar erhöht sich durch diese Maßnahmen — wenn sie erfolgreich sind — die Summe der Einzahlungen, also der Kapitalzufluß aus der Umsatztätigkeit in der in Frage stehenden Periode, aber mit welcher Intensität die finanziellen Folgen dieser güterwirtschaftlichen Maßnahmen in Erscheinung treten — diese Frage läßt sich im Regelfall nur sehr ungenau beantworten. Viele finanzielle Maßnahmen, die dem Zweck dienen, den Kapitalfonds zu erhöhen oder zu vermindern oder umzustrukturieren, lassen sich mit einem hohen Maß an Genauigkeit beantworten. Aber ob gewisse ausschüttungstaktische Maßnahmen Erfolg haben werden, und sich die Bedingungen für die Begebung von Aktien oder Obligationen verbessern lassen, ist nicht mit Eindeutigkeit in dem Zeitpunkt zu sagen, in dem der Entschluß gefaßt wird, die Kapitaldecke des Unternehmens später durch die Begebung von Aktien oder Obligationen zu vergrößern.

2c. Ist der Gewinn als Zielgröße vorgegeben, dann können zwischen den güterwirtschaftlichen und den finanziellen Maßnahmen grundsätzlich keine Zielkonflikte entstehen. Alle in den güterwirtschaftlichen Bereichen der Unternehmen ergriffenen Maßnahmen stehen unter der Maxime, den gesamtbetrieblichen Prozeß möglichst wirtschaftlich zu gestalten, um die Kosten der betrieblichen Leistungserstellung und -verwertung zu minimieren. Die gleiche Forderung gilt auch für alle finanziellen Transaktionen. Ist der Kapitalfonds so dimensioniert oder läßt er sich so dimensionieren, daß der güterwirtschaftliche Vollzug finanziell gesichert erscheint und — abgesehen von kurzfristigen Engpaßsituationen — keine Störungen des Prozesses durch finanzielle Anpassungsverzögerungen oder Kapitallücken zu erwarten sind, dann muß die Auswahl unter den zur Verfügung stehenden Finanzierungsmöglichkeiten ebenfalls nach dem Grundsatz der Kostenminimierung getroffen werden. Es wird also im Rahmen des finanziellen Potentials, über das die Unternehmung verfügt, diejenige Kombination von Eigen- und Fremdkapitalinanspruchnahmen gewählt werden, die die Finanzierungskosten — unter Berücksichtigung aller betrieblichen Gegebenheiten und Beschränkungen — zu einem Minimum macht. Besonders deutlich wird dieser Sachverhalt, wenn optimale Finanzierungs- und Investitionsprogramme ermittelt und zu diesem Zwecke simultan bestimmt werden sollen. In der Zielfunktion sind unter diesen Umständen Finanzierungs- und Investitionsvariable enthalten und der Kalkül liefert die gewinnmaximalen bzw. kostenminimalen Werte für die Investitions- und Finanzierungsvariablen. Diese Tendenz zur Extremierung der Investitions- und Finanzierungsvariablen ist auch für Unternehmen typisch, die zwar keine simultane Planung vornehmen, bei ihren Planungsentscheidungen jedoch alle betrieblich wichtigen Teilbereiche berücksichtigen und auf diese Weise ihre Planungsmethodik die der simultanen Planung annähern. Die integrierte Finanzplanung gehört zu dieser Art von Planungen.

Grundsätzlich wird bei der auf lange Sicht angelegten finanziellen Planung davon auszugehen sein, daß die Aufgabe der Planung darin besteht, die Kapitalbedarfe für die geplanten Geschäftsvolumina zu ermitteln und planend dafür Vorsorge zu treffen, daß sie gedeckt werden. Neuer und zusätzlicher Kapitalbedarf entsteht dann, wenn bei gegebenem Kapitalstand des Unternehmens die Desinvestitionsprozesse nicht ausreichen, um die erforderlichen Investitionen, sei es im Produktions-, Beschaffungs-, Absatz- oder Entwicklungsbereich zu finanzieren. Würden die neuen Planungen durchgeführt, dann würde, wenn sich kein finanzieller Ausgleich schaffen läßt, die Kapitalbedarfskurve die Kapitalfondskurve übersteigen. Reichen güterwirtschaftliche Maßnahmen nicht aus, um die Spanne zwischen Kapitalbedarfs- und Kapitaldeckungskurve zu beseitigen, dann lassen sich die Absichten der Unternehmensleitung nur in die Tat umsetzen, wenn der Kapitalfonds aufgestockt wird. In diesem Fall geht es um die zusätzliche Bereitstellung von Kapital und gerade dieses Kapital ist es, das im Kalkül langfristiger Planung den Ausgleich zwischen Kapitalbedarf und Kapitalfonds bringt und die Scherenentwicklung der beiden Kurven aufhebt.

Dieser Kapitalausgleich ist nicht mit dem finanziellen Ausgleich kurzfristiger Gleichgewichtsplanung identisch. Denn die langfristig nie genau prognostizierbaren, ständig wechselnden Konstellationen auf den Beschaffungs- und Absatzmärkten und auch im technischen Bereich der Produktion, schließen die Möglichkeit nicht aus, daß auch dann kurz- oder auch längerperiodische finanzielle Engpässe entstehen, wenn die Kapitalausstattung der Unternehmen langfristig mit aller Vorsicht geplant ist. Übersteigt aber die Kapitalbedarfskurve die Kapitalfondskurve, dann ist das finanzielle Gleichgewicht gestört. Die Situation kann unter diesen Umständen dazu zwingen, kurzfristig wirkende güter- und finanzwirtschaftliche Maßnahmen zu ergreifen, um den Ausgleich zwischen den beiden Kurven herbeizuführen[1]. Die Größe der Gefahr für den reibungslosen Ablauf des betrieblichen Leistungsprozesses hängt einmal davon ab, um welchen Betrag die Kapitalbedarfskurve über der

[1] Vgl. hierzu auch WITTE, E., Die Liquiditätspolitik der Unternehmung, Tübingen 1963, S. 41ff.; und MASSMANN, G., Das Problem des finanziellen Gleichgewichtes in der Unternehmung, Diss. Köln 1959, vor allem S. 46ff.

Kapitalfondskurve liegt, zum anderen von der Dauer der Diskrepanz zwischen Kapitalbedarf und Kapitalfonds. Andererseits hängt von der Zeit, die die güterwirtschaftlichen und die finanziellen Maßnahmen benötigen, um wirksam zu werden, auch von der Intensität dieser Wirkungen, die Aussicht ab, der Gefahr erfolgreich zu begegnen, in der sich das Unternehmen befindet. In jedem Fall muß der Verlauf der Ein- und Auszahlungsbewegungen quantitativ und zeitlich so beeinflußt werden, daß die Kapitalbedarfskurve wieder unter die Fondskurve gedrückt wird. Diese Aufgabe läßt sich — falls die schwierige Situation überhaupt noch zu beseitigen ist — dadurch lösen, daß die Auszahlungen kurzfristig reduziert oder zeitlich herausgeschoben werden. Ist dieser Weg nicht mehr beschreitbar, dann muß versucht werden, die Einzahlungen aus Umsatzerlösen, die der laufende Betriebsprozeß liefert, kurzfristig zu erhöhen oder zeitlich vorzuverlegen. Besteht auch diese Möglichkeit nicht mehr, dann bleibt nur übrig, mit den Lieferanten und Kunden Zahlungsziele zu vereinbaren, die der gefährlichen Situation des Unternehmens gerecht werden, oder den Kapitalfonds kurzfristig zu erhöhen. Es kann aber kein Zweifel daran bestehen, daß Kapital, welches dazu bestimmt ist, Störungen des finanziellen Gleichgewichts kurzfristig zu beseitigen, eine andere Funktion besitzt und darum anders zu beurteilen ist als Kapital, das dazu dient, auf lange Zeit einen Ausgleich zwischen Kapitalbedarf und Kapitalausstattung zu schaffen.

In beiden Fällen wird Kapitalbedarf gedeckt. Im einen Fall wird eine Kapitalbeschaffung zur Finanzierung expandierender oder rationalisierender betrieblicher Aktivitäten eingeplant, also eine bewußt auf weitgesteckte Ziele abgestellte „echte" Kapitalzuführung zur Erhöhung des Kapitalfonds. Im anderen Fall wird Kapital lediglich zur Behebung einer Störung des finanziellen Gleichgewichts zugeführt. Ist diese Störung behoben, dann ist es denkbar, daß die der Beseitigung dieser Störung dienenden Mittel wieder frei werden und für andere Zwecke zur Verfügung stehen. In diesem Fall handelt es sich also nicht um eine Kapitalausstattung, die auf unternehmungspolitischen Zielsetzungen beruht, sondern um Kapital, das dazu benötigt wird oder wurde, Störungen des finanziellen Gleichgewichts kurzfristig zu beseitigen.

Bedarf ein Unternehmen kurzfristig einer finanziellen Entlastung, weil die Gefahr besteht, daß ein Maximum der Kapitalbedarfskurve über der Kapitalfondskurve liegen wird, dann kann das Unternehmen dazu gezwungen werden, Maßnahmen zu treffen, die dem Grundsatz der Gewinnmaximierung oder der Kostenminimierung widersprechen. Diese Entwicklung ist für Situationen typisch, in denen die finanzielle Notlage dazu zwingt, Schritte zu unternehmen, um die Spannung im finanziellen Gefüge des Unternehmens zu beseitigen und die Kapitalbedarfskurve in ein ausgeglichenes Verhältnis zur Fondskurve zu bringen. In dem Maße, in dem die Geschäftsentwicklung das finanzielle Gefüge des Unternehmens zu sprengen droht, verlieren Rentabilitäts-, Wirtschaftlichkeits- und Kostenüberlegungen an Bedeutung. Hoher finanzieller Druck macht andere Überlegungen dominant gegenüber Rentabilitäts- und Wirtschaftlichkeitsaspekten. Die Gefahr, daß die finanzielle Überspannung die Voraussetzungen für die Existenz des Unternehmens zerstört, anders ausgedrückt, die Wahrnehmung der Chance, überhaupt zu überleben, drängt das erwerbswirtschaftliche Prinzip vorübergehend aus seiner beherrschenden Position im Denken der Unternehmen. Hat zum Beispiel die Absatzgeschwindigkeit nicht den erwarteten und geplanten Verlauf genommen, wachsen aus diesem Grunde die Vorräte an Fertigerzeugnissen über das für zulässig angesehene oder geplante Maß an und bleiben aufgrund der ungünstigen Absatzentwicklung bereits Teile der Produktionskapazität des Unternehmens ungenutzt, dann führt diese Schmälerung des Einzahlungsstromes dazu, daß sich die Einzahlungskurve nach unten und damit die Kapitalbedarfskurve nach oben schiebt. Läßt sich durch Kürzung oder zeitliche Verschiebung der Auszahlungen und durch Fondserhöhungen keine Entlastung schaffen, dann ist zu überlegen, ob der Stau im Rückfluß des in Überbeständen und Überkapazitäten gebundenen Kapitals nicht durch preispolitische Maßnahmen beseitigt werden kann. Unter diesen Umständen lösen sich die Verkaufspreise des Unternehmens aus ihrem Zusammenhang mit Kosten, Absatzelastizitäten und gewinnpolitischen Planungen. Sie werden zu einem Instrument kurzfristiger finanzieller Gleichgewichtspolitik des Unternehmens.

Preisreduzierungen, unter dem Druck finanzieller Überspannungen vorgenommen, müssen nicht notwendig zu Verlusten führen, doch läßt sich in diesem Fall eine Preispolitik nicht grundsätzlich verurteilen, die in Kauf nimmt, daß die Verkaufspreise die Kosten nicht mehr decken. Die Situation spitzt sich auf die Alternative zu, entweder Verluste in Kauf zu nehmen oder an der finanziellen Spannung zugrunde zu gehen. Ob sich durch derartige Maßnahmen die in den überhöhten Warenbeständen oder den ungenutzten Kapazitäten gebundenen Kapitalbeträge rechtzeitig wieder frei machen lassen, hängt von vielen Umständen ab. Aber es ist klar, daß ein Unternehmen mit einem hohen Maß an finanzieller Stabilität derartigen kritischen Situationen besser gewachsen ist, als ein Unternehmen, dessen finanzielle Konstitution labil ist. Auf die Dauer lassen sich Störungen des finanziellen Gleichgewichts durch preispolitische Maßnahmen der geschilderten Art nicht beseitigen. Aber der vorübergehende Verzicht auf Kostenersatz bietet unter Umständen die Chance, die schwierige Lage zu meistern und Zeit zu gewinnen, die Ursachen für die hohen Spannungen im finanziellen Gefüge des Unternehmens endgültig zu beseitigen. Stets handelt es sich unter solchen Umständen um Grenzsituationen, aber ihre Bedeutung für die Existenz der Unternehmen ist deshalb nicht weniger groß.

Diese Ausführungen mögen genügen, um zu zeigen, daß güterwirtschaftliche Maßnahmen, zum Beispiel die Unterlassung von Ersatzinvestitionen (sofern eine Aufschiebung derartiger Investitionen überhaupt möglich erscheint), oder finanzielle Aktionen (zum Beispiel die Aufnahme von Krediten zu ungünstigen Bedingungen) betriebswirtschaftlich auch dann sinnvoll erscheinen, wenn sie gegen den Grundsatz der Gewinnmaximierung verstoßen. In Notsituationen können also für eine gewisse Spanne Zeit die auf Kostenminimierung gerichteten Leitziele der Unternehmensführung und -planung außer Kraft gesetzt sein. Für die langfristige Finanzplanung gelten diese Überlegungen nicht, insbesondere dann nicht, wenn zwischen den in Frage stehenden Finanzierungsmöglichkeiten die kostengünstigste Kombination gesucht und geplant wird. Unter diesen Umständen gibt es keine Prävalenz irgendwelcher betrieblicher Bereiche mit Sonderaspekten. Alle Maßnahmen, seien sie güterwirtschaftlicher oder finanzieller Art, stehen dann in gleicher Weise unter der Herrschaft der gewinnmaximierenden bzw. kostenminimierenden bzw. anderer geschäftspolitischer Zielsetzungen.

3. Abstimmung durch güterwirtschaftliche Maßnahmen.

3a. Das geplante oder nicht geplante betriebliche Geschehen bildet ein geschäftliches Kontinuum mit bestimmten Zeitstrukturen. In diesen Strukturen kommt die Dauer und die Abfolge der güter- und finanzwirtschaftlichen Prozesse zum Ausdruck, aus denen sich der Strom der betrieblichen Geschehnisse zusammensetzt. Diese zeitliche Ordnung des betrieblichen Sachvollzuges ist wesentlich technisch-organisatorisch bestimmt. Mit ihr decken sich die zeitlichen Zäsuren nicht, die aus planungs- oder abrechnungstechnischen Gründen in dieses, wenn auch heterogene Kontinuum betrieblicher Ereignisse hineinprojiziert werden. Der Vorstellung von kurz-, mittel- und langfristiger Planung liegen Zeitbegriffe zugrunde, die nicht aus der Zeitstruktur des betrieblichen Prozeßablaufes, sondern aus planungstechnischen Überlegungen und Notwendigkeiten stammen.

Man muß sich jedoch dessen bewußt sein, daß in kurzfristigen Planungen auch Vorgänge enthalten sind, die erst nach Ablauf eines längeren Zeitraumes wirksam werden. Die kurzfristigen Pläne umfassen dann Zwischenstadien langfristig verlaufender Vorgänge. Langfristige Planungen können dagegen auch kurzfristig verlaufende Prozesse in sich einbegreifen. Oft enthalten langfristige Planungen Prozesse, die sich über mehrere Perioden hinziehen. Auf eine Planungsperiode bezogen, sind sie jedoch kurzfristig, wenn sie kurz nach Beginn der Planungsperiode zum Abschluß kommen oder erst kurz vor dem Abschluß der Planungsperiode beginnen. Wird dennoch die Kalenderzeit zur Periodisierung der Planungen, insbesondere zur Festlegung langfristiger Planungsperioden oder zur Bildung von Teilperioden innerhalb eines langfristigen Planungszeitraumes verwandt, dann macht der Planungsvorgang derartige Zeiteinteilungen erforderlich. Aber es handelt sich in diesem Fall um planungstechnische, nicht um prozessuale Terminierungen des Betriebsablaufes.

Wichtiger als die zeitliche Schematisierung der Planung ist in dem hier interessierenden Zusammenhang die Tatsache, daß die geschäftspolitischen Konzeptionen und ihre betriebliche Verwirklichung Zeitstrukturen aufweisen, die nicht starr, sondern in gewissen Grenzen elastisch sind. Diese zeitliche Elastizität bildet schlechthin die Voraussetzung für disponierendes und planendes Verhalten. Ohne sie würde es unmöglich sein, die Kapitalbedarfe mit den Möglichkeiten abzustimmen, die der Kapitalfonds des Unternehmens enthält. Sind aber die Kapitalbedarfe in gewissen Grenzen variabel, das heißt lassen sie sich durch betriebliche Maßnahmen beeinflussen, dann ist damit auch die Möglichkeit gegeben, sie in Zeitpunkten zum Entstehen zu bringen, die den Finanzierungsmöglichkeiten des Unternehmens entsprechen. In der gleichen Weise sind auch die Fondsmittel, das heißt hier die Einzahlungen in den Fonds, und die Auszahlungen aus dem Fonds in Grenzen zeitlich variabel und damit disponierbar. Dieser Umstand verschafft die Möglichkeit, auf die Höhe und zeitliche Verteilung des Fonds selbst gestaltend Einfluß zu nehmen und über ihn so zu verfügen, wie es der Kapitalbedarfssituation des Unternehmens entspricht. Die in gewissen Grenzen mögliche Disponierbarkeit der Kapitalbedarfe und der Kapitalfondsmittel läßt also eine zeitliche Anpassung der Kapitalbedarfe an den Kapitalfonds, und des Kapitalfonds an die Kapitalbedarfe zu. Besteht diese zeitliche Anpassungsfähigkeit nicht mehr, dann kommt das Unternehmen zum Erliegen. Denn die zeitliche Struktur des betrieblichen Leistungsvollzuges und die Zeitstruktur des Fondsvollzuges stimmen nicht von sich aus miteinander überein. Sie verlangen planende und disponierende Maßnahmen, um miteinander in Übereinstimmung gebracht und gehalten zu werden, und zwar innerhalb der betrieblichen Beschränkungen, die die güterwirtschaftlichen und die finanziellen Bereiche der Unternehmen kennzeichnen.

3b. Wie vollzieht sich die Abstimmung zwischen Kapitalbedarf und Kapitalfonds, wenn zunächst davon ausgegangen wird, daß sich das Unternehmen bevorzugt güterwirtschaftlicher Maßnahmen bedienen soll, um die Kapitalbedarfe an die zunächst als gegeben und konstant angenommenen Fondssituationen anzupassen?

Die in dem Unternehmen angestellten Untersuchungen über die Frage, ob sich bestimmte langfristige Unternehmensziele in einen hierfür vorgesehenen Zeitraum verwirklichen lassen, mögen zu dem Ergebnis geführt haben, daß die finanziellen Voraussetzungen für die langfristigen Planungen gegeben sind oder sich schaffen lassen. Voraussetzung hierfür ist allerdings, daß bestimmte güterwirtschaftliche Maßnahmen getroffen werden können, um mit ihrer Hilfe auf die Höhe und zeitliche Verteilung des Kapitalbedarfs und damit auf die finanzielle Situation des Unternehmens Einfluß zu nehmen. Die güterwirtschaftlichen Maßnahmen werden hier also als ein Instrument der Finanzplanung und damit der Finanzpolitik, nicht als ein Instrument technisch-organisatorischer Gestaltung des Betriebsprozesses betrachtet.

Die Planung sieht sich angesichts dieser Tatsache vor die Aufgabe gestellt, die Maxima der Kapitalbedarfskurve so zu regulieren, daß sie die zunächst als gegeben angenommene Kapitalfondskurve nicht übersteigen. Es soll weiter unterstellt werden, daß die vertraglichen Abmachungen des Unternehmens mit seinen Kunden und Lieferanten über die Gewährung und die Inanspruchnahme von Zahlungszielen nicht geändert werden können. Die Bedingungen des finanziellen Bereiches, der sich an den Umsatzprozeß anschließt, sollen also unverändert bleiben. Unter diesen Umständen bleibt für das Unternehmen im wesentlichen nur die Möglichkeit, sich durch Eingriffe in den betrieblichen Leistungsvollzug an die Gegebenheiten der beiden finanziellen Bereiche anzupassen (P_f und P_c konstant, P_w variabel). Würde diese Möglichkeit nicht bestehen, dann würde sich unter den angenommenen Bedingungen keine Abstimmung zwischen Kapitalbedarf und Kapitalfonds vornehmen lassen.

In welchem Maße ein Unternehmen überhaupt über die Möglichkeit verfügt, durch güterwirtschaftliche Maßnahmen die Kapitalbedarfskurve der Höhe und der Zeit nach zu beeinflussen — diese Frage läßt sich nicht generell, sondern nur von Fall zu Fall beantworten. Wird nicht grundsätzlich ausgeschlossen, daß diese Möglichkeit überhaupt besteht, dann läßt sich zunächst sicherlich so viel sagen, daß die Fähigkeit, die Kapitalbedarfskurve in Übereinstimmung mit der Kapitalfondskurve zu bringen, um so geringere Schwierigkeiten bereitet, je größer die Freiheit des Unternehmens ist, durch güterwirtschaftliche Maßnahmen die Zeitpunkte zu bestimmen, an denen die Aus- und Einzahlungen von dem Unternehmen selbst oder von den Kunden des Unternehmens geleistet werden. Denn die Kapitalbedarfe sind die positiven oder negativen Finanzüberschüsse der kumulierten Auszahlungs- und Einzahlungsreihen. Über diese Reihen lassen sie sich also beeinflussen und — falls die getroffenen güterwirtschaftlichen Maßnahmen hinreichend wirksam sind — in die gegebene Fondssituation einstimmen.

In einem konkreten Falle versuche ein Unternehmen bestimmter Art und Größe durch betriebliche Rationalisierungsmaßnahmen den Kapitalfluß durch das Unternehmen hindurch zu beschleunigen, um auf diese Weise Einfluß auf die Höhe und zeitliche Verteilung des Kapitalbedarfs zu gewinnen. Wenn sich diese Aufgabe mit den Mitteln und Möglichkeiten der Arbeitsvorbereitung lösen läßt, würde sich die Aktion im wesentlichen auf Maßnahmen beschränken, die in Verbesserungen der Arbeitstechnik und der Arbeitsplanung bestehen. Die Maßnahmen der Arbeitsvorbereitung sind zwar durch die zu lösende Aufgabe in einem gewissen Zusammenhang hinein gebunden, aber sie sind doch wesentlich heterogener Art und nur in Grenzen voneinander abhängig. Sie sind nur in Teilen komplementär, aber das Gesamtvorhaben wird nicht dadurch in Frage gestellt, daß zunächst einige Maßnahmen oder Reorganisationen unterbleiben. Sie können später nachgeholt werden. Es handelt sich hier also um Vorhaben, deren zeitliche Struktur Spiel läßt und die deshalb auch verhältnismäßig leicht an die Deckungsmöglichkeiten des durch ihn verursachten Kapitalbedarfs angepaßt werden können. Unter Umständen produzieren sie diese Deckung des Kapitalbedarfs sogar selbst, dann nämlich, wenn die Steigerung der betriebstechnischen und -organisatorischen Rationalität ohne großen Kapitalaufwand, also ohne große Investitionen in maschinelle Anlagen erreicht werden kann. Die Erhöhung der Kapitalumlaufgeschwindigkeit aber beschleunigt zugleich den Liquidisierungsprozeß des in den Anlagen, Materialien, Arbeits- und Dienstleistungen gebundenen Kapitals. In diesem Falle würde die Verbesserung der betrieblichen Rationalität ohne Kapitalzuflüsse von außen allein dadurch erreicht werden, daß sich für den Kapitaleinsatz ein höheres Maß an Ergiebigkeit (Zunahme der mit einem bestimmten Kapitalbetrag finanzierbaren Prozesse) hat erzielen lassen.

Sieht man aber von den besonderen Umständen dieses Falles ab, dann zeigt sich, daß eine gewisse Freiheit besteht, die durch die Rationalisierungsmaßnahmen verursachten Kapitalbedarfe innerhalb verhältnismäßig weit auseinander gesteckter zeitlicher und auch quantitativer Grenzen zum Entstehen zu bringen. Diese Möglichkeit und die aus ihr folgende verhältnismäßig große Dispositionsfreiheit über die Kapitalbedarfe schafft günstige Voraussetzungen für die Anpassung des Kapitalbedarfs nach Höhe und Zeit an die vorhandenen Finanzierungsmöglichkeiten.

Läßt sich das verlangte höhere Maß an betrieblicher Rationalität und die mit ihm erwartete Beschleunigung des betrieblichen Geschehens nur durch vermehrte Verwendung maschineller Aggregate erreichen, dann ändert sich die Situation insofern, als der Kapitalbedarf und damit die finanzielle Beanspruchung des Unternehmens steigt. Die Installierung maschineller Aggregate, die eine höhere Arbeitsgeschwindigkeit als die bisher benutzten Anlagen aufweisen mögen, setzt jedoch nicht notwendig voraus, daß es sich bei den Aggregaten um Maschinenbestände mit absolut komplementärer Struktur handeln muß. Zwar ändert die Einfügung neuer Maschinen mit von dem bisherigen Maschinentyp abweichender Leistungsfähigkeit die Zusammensetzung des maschinellen Kapazitätsgefüges. Es kann auch kein Zweifel daran bestehen, daß es unter Umständen großer Anstrengungen bedarf, um das durch die Installierung der neuen Aggregate gestörte System der Leistungsquerschnitte wiederherzustellen oder neu einzurichten. Aber grundsätzlich schließt die Tatsache, daß der Betriebsprozeß durch die Installierung vor allem schneller laufender maschineller Aggregate rationalisiert wird, nicht aus, daß die Maschinen einzeln verwandt werden können. Wenn und solange das der Fall ist, läßt sich über die Zeitpunkte, in denen die Aggregate eingebaut werden, verhältnismäßig frei verfügen. Die durch die Anschaffung der Maschinen verursachten Kapitalbedarfe sind also — wenn auch in Grenzen — zeitlich verschiebbar und mit ihnen die Auszahlungsbeträge, die sie verursachen. Wenn die Rationalisierungsmaßnahmen Fondserhöhungen erforderlich machen und die Zeitpunkte, in denen die Kapitalzuflüsse in den Fonds vor sich gehen, festliegen (diese Einzahlungen verschmelzen mit dem Umsatzprozeß zu einem einzigen Einzahlungsstrom), dann sind die Voraussetzungen für ein Einpassen der durch die installierten neuen Aggregate ausgelösten Auszahlungen um so günstiger, je unabhängiger die Aggregate und ihre Anschaffungszeitpunkte voneinander sind. Die Anpassungsaufgaben würden sich leichter lösen lassen, wenn auch die Einzahlungen in den Kapitalfonds und die Auszahlungen aus dem Fonds frei disponierbar wären. Diese Möglichkeit widerspricht aber der der Untersuchung zugrunde gelegten Annahme, wonach die zeitliche und quantitative Struktur der Kapitalfondsbewegungen gegeben und konstant ist.

Rationalisierungsinvestitionen in dem soeben beschriebenen Sinn gewähren also eine gewisse Freiheit für taktisches Operieren mit Investitionszeitpunkten. Diese Freiheit vermindert sich, wenn die Rationalisierungsmaßnahmen darin bestehen, die Betriebsanlagen als ganze oder große Teile derselben geschlossen auf neue Verfahren umzustellen. Enthält das bisherige produktions- oder erzeugungstechnische System keine Rationalisierungsreserven und besteht deshalb auch in nennenswertem Umfang keine Aussicht mehr, zu durchgreifenden Kostensenkungen zu gelangen, dann bleibt nur übrig, Umstrukturierungen im vorhandenen Maschinenpark vorzunehmen und die technisch-organisatorischen Grundlagen der Produktion durch die Auswechslung von Maschinentypen und die Bildung neuer Aggregatkombinationen umzugestalten. Projekte dieser Art unterliegen in der Regel einem festen Zeitplan, der die Voraussetzung dafür ist, daß die Anlagen mit einem

Minimum an Zeit und einem Maximum an Reibungslosigkeit eingebaut werden können. Oft wird das gesamte Vorhaben in Teilabschnitte aufgegliedert, die zeitliche und technische Einheiten bilden. Alle Arbeiten an dem Vorhaben sind aufeinander bezogen. Wird die Planung der zeitlichen Ordnung, die dem Projekt gegeben wurde, nicht durchgehalten, dann kann eine Terminabweichung an irgendeiner Stelle des Vorhabens die Zeitplanung des gesamten Projektes gefährden.

Unter diesen Umständen wird die Möglichkeit immer mehr eingeengt, über die Bestellzeitpunkte für die maschinellen Anlagen frei zu verfügen. Das Zeitpunktsystem des gesamten Vorhabens liegt fest und der Kapitalbedarf, den das Vorhaben verursacht, ist nicht disponierbar. Im Grenzfall ist nur der Zeitpunkt frei bestimmbar, in dem das Vorhaben begonnen wird, aber in Wirklichkeit ist dieser Zeitpunkt bereits wieder das Ergebnis zahlreicher Maßnahmen, die vorgeplant sind und vollzogen werden müssen, wenn die Arbeiten termingemäß begonnen und beendet werden sollen. Läßt es das Objekt zu, die Arbeiten in mehrere Teilabschnitte zu zerlegen, dann besteht unter Umständen die Möglichkeit, den Beginn der Arbeiten an den Teilabschnitten herauszuschieben und damit die Durchführung des gesamten Vorhabens zeitlich zu strecken. Ob diese Möglichkeit gegeben ist und von ihr ohne Gefährdung des Ganzen Gebrauch gemacht werden kann — diese Frage läßt sich nur entscheiden, wenn die besonderen Umstände des konkreten Falls bekannt sind.

Grundsätzlich jedoch steht außer Frage, daß die Freiheit, Auszahlungen nach Zeit und Höhe variieren zu können, um so begrenzter ist, je mehr die Durchführung der Arbeiten an einem Projekt unter dem Zwang technischer Abfolgen steht. Mit diesem Verlust an Variierbarkeit erhöhen sich die Schwierigkeiten, durch güterwirtschaftliche Maßnahmen den Kapitalbedarf quantitativ und zeitlich an den Verlauf der Kapitalfondskurve anzupassen.

Grundsätzlich beeinflussen alle güterwirtschaftlichen Maßnahmen die Höhe und die zeitliche Verteilung der Auszahlungen und der Einzahlungen, also die Maxima und Minima der Kapitalbedarfskurve im Zeitablauf. Diese güterwirtschaftlichen Maßnahmen können produktions-, beschaffungs- und absatzwirtschaftlicher Art sein, sie bilden aber mit Rücksicht auf die Konsequenzen im Aus- und Einzahlungsbereich nicht nur einen güterwirtschaftlichen, sondern auch einen finanziellen Zusammenhang. Er ist über die fünf Haupteinflußgrößen des Kapitalbedarfs zu beeinflussen. Bestehen aber zwischen der Prozeßanordnung, der Prozeßgeschwindigkeit, der Beschäftigungsvariation, der Variation des Produktions- bzw. Verkaufsprogrammes und der Produktions- bzw. Absatzkapazität und der Entwicklung der Kapitalbedarfskurve bestimmte, angebbare Beziehungen, dann muß das gesamte güterwirtschaftliche Einflußsystem als Bestimmungsgröße des Kapitalbedarfs angesehen werden. Ist es aber eine derartige Bestimmungsgröße, dann vermag es grundsätzlich und ganz allgemein als Instrument zur Beeinflussung und Regulierung der Kapitalbedarfskurve verwandt zu werden, als ein Mittel also, das die Leitung des Unternehmens zu befähigen vermag, der Kapitalbedarfskurve eine bestimmte Form und Lage zu geben. Daß diese Möglichkeiten begrenzt sind und von höchst unterschiedlicher Wirkung sein können, hat die Analyse der Rationalisierungsprozedur gezeigt. Aber diese Unterschiedlichkeiten in der Anpassungselastizität ändern nichts an der Tatsache, daß die Einsicht in die Abhängigkeiten zwischen den Einflußgrößen des Kapitalbedarfs und dem betrieblichen Ein- und Auszahlungssystem die Chance gibt, in die finanzielle Sphäre des Unternehmens regulierend einzugreifen. Damit werden güterwirtschaftliche Maßnahmen zum Bestandteil der finanziellen Planung.

Würden die Kapitalbedarfe überhaupt nicht disponierbar sein, dann würde die Abstimmung der Kapitalbedarfskurve mit der Kapitalfondskurve ein unlösbares Problem bleiben, insbesondere dann, wenn wie bisher angenommen wurde, die Einzahlungen in den Kapitalfonds und die Auszahlungen aus ihm quantitativ und zeitlich fixiert sind. Unter diesen Umständen besteht keine Möglichkeit, den Abstimmungsprozeß mit der Kapitalbedarfsentwicklung vom Kapitalfonds her einzuleiten und zu sichern. Je höher also — zunächst in dieser Sicht gesehen — das Maß an Disponierbarkeit der Kapitalbedarfe auf dem Wege über die güterwirtschaftliche Beeinflussung der Ein- und Auszahlungen ist, um so günstigere Voraussetzungen weist insoweit ein Unternehmen für die planende Abstimmung des Kapitalbedarfs mit dem Kapitalfonds auf.

4. Abstimmung durch finanzielle Maßnahmen.

4a. Die Abstimmung zwischen Kapitalbedarf und Kapitalfonds setzt nicht nur ein gewisses Maß an Flexibilität güterwirtschaftlicher, sondern auch finanzieller Sachverhalte voraus. Die Bedingung gilt für beide finanziellen Bereiche, sowohl für den an den Umsatzprozeß gekoppelten als auch für den durch das Ein- und Auszahlungssystem des Kapitalfonds gekennzeichneten Bereich. Die hier zunächst interessierenden, mit dem Umsatzprozeß unmittelbar verbundenen finanziellen Vorgänge bestehen aus Zahlungen, die durch den Erwerb von Sachgütern, die Inanspruchnahme von Arbeitsleistungen und Diensten und die marktliche Verwertung der von dem Unternehmen angebotenen Sachgüter, Arbeits- oder Dienstleistungen ausgelöst werden. Die Zahlungen können mit, vor oder nach vollzogener Lieferung oder Leistung vorgenommen werden. In der Regel unterliegen die Zeitpunkte der Zahlungen einer

Vereinbarung durch die Kontrahenten. Wenn sich die vertraglichen Abmachungen ändern lassen und geändert werden, dann wird insofern auch die zeitliche Abfolge der Zahlungen und damit der Verlauf der Kapitalbedarfskurve variiert. Damit sind die Voraussetzungen für die Entfaltung einer nun nicht güterwirtschaftlichen, sondern finanziellen Aktivität für die Abstimmung der Kapitalbedarfskurve mit der Fondskurve gegeben.

Wird angenommen, daß der Verlauf der Kapitalbedarfskurve, soweit er durch güterwirtschaftliche Maßnahmen bestimmt wird, und der Verlauf der Kapitalfondskurve zeitlich und quantitativ fixiert ist, dann läßt sich eine Änderung der Kapitalbedarfskurve nur durch neue Absprachen mit den Kunden und Lieferanten des Unternehmens erreichen (P_w und P_c konstant, P_f variabel). Der Abstimmungsprozeß zwischen Kapitalbedarf und Kapitaldeckung weist nunmehr Voraussetzungen auf, die von der bisherigen Abstimmungs- und Planungssituation abweichen.

Die Unternehmen werden im allgemeinen bestrebt sein, die Kapitalbeträge, die in den Forderungen aus Warenlieferungen und Leistungen festliegen, auf das geringstmögliche Maß zu vermindern. Die Kapitalbindung ist gleich Null, wenn der Eingang der Bezahlung mit der Lieferung oder Leistung des Unternehmens zusammenfällt. Dagegen nimmt die Kapitalbindung einen negativen Wert an, wenn das Unternehmen, an das geliefert werden soll, eine Anzahlung leistet. Umgekehrt erhöht sich die Kapitalbindung, wenn das beziehende Unternehmen vor der Lieferung der Ware eine Anzahlung leistet. Der Gesamtbetrag an Kapitalbindung ist gleich Null, wenn Lieferungs- und Zahlungszeitpunkte aller Transaktionen zusammenfallen, er erhöht sich in dem Maße, in dem das Lieferwerk die Preise stundet.

Räumt ein Unternehmen seinen Kunden ein Zahlungsziel ein, dann weiß es im konkreten Fall nicht, wann die Zahlung aus der Lieferung oder Leistung bei ihm eingeht. Die durchschnittliche Zielinanspruchnahme weist allerdings in den einzelnen Geschäftszweigen eine relative Konstanz auf. Insoweit und solange das der Fall ist (streng genommen nur für den Fall sicherer Erwartungen), ist sie für Planungszwecke verwendbar[1]. Soll der Umwandlungsprozeß von Forderungen in Geld beschleunigt werden, dann bildet hierfür die Gewährung von Skonti ein geeignetes Mittel. Die Elastizität, mit der die Zahlenden auf eine Änderung des Skontosatzes reagieren, wird mit der absoluten Höhe des Skontosatzes und der Größe der relativen Skontosatzänderungen steigen. Es gibt allerdings einen Skontosatz, den zu überschreiten nicht ratsam ist, da in diesem Falle die höhere Liquidität des Unternehmens mit einem

[1] Vgl. hierzu Langen, H., Die Prognose von Zahlungsvorgängen, in: Zeitschrift für Betriebswirtschaft 34. Jg. (1964) S. 289ff.; derselbe, Betriebliche Zahlungsströme und ihre Planung in dynamischer Sicht, ebenda, 35. Jg. (1965), S. 261ff.

zu hohen Skontosatz erkauft werden muß[1]. Der Skontosatz läßt sich jedoch nicht mit der jeweiligen Kapitalbedarfssituation festsetzen. Eine solche Handhabung der Skontogewährung ist unüblich und schließt sich auch praktisch aus. Jedoch besteht die Möglichkeit, für einen bestimmten Auftrag oder für bestimmte Situationen besondere Vereinbarungen über die Höhe des zu gewährenden Skontos zu treffen. Die Wirkung skontopolitischer Maßnahmen hängt im übrigen sehr stark von der finanziellen Lage ab, in der sich die Kundenfirmen befinden. In Zeiten geringer gesamtwirtschaftlicher Liquidität und angespannter finanzieller Lage eines Unternehmens wird die Chance gering sein, daß die Kunden von den Gewinnmöglichkeiten Gebrauch machen, die ihnen die Einräumung und Ausnutzung eines Skontos gewährt.

Für viele Unternehmen, die Großaufträge in Einzelfertigung übernehmen, ist die Skontopolitik nur von verhältnismäßig geringer Bedeutung, weil die Zahlungsbedingungen das Ergebnis der Verhandlungen sind, die im Zusammenhang mit der Übernahme und Erteilung des Auftrages geführt werden. So kann vereinbart sein, daß die Zahlung des Kaufpreises zu je einem Drittel bei Auftragserteilung, Fertigstellung und Abnahme des Auftrages durch den Käufer zu leisten ist. Häufig wird für jedes dieser Großobjekte ein bestimmter Zahlungsplan aufgestellt. Es kommt aber darauf an, die Einzahlungen so zu regeln, daß sich die Ausgaben insbesondere dann, wenn mehrere Großaufträge in Bearbeitung sind, nicht kumulieren. Sonst besteht die Gefahr einer Überschreitung der Fondskurve. Die Abstimmungsaufgabe zwischen Kapitalbedarf und Kapitaldeckung besteht deshalb in diesem Fall darin, die Einzahlungen nach Betrag und Zeit so zu legen, daß sie in der Zeit besonders hohen Kapitalbedarfs eingehen. Um dieses Ziel zu erreichen, müßte versucht werden, die Zahl der Raten zu erhöhen, so daß die Zahlungen zum Beispiel statt in drei nunmehr in fünf oder sechs Raten zu leisten wären. Ob und in welchem Maße es gelingt, ein bestellendes Unternehmen zu Zahlungen vor der Fertigstellung und Lieferung des Auftrages zu bewegen, ist nur von Fall zu Fall zu sagen. Auch lassen sich keine allgemeinen Aussagen darüber machen, ob und in welchem Maße die Möglichkeit besteht, werkseigene oder werksfremde Finanzierungsinstitute in den Kapitalrückflußprozeß aus Warenlieferungen oder Leistungen einzuschalten oder ob es im konkreten Fall vorteilhaft erscheint, von den Möglichkeiten des Leasing oder des Factoring Gebrauch zu machen.

Im Falle der Inanspruchnahme von Lieferantenkrediten besitzt das beziehende Unternehmen die Möglichkeit, in dem durch das eingeräumte Zahlungsziel gegebenen Rahmen die Zeitpunkte der Auszahlungen fest-

[1] Lücke spricht in diesem Fall von einem „Grenz-Skontosatz", Lücke, W., Finanzplanung u. Finanzkontrolle in der Industrie, Wiesbaden 1965, S. 124ff.

zusetzen und damit den Verlauf der Kapitalbedarfskurve zu beeinflussen. Wenn und so lange es die finanzielle Lage, in der sich das Unternehmen befindet, zuläßt, wird das Unternehmen bestrebt sein, die Gewinnchancen, die sich ihm in Form von Rabatten und Skonti bieten, auszunutzen. Ist es dem Unternehmen möglich, im Rahmen der eingeräumten Zahlungsziele zu disponieren, dann lassen sich zwar zeitliche Verschiebungen in den Auszahlungsreihen erreichen, aber doch eben nur in verhältnismäßig kleinen zeitlichen Intervallen. Sie können zwar für die kurzfristige Liquiditätsvorsorge große Bedeutung besitzen, für langfristige Planungen sind sie jedoch nur von relativ geringem Wert. Im Zusammenhang mit güterwirtschaftlichen und Kapitalfondsmaßnahmen können sie jedoch eine gewisse Bedeutung erlangen.

Anders liegen die Dinge bei großen Objekten. Hier ist allerdings für die Planung des Verlaufes, den die Kapitalbedarfskurve während eines längeren Zeitraumes nehmen soll, von größter Wichtigkeit zu erreichen, daß sich die Firmen, an die das Unternehmen die Großaufträge gibt, zu Zahlungsbedingungen bereit finden, die dem finanziellen Verlangen des bestellenden Unternehmens gerecht werden. Verglichen mit der Situation, in der soeben die Frage nach der Finanzierung von Großaufträgen vom Standpunkte des liefernden Werkes aus betrachtet wurde, zeigt sich die Situation jetzt in umgekehrter Sicht. Nunmehr geht es nicht um die Einflußnahme des Unternehmens auf die zeitliche Verteilung der Einzahlungen, sondern der Auszahlungen. Unter Umständen läßt sich die starke finanzielle Anspannung, der das bestellende Werk ausgesetzt ist, durch die Stellung von Sicherheiten oder durch Zwischenfinanzierungen erleichtern. Der Kapitalbedarf wird zwar auf diese Weise nicht endgültig reduziert. Nach der Ablösung der Zwischenfinanzierung tritt er wieder von neuem in Erscheinung. Die Abstimmungsaufgabe kann in diesem Falle überhaupt nicht darin bestehen, den Kapitalbedarf zu reduzieren. Es geht vielmehr lediglich darum, die Zeitpunkte starker finanzieller Inanspruchnahmen zu verschieben und sie in die Zeiträume zu legen, in denen die Kapitalbedarfskurve einen genügend großen Abstand zur Kapitalfondskurve aufweist.

4b. Wenn ein bestimmtes Geschäftsvolumen oder eine bestimmte Abfolge von mit Gewinn- und Zeitindizes versehenen Geschäftsvolumina planend vorbereitet werden soll, dann muß dafür Vorsorge getroffen werden, daß die Kapitalausstattung die Verwirklichung dieser Planungen ermöglicht. Soll das Geschäftsvolumen erhöht werden oder erweist es sich als notwendig, Kapitalinvestitionen im Produktions- und im Absatzbereich vorzunehmen, um den bisherigen Geschäftsumfang zu halten, dann verändert sich mit diesen Maßnahmen die Ein- und Auszahlungsabfolge und mit ihr der Kapitalbedarf in der Zeit, für die das Geschäftsvolumen geplant wird. Die Deckung eines solchen Kapitalbedarfs setzt jedoch nicht notwendig Kapitalfondsmaßnahmen voraus. Eine Änderung des Fonds seiner Größe, Zusammensetzung und zeitlichen Struktur nach, ist solange nicht erforderlich, als es erstens möglich ist, den Ergiebigkeitsgrad des Kapitals, mit dem das Unternehmen ausgestattet ist, durch Beschleunigung der laufenden Desinvestitionsprozesse zu steigern und zweitens die Aussicht besteht, Teile des bereits vorhandenen Kapitals durch Veräußerung der Gegenstände, in denen sie gebunden sind, aus ihrer unproduktiven Verwendung zu befreien. Im ersten Fall läßt sich mit dem gleichen Kapitalfonds eine höhere Zahl von produktiven Prozessen finanzieren, im zweiten Fall wird Kapital in die Finanzierung der Prozesse einbezogen, das bisher in nicht betriebsnotwendigen Gegenständen, Forderungen oder Rechten festgelegen hat. Es ist damit seiner produktiven Verwendung entzogen. In beiden Fällen bleibt die Höhe des Kapitalfonds unverändert, aber die Steigerung seiner Effizienz macht Kapital für die Finanzierung von Investitionen frei, nach denen die angestrebten Geschäftsvolumina verlangen. Die Maßnahmen, die diese Erhöhung der Effizienz des Kapitalfonds und damit die geschilderte Kapitalfreisetzung zur Folge haben, sind jedoch güterwirtschaftlicher Art. Erst wenn Maßnahmen ergriffen werden, die unmittelbar auf Einzahlungen in den Kapitalfonds und auf Auszahlungen aus diesem Fonds gerichtet sind, liegen Maßnahmen finanzieller Art im Sinne von Kapitalbeschaffungs- oder -rückzahlungsakten vor.

Die Bewegungen des Kapitalbedarfs seien als gegeben und unveränderlich angenommen. Auch sei unterstellt, daß sich durch Verhandlungen mit den Lieferanten und den Kunden des Unternehmens keine Änderungen in der Ausnutzung und Gewährung von Zahlungszielen erreichen lassen. Unter diesen Umständen besteht nur die Möglichkeit, sich mit dem Fonds an die Kapitalbedarfskurve anzupassen (P_w und P_f konstant, P_c variabel). Die Unternehmen stehen vor besonders schwierigen Anpassungsentscheidungen, wenn Zeitpunkte hohen Kapitalbedarfs mit Zeitpunkten zusammenfallen, in denen Auszahlungen aus dem Fonds an Kapitalgeber geleistet werden müssen. Die Kapitalfondskurve verschiebt sich unter diesen Umständen nach unten und es ist nicht ausgeschlossen, daß ein Maximum des Kapitalbedarfs über der Fondskurve zu liegen kommt. Die gefahrdrohenden Folgen einer solchen Entwicklung sind offensichtlich. Situationen der geschilderten Art entstehen zum Beispiel, wenn Kommanditisten oder stille Gesellschafter ihre Einlage kündigen und die Auszahlung ihres Geschäftsguthabens oder ihrer Einlage verlangen, oder wenn eine Hypothek gekündigt wird oder wenn Bankkredite zurückgezahlt werden müssen, beziehungsweise, wenn die Bank keine Kontoüberziehungen mehr zuläßt. Die schwierige

Lage stammt in diesem Fall nicht aus güterwirtschaftlichen Umständen, sondern aus Zahlungsvorgängen im Kapitalfonds. Unter den angegebenen Verhältnissen bleibt nichts anderes übrig, als Verhandlungen mit den Kapitalgebern aufzunehmen, um zu erreichen, daß sie ihre Kapitalüberlassung prolongieren oder die Auszahlung ihrer Guthaben beziehungsweise die Rückzahlung ihrer Kredite auf einen längeren Zeitraum verteilen. Läßt sich eine Prolongation nicht erreichen, dann wird versucht werden müssen, die durch die abgezogenen Kapitalbeträge entstandene Lücke in der Kapitalausstattung des Unternehmens dadurch aufzufüllen, daß dem Unternehmen neues Beteiligungskapital zugeführt wird oder die zurückzuzahlenden Kredite durch neue Kreditinanspruchnahmen ersetzt werden. Die Lage kann sich aber auch dadurch kennzeichnen, daß die planenden Instanzen kurzfristig darauf drängen, Kredite mit Rückzahlungsfristen, die für die Planung gefährlich sind, durch Kredite zu ersetzen, deren Rückzahlungsfristen die finanzielle Lage des Unternehmens nicht bedrohen. In diesem Fall wird das Risiko vorzeitigen und planwidrigen Kapitalentzuges durch Substitutionsprozesse ausgeschaltet.

In allen diesen Fällen muß sich nicht notwendig die Höhe des Kapitalfonds ändern, ja nicht einmal die Zusammensetzung des Fonds muß von der bisherigen Strukturierung abweichen. Wird aber die Inanspruchnahme der Kapitalquellen geändert, dann erhält der Fonds allerdings eine andere Struktur.

Die Formen, in denen sich eine solche Konsolidierung vollzieht, sind mannigfaltiger Art. So können Verpflichtungen, die in kurzer Zeit fällig werden und zurückgezahlt werden müssen, durch Verpflichtungen abgelöst werden, die günstigere Rückzahlungszeitpunkte aufweisen, also dem Risiko vorzeitigen Kapitalentzuges besser gerecht werden als die Verbindlichkeiten, die kurzfristig getilgt werden müssen. In anderen Fällen kann sich die Notwendigkeit ergeben, innerhalb des Eigenkapitals Umschichtungen vorzunehmen, etwa dann, wenn ein Gesellschafter gekündigt hat und an die Stelle seiner Kapitaleinlage die Einlage eines anderen persönlich haftenden Gesellschafters oder eines Kommanditisten oder auch eines stillen Gesellschafters tritt. Schließlich bleibt noch die Möglichkeit, in kürzester Zeit langfristig fällige Verpflichtungen durch Eigenkapital zu ersetzen, etwa durch Erhöhung des Grund- oder Stammkapitals, Erhöhung der Kapitaleinlagen von Gesellschaftern oder Aufnahme neuer Gesellschafter in das Unternehmen.

In diesen Fällen handelt es sich um Prolongations-, Substitutions- oder Umschichtungsmaßnahmen. Sie lassen eine große Zahl von Kombinationen zu. Ihre Bedeutung besteht nicht nur darin, daß sie — wenn sie gelingen — ungünstigen Entwicklungen der Auszahlungen aus dem Kapitalfonds an Kapitalgeber zu begegnen erlauben und auf diese Weise die Möglichkeit gewähren, die Fondskurve über der Kapitalbedarfskurve zu halten. Sie sind auch deshalb betriebswirtschaftlich von Interesse, weil sie die Proportionen zwischen den Bestandteilen verschieben, aus denen der Fonds besteht. Diese Änderung der Fondsproportionen aber kann das finanzielle Risiko aus der Kapitalstruktur des Unternehmens im positiven, auch im negativen Sinne beeinflussen. Es wird also nicht nur das Risiko des Kapitalentzugs zu Zeitpunkten, die nicht im gesamtbetrieblichen Interesse liegen, sondern auch das Risiko aus der Kapitalstruktur berührt. Interessenkollisionen sind in derartigen Fällen keineswegs ausgeschlossen. Denn die Aufnahme von Fremdkapital zur Ablösung von Auseinandersetzungsguthaben ausscheidender Gesellschafter bringt zwar die zur Zeit im Interesse des Unternehmens liegende finanzielle Entspannung, aber sie erhöht den Verschuldungsgrad des Unternehmens. Diese Erhöhung kann unter bestimmten Voraussetzungen im Interesse des Unternehmens liegen, aber dieser Fall ist nicht unter allen Umständen anzunehmen. Vielmehr bleibt jederzeit der Fall denkbar, daß die zunehmende Verschuldung die finanzielle Lage des Unternehmens verschlechtert und das Risiko aus der Kapitalstruktur erhöht. Die beiden finanziellen Risiken aus dem Kapitalentzug und der Kapitalstruktur sind also keineswegs gleichgerichtet, und die Abwehr des einen Risikos bedeutet nicht notwendig zugleich die Abwehr des zweiten Risikos. Vielmehr kann die Beseitigung eines Risikos gleichzeitig zu einer Erhöhung des anderen Risikos führen. Die beiden Risiken bedürfen also bewußter Koordination und Abstimmung.

Angenommen, die Kapitalausstattung eines Unternehmens zu Beginn einer sich über einen längeren Zeitraum erstreckenden Planungsperiode reiche nicht aus, den Kapitalbedarf zu decken. Es lasse sich auch durch Prolongation, Substitution und Umschichtung innerhalb des gegebenen Kapitalfonds keine Möglichkeit erschließen, der neuen Kapitalbedarfssituation gerecht zu werden. In diesem Fall bestimmt die Höhe und Zusammensetzung des finanziellen Potentials, das ein Unternehmen besitzt, über die Finanzierungschancen der betrieblichen Planungen. Dieses finanzielle Potential ist von vielen inner- und außerbetrieblichen Konstellationen abhängig, mit denen es seine Größe und Struktur wechselt. Bereits leichte Änderungen in betrieblichen oder gesamtwirtschaftlichen Umständen können seine Grenzen um ein beträchtliches Maß nach oben oder unten verschieben. Die Planung der Kapitalausstattung für zunehmende, aber auch für gleichbleibende Geschäftsvolumina mit unterschiedlichem Kapitalbedarf bedeutet zugleich Planung des finanziellen Potentials, über das das Unternehmen verfügen muß, wenn die Geschäftsvolumen finanziert werden sollen. In diesem Sinne ist die langfristige finanzielle Planung zugleich Analyse und Planung der finanziellen Maßnahmen, durch die auf die Höhe und Struktur des finanziellen Potentials der planenden Unternehmung Einfluß genommen werden soll.

Werden unter dem finanziellen Potential oder der finanziellen Kapazität eines Unternehmens die maximalen Inanspruchnahmen der dem Unternehmen für Finanzierungszwecke zur Verfügung stehenden Kapitalquellen verstanden, dann zeigt sich sogleich, daß dieses Potential im besonderen durch Umstände bestimmt wird, die in dem Unternehmen selbst liegen. Zu diesen im engeren Sinne unternehmungswirtschaftlichen Faktoren rechnet auch der Verschuldungsgrad des Unternehmens. Denn mit ihm ist zugleich eine Größe gegeben, von der die Ertragschancen und die Risiken der Verschuldung abhängig sind.

In diesen Komplex von Vorgängen, die die Bereitschaft effektiver oder potentieller Kapitalgeber bestimmen, dem Unternehmen für die Auffüllung seines Kapitalfonds in dieser oder jener Form Kapital zu überlassen, spielen alle Umstände hinein, die das Ansehen des Unternehmens begründen, und von dem das Ertragspotential, das Sicherheitsniveau und der Verschuldungsgrad nur einige, wenn auch besonders wichtige Faktoren bilden. Die good-will erzeugenden Kräfte sind in den einzelnen Unternehmen mit unterschiedlicher Stärke und an unterschiedlichen Stellen des gesamtbetrieblichen Gefüges wirksam. Sie können mit besonderer Intensität im mehr personalen Bereich des Managements, aber auch auf den mehr technisch-organisatorisch bestimmten Gebieten des betrieblichen Leistungsvollzuges in Erscheinung treten. Das Ansehen eines Unternehmens, eben sein good-will, ist das Ergebnis des Zusammenwirkens aller dieser Umstände. Über dieses Ansehen werden die Qualität der Produkte, die ein Unternehmen herstellt, das technische Niveau seiner Erzeugung, die Effizienz seiner akquisitorischen Einrichtungen und die Fortschrittlichkeit seiner Leistungen zu bestimmenden Größen auch des finanziellen Potentials, das dem Unternehmen für seine finanziellen Planungen zur Verfügung steht[1].

Nun gibt es aber auch betrieblich-institutionelle Umstände, die den Spielraum bestimmen, in dem ein Unternehmen in der Lage ist, sich durch Kapitalfondsmaßnahmen an eine Kapitalbedarfskurve anzupassen. Das gilt vor allem für die Aufnahme und Verwendung von Fremdkapital für die angegebenen Abstimmungszwecke. Für viele Unternehmen besteht eine Grenze maximal möglicher langfristiger Verschuldung derart, daß über einen bestimmten Prozentsatz des Anlagevermögens hinaus keine langfristigen Kredite mehr beschaffbar sind. In anderen Fällen verlangen die Banken, daß bestimmte Relationen zwischen Eigen- und Fremdkapital, Eigenkapital und Anlagevermögen oder zwischen Teilen des Fremdkapitals oder zwischen verfügbaren Mitteln und kurzfristiger

[1] Vgl. hierzu auch SANDIG, C., Der Ruf der Unternehmung, Stuttgart 1962. In diesem Zusammenhang sei auch auf die Ausführungen von SANDIG über Wirtschaftlichkeitsgrenzen der Fremdfinanzierung hingewiesen, in: Finanzierung mit Fremdkapital, Stuttgart 1930, neue Bearbeitung 1965.

Verschuldung eingehalten werden müssen, wenn weitere Kredite gewährt werden sollen. Die Kreditlimits — im weitesten Sinne des Wortes — und die Kreditkonditionen, die die Banken einräumen, sind von diesen Forderungen und dem Maß, in dem sie erfüllt werden können, abhängig. Bedeutsamer noch erscheint in diesem Zusammenhang ein anderer, das Kreditpotential begrenzender Faktor, das Verlangen der Banken, die von ihnen gewährten Kredite abzusichern. In diesem Fall bestimmt das Maß, in dem ein Unternehmen für den in Anspruch genommenen Kredit Sicherheiten zu stellen vermag, die obere Grenze nicht nur der langfristigen, sondern auch der kurzfristigen Verschuldungsmöglichkeiten.

Unternehmungswirtschaftliche Umstände, in diesem Fall institutioneller Art, setzen dem Bestreben der Unternehmen, ihr finanzielles Potential auszuweiten, oft sehr starre Grenzen.

In nicht geringerem Maße als unternehmungswirtschaftliche Umstände beeinflussen branchenwirtschaftliche Faktoren die Höhe des Finanzierungspotentials. Die einzelnen Geschäfts- und Produktionszweige unterliegen unterschiedlichen Risiken, ein Umstand, der, wie bereits an anderer Stelle ausführlich beschrieben wurde, zu einem Risikoklassenkonzept geführt hat. Es ist klar, daß Unternehmen, die zurückbleibenden oder gar absterbenden Produktionszweigen angehören, allein schon aufgrund dieser Tatsache geringere Chancen haben, ihre finanzielle Kapazität zu erweitern als Unternehmen, die zu aufstrebenden Produktionszweigen gehören und am technischen Fortschritt in besonders starkem Maße teilhaben. Die Produktionszweige sind auch in unterschiedlichem Maße empfindlich für Verbesserungen oder Verschlechterungen konjunktureller Situationen und eben dieses Maß an Reagibilität auf Änderungen von Marktkonstellationen spiegelt sich in der Bereitschaft der potentiellen Kapitalgeber, sich finanziell in einem Unternehmen zu engagieren.

Die Kapitalmarktverhältnisse schließlich sind ein Reflex der gesamtwirtschaftlichen Entwicklung, die in der gesamtwirtschaftlichen Beschäftigung, dem Volkseinkommen, den internationalen Kapitalströmen, der gesamtwirtschaftlichen Liquidität zum Ausdruck kommen. Diese gesamtwirtschaftlichen Faktoren bilden zusammen mit den branchen- und den unternehmungswirtschaftlichen Umständen einen verhältnismäßig unstabilen Zusammenhang von Konstellationen und Einflußgrößen. In ihn projiziert die Planung ihre Absichten hinein, wenn sie nach der Kapitalausstattung sucht, die die Realisierung eines bestimmten Geschäftsvolumens oder einer Abfolge von Geschäftsvolumina verlangt.

Haben sich die Vorstellungen über die voraussichtliche Entwicklung der die Höhe des Kapitalfonds beeinflussenden inner- und außerbetrieblichen Konstellationen zu bestimmten Erwartungen über den Kapitalfonds verdichtet, mit dem in den Teilperioden des Planungszeitraums gerechnet werden kann, dann sieht sich das Unternehmen wiederum vor die Aufgabe gestellt, zu konkreten Vorstellungen darüber zu gelangen, in welchem Umfang das Potential, mit dem nunmehr gerechnet wird, ausgenutzt werden soll und darf.

Das Maß der für die Finanzierung des künftigen Kapitalbedarfs erforderlichen Fondsmittel wird durch den Abstand der projektierten Kapitalbedarfskurve von der noch nicht durch Fondserhöhungen geänderten Kurve des Kapitalfonds bestimmt. In Frage steht einmal, ob sich die Fondskurve in zeitlicher Abstimmung mit der hier als gegeben angenommenen Kapitalbedarfskurve durch Aufstockungen des Kapitalfonds so erhöhen läßt, daß sie über der Kapitalbedarfskurve liegt. Zum anderen aber ist zu überlegen, ob, wenn das finanzielle Potential des Unternehmens gerade ausreicht, dieses Verhältnis zwischen den beiden Kurven herzustellen, es unternehmungspolitisch vertretbar erscheint, das Potential voll auszuschöpfen. Reicht die unter den erwarteten Bedingungskonstellationen erreichbare maximale finanzielle Kapazität des Unternehmens (entlang der Zeitstrecke) nicht aus, den Kapitalfonds mit dem Kapitalbedarf in Übereinstimmung zu bringen, dann läßt sich die Planung aus finanziellen Gründen nicht realisieren, es sei denn, die beiden Kurven lassen sich durch güterwirtschaftliche Maßnahmen, also durch Einflußnahme auf die Kapitalbedarfskurve, in das gewünschte und betriebswirtschaftlich erforderliche Verhältnis zueinander bringen. Dieser Fall wird hier aber durch die Annahme einer gegebenen und in ihrem Ablauf unveränderlichen Kapitalbedarfskurve ausgeschlossen.

Genügt der Kapitalfonds dagegen, den durch die betriebliche Expansion (zunehmendes Geschäftsvolumen in den aufeinander folgenden einzelnen Teilperioden des Planungszeitraumes) verursachten Kapitalbedarf zu decken, dann geht es darum, die äußerste Grenze zu bestimmen, bis zu der der Kapitalfonds in Anspruch genommen werden darf und diese Grenze im Planungskalkül zu verwenden. Kein Unternehmen verzichtet, von Grenzsituationen abgesehen, darauf, finanzielle Reserven zu halten. Aber die langfristige Reservierung finanzieller Kapazität bedeutet nicht das gleiche wie die Reservierung von finanziellen Mitteln für kurzfristige liquiditätspolitische Maßnahmen. Diese Mittel bleiben grundsätzlich in ihrem Bestande erhalten. Wenn sie vorübergehend — ihrem Zweck entsprechend — dazu benutzt werden, kurzfristige und durch die Verwendung der Liquiditätsreserve behebbare, sich also in engen Grenzen bewegende Störungen des finanziellen Gleichgewichts zu beseitigen, so werden sie doch wieder aufgefüllt, sobald sie ihre Aufgabe erfüllt haben und die vorübergehende Spannung im finanziellen Gefüge des Unternehmens beseitigt ist. Bei der Bestimmung der im Rahmen langfristiger Planung offen zu lassenden finanziellen Kapazität aber geht es um ganz andere Dinge. Das Maß des bewußt nicht genutzten finanziellen Potentials hängt von der gesamtbetrieblichen Planung, der Form und Lage der Kapitalbedarfskurve und der Vorsorge für die Finanzierung weiterer betrieblicher Expansionen ab. Verfolgt ein Unternehmen eine derart auf Ausdehnung des Geschäftsvolumens gerichtete Politik, dann muß in der Zukunft mit steigendem Kapitalbedarf gerechnet werden. Für diesen Bedarf gilt es, finanzielle Kapazität zu reservieren. Es handelt sich gewissermaßen um ein strategisches, nicht um ein taktisches Ziel, um dessen Verwirklichung sich die Planung bemüht. Die kurzfristige Liquiditätsvorsorge spielt in diese langfristigen Planungen überhaupt nicht hinein. Die Finanzierung wachsender Geschäftsvolumina beziehungsweise die Ausstattung der Unternehmen mit dem für diese Geschäftsvolumen erforderlichen Kapital setzt finanzielles Gleichgewicht voraus, aber entlang dem steigenden Trend wachsenden Geschäfts- und Kapitalumfanges. Diese beiden Volumina aufeinander abzustimmen, ist die Aufgabe der auf lange Sicht operierenden Planung. Von dieser Abstimmung her gesehen haben liquiditätspolitische Vorsorgen nur akzidentelle Bedeutung[1].

Diese für die Wachstumsfinanzierung vorgesehene und gehaltene finanzielle Kapazität trägt auch nicht eigentlich den Charakter einer Reserve oder Rücklage für besondere Zwecke etwa derart, wie die aus dem Umsatzprozeß ausgeschlossenen, für die Behebung von Liquiditätsstörungen bestimmten liquiden Mittel. Denn die zu bestimmten Zeitpunkten oder in bestimmten Planungsperioden nicht in Anspruch genommene finanzielle Kapazität ist selbst ständig durch die Labilität der

[1] Im einzelnen sei hierzu verwiesen auf: Stützel, W., Liquidität, in: Handwörterbuch der Sozialwissenschaften, Stuttgart-Tübingen-Göttingen, 6. Bd. 1959, Sp. 622ff.; Lohmann, M., Einführung in die Betriebswirtschaftslehre, 4. Auflage, Tübingen 1964, hier insbesondere die Gegenüberstellung von dispositiver und struktureller, bzw. konstitutiver Liquidität, S. 202ff.; Strobel, A., Die Liquidität-Methoden ihrer Berechnung, 2. Auflage, Stuttgart 1953; Langen, H., Bemerkungen zum Liquiditätsbegriff, in: Zeitschrift für Betriebswirtschaft, 29. Jg. (1959), S. 87ff.; Orth, L., Die kurzfristige Finanzplanung, Köln und Opladen 1961, insbesondere die Ausführungen über die Festlegung des Mindestbestandes an liquiden Mitteln, S. 81ff.; Witte, E., Die Liquiditätspolitik der Unternehmung, Tübingen 1963, insbesondere die Ausführungen auf S. 41ff.; derselbe, Zur Bestimmung der Liquiditätsreserve, in: Zeitschrift für Betriebswirtschaft, 34. Jg. (1964), S. 763ff.; Albach, H., Kapitalbindung und optimale Kassenhaltung, in: Finanzierungshandbuch, Wiesbaden 1964, S. 361ff., insbesondere S. 404ff.; Lücke, W., Finanzplanung und Finanzkontrolle, Wiesbaden 1965, vor allem S. 258ff.; Oettle, K., Unternehmerische Finanzpolitik, Elemente einer Theorie der Finanzpolitik industrieller Unternehmungen, Stuttgart 1966, vor allem S. 21ff.; Klein, G., Die Deckung des Kapitalbedarfs wachsender Unternehmen, in: Zeitschrift für Betriebswirtschaft, 34. Jg. (1964), S. 268ff.; Berger, K.-H., Zur Liquidität industrieller Unternehmungen, in: Zeitschrift für Betriebswirtschaft, 38. Jg. (1968), S. 221ff.; Steinmann, H., Liquiditätsoptimierung in der kurzfristigen Finanzplanung, in: Betriebswirtschaftliche Forschung und Praxis, 20. Jg. (1968), S. 257ff.

inner- und außerbetrieblichen Verhältnisse bedroht, welche das Niveau und die Struktur des finanziellen Potentials beeinflussen. Mögen die internen Verhältnisse eines Unternehmens auch sehr solide sein und mögen auch die institutionellen Voraussetzungen für eine Expansion des Kapitalvolumens gegeben sein —, nehmen die Kapitalmarktverhältnisse eine ungünstige Entwicklung, dann schrumpft das finanzielle Potential und damit die finanzielle Expansionsreserve, die nun nicht mehr oder nur noch in Teilen für finanzierungspolitische Wachstumsoperationen zur Verfügung steht.

Isoliert man diesen Wachstumsaspekt aus den vielen Umständen, die in ihn hineinspielen, dann zeigt sich innerhalb der finanziellen Sphäre ein Prozeß, der sich zwar nie in seiner reinen Form vollzieht, gleichwohl für alle Finanzierungsüberlegungen expandierender Unternehmen von großer Bedeutung ist.

Ein Unternehmen möge über ein bestimmtes finanzielles Potential verfügen (Eigen- und Fremdkapital). Nun aber tritt ein größerer Kapitalbedarf ein, hervorgerufen durch die expandierende Tendenz, die die Entwicklung der Geschäftsvolumina im Planungszeitraum beherrscht. Die finanzielle Planung dieses Wachstums macht die Vorsorge für spätere Emissionen erforderlich.

Das Unternehmen beabsichtige, die erforderlichen Mittel dadurch zu erlangen, daß es eine Anleihe auflegt. Es hat bereits jetzt dafür zu sorgen, daß es zu einem späteren Zeitpunkt günstige Emissionsbedingungen vorfindet. Bleibt der Kapitalfonds im übrigen unverändert, dann erhöht sich der Verschuldungsgrad des Unternehmens.

Wird die Anleihe begeben und ist das Fremdkapital dem Kapitalfonds des Unternehmens zugeführt, dann erhöht sich das Ertragspotential des Unternehmens, solange die Kosten des Fremdkapitals, in diesem Falle der Anleihe, unter der internen Verzinsung des Gesamtkapitals liegen. In der Erhöhung der Rendite auf das Eigenkapital kommt die positive Wirkung zunehmender Verschuldung zum Ausdruck. Dieser günstige Einfluß zunehmender Verschuldung auf das Ertragspotential des Unternehmens hat unter sonst gleichen Voraussetzungen eine Verbesserung der Emissionsbedingungen für Aktien zur Folge. Steigt die Selbstfinanzierungsquote, dann erweitert sich die Eigenkapitalbasis des Unternehmens. Werden die mit Hilfe des zusätzlichen Fremdkapitals erwirtschafteten Gewinne an die Aktionäre ausgeschüttet, dann wird — alles andere als konstant angenommen — das Kursniveau der Aktien steigen. Die Gesellschaft trifft also auf günstige Bedingungen für die Begebung von Aktien. Ist die Kapitalerhöhung durchgeführt und sind die Aktien begeben, dann sinkt der Anteil des Fremdkapitals am Gesamtkapital des Unternehmens beziehungsweise das Verhältnis zwischen Eigen- und Fremdkapital ändert sich zugunsten des Eigenkapitals.

Diese Entwicklung innerhalb des Kapitalfonds schafft wiederum günstige Voraussetzungen für die Aufnahme neuen Fremdkapitals und damit neue verbesserte Bedingungen für die Erhöhung der Rendite auf das Eigenkapital des Unternehmens, also eine Steigerung der Gewinne je Aktie. Die Folge ist, daß entweder den Rücklagen Gewinnbeträge zugeführt werden können, die die Eigenkapitalbasis des Unternehmens erhöhen oder die Ausschüttungen erhöht werden. Auf diese Weise werden wiederum günstige Bedingungen für die Emission von Aktien geschaffen. Ist die Emission durchgeführt, dann sinkt der Verschuldungsgrad. Dieser Umstand ist wiederum die Voraussetzung dafür, neues Fremdkapital aufnehmen zu können. Der Prozeß setzt sich in der angegebenen Weise fort.

Dieser Spiraleffekt ist unter anderen eine bestimmende Größe in den Planungsüberlegungen für die Kapitalausstattung expandierender Unternehmungen. Er tritt niemals rein in Erscheinung, weil noch andere Kräfte wirksam sind, die die Entwicklung des Ertragspotentials und des Finanzpotentials der Unternehmungen beeinflussen und unter Umständen in eine entgegengesetzte Richtung drängen. Die Instabilität der einzelbetrieblichen und der gesamtwirtschaftlichen Konstellationen erschwert die planende Voraussicht der Möglichkeiten und Wirkung des geschilderten Spiraleffektes. Daß aber die Frage, in welchem Maße er zur Wirkung kommt und zur Wirkung gebracht werden kann, entscheidende Bedeutung besitzt, wenn es um die langfristige Kapitalausstattungwachsender Unternehmen geht, kann keinem Zweifel unterliegen.

Auch besteht eine gewisse Analogie zum Phänomen der kapazitativen Disharmonie im Bereich der Produktion. Die Beseitigung von Engpaßkapazitäten kann zu Überschußkapazitäten bei diesen Anlagen führen, wenn die Anlagen nicht beliebig teilbar sind. An diesen Kapazitäten gemessen werden andere Produktionskapazitäten zu Engpässen. Die Beseitigung dieser Engpässe hat aber neue Überschußkapazitäten bei eben diesen Anlagen zur Folge. So können sich aus der technisch bedingten, nicht beliebigen Teilbarkeit der Aggregate Wachstumsimpulse entwickeln. Im finanziellen Bereich der Unternehmen zeigen sich ähnliche Tendenzen, so etwa, wenn zur Beseitigung finanzieller Engpässe Kapital in Mindestbeträgen aufgenommen wird, die größer sind als der bestehende Kapitalbedarf. Zum Beispiel lassen sich Aktien und Obligationen nur dann begeben, wenn die Emissionsbeträge eine gewisse Größe erreichen. Auch hier besteht dann eine Art Unteilbarkeit der Fondserhöhungen. Sie wird zur Folge haben, daß die Kurve des Kapitalfonds über der Kurve des Kapitalbedarfs liegt. Die Differenz stellt ein finanzielles Potential dar, das, wenn günstige Umstände hinzukommen, sogar Wachstumsimpulse auszulösen vermag.

5. Abstimmung durch kombinierte güter- und finanzwirtschaftliche Maßnahmen.

Die Frage, welche güterwirtschaftlichen Maßnahmen zur Verfügung stehen und ergriffen werden können, um den Kapitalbedarf in Übereinstimmung mit den Finanzierungsmöglichkeiten des Unternehmens zu bringen, ist unter der Voraussetzung zu beantworten versucht worden, daß die finanziellen Möglichkeiten des Unternehmens gegeben und konstant sind. Dagegen ist für die Beantwortung der Frage, wie die Finanzierungsmöglichkeiten mit dem Kapitalbedarf abzustimmen sind, unterstellt worden, daß der Kapitalbedarf jeweils gegeben und konstant ist. Im ersten Falle bleibt gewissermaßen der finanzielle Bereich, im zweiten der güterwirtschaftliche Bereich als Aktivitätszentrum ausgeklammert.

Integrierte Planung gesamtbetrieblicher finanzieller Zusammenhänge aber verlangt, daß sowohl güter- wie finanzwirtschaftlich disponiert werden kann, um Kapitalbedarf und Kapitalfonds aufeinander abzustimmen. Sämtliche relevanten Größen müssen deshalb als variabel angenommen werden, das heißt jede Variable muß innerhalb eines bestimmten Intervalls jeden beliebigen Wert annehmen können (P_w, P_f und P_c variabel). Diese Planungsposition schließt also sowohl die einseitige Anpassung des Kapitalbedarfs an finanzielle Gegebenheiten als auch die einseitige Anpassung finanzieller Maßnahmen an güterwirtschaftliche Gegebenheiten aus. Die koordinierende Planung finanzieller Konsequenzen güterwirtschaftlicher und finanzieller Einflußnahmen auf den Kapitalbedarf und den Kapitalfonds bildet die beste Möglichkeit, Geschäftsvolumen und Finanzierungsmöglichkeiten in Einklang zu bringen und zu halten. Erst wenn alle Möglichkeiten güter- und finanzwirtschaftlicher Maßnahmen erschöpft sind, läßt sich sagen, ob begründete Aussicht besteht, das geplante Geschäftsvolumen zu finanzieren. Führen die Untersuchungen zu dem Ergebnis, daß die finanziellen Folgen güterwirtschaftlicher Maßnahmen und die Konsequenzen finanzieller Aktivitäten es nicht zulassen, die geplanten oder besser, die in Erwägung gezogenen Geschäftsvolumina zu realisieren, dann schließen sich diese Ziele aus der Planung aus. Im entgegengesetzten Fall können sie Bestandteil langfristiger Unternehmungsplanung sein.

Der praktische Vollzug einer solchen, das Ganze des Unternehmens umfassenden finanziellen Planung ist, sofern er die Ermittlung des Kapitalbedarfs betrifft, bereits ausführlich geschildert worden[1]. Er besteht dem Prinzip nach einfach darin, daß den maßgebenden Abteilungen von der Geschäftsleitung gewisse Ziele, insbesondere Umsatzgrößen, genannt werden mit dem Auftrag zu untersuchen, welche Maßnahmen

[1] Vgl. hierzu die Ausführungen im sechsten Kapitel.

ergriffen werden müßten, wenn die aufgegebenen Ziele erreicht werden sollen, wie diese Maßnahmen voraussichtlich das Kostenniveau und die Erlöse beeinflussen, welche Kapitalbedarfe entstehen werden und ob und zu welchen Bedingungen der Kapitalbedarf dieser alternativen Geschäftsvolumen gedeckt werden kann. In organisatorischer Terminologie gesprochen, übernehmen die Linienabteilungen Stabsaufgaben, wenn sie sich gewissermaßen gutachtlich zu den Erwägungen der Geschäftsleitung äußern. Diese gutachtlichen Äußerungen bilden die Grundlage, auf der später die endgültigen Planungen aufbauen. Sie enthalten in der Regel mehrere Alternativen, immer bezogen auf ein Geschäftsvolumen oder auf eine Abfolge derartiger Volumina. Die Tatsache, daß der güterwirtschaftliche Bereich nicht nur als Datum, sondern als regulierbarer Teil in die Planung einbezogen wird, und viele Kombinationen von Maßnahmen zuläßt, den Kapitalbedarf der Höhe und der Zeit nach zu beeinflussen, löst die Planung aus ihrer einseitig finanziellen Verankerung.

Zu einem bestimmten Planungs- oder Vorplanungszeitpunkt läßt sich die Lage eines Unternehmens durch Beschränkungen kennzeichnen, die der vollen Entfaltung betrieblicher, akquisitorischer oder finanzieller Möglichkeiten Grenzen setzen. Jedem Geschäftsvolumen ist gewissermaßen ein solches System von Beschränkungen zugeordnet. Wenn die Geschäftsentwicklung als sich stetig vollziehend gedacht wird, dann löst mit jeder einzelnen Datenänderung, mag sie auch noch so klein sein, ein System von Beschränkungen ein anderes ab. Ob nun aggressiv oder hinhaltend operiert wird — die Beschränkungen ändern sich mit jeder Variation eines Datums. Würden sie sich gesetzmäßig ändern, dann bliebe für frei disponierende Planungen kein Raum. Da sie aber durch betriebliche Maßnahmen beeinflußbar und damit disponierbar sind, ist insofern ihre strenge Bindung an Datenänderungen aufgehoben. Die finanzielle Planung läßt sich deshalb auch als eine in unterschiedlichen Grenzen mögliche Anpassung der güter- und finanzwirtschaftlichen Beschränkungen an vorgegebene oder angestrebte Geschäftsvolumina auffassen.

In diesem Sinne gründet die integrierte Finanzplanung unmittelbar in dem Gesamtbestand betrieblicher Prozesse und Beschränkungen.

6. Organisatorische Fragen der integrierten Finanzplanung.

6a. Die planenden Überlegungen mögen zu dem Ergebnis geführt haben, daß das güter- und finanzwirtschaftliche Potential des Unternehmens ausreicht, um nach Ablauf einer gewissen Zeit ein bestimmtes Geschäftsvolumen durchzusetzen. Die Prüfungen sollen auch gewisse langfristige Gewinnerwartungen als realisierbar erscheinen lassen, wenn der beabsichtigte Geschäftsumfang erreicht sein wird. Wie die angestellten Berechnungen ergeben, wird auch eine Kapitalstruktur erreichbar sein, die das aus ihr stammende finanzielle Risiko und das Risiko vorzeitigen Kapitalentzuges in vertretbaren Grenzen hält. Die Untersuchungen haben ferner, so sei angenommen, gezeigt, daß die finanzielle Entwicklung des Unternehmens im Planungszeitraum kurzfristige Kapitalbedarfs- und Kapitalfondsschwankungen auszugleichen erlaubt, so daß das finanzielle Gleichgewicht insofern nicht gefährdet erscheint. Hat die Leitung des Unternehmens ihre Zustimmung zu den Planungen erteilt, dann gilt es für ihren Vollzug den richtigen planungstechnischen und organisatorischen Rahmen zu finden[1].

Es gibt Unternehmen, in denen die langfristigen Planungen mehr den Charakter von Direktiven besitzen. Andere Unternehmen gehen über den Rahmen derartiger Globalanweisungen hinaus und legen die langfristigen Planungen auch in den Einzelheiten fest. In der Regel verzichten diese Unternehmen nicht darauf, die Planungsprämissen schriftlich zu fixieren, handele es sich dabei um die gesamtwirtschaftlichen oder um die unternehmungswirtschaftlichen Voraussetzungen der Planung. Der Vorteil von Prämissenfixierungen besteht darin, daß die Ausgangszeitpunkte der Planung auch dann noch eindeutig kontrollierbar sind, wenn neue Bedingungskonstellationen vor allem außerbetrieblicher Art eingetreten sind, und die inzwischen verstrichene Zeit die besonderen Bedingungen zu verwischen droht, die seinerzeit die Planungen bestimmt haben. Nur so läßt sich auch kontrollieren, ob die damalige Beurteilung der gesamtwirtschaftlichen und betrieblichen Daten richtig oder falsch gewesen ist und welches der Grund ist, daß die gegenwärtigen Planungen sich nur so schwer an die Entwicklung anpassen lassen, die die Dinge

[1] Zur Technik der Finanzplanung vgl. insbesondere: SCHMALENBACH, E., Die Aufstellung von Finanzplänen, 1. Auflage 1931, 4. Auflage Leipzig 1940; KOSIOL, E., Finanzplanung und Liquidität, in: Zeitschrift für handelswissenschaftliche Forschung, 7. Jg. (1955), S. 251ff.; SELLIEN, H., Finanzierung und Finanzplanung, 2. Auflage, Wiesbaden 1964; KOCH, H., Finanzplanung, in: Handwörterbuch der Betriebswirtschaft, 3. Auflage, Band 2, Stuttgart 1958, Spalte 1910ff.; HAX, K., Die Stellung des Finanzplans im Rahmen des betrieblichen Rechnungswesens, in: Zeitschrift für handelswissenschaftliche Forschung, 7. Jg. N. F. (1955), S. 296ff.; HENDRIKSON, K., A. STEHLIK und H. J. LINK, Finanzplanung im Betrieb, in: Zeitschrift für Betriebswirtschaft, 27. Jg. (1957), S. 208ff.; KORTZFLEISCH, v. G., Die Grundlagen der Finanzplanung, Berlin 1957; KOLBE, K., Der Finanzbedarf, Planung — Steuerung — Überwachung, Zweite Auflage, Düsseldorf 1959; ORTH, L., Die kurzfristige Finanzplanung industrieller Unternehmen, Köln und Opladen 1961; ALBACH, H., Finanzplanung im Unternehmen, in: Management International, Jg. 1962, S. 70ff.; KRÜMMEL, H.-J., Grundsätze der Finanzplanung, in: Zeitschrift für Betriebswirtschaft, 34. Jg. (1964), S. 225ff.; LÜCKE, W., Finanzplanung und Finanzkontrolle in der Industrie, Wiesbaden 1965 (und die hier angegebene umfangreiche Literatur zu diesem Gegenstand); STEINMANN, H., Liquiditätsoptimierung in der kurzfristigen Finanzplanung, in: Betriebswirtschaftliche Forschung und Praxis, 20. Jg. (1968), S. 257ff.

inzwischen genommen haben. Der organisatorische Einbau der Planprämissen in das Gefüge der Planung durch schriftliche Fixierungen hat sich in vielen Fällen für das eigene Verständnis der Planung als sehr vorteilhaft erwiesen.

Diese Überlegung gilt noch mehr für die langfristigen Unternehmensziele selbst. Die Frage lautet nicht, wie diese Ziele zustande kommen, sondern lediglich, in welchem Maße ihre schriftliche Aufzeichnung zum organisatorischen Bestandteil langfristiger Planung gemacht werden sollte. Schriftliche Festlegung zwingt zu eindeutigen Verhaltensanweisungen. Es gibt kein betriebswirtschaftlich wichtiges Gebiet, in dem Eindeutigkeit wichtiger wäre als der Bereich der Führungsentscheidungen, um die es sich in diesem Fall handelt. Zudem trägt jede Entscheidungssituation einmaligen Charakter und nur aus den besonderen Umständen dieser Situation heraus läßt sich ein bestimmter, in diesem Fall unternehmungspolitischer Entschluß verständlich machen. Jeder Entschluß beruht auf bestimmten Annahmen über die eigene Lage, über die eigenen zur Verfügung stehenden güterwirtschaftlichen und finanziellen Mittel, über die Lage bei den Konkurrenzunternehmen und über die Nachfrage, der sich das Unternehmen gegenüber sieht. Diese Grundlagen für die Entscheidungen müssen nachprüfbar sein, wenn die Ursachen für den Erfolg oder Mißerfolg der getroffenen Maßnahmen feststellbar sein sollen und wenn Verantwortlichkeiten bestimmt werden müssen. Aus diesem Grunde legen gerade Unternehmen mit komplizierter Entscheidungsstruktur Wert darauf, die langfristigen Unternehmensziele in eindeutiger Weise schriftlich zu fixieren und so zum organisatorischen Bestandteil langfristiger Planung zu machen.

Zur Sicherung der Unternehmensziele sind langfristige Strategien erforderlich. Ihre Ausarbeitung und schriftliche Aufzeichnung ist für den Erfolg dieser operativen Maßnahmen nicht weniger wichtig als die schriftliche Fixierung der langfristigen Unternehmensziele selbst. Diese Überlegungen gelten in gleicher Weise für die Festlegung des Zeitplans, der angibt, zu welchen Zeitpunkten die Maßnahmen zur Sicherung der Unternehmensziele auf weite Sicht vorgenommen werden sollen. Nur dann, wenn über die Art der langfristigen Strategien und die Zeitpunkte, zu denen sie vollzogen werden sollen, nicht nur globale, sondern bis in die Einzelheiten hinein durchdachte Ausarbeitungen vorliegen, läßt sich erfolgreich planen.

Die Planung langfristiger Unternehmensziele verlangt also kontrollierbare Angaben über die Planprämissen, die langfristigen Unternehmensziele, die langfristigen Strategien und die Zeitpläne, nach denen diese Strategien vollzogen werden müssen. Insofern sind sie organisatorische Bestandteile langfristiger Unternehmensplanung.

6b. Mit den langfristigen Unternehmenszielen, ihren Schwerpunkten und Zeitplänen ist die Finanzplanung auf das engste verknüpft. Verlangt zum Beispiel die Geschäftsleitung, daß der gegenwärtige Umsatz unter allen Umständen zu halten sei oder fordert sie, daß der Umsatz nach einem von ihr vorgegebenen Zeitplan um bestimmte Prozentsätze gesteigert werden soll, dann bilden diese Umsatzvorgaben die Schlüsselgröße für die langfristige Planung in allen betrieblichen Teilbereichen des Unternehmens. Nach dem verlangten Umsatz (oder Marktanteil) wird nicht nur die zukünftige, im Planungszeitraum herzustellende quantitative und qualitative Produktionskapazität, sondern auch die Vertriebskapazität geplant. Diese Planungen liefern dann die Daten für die langfristige Finanzplanung. Es bedarf also einer engen organisatorischen Verknüpfung aller Planungen im gesamten langfristigen Planungssystem, wenn für die Bereitstellung der nach Maßgabe der betrieblichen Gesamtplanung erforderlichen finanziellen Mittel nach Art, Umfang und Zeit langfristig Vorsorge getroffen werden soll.

Über die langfristigen Unternehmensziele hängen alle langfristigen Planungen zusammen. Diesem Zusammenhang gilt es organisatorisch Ausdruck zu geben. Jeder Planungsbereich plant nach seinen Aufgaben und technischen Möglichkeiten, anders ausgedrückt: er plant nach den Besonderheiten seiner betrieblichen Funktion. Die finanzielle Planung interessieren diese funktionellen Besonderheiten der Planung in den betrieblichen, insbesondere den güterwirtschaftlichen Teilbereichen nur insoweit, als diese Planungen zu bestimmten Zeitpunkten Ein- und Auszahlungen auslösen. Die finanzielle Planung rechnet also die güterwirtschaftlichen Tatbestände in Ein- und Auszahlungen um, aber sie vermag diese Umrechnungen nur vorzunehmen, wenn organisatorisch dafür Vorsorge getroffen ist, daß ihr die für sie relevanten Informationen aus den güterwirtschaftlichen Teilbereichen rechtzeitig und mit der erforderlichen Zuverlässigkeit zugehen. Aufgrund dieser Informationen entsteht dann ein Bild von der Beanspruchung des finanziellen Potentials, über das die Unternehmung verfügt. Im Rahmen der (für zulässig angesehenen) Inanspruchnahme der finanziellen Kapazität des Unternehmens finden die zu ergreifenden Maßnahmen für die gegebenenfalls erforderliche Aufstockung des Kapitalfonds oder seinen Abbau oder seine Umstrukturierung, kurz die besonderen finanzierungspolitischen Strategien des Unternehmens ihren planungstechnischen Ausdruck. Vereinfacht gedacht, stellt sich der organisatorische Rahmen langfristiger Finanzplanung als eine Art von Budget dar, das auf der einen Seite die Ausgaben nach Art, Betrag und Zeit und auf der anderen Seite die Einnahmen, ebenfalls nach Art, Betrag und Zeit geordnet enthält. Dieses Budget zeigt das finanzielle Gefüge des Unternehmens so, wie es für mehrere Geschäftsperioden geplant wird. In ihm spiegeln sich die langfristigen Unternehmensziele finanziell wider. Die Brauchbarkeit eines solchen Budgets ist um so größer, je mehr Variable und betriebliche Interdependenzen in den Planungszusammenhang hineingenommen werden und je mehr Beschränkungen güter- und finanzwirtschaftlicher Art Berücksichtigung finden. Die Tendenz geht dahin, globale Größen planungstechnisch immer mehr aufzulösen, um die gegenseitige Beeinflussung der betrieblichen Tatbestände in den Einzelheiten sichtbar und für die Planung nutzbar zu machen. So reichert sich die Planung langfristiger Kapitalausstattung, die die Verwirklichung der langfristigen Unternehmensziele sichern soll, zunehmend mit Einsichten in den betrieblichen Zusammenhang an. Je mehr güterwirtschaftliche Phänomene und ihre Abhängigkeiten voneinander in die Planung langfristiger Kapitalvorsorge einbezogen werden, um so größer ist zwar die Zahl der zu lösenden organisatorischen Probleme, um so zuverlässiger ist aber auf der anderen Seite die Abstimmung zwischen dem Kapitalbedarf und den Finanzierungsmöglichkeiten, die das finanzielle Potential des Unternehmens zuläßt.

6c. Sieht man die Vorplanung alternativer Unternehmensziele und die dann vorgenommene endgültige Entscheidung für eines dieser Ziele als Merkmal langfristiger Planung an, dann zeigt sich deutlich, daß Planen wesentlich Abwägen, Vergleichen, gedankliches Experiment und dann wieder erneutes Abwägen und gedankliches Experimentieren bedeutet, und daß das Festlegen und Etatisieren nur die Endstufe eines langwierigen Prozesses ist.

Langfristige Unternehmensplanungen sind in ganz besonderem Maße ständig der Gefahr ausgesetzt, daß sich die Voraussetzungen der Planung ändern. Es ist nicht anzunehmen, daß sich Umsatz-, Rentabilitäts- und Strukturschätzungen, die für drei, vier oder fünf Jahre vorgenommen werden, als völlig richtig erweisen werden. Diese Tatsache ist für die Planung auch verhältnismäßig bedeutungslos, denn die in Abständen vorgenommene Revision der Zukunftszahlen hat zur Folge, daß nicht darauf gewartet werden muß, daß die zu einem bestimmten Zeitpunkt gemachten Schätzungen eintreffen werden. Der große Vorteil derartiger Zukunfts-Solls besteht darin, daß versucht wird, alle für eine bestimmte Planung wichtigen Sachverhalte bis in ihre letzten Konsequenzen hinein zu durchdenken und die Zukunft danach abzutasten, was an möglichen finanziellen Wirkungen auf ein Planungsvorhaben eintreten kann. In diesem Sinne bedeutet die laufende Plankontrolle und -korrektur ein Instrument der Sicherung gegen das Risiko unvorhergesehen eintretender Ereignisse.

Die Methodik langfristiger Unternehmensplanung interessiert hier nur insoweit, als sie die langfristige Finanzplanung berührt. So kann einmal nach der Regel vorgegangen werden: Wenn der Fall A eintritt, dann die Maßnahmen (1), wenn B, dann (2), wenn C, dann (3) usf. Die Finanzplanung legt dann ihre Strategien für die einzelnen Fallsituationen fest. Erweisen sich plötzliche Umstellungen von der Planungssituation A auf die Planungssituation B oder C als erforderlich, dann können bei diesem Planungsverfahren große Anpassungs- und Umstellungsschwierigkeiten eintreten, wenn die Planungen A, B, C usf. schroff nebeneinander stehen. Die Zweckmäßigkeit dieser Alternativplanungen hängt wesentlich davon ab, mit welchem Zeit- und Kapitalaufwand sich der Betrieb auf die neue Planungssituation umsteuern läßt. In Fällen, in denen dieser Aufwand groß ist, erscheint es zweckmäßiger, die Planung so einzurichten, daß die Maßnahmen zu einem wesentlichen Teil auch dann ergriffen werden können, wenn die erwartete Situation nicht eintritt. In diesem Falle wird die langfristige Finanzplanung von vornherein mit derjenigen Bandbreite und Elastizität ausgestattet, die die Umsteuerungen in engen Grenzen zu halten erlaubt. Die langfristige Finanzplanung wird in diesem Fall darauf eingerichtet, für den günstigsten und für den ungünstigsten Fall betrieblicher und damit finanzieller Entwicklung und einige zwischen diesen beiden Grenzfällen liegende Möglichkeiten der geschäftlichen Entwicklung finanziell Vorsorge zu treffen. Es ist möglich, daß sich das langfristig gesteckte Unternehmensziel gerade mit der Kapitalausstattung verwirklichen läßt, die die Planung für den günstigsten Fall vorsieht. Aber auch der Fall ist denkbar, daß die Verwirklichung der langfristigen Unternehmungspolitik mehr Kapital erfordert, als für den günstigsten Fall geplant wurde. Unter diesen Umständen übersteigt der Kapitalbedarf das für den günstigeren Fall vorgesehene Maß. Die Planung in Bandbreiten vermag diesem Fall unter Umständen besser gerecht zu werden als die Planung von Alternativen, auch wenn sie die Aufstellung von „Pannenplänen" vorsieht.

6d. Wie die langfristige Unternehmensplanung versucht, die in der Planung enthaltenen Risiken durch vorsichtigen Ansatz der Umsätze, Kosten, Renditen usw. aufzufangen, so verlangen auch die Kapitalbedarfe und die Kapitaldeckungsmittel in der langfristigen Finanzplanung einen vorsichtigen Ansatz der Planwerte und die Einfügung von Eventualpositionen in den Planungskalkül für die besondere und allgemeine Absicherung der Planung gegen unvorhergesehene, ihre Durchführung bedrohende Ereignisse. Die vorsichtige Bemessung der Kapitalbedarfs- und Kapitalfondspositionen in der einen Spielraum vorsehenden Planung stellt den Versuch dar, die langfristigen finanziellen Planungen gegen die in ihr enthaltenen Risiken abzudecken.

Es hieße jedoch die Probleme des praktischen Vollzuges langfristiger Finanzplanung zu eng und zu einseitig sehen, würde nur auf die Risikoabwehr im Plan selbst abgestellt. Denn eine der wichtigsten Voraussetzungen für die Sicherung der Kapitalausstattung, deren ein Unternehmen für die Realisierung seiner langfristigen Pläne bedarf, ist die Erhaltung seiner Kreditwürdigkeit. Sie greift weiter als die kurzfristige Liquiditätsvorsorge, die durch Aussonderung und Reservierung flüssiger Mittel in Form von Kassenbeständen, Bankguthaben und leicht zu veräußernden Wechsel- und Wertpapierbeständen liquiditätssichernde Maßnahmen trifft. Diese Maßnahmen sind wesentlich Bestandteil der kurzfristigen Planung. Für die langfristige Kapitalvorsorge besitzt die kurzfristige Liquiditätsplanung nur geringe Bedeutung. Zwar dient auch die langfristige Planung — wie jede Finanzplanung — der Erhaltung des finanziellen Gleichgewichts, dessen Sicherung eine der wichtigsten Voraussetzung — wenn nicht schlechthin — die Voraussetzung für die Kreditwürdigkeit der Unternehmen bildet. Kreditwürdigkeit aber ist der umfassendere Begriff. Sie bestimmt, wiederum zu einem sehr wesentlichen Teil, das finanzielle Potential eines Unternehmens. Um dieses Potential und seine Ausschöpfung aber geht es hier. Erscheint ein Unternehmen den Kreditgebern über die in der langfristigen Planung in Anspruch genommene finanzielle Kapazität hinaus nicht kreditwürdig, dann plant es ohne finanzielle Reserven. Der Zugang zu den Kreditmärkten ist dann versperrt und wenn zur Sicherung der Kapitalausstattung des Unternehmens finanzielle Operationen erforderlich werden sollten, die über den in der langfristigen Planung vorgesehenen Umfang hinausgehen, dann ist die Aufrechterhaltung des Gleichgewichts zwischen Kapitalbedarf und Kapitalfonds nicht mehr gewährleistet.

Die langfristige Finanzplanung unterstellt stets ein bestimmtes Maß an Kreditwürdigkeit. Sie baut auf diesem Maß auf und rechnet mit ihm. Das Problem, das hier interessiert, lautet deshalb so: in welchem Maße soll das durch die Kreditwürdigkeit des Unternehmens bestimmte Kreditpotential im Zuge der langfristigen Finanzplanung ausgenutzt werden, wie soll, anders ausgedrückt, das Verhältnis zwischen dem beanspruchten und dem nicht beanspruchten Teil des finanziellen Potentials für die langfristige Planung bestimmt werden?

Wird der optimale Verschuldungsgrad als Maß für die planende Festlegung dieses Verhältnisses verwandt, dann würde ein Rest an potentieller Verschuldungsmöglichkeit übrig bleiben, wenn die Kreditwürdigkeit des Unternehmens eine das angegebene Maß übersteigende Verschuldung zuläßt. Diese Differenz zwischen dem optimalen Verschuldungsgrad und den nach Maßgabe der Kreditwürdigkeit möglichen Maß an Verschuldung gibt den Betrag der Reserve an, die für eine gegebenenfalls erforderliche Erhöhung des Kapitalfonds benutzt werden könnte.

Die Inanspruchnahme dieser finanziellen Reserve würde allerdings einmal bedeuten, daß das finanzielle Risiko aufgrund der Verschlechterung der Kapitalstruktur über das zulässige Maß steigt. Gleichzeitig würde die Verwendung der finanziellen Reserve für betriebliche Zwecke den Spielraum für finanzielles Operieren einengen. Angesichts dieser beiden Folgen weitgehender oder vollständiger Ausschöpfung des Kreditpotentials im Rahmen der langfristigen Finanzplanung erhebt sich dann doch die Frage, ob eine zu enge Dimensionierung der für planwidrigen Kapitalbedarf vorgesehenen Kreditreserven nicht gegen den Grundsatz der Vorsicht verstoßen würde. Er beherrscht alle Planung als ein fundamentaler Satz.

Trifft die langfristige Finanzplanung genau die Verschuldung, die nach den Prinzipien des optimalen Verschuldungsgrades als die günstigste anzusehen ist, dann würde damit auch die langfristige Kreditreserve optimal bestimmt sein. Liegt die tatsächliche Inanspruchnahme der finanziellen Kapazität unter der durch den optimalen Verschuldungsgrad gezogenen Grenze, dann würde das Unternehmen die rentabilitätssteigernde Wirkung zunehmender Verschuldung nicht ausnutzen. Übersteigt dagegen die tatsächliche Ausnutzung eines noch in den Rahmen der Kreditwürdigkeit fallenden Kreditpotentials den optimalen Verschuldungsgrad, dann belastet sich die langfristige Finanzplanung mit zunehmenden Strukturrisiken und einer unter Umständen gefährlichen Einengung des operativen finanziellen Spielraums.

Nimmt ein Unternehmen seine finanziellen Planungen auf der Grundlage von Richtlinien vor, wie sie Banken oder Finanzierungsinstitute anderer Art bei der Gewährung von Krediten benutzen, und wie sie vor allem in der goldenen Bilanzregel ihren Niederschlag finden, dann wird auf diese Weise eine Verschuldungsgrenze geschaffen, die mit dem optimalen Verschuldungsgrad nicht übereinstimmen muß. Machen also die Finanzinstitute ihre Kreditgewährung von der Existenz und Innehaltung bestimmter Proportionen zwischen den Kapital- und Vermögensteilen abhängig, dann setzen diese institutionellen Richtwerte Daten für die Kreditwürdigkeit des Unternehmens. In ähnlicher Weise schränken Beleihungsgrenzen für Vermögensbestände die Kreditwürdigkeit der Unternehmen für langfristige Verschuldungen ein. Seine Abhängigkeit von institutionellen Faktoren gibt dem finanziellen Potential eine gewisse Zufälligkeit. Da das finanzielle Potential der Unternehmen auch von der Ertrags- und Umsatzentwicklung abhängig ist und da außerdem die gesamtwirtschaftliche Liquidität einen bestimmenden Einfluß auf die Bereitschaft der Kapitalgeber, insbesondere der Banken, Kredite zu gewähren, ausübt, so variiert mit diesen Faktoren die Höhe und Struktur des finanziellen Potentials der Unternehmen. Derart also ist die Planungssituation, wenn es sich darum handelt, eine Entscheidung darüber zu treffen, in welchem Umfang das finanzielle Potential des Unternehmens ausgenutzt werden soll und kann, wenn die gesamtbetriebliche Unternehmensplanung zusätzliche finanzielle Beanspruchungen zur Folge haben wird. Im Planungskalkül kommt die Festlegung des Verhältnisses der in Anspruch zu nehmenden und der frei zu lassenden finanziellen Kapazität eine große Bedeutung zu. Die Schwierigkeiten, die die Bestimmung dieses Verhältnisses bereitet, stammen zu einem wesentlichen Teil aus dem verhältnismäßig instabilen, durch eine Vielzahl kaum zu übersehender und ständig wechselnder Kräfte bestimmten Charakter eben dieser finanziellen Kapazität.

In diesem Sinne ist langfristige Finanzplanung stets Planung einer bestimmten Kapitalstruktur. Diese Feststellung gilt in gleicher Weise für den Fall, daß das Verhältnis zwischen Eigen- und Fremdkapital (und wie hinzuzufügen ist, zwischen Eigen- und Selbstfinanzierung) optimal bestimmt wird als auch für den Fall, daß diese optimale Bestimmung nicht vorgenommen wird oder praktiziert werden kann. Ein charakteristisches Merkmal einer langfristigen Finanzplanung, die auf Kapitalstrukturen als Leitbilder nicht verzichtet, ist stets die Tatsache, daß die Strukturplanung Teile der finanziellen Kapazität des Unternehmens in die Planung hineinnimmt und über sie planend verfügt, daß sie aber auch Teile dieser Kapazität als Operationsreserve frei hält. Die Frage, wie das Verhältnis zwischen planend genutzter und planend nicht genutzter finanzieller Kapazität zu bestimmen ist, läßt sich zur Zeit noch nicht allgemeingültig beantworten. Daß es hier aber im konkreten Fall um die Bestimmung eines Optimums zwischen den beiden Teilen betrieblichen finanziellen Potentials geht, steht außer Zweifel. Ebensowenig kann bestritten werden, daß von diesem Verhältnis die Fähigkeit des Unternehmens abhängig ist, sich gegen das finanzielle Risiko (und nicht nur gegen dieses) zu sichern. Wie nahe im gegebenen Fall das im Rahmen einer langfristigen Planung vorgesehene und praktizierte Verhältnis zwischen in Anspruch genommener und nicht genutzter finanzieller Kapazität am Optimum liegt, ist nur zu sagen, wenn dieses Optimum bekannt ist. Es läßt sich nur bestimmen, wenn es gelingt, die finanzielle Struktur und das Geschäftsvolumen eines Unternehmens simultan zu planen.

6e. Verkürzt man den Planungszeitraum und stellt man auf kurzfristige finanzielle Planung ab, dann bleiben die Grundtatbestände der langfristigen Planung insofern unverändert, als sich auch die kurzfristige finanzielle Planung mit der Vielzahl der Variablen und ihren Interdependenzen, auch mit der Unsicherheit der Planungsdaten und der Konsequenzen planender Maßnahmen auseinanderzusetzen hat. Auch das Problem der Koordination planender Aktivitäten bleibt unverändert bestehen. Denn die Tatsache, daß das mittlere und untere Management nur in seltenen Fällen Aufgaben ausführt, deren Zusammenhang mit den langfristigen Zielen der Unternehmensleitung unmittelbar zu erkennen ist, bedeutet eine ständige Bedrohung dieser Planung. Je größer ein Unternehmen ist und Instanzen auf der mittleren und unteren Führungsebene in den gesamtbetrieblichen Vollzug mit seinen finanziellen Folgen eingeschaltet sind, um so größerer Anstrengungen bedarf es, die betrieblichen Teilbereiche auf der Generallinie der langfristigen Unternehmensplanung zu halten und zu koordinieren.

Zwischen der lang- und kurzfristigen finanziellen Planung besteht auch insofern kein wesentlicher Unterschied, als die große Zahl der Variablen und Interdependenzen nicht zuläßt, diese Größen sämtlich in der Planung zu berücksichtigen. Dieser Umstand hat planungstechnisch zur Folge, daß versucht werden muß, mehrere betriebliche Tatbestände und Abhängigkeiten zu übergeordneten planungstechnischen Einheiten zusammenzufassen. Der Grad der Aggregation hängt einmal davon ab, wieviel betriebliche Tatbestände sich sinnvoll zu einer übergeordneten Einheit zusammenfügen lassen und zum anderen davon, mit welchem Maß an Feinheit zu planen für notwendig erachtet wird. Globalplanung hat keineswegs deshalb bereits ein geringeres Maß an Leistungsfähigkeit zur Folge, weil in ihr stärker aggregiert wird als in Planungen, die in die Einzelheiten gehen. Die Planungsleistung wird allein durch die Güte der Informationen, auf denen die Planung beruht und durch den Sachverstand bestimmt, mit dem die Informationen ausgewertet werden. Gleichwohl läßt sich nicht verkennen, daß der Planungszusammenhang um so undurchsichtiger wird, je größer die Zahl der Größen ist, mit denen die Planung arbeitet. Werden zuviele betriebliche Tatbestände unverknüpft nebeneinander gestellt, dann läßt sich die Gefahr nicht übersehen, daß einseitige oder gegenseitige Abhängigkeiten zwischen betrieblichen Teilbereichen unberücksichtigt bleiben, und deshalb der Zusammenhang zerreißt, in dem die betrieblichen Teilbereiche stehen[1].

So unzweifelhaft diese Überlegungen für alle Planungssysteme gelten, so wenig läßt sich verkennen, daß starke Aggregation von unterschiedlichen betrieblichen Tatbeständen und Zusammenhängen den unmittelbaren Anweisungscharakter der Planinhalte beeinträchtigt. Hier nun zeichnet sich deutlich ein wichtiger Unterschied zwischen der lang- und der kurzfristigen Planung ab. Er gilt auch für die finanzielle Planung. Die langfristige Finanzplanung ist ein Instrument der Unternehmungspolitik auf weite Sicht. Diese Eigenart besitzt die kurzfristige Finanzplanung nicht. Sie bezieht sich vielmehr auf die Finanzdispositionen, die die Unternehmensleitung für kürzere Zeiträume, zum Beispiel für einen Monat, ein Quartal, ein halbes Jahr, auch für ein Jahr trifft. In diesem Sinne enthält sie Angaben darüber, mit welchen Kapitalbedarfen in diesen Zeiträumen zu rechnen ist und wie verfahren werden muß,

[1] Vgl. hierzu die Ausführungen im fünften Kapitel des ersten Bandes.

wenn der Kapitalbedarf gedeckt werden und das finanzielle Gleichgewicht erhalten bleiben soll. Wird so der kurzfristige Finanzplan als jeweils gegenwärtig gültiges, für die finanziellen Maßnahmen verbindliches Anweisungssystem aufgefaßt, dann bildet er die Dispositionsgrundlage für die in der Gegenwart oder in der nahen Zukunft zu ergreifenden finanziellen Maßnahmen.

6f. Da güter- und finanzwirtschaftliche Größen den Ablauf des finanziellen Geschehens bestimmen, muß die finanzielle Planung in den güter- und finanzwirtschaftlichen Planungszusammenhang integriert werden. In dem Maße, in dem sie alle Bereiche des betrieblichen Geschehens durchdringt und erfaßt, nähert sie sich jenem Planungssystem, für daß sich in der amerikanischen Planungspraxis der Ausdruck Budgeting eingebürgert hat. Dieser Ausdruck entspricht nicht ganz der Vorstellung, die im deutschen Sprachgebrauch mit dem Begriff des Budgets verbunden ist. Hiernach ist das Budget der nach Herkunft und Verwendung geordnete Voranschlag der für einen bestimmten Zeitraum vorgesehenen Einnahmen und Ausgaben. Sämtliche Einnahmen und Ausgaben sind Sollwerte, die nach sachlichen und zeitlichen Unterscheidungsmerkmalen geordnet sind, und zwar mit dem Ziel, daß zwischen ihnen ein Ausgleich hergestellt wird. Die Einnahmen und die Ausgaben stimmen dann der Summe nach miteinander überein. In diesem strengen Sinne einer Gegenüberstellung rein finanzieller Größen wird das Budgeting in der Praxis amerikanischer Unternehmen nicht verstanden. So enthält zum Beispiel das Verkaufsbudget oder das Produktionsbudget, auch das Einkaufs- und das Personalbudget nicht nur wertmäßige, sondern auch mengenmäßige Angaben über die in den einzelnen betrieblichen Teilbereichen (Budgetbereichen) erwarteten und geplanten Vorgänge. Unter Budgeting wird also das gesamte betriebliche Planungssystem, geordnet nach sachlichen, zeitlichen und finanziellen Überlegungen und Zielsetzungen lang- oder kurzfristiger Art verstanden.

Folgt man den Leitzielen einer auf dem Budgetprinzip beruhenden, ein besonders hohes Maß an planerischer Integration aufweisenden finanziellen Planung, dann muß man folgerichtig zu einer für jede Budgetperiode vorausgeschätzten Ergebnisrechnung (im Sinne einer Gewinn- und Verlustrechnung) und zu einer auf das Ende der Budgetperiode projektierten Bilanz kommen. In diesen beiden Budgets, dem der Ergebnisrechnung und dem der Bilanz, findet diese Art der Planung ihren Abschluß und sicherlich auch ihre letzte Steigerung.

Ergebnisrechnungen und Bilanzen für zukünftige Planungen lassen sich nur projektieren, wenn eine bis ins einzelne durchdachte Planung der Gewinne vorliegt. Ob die Gewinnplanung bevorzugt auf Umsatzrenditen oder Renditen auf das Eigenkapital oder das gesamte in den

Unternehmen investierte und arbeitende Kapital abstellt, ist dabei nicht einmal so sehr von grundsätzlicher Bedeutung. Denn diese drei Renditen stehen über der Umschlagsgeschwindigkeit des Kapitals in einem engen Zusammenhang. Aus diesem Grunde bereitet es keine Schwierigkeit, diejenige Rendite zu ermitteln, der das besondere Interesse gehört. Gleichwohl läßt sich nicht verkennen, daß in der Planungspraxis eine gewisse Tendenz besteht, die Gewinnplanung auf die Rendite einzurichten, die sich aus dem Verhältnis zwischen dem Gewinn und dem Gesamtkapital des Unternehmens ergibt.

In diese Überlegungen spielt auch die Tatsache hinein, daß das Eigenkapital der Unternehmen die Schwankungen des Kapitalbedarfs nicht oder nur mit starken Verzögerungen mitzumachen pflegt, so daß die für die Ermittlung der Ertragskraft des Unternehmens wichtige Beziehung zwischen Kapitalvolumen und dem — schwankenden — Produktionsvolumen keine Entsprechung finden würde, wenn nur vom Eigenkapital des Unternehmens ausgegangen würde. Auch diese Überlegungen mögen dazu beigetragen haben, daß sich die Gewinnplanung modern eingerichteter Unternehmen mehr der internen Verzinsung des Gesamtkapitals als der Rendite auf das Eigenkapital bedient, zumal, wie gesagt, Umrechnungen von der einen auf die andere Rendite jederzeit und ohne Schwierigkeiten möglich sind.

Die betriebliche Praxis gerade planungstechnisch hoch organisierter Unternehmen weist nicht nur in dieser Hinsicht eine große Mannigfaltigkeit auf. Auch darin unterscheiden sie sich unter Umständen sehr erheblich voneinander, daß sie die Gewinn- und Verlustrechnungen, die sie für die der Planung zugrunde liegenden Zeiträume aufstellen, nicht nur für unterschiedlich lange Teilperioden der Planung, sondern auch mit einem unterschiedlichen Maß an Detaillierung ermitteln. Diese Ergebnisrechnungen können auf Budgets aufbauen, die bis in die kleinsten betrieblichen Teileinheiten hineinreichen und vorschreiben, welche Ausgaben unter bestimmten Voraussetzungen für zulässig oder nicht zulässig angesehen werden und welche Einnahmen, falls die budgetierte betriebliche Teileinheit über Einnahmen verfügt, erzielt werden sollen. Diese hunderte von Teilbudgets fügen sich zu dem Gesamtsystem des Budgets zusammen, in dem der Leistungsvollzug und die Kapitalverwendung ihren adäquaten Ausdruck findet.

Im Extremfall läßt sich ein Unternehmen vorstellen, das seiner Planung einen für überschaubar gehaltenen Zeitraum von drei bis fünf Jahren zugrunde legt, ein Umstand, der nicht ausschließt, daß sich die Planung mit ihren wichtigsten Tatbeständen und Überlegungen auch auf einen längeren Zeitraum erstreckt. Für den Planungszeitraum, der sich also auf mehrere Jahre erstrecken soll, werden Gewinn- und Verlustrechnungen aufgestellt, die auf den langfristigen Zielen der Unternehmensleitung aufbauen. Die Gewinn- und Verlustrechnungen mögen für das erste Planungsjahr monatlich aufgestellt werden, für die drei weiteren Planungsjahre mag man sich mit Ergebnisrechnungen für jeweils ein Vierteljahr begnügen (oder welche Teilperioden man sonst den Planungen technisch zugrunde legen mag). Jeweils werden einige Monate vor Beginn eines neuen Planungsjahres monatliche Gewinn- und Verlustrechnungen aufgestellt, die das Ergebnis ständig sich vollziehender, bis in die Einzelheiten gehender Prüfungen sind. Die Erfahrung zeigt, daß sich die betrieblichen Aufwendungen auch für weit in die Zukunft reichende Planungszeiträume verhältnismäßig genau schätzen lassen. Die Planungsunsicherheit stammt also weniger aus den Schätzungen voraussichtlicher Aufwendungen als vielmehr aus den Schätzungen der voraussichtlichen Umsätze. Auch für die unterschiedlichen Umsätze lassen sich die durch sie verursachten Aufwendungen mit einem verhältnismäßig hohem Maß an Sicherheit ermitteln.

Planung ist ihrer Natur nach ein Prozeß. Sind die Ergebnisrechnungen für das erste Planungsjahr monatlich, für die späteren Planungsjahre vierteljährlich (oder für geringere oder längere Zeiträume) projektiert, und treten die ersten Abweichungen ein, dann bieten die modernen Rechenverfahren jederzeit die Möglichkeit, die neuen Informationen zur Korrektur der für die nächsten Monate oder die kommenden Monate, Vierteljahre oder Jahre aufgestellten Gewinn- und Verlustrechnungen zu verwenden, so daß die gesamte Planung für den gesamten Planungszeitraum stets auf den neuesten Informationen beruht. In diesem Sinne ist die Planung gegenwartsnah und realistisch, und ständig in einem Prozeß der Aktualisierung begriffen. Daß die Abweichungen der tatsächlichen von der geplanten Entwicklung Gegenstand eingehender Untersuchungen sind und daß die Ergebnisse der an Ort und Stelle vorgenommenen Untersuchungen für die Auswertung der Planungen nutzbar gemacht werden, bedarf keiner weiteren Ausführungen, da Planung und Plankontrolle hier nicht als Korrelate, sondern als integrierte Phänomene aufgefaßt werden. Auf die geschilderte Weise wird also die den Möglichkeiten des Unternehmens und den Vorstellungen der Unternehmensleitung entsprechende Gewinnplanung ständig auf ihre Realisierbarkeit hin kontrolliert, und zwar stets gegenwärtig für die gesamte, für überschaubar gehaltene Planungsperiode. Daß die elektronischen Rechenanlagen eine so bis in die entlegensten betrieblichen Einzelheiten hineinragende, sich über lange Zeiträume erstreckende, in wenigen Stunden durchführbare Umplanung projektierter Gewinn- und Verlustrechnungen ermöglicht haben, eröffnet der kurz- und langfristigen Finanzplanung völlig neue planungstechnische Chancen.

Die Unternehmungen planen aber nicht nur Geschäftsvolumina und Renditen, sondern auch Kapitalstrukturen. Planungstechnisch folgt aus der Aufstellung projektierter Ergebnisrechnungen die Aufstellung projektierter Bilanzen, die die Kapitalstruktur des Unternehmens zum Ausdruck bringen. In der Tat lassen sich auf das Ende einer jeden Planungs- oder Budgetperiode aus den der Planung zugrunde liegenden Annahmen über die langfristigen Unternehmensziele und den projektierten Erfolgsrechnungen mit ihren Aufwands- und Erlösspezifikationen Bilanzen aufstellen, die die Zusammensetzung der Vermögensbestände und die Art und Weise, wie das in diesen Beständen enthaltene Kapital investiert ist, außerdem die Inanspruchnahme der Kapitalquellen zu dem projektierten Zeitpunkt angeben.

Der Bestand an Gegenständen des materiellen und immateriellen Anlagevermögens läßt sich — gewissermaßen fortschreibend gedacht — aus den Investitions- und Produktionsplänen ermitteln beziehungsweise ergänzen. Sie sind im Zusammenhang mit der Planung der langfristigen Unternehmensziele aufgestellt und enthalten die für die Aufstellung der projektierten Bilanzen erforderlichen formalen und sachlichen Angaben. Die Pläne enthalten auch Angaben über die vorzunehmenden Bauten, Umbauten, Ersatzanschaffungen von Maschinen und maschinellen Anlagen, Erweiterungen oder Umstrukturierungen der quantitativen und qualitativen Kapazität der Produktiv- und Vertriebseinrichtungen, vorgesehenen Änderungen des Produktionsprogramms und alle anderen, für die Budgetierung des Anlagevermögens in der Planungsperiode wichtigen Vorgänge. Die nach den Plänen erwarteten (an Ort und Stelle kontrollierten) Zu- und Abgänge, Abschreibungen und Umbuchungen bilden die planungstechnischen Voraussetzungen und Mittel, um für jede Budgetperiode, sei sie monatlich oder für längere Zeiträume geplant, den Bestand des Anlagevermögens zu ermitteln, und in die Bilanz der Budgetperiode einzusetzen.

Auf ähnliche Weise lassen sich die Beteiligungen und die langfristigen Finanzanlagen (insbesondere langfristige Darlehensgewährungen) ermitteln und bilanzieren. In der Regel wird dieser „Bilanzposten" nur verhältnismäßig wenig Änderungen aufweisen. Treten aber Änderungen ein, dann sind sie leicht zu terminieren und quantitativ zu erfassen.

Das Umlaufvermögen kann mit Hilfe von Verhältniszahlen kontrolliert werden, die darüber Auskunft geben, in welcher Beziehung die Teile des Umlaufvermögens zu dem Umsatz des Unternehmens oder — in gegebenen Fällen — zum Materialverbrauch stehen. Es gibt Unternehmen, die diese Verhältniszahlen vereinfachend als Betriebskonstanten bezeichnen. An anderer Stelle sind sie im Zusammenhang mit der Analyse des Kapitalbedarfs für Gegenstände des Umlaufvermögens beschrieben worden[1]. Langjährige Erfahrungen und ständige Überprüfungen lassen Angaben darüber machen, wie hoch im allgemeinen der Bestand an

[1] Vgl. die Ausführungen im vierten Abschnitt des sechsten Kapitels.

bestimmten Roh-, Hilfs- und Betriebsstoffen sein muß, wenn das Unternehmen einen bestimmten Umsatz realisieren will. Ein derartiger Wert lautet etwa: wenn der Umsatz um einen bestimmten Prozentsatz erhöht wird, ist damit zu rechnen, daß sich der Bestand an bestimmten Rohstoffen, Werkstoffen usw. um einen ständig überprüften Prozentsatz, oder um x Mengeneinheiten je eine DM Umsatz erhöht. Die Bestände an Halb- und Fertigfabrikaten stehen in einem bestimmten, wenn auch im Zeitablauf schwankenden Verhältnis zum Verbrauch an Fertigungsmaterial. Die Produktionskoeffizienten werden also in diesem Fall zur Ermittlung der in der Budgetperiode zu haltenden oder am Ende der Periode verfügbaren und für erforderlich angesehenen Bestände verwandt. Die Verhältniszahlen, gegliedert nach Produktgruppen, können auch nichtlineare Beziehungen anzeigen.

Auf ähnliche Weise lassen sich Verhältniszahlen für die Bestände an Forderungen aus Warenlieferungen und Leistungen ermitteln. Auch hier verfügen die Unternehmen über Kennziffern, die das reguläre Verhältnis zwischen den Beständen an Debitoren (untergliedert nach Produktgruppen, Abnehmerarten und Bezirken) anzeigen. Sie lassen sich in der Weise bilden, daß entweder das Verhältnis zwischen Debitorenbeständen und Umsatz oder die Umschlagshäufigkeit der Debitorenbestände berechnet werden. Das Verhältnis zwischen Debitorenbestand und Umsatz schwankt im Zeitablauf und mit der konjunkturellen Entwicklung. Da außerdem die Zahlungsbedingungen und die Zahlungsgewohnheiten nicht bei allen Abnehmergruppen von gleicher Art sind, müssen die Kennzahlen für Debitoren nach verschiedenen Abnehmergruppen ermittelt und laufend überprüft werden.

Die Höhe der in die budgetierten Bilanzen einzuplanenden Bestände an kurzfristig verfügbaren liquiden Mitteln, erforderlich, um den Zahlungsverpflichtungen des Unternehmens (Verbindlichkeiten aus Warenlieferungen und Leistungen, Lohn- und Gehaltszahlungen) unabhängig vom geplanten Eingang der Forderungen für einen bestimmten Zeitraum nachkommen zu können, richtet sich nach dem geplanten Geschäftsumfang und ändert sich mit ihm.

Die aktiven Posten der Rechnungsabgrenzung (vorausbezahlte Steuern, Mieten, Versicherungen usw.) stehen in einer bestimmbaren Beziehung zum Gesamtumsatz des Unternehmens. Sie lassen sich ebenfalls in Relationen zum Gesamtumsatz des Unternehmens ausdrücken. Auch die Verhältniszahlen werden monatlich überprüft.

Für alle Verhältniszahlen gilt, daß sie aus den Befunden der abgelaufenen Geschäftsperioden unter Berücksichtigung der erwarteten und daraufhin geplanten Entwicklungen abgeleitet werden. Zufallsergebnisse, die den Trend der Zukunftsentwicklung nicht beeinflussen, bleiben unberücksichtigt. Nicht lineare Beziehungen sind möglich.

Auf ähnliche Weise lassen sich die Entwicklungen des Eigenkapitals und der Verpflichtungen des Unternehmens projektieren. Die Verbindlichkeiten aus Warenlieferungen und Leistungen stehen in einem gewissen Abhängigkeitsverhältnis zu den Beständen an Vorräten. Aus diesem Grunde bietet sich hier das Verhältnis zwischen dem bereits errechneten Planungsbestand an Vorräten und den voraussichtlichen Verbindlichkeiten aus Warenlieferungen und Leistungen für die Ermittlung von laufend kontrollierten Verhältniszahlen und damit für die Errechnung der Planbestände an Verbindlichkeiten aus Warenlieferungen und Leistungen an.

Da das Bilanzprinzip die zahlenmäßige Übereinstimmung zwischen Aktiv- und Passivseite verlangt, muß die Projektierung von Bilanzen für den Planungszeitraum zur Ermittlung des Kapitalbedarfes führen. Zeigt eine so entworfene Bilanz, daß die Passivseite, also die Eigen- und Fremdkapitalbestände nicht ausreichen, um die Aktivbestände zu decken, dann muß offenbar der Kapitalstock aufgefüllt werden, um die Finanzierung des für das geplante Geschäftsvolumen erforderlichen Anlage- und Umlaufvermögens zu ermöglichen. Die Aufstellung von Bilanzen für das Ende monatlicher oder etwas längerfristiger Budgetperioden dient also nicht nur der Erhaltung des finanziellen Gleichgewichts, auch nicht nur der Innehaltung und Sicherung bestimmter Kapitalstrukturen, sondern auch der Ermittlung kurz- und langfristigen Kapitalbedarfs.

Je geringer der zeitliche Abstand zwischen den projektierten Bilanzen ist, um so genauer sind insbesondere auch die Grundlagen für kurzfristige Kapitalbedarfsrechnungen. Gewisse Überlegungen, wie sie der Aufstellung von Bewegungsbilanzen zugrunde liegen, lassen sich nun für die Finanzplanung nutzbar machen. Die Bewegungsbilanzen, die über die Herkunft und die Verwendung der finanziellen Mittel Auskunft geben sollen, haben sich bisher für die Finanzplanung der Unternehmen als wenig fruchtbar erwiesen, weil sie entweder Entwicklungen in der Vergangenheit aufzeigen oder, falls sie in den laufenden Buchungsverkehr eingebaut werden, zwar gegenwartsbezogen sind, aber doch nur geschehene Vorgänge kontrollieren. Werden dagegen für kurzfristige Perioden (ein Monat oder sich auf noch kürzere Zeiträume erstreckend) Bilanzen projektiert, dann rücken die Vergleichstermine der Bilanzen so eng aneinander heran, daß keine wesentlichen betrieblichen und finanziellen Entwicklungen zwischen den Bilanzterminen unberücksichtigt bleiben. Die elektronischen Rechenanlagen ermöglichen eine so kurzfristige Periodisierung der Bilanzplanung.

Je mehr die Finanzplanung in ein derartig integriertes System von Planungen oder Budgetierungen eingebaut ist, um so stärker muß sie auf alle Änderungen reagieren, die an irgendeiner Stelle des gesamtbetrieblichen Geschehens eintreten und dort zu Abweichungen der tatsächlichen von den geplanten Vorgängen führen. Wird zum Beispiel der geplante Umsatz für ein bestimmtes Erzeugnis oder wird der Umsatz in bestimmten Vertreterbezirken nicht erreicht, oder haben sich die Produktionskosten für eine Erzeugnisart oder für das gesamte Produktionsprogramm über das im Plan (Budget) vorgesehene Maß hinaus erhöht, oder führen bestimmte Investitionen nicht zu dem erwarteten und geplanten Erfolg, verläuft der saisonale Rhythmus anders als nach den bisherigen Erfahrungen anzunehmen war, dann muß jeder dieser Vorgänge in der projektierten Bilanz und Gewinn- und Verlustrechnung sichtbar in Erscheinung treten. Die Auswirkungen auf den Umsatz, die Rentabilität und die Kapitalstruktur des Unternehmens werden also sofort registriert. Es kann kein Zweifel daran bestehen, daß der Zusammenhang zwischen den betrieblichen Teilbereichen und die Ausstrahlung von Vorgängen in einem dieser Teilbereiche in die anderen Teilbereiche mit allen Konsequenzen für Rentabilität und Finanzen nicht enger sein kann als im System budgetierter Planung. Jede Änderung in den inner- und außerbetrieblichen Daten des Unternehmens wird mit einem Höchstmaß an Präzision durch alle Teilbereiche des Unternehmens hindurch geleitet und findet in der projektierten Bilanz und Gewinn- und Verlustrechnung beziehungsweise in den Abweichungen der tatsächlichen Umsatz-, Rentabilitäts- und Finanzgestaltung von den veranschlagten Werten einen verhältnismäßig sicheren Ausdruck. Da in dem Budget des Rechnungswesens (Gewinn- und Verlustrechnung und Bilanz) die geplanten Geschäftsvolumina (Umsätze), Renditen und Kapitalstrukturen enthalten sind, werden diese drei Leitgrößen der integrierten Finanzplanung besonders dann mit einem Höchstmaß an Schnelligkeit und Genauigkeit kontrolliert, wenn elektronische Rechenanlagen für die Finanzplanung benutzt werden.

Die modernen Methoden der Planungsrechnung haben ein hohes Maß an Vollkommenheit erreicht. Selbst dann jedoch, wenn bei der Ermittlung der Kapitalbedarfe und der Aufstellung der Finanzierungsprogramme die Grundsätze kostenminimierender rationeller Betriebsführung und Finanzplanung befolgt werden — selbst dann also, wenn der Kapitalfonds mit einem besonders hohen Maß an Rationalität beschafft und auf seine möglichen Verwendungen aufgeteilt wird, bleibt die Frage unbeantwortet, ob die Planung das optimale Verhältnis zwischen Kapitalbedarf und Kapitaldeckung trifft. Solange es nicht gelingt, den Kapitalbedarf und die Kapitaldeckung simultan zu bestimmen, wird nie zu beweisen sein, daß das im konkreten Fall projektierte und praktizierte Verhältnis zwischen Kapitalbedarf und Kapitalfonds als die wirklich optimale Lösung der Abstimmungsaufgabe angesehen werden kann. Aus diesem Grunde bedarf das Problem der simultanen Finanzplanung nunmehr einer eingehenden Analyse.

Dreizehntes Kapitel

Die Abstimmung zwischen Kapitalbedarf und Kapitalfonds unter Optimierungsbedingungen

1. Die Problemstellung.

Die Untersuchungen über die Abstimmung zwischen Kapitalbedarf und Kapitalfonds im Rahmen der integrierten Finanzplanung haben gezeigt, vor wie großen Schwierigkeiten die Unternehmen stehen, wenn sie eine rationelle Lösung für die Vielzahl der Fragen erreichen wollen, die das Abstimmungsproblem aufwirft. Angesichts dieses Umstandes liegt es nahe zu fragen, ob nicht die wissenschaftliche Beschäftigung mit dem Abstimmungsproblem zur Entwicklung eines methodischen Apparates geführt hat, der einen Beitrag zur Lösung dieser schwierigen Fragen zu leisten imstande ist.

Die die Finanzierungsliteratur Jahrzehnte hindurch beherrschende Beschreibung der Formen und Techniken kurz- und langfristiger Kapitalbeschaffung erweist sich für das hier zu erörternde Thema als verhältnismäßig wenig ergiebig. Dagegen hat die Beschäftigung mit dem Investitionsproblem, insbesondere soweit es einzelwirtschaftlichen Charakter besitzt, zur Entwicklung eines Instrumentariums geführt, das den Zusammenhang zwischen güterwirtschaftlichen und finanziellen Vorgängen unter Optimierungsüberlegungen — wenigstens grundsätzlich — in den Griff zu bekommen erlaubt. Die Modelle, zu denen die wissenschaftliche Beschäftigung mit dem Investitionsproblem geführt hat, sind zum Teil produktions-, zum Teil budgetorientiert. Im ersten Fall geht es darum, investitionsrechnerische Verfahren für eine rationelle Ausgestaltung der Produktionsanlagen und des Umlaufvermögens zu liefern. Dieses produktions-, im weiteren Sinne güterwirtschaftliche Schwergewicht bleibt ein Kennzeichen derjenigen Investitionsmodelle, die das optimale Investitionsprogramm simultan mit dem optimalen Produktionsprogramm zu bestimmen versuchen. Die finanzielle Sphäre reduziert sich hier auf die Finanzierungsbedingungen, die die Forderung nach Aufrechterhaltung des finanziellen Gleichgewichts zum Ausdruck bringen. Das Abstimmungsproblem liegt in diesen Modellen, so wie es der Absicht entspricht, in der sie entworfen wurden, in der simultanen, bestimmte Optimierungskriterien erfüllenden, betriebliche und außerbetriebliche Beschränkungen berücksichtigenden Abstimmung zwischen verschiedenen güterwirtschaftlichen Bereichen. Diese Tatsache schließt nicht aus, daß in Modelle dieser Art finanzielle Variable eingefügt und in den Optimierungsprozeß einbezogen werden.

Das spezielle Problem der Abstimmung zwischen Kapitalbedarf und Kapitaldeckung mit der Maßgabe, daß nicht nur finanzielles Gleichgewicht gefordert und die limitierende Wirkung begrenzter finanzieller Kapazität berücksichtigt werden soll, hat zur Bildung von Modellen geführt, die in Abstimmung mit güterwirtschaftlichen Tatbeständen Finanzierungsprogramme entwickeln. Auch diese Programme müssen gewissen Optimierungsbedingungen genügen. In den Modellen selbst wird versucht, güterwirtschaftliche und finanzielle Tatbestände in ein Budget einzufangen und nach Budgetprinzipien im Budget zum Ausgleich zu bringen. Diese nicht in erster Hinsicht produktions-, sondern budgetorientierten Investitionsmodelle liefern mit optimalen Investitionsprogrammen oder anderen optimalen güterwirtschaftlichen Programmen stets optimale Finanzierungsprogramme. Die Programme versuchen der Fülle der Möglichkeiten, den Kapitalfonds aufzubauen, gerecht zu werden und der Forderung nach finanziellem Gleichgewicht unter Berücksichtigung güterwirtschaftlicher und finanzieller Beschränkungen im Rahmen der Modellbedingungen zu genügen. Ganz allgemein läßt sich sagen, daß die Methoden der mathematischen Optimierung für die theoretische Durchleuchtung der Optimierungsprobleme gerade auf dem Gebiete der einzelwirtschaftlichen Investitions- und Finanzierungstheorie besonders günstige Voraussetzungen geschaffen haben.

Es ist nun zu prüfen, wie die einzelnen Modelle oder Modellgruppen — mit oft sehr beträchtlichen Unterschieden im einzelnen — die finanzielle Sphäre in ihre Rechnung einbeziehen. Die Untersuchung wird sich darauf beschränken, aus der Fülle der Modellsituationen einige Aspekte herauszuarbeiten, die für das spezielle Abstimmungsproblem zwischen Kapitalbedarf und Kapitalfonds von besonderem Interesse sind. Für die vorliegende Untersuchung ist es nicht erforderlich, eine vollständige Beschreibung, Analyse und Systematisierung der Investitionsmodelle vorzunehmen.

2. Die Abstimmung zwischen Kapitalbedarf und Kapitalfonds im Fall vollständiger Elastizität des Kapitalangebots.

Ein Investitionsmodell möge sich durch folgende Merkmale auszeichnen: Gegeben ist ein Unternehmen beliebiger Art und Größe. Es sehe sich einem vollständig elastischen Kapitalmarkt gegenüber, das heißt, bei einem gegebenen und konstanten Angebotspreis des Kapitals läßt sich der Kapitalbedarf unbegrenzt decken. Die Annahme vollständiger Elastizität des Kapitalangebots schließt aus, daß die Inanspruchnahme des Kapitalmarktes durch persönliche oder institutionelle Umstände eingeschränkt wird. Das angebotene Kapital sei homogen in dem Sinne, daß auf jede Differenzierung nach Kapitalarten und Konditionen verzichtet wird. Alle Entscheidungen beruhen auf sicheren Informationen.

Beabsichtigt das Unternehmen, Investitionen vorzunehmen, die voneinander unabhängig sind und isoliert als einzelne Investitionen oder als Investitionen innerhalb eines Programms betrachtet werden können, dann konzentriert sich die investitionsrechnerische Aufgabe darauf zu ermitteln, welches der in Frage kommenden Investitionsobjekte die günstigsten Voraussetzungen für eine rationelle Gestaltung des Produktionsprozesses oder, im weiteren Sinne, des gesamtbetrieblichen Vollzuges aufweist. Führt man das Problem auf die quantifizierbaren Fakten der Investitionsvorhaben zurück und nimmt man an, daß sich den einzelnen Investitionsobjekten Ein- und Auszahlungsreihen zuordnen lassen, wählt man zudem Gewinnmaximierung als Kriterium für die Vorteilhaftigkeit der Investitionsobjekte, dann lassen sich Verfahren angeben, die eine Entscheidung über die Vorteilhaftigkeit der Investitionsobjekte ermöglichen.

Die finanzmathematischen Methoden der Investitionsrechnung, die Kapitalwertmethode, die Methode des internen Zinsfußes und die Annuitätenmethode weisen verfahrenstechnische Unterschiede auf[1]. Da sich die Annuitätenmethode auf die Kapitalwertmethode zurückführen läßt, wird auf sie nicht weiter eingegangen. In der Kapitalwertmethode werden die zu verschiedenen Zeitpunkten und in diesen Zeitpunkten in unterschiedlicher Höhe anfallenden Ein- und Auszahlungen mit Hilfe eines Zinsfußes, der gleich dem Angebotspreis des Kapitals ist, auf einen gemeinsamen Basiszeitpunkt diskontiert und dann addiert. Als Basiszeitpunkt wird in der Regel der Planungszeitpunkt oder der Endzeitpunkt eines mehrperiodigen Planungszeitraums gewählt. Die Ein- und Auszahlungsreihen können getrennt oder saldiert auf den Basiszeitpunkt diskontiert werden. Im ersten Fall sind die Summen der diskontierten Zahlungen, im zweiten Fall die Summen der diskontierten Ein- oder Auszahlungsüberschüsse die Barwerte der Reihen. Der auf diese Weise ermittelte Barwert der Ein- und Auszahlungen ist der Kapitalwert einer Investition. Er bildet das Beurteilungskriterium für die Vorteilhaftigkeit einer Investition. Eine Investition ist dann vorteilhaft, wenn

[1] Vgl. hierzu SCHNEIDER, E., Wirtschaftlichkeitsrechnung. Theorie der Investition, 1. Aufl. Tübingen 1951, 6. Aufl., ebenda 1966; LUTZ, F. und V., The Theory of Investment of the Firm, Princeton 1951; ALBACH, H., Wirtschaftlichkeitsrechnung bei unsicheren Erwartungen, Köln und Opladen 1959; SABEL, H., Die Grundlagen der Wirtschaftlichkeitsrechnungen, Berlin 1965.

der Kapitalwert der Funktion nicht negativ ist. Ist der Kapitalwert größer als Null, dann wird über die verlangte Verzinsung hinaus ein Einzahlungsüberschuß erzielt. Wenn der Kapitalwert gleich Null ist, dann führt die Vornahme der Investition zu einer Verzinsung, die gerade gleich dem für die Kapitalaufnahme bezahlten Preis (Zins) ist.

Erfüllen mehrere Investitionen die Bedingung, daß der Kapitalwert nicht negativ ist, dann ist diejenige Kapitalinvestition die vorteilhafteste, die den höchsten Kapitalwert aufweist.

Im System der Investitionsrechnung, die als Methode des internen Zinsfußes bezeichnet wird, ist der Diskontierungszinsfuß gesucht, bei dem der auf irgendeinen Zeitpunkt bezogene Gegenwartswert sämtlicher Aus- und Einzahlungen gleich Null ist. Er gibt an, wie sich das in einem Investitionsobjekt investierte Kapital verzinst. Während der Kapitalwert den absoluten Erfolg einer Investition ermittelt, also den Gewinn maximiert, wird im internen Zinsfuß der Erfolg zum Kapital in Beziehung gesetzt und die Rentabilität des im Investitionsobjekt investierten Kapitals ermittelt[1]. Ist der interne Zinsfuß errechnet und wird er dem als Preis für das dem Unternehmen überlassene Kapital zu zahlenden Zins gegenübergestellt, dann läßt sich sagen, ob eine Investition vorteilhaft ist. Sie ist dann vorteilhaft, wenn der interne Zinsfuß über dem Zins liegt oder dem Zins gleich ist, der dem Angebotspreis des Kapitals entspricht. Sind mehrere Investitionen geplant, dann ist diejenige Investition die vorteilhafteste, die den höchsten internen Zinsfuß aufweist.

Der Angebotspreis des Kapitals, der, wenn das Kapital aufgenommen wird, gleich den Kapitalkosten ist, wird als Kalkulationszinsfuß bezeichnet. Im System der Kapitalwertmethode ist der Kalkulationszinsfuß Bestandteil des Investitionskalküls selbst. Im System der Methode, die den internen Zinsfuß verwendet, wird er nicht in die Rechnung als solche einbezogen. Erst nach Ermittlung des internen Zinsfußes findet er als Wertmaßstab für die Beurteilung der Vorteilhaftigkeit von Investitionsvorhaben Verwendung[2].

Zur Technik der Investitionsrechnung der beiden hier beschriebenen Methoden ist noch darauf hinzuweisen, daß sich die Investitionsobjekte, deren Anschaffung erwogen wird, durch unterschiedlich hohe Anschaffungsbeträge, unterschiedliche zeitliche und quantitative Verteilung

[1] Vgl. Seelbach, H., Entscheidungskriterien der Wirtschaftlichkeitsrechnung, in: Zeitschrift für Betriebswirtschaft, 35. Jg. (1965), S. 312ff.

[2] Zu der Diskussion über die inhaltliche Bestimmung des Kalkulationszinses soll hier nicht weiter Stellung genommen werden. Es sei hierzu insbesondere verwiesen auf Moxter, A., Die Bestimmung des Kalkulationszinsfußes bei Investitionsentscheidungen. Ein Versuch zur Koordination von Investitions- und Finanzierungslehre, in: Zeitschrift für handelswissenschaftliche Forschung, N.F., 13. Jg. (1961), S. 186ff.; Heister, M., Rentabilitätsanalyse von Investitionen. Ein Beitrag zur Wirtschaftlichkeitsrechnung, Köln und Opladen 1962.

der Ein- und Auszahlungen im Zeitablauf und unterschiedliche Nutzungsdauern kennzeichnen. Die Folge ist, daß nicht nur das in den zu untersuchenden Investitionsobjekten investierte Kapital unterschiedlich groß ist, sondern daß das Kapital im einen Fall früher, im anderen Fall später zurückfließt. In dem Maße, in dem diese Unterschiede bestehen, ergibt sich die Frage, welche Annahmen über die Verzinsung der Kapitalbeträge zu machen sind, um die die Anschaffungsausgaben für eine Investition hinter den Anschaffungsausgaben für andere Investitionen zurückbleiben und für die Kapitalbeträge, die in unterschiedlicher Höhe und zu unterschiedlichen Zeitpunkten wieder zurückfließen. Für den Vorteilhaftigkeitsvergleich von Investitionen ist es von entscheidender Bedeutung, welche Verzinsung diese Kapitalbeträge im Falle ihrer Wiederanlage bringen würden. Die Verzinsung der Ergänzungsinvestition beziehungsweise der reinvestierten Beträge hat Einfluß auf die Höhe des Gesamtgewinns eines Investitionsprogramms und damit auf die Auswahl der Investitionsobjekte. Die mit der Behandlung der Ergänzungsinvestition im Investitionskalkül zusammenhängenden Fragen betreffen also mehr den Vorteilhaftigkeitsvergleich als solchen als das Abstimmungsproblem zwischen dem Kapitalbedarf und der Inanspruchnahme des Kapitalmarktes zur Deckung dieses Bedarfs. Da es sich mehr um Fragen der rechnerisch-technischen Gestaltung des Kalküls selbst handelt, interessieren die Fragen hier gewissermaßen nur am Rande. Dagegen sind die Funktionen des Kalkulationszinsfußes, sofern er eine regulierende Wirkung im Abstimmungsprozeß zwischen Kapitalbedarf und Kapitaldeckung ausübt, von besonderem Interesse.

Der Kalkulationszinsfuß ist hier definiert als der Angebotspreis für Kapital. Wird von dem Angebot Gebrauch gemacht, dann sind die Kapitalkosten gleich dem Angebotspreis für Kapital. Da das Modell auf sicheren Erwartungen beruht, kann der Kalkulationszinsfuß insofern keine Risikobestandteile enthalten.

Zwar übt der Kalkulationszinsfuß, so wie er zum Beispiel in der Kapitalwertmethode verwandt wird, eine ganz bestimmte formalrechnerische Funktion aus, indem er als Diskontierungsfaktor die in unterschiedlicher Höhe zu unterschiedlichen Zeitpunkten anfallenden Ein- und Auszahlungen auf einen einheitlichen zeitlichen Nenner bringt. Aber in dieser zeitlichen Gewichtung der mit einem Investitionsobjekt verknüpften Zahlungsreihen erschöpfen sich seine Funktionen nicht. Da in der Höhe des von den Kapitalgebern für die Überlassung von Kapital an ein Unternehmen geforderten Preises die gesamten Kapitalmarktverhältnisse ihren Ausdruck finden und dieser Preis als Kalkulationszinsfuß in den Investitionskalkül eingeht, stellt er damit gleichzeitig das verknüpfende Glied zwischen dem Kapitalbedarf und der Kapitaldeckung dar. Der Ausleseprozeß zwischen den betrieblich in Frage kommenden Investitionsobjekten wird durch den Kalkulationszinsfuß reguliert. Hohe Kalkulationszinsfüße schließen die Durchführung von Investitionsvorhaben aus, die bei niedrigeren Kalkulationszinsfüßen noch vorteilhaft erscheinen. Von der Zahl der Investitionsobjekte und dem Kapitalbedarf je Investitionsobjekt hängt der gesamte Kapitalbedarf des Investitionsprogramms ab. Er ist hoch, wenn der Kalkulationszinsfuß vergleichsweise niedrig ist, und niedrig, wenn der Kalkulationszinsfuß hoch ist. Beeinflußt so die Höhe des Kalkulationszinsfußes den Kapitalbedarf, der im Zusammenhang mit der Vornahme von Investitionen in einem Unternehmen entsteht und bestimmt dieser Kapitalbedarf seinerseits wieder das Maß der Inanspruchnahme des Kapitalmarktes für die betrieblichen Zwecke, dann zeigt sich einmal die verknüpfende Funktion des Kalkulationszinsfußes zwischen den güterwirtschaftlichen Bereichen des Unternehmens und seiner finanziellen Sphäre, zum anderen die Abhängigkeit der Größe des Kapitalbedarfs und der Kapitaldeckung von der Höhe des Kalkulationszinsfußes. Der formalrechnerische Vorgang der Diskontierung bedeutet also mehr als nur eine zeitliche Gewichtung zwischen Ein- und Auszahlungen. Obwohl die finanziellen Tatbestände selbst in den mit den Methoden der Finanzmathematik arbeitenden Modellen weder in der Zielfunktion noch in Nebenbedingungen enthalten sind, wird in ihnen doch eine echte Abstimmung zwischen güterwirtschaftlichen und finanziellen Bereichen vorgenommen.

Der Entwicklung optimaler Finanzierungsprogramme wird in beiden Modellen dadurch die Voraussetzung entzogen, daß der gesamtwirtschaftliche Kapitalfonds, aus dem das Unternehmen das von ihm benötigte Kapital entnimmt, als homogen angenommen wird. Diese Annahme hat eine Parallele in der Handhabung von Investitionsrechnungen in der Praxis. Ob die in der Praxis vorgenommenen Investitionsrechnungen den Faktor Zeit berücksichtigen, ob den Investitionsobjekten Ein- und Auszahlungsreihen zugeordnet werden können oder ob man sich auf Kostenvergleiche beschränkt und ihre Ergebnisse zur Grundlage von Investitionsentscheidungen macht, in allen diesen Fällen ist es die Regel, daß in den Kalkülen mit einem einheitlichen Kalkulationszinssatz gerechnet wird. Er differenziert nicht nach Kapitalquellen und Finanzierungskonditionen. Dieses Vorgehen bedeutet, daß in der Rechnung unberücksichtigt bleibt, wie finanziert werden soll, insbesondere, ob die aufzuwendenden Kapitalbeträge aus Eigen-, Selbst- oder Fremdfinanzierung stammen. In den Kalkülen rechnet man so, als ob das Finanzierungskapital eine homogene Struktur aufweise und in der Tat genügt diese Unterstellung für die Aufgaben der Investitionsrechnungen, die ja so gut wie ausschließlich als Instrumente der rationellen Gestaltung des Produktions- und Absatzbereiches, also güterwirtschaftlicher

Bereiche zu dienen bestimmt sind. Die unsymmetrische Struktur der finanzmathematischen Investitionsmodelle kommt in dieser einseitigen Abstellung auf Wirtschaftlichkeitsermittlungen in den güterwirtschaftlichen Bereichen zum Ausdruck. Gleichwohl behalten die Modelle ihre Abstimmungsfunktion zwischen dem Kapitalbedarf und der Kapitaldeckung.

Die Annahme beliebiger Beschaffbarkeit von Kapital bei gegebenem und konstantem Angebotspreis des Kapitals läßt das Problem des finanziellen Gleichgewichts überhaupt nicht entstehen. Denn wenn den Unternehmen unbegrenzt Kapital für ihre betrieblichen Zwecke zur Verfügung steht, läßt sich der Kapitalfonds jederzeit an den Kapitalbedarf anpassen und die Bedingungen des finanziellen Gleichgewichts sind erfüllt. Auch in den Investitionsrechnungen der Praxis, sofern sie sich auf die Anwendung der hier beschriebenen Investitionsrechnungen oder auf Kostenvergleiche beschränken, findet sich keine Berücksichtigung von Überlegungen, die auf die Erhaltung des finanziellen Gleichgewichts zielen. Der einseitig produktionsbezogene Charakter dieser Investitionsmodelle kommt auch hierin deutlich zum Ausdruck. Einzig und allein der Kalkulationszinsfuß stellt die Verbindung zwischen güterwirtschaftlichen und finanziellen Bereichen her, aber nicht neutral, gewissermaßen nicht nur als formal-rechnerischer Diskontierungsfaktor, sondern als in dem Diskontierungsprozeß manifest werdendes Regulativ zwischen Kapitalbedarf und Kapitalfonds der Unternehmen.

Die Untersuchung der Frage nach den Bestimmungsfaktoren des Kapitalbedarfs hat gezeigt, wie mannigfaltig lokalisiert und strukturiert die Kapitalbedarfe der Unternehmen sind. Nun steht fest, daß es Kapitalbedarfe gibt, die bevorzugt vor anderen Kapitalbedarfen gedeckt werden. Es muß also eine gewisse Rangordnung unter den Kapitalbedarfen geben. Das Kriterium für eine solche Rangordnung kann nicht in den Kapitalbedarfen selbst liegen, da, rein formal gesehen, Kapitalbedarf gleich Kapitalbedarf ist. Das Problem der Rangfolge von Kapitalbedarfen läßt sich nur lösen, wenn auf die sachlichen Bezogenheiten zurückgegriffen wird, auf denen die Kapitalbedarfe beruhen. In der Tat weisen die Investitionsvorhaben, die Kapitalbedarf auslösen, eine Rangfolge auf, die sich nach ihrer Vorteilhaftigkeit richtet. Da diese Vorteilhaftigkeit durch die Investitionskalküle, hier insbesondere die Kapitalwertmethode und die Methode des internen Zinsfußes ermittelt wird, liefern diese Methoden zugleich die Voraussetzungen für die Ermittlung der Rangfolge unter den betrieblichen Kapitalbedarfen.

Würden die Methoden leistungsfähig genug sein, um die Vorteilhaftigkeit güterwirtschaftlicher Maßnahmen mit äußerster Genauigkeit zu ermitteln, und würde stets nach diesen Methoden verfahren dann würde der im vorliegenden Fall als vollkommen elastisch angenommene Kapitalfonds mit einem Höchstmaß an Rationalität auf seine möglichen Verwendungen aufgeteilt sein. Im Bereich der Kapitalverwendung wird also ein Optimierungsaspekt sichtbar, der aber nun nicht auf das einzelne Investitionsvorhaben, sondern auf das Ganze der betrieblichen Kapitalverwendung gerichtet ist. Liefern so die sich finanzmathematischer Methoden bedienenden Investitionsmodelle einen Beitrag für die Lösung des Problems rationeller Kapitaldisposition in den Unternehmungen, so leisten sie nur wenig für die rationelle Gestaltung der betrieblichen Kapitalbeschaffung. Der bereits beschriebene unsymmetrische Charakter der Modelle, ihre einseitige, wenn auch nicht vollständige Bezogenheit auf die güterwirtschaftlichen Bereiche der Unternehmen läßt es nicht zu, daß sie für die Lösung der Frage nach der rationellen Gestaltung der finanziellen Sphäre in den Unternehmen einen wesentlichen Beitrag zu liefern imstande sind.

3. Die Abstimmung zwischen Kapitalbedarf und Kapitalfonds in produktionsorientierten Modellen.

Die neuere Entwicklung der betriebswirtschaftlichen Investitionstheorie hat zu Modellen geführt, die optimale Investitionsprogramme als Bestandteile optimaler Produktionsprogramme ableiten. Wie nun aber die Bestimmung des optimalen Investitionsprogramms grundsätzlich die Kenntnis des optimalen Produktionsprogramms voraussetzt, so ist umgekehrt eine optimale Produktionsplanung ohne die Kenntnis der optimalen Investitionen nicht möglich. Dieses Dilemma läßt sich nur durch eine simultane Bestimmung des Produktionsprogramms und des Investitionsprogramms lösen. Eine derartige simultane Planung der beiden Programme stellt aber einen Vorgang dar, der primär güterwirtschaftlicher Art ist und deshalb mehr zu dem Problembestand gehört, der im Zusammenhang mit Fragen der betrieblichen Leistungserstellung, der Produktion im weitesten Sinne des Wortes, zu erörtern ist[1]. Diese Investitionsmodelle sind also vornehmlich produktionsorientiert, das heißt, sie suchen ihre Probleme vor allem in den güterwirtschaftlichen Bereichen[2]. Von ihnen sind hier vor allem die von Förstner und Henn, Jacob und Swoboda entwickelten Modelle von Interesse. Sie weisen insofern eine gewisse gleiche Struktur auf, als sie bei der Ermittlung optimaler Programme nicht von Aus- und Einzahlungsreihen, sondern von Kosten und Erlösen ausgehen und die Methoden

[1] Vgl. die Ausführungen über Programmplanung im zweiten und dritten Abschnitt des fünften Kapitels im ersten Band.

[2] Vgl. hierzu auch Seelbach, H., Planungsmodelle in der Investitionsrechnung, Würzburg-Wien 1967.

der mathematischen Programmierung verwenden. Auf diese Weise erschließen sie sich Möglichkeiten, die die finanzmathematischen Methoden zu erfassen nicht zulassen.

Bisher vollzog sich die Planung der Produktions- und Investitionsprogramme in der Regel so, daß entweder ein Investitionsprogramm bei gegebenem Produktionsprogramm oder ein Produktionsprogramm bei gegebenem Investitionsprogramm aufgestellt wurde. Die Forderung nach Simultaneität der Planung verlangt dagegen, daß Produktarten, Produktmengen und Investitionsobjekte gleichzeitig bestimmt werden. In diesem Falle sind sowohl die Investitionsobjekte als auch die Produktarten und -mengen die Variablen des Modells. Sie müssen mit ihren Beiträgen zum Gewinn des Unternehmens in der Zielfunktion enthalten sein. Für diese Variablen werden diejenigen Werte gesucht, bei denen der Gewinn des in mehrere Teilperioden untergliederten Planungszeitraums sein Maximum erreicht. Der Zusammenhang zwischen Produktions- und Investitionsvariablen wird durch bestimmte Bedingungen gesichert.

Die Modelle unterstellen — mit starken Abweichungen im einzelnen — Unternehmen, die mehrere Erzeugnisarten auf technisch unterschiedlichen Aggregaten in den Teilperioden des Planungszeitraumes herstellen, aus denen sich der gesamte Planungszeitraum zusammensetzt. In den numerischen Beispielen, die die Modelle von Förstner und Henn und von Swoboda enthalten, werden nur zwei Erzeugnisarten und zwei verschiedene Aggregattypen angenommen. Doch dient diese Beschränkung auf so wenige Erzeugnisarten und Aggregattypen lediglich einer Vereinfachung der Darstellung. Jacob gibt seinem Investitionsmodell von vornherein eine allgemeinere Form. Die Modelle gehören aber dem gleichen Typ an.

Diese Modelle interessieren in diesem Zusammenhang nur insoweit, als sie die güterwirtschaftlichen und finanziellen Bereiche der Unternehmen miteinander in Verbindung bringen. In keinem der Modelle fehlt eine solche Verknüpfung. Aber sie wird unterschiedlich akzentuiert vorgenommen. Dem Prinzip nach versuchen die Modelle der Forderung gerecht zu werden, daß durch die Vornahme der Investitionen das finanzielle Gleichgewicht des Unternehmens nicht gefährdet werden darf. Auch wird bei der Konstruktion der Modelle unterstellt, daß die für die Finanzierung der Investitionen zur Verfügung stehenden Mittel begrenzt sind, so daß sich die Auswahl unter den Investitionsobjekten und die Ermittlung der optimalen Investitionsprogramme in Anpassung an die finanziellen Gegebenheiten der Unternehmen vollzieht. Die Entwicklung von optimalen Finanzierungsprogrammen jedoch, die gleichzeitig mit der Ermittlung optimaler güterwirtschaftlicher Programme, also zum Beispiel optimaler Investitionsprogramme, abgeleitet werden, ist bisher nur in der budgetorientierten Investitionstheorie vorgenommen. Die Absicht, optimale Finanzbudgets abzuleiten, — denn hierum handelt es sich bei den budgetorientierten Investitionsmodellen — verlangt nicht nur explizite entwickelte Programme der Kapitalverwendung im güterwirtschaftlichen Bereich, sondern ebenso eine explizite Entwicklung von Programmen der Kapitalbeschaffung. Das güterwirtschaftliche Programm gibt also an, welche Kapitalbedarfe gedeckt werden sollen, das finanzielle Programm dagegen, welche finanziellen Quellen zur Deckung dieser Bedarfe in Anspruch zu nehmen sind, wenn das Programm das gewinngünstigste sein soll.

In dem Investitionsmodell von FÖRSTNER und HENN bildet die Summe der auf das Ende des Planungszeitraums aufgezinsten Periodengewinne das Entscheidungskriterium[1]. Diese Summe ist zu maximieren, und zwar unter Berücksichtigung von Kapazitätsbeschränkungen, Nichtnegativitätsbedingungen und der besonderen finanziellen Nebenbedingung, daß die Finanzierung der Anschaffungskosten für die Erweiterungsinvestitionen sichergestellt ist. Das Problem der Abstimmung zwischen Kapitalbedarf und Kapitaldeckung reduziert sich damit auf die limitierende Wirkung von Kapitalbeträgen, die in den einzelnen Teilperioden beschränkt zur Verfügung stehen. Für die Lösung des Investitionsproblems genügt diese Sicherstellung der Investitionsfinanzierung, aber sie sichert nicht die Aufrechterhaltung des finanziellen Gleichgewichts in jedem Zeitpunkt des Investitionszeitraums. Die Abstimmung zwischen Kapitalbedarf und Kapitaldeckung vollzieht sich also nur nach Maßgabe der beschränkten finanziellen Möglichkeiten des Unternehmens. Insofern beeinflussen die betriebsindividuellen finanziellen Umstände des Unternehmens die Vorgänge im güterwirtschaftlichen Bereich, insbesondere die Bestimmung des optimalen Investitionsprogramms.

Ähnlich wie FÖRSTNER und HENN macht auch SWOBODA die Tatsache zum Ausgangspunkt seiner Überlegungen, daß die Investitionsobjekte nicht bewertet werden können, bevor nicht das günstigste Produktionsprogramm feststeht[2]. Andererseits kann aber das Produktionsprogramm erst geplant werden, wenn das Investitionsprogramm aufgestellt ist. Den Ausweg aus diesen Schwierigkeiten bietet auch hier wieder die simultane Planung der Produktions- und Investitionsprogramme. Es wird ein Modell entwickelt, das nicht nur das Produktionsprogramm, sondern auch das Investitionsprogramm ein-

[1] FÖRSTNER, K., und R. HENN, Dynamische Produktions-Theorie und Lineare Programmierung, Meisenheim (Glan) 1957 S. 119ff..

[2] SWOBODA, P., Die Simultane Planung von Rationalisierungs- und Erweiterungsinvestitionen und von Produktionsprogrammen, in: Zeitschrift für Betriebswirtschaft, 35. Jg. (1965), S. 148ff.

schließlich des Desinvestitionsprogramms offen läßt. Ein solches Modell muß alle Erzeugungsverfahren, die mit Hilfe der vorhandenen oder neu investierten Objekte durchführbar sind und sämtliche während der Planungsperiode bestehenden Investitionsmöglichkeiten enthalten.

Die Produktionsverfahren lassen sich durch die Bruttogewinne charakterisieren. Die einzelnen Investitionsobjekte, die ja doch Teil des gesamten betrieblichen Anlagenbestandes sind und somit ohnehin zur Errechnung der Bruttogewinne der Prozesse herangezogen werden, lassen sich durch die auf sie entfallenden fixen Kosten kennzeichnen. Diese Kosten sind von der Einsatzart und der hergestellten Erzeugnismenge unabhängig. Die Zielfunktion enthält somit Produktions- und Investitionsvariable der beschriebenen Art. Es gilt für diese beiden Arten von Variablen diejenigen Werte zu ermitteln, die die günstigsten sind.

Wie wird in diesem Modell die Abstimmung mit den finanziellen Möglichkeiten des Unternehmens vorgenommen? Das Modell ist in seinen numerischen Beispielen so angelegt, daß durch die einzelnen Investitionsobjekte nicht mehr finanzielle Mittel verbraucht werden dürfen als ursprünglich zur Verfügung standen und durch Desinvestitionen in der Planperiode gewonnen werden können[1]. Unter der im Modell gemachten Voraussetzung, daß zur Deckung des Bedarfs an Umlaufkapital keine zusätzlichen Mittel erforderlich sind, muß nur der Kapitalbedarf für die Investitionsvorhaben berechnet werden. Dieser Bedarf ist den vorhandenen und aus Desinvestitionen erzielbaren finanziellen Mitteln gegenüberzustellen[2].

Die Bedingung, daß die finanziellen Mittel gleich oder größer als der Kapitalbedarf sind, sichert die Finanzierung der Anschaffungsausgaben, allerdings nur dann, wenn angenommen wird, daß alle innerhalb des Planungszeitraums vorgenommenen Zahlungen zu Beginn des Zeitraums geleistet werden. Da der Planungszeitraum im Modell zwei Jahre beträgt, bleibt die Frage offen, ob in jedem zwischen dem Beginn und dem Ende der Teilperioden liegenden Zeitpunkt der Kapitalfonds den Kapitalbedarf deckt. Diese Frage stellt sich in allen Investitionsmodellen, auch in den budgetorientierten[3]. Grundsätzlich aber wird in dem Modell die finanzielle Sphäre in den güterwirtschaftlichen Bereich einbezogen. Sie übt auch ihren Einfluß auf die Auswahl der Investitionsprogramme aus. Der regulierende Einfluß der finanziellen Situation, in der sich das investierende Unternehmen befindet, be-

[1] Swoboda, P., a. a. O., S. 156, S. 158.

[2] Das Modell läßt sich auch auf den Fall erweitern, daß der Kapitalbedarf für das Umlaufvermögen errechnet werden soll. Vgl. Swoboda, P., a. a. O., S. 161.

[3] In diesem Sinne auch Schneider, E., Kritisches und Positives zur Theorie der Investition, in: Weltwirtschaftliches Archiv 98. Bd. (1967 II), S. 314ff.

schränkt sich jedoch darauf, daß die güterwirtschaftlichen Entscheidungen auf einen bestimmten Kapitalbetrag abgestimmt werden.

Auch in dem von JACOB entwickelten Investitionsmodell wird von einem Mehrproduktunternehmen mit mehrstufigem Herstellungsprozeß ausgegangen[1]. Im Rahmen und auf der Grundlage eines solchen Unternehmens sollen simultan die Herstellungs- und Investitionsprogramme unter Berücksichtigung vornehmlich absatzwirtschaftlicher und finanzieller Beschränkungen abgeleitet werden. Das Modell gehört also zu der Gruppe der produktionsbezogenen Investitionsmodelle. Das Modell ist so weit und umfassend angelegt, daß hier nur einige seiner grundsätzlichen Aspekte aufgezeigt werden können. Insbesondere interessiert wiederum nur die Frage, wie die finanzielle Sphäre in die güterwirtschaftlichen Bereiche einbezogen und das Abstimmungsproblem zwischen Kapitalbedarf und Kapitaldeckung gelöst wird.

Was zunächst die güterwirtschaftliche Seite des Modells anbetrifft, so sei nur kurz darauf hingewiesen, daß es der große Komplex zeitlich-horizontaler und zeitlich-vertikaler Interdependenzen ist, der im Modell zu erfassen versucht wird. Die zuerst genannten Interdependenzen kommen zum Beispiel in der Tatsache zum Ausdruck, daß für die Nützlichkeit einer bestimmten Investition der Umstand entscheidend ist, wie sie sich in den Rahmen des gegebenen Betriebes einordnen läßt und welche anderen Investitionsobjekte aus der Menge der möglichen Objekte ausgewählt werden. Zeitlich-vertikale Interdependenzen zeigen sich darin, daß der Nutzen eines bestimmten Investitionsobjektes von der Entwicklung und künftigen Ausgestaltung der Kombination abhängt, in die es eingefügt werden soll. Welchen Nutzen die künftigen Investitionen zu erbringen vermögen, bestimmt sich nach den Investitionen, die heute vorgenommen werden. Das Einfügen eines neuen Aggregates in eine bestehende Kombination von Produktionsmitteln hat in der Regel nicht nur eine Umverteilung der gegebenen Produktionsaufgabe zur Folge, die Produktionsaufgabe muß auch selbst neu bestimmt werden. Die Vornahme einer bestimmten Investition wird in der Regel auch zu einer Veränderung des Produktionsprogramms führen. Das wiederum hat zur Folge, daß der Nutzen einer Investition nur dann richtig abgeschätzt werden kann, wenn die dadurch ausgelöste Änderung des Produktionsprogramms mit berücksichtigt wird. Diese zeitlich-horizontalen und zeitlich-vertikalen Interdependenzen mit ihren breiten Verzweigungen werden in dem Investitionsmodell erfaßt.

---

[1] JACOB, H., Neuere Entwicklungen in der Investitionsrechnung, in: Zeitschrift für Betriebswirtschaft, 34. Jg. (1964), S. 487ff. und S. 551ff.; ders., Flexibilitätsüberlegungen in der Investitionsrechnung, in: Zeitschrift für Betriebswirtschaft, 37. Jg. (1967), S. 1ff.

Die Zielfunktion des Modells enthält Produktionsvariable, gekennzeichnet durch Verkaufserlöse und variable Herstellungskosten, und Investitionsvariable, deren Einfluß auf den Gewinn des mehrperiodigen Planungszeitraumes in Form der von den Produktmengen und -arten unabhängigen Maschinenbestandskosten und in Form der anteiligen, das heißt der auf den Planungszeitraum entfallenden Anschaffungsausgaben angegeben wird. Ferner wird der Einfluß von Desinvestitionen berücksichtigt. Die so für die einzelnen Teilperioden des Planungszeitraumes ermittelten Gewinne werden entweder auf den Planungszeitpunkt diskontiert. Oder es wird ein Ausgleich für den unterschiedlichen zeitlichen Anfall der Periodengewinne durch Einbeziehung von Zinserträgen auf im Betrieb nicht benötigte, aber vorhandene Kapitalbeträge geschaffen. Die Werte, die die Produktions- und Investitionsvariablen annehmen, wenn der Gesamtgewinn des Planungszeitraumes sein Maximum erreicht, stellen das optimale Produktions- und das optimale Investitionsprogramm, also zwei güterwirtschaftliche Programme dar. Bei der Maximierung werden bestimmte güterwirtschaftliche und finanzielle Bedingungen berücksichtigt. Wie für alle investitionstheoretischen Ansätze ist auch für das Modell von JACOB charakteristisch, daß die güterwirtschaftlichen Abstimmungen nicht ohne die Berücksichtigung der finanziellen Bedingungen des investierenden Unternehmens vorgenommen werden.

Die Abstimmung zwischen Kapitalbedarf und Kapitalfonds wird dadurch vollzogen, daß die Ausgaben für Investition und Produktion im Rahmen eines gegebenen Kapitalfonds bleiben müssen. Insofern beeinflussen die finanziellen Gegebenheiten die güterwirtschaftlichen Maßnahmen.

Die Abstimmung zwischen güterwirtschaftlichen Vorgängen und finanziellem Bereich, soweit es sich um die Forderung nach Aufrechterhaltung des finanziellen Gleichgewichts handelt, wird im Modell durch Finanzierungsbedingungen gesichert. Sie gewährleisten, daß das Gleichgewicht zwischen Aus- und Einzahlungen in jeder Teilperiode des Planungszeitraums gewahrt bleibt. In jeder dieser Teilperioden stehen finanzielle Mittel in Höhe des fest vorgegebenen Kapitalbetrags und in Form von Gewinnen aus der Vorperiode zur Verfügung. Finanzielle Mittel, die in der jeweiligen Periode nicht benötigt werden, erhöhen in den folgenden Perioden den Kapitalfonds. Ihm steht der Kapitalbedarf gegenüber, dessen Ermittlung im Hinblick auf Anschaffungsausgaben für Investitionsobjekte, Liquidationserlöse bei Desinvestitionen und Verkaufserlöse für erstellte Produkte nicht schwierig ist, da davon ausgegangen wird, daß die Zahlungsvorgänge in der gleichen, jeweils betrachteten Periode erfolgen. Anders verhält es sich mit den variablen Produktionskosten und den maschinenabhängigen Bestandskosten. Nach den dem Modell zugrunde liegenden Annahmen führen alle in den Finanzierungsbedingungen zu berücksichtigenden Kosten in derselben Periode zu Auszahlungen. Der durch sie verursachte Kapitalbedarf kann mit Hilfe bestimmter Finanzierungsfaktoren errechnet werden. Sie ermöglichen es, die Höhe der Kapitalbindung in Form von durchschnittlichen Kapitalbedarfen anzugeben. Der durchschnittliche Kapitalbedarf des Umlaufvermögens der Teilperiode aber sichert nicht unbedingt die Übereinstimmung zwischen maximalem Kapitalbedarf und Kapitalfonds für die entsprechende Periode, da bei nicht konstantem Bedarf für das Umlaufvermögen der maximale über dem durchschnittlichen Kapitalbedarf liegt. Durch gewisse, leicht zu vollziehende Umformulierungen der Finanzierungsfaktoren läßt sich jedoch der maximale Kapitalbedarf ermitteln und in das Modell einfügen. Sieht man hiervon ab, dann korrespondieren Kapitalbedarf und Kapitalfonds in den Teilperioden. Insofern ist also das finanzielle Gleichgewicht gesichert.

In allen Investitionsmodellen der hier erwähnten Art wird mit Teilperioden gerechnet, die einen längeren Zeitraum umfassen. In numerischen Beispielen werden in der Regel Teilperioden von mindestens einem Jahr angenommen. Die in den Modellen enthaltenen, auf die Teilperioden des Planungszeitraumes bezogenen Finanzierungsbedingungen genügen zweifellos der Aufgabe, die mit den Modellen zu lösen beabsichtigt ist. Wird allerdings jederzeitige Deckung des Kapitalbedarfs durch den Kapitalfonds verlangt, dann steht die Annahme, daß alle in der Teilperiode vorgenommenen Zahlungen zu einem Zeitpunkt, und zwar dem Zeitpunkt zu Beginn oder Ende der jeweiligen Periode vorgenommen werden, dem Verlangen nach Sicherung des finanziellen Gleichgewichts zu jedem Zeitpunkt entgegen. Für die Abstimmung zwischen Kapitalbedarf und Kapitaldeckung, die das spezielle Thema der hier vorgenommenen Untersuchung bildet, besitzen aber gerade die zeitlichen Verschiebungen zwischen den güterwirtschaftlichen Vorgängen im Produktions- und Absatzbereich und den Vorgängen im Bereich der Aus- und Einzahlungen eine besonders große Bedeutung. Die durch Änderungen in den güterwirtschaftlichen und in den finanzwirtschaftlichen Bereichen verursachten zeitlichen Verschiebungen liefern ja gerade die besondere Thematik und Problematik der finanziellen Sphäre, um deren Aufhellung es hier geht. Für die produktionsbezogenen Investitionsmodelle hat die Forderung nach der jederzeitigen Deckung des Kapitalbedarfs durch den Kapitalfonds nicht die Bedeutung, die sie für die Analyse der finanziellen Sphäre besitzt. Die Ausgangspunkte und die Zielsetzungen einer finanziellen Analyse der Unternehmung sind nicht ganz die gleichen wie die der investitionstheoretischen Bemühungen und Konzeptionen, wenn sie auch in vieler Hinsicht Übereinstimmungen in der Fragestellung und in dem Untersuchungsobjekt aufweisen.

Die Analyse der produktionsorientierten Investitionsmodelle unter dem hier speziell interessierenden Aspekt der Abstimmung zwischen Kapitalbedarf und Kapitalfonds hat aber mit hinreichender Deutlichkeit gezeigt, daß die mit Schwerpunkt güterwirtschaftlich orientierten Investitionsmodelle optimale Investitions- und Produktionsprogramme nicht ohne Berücksichtigung der finanziellen Möglichkeiten des Unternehmens entwickeln. Die Programme stehen stets in einem ausgewogenen Verhältnis zu ihren Finanzierungsmöglichkeiten. Sie halten sich im Rahmen des nur bis zu einer bestimmten Grenze ausschöpfbaren finanziellen Potentials. Andererseits versuchen sie, der Forderung nach Erhaltung des finanziellen Gleichgewichts gerecht zu werden. Wenn auch dieses Gleichgewicht mehr auf den Ausgleich der Ein- und Auszahlungen innerhalb der Planperiode und nicht so sehr auf diesen Ausgleich zu jedem Zeitpunkt in der Periode abstellt, so wird doch eben die finanzielle Durchführung der Investitionsprogramme durch die hierfür vorgesehenen Finanzierungsbedingungen sichergestellt. Theoretisch lassen sich die Teilperioden eines Planungszeitraums so stark verkürzen, daß das finanzielle Gleichgewicht auch zu jedem Zeitpunkt gewahrt bleibt. Die Modelle würden in diesem Falle allerdings sehr umfangreich werden, ohne daß für die besonderen investitionstheoretischen Zwecke, für die sie geschaffen sind, wesentlich neue Aspekte gewonnen würden.

4. Die Abstimmung zwischen Kapitalbedarf und Kapitalfonds in budgetorientierten Investitionsmodellen.

Investitionsmodelle, die nicht nur die Kapitalbedarfe nach der Rangfolge der ihnen zugrunde liegenden Investitionsobjekte ordnen, sondern auch eine Rangfolge unter den für die Deckung dieser Bedarfe zur Verfügung stehenden Kapitalbeschaffungsmöglichkeiten vornehmen, orientieren die Abstimmung zwischen Kapitalbedarf und Kapitaldeckung am Budgetprinzip. Der Kapitalfonds weist also unter diesen Umständen eine gewisse Strukturierung auf. Im einfachsten Fall beschränkt sich die Strukturierung darauf, daß der Zinssatz mit zunehmender Kapitalinanspruchnahme steigt. Von allen anderen Differenzierungen des Kapitalangebots wird dann abgesehen. Auf welche Weise bestimmt sich unter diesen Umständen das optimale Kapital- oder Finanzbudget?

Wie die Vorteilhaftigkeit der im güterwirtschaftlichen Bereich durchzuführenden Investitionen an ihrer internen Verzinsung gemessen wird, so kann die Unternehmensleitung die Vorteilhaftigkeit eines Finanzierungsinstruments an den Kapitalkosten messen. Beurteilt man die Finanzierungsmöglichkeiten allein unter Rentabilitätsaspekten, dann wird ein Unternehmen zuerst Kredite mit niedrigen Zinssätzen in Anspruch nehmen, bevor es von Krediten mit höheren Kapitalkosten Gebrauch macht. Wie im güterwirtschaftlichen Bereich die Rangfolge der Kapitalbedarfe durch eine Folge fallender Renditen beschrieben wird, so kommt die Rangfolge der Finanzierungsmöglichkeiten in einer Folge steigender Kostensätze zum Ausdruck[1]. Werden den jeweiligen Kapitalbedarfen die internen Renditen und den für den Aufbau des Fonds in Betracht kommenden Finanzierungsmöglichkeiten die entsprechenden Kostensätze zugeordnet, dann erhält man die in Abb. 17 dargestellte Kurve.

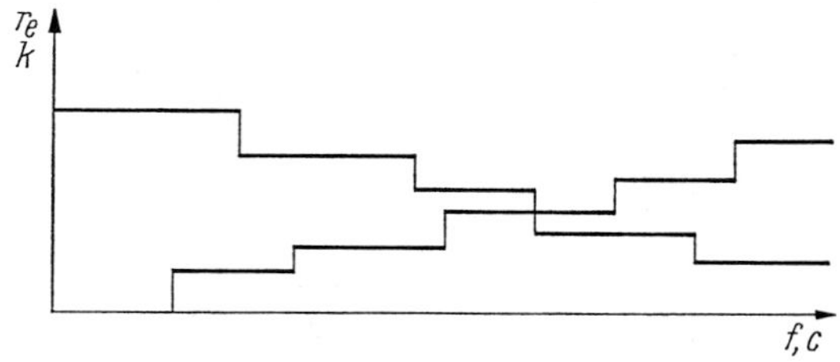

Abb. 17

Auf der Abszissenachse sind die Kapitalbedarfe der Investitionsobjekte (f) und die Kapitalbeträge, die für gegebene Zinssätze aufgenommen werden können (c), abgetragen. Auf der Ordinatenachse erscheinen die internen Renditen der Investitionsobjekte (r_e) und die Kostensätze des Kapitals (k). Der Schnittpunkt der Kurven gibt das finanzierungswürdige Investitionsvolumen an. Jeder Kapitalbedarf, der über das durch den Schnittpunkt bestimmte Finanzierungsvolumen hinausgeht, bleibt ungedeckt, weil der Beitrag, den er zur Rendite des Unternehmens (Grenzrendite) leistet, geringer ist als die zusätzlichen Kosten des Kapitals (Grenzkapitalkosten). Obwohl Kapital weiterhin in beliebiger Menge beschaffbar und dementsprechend auch der Kapitalfonds dehnbar ist, macht das Unternehmen dennoch von diesen Finanzierungsmöglichkeiten keinen Gebrauch. Das unter diesen Umständen optimale Kapitalbudget wird also durch den Schnittpunkt der beiden Kurven angegeben.

Sind die Voraussetzungen einer beliebigen Inanspruchnahme von Kapital nicht gegeben, steht dem Unternehmen vielmehr nur ein begrenzter Kapitalfonds zur Verfügung, aus dem es seinen Kapitalbedarf decken muß, und ist dieser Fonds kleiner als derjenige Fonds, bei dem

[1] Von DEAN und den Vertretern der neoklassischen Investitionstheorie werden die Kapitalkostensätze in Abhängigkeit vom Investitionsvolumen und nicht, wie hier, in Abhängigkeit vom Verschuldungsgrad angegeben.

für den Fall des Fehlens von Kapitalmarktbeschränkungen die Bedingung: Grenzrendite gleich Kapitalkosten erfüllt sein würde, dann verläuft die Kurve der Finanzierungsmöglichkeiten anders als bisher angegeben wurde. Sie steigt zunächst an, bis sie bei demjenigen Kapitalkostensatz, der sich im Falle voller Ausnutzung des für das Unternehmen verfügbaren Kapitalbetrages ergibt, einen Knick aufweist. Sie verläuft nunmehr parallel zur Ordinatenachse und schneidet die Kurve der Investitionsvorhaben in einem Punkt, der vor dem Schnittpunkt der beiden Kurven für den Fall unbegrenzter Möglichkeiten der Kapitalbeschaffung liegt. Unter diesen Umständen vermag das Unternehmen nur einen Teil derjenigen Investitionen vorzunehmen, die dem Vorteilhaftigkeitskriterium genügen (Grenzrendite gleich Grenzkapitalkosten). Es sind diejenigen Kapitalverwendungen, die einen gleich hohen oder einen höheren internen Zinsfuß aufweisen als dem Kapitalkostensatz entspricht, der an der Grenze des gegebenen, aber per definitionem nicht überschreitbaren Kapitalfonds liegt (cut-off rate). Alle Kapitalverwendungen, die im Falle des Fehlens von Kapitalmarktbeschränkungen noch mit Vorteil zu realisieren wären, weil ihre internen Zinsfüße über den zugehörigen Kapitalkosten liegen, schließt die Kapitalbeschränkung aus. Sie läßt damit zugleich nicht jenes Rentabilitätsmaximum erreichen, das erzielbar sein würde, wenn keine Kapitalbeschränkungen beständen. Gleichwohl wird durch das geschilderte Verfahren der Kapitalrationierung (capital rationing) erreicht, daß der quantitativ fixierte Kapitalfonds den Kapitalbedarfen in der Reihenfolge ihrer internen Renditen zugewiesen wird. Dem Kapitalfonds ist ein bestimmtes, den Optimierungsbedingungen genügendes System von Kapitalverwendungen zugeordnet.

Die Methode des Kapitalbudgets ist von J. Dean entwickelt worden[1]. Er baut auf den finanzmathematischen Investitionsmethoden, insbesondere der Methode des internen Zinsfußes auf. Die Problemstellung ist insofern erweitert worden, als optimale Investitionsprogramme und optimale Finanzierungsprogramme aus der Gegenüberstellung von Kapitalnachfragekurven und Kapitalangebotskurven entwickelt werden. Die Kapitalnachfragekurve gibt die Nachfrage des Unternehmens nach Kapital in Abhängigkeit von den internen Zinsfüßen der Investitionsobjekte an, die Kapitalangebotskurve das Angebot an Kapital in Abhängigkeit von den Kapitalkosten. Diese Kurve ordnet jedem Kostensatz die Kapitalbeträge zu, die zu ihm angeboten werden und von dem Unternehmen beschafft werden können. Dieser Kapitalkostensatz bringt zwar nicht den Variantenreichtum des gesamtwirtschaftlichen Kapitalangebots zum Ausdruck. Die Kapitalarten unterscheiden sich in Wirklichkeit ja nicht nur durch ihren Zinssatz, sondern

[1] Dean, J., Capital Budgeting, New York, 3. Aufl. 1956, vor allem S. 62ff.

auch durch ihre Laufzeit, die rechtliche Gestaltung der Abmachungen zwischen Kapitalgebern und Kapitalnehmern und durch das Risiko, das mit der Überlassung des Kapitals, beziehungsweise der einzelnen Kapitalarten verbunden ist. Darin aber, daß das optimale Investitionsprogramm durch die Investitionssumme bestimmt wird, bei der der interne Zinsfuß der Grenzinvestition und der Kostensatz des Grenzkapitals übereinstimmen, Kapitalnachfrage und Kapitalangebot also gewissermaßen gleichrangig im Bestimmungskalkül des optimalen Investitionsprogramms und des optimalen Finanzierungsprogramms figurieren, kommt der symmetrische Aufbau des Investitionskalküls aus Kapitalbedarf und Kapitaldeckung besonders deutlich zum Ausdruck.

Die Konzeption von DEAN enthält einen zwar nicht sehr reich differenzierten, aber einen eben doch strukturierten Kapitalfonds und diese Struktur führt in einer ganz bestimmten Weise zu güterwirtschaftlichen Konsequenzen. Das geschilderte System gibt auch an, welche güterwirtschaftlichen Folgen die Tatsache hat, daß der Kapitalfonds quantitativ begrenzt ist. In den mit capital rationing bezeichneten Vorgängen wird die limitierende Wirkung von Kapitalmarktbeschränkungen auf Maßnahmen in den güterwirtschaftlichen Bereichen deutlich sichtbar. Das Modell entwickelt grundsätzlich auch ein optimales Finanzierungsprogramm. Hierin liegt der hier interessierende Unterschied budgetbezogener Modelle gegenüber den produktionsbezogenen Investitionsmodellen.

Die Theorie des Kapitalbudgets von DEAN ist später ausgebaut und verfeinert worden, stets aber unter Beibehaltung der Grundkonzeption vom fixierten Fondsbetrag und unter Verwendung finanzmathematischer Methoden. Vor allem ist in diesem Zusammenhang auf die Untersuchungen hinzuweisen, die LORIE und SAVAGE diesem Problem gewidmet haben[1]. Die beiden Autoren gehen wie DEAN von der Voraussetzung aus, daß Kapitalmarktbeschränkungen vorliegen und daß sich jedem Investitionsvorhaben Ein- und Auszahlungsreihen zuordnen lassen. Die Autoren verwenden allerdings nicht die Methode des internen Zinsfußes, sondern die Kapitalwertmethode. Die Verfasser entwickeln für eine zweiperiodige Investitionsplanung sowohl für den Fall von einander unabhängigen, als auch für den Fall sich gegenseitig ausschließender Investitionsvorhaben (hierin über DEAN hinausgehend) ein approximatives Rechenverfahren. Mit seiner Hilfe läßt sich ein gegebener Kapitalfonds optimal auf die zur Wahl stehenden Investitionsvorhaben aufteilen. Die Neuerungen des von den Verfassern ent-

[1] LORIE, JAMES H., und LEONHARD J. SAVAGE, Three Problems in Rationing Capital, in: SOLOMON, E. (Hrsg.), The Management of Corporate Capital, Glencoe, Ill. 1959, S. 56ff.

wickelten Verfahrens liegen vor allem in der investitionsrechnerischen Technik. Aus diesem Grunde sind die Verfahren hier nicht von besonderem Interesse. Die Behandlung der finanziellen Probleme im Investitionskalkül bleibt in dem von DEAN gesetzten Rahmen. Es soll deshalb nicht weiter hierauf eingegangen werden.

Wird das Problem einer optimalen Abstimmung des Verhältnisses zwischen Kapitalbedarf und Kapitaldeckung auf einen güterwirtschaftlichen Bereich, zum Beispiel den Investitionsbereich, eingeschränkt, dann ergibt sich die Aufgabe, das optimale Investitionsprogramm und das optimale Finanzierungsprogramm simultan zu bestimmen und zwar grundsätzlich so, daß die Vornahme der Investitionen das finanzielle Gleichgewicht des Unternehmens nicht stört.

Das Modell, um dessen Skizzierung es hier geht, setzt ein einstufiges Mehrproduktunternehmen voraus, engt also die Vielzahl mehrstufiger Produktionsbeziehungen auf die Annahme ein, daß auf den einzelnen Produktionsanlagen in einem einstufigen Herstellungsgang verkaufsfähige Erzeugnisse hergestellt werden können. Den einzelnen Produktionsanlagen und damit den einzelnen Investitionsobjekten, die der Ergänzung oder Erweiterung des Anlagenbestandes dienen, lassen sich unter diesen Umständen Aus- und Einzahlungsreihen oder, saldiert, Aus- oder Einzahlungsüberschüsse zuordnen. Besteht der Planungszeitraum aus mehreren Teilperioden, dann kann der Fall eintreten, daß einige Perioden Ausgabenüberschüsse, andere Perioden Einnahmenüberschüsse aufweisen. Insgesamt muß jedoch für jedes Investitionsobjekt verlangt werden, daß sich ein positiver Kapitalwert ergibt.

Da angenommen wird, daß in jeder Teilperiode Investitionen vorgenommen werden, setzt sich der gesamte aus dem güterwirtschaftlichen Bereich resultierende Kapitalwert aus den Kapitalwerten der einzelnen Investitionen aller Teilperioden des Planungszeitraumes zusammen. Werden vor Ende des Planungszeitraumes maschinelle Anlagen desinvestiert, so mindert sich der Kapitalwert des entsprechenden Objektes um die diskontierten Zahlungsüberschüsse der Perioden, in denen die Anlagen noch hätten genutzt werden können.

Die Zielfunktion dieses von ALBACH entwickelten Investitionsmodells enthält aber nicht nur Investitionsvariable[1]. Da gleichzeitig mit dem optimalen Investitionsprogramm das optimale Finanzierungsprogramm entwickelt werden soll, werden in die Zielfunktion Finanzierungsvariable eingefügt. Wie jedem Investitionsobjekt ist auch jeder Finanzierungsart, von der das Unternehmen Gebrauch machen kann, eine Einzahlungs- und

[1] Vgl. ALBACH, H., Investition und Liquidität, Wiesbaden 1962; siehe auch die Modelle von BELLINGER, B., Langfristige Finanzierung, Wiesbaden 1964, S. 117ff.; und LÜCKE, W., Finanzplanung und Finanzkontrolle in der Industrie, Wiesbaden 1965, S. 165ff.

eine Auszahlungsreihe zugeordnet, die über den Verlauf der Einzahlungen, Rück- und Zinszahlungen Aufschluß gibt. Mit Ein- und Auszahlungen ist jeder Finanzierungsart ein bestimmter Kapitalwert, der im allgemeinen negativ sein wird, zugeordnet.

Unter Beachtung betrieblicher und marktlicher Beschränkungen güterwirtschaftlicher und finanzieller Art ist der Gesamtkapitalwert für das Investitions- und Finanzierungsprogramm zu maximieren. Die Werte der Variablen geben dann ein mit dem Finanzierungsprogramm abgestimmtes optimales Investitionsprogramm an. Für die Finanzierungsvariablen, das heißt für die Inanspruchnahme der einzelnen Finanzierungsarten, bestehen obere Grenzen, über die hinaus Finanzierungsmittel einer bestimmten Finanzierungsart nicht aufgenommen werden können.

Außerdem sehen Finanzierungsbedingungen vor, daß in keiner der Teilperioden des Planungszeitraumes die Summe der durch Investitionen und ihre Finanzierung verursachten Auszahlungsüberschüsse die Einzahlungen und eventuellen Kassenbestände überschreitet. Auch in dem Modell von Albach wird der Begriff des finanziellen Gleichgewichts anders verstanden, als er in dieser Arbeit verwandt wird. In dem Modell wird das finanzielle Gleichgewicht schon dann als gewährleistet angesehen, wenn die Kassenbestände am Anfang der Periode zuzüglich der Einzahlungsüberschüsse, die während der ganzen Periode erzielt worden sind, zuzüglich der in der Periode vorgenommenen Kapitalfondserhöhungen die Zahlungsverpflichtungen der Periode übersteigen. Eine solche Betrachtung bedeutet, daß alle Zahlungsvorgänge einer Periode nur als sich am Ende der Periode vollziehend gedacht werden. Mit dieser Annahme aber wird das Dispositionsproblem der laufenden zeitlichen Abstimmung zwischen Kapitalbedarf und Kapitalfonds zu jedem Zeitpunkt während der Periode von der Betrachtung ausgeschlossen.

Das Modell führt jedoch zu einem auf güterwirtschaftliche Bedingungen und Erfordernisse abgestimmten optimalen Finanzierungsprogramm. Der Abstimmungsprozeß vollzieht sich mithin nicht zwischen zwei güterwirtschaftlichen Bereichen, sondern zwischen einem güterwirtschaftlichen Bereich und dem finanziellen Bereich des Unternehmens, wie es dem Sinn budgetbezogener Investitionsmodelle entspricht. Für die an dieser Stelle allein interessierende Frage nach der gegenseitigen Abstimmung zwischen Kapitalbedarf und Kapitalfonds liefert das Modell insofern einen wesentlichen Beitrag, als es nicht nur die limitierenden Wirkungen finanzieller Beschränkungen auf güterwirtschaftliche Maßnahmen berücksichtigt, sondern in wechselseitiger Anpassung zwischen güterwirtschaftlicher und finanzieller Sphäre ein optimales güterwirtschaftliches und ein optimales finanzielles Programm entwickelt.

Um nach Möglichkeit der Problematik des Kalkulationszinsfußes zu entgehen, beschränkt H. HAX die Verwendung des Zinsfußes auf die Bestimmung der Kapitalwerte der sich über das Ende des Planungszeitraumes hinaus erstreckenden Zahlungsreihen[1]. Die Summe dieser Kapitalwerte und der Einzahlungsüberschüsse in der letzten Teilperiode des Planungszeitraumes (Betriebsvermögen) werden maximiert. Eine derartige Zielsetzung ist nur dann sinnvoll, wenn in jeder der vorangegangenen Perioden alle Anlagemöglichkeiten für die liquiden Mittel ausgenutzt, das heißt, die Finanzierungsbedingungen nicht als Ungleichungen, sondern als Gleichungen formuliert werden. Gewisse vorgegebene Entnahmebeträge können berücksichtigt werden. Im übrigen stimmen die Prämissen mit dem Albachschen Modell überein, auch darin, daß alle Zahlungen zu Beginn einer Periode geleistet werden.

Die bisher untersuchten Investitionsmodelle produktions- wie budgetbezogener Art unterstellen, daß die Investitionsobjekte frei miteinander kombinierbar sind und zwar in dem Sinne, daß die Realisierung eines Investitionsvorhabens die Vornahme bestimmter anderer Investitionen weder ausschließt noch voraussetzt. Die betriebliche Wirklichkeit zeigt jedoch, daß es auch Investitionen gibt, die sich technisch gegenseitig ausschließen, und Investitionen, die technisch voneinander abhängig sind. Die betriebswirtschaftliche Investitionstheorie steht deshalb vor der Aufgabe, Verfahren zu entwickeln, die sowohl die Ableitung frei kombinierbarer als auch nicht frei kombinierbarer Investitionsprogramme ermöglichen. Können also bestimmte technische Arbeiten auf mehreren Typen von Aggregaten vorgenommen werden, und schließt die Installierung von Aggregaten eines Typs die Benutzung funktionsgleicher anderer Aggregate aus, dann muß gewährleistet sein, daß die Rechnung nur eine bestimmte Variante des Aggregattyps enthält. Hängt die Anschaffung von Aggregaten einer bestimmten Art davon ab, daß auch Aggregate eines zweiten Typs im Investitionsprogramm enthalten sind, dann muß das Ergebnis der Rechnung diese Forderung berücksichtigen. In beiden Fällen läßt sich dieses Ergebnis durch die Formulierung entsprechender Nebenbedingungen erreichen, wie WEINGARTNER gezeigt hat[2]. Die methodische Erweiterung, die auf diese Weise gewonnen wird, betrifft allerdings nur die güterwirtschaftliche Seite des Problems. Hier interessiert mehr die Frage, wie die finanzwirtschaftliche Seite des Problems behandelt wird.

Grundsätzlich läßt das Modell sowohl die Annahme vollkommener Kapitalmärkte als auch die Berücksichtigung beschränkter kurzfristiger

[1] Vgl. HAX, H., Investitions- und Finanzplanung mit Hilfe der linearen Programmierung, in: Zeitschrift für betriebswirtschaftliche Forschung, N.F., 16. Jg. (1964), S. 430ff.

[2] Vgl. hierzu WEINGARTNER, H. M., Mathematical Programming and the Analyses of Capital Budgeting Problems, Englewood Cliffs, N.J. 1963, S. 32ff.

Kreditmöglichkeiten, langfristiger Fremdfinanzierung und der Eigenfinanzierung zu. Interessant ist dabei die Frage, in welchen Relationen sich ein Unternehmen mit kurzfristigen oder mit langfristigen Krediten finanzieren soll, wenn es seine Kapitalfonds optimal aufzubauen beabsichtigt. Im Modell wird zum Beispiel angenommen, daß kurzfristige Kredite billiger beschaffbar sind als langfristige Darlehen[1]. Es besteht nun die Möglichkeit, daß durch fortlaufende Substitution kurzfristiger Kredite de facto ein langfristiger Kredit entsteht. Um diese Möglichkeit auszuschließen, wird durch entsprechende finanzielle Beschränkungen sichergestellt, daß der langfristige Kapitalbedarf nur durch langfristige Kredite gedeckt werden kann. Eine derartige Beschränkung ist vor allem deshalb erforderlich, weil sich das Unternehmen anderenfalls stets für den billigeren kurzfristigen Kredit entscheiden würde. Die Aufrechterhaltung des finanziellen Gleichgewichts würde in der Tat dann keine Schwierigkeiten bereiten, weil in jeder Periode des Planungszeitraums kurzfristiger Kredit zur Abdeckung eines Zahlungsdefizits aufgenommen werden könnte. Das Modell ist denn auch so formuliert, daß höchstens in jeder zweiten Periode kurzfristige Kredite zur Verfügung stehen, langfristiges Kapital jedoch in jeder Periode aufgenommen und am Ende des Planungszeitraumes zurückgezahlt werden kann. Unter diesen speziellen Bedingungen läßt sich ein Finanzierungsprogramm ableiten, das die Proportionen zwischen den kurzfristig aufgenommenen Krediten und den langfristigen Verpflichtungen optimal bestimmt. Das Modell läßt ähnliche Bestimmungen auch für die Fälle zu, daß außer kurz- und langfristiger Fremdfinanzierung auch die Möglichkeit der Aufnahme von Eigenkapital besteht.

Die Modelle, wie sie WEINGARTNER entwickelt, führen also zu simultan bestimmten optimalen Investitions- und Finanzierungsprogrammen. Die Abstimmung zwischen Kapitalbedarf und Kapitalfonds vollzieht sich in der Form eines Budgets. Die Finanzierungsbedingungen sichern auch in diesem Modell lediglich die Finanzierung der Investitionsvorhaben. Die Innehaltung des finanziellen Gleichgewichts für jeden Zeitpunkt innerhalb des Investitionszeitraumes wird auch in diesen Modellen nicht gewährleistet.

5. Optimale Finanzierungsprogramme in erweiterter Sicht.

Das unverrückbare Ziel jeder Planung finanzieller Maßnahmen ist das güterwirtschaftlich abgestimmte optimale Finanzierungsprogramm. Die Methoden der mathematischen Optimierung haben gewisse Voraussetzungen dafür geschaffen, dieses Ziel in den Griff zu bekommen, wenn auch mehr in dem Sinne, daß der ungewöhnlich komplizierte Zusammen-

[1] Vgl. WEINGARTNER, H. M., a.a.O., S. 172ff.

hang, in dem das Problem steht, transparent gemacht wird als in dem Sinne, daß nunmehr unmittelbar praktische Lösungen gefunden werden könnten. Immerhin ist mit voller Deutlichkeit klar geworden, daß Finanzierungsprogramme nur dann Optimierungskriterien genügen können, wenn sie simultan mit den Vorgängen in den güterwirtschaftlichen Bereichen ermittelt werden. Eine Zielfunktion, die nur Finanzierungsvariable enthielte, würde der wechselseitigen Abhängigkeit von Kapitalbedarf und Kapitaldeckung nicht gerecht werden. Sie würde deshalb auch nicht den Forderungen genügen, die heute an eine optimale Kapitaldeckungsfunktion gestellt werden.

Die Ergebnisse der Untersuchungen über die Abstimmung zwischen Kapitalbedarf und Kapitalfonds in produktions- und budgetbezogenen Investitionsmodellen haben bei aller Unterschiedlichkeit im einzelnen dennoch einsichtig werden lassen, daß ein auf die Ermittlung optimaler Finanzierungsprogramme, das heißt ein auf die optimale Abstimmung von Kapitalbedarf und Kapitaldeckung eingerichtetes Modell notwendig güterwirtschaftliche Variable enthalten und so gewissermaßen auf güterwirtschaftliche Bereiche übergreifen muß. In dem budgetorientierten Modell von ALBACH wird nur ein güterwirtschaftlicher Bereich, der Investitionsbereich, in die Zielfunktion einbezogen. Dieser Bereich ist aber nur einer von vielen möglichen und die Untersuchungen über die produktionsbezogenen Investitionsmodelle haben deutlich gezeigt, welche komplexen Tatbestände in einem Finanzierungsmodell enthalten sein würden, wenn allein der Produktionsbereich in der vielfältigen Verzweigung, wie sie zum Beispiel das Modell von JACOB aufweist, in die Zielfunktion hineingenommen wird. In diesem Fall würde das Finanzierungsmodell außer den Finanzierungsvariablen auch Investitions- und Produktionsvariable enthalten. Geht man noch einen Schritt weiter und berücksichtigt man die Tatsache, daß das Produktionsprogramm nur dann optimal bestimmt werden kann, wenn es simultan mit dem Produktionsprozeß abgeleitet wird, dann würde hieraus folgen, daß die Zielfunktion auch Prozeßvariable zu enthalten hätte. Diese Forderung leuchtet sofort ein, wenn man sich vor Augen hält, daß die Produktionskosten der hergestellten Erzeugnisse (Erzeugnisarten) nur bestimmt werden können, wenn feststeht, welche Erzeugnisarten und welche Erzeugnismengen hergestellt werden. Andererseits läßt sich das optimale Produktionsprogramm nur ermitteln, wenn die Kosten bekannt sind, die die Herstellung bestimmter Mengen bestimmter Erzeugnisarten verursacht. Sobald auf Optimierung abgestellt wird, drängen sich die das Ganze des unternehmungswirtschaftlichen Geschehens beherrschenden betrieblichen Interdependenzen in die Optimierungsrechnung hinein und verlangen nach Berücksichtigung im rechnerischen Kalkül. Ein vollständiges Finanzierungsmodell müßte alle diese Variablen — und nicht nur sie, sondern auch die Zusammenhänge mit den Beschaffungs-, Absatz- und Entwicklungsbereichen — enthalten, wenn es der strengen Forderung nach Simultaneität gerecht werden soll. Dieser Forderung müßte aber genügt werden, wenn es ein güterwirtschaftlich abgestimmtes optimales Finanzierungsprogramm abzuleiten gilt.

Auf die Vielzahl und Vielfältigkeit von Nebenbedingungen produktions-, beschaffungs-, absatz- und finanzwirtschaftlicher Art, mit denen ein solches Modell ausgestattet sein müßte, soll hier nur hingewiesen werden.

Die bisher erörterten Investitionsmodelle, die sich der Methoden der linearen Programmierung bedienen, setzen voraus, daß die Bruttogewinne je Erzeugungseinheit konstant sind. Diese Annahme besagt einmal, daß die Produktionskoeffizienten unveränderlich bleiben. Sie geben darüber Aufschluß, mit welchen Mengenanteilen die zur Produktion erforderlichen Sachgüter, Arbeits- und Dienstleistungen im Fertigprodukt enthalten sind. Konstanz der Produktionskoeffizienten bedeutet, daß die Kostenfunktionen, mit denen im Modell gearbeitet wird, linearen Charakter besitzen. Zum anderen setzen konstante Bruttogewinne je Erzeugungseinheit voraus, daß die Verkaufspreise der Erzeugnisse unveränderlich sind. Unter diesen Voraussetzungen verläuft die Erlösfunktion linear.

Soll nun aber ein auf die Ermittlung optimaler Finanzierungsprogramme abgestelltes Modell die Vielgestaltigkeit der betrieblichen Wirklichkeit abbilden, dann ist es erforderlich, die Annahme konstanter Produktionskoeffizienten aufzuheben und mit variablen Produktionskoeffizienten zu rechnen. In diesem Falle sind die zur Produktion eines Erzeugnisses benötigten Mengen der produktiven Faktoren den hergestellten Erzeugnismengen nicht proportional. An die Stelle linearer Beziehungen zwischen den Verbrauchsmengen produktiver Faktoren und der Produktmenge selbst treten im Modell Verbrauchs- und damit Kostenfunktionen nichtlinearer Art. Im Falle intensitätsmäßiger Anpassung an sich ändernde Beschäftigungslagen würden die Variablen des Modells zum Teil multiplikativ verknüpft sein. Auch die Beziehungen zwischen güterwirtschaftlichen Variablen und den Finanzierungsgrößen werden sich im allgemeinen nicht durch lineare Beziehungen wiedergeben lassen. Die Untersuchungen über die Kapitalbedarfsfunktion haben gezeigt, wie vielgestaltig die Zusammenhänge zwischen güterwirtschaftlichen Maßnahmen und ihren güterwirtschaftlichen Konsequenzen sein können. In dem Modell müßte auch der Fall enthalten sein, daß die Verkaufspreise nicht fest, sondern variabel sind. Unter diesen Umständen würde sich das Unternehmen einer fallenden Preisabsatzfunktion gegenübersehen. Man erhält dann eine nichtlineare Erlösfunktion. Wie die Absatzmärkte, so können sich auch die Beschaffungsmärkte dadurch kennzeichnen, daß an die Stelle konstanter Einkaufspreise für Werkstoffe und Rohstoffe Abhängigkeiten zwischen Beschaffungsmengen und Beschaffungspreisen auftreten, die zu nichtlinearen Ausgabefunktionen führen. Die Abhängigkeit der Beschaffungspreise von den Beschaffungsmengen kommt zum Beispiel in Mengenrabatten und Preisnachlässen zum Ausdruck, wenn in großen Mengen bestellt wird[1].

In dem so erweiterten Finanzierungsmodell sind an die Stelle linearer nunmehr nichtlineare Beschaffungs-, Produktions-, Kosten-, Erlös- und Kapitalbedarfsfunktionen getreten. Das Modell enthält zugleich die Bedingung für eine simultane Bestimmung der Produktionsprogramme nach Erzeugnisarten und Erzeugnismengen, des Produktionsprozesses, der Investitionsvorhaben und der Finanzierungsalternativen. Als Lösung eines solchen nichtlinearen Modells würde man ein optimales Finanzierungsprogramm erhalten, das zugleich auf optimalen Entscheidungen über die Gestaltung des Produktionsprogramms einer jeden, im Planansatz berücksichtigten künftigen Periode, auf optimalen Entscheidungen über die Gestaltung des Produktionsprozesses, auf ebensolchen Entscheidungen über die Investitionen, also die Anschaffung und den Verkauf von Gegenständen des Anlage- und des Umlaufvermögens und schließlich auf einer optimalen Entscheidung über die in jeder Periode vorzunehmende Aufnahme von Kapital beruht. Die optimale Abstimmung zwischen Kapitalbedarf und Kapitalfonds, die durch das Modell vorgenommen würde, berücksichtigt also die zwischen dem Produktionsbereich (Programm- und Prozeßbereich), dem Investitionsbereich und dem Finanzierungsbereich bestehenden Interdependenzen. Das Finanzierungsprogramm, das man auf diese Weise erhalten würde, wäre ein güterwirtschaftlich abgestimmtes optimales Finanzierungsprogramm.

Die Überlegungen machen deutlich, daß mit der Ausweitung des Modells die Zahl der Variablen und Interdependenzen, die den betrieblichen Zusammenhang bilden, stark wächst. In einem Modell, das Variable aus den aufgeführten betrieblichen Teilbereichen enthält, würde die Anzahl der Variablen und Abhängigkeiten derart zunehmen, daß die mathematischen und die rechnerischen Möglichkeiten bei ihrem gegenwärtigen Stande zur Bewältigung der zu lösenden Aufgaben nicht ausreichen würden. Die Tatsache zudem, daß ein Modell der soeben skizzierten Art nichtlineare Abhängigkeiten enthält, bereitet deshalb große Schwierigkeiten, weil für die Lösung nichtlinearer Modelle zur Zeit noch keine leistungsfähigen Algorithmen vorhanden sind.

Die Ableitung güterwirtschaftlich abgestimmter optimaler Finanzierungsprogramme in dem umfassenden Sinne, in dem die Bestimmung

[1] Vgl. hierzu die Ausführungen über das erweiterte Produktionsmodell im ersten Band, fünftes Kapitel, zweiter Abschnitt.

eines solchen Programms hier aufzuzeigen versucht wird, verlangt die vorherige Lösung noch vieler Fragen. Gleichwohl ist auf dem Wege zur Ableitung güterwirtschaftlich abgestimmter optimaler Finanzierungsprogramme bereits viel getan. Eine wirklich befriedigende Lösung des Problems wird wohl aber erst zu einem späteren Zeitpunkt möglich sein. Dieses umsomehr, als die bisher erörterten Modelle davon ausgehen, daß die Koeffizienten, insbesondere die des Kapitalbedarfs, bekannt sind. Es ist aber gerade ein typisches Merkmal finanzieller Planung sowohl auf nahe wie auf weite Sicht, daß sie unter Ungewißheit über die Entwicklung der Daten in der Zeit vorgenommen werden muß. Diese Ungewißheit erstreckt sich sowohl auf die Höhe als auf die zeitliche Verteilung der Aus- und Einzahlungen. Auf einige Probleme dieses Risikophänomens soll noch kurz eingegangen werden.

6. Simultane Finanzplanung unter Unsicherheit.

6a. Die Aufgabe, in einem simultanen Modellansatz zu einer optimalen gegenseitigen Abstimmung von Kapitalbedarfs- und Kapitalfondsfunktion zu gelangen, kompliziert sich, wenn zu der Vielfalt gegenseitiger Abhängigkeiten zwischen Größen güter- und finanzwirtschaftlicher Art die Ungewißheit der Erwartungen über die voraussichtliche Entwicklung der technisch-ökonomischen Bedingungen betrieblicher Existenz tritt. Die gegenwärtige Diskussion dieser Fragen hat bisher mehr die Weite und Vielschichtigkeit des Unsicherheitsphänomens hervortreten lassen, als daß es zu Ansätzen gekommen wäre, die das Problem simultaner Planung unter Unsicherheit in einer allgemeingültigen Weise lösbar machen.

Die Unsicherheit kennzeichnet sich dadurch, daß — wenn überhaupt — nur subjektive Wahrscheinlichkeiten über das Eintreten einer bestimmten Situation gegeben sind. Existieren keine Wahrscheinlichkeiten, so muß die Entscheidung nach Kriterien wie der Maximin-Regel, dem Hurwicz-Kriterium, dem Savage-Kriterium usw. getroffen werden[1].

Hat das Unternehmen jedoch Vorstellungen über die Wahrscheinlichkeit des Eintretens bestimmter inner- und außerbetrieblicher Daten, und sollen diese Vorstellungen im Entscheidungsprozeß berücksichtigt werden, dann lassen sich grundsätzlich drei Wege beschreiten. Im ersten Fall werden die subjektiven Wahrscheinlichkeitsvorstellungen über die zu erwartenden Gewinne, Absatzmengen, Absatzpreise u. ä. durch Ansatz der entsprechenden Erwartungswerte auf eine im Prinzip deterministische Situation reduziert. Im zweiten Fall sind die subjek-

[1] Siehe hierzu die Ausführungen im zweiten Band, erstes Kapitel, dritter Abschnitt. Ferner sei verwiesen auf GUTENBERG, E., Unternehmensführung, Organisation und Entscheidungen, Wiesbaden 1962, S. 77ff. und auf HAX, H., Die Koordination von Entscheidungen, Köln-Berlin-Bonn-München 1965, S. 38ff.

tiven Wahrscheinlichkeitsvorstellungen unmittelbar und selbst die Beurteilungskriterien für die Chancen und Risiken der Finanzierungs- und Investitionsalternativen, ohne daß eine Transformation in Erwartungswerte erfolgt. Im dritten Fall findet die Unsicherheit ihren Ausdruck in einer stochastischen Nebenbedingung. Sie wird damit Bestandteil des Kalküls selbst.

Werden das optimale Kapitalvolumen und die optimale Kapitalstruktur bei Ungewißheit unter Verwendung von Erwartungswerten, jedoch ohne Formulierung eines Programmierungsmodells abzuleiten versucht, dann kann, wie LIPFERT zeigt, das optimale Kapitalvolumen nicht mehr durch den Schnittpunkt der Grenzrenditenkurve mit der Grenzkapitalkostenkurve bestimmt werden, wie es im marginalanalytischen Konzept der neoklassischen Investitionstheorie geschieht[1]. Jenes auf sicheren Erwartungen beruhende Modell wird dadurch erweitert, daß für die Renditen der Investitionsvorhaben Wahrscheinlichkeitsverteilungen angenommen werden und durch Errechnung von Erwartungswerten die Grenzrenditenkurve für den Fall der Unsicherheit definiert wird. Nunmehr gibt der Schnittpunkt der auf solche Weise modifizierten Grenzrenditenkurve mit der Grenzkapitalkostenkurve das optimale Kapitalvolumen für den Fall an, daß die Ertragschancen der Investitionsobjekte mit Risiken behaftet sind. Hierbei wird noch unterstellt, daß der Verlauf der Grenzkapitalkostenkurve sicher ist. Beachtet man jedoch, daß finanzielle Entscheidungen ebenso wie Investitionsentscheidungen unter Unsicherheit zu treffen sind und daß das spezifische Verschuldungsrisiko aus der Tatsache folgt, daß die Renditen der Investitionsobjekte nicht mit Sicherheit erwartet werden dürfen, dann ist zu fragen, wie dieser Tatbestand in die entwickelte Modellstruktur eingefügt werden kann. Dem marginalanalytischen Verfahren zur Erfassung des Strukturrisikos liegt die Überlegung zugrunde, daß die Grenzkapitalkostenkurve selbst als unsicher aufzufassen ist. Diese Ungewißheit findet darin ihren Ausdruck, daß die quantitativen, also zu Zahlungen führenden Kapitalkosten um einen Zuschlag erhöht werden, der sich durch Multiplikation der quantitativen Kosten mit einem den Risikovorstellungen der Unternehmensleitung entsprechenden Faktor ergibt. Je höher die Risiken der Finanzierung durch die Geschäftsführung eingeschätzt werden, um so höher sind die Funktionswerte der Grenzkapitalkostenkurve und um so früher wird mithin jenes Kapitalvolumen erreicht, das als die unter unsicheren Finanzierungs- und Investitionserwartungen optimale Kapitalausstattung des Unternehmens anzusehen ist.

[1] LIPFERT, H., Theorie der optimalen Unternehmensfinanzierung, in: Zeitschrift für betriebswirtschaftliche Forschung, N.F. 17. Jg. (1965), S. 58ff.; ders., Optimale Unternehmensfinanzierung, Frankfurt a.M. 1967, vor allem S. 46ff.

6b. In den Investitions- und Finanzierungsmodellen, die sichere Erwartungen voraussetzen und sich der Programmierungsmethoden bedienen, werden die Koeffizienten in der Zielfunktion und in den Nebenbedingungen als bekannt und konstant angenommen. In Wirklichkeit sind sie ungewisse Größen, das heißt Zufallsvariable. Sie lassen sich durch Wahrscheinlichkeitsverteilungen beschreiben. Innerhalb der güterwirtschaftlichen Bereiche sind es gerade die Erlöse aus dem Verkauf der Erzeugnisse, die mit Unsicherheiten behaftet sind.

Wird die besondere Situation im Absatzbereich der Unternehmen als Ausgangspunkt für die Analyse der Investitions- und Finanzierungsentscheidungen unter unsicheren Erwartungen gewählt, dann müssen die oberen Begrenzungen für die Absatzvolumina der Unternehmen und die Preise der Erzeugnisse, wie sie in den für sichere Erwartungen entwickelten Modellen enthalten sind, durch Wahrscheinlichkeitsverteilungen ersetzt werden. Die oberen Grenzen der in einer Teilperiode oder einem Planungszeitraum absetzbaren Erzeugnismengen und die Verkaufspreise werden nun als mit bestimmten subjektiven Wahrscheinlichkeiten behaftet angenommen.

Sieht sich die Leitung eines Unternehmens vor die Aufgabe gestellt, unter Berücksichtigung der verschiedenen Erwartungsstrukturen dasjenige Investitionsprogramm zu finden, das am besten geeignet erscheint, den Gewinn des Unternehmens zu maximieren und gleichzeitig das aus der Unsicherheit der Daten stammende Risiko in Grenzen zu halten, dann kann das Problem wiederum dadurch zu lösen versucht werden, daß jenes Investitionsprogramm ermittelt wird, welches — unter Beachtung aller im Modell enthaltenen Umstände — den höchsten Gewinnerwartungswert aufweist.

Nun bedeutet aber das Festlegen des jährlichen Investitionsprogramms einmal eine Entscheidung, die sich nicht häufig wiederholt. Zum anderen würde selbst dann, wenn sich das Programm aus mehreren voneinander völlig unabhängigen Teilprogrammen zusammensetzen sollte, die Zahl der Teilprogramme zu gering sein, als daß ein effektiver Gewinn erwartet werden dürfte, der gleich der Summe der Gewinnerwartungswerte der Teilprogramme wäre. Auch sind die Wirkungen, die von einem Investitionsprogramm ausgehen, für das Unternehmen so bedeutsam, daß in aller Regel keine Geschäftsleitung Verluste, die in den nächsten Jahren eintreten, durch erst nach vielen Jahren auftretende Gewinne für ausgeglichen ansehen würde. Die Entscheidung, die sich auf den Gewinnerwartungswert stützt, geht von einem solchen Ausgleich günstiger und ungünstiger Umstände innerhalb einer großen Zahl gleichartiger Fälle aus. Diese Gründe veranlassen dazu, auf die explizite Verwendung und Maximierung von Gewinnerwartungswerten zu verzichten und ein anderes Verfahren zur Bestimmung optimaler

Investitionsprogramme unter Unsicherheit anzuwenden. Es geht zwar von Erwartungsstrukturen, das heißt von Abfolgen mit unterschiedlichen Wahrscheinlichkeiten behafteter Absatzsituation aus, überträgt aber die Entscheidungsfindung nicht dem Kalkül, beläßt sie vielmehr den Mitgliedern der Geschäftsführung[1].

Bei dem Modell von JACOB handelt es sich um ein primär produktionsbezogenes Modell. Da aber die Unsicherheit, unter der die Produktions- und Investitionsprogramme stehen, auch auf die mit der Vornahme von Investitionen verbundenen finanziellen Maßnahmen übergreift, hat der für den Investitionsbereich gewonnene Ansatz zur Lösung des Unsicherheitsproblems insofern auch Bedeutung für die Abstimmung zwischen finanziellen und güterwirtschaftlichen Bereichen in der Unternehmung.

Wird bei den Überlegungen zur Lösung des Unsicherheitsproblems vom Absatzbereich ausgegangen, dann lassen sich die Absatzerwartungen für ein bestimmtes Erzeugnis in einer bestimmten Periode in folgender Weise charakterisieren:

Die Situation kann sich dadurch kennzeichnen, daß mit Sicherheit erwartet wird, von einem Erzeugnis eine bestimmte Mindestmenge absetzen zu können. Mit einer etwas geringeren Wahrscheinlichkeit glaubt das Unternehmen erwarten zu dürfen, eine etwas größere Mindestmenge des Erzeugnisses verkaufen zu können. Der Absatz einer noch größeren Zahl von Erzeugnissen möge als durchaus möglich angesehen werden. Die subjektive Wahrscheinlichkeit, mit der diese Erzeugnismengen erwartet werden, ist allerdings geringer als die subjektiven Wahrscheinlichkeiten, mit denen die geringeren Absatzmengen erwartet werden.

Den verschiedenen Absatzsituationen können also unterschiedlich hohe subjektive Wahrscheinlichkeiten zugeordnet werden. In ähnlicher Weise lassen sich die Erwartungsspektren für die übrigen Erzeugnisse des Unternehmens aufstellen.

Ein Investitionsprogramm, das aufgrund der Daten der Ausgangssituation (verhältnismäßig geringe Mindestmengen bei verhältnismäßig sicheren Erwartungen) ermittelt würde, trüge keinerlei Risiko in sich. Die Gewinnentwicklung könnte bei abweichenden Daten höchstens besser, nicht aber schlechter sein. Die produktionstechnische Apparatur, über die das Unternehmen nach der Vornahme des der Ausgangsposition entsprechenden Investitionsprogramms verfügt, ist im Hinblick auf die als weitgehend sicher angesehene Absatzsituation die günstigste. Damit stellt sich die Frage, welche Gewinne sich mit dieser produktionstechnischen Ausstattung des Unternehmens erzielen lassen, wenn das

[1] Im einzelnen sei hierzu verwiesen auf JACOB, H., Zum Problem der Unsicherheit bei Investitionsentscheidungen, in: Zeitschrift für Betriebswirtschaft, 37. Jg. (1967), S. 153ff.; ders. Flexibilitätsüberlegungen in der Investitionsrechnung, in: Zeitschrift für Betriebswirtschaft, 37. Jg. (1967), S. 1ff.

Absatzvolumen größer sein würde als man mit Sicherheit glaubt annehmen zu können. Wenn der auf die Ausgangssituation hin eingerichtete Produktionsapparat elastisch genug ist, um mehr zu produzieren als der Menge entspricht, die als sicher absetzbar angesehen wird, dann führt die größere Produktmenge, die auf den so gegebenen technischen Einrichtungen hergestellt werden kann, so lange zu höheren Gewinnen, bis die Anpassung des Produktionsapparates an das größere Produktionsvolumen höhere Kosten verursachen würde, als die dann zusätzlich hergestellte Produktmenge an Erlösen hereinbringen würde.

Wenn statt des bisher betrachteten Investitionsprogramms ein Investitionsprogramm verwirklicht würde, welches unter der Bedingung das günstigste ist, daß das zweite, als weniger wahrscheinlich angesehene, aber größere Mindestmengen aufweisende Absatzvolumen verwirklicht wird, dann würde dieser (größere) Produktionsapparat zu einem geringeren Gewinn führen, wenn sich das Produktionsvolumen nicht wie erwartet einspielen, sondern zum Beispiel auf der Höhe der Ausgangssituation verharren würde. Wenn dagegen die im Erwartungsspektrum enthaltenen weiteren Absatzsituationen — mit jeweils größeren Absatzmengen aber geringeren subjektiven Wahrscheinlichkeiten — eintreten würden, dann würde eine solche Entwicklung zu höheren Gewinnen (beziehungsweise niedrigeren Verlusten) führen als dann, wenn die Produktionsapparatur auf die Ausgangslage, also auf ein geringeres Absatz- und Produktionsvolumen eingerichtet wäre.

Die Unternehmensleitung muß nun darüber befinden, ob das Risiko, das mit dem Übergang vom ersten Investitionsprogramm auf das zweite verbunden ist, durch die Chance aufgewogen wird, höhere Gewinne zu erzielen, wenn sich die als weniger wahrscheinlich angesehenen Absatzentwicklungen einstellen sollten.

In einem weiteren Schritt ist die Produktionsapparatur zu bestimmen, die im Hinblick auf eine weitere Verbesserung der Absatzsituation zum günstigsten Ergebnis führen würde. Ein Vergleich der mit dem jeweils vorhergehenden Investitionsprogramm beim Eintreffen der verschiedenen Absatzsituationen verbundenen Gewinnwerte mit denjenigen, die sich bei Verwirklichung der auf jeweils höheren Absatzerwartungen beruhenden Investitionsprogramme ergeben würden, läßt die Unternehmensleitung erkennen, welche zusätzlichen Risiken einerseits und welche zusätzlichen Gewinnchancen andererseits sich ergeben würden, wenn statt des einer bestimmten Absatzerwartung entsprechenden Investitionsprogramms ein anderes Investitionsprogramm durchgeführt würde.

Die Aufgabe der Unternehmensleitung besteht nun darin, die Chancen und Risiken der verschiedenen möglichen Investitionsprogramme gegeneinander abzuwägen und darüber zu befinden, ob die in der Rechnung aufgezeigten Verlustgefahren in Kauf genommen werden sollen, um die ihnen gegenüberstehenden Gewinnchancen auszunützen. Ist der Preis für die Gewinnchance, also die Verlustgefahr oder das Risiko, das eingegangen werden muß, um dem Unternehmen überhaupt die Chance zu eröffnen, zu hoch oder ist der Einsatz im Vergleich zu den Chancen so günstig, daß er in jedem Fall gewagt werden sollte? Letztlich entscheidet also die Risikobereitschaft der für die Geschäftsführung zuständigen Personen darüber, welches Investitionsprogramm vorgenommen werden soll[1].

Finanzielle Überlegungen sind zwar nicht explizit in das Unsicherheitsmodell aufgenommen. Es läßt sich aber doch sofort erkennen: So, wie sich für jedes Investitionsprogramm im Hinblick auf eine bestimmte Absatzsituation ein bestimmtes Ergebnis ermitteln läßt, ergibt sich auch ein bestimmter, in diesem Falle notwendiger Kapitaleinsatz. Ähnlich wie für die Gewinne lassen sich auch für den Kapitalbedarf entsprechende Berechnungen vornehmen. Die Ergebnisse dieser Berechnungen würden dann bei der Entschlußfassung über die Investitionen zu berücksichtigen sein.

Die Unsicherheit hinsichtlich der zusätzlichen Risiken und Chancen, die sich beim Übergang von einem Investitionsprogramm auf ein anderes ergeben, überträgt sich damit auf die finanziellen Entscheidungen, die die Vornahme der Investitionen erforderlich macht.

6c. Besonders schwierige Abstimmungsprobleme zwischen güterwirtschaftlichen Bereichen und finanzieller Sphäre treten dann auf, wenn über die Höhe der finanziellen Überschüsse nur unsichere Informationen gewonnen werden können. Für den Fall, daß diese Unsicherheit der Umwelt in einer Wahrscheinlichkeitsverteilung der gesamten Zahlungseingänge einer Periode zu erfassen ist, läßt sich ein Modell entwickeln, dem die Annahme zugrunde liegt, daß Zahlungen, die aus dem Kapitalfonds folgen, sicher sein sollen, während die finanziellen Vorgänge, die sich aus dem güterwirtschaftlichen Bereich ergeben, mit Ungewißheit behaftete Größen sein sollen. In dem Modell wird unterstellt, daß im Laufe einer Periode eine Vielzahl derartiger unsicherer Zahlungsvorgänge auftritt. In diesem Fall ist die Annahme gerechtfertigt, daß die Summe dieser einzelnen Zahlungen durch eine Wahrscheinlichkeits-

[1] Das Verfahren läßt insofern eine Erweiterung zu, als bei der Bestimmung des optimalen Produktionsapparates statt, wie oben beschrieben, für jedes Erzeugnis nur von einer Absatzsituation ausgegangen wird, durchaus die Möglichkeit besteht, für jeweils ein Erzeugnis gleichzeitig zwei oder auch mehr Absatzsituationen zu berücksichtigen (a. a. O., S. 175ff.). Zur Frage, wie das Investitionsrisiko durch Flexibilität der Produktionseinrichtungen vermindert werden kann, sei auf die Ausführungen von Jacob in dem bereits angegebenen Aufsatz über Flexibilitätsüberlegungen in der Investitionsrechnung, a. a. O., S. 1 verwiesen.

verteilung wiedergegeben werden kann. Diese Annahme hat aber die entscheidende Folge, daß, wenn auch mit sehr geringer Wahrscheinlichkeit, streng genommen unendlich große Zahlungsdefizite eintreten können. Mithin läßt sich nicht mehr fordern, daß das finanzielle Gleichgewicht mit Sicherheit aufrechterhalten werden soll. Der Entscheidende muß vielmehr die Mindestwahrscheinlichkeit angeben, mit der die Finanzierungsbeschränkungen erfüllt werden sollen. Dieses Mindestmaß ist der Ausdruck der subjektiven Risikopräferenz des Entscheidenden selbst.

Die Wahrscheinlichkeit, daß das finanzielle Gleichgewicht gewahrt bleibt, daß also in keiner der Perioden eines mehrperiodigen Planungszeitraums der Ausgabenüberschuß größer als Null ist, muß stets über dem geforderten Maß liegen. Die Wahrscheinlichkeitsanforderung kann für jede der Perioden unterschiedlich hoch festgesetzt werden.

Unter bestimmten Bedingungen hinsichtlich der Art der Verteilungsfunktionen und der Zahl der unsicheren Eingangsdaten sind auf derartigen Überlegungen beruhende stochastische Programmierungsmodelle lösbar[1], wenn die Einzahlungsüberschüsse aus den einzelnen Investitionsobjekten, also ihre Finanzüberschüsse, in der Zeit stochastisch unabhängig sind. Ein solcher Fall liegt zum Beispiel vor, wenn die für die Teilperiode t ermittelten Werte für Finanzüberschüsse der einzelnen Objekte nicht durch in der Periode $t+1$ zu erwartende Werte (Aus- und Einzahlungen) beeinflußt werden, und wenn der Bedingung genügt wird, daß zwischen den Finanzüberschüssen der einzelnen Investitionsobjekte keine Interdependenzen bestehen.

Diese Situation bedeutet eine Einengung des Untersuchungs- und damit des Geltungsbereiches der Ergebnisse, zu denen die Analyse führt. Die durch die beiden Annahmen ausgeschlossenen Interdependenzen zwischen den Investitionsobjekten und den Teilperioden sind in Wirklichkeit von großer Bedeutung für die Investitions- und Finanzierungsentscheidungen.

Unter den gemachten Voraussetzungen ist der als Zufallsvariable definierte Kapitalwert des optimalen Investitionsprogramms und damit sein Sicherheitsäquivalent, wie ALBACH gezeigt hat, in hohem Maße sensitiv gegen Änderungen des der Planung vorgegebenen Wahrscheinlichkeitsniveaus[2]. Bei einer gegebenen Verteilungsfunktion, also einer

[1] Vgl. hierzu die von CHARNES, H. und W. W. COOPER in: Chance Constrained Programming, Management Science, Vol. 9 (1960), S. 73ff. entwickelten, für das hier erörterte Problem verwendbaren Methoden.

[2] Vgl. ALBACH, H., Das optimale Investitionsbudget bei Unsicherheit, in: Zeitschrift für Betriebswirtschaft, 37. Jg. (1967), S. 503ff. Die Untersuchungen erstrecken sich auch auf die Frage, inwieweit die goldene Finanzierungsregel und die goldene Bankregel gegen die Unsicherheit finanzpolitischer Entscheidungen abzusichern vermögen, a. a. O., S. 509ff. Zum Problem der Programmierung von Investitionsbudgets unter Unsicherheit, vgl. auch NÄSLUND, B., A Model of Capital Budgeting under Risk, in: Journal of Business, Vol. 39 (1966), S. 257ff.

vom Entscheidenden unabhängigen, sich nach dem Stand der Informationen über die Daten richtenden Ungewißheit über die Entwicklung der wichtigsten Größen in der Zukunft, kann ein hohes Maß an Sicherheit dafür gefordert werden, daß das finanzielle Gleichgewicht in einer bestimmten Periode oder in einer Abfolge von Perioden erhalten bleibt. Soll zum Beispiel die Wahrscheinlichkeit, daß diese Forderung erfüllt wird, auf jeden Fall größer oder gleich neunzig Prozent sein, dann können geschäftliche Transaktionen, insbesondere Investitionen im Bereich des Anlagevermögens und des Umlaufvermögens ausgeschlossen werden. Sie sind besonders reich an Risiken, wiewohl sie einen wesentlichen Beitrag zur Rentabilität des Unternehmens zu leisten imstande wären. In den Programmen können aber auch risikoreiche Anlagen zu Lasten risikoschwacher Anlagen enthalten sein.

Reagieren die für die Planungsentscheidungen zuständigen Personen auf die Unsicherheit der Zukunft derart, daß sie sich mit einem geringeren Sicherheitsniveau zufrieden geben, also ein geringeres Wahrscheinlichkeitsniveau für die Aufrechterhaltung des finanziellen Gleichgewichts verlangen, dann wird das optimale Investitionsprogramm eine höhere Zahl zwar risikoreicher, aber in stärkerem Maße gewinnversprechender Investitionen aufweisen. Unter sonst gleichen Voraussetzungen steigt also der erwartete Gewinn eines Budgets, wenn die Leitung des Unternehmens bereit ist, ein höheres Maß an Gefährdung des finanziellen Gleichgewichts in Kauf zu nehmen. Dieser Kapitalwert nimmt mit steigenden Sicherheitsanforderungen ab.

Die Vielschichtigkeit des Unsicherheitsproblems zeigt sich mit besonderer Deutlichkeit, wenn nach dem optimalen Finanzbudget (mit Finanzierungsvariablen in der Zielfunktion oder Kapitalfondsbeschränkungen als Nebenbedingungen) bei verschieden hohem Maß an Unsicherheit der Einzahlungen gefragt wird. Diese Unsicherheit kommt in der Standardabweichung der gesamten Einnahmeüberschüsse der Periode zum Ausdruck. In diesem Fall wird die Standardabweichung, die ja die Genauigkeit der Informationen für die Investitions- und Finanzierungsplanung angibt, parametrisch variiert. Unter diesen Umständen steigt der Kapitalwert eines optimalen Investitions- oder Finanzbudgets mit abnehmender Standardabweichung. Die in der abnehmenden Standardabweichung zum Ausdruck kommende größere Sicherheit erlaubt es, daß einmal Investitionen mit langer Kapitalbindung in das Investitionsprogramm aufgenommen werden können und daß zum anderen teure kurzfristige Kredite durch kostengünstigere Finanzierungsarten ersetzt werden können. Sie lassen Tilgungen und Zinszahlungen auch noch in späteren Perioden zu. Die geringere Unsicherheit macht es wahrscheinlich, daß das Abstimmungsproblem zwischen Finanzierung und Investition auch in späteren Perioden noch gelöst werden kann.

Wird diese Situation noch durch die Annahme variabler Sicherheitsanforderungen erweitert, wird insbesondere angenommen, daß die Anforderungen an die Sicherheit des finanziellen Gleichgewichts erhöht werden, dann ist der Kapitalwert der optimalen Investitions- und Finanzierungsprogramme eine abnehmende Funktion der Sicherheitsanforderungen. Wird das Risiko, das bei gegebenen subjektiven Wahrscheinlichkeiten in der Standardabweichung zum Ausdruck kommt, und das Risikoverhalten, das durch die Mindestwahrscheinlichkeit des finanziellen Gleichgewichts ausgedrückt wird, über die Sicherheitsanforderung gleichzeitig variiert, dann ist der Kapitalwert des optimalen Investitionsbudgets bei niedrigem Risiko gegenüber Änderungen der Risikopräferenz weniger empfindlich als bei hoher Standardabweichung. Umgekehrt ist der Kapitalwert des optimalen Investitionsbudgets (Finanzbudgets) bei hoher Risikopräferenz empfindlicher gegenüber Risikoänderungen als bei niedriger Risikopräferenz.

Vierzehntes Kapitel

Die zeitliche Abstimmung zwischen Kapitalbedarf und Kapitalfonds

1. Zur Frage der Sicherheit von Abstimmungsplanungen.

1a. Gegeben sei ein Unternehmen beliebiger Art und Größe, dessen geschäftliche Entwicklung eine steigende Tendenz aufweist. Die Aufgabe, dieses Wachstum dadurch finanziell zu sichern, daß das Geschäftsvolumen stets in einem ausgewogenen Verhältnis zu den Finanzierungsmöglichkeiten gehalten wird, ließe sich verhältnismäßig leicht lösen, wenn sich das Unternehmen einer eindeutig bestimmten Kapitalbedarfskurve und einer ebenso eindeutig bestimmten Kapitalfondskurve gegenübersehen würde. In diesem Falle wären die Kapitalbedarfe, die sich in dem Planungszeitraum einstellen, ihrer Höhe und ihrer zeitlichen Verteilung nach bekannt. Ebenso bestünde in diesem Falle vollkommene Voraussicht über die Finanzierungsmöglichkeiten, die das Unternehmen in dem Planungszeitraum besitzt. Unter diesen Umständen könnte die Abstimmung zwischen dem Kapitalbedarf und seiner Deckung ohne Schwierigkeiten so vorgenommen werden, daß keine finanziellen Fehlbedarfe entstehen, das Unternehmen also stets dasjenige Geschäftsvolumen realisiert, das es zu finanzieren imstande ist.

In Wirklichkeit sieht sich das Unternehmen jedoch nicht einer Kapitalbedarfsfunktion und einer Kapitalfonds- oder Kapitaldeckungsfunktion gegenüber, sondern — extrem ausgedrückt — einer fast unübersehbar großen Zahl möglicher Kapitalbedarfs- und Kapitalfondsfunktionen, von denen sich später jeweils eine realisieren wird. Zunächst also steht das Unternehmen vor vielen Möglichkeiten, welche Entwicklung die Einzahlungen während des Planungszeitraums nehmen können. Das gleiche gilt für die Auszahlungen, über deren Höhe und Verlauf sich ebenfalls keine sicheren Aussagen machen lassen. Wie hoch das finanzielle Potential des Unternehmens im Zeitablauf sein wird, ist ebenfalls ungewiß, und wenn man für alle diese vielen unsicheren Einzahlungen in den Kapitalfonds und Auszahlungen aus ihm Kapitalfondskurven aufstellen würde, erhielte man eine Vielzahl möglicher Kapitalfondskurven. Eine von ihnen wird später realisiert werden. Aber zum Planungszeitpunkt läßt sich nicht zuverlässig angeben, welche es sein wird.

Erfahrung und marktanalytische Methoden im weitesten Sinne des Wortes machen es möglich, aus der Fülle der für den Planungszeitraum in Frage kommenden Auszahlungs- und Einzahlungsreihen diejenigen auszuschließen, mit denen bei einer realistischen Betrachtung der Sachlage nicht zu rechnen ist. Aber selbst dann, wenn eine derartige grobe Selektion zur Ausschließung einer Vielzahl prinzipiell möglicher Aus- und Einzahlungsreihen führt, bleibt noch eine unübersehbare Zahl von möglichen Varianten des Aus- und Einzahlungsverlaufs im Planungszeitraum. In der Praxis versucht man dieser Tatsache dadurch gerecht zu werden, daß die voraussichtlichen Entwicklungen in einer gewissen Bandbreite geplant oder daß Alternativpläne aufgestellt werden, auf die zurückgegriffen wird, wenn die Gestaltung der wirtschaftlichen Geschehnisse es erforderlich macht. Diese planungstechnischen Hilfen sind ein deutlicher Ausdruck dafür, daß viele Entwicklungen der Ein- und Auszahlungsreihen für möglich gehalten werden und daß man versucht, planungstechnisch hinreichend große Beweglichkeit zu schaffen, um möglichst reibungslos von der einen Kapitalbedarfs- oder Kapitalfondsfunktion auf eine andere derartige Funktion übergehen, beziehungsweise ihren Verlauf beeinflussen zu können.

Wenn es aber grundsätzlich ungewiß ist, wie die durch güterwirtschaftliche Prozesse oder durch Kapitalfondsprozesse ausgelösten Ein- und Auszahlungen im für überschaubar gehaltenen Planungszeitraum tatsächlich verlaufen werden, dann läßt sich auch nicht mit absoluter Sicherheit sagen, ob es dem Unternehmen in dem Planungszeitraum gelingen wird, seinen Kapitalbedarf und seinen Kapitalfonds so in Deckung zu bringen und zu halten, daß der Kapitalbedarf die jeweils vorhandenen Finanzierungsmöglichkeiten nicht übersteigt und kein finanzielles Ungleichgewicht entsteht. Zwar verdichten sich persönliche Erfahrung und marktanalytische Forschungsergebnisse zu bestimmten Vorstellungen darüber, wie der Trend der wirtschaftlichen Entwicklung in den nächsten Jahren voraussichtlich verlaufen wird. Gleichwohl bleibt es ungewiß, ob die tatsächlichen Wachstumsraten des Unternehmens den erwarteten Verlauf nehmen werden. Selbst dann, wenn man glaubt, mit einem im ganzen linear verlaufenden Trend des Wachstums rechnen zu sollen, können die Wachstumsraten innerhalb des Planungszeitraums unterschiedlich hoch sein. Da sich der Umfang der Einzahlungen nach der Wachstumsrate der Umsätze richtet, würde sich in diesem Fall der Einzahlungsstrom nicht regelmäßig, sondern unregelmäßig über den Planungszeitraum verteilen. Angesichts dieser Tatsache würde es für das planende Unternehmen von großem Wert sein, wenn es Informationen darüber erhalten könnte, wie groß angesichts der bestehenden Unsicherheit in der Beurteilung der zukünftigen Entwicklung des Unternehmens die Gefahr ist, daß Kapitalbedarf und Kapitalfonds, so wie sie sich aus dem vom Unternehmen entwickelten Investitions- und Finanzierungsprogramm ergeben, während des Planungszeitraumes ins Ungleichgewicht geraten. Wird in den einzelnen Teilperioden, aus denen sich der Planungszeitraum zusammensetzt, die Kapitalbedarfskurve stets unter der Kapitalfondskurve liegen? Können nicht angesichts der in den Planungsdaten enthaltenen Risiken Zahlungsungleichgewichte eintreten? Wie hoch werden diese Defizite sein? Wielange werden sie dauern? Mit welcher Wahrscheinlichkeit ist mit derartigen Überschreitungen der Kapitalfondskurve durch die Kapitalbedarfskurve zu rechnen? Würde es gelingen, auf diese Fragen Antworten zu erhalten, dann würden die Planungsvoraussetzungen ohne Zweifel eine wesentliche Verbesserung erfahren.

Viele Unternehmen versuchen, sich gegen die in ihren Finanzplanungen enthaltenen Risiken dadurch zu sichern, daß sie Alternativpläne aufstellen, die auf anderen als den dem Hauptplan zugrunde liegenden Erwartungen beruhen. In diesem Sinne kann ein Alternativplan eine mehr optimistische Beurteilung der voraussichtlichen Geschäftsentwicklung zum Ausdruck bringen, ein anderer Alternativplan dagegen auf einer mehr pessimistischen Beurteilung der voraussichtlichen Geschäftsentwicklung des Unternehmens beruhen. Auch die Alternativplanungen unterliegen der allgemeinen Planungsunsicherheit und so könnte es von Wichtigkeit sein zu wissen, mit welcher Aussicht auf Erfolg es gelingen würde, die im Falle der beiden Alternativpläne zu erwartenden Geschäftsvolumina ohne Gefährdung des finanziellen Gleichgewichts zu finanzieren. Auch hier also stellen sich die Fragen: Werden Überschreitungen der Fondskurve eintreten? Wenn ja — wie oft, in welcher Höhe, und auf welche Zeit? Würden die Ein- und Auszahlungen der Höhe nach fest gegeben sein und würde das zeitliche Eintreffen dieser Zahlungen keiner Schwankung unterliegen, dann ließen sich die Fragen verhältnismäßig leicht beantworten. Da aber unsicher ist, welche Entwicklung die Zahlungsströme sogar bei vorgegebenen Wachstumsraten annehmen werden, würde es eben doch eine erhebliche Erleichterung der Planungssituation bedeuten, wenn das aus der Unsicherheit über die Entwicklung der Planungsdaten stammende Planungsrisiko wenigstens zu einem gewissen Teil durch die Beantwortung der aufgezeigten Fragen sichtbar gemacht werden könnte.

1b. Im Zusammenhang mit diesen Planungsüberlegungen wird die Unternehmensleitung auch daran interessiert sein zu erfahren, welche Folgen im finanziellen Bereich des Unternehmens eintreten würden, wenn die Investitionen der zeitlichen Abfolge und der Höhe nach nicht ganz so verlaufen, wie es der Plan vorsieht. So kann sich — entgegen dem Plan — die Fertigstellung der bereits in Angriff genommenen oder erst vorgesehenen Neubauten von Werksanlagen oder die Installierung und Inbetriebnahme von maschinellen Einrichtungen verzögern. In diesem Fall werden sich auch die Zeitpunkte verschieben, in denen der Rückfluß des in den Anlagen und Einrichtungen investierten Kapitals beginnt. Der Einzahlungsstrom würde also unmittelbar betroffen werden. Die zeitlichen Verschiebungen können unter Umständen zur Folge haben, daß sich die erwarteten Produktionsvolumina nicht rechtzeitig verwirklichen lassen, der erwartete und geplante Einzahlungsstrom also von dieser Seite her beeinflußt wird. Es könnte sogar der Fall eintreten, daß das Unternehmen erst dann über die vergrößerte Kapazität verfügt, wenn die Wachstumsrate eine solche zusätzliche Kapazität bereits nicht mehr nötig macht. Unter diesen Umständen würde das Unternehmen über eine Produktionskapazität und damit über einen Bestand an Anlagevermögen verfügen, der dann im Verhältnis zu den realisierten Geschäftsvolumina zu groß ist und totes Kapital darstellt. Diese Entwicklung ist häufig bei Unternehmen anzutreffen, deren betrieblicher Ausbau einen langen Zeitraum, oft mehrere Jahre beansprucht. Wenn die Anlagen fertig sind, hat die Konjunktur bereits nachgelassen, und die Investitionen erweisen sich — wenigstens zunächst — als Fehlinvestitionen. Wie würde eine solche, ja doch prinzipiell nicht auszuschließende Entwicklung die Finanzsituation des Unternehmens und damit seine Politik, Kapitalbedarf und Kapitalfonds aufeinander abgestimmt zu halten, beeinflussen? Für die Leitung des Unternehmens wäre es wertvoll zu wissen, in welchem Maße und mit welcher Wahrscheinlichkeit derartige unsichere Entwicklungen in den Investitionsvorhaben und ihrer Finanzierung das finanzielle Gleichgewicht des Unternehmens gefährden würden.

Auch die Höhe und zeitliche Verteilung der laufenden Auszahlungen aus dem Betriebsprozeß unterliegt einer derartigen Unsicherheit. Wie die Einzahlungen so sind auch die Auszahlungen an die Geschäftsvolumina gekoppelt. Sind aber diese Volumina nicht eindeutig und fest gegeben, sondern wird berücksichtigt, daß sie in einem gewissen Rahmen schwanken können, dann ist auch die Höhe und zeitliche Struktur der Auszahlungen ungewiß. Die Kapitalbedarfskurve ist also auch von den Auszahlungen her Beeinflussungen ausgesetzt, über deren Umfang kein sicheres Urteil möglich ist. Die Frage lautet deshalb auch hier: Ist es als wahrscheinlich anzunehmen, daß die unterschiedlichen Entwicklungen im Verlauf der Auszahlungen, mit denen gerechnet werden muß, Überschreitungen der Kapitalfondskurve durch die Kapitalbedarfskurve zur Folge haben werden? Wenn ja — lassen sich auf der Grundlage der gegenwärtigen Beurteilungssituation Aussagen darüber machen, wie hoch diese Defizite sein werden, wie oft sie auftreten und wie lange sie voraussichtlich dauern?

Arbeitet das Unternehmen mit Alternativplänen, dann würde es wichtig sein, daß diese Fragen auch für die Alternativsituationen beantwortet werden könnten. Das Unternehmen wäre dann in der Lage, über die Risiken Klarheit zu finden, die auch in den finanziellen Alternativplänen stecken.

1c. Im finanziellen Bereich der Unternehmen muß insbesondere dann, wenn die Planung auf lange Zeiträume abgestellt wird, damit gerechnet werden, daß sich die Zahlungsgewohnheiten der Kunden des Unternehmens ändern. Es ist eine bekannte Erscheinung, daß in Zeiten hoher gesamtwirtschaftlicher Beschäftigung Zahlungen für Lieferungen oder Leistungen der Unternehmen schneller eingehen als in Zeiten schleppenden Wirtschaftsganges. Glaubt das Unternehmen, damit rechnen zu sollen, daß das im gegenwärtigen Zeitpunkt verhältnismäßig schnelle Tempo der Zahlungseingänge bleibt, oder besteht ein berechtigter Anlaß anzunehmen, daß sich das Tempo der Zahlungseingänge verlangsamt? Gewiß bestehen hier Erfahrungssätze nicht nur hinsichtlich der durchschnittlichen Zielinanspruchnahme der Kunden des Unternehmens, sondern auch hinsichtlich des Delcrederes für zweifelhafte Forderungen und Forderungsausfälle. Es mag sein, daß die Unternehmensleitung mit keinen wesentlichen Änderungen rechnet, aber die Erfahrung lehrt immer wieder, daß hinsichtlich der zeitlichen Verteilung der Einzahlungen in Abhängigkeit von den Zahlungsgewohnheiten der Abnehmer mit unvorhersehbaren Möglichkeiten gerechnet werden muß. Im übrigen hängt die Beantwortung der Frage, ob alles Kapital wieder in das Unternehmen zurückfließen wird, also die Höhe der Kapitalrückflüsse in Form der Einzahlungen, davon ab, ob in größerem Umfange Debitorenausfälle eintreten werden. In den Unternehmungen bestehen hierüber bestimmte Vorstellungen, die in Häufigkeitsverteilungen ihren Niederschlag finden können. Durch die Bildung eines Delcrederes vermag ein solcher Ausfall von Forderungen lediglich erfolgsrechnerisch aufgefangen zu werden. Hier aber handelt es sich um eine effektive Verminderung der Einzahlungen, also der Kapitalrückflüsse und insofern um eine Erhöhung des Kapitalbedarfs. Wiederum wird die Beantwortung der Frage bedeutsam, ob und in welchem Maße die Abstimmung zwischen Kapitalbedarf und Kapitaldeckung durch derartige, nie völlig voraussehbare Veränderungen der Einzahlungsstruktur im Rahmen einer gegebenen Planung gefährdet erscheint.

Die Einzahlungen in den Kapitalfonds und die Auszahlungen aus dem Fonds zeigen eine ähnliche Fülle von Möglichkeiten wie die unmittelbar durch güterwirtschaftliche Vorgänge ausgelösten Zahlungsströme. Die Unsicherheit, die alle Beurteilungen der Plandaten beherrscht, erstreckt sich also auch auf den Fondsbereich. Wird der

Kapitalfonds, über den das Unternehmen verfügt, ausreichen, die erwarteten und geplanten Geschäftsvolumina zu finanzieren? Auf diese Frage konzentriert sich das Interesse der Planenden, sofern es um die Deckungsmöglichkeiten des Kapitalbedarfs geht.

Die Unternehmen weisen in dieser Hinsicht große Unterschiedlichkeiten auf. Die einen Unternehmen verfügen aufgrund ihrer finanziellen Konstitution über einen großen, die anderen nur über einen verhältnismäßig geringen Dispositionsspielraum. Im ersten Fall sind es Unternehmen, die sich durch ein verhältnismäßig hohes Maß an finanzieller Elastizität kennzeichnen, im zweiten handelt es sich um Unternehmen, die finanziell starr und wenig elastisch sind, weil ihr finanzielles Potential keine Reserven mehr enthält. Ein Unternehmen verfügt über ein hohes Maß an finanzieller Elastizität, wenn es zum Beispiel nicht mit einer festen Rückzahlungsverpflichtung ohne Rücksicht auf seine Geschäftslage belastet ist, im konkreten Fall also nicht jährlich bestimmte Anleihebeträge zu tilgen hat. Anders gesehen: Ein Unternehmen erscheint finanziell elastisch, wenn es unter anderem noch über die Möglichkeit verfügt, Schuldverschreibungen auszugeben, die eine lange Laufzeit besitzen und mit deren Tilgung erst nach mehreren Jahren begonnen werden muß. Im anderen Fall mag es alle Voraussetzungen dafür erfüllen, ein Schuldscheindarlehen in dem von ihm benötigten Umfang und zu günstigen Bedingungen aufzunehmen. Der Gegenwert einer solchen Anleihe oder eines solchen Kredites würde für die Finanzierung vor allem von Erweiterungsinvestitionen oder für die Ablösung kurzfristiger Kredite verwandt werden können. Offenbar hat das Unternehmen in einem solchen Fall seine obere Verschuldungsgrenze für langfristige Darlehensaufnahmen noch nicht erreicht.

Das Unternehmen erwirbt auch dadurch eine gewisse Elastizität, daß es hohe Gewinne erzielt. Die günstige Entwicklung der Rentabilität eröffnet ihm nicht nur die Möglichkeit, große Teile der erzielten Gewinne einzubehalten, sie schafft auch günstige Voraussetzungen für eine Aufstockung des Kapitalfonds durch Begebung von Aktien. Es leuchtet ein, daß ein Unternehmen unter solchen Umständen einen großen finanziellen Bewegungsspielraum besitzt.

Nun ist aber das finanzielle Potential eines Unternehmens die Resultante vieler inner- und außerbetrieblicher Größen, die im Zeitablauf Veränderungen ausgesetzt sind. Die Ansichten über die voraussichtliche Entwicklung dieses Potentials können stark voneinander abweichen. Angesichts dieser Tatsache würde es interessieren zu erfahren, ob in Anbetracht der Unsicherheit der wirtschaftlichen Verhältnisse auch bei verhältnismäßig günstiger Kapitalausstattung und verhältnismäßig großem finanziellen Spielraum des Unternehmens das finanzielle Gleichgewicht erhalten werden kann. Es wird anzunehmen sein, daß ein finanziell sehr elastisches, über eine hohe finanzielle Kapazitätsreserve verfügendes Unternehmen leichter in der Lage ist, seine Kapitalfondskurve an die Entwicklung der Kapitalbedarfskurve anzupassen als ein finanziell starres Unternehmen. Das Maß, in dem sich ein über erhebliche finanzielle Ressourcen verfügendes Unternehmen Kapitalbedarfsspitzen abzufangen in der Lage sieht, ist verhältnismäßig groß, verglichen mit einem Unternehmen, das über keine oder nur geringe finanzielle Reserven verfügt. Gleichwohl ist es auch für das finanziell bewegliche Unternehmen von Interesse, zu möglichst klaren Vorstellungen darüber zu gelangen, wie stark die Finanzierung der erwarteten oder geplanten Geschäftsvolumina seinen Kapitalfonds in Anspruch nimmt. Die Frage ließe sich — abgesehen vom Rechenumfang — wiederum leicht lösen, wenn die Kapitalfondsbewegungen feste und gegebene Größen sein würden. Da aber ungewiß ist, wie sie sich im Planungszeitraum bewegen, die Struktur der Fondsein- und -auszahlungen also als schwankend und viele Möglichkeiten in sich enthaltend anzusehen ist, würde es im Interesse der Finanzplanung liegen, wenn Informationen darüber bestünden, in welcher Höhe der Kapitalfonds ausgenutzt werden würde, wenn unterschiedlich große Geschäftsvolumina finanziert werden müßten. In einem der für möglich gehaltenen Fälle könnten sich — variierend allerdings im Zeitablauf — die Einzahlungen weitgehend mit den Auszahlungen im güterwirtschaftlichen Bereich decken, im anderen Fall könnten sie stark voneinander abweichen, wie der Zufall es gerade will. Im ersten Fall wird der Fonds nur wenig beansprucht, im zweiten wird er unter Umständen stark in Anspruch genommen werden. Da viele derartige Situationen möglich sind, ergibt sich die Frage, mit welcher Inanspruchnahme des Kapitalfonds mit Rücksicht auf die Unsicherheit der Planungssituation am wahrscheinlichsten zu rechnen ist; wo die höchste oder die durchschnittliche Inanspruchnahme des Kapitalfonds liegt oder ob Fondsüberschreitungen zu erwarten sein werden, die die finanziellen Möglichkeiten des Unternehmens übersteigen und unter Umständen zu einer Korrektur der Planentwürfe zwingen.

Die gleichen Überlegungen und der gleiche Wunsch nach Information über die Ausnutzung des Kapitalfonds für den Fall unsicherer Erwartungen bei gegebener Planung und gegebenem Planungsrisiko gelten auch für Unternehmen mit verhältnismäßig geringer finanzieller Elastizität. Wird es von der Leitung des Unternehmens für wenig aussichtsreich gehalten, daß das Bankkreditvolumen der Expansionstendenz folgen wird, weil bereits ein verhältnismäßig hoher Grad an Verschuldung erreicht ist, und werden aus diesem Grunde auch die Möglichkeiten, zu befriedigenden Bedingungen Aktien zu emittieren, als verhältnismäßig gering angesehen, besteht zudem die Verpflichtung, eine vor Jahren aufgenommene Anleihe mit festen Tilgungsbeträgen zurückzuzahlen, oder läßt die Bank weitere Überziehungen nicht mehr zu, dann liegen wesentlich verschärfende Voraussetzungen für die Abstimmung zwischen Kapitalbedarf und Kapitaldeckung vor. Der Unterschied zu dem zuerst genannten Fall besteht darin, daß die Kapitalfondsfunktion nunmehr als unelastisch angenommen wird und daß aus diesem Grunde die Chancen für eine Erhöhung der Bankkredite, für eine Begebung neuer Aktien u. ä. für wesentlich ungünstiger gehalten werden. Ist dies aber der Fall, dann wird sich bei gegebener Trendentwicklung im Absatzbereich der Unternehmen im Fall eingeengter Dispositionsfreiheit im finanziellen Bereich des Unternehmens eine geringere Aussicht für die Aufrechterhaltung des finanziellen Gleichgewichts einstellen als dann, wenn die Kapitaldeckungsfunktion verhältnismäßig flexibel ist.

Wird nun für das planende Unternehmen eine völlig andere Lage angenommen und unterstellt, daß es alle seine Kräfte darauf konzentrieren muß, den Umsatz zu halten oder weiteren Umsatzrückgängen entgegenzuwirken, dann bleibt gleichwohl die Forderung nach einem ausgewogenen Verhältnis zwischen Kapitalbedarf und Kapitaldeckung bestehen. Auch unter diesen Umständen ist es so, daß die Unternehmensleitung bestimmte Vorstellungen darüber besitzt, ob begründete Aussicht vorhanden ist, den Umsatz zu halten. Vielleicht wird er trotz der ergriffenen Maßnahmen weiter zurückgehen und erst später zum Stehen gebracht werden können. Wiederum bestehen also subjektive Erwartungen für die voraussichtliche Entwicklung des Geschäftsumfangs. Oft entwickelt sich die finanzielle Lage derartiger Unternehmen so, daß sie verhältnismäßig liquide werden, weil für Kapitalrückflüsse keine Anlagemöglichkeiten vorhanden sind. Es soll hier nicht untersucht werden, inwieweit derartige Liquiditätsentwicklungen als Normalfall angesehen werden können. In der Regel wird der Rückfluß des in Anlagen, Vorräten und Außenständen investierten Kapitals verzögert. Wenn außerdem noch Rückzahlungen von Fondsmitteln geleistet werden müssen, weil Kreditüberziehungen von der Bank nicht mehr geduldet oder die Kreditkontingente gekürzt werden, dann nimmt die finanzielle Bewegungsfreiheit des Unternehmens immer mehr ab. Erleidet das Unternehmen in einer solchen Situation noch Debitorenausfälle größeren Umfangs, dann vermindert sich hierdurch das absolute Volumen der Kapitalrückflüsse in Form von Einzahlungen. Alle diese Vorgänge werden mit unterschiedlicher Gewißheit erwartet. Gerade deshalb interessiert die Frage, ob trotz verminderter finanzieller Elastizität des Unternehmens oder trotz Reduzierung des Kapitalfonds damit gerechnet werden kann, daß der Kapitalfonds ausreicht, den finanziellen Beanspruchungen zu genügen. Besteht, anders ausgedrückt, angesichts der nicht sehr günstigen finanziellen Lage des Unternehmens und trotz der Unsicherheit über die voraussichtliche Entwicklung des Geschäftsvolumens eine gewisse Wahrscheinlichkeit dafür, daß das finanzielle Gleichgewicht im Planungszeitraum aufrechterhalten werden kann?

1d. Die Untersuchungen über die Abstimmung zwischen Kapitalbedarf und Kapitalfonds unter Optimierungsbedingungen haben zu dem Ergebnis geführt, daß die in den Investitionsmodellen als Nebenbedingungen enthaltenen Finanzierungsbedingungen in erster Hinsicht die Finanzierung des Investitionsprogramms sichern sollen. Die Annahme jedoch, daß sämtliche Zahlungen während der Planungsperiode in einem Zeitpunkt geleistet werden, gewährleistet zwar insofern die Aufrechterhaltung des finanziellen Gleichgewichts, jedoch nicht die ständige Deckung der Auszahlungen in der Planperiode durch Einzahlungen. Nun sind es aber gerade die kurzfristigen Bewegungen der Zahlungsströme, die das finanzielle Gleichgewicht bedrohen. Für die zeitliche Abstimmung zwischen Kapitalbedarf und Kapitalfonds unter unsicheren Planungsbedingungen besteht deshalb ein großes Interesse an Informationen darüber, mit welcher Chance während einer Planungsperiode oder während mehrerer derartiger Perioden das finanzielle Gleichgewicht zu jedem Zeitpunkt oder während sehr kleiner Teilperioden gesichert erscheint. Somit entsteht also die Frage, ob sich derartige Informationen im Stadium der Planungsvorbereitung gewinnen lassen.

Die bisher skizzierten, mit der zeitlichen Abstimmung zwischen Kapitalbedarf und Kapitaldeckung in Zusammenhang stehenden Fragen bilden nur einen kleinen Ausschnitt aus der Fülle der bei derartigen Entscheidungsvorbereitungen entstehenden Probleme. Es ist zu prüfen, ob sie sich nicht beantworten lassen, insbesondere, ob es Verfahren gibt, die es erlauben, Informationen über die aufgeworfenen Fragen zu gewinnen. Diese Informationen müßten darüber Aufschluß geben, mit welcher Sicherheit bei der gegenwärtigen Unterrichtung über die voraussichtliche Entwicklung der Daten im Planungszeitraum zu erwarten ist, daß der Kapitalbedarf und der Kapitalfonds des Unternehmens aufeinander abgestimmt bleiben. Der Zweck der Informationsgewinnung besteht also in diesem Fall darin, Einsichten in die Risikostruktur einer bestimmten Finanzplanung oder bestimmter Planungsentwürfe zu gewinnen, um dann, falls es erforderlich wird, aus ihnen die nötigen Konsequenzen für die endgültige Gestaltung der Planung zu ziehen.

2. Das Modell der zeitlichen Abstimmung bei Unsicherheit

2a. Es soll nun ein Unternehmen bestimmter Art und Größe betrachtet werden, das sich vor die Aufgabe gestellt sieht, mit einem bestimmten Kapitalfonds ein vorgegebenes Wachstum zu finanzieren. Die Vorarbeiten für die Planung mögen abgeschlossen sein. Welcher Methode sich das Unternehmen bei der Durchführung seiner Planungen bedient, ist in dem hier interessierenden Zusammenhang ohne Bedeutung. Denn es geht hier nicht um die Frage der Simultaneität und der Optimierung von Finanzierungsprogrammen, sondern um die Frage, in welchem Maße Aussicht besteht, das geplante Programm durchzuführen, ohne daß es angesichts der Unsicherheit über die Entwicklung vor allem der außerbetrieblichen Daten zu einer Überspannung im finanziellen Gefüge des Unternehmens kommt. Da sich diese Unsicherheit nicht grundsätzlich ausschließen läßt, ist es wichtig zu wissen, mit welchem Grad an Wahrscheinlichkeit es gelingen wird, das erwartete oder geplante Geschäftsvolumen mit den Finanzierungsmöglichkeiten des Unternehmens in Einklang zu halten. Die Aufgabe, um die es sich hier handelt, besteht also lediglich darin, Informationen über die möglichen Konsequenzen von mit unterschiedlicher Sicherheit erwarteten betrieblichen und außerbetrieblichen Ereignissen für das beabsichtigte Finanzierungsprogramm zu gewinnen. Weder ist die Aufgabe gestellt, Informationen über die voraussichtliche Entwicklung der inner- und außerbetrieblichen Daten einzuholen noch, diese Informationen für die Planung selbst auszuwerten. Die Gewinnung und Verwertung derartiger Informationen wird als bereits vollzogen angenommen. Es soll daher lediglich untersucht werden, mit welcher Sicherheit das Unternehmen damit rechnen kann, daß das erwartete Geschäftsvolumen mit den Finanzierungsmöglichkeiten des Unternehmens während des Planungszeitraums in Einklang bleibt. Die Rechnung kann zu dem Ergebnis führen, daß nur eine sehr geringe Wahrscheinlichkeit für die jederzeitige Aufrechterhaltung des finanziellen Gleichgewichts im Planungszeitraum besteht. Unter diesen Umständen wird es notwendig werden, die gesamte Planung erneut zu überprüfen. In diesem Fall haben die Informationen über die aus der Unsicherheit der wirtschaftlichen Geschehnisse resultierenden Konsequenzen für die Gefährdung oder Nichtgefährdung der beabsichtigten Finanzierungsprogramme unmittelbare Folgen für die Aufstellung und Gestaltung der Programme selbst.

Um zu prüfen, ob die Möglichkeit besteht, auf die mit der zeitlichen Abstimmung zwischen Kapitalbedarf und Kapitaldeckung unter Unsicherheit im Zusammenhang stehenden Fragen Antwort zu erhalten, sei ein Modell entwickelt, das der Klärung dieses Problems dienen soll. Es enthält eine Anzahl von Variablen, die die Abstimmungssituation zwar nicht in ihrer vollen Breite und Vielschichtigkeit zum Ausdruck bringen, gleichwohl aber Tatbestände repräsentieren, deren Bedeutsamkeit für das zu untersuchende Phänomen außer Frage steht.

In dem Modell wird von einem Unternehmen ausgegangen, das mit einem bestimmten Kapitalfonds ausgestattet ist, dennoch aber Wachstumschancen wahrnehmen möchte. Die inner- und außerbetrieblichen Daten mögen eine solche auf Expansion gerichtete Geschäftspolitik zulassen. Unsicher ist jedoch, ob das Unternehmen während des gesamten Planungszeitraums in der Lage sein wird, den Kapitalbedarf mit den zur Verfügung stehenden finanziellen Möglichkeiten in Einklang zu halten. Das Abstimmungsmodell muß deshalb wenigstens für einige der wichtigsten Variablen statt fest vorgegebener Werte Wahrscheinlichkeitsverteilungen enthalten. In dem hier zu analysierenden Modell ist das der Fall.

Im Modell wird ein Planungszeitraum von vier Jahren unterstellt. Die Forderung nach finanzieller Sicherung des Expansionsprozesses verlangt, daß in jedem Zeitpunkt während des Planungszeitraums das finanzielle Gleichgewicht erhalten bleibt. Dieser Forderung würde mit der Feststellung nicht Genüge getan sein, daß in dem Planungszeitraum die Summe der Einzahlungen gleich der Summe der Auszahlungen ist. Im Modell wird eine Woche als Teilperiode gewählt. Der Planungszeitraum besteht somit aus zweihundertundacht Teilperioden. Technisch bereitet es keine Schwierigkeiten, die Rechnung auf den Tag als Teilperiode abzustellen. Hier sei jedoch von der Woche als Teilperiode ausgegangen.

Dem Planentwurf, den es im Rahmen der Modellanalyse auf die Risiken hin zu untersuchen gilt, die in ihm stecken, liegen bestimmte, in diesem Fall geplante Maßnahmen in den güterwirtschaftlichen und finanzwirtschaftlichen Bereichen des Unternehmens zugrunde. Diesen Maßnahmen entsprechen im Planungskalkül bestimmte Ein- und Auszahlungsstrukturen, die die Höhe und die zeitliche Verteilung der Zahlungsvorgänge und des Kapitalbedarfs anzeigen. Da das Unternehmen, wie angenommen wird, mit einem steigenden Trend seines Wachstums rechnet, muß die erwartete Wachstumsentwicklung in der Struktur der Ein- und Auszahlungen und des Kapitalbedarfs zum Ausdruck kommen. Hinsichtlich dieses Trends wird angenommen, daß die Wachstumsraten zwar während des Planungszeitraumes eine steigende Tendenz aufweisen. Sie sollen jedoch nicht gleichbleiben, sondern in unterschiedlicher Höhe zunehmen. Der Wachstumstrend, an dem sich nach der hier gemachten Annahme die Planung des Unternehmens orientiert, weise folgende Entwicklung auf:

erstes Jahr (Basisjahr)	100%
zweites Jahr (plus 5% Umsatzsteigerung)	105%
drittes Jahr (plus 7% Umsatzsteigerung)	112%
viertes Jahr (plus 8% Umsatzsteigerung)	120%

Die angegebenen Wachstumsraten von 5%, 7% und 8% beziehen sich jeweils auf das erste Jahr. Werden die Wachstumsraten auf den Umsatz des jeweiligen Vorjahres bezogen, dann erhält man 5%, 6,66% und 7,15% Umsatzsteigerung.

Die hier angesetzten Wachstumsraten sind Schätzungen für die Erwartungswerte der als zufällige Größen behandelten tatsächlichen Wachstumsquoten. Für diese Wachstumsquoten selbst werden hier jedoch keine speziellen Wahrscheinlichkeitsverteilungen unterstellt. Vielmehr wird davon ausgegangen, daß sich das tatsächliche Wachstum des Unternehmens im Strom der Ein- und Auszahlungen niederschlägt, so daß es hinreicht, bei der Diskussion dieser Ein- und Auszahlungsprozesse Annahmen über die Unsicherheit zu machen.

Dem Vorgehen der Unternehmen bei alternativer Planung entsprechend, erscheint es mit Rücksicht auf die Unsicherheit, der alle Trendschätzungen unterliegen, sinnvoll, in das Modell auch andere Schätzungen für das voraussichtliche Wachstum des Unternehmens aufzunehmen. Von diesen Schätzungen soll die eine die nach Auffassung der Geschäftsleitung ungünstigste, die andere die nach Ansicht des Unternehmens günstigste Entwicklung des Unternehmenswachstums wiedergeben. Der günstigste Wachstumstrend sei dadurch gekennzeichnet, daß im zweiten Jahr der Umsatz um 15%, im dritten Jahr um 11% und im vierten Jahr um 13% steigt. Die Prozentzahlen beziehen sich jeweils auf das Umsatzvolumen des ersten Jahres. Für den entgegengesetzten Fall der vermutlich ungünstigsten Trendentwicklung wird angenommen, daß das Umsatzvolumen im zweiten Jahr um 5% zurückgeht. Im dritten und vierten Jahr soll es dagegen um jeweils 3% zunehmen. Auch hier sind die Prozentsätze auf den Geschäftsumfang des ersten Jahres bezogen.

Die Ein- und Auszahlungsreihen und die Kapitalbedarfe, die die finanziellen Planungen enthalten, bilden den finanziellen Reflex der Wachstumsraten, mit denen das Unternehmen rechnet. Das Modell muß deshalb Angaben über die Aus- und Einzahlungen enthalten, mit denen zu rechnen sein wird, wenn die geplanten Umsätze realisiert werden sollen. Die Auszahlungen mögen aus Investitionszahlungen und laufenden Auszahlungen bestehen. Für die Investitionszahlungen wird im Modell unterstellt, daß unabhängig vom Wachstum des Unternehmens jeweils zu Beginn der ersten beiden Jahre ein einmaliger Auszahlungsbetrag von 9000000 DM erforderlich wird. Zu Beginn und in der Mitte des dritten Jahres sollen jeweils Investitionen im Betrage von 4500000 DM vorgenommen werden müssen. Im vierten Jahre werden für Investitionen zu Beginn des Jahres ebenfalls 4500000 DM und in der Mitte des Jahres 2500000 DM verausgabt. Diese Größen sollen keiner Unsicherheit unterliegen. Sie werden als fest gegeben unterstellt. Die Annahme erscheint vertretbar, da davon auszugehen ist, daß dem Unternehmen die Auszahlungssummen bekannt sind, die die Vornahme eines bestimmten Produktions- und Absatzprogramms verlangt.

Eine andere Situation ergibt sich dagegen für die laufenden Auszahlungen, deren Höhe sich häufig nicht mit Sicherheit voraussagen läßt, auch wenn bestimmte Wachstumsraten als gegeben angesetzt werden. In dem gewählten Beispiel wird deshalb angenommen, daß in jeder Teilperiode (Woche) für die laufenden, ebenfalls durch güterwirtschaftliche Vorgänge verursachten Auszahlungen ein bestimmter Betrag erforderlich ist, der in den Planungen zunächst nur in seiner durchschnittlichen Höhe berücksichtigt worden ist. Diese durchschnittliche Höhe ist von den erwarteten Trends in der Weise abhängig, daß zwischen durchschnittlichem Auszahlungsvolumen und erwartetem Geschäftsvolumen eine eindeutige Abhängigkeit angenommen wird. Die sich später als notwendig erweisenden Auszahlungen müssen jedoch als schwankend angenommen werden, und es ist nicht mit Sicherheit zu sagen, in welcher Höhe sie bei den geplanten Geschäftsvolumina tatsächlich anfallen werden. Die für den erwarteten, die Grundrichtung der Planung bestimmenden, in diesem Sinne „mittleren" Wachstumstrend gewählten durchschnittlichen Auszahlungen je Woche sollen im ersten Jahr 900000 DM betragen. Auf Grund der Beziehungen zwischen Geschäftsvolumen und Auszahlungshöhe belaufen sich bei einer Wachstumsrate von 5% die durchschnittlichen wöchentlichen Auszahlungen für das zweite Jahr auf 945000 DM, bei einer weiteren Ausdehnung des Umsatzes von 7% im dritten Jahr auf 1008000 DM und im vierten Jahr schließlich 1080000 DM, wenn eine Wachstumsrate von 8% — auch hier bezogen auf die Ausgangsgröße des ersten Jahres — unterstellt wird.

Die durchschnittlichen Auszahlungen, die sich für die beiden Grenzfälle besonders günstiger und ungünstiger Geschäftsentwicklung ergeben würden, lassen sich analog berechnen.

Die wirkliche Höhe der wöchentlichen Auszahlungen für güterwirtschaftliche Leistungen, deren das Unternehmen zur Erfüllung seiner betrieblichen Aufgaben bedarf, wird um diese als Durchschnittsgrößen ermittelten Auszahlungssummen schwanken. Wie groß die Abweichungen im einzelnen Fall sein werden, ist unsicher. Auf Grund ihrer Erfahrungen haben sich jedoch bei der Leitung des Unternehmens gewisse Vorstellungen über Höhe und Wahrscheinlichkeit der Abweichungen von den angegebenen Durchschnittsgrößen gebildet. Diesen Vorstellungen möge in dem Modellansatz dadurch Rechnung getragen werden, daß die Höhe der Auszahlungsbeträge unter Zugrundelegung einer Beta-Verteilungsfunktion modifiziert wird. Die Dichtefunktion einer betaverteilten zufälligen Größe, deren Wertebereich ein beliebiges Intervall (a, b) ist, lautet

$$f(x) = \begin{cases} \dfrac{1}{B(p,q)} \cdot \dfrac{(x-a)^{p-1}(b-x)^{q-1}}{(b-a)^{p+q-1}} & \text{für } a < x < b \\ 0 & \text{für } x \leqq a,\ x \geqq b \end{cases}$$

Dabei ist $B(p, q)$ die Beta-Funktion

$$B(p, q) = \int_0^1 x^{p-1}(1-x)^{q-1}\,dx.$$

p, q, a und b sind die Parameter der Betaverteilung. In der Simulation wird eine spezielle Betaverteilung der zufälligen Größen unterstellt, die die Werte $a = 0$, $b = 1$, $p = 2$ und $q = 2$ hat. Es handelt sich also um eine symmetrische Betaverteilung, die auf das Intervall (0, 1) begrenzt ist. Diese Betaverteilung hat die Form

$$f(x) = \begin{cases} 6\,(x - x^2) & \text{für } 0 < x < 1 \\ 0 & \text{für } x \leqq 0,\ x \geqq 1 \end{cases}$$

Mit den Realisationen aus dieser Betaverteilung, die sich bei der Simulation ergeben, werden die durchschnittlichen Zahlungen multipliziert. Das Ergebnis sind die tatsächlichen Zahlungen für den betreffenden Simulationslauf.

Nun sind aber die in den einzelnen Teilperioden zu vollziehenden Zahlungen nicht nur der Höhe, sondern auch ihrer zeitlichen Verteilung nach unsicher. An anderer Stelle sind die Beeinflussungen, denen gerade die zeitliche Verteilung der Auszahlungen unterworfen ist, ausführlich erörtert worden[1]. Es ist denkbar, daß zeitliche Verzögerungen eintreten derart, daß die für eine Teilperiode vorgesehenen Zahlungen bereits in früheren Perioden geleistet werden müssen oder erst in späteren Perioden zu leisten sind. Die Auszahlungsbeträge verteilen sich dann in einer anderen als der geplanten Weise über die Perioden. Derartige zeitliche Verschiebungen der Auszahlungen sind in der Regel auf Vorgänge in den güterwirtschaftlichen Bereichen zurückzuführen, sei es, daß die Einkaufspolitik nicht ganz den Planungen zu entsprechen vermochte, sei es, daß die tatsächliche Vornahme der Investitionen den Auszahlungsstrom in eine andere als die vorgegebene zeitliche Ordnung lenkte. Weder also die Höhe der Auszahlungen noch die Zeitpunkte, in denen sie geleistet werden, sind eindeutig bestimmt. Die Zeit zwischen zwei Auszahlungen sei exponential verteilt. Die Dichtefunktion der Exponentialverteilung einer zufälligen Größe x hat die Form:

$$f(x) = \begin{cases} \lambda e^{-\lambda x} & \text{für } x \geqq 0 \\ 0 & \text{für } x < 0 \end{cases}$$

mit dem Parameter $\lambda > 0$. In der hier vorgenommenen Simulation der zeitlichen Verteilung der Auszahlungen wird $\lambda = 1$ gesetzt, so daß die Dichtefunktion lautet:

$$f(x) = \begin{cases} e^{-x} & \text{für } x \geqq 0 \\ 0 & \text{für } x < 0 \end{cases}$$

[1] Vgl. die Ausführungen im ersten Teil dieses Buches.

Der Einfluß der Wachstumsraten auf die Auszahlungen wird in der Weise angenommen, daß zu Beginn eines jeden Jahres mit der Auszahlung der erhöhten wöchentlichen Beträge begonnen wird.

Da der Kapitalbedarf die Resultante aus Aus- und Einzahlungsreihen ist, verlangt das Modell bestimmte Angaben über die Höhe und den Verlauf der Einzahlungen im Planungszeitraum: Es wird angenommen, daß die aus den Erlösen für Lieferungen und Leistungen stammenden Einzahlungen von den Kunden des Unternehmens im Durchschnitt wöchentlich geleistet werden. Jedoch bleibt auch hier fraglich, ob die Zahlungen stets zu den Zeitpunkten in den Unternehmen eintreffen, in denen sie nach der Planung eingehen sollten. Es sind vor allem in den Zahlungsgewohnheiten der Kunden liegende Umstände, auf die eine bessere Ausnutzung der von den liefernden Unternehmen eingeräumten Zahlungsziele oder eine Überschreitung dieser Zahlungsziele zurückzuführen sein wird.

Da trotz aller Untersuchungen über den voraussichtlichen Empfang der Zahlungen für Lieferungen oder Leistungen ungewiß bleibt, welches Ziel die Kunden des Unternehmens in Anspruch nehmen, müssen gewisse Verzögerungen oder Beschleunigungen der Zahlungseingänge aus Warenlieferungen oder Leistungen zu zeitlichen Verschiebungen der durchschnittlichen Erlöseingänge in den Teilperioden (Wochen) führen. Die Modifikation der Zeitintervalle möge wie bei den Auszahlungen durch eine Exponentialverteilung gekennzeichnet sein.

Zwischen der Behandlung der Einzahlungen und der Auszahlungen im Modell besteht allerdings ein wichtiger Unterschied. Im Gegensatz zu den laufenden Auszahlungen wird bei den Einzahlungen davon ausgegangen, daß der Einzahlungsstrom mit einer bestimmten zeitlichen Verzögerung nach dem Beginn der Auszahlungen eingeht. Erst nach einem Vierteljahr (dreizehn Wochen) beginnt der Strom der Einzahlungen, zunächst jedoch nicht in voller Höhe von im Durchschnitt 1040000 DM im ersten Jahr, sondern erst im Laufe von weiteren dreizehn Wochen linear auf den vollen Betrag ansteigend. Also erst nach einem halben Jahr wird die volle Höhe der Einzahlungen erreicht. Diese Einzahlungshöhe stellt ebenfalls eine Durchschnittsgröße dar. Die tatsächlichen wöchentlichen Einzahlungen erhält man wie bei den Auszahlungen durch Modifikationen der Durchschnittsgröße mit der genannten Betaverteilung.

Der Wachstumstrend des Unternehmens findet in der Entwicklung der Einzahlungen während des Planungszeitraumes seinen Ausdruck, jedoch mit der Maßgabe, daß sich auch hier eine gewisse zeitliche Verzögerung bemerkbar macht. So sollen jeweils erst dreizehn Wochen nach der Erhöhung der laufenden Auszahlungen den höheren Umsatzvolumina entsprechend die ersten Einzahlungen eintreffen. Weitere dreizehn Wochen soll es jeweils dauern, bis die durchschnittliche

Einzahlungssumme erreicht wird, die der gestiegenen Wachstumsrate entspricht. Im zweiten Jahr steigen also bei dem „mittleren" Trend die durchschnittlichen wöchentlichen Einzahlungen nach einem Vierteljahr während weiterer dreizehn Wochen linear auf 1092000 DM, im dritten Jahr mit gleicher Verzögerung auf 1165000 DM und im vierten Jahr auf 1248000 DM. Die Einzahlungen weisen bei den beiden Extremtrends die gleiche zeitliche Struktur auf. Nur die Höhe der Einzahlungen ist verschieden.

Das Modell ist dazu bestimmt zu prüfen, ob es gelingen wird, in der auf vier Jahre festgelegten Planungsperiode den Kapitalbedarf und den Kapitalfonds zeitlich so aufeinander abzustimmen, daß keine Zahlungsdefizite entstehen, die die Existenz des Unternehmens gefährden könnten. Soll das Modell diese Aufgabe lösen, dann müssen bestimmte Annahmen über den Kapitalfonds gemacht werden.

Die Größe, Zusammensetzung und Anpassungselastizität des Kapitalfonds weist von Unternehmen zu Unternehmen und in den einzelnen Unternehmen im Zeitablauf die größte Mannigfaltigkeit auf. Das gilt insbesondere für das gesamte finanzielle Potential des Unternehmens, das nicht nur von der Art, Größe und konkreten Situation des Unternehmens abhängig ist, sondern auch von der gesamtwirtschaftlichen Liquidität des Landes, dem das Unternehmen angehört. Bei der Überprüfung der Frage, ob die zeitliche Abstimmung zwischen dem Kapitalbedarf und der Kapitaldeckung in den vielen einzelnen Teilperioden während des gesamten Planungszeitraums gelingt, wird in einer konkreten Überprüfungssituation von den empirischen Daten ausgegangen, die das die Überprüfung seiner langfristigen finanziellen Planung vornehmende Unternehmen aufweist. Hier, in dem als Beispiel gedachten Modell, läßt sich die Fülle der betrieblich möglichen Situationen nicht erschöpfend einfangen. Um zu zeigen, welche Möglichkeiten für die Kontrolle der zeitlichen Abstimmung zwischen Kapitalbedarf und Kapitalfonds bestehen, sei ein Kapitalfonds angenommen, der durch folgende Merkmale gekennzeichnet wird:

Das Unternehmen sei mit einem Eigenkapital von 18000000 DM ausgestattet. Dieses Kapital stehe während des gesamten Planungszeitraums in voller Höhe zur Verfügung. Diese Eigenkapitalbasis kann auch bei steigendem Wachstum des Unternehmens nicht vergrößert werden. Das finanzielle Potential des Unternehmens, sofern es aus Eigenkapital besteht, ist also ausgeschöpft. Die finanzielle Expansionskraft des Unternehmens und seine aus ihr resultierende finanzielle Elastizität wird mithin allein von der Möglichkeit, Fremdkapital aufzunehmen, bestimmt. Viele Unternehmen, die sich in einer solchen Expansionsphase befinden, werden sich durch eine wie im Modell angenommene finanzielle Situation kennzeichnen. Andere Unternehmen mögen in dieser Hinsicht andere Voraussetzungen aufweisen. Aus der

Fülle der Möglichkeiten greift das Modell also ein finanziell verhältnismäßig starres Unternehmen heraus.

Neben dem — konstanten — Eigenkapital steht dem Unternehmen Fremdkapital zur Verfügung. Hier sei von drei Arten der Fremdfinanzierung ausgegangen. Fremdkapital der Art I sei relativ billig; es handele sich dabei um ein Schuldscheindarlehen von 7000000 DM, das zu Beginn des ersten Jahres mit 100% aufgenommen wird, aber erst fünf Wochen später verfügbar ist. Das Darlehen ist mit 500000 DM jeweils zum Ende eines jeden Jahres zu tilgen. Fremdkapital der Art II, ein langfristiger Bankkredit, sei teurer als das Darlehen der Art I. Der Kredit wird zu Beginn des ersten Jahres in Höhe von 6000000 DM aufgenommen und steht nach einer zeitlichen Verzögerung von zehn Wochen bereit. Werden diese während des Planungszeitraums zur Verfügung stehenden Fremdmittel zu dem Gesamtkapital in Beziehung gesetzt, so ergibt sich ein Verschuldungsgrad von etwa 42%. Der langfristige Bankkredit vermag, zu Beginn des zweiten, dritten und vierten Jahres um jeweils 600000 DM erhöht, in Anspruch genommen zu werden, um ein ausgewogenes Verhältnis zu dem gewachsenen Vermögensbestand herstellen zu können.

Um dem Kapitalfonds eine gewisse Elastizität zu geben, sei angenommen, daß — wenn auch nur zu ungünstigeren Zinsbedingungen — ein kurzfristiger Bankkredit, hier als Überziehungskredit bezeichnet, zur Deckung unvorhergesehener Kapitalbedarfsspitzen aufgenommen werden kann. Für diesen Kredit ist ein Zinssatz von 0,25% je Woche zu zahlen; die Zinsbelastung entspricht einem Jahreszinssatz von etwa 13,6%. Einzahlungsüberschüsse und zusätzliche Kredite der Art II werden — soweit möglich — benutzt, um diesen kurzfristigen Kredit niedrig zu halten. Jede Inanspruchnahme des Überziehungskredits zeigt die Unfähigkeit des Unternehmens, die jeweils einer bestimmten Wachstumsrate entsprechende Produktions- und Absatzsituation mit dem ohne den Überziehungskredit verfügbaren Kapitalfonds zu finanzieren beziehungsweise zu realisieren. Der Betrag, um den der Überziehungskredit den ursprünglichen Kapitalfonds überschreitet, wird damit in dem Modell zum Gradmesser dafür, in welchem Maße dem Unternehmen die Abstimmung zwischen Kapitalbedarf und Kapitalfonds gelungen ist. Die Planung interessiert sich also insbesondere dafür, wie oft, für welchen Zeitraum und in welcher Höhe der Kapitalbedarf den Kapitalfonds überschreiten wird. Die Rechnung kann auch zu dem Ergebnis führen, daß der Kapitalfonds des Unternehmens zu groß bemessen ist und nie voll ausgenutzt wird. Der Unternehmensleitung muß sehr daran gelegen sein, auch hierüber Angaben zu erhalten. Aus diesem Grunde ist nach einem Verfahren zu suchen, das die geforderten Ergebnisse über die Abstimmung von Kapitalbedarf und Kapitalfonds zu liefern imstande ist.

2b. Wegen des Ansatzes von Wahrscheinlichkeitsverteilungen bei den Modelldaten selbst müssen die Ergebnisse des Modells auch die Gestalt von Wahrscheinlichkeitsverteilungen aufweisen.

Theoretisch läßt sich das Problem einer Bestimmung der Wahrscheinlichkeitsverteilungen von zufälligen Größen, die selbst Funktionen anderer zufälliger Größen mit bekannten Wahrscheinlichkeitsverteilungen sind, auf analytischem Wege lösen — zumindest dann, wenn die Art der funktionellen Abhängigkeit nicht allzu kompliziert ist. Im vorliegenden Fall wird diese Voraussetzung jedoch nicht als erfüllt anzusehen sein, so daß man sich zur Lösung des Problems der Methode der Simulation bedienen muß[1]. Diese Methode beruht auf der Interpretation der Wahrscheinlichkeit eines Ereignisses als Grenzwert seiner relativen Häufigkeit. Mit Hilfe eines Zufallszahlengenerators wird für alle als zufällige Größen in das Modell eingehenden Daten zunächst je eine Stichprobe erzeugt, die aus einer der jeweils unterstellten Wahrscheinlichkeitsverteilung entsprechenden Grundgesamtheit stammt. Im vorliegenden Fall werden zum Beispiel Stichprobenwerte für die Beträge und die Termine der Ein- und Auszahlungen erzeugt. Aus diesen Stichprobenwerten werden dann im Rahmen des Finanzierungs- und Investitionsprogramms, das als gegeben in die Berechnungen eingeht, tatsächlich zeitlich differenzierte Finanzpläne für jede Teilperiode, hier also für jede Woche des Vierjahreszeitraums, entwickelt. In ihnen kommt die zeitliche Struktur des Kapitalbedarfs und des Kapitalfonds unter der Annahme zum Ausdruck, daß die Stichprobenwerte tatsächlich eintreten. Da diese Stichprobenwerte im allgemeinen aber nicht den Erwartungswerten der zufälligen Größen entsprechen, die, wie oben gezeigt, zu einem ausgeglichenen Finanzplan führen, kann der Fall eintreten, daß die auf diesen Stichprobenwerten aufbauende Finanzplanung nicht ausgeglichen ist. Vielmehr vermag aus ihr die Dauer und Höhe einer Überschreitung des Kapitalfonds abgelesen zu werden.

Nun liegt aber auf der Hand, daß diese eine spezielle Finanzplanung auf ganz bestimmten Werten der relevanten Größen aufbaut. Diese Werte stellen jedoch nur eine einzige Realisation aus vielen möglichen Werten dar, die die relevanten Größen annehmen können. Es ist daher erforderlich, weitere Finanzierungsprogramme zu entwickeln, die auf anderen aus den Grundgesamtheiten stammenden Stichproben beruhen. Diese Grundgesamtheiten werden durch die Wahrscheinlichkeits-

---

[1] Vgl. hierzu zum Beispiel, MORGENTHALER, G. W., The Theory and Application of Simulation in Operations Research, in: ACKOFF, R. L. (Hrsg.), Progress in Operations Research, Vol. 1, New York 1961, S. 363ff.; KOXHOLT, R., Die Simulation — ein Hilfsmittel der Unternehmensforschung, München und Wien 1967; KOLLER, H., Simulation als Methode in der Betriebswirtschaft, in: Zeitschrift für Betriebswirtschaft, 36. Jg. (1966), S. 95ff.; MÜLLER, W., Technik und Leistungsfähigkeit betriebswirtschaftlicher Simulationsstudien, in: Zeitschrift für Betriebswirtschaft, 38. Jg. (1968), S. 605ff.

verteilungen repräsentiert. Wird auf diese Weise verfahren, dann führt die Rechnung zu neuen Werten für die Höhe und Dauer der Kreditüberziehungen. Die Rechnung kann aber auch das Ergebnis haben, daß das Kreditlimit nicht ausgenutzt ist.

Wird dieser Vorgang hinreichend oft wiederholt, dann erhält man relative Häufigkeiten für das Auftreten, die Höhe und die Dauer von Überziehungskrediten. Sie ermöglichen einen Rückschluß auf die gesuchten Wahrscheinlichkeitsverteilungen der gesuchten Größen, nämlich Höhe und Dauer eventueller Überziehungen des Kreditlimits, an denen sich die Entscheidung orientiert.

Aufgrund dieser Wahrscheinlichkeitsverteilungen hat die Unternehmensleitung zu entscheiden, ob sie das finanzielle Gleichgewicht auch unter Berücksichtigung der möglicherweise eintretenden Kreditüberziehungen als gewährleistet ansehen kann. Kommt sie zu der Überzeugung, daß die Banken auch der unter ungünstigen Umständen erforderlichen Überziehung zustimmen werden, dann muß geprüft werden, ob die zu zahlenden Überziehungsprovisionen und Zinskosten kleiner sind als der Gewinnentgang, der bei einer Änderung des gegebenen Finanzierungs- und Investitionsprogramms eintreten würde. Nur wenn beide Bedingungen erfüllt sind: Zustimmung der Banken und vertretbar hohe zusätzliche Kreditkosten, wird die Unternehmensleitung von einer Änderung des Finanz- und Investitionsprogramms absehen können.

3. Die Simulation der finanziellen Auswirkungen von Finanzplanungen.

3a. Bevor die Frage beantwortet wird, ob in den Planungen, die auf den Daten des Modells beruhen, das finanzielle Gleichgewicht angesichts der Risiken, die in den Planungen enthalten sind, gewahrt bleibt, erscheint es zweckmäßig, die Frage zu klären, ob die Modellbedingungen finanzielle Spannungen zur Folge hätten, wenn die Planungen auf sicheren Erwartungen beruhen würden. In diesem Fall folgt die Planung allein dem zwischen den extremen Trends liegenden „mittleren" Wachstumstrend. Er bildet die Grundorientierung für die Planung unter unsicheren Erwartungen. Die beiden extremen Wachstumstrends besitzen in diesem Zusammenhang keine Bedeutung. Es genügt also, mit den durchschnittlichen wöchentlichen Ein- und Auszahlungen zu rechnen, die den Wachstumsraten von — wie angenommen — 5%, 7% und 8% entsprechen, und zu untersuchen, ob bei dem gegebenen Kapitalfonds (ohne die Überziehungskredite) jederzeit der Kapitalbedarf durch den Kapitalfonds gedeckt werden kann.

Die Gegenüberstellung der Kapitalbedarfs- und der Kapitalfondskurve, ermittelt aus den numerischen Werten des Modells, führt zu dem Ergebnis, daß in den zweihundertundacht Planperioden (Wochen) die Kapitalbedarfskurve stets unter der Kapitalfondskurve liegt. Die Abb. 18a zeigt die Kurvenverläufe während des vierjährigen Planungszeitraums. Der Abstand der Kapitalbedarfs- von der Kapitalfondskurve schwankt während des Planungszeitraums. Da in diesem Zusammenhang vor allem die Zeitpunkte von besonderem Interesse sind, in denen die Kapitalbedarfskurve der Kapitalfondskurve besonders nahe kommt, sind aus dem vorliegenden Zahlenmaterial die Zeitpunkte ermittelt, die die Maxima des Kapitalbedarfs aufweisen. Wie die Tabelle 15 zeigt, sind es bis auf die ersten Perioden diejenigen Zeitpunkte, in denen die Investitionsausgaben getätigt werden. Die Lage weicht in den ersten Perioden deshalb von der Situation in den anderen Perioden ab, weil im ersten Halbjahr keine Einzahlungen der Abnehmer bei dem Unternehmen eingehen. Aus diesem Grunde muß der Kapitalbedarf so lange zunehmen, bis in Periode 24 etwa die durchschnittlichen Einzahlungen die durchschnittlichen Auszahlungen übersteigen.

Die Tabelle 15 enthält die Kapitalbedarfsmaxima für sechs Perioden während des Planungszeitraums und zusätzlich den Kapitalbedarf am Ende der vier Jahre.

Tabelle 15

Periode	Kapitalbedarf	Kapitalfonds (in Tausend DM)	Überschuß
24	25320	31000	5680
53	30385	31100	715
105	28240	31200	2960
131	29973,2	31200	1226,8
157	30463,2	31300	836,8
183	30088	31300	1212
208	25888	31300	5412

Da die Rechnung zu dem Ergebnis führt, daß die Abstimmung zwischen Kapitalbedarf und Kapitalfonds zu jedem Zeitpunkt gelingt, daß es immer zu geringen Überdeckungen des Kapitalbedarfs durch den Kapitalfonds kommt und daß der Kapitalfonds ausreichen würde, das erwartete Wachstum des Unternehmens ohne Bedrohung durch finanzielles Ungleichgewicht zu finanzieren, erscheint die Planung also unter der Annahme eindeutiger Erwartungen als gesichert. Die Geschäftsleitung würde unter diesen Umständen keine Bedenken haben, ihre Zustimmung zu den Planungen zu geben.

3b. Die Analyse der Abstimmung zwischen Kapitalbedarf und Kapitalfonds führt unter Berücksichtigung der Unsicherheit zu einem Bild, das von der Abstimmungsanalyse unter Sicherheit erheblich abweichen kann. Denn in finanziellen Planungen unter Unsicherheit figurieren die wöchentlichen Ein- und Auszahlungen nicht mit gleichbleibenden, sondern mit schwankenden, nicht eindeutig vorherbestimmbaren Werten. Die Folge kann sein, daß es im Verlauf der Vierjahresplanung zu Unterdeckungen des Kapitalbedarfs durch den Kapitalfonds kommt. Um zu einer Aussage über die maximale Höhe, die durchschnittliche Höhe und die Dauer der Zahlungsdefizite während des Planungszeitraums zu gelangen, ist es notwendig, eine größere Anzahl derartiger Kapitalbedarfs- und Kapitalfondsberechnungen vorzunehmen. Die Berechnungen führen gleichzeitig zu Aussagen darüber, wie häufig derartige Überschreitungen des Kapitalfonds durch den Kapitalbedarf vorkommen können, wie stark der Kapitalfonds beziehungsweise die Finanzierungsarten, aus denen er besteht, in Anspruch genommen werden und wie hoch die Zinskosten sind, die durch die Überschreitungen des Kapitalfonds verursacht werden.

Da der „mittlere" Wachstumstrend, von dem hier angenommen wird, daß er der finanziellen Planung die Grundrichtung gibt, nicht mehr sicher ist, wird es notwendig, unter Zugrundelegung der beiden extremen Wachstumstrends in gleicher Weise alternative Rechnungen vorzunehmen, um darüber Aufschluß zu erhalten, zu welchen Situationen es im finanziellen Gefüge des Unternehmens im günstigsten und im ungünstigsten Fall der Wachstumsentwicklung kommt.

Um Einsicht in diese Zusammenhänge zu gewinnen, wird es genügen, für jeden der drei Wachstumstrends hundert, zusammen also dreihundert Berechnungen vorzunehmen. Diese umfangreiche Rechenarbeit läßt sich nur mit Hilfe elektronischer Datenverarbeitungsanlagen vornehmen[1].

Auf der Grundlage der Modelldaten wurden für die drei auf verschiedenen Annahmen über die Wachstumstrends beruhenden Planungen je hundert Berechnungen ausgeführt, um die Entwicklung des Kapitalbedarfs, des Kapitalfonds und des Verhältnisses zwischen diesen beiden Größen zu untersuchen. Das Ergebnis dieser Berechnungen läßt gewisse Aussagen über die Risiken zu, die in der Vierjahresplanung enthalten sind.

3c. Die Analyse der Abstimmung zwischen Kapitalbedarf und Kapitalfonds unter Berücksichtigung der Unsicherheit in den Zahlungsströmen bei erwartetem Wachstum soll in folgender Weise vorgenommen werden: Erstens sollen zur Darstellung der möglichen Entwicklung, die die Finanzplanung unter Unsicherheit nehmen kann, zwei Simulationsläufe aus den vorliegenden Simulationsläufen herausgegriffen werden, um zu zeigen, wie sich im unterstellten Planungszeitraum von vier

[1] Die Programmierung des Modells in GPSS wurde von Herrn Dr. Seelbach auf der Rechenanlage des Deutschen Rechenzentrums in Darmstadt vorgenommen.

Jahren der Kapitalbedarf, der Kapitalfonds und die Differenz zwischen diesen beiden Größen entwickeln kann. Die so ausgewählten Vierjahres-Finanzpläne werden dem Finanzplan gegenübergestellt, wie er sich für den bereits erwähnten Fall sicherer Erwartungen ergeben hat. Die Gegenüberstellung soll zeigen, wie unterschiedlich die Ergebnisse finanzieller Planungen sein können, wenn die Planung auf sicheren oder unsicheren Erwartungen beruht.

Zweitens sollen die für den „mittleren" Wachstumstrend erhaltenen Rechenergebnisse ausgewertet werden. Die durch ihn angezeigte voraussichtliche Geschäftsentwicklung gibt die Grundorientierung für die Planung der finanziellen Programme an. Der Analyse liegen hundert Simulationsläufe zugrunde. Sie lassen bestimmte Aussagen über die Abstimmungsrisiken zu, die in der Vierjahresplanung des Investitions- und Finanzierungsprogramms enthalten sind. Die Darstellung der Abstimmungsrisiken selbst beschränkt sich einmal auf die Inanspruchnahme des Kapitalfonds, die Verteilung der Zahlungsdefizite nach ihrer maximalen und ihrer durchschnittlichen Höhe und auf die Verteilung der durch Kapitalfondsüberschreitungen verursachten Zinskosten.

Drittens schließlich werden die Ergebnisse, zu denen die Berechnungen für die drei alternativen Wachstumsentwicklungen geführt haben, einander gegenübergestellt. In dieser Gegenüberstellung wird der Einfluß deutlich, den die Unsicherheit über die voraussichtliche Entwicklung des Unternehmenswachstums auf die Abstimmung zwischen Kapitalbedarf und Kapitalfonds ausübt.

Wie sehr die Ergebnisse der Finanzplanung voneinander abweichen können, wenn im einen Fall sichere und im anderen Fall unsichere Erwartungen unterstellt werden, läßt sich dadurch besonders eindringlich aufzeigen, daß die erwartete, der Grundorientierung der Planung folgende Kapitalbedarfskurve mit fest gegebener zeitlicher Struktur der durchschnittlichen wöchentlichen Ein- und Auszahlungen berechnet wird und daß ihr Kapitalbedarfskurven gegenübergestellt werden, deren wöchentliche Ein- und Auszahlungen entsprechend der vorgegebenen Verteilungsfunktion schwanken. Aus den hundert hierfür zur Verfügung stehenden Kapitalbedarfsfunktionen seien zwei ausgewählt und untersucht. In die Abb. 18a ist eine Kapitalbedarfskurve eingezeichnet, wie sie sich aufgrund der Daten des Modells für den Fall sicherer Erwartungen errechnen würde. Die Abb. 18b und 18c enthalten dagegen die zwei ausgewählten Kapitalbedarfskurven, wie sie sich aus der im Modell unterstellten Unsicherheit ergeben. Allein aus Gründen der Darstellung sind in diesen Abbildungen jeweils vier Perioden (Wochen) zu einer zeitlichen Einheit zusammengefaßt, und nur der Kapitalbedarf jeder vierten Periode ist dargestellt.

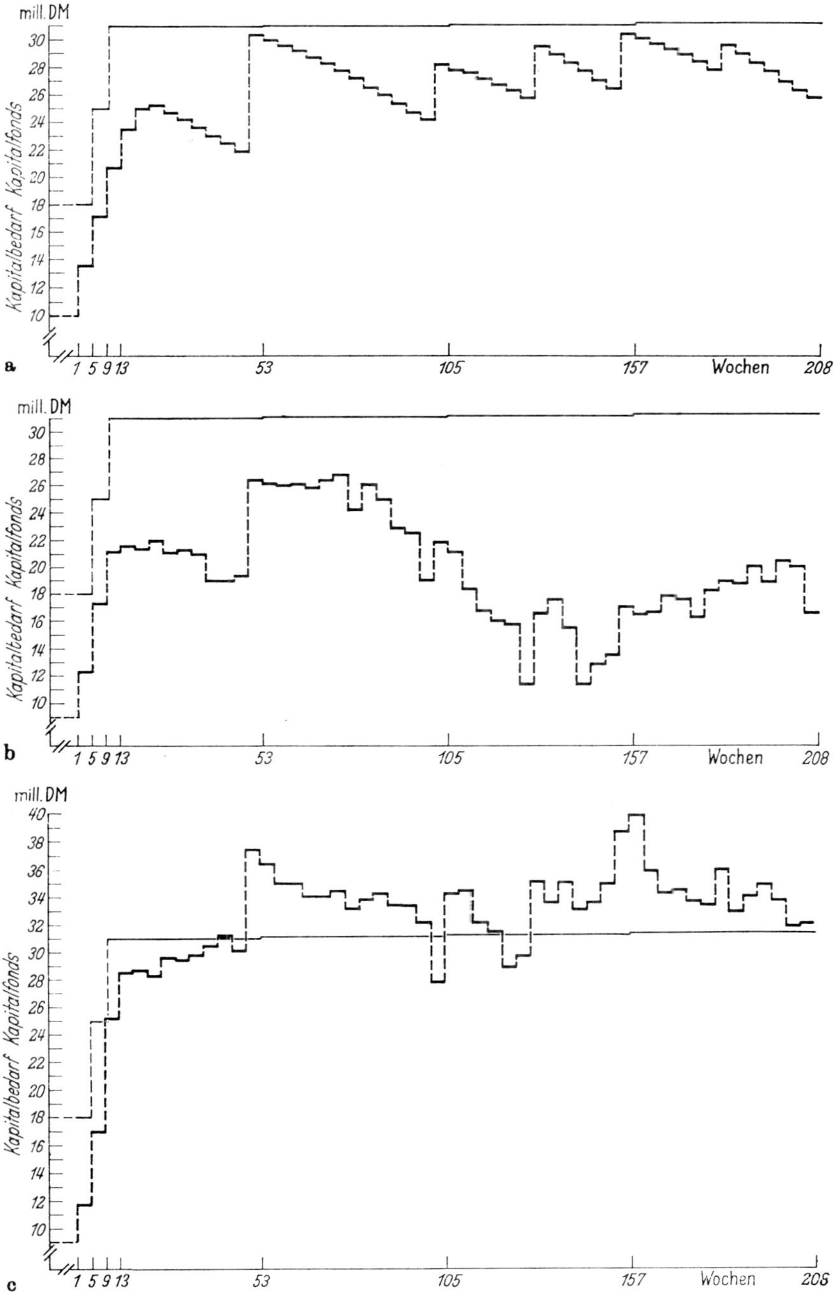
mill. DM
Kapitalbedarf Kapitalfonds
a
Wochen
b
c
1 5 9 13
53
105
157
208

Abb. 18 a—c

Die in die Abb. 18b eingezeichnete Kapitalbedarfskurve kennzeichnet sich durch einen verhältnismäßig geringen Kapitalbedarf. Diese Tatsache ist darauf zurückzuführen, daß die durch den Zufall bestimmten wöchentlichen Einzahlungen verhältnismäßig hoch, die wöchentlichen Auszahlungen dagegen verhältnismäßig niedrig sind. Ferner treten kaum Verzögerungen im zeitlichen Eingang der Einzahlungen ein. In diesem Fall hat die Berechnung (der Simulationslauf) zu dem Ergebnis geführt, daß die Kapitalfondskurve in keiner Periode überschritten wird. Die Finanzierung der Geschäftsvolumina würde also zu keinen Schwierigkeiten führen, wenn der in der Abb. 18b beschriebene Fall eintreten würde. Das Eigenkapital würde im Durchschnitt mit 94,63%, das Fremdkapital der Art I nur mit 38,43% und das Fremdkapital der Art II sogar nur mit 8,52% ausgelastet sein. Die dritte, als Überziehungskredit bezeichnete Kreditart wird überhaupt nicht benötigt. Würde also der tatsächliche Verlauf der Zahlungsströme genau dem hier herausgegriffenen Simulationslauf entsprechen — eine Entwicklung, die nach den Angaben des Modells grundsätzlich möglich ist —, dann würde der Kapitalfonds lediglich in Höhe der für das Eigen- und Fremdkapital angegebenen Prozentsätze beansprucht werden. Die Planung würde also mit den vorhandenen finanziellen Möglichkeiten durchführbar sein.

Aus den vorliegenden Berechnungen sei eine zweite herausgegriffen, die sich von dem in der Abb. 18b aufgezeigten Fall durch eine völlig andere Ein- und Auszahlungsstruktur unterscheidet. Die Entwicklung des Kapitalbedarfs im Planungszeitraum zeigt höhere Bedarfsspitzen als in dem soeben betrachteten Fall unter unsicheren Erwartungen (Abb. 18b) und dem Fall sicherer Erwartungen (Abb. 18a). Zahlungsdefizite treten, wie die Abb. 18c zeigt, häufig ein. Nach einem zunächst geringen und kurzfristigen Defizit verbleibt die Kapitalbedarfskurve für eine ebenso kurze Zeit unter der Fondskurve, um dann wieder über die Kapitalfondskurve anzusteigen, und zwar in einem erheblichen Maße. Mit zwei kurzen Unterbrechungen befindet sich das Unternehmen, wenn von dieser der Abb. 18c zugrunde liegenden Berechnung ausgegangen wird, während des restlichen Planungszeitraums (etwa 150 Wochen) in einem zum Teil erheblichen Defizit. Das maximale Defizit beträgt 8500000 DM, während das durchschnittliche Defizit bei 2500000 DM liegt. Wenn sich ein durch diesen Simulationslauf beschriebener Verlauf der Kapitalbedarfskurve einstellen würde, dann würde der Kapitalfonds ohne die Kreditart III (Überziehungskredit) nicht ausreichen, die geplanten Geschäftsvolumina zu finanzieren. Wie groß die Wahrscheinlichkeit ist, daß eine solche oder ähnliche defizitäre finanzielle Situation eintritt, läßt sich erst aus der noch vorzunehmenden Analyse der gesamten Daten und Ergebnisse aller Berechnungen ersehen. Das Eigenkapital bleibt über zweihundert Perioden in den Vermögensbeständen des Unternehmens gebunden. Unter Berücksichtigung der Tatsache, daß in der Anlaufphase das Eigenkapital nicht voll beansprucht sein kann, weil der Kapitalbedarf erst nach einigen Perioden die Höhe des von Anfang an zur Verfügung stehenden Eigenkapitals erreicht, kann eine Bindungsdauer von 200 Perioden einer ständigen Bindungsdauer gleichgesetzt werden. Das Fremdkapital von der Art I liegt im Durchschnitt 100 Perioden fest. Das Fremdkapital der Art II weist eine Bindungszeit von nur etwa 5 Perioden auf.

Nunmehr sollen alle für den „mittleren" Wachstumstrend vorgenommenen hundert Berechnungen ausgewertet werden, um zu untersuchen, mit welcher Wahrscheinlichkeit es dem in dem Modell beschriebenen Unternehmen während des gesamten Planungszeitraums gelingen wird, Kapitalbedarf und Kapitalfonds in Einklang zu bringen. Die Analyse des aus den Simulationsläufen gewonnenen Zahlenmaterials gewährt nicht unwichtige Einblicke in das Risikogefüge der vorliegenden Vierjahresplanung.

Die Berechnungen haben zu dem Ergebnis geführt, daß die Kapitalbedarfskurve die Kapitalfondskurve (ohne die Kreditart III) in 78 von 100 Fällen überschreitet, also Zahlungsdefizite entstehen. Die maximale Überschreitung variiert in diesen 78 Fällen zwischen 117000 DM und 25217000 DM. Die durchschnittliche Überschreitung des Kapitalfonds durch den Kapitalbedarf liegt in den 78 Fällen erheblich niedriger, nämlich im einen extremen Fall bei nur 2190 DM, im entgegengesetzten Extrem bei 14872770 DM. Die durchschnittlichen Defizite der übrigen anderen Simulationsläufe nehmen Werte zwischen diesen beiden Größen an. In dieser starken Abweichung der maximalen Defizite von den durchschnittlichen Defiziten kommt zum Ausdruck, daß es sich sehr häufig um kurzfristige Überschreitungen des Kapitalfonds durch den Kapitalbedarf handelt.

Für jeden der hundert Simulationsläufe läßt sich die maximale und die durchschnittliche Fondsüberschreitung feststellen. Diese Überschreitungen oder Zahlungsdefizite können zu Klassen zusammengefaßt werden, am zweckmäßigsten derart, daß jeweils Überschreitungen bis zu einer bestimmten Grenze als eine Klasse behandelt werden. Auf diese Weise läßt sich zeigen, mit welcher Häufigkeit jeweils Gefährdungen der finanziellen Lage des Unternehmens auftreten. Nur 22 der 100 Simulationsläufe weisen keine Defizite auf. Alle anderen Simulationsläufe zeigen Defizite, allerdings in sehr unterschiedlicher Höhe. In der Tabelle 16 sind die Überschreitungen — unterteilt in Klassen von je 2000000 DM — in einer kumulierten Häufigkeitsverteilung aufgeführt.

Die Tabelle 16 und die Abb. 19a geben an, mit welcher Häufigkeit Überschreitungen des Fonds durch den Kapitalbedarf, also Zahlungs-

Tabelle 16

Defizit (in Tausend DM)	Kumulierte Häufigkeit (in %) maximales Defizit	durchschnittliches Defizit
0	22	22
bis 2000	37	74
bis 4000	47	89
bis 6000	61	94
bis 8000	72	94
bis 10000	81	96
bis 12000	85	97
bis 14000	89	99
bis 16000	93	100
bis 18000	96	
bis 20000	97	
bis 22000	98	
bis 24000	98	
bis 26000	100	

defizite, bis zu einer bestimmten Höhe nach Maßgabe der Simulationsergebnisse zu erwarten sind. Wie erwähnt, gelingt es nur in 22 der hundert Fälle, den Kapitalfonds ohne den Überziehungskredit über dem Kapitalbedarf zu halten, also eine Finanzierung des erwarteten und der Planung zugrunde gelegten Geschäftsvolumens ohne Inanspruchnahme der Kreditart III vorzunehmen. Der große Prozentsatz an Zahlungsdefiziten im Modell ist darauf zurückzuführen, daß ein verhältnismäßig hoher Grad an Unsicherheit über die voraussichtliche Entwicklung der Plandaten angenommen wird. Dementsprechend weist auch die im Modell verwandte Verteilungsfunktion ein verhältnismäßig hohes Maß an Streuung auf. Aus Tabelle 16 und Abb. 19a läßt sich ersehen, wie hoch der Kredit der Art III sein muß, wenn das Unternehmen dem Risiko begegnen will, durch die Entstehung von Defiziten seine Planung zu gefährden. Würde das Unternehmen in der Lage sein, über 10000000 DM der Kreditart III (Überziehungskredit) zu verfügen, dann kann nach Maßgabe der Simulationsergebnisse des Modells mit einer Wahrscheinlichkeit von 81% damit gerechnet werden, daß maximaler Kapitalbedarf und Kapitalfonds in Einklang bleiben. Weitere Rückgriffsmöglichkeiten auf Kapital würden das Planungsrisiko, das heißt die Gefahr der Entstehung von Zahlungsungleichgewichten, noch stärker herabsetzen.

In diesem Zusammenhang ist es nicht ohne Interesse, darauf hinzuweisen, daß die Kapitalbedarfsmaxima beziehungsweise die Fondsüberschreitungen der bisher erörterten Art Spitzenbeträge sind und daß das durchschnittlich für die Finanzierung des Unternehmenswachstums benötigte Kapital niedriger als diese Spitzenbeträge ist. So läßt sich zum Beispiel, wie Abb. 19a und Tabelle 16 zeigen, mit einem Überziehungskredit von 4000000 DM der maximale Kapitalbedarf nur in 47 der 100 Fälle, also mit einer Wahrscheinlichkeit von 47% decken, während der gleiche Finanzierungsbetrag in 89% der Fälle ausreicht, den durchschnittlichen Kapitalbedarf zu finanzieren. Für die effektive Finanzplanung besitzen allein die maximalen Kapitalbedarfe Bedeutung. Die Analyse der Simulationsergebnisse zeigt klar, zu wie unterschiedlichen Schätzungen des Kapitalbedarfs und damit der in einer Planung enthaltenen finanziellen Risiken man gelangt, wenn von Durchschnittswerten oder von maximalen Werten ausgegangen wird.

Neben der Analyse der Überschreitungen des eigentlichen Kapitalfonds, das heißt der zur Verfügung stehenden Mittel ohne einen eventuellen Überziehungskredit, interessiert in diesem Zusammenhang auch die Frage, in welchem Maße der Kapitalfonds, über den das Unternehmen verfügt, in Anspruch genommen wird. Dieses Maß sei als „Ausnutzungsgrad des Kapitalfonds“ bezeichnet. Es ist das Verhältnis des während der gesamten Planungsperiode durchschnittlich in Anspruch genommenen Kapitals zu dem während der gesamten Periode zur Verfügung stehenden Kapitalfonds.

Es erscheint sinnvoll, diese Betrachtung so zu spezialisieren, daß jede der Kapitalarten für sich analysiert wird. Wie erwähnt, führt das Modell nicht zu einer hundertprozentigen Ausnutzung der Finanzierungsmittel. Denn die einzelnen Kapitalarten stehen bereits in voller Höhe zu einem bestimmten Zeitpunkt zur Verfügung. Der Kapitalbedarf aber entwickelt sich nach den Modellbedingungen erst allmählich. Aus diesem Grunde erscheint es gerechtfertigt, eine Auslastung der finanziellen Mittel von 96% schon als volle Inanspruchnahme des finanziellen Potentials zu betrachten. Bei einer derartigen Festlegung ergeben die Berechnungen, daß das Eigenkapital mit einer Wahrscheinlichkeit von 84% (also in 84 von 100 Fällen) voll beansprucht wird. Die Beanspruchung des Fremdkapitals unterliegt stärkeren Schwankungen. Wählt man für seine Vollausnutzung den gleichen Prozentsatz wie beim Eigenkapital, dann ist das Fremdkapital der Art I in 26% und das Fremdkapital der Art II nur in 7% der Fälle voll ausgenutzt. Es erscheint wegen der schwankenden Auslastung sinnvoll, für beide Arten von Fremdkapital anzugeben, wie häufig ein bestimmter Ausnutzungsgrad (Inanspruchnahme des vorhandenen Kapitals) erreicht wird. Die Tabelle 17 gibt diese Werte an.

In den Simulationsergebnissen, die diese Tabelle enthält, kommt die regulierende Wirkung der Zinsen zum Ausdruck. Das Fremdkapital der Art II ist nach den Modellannahmen teurer als das Fremdkapital der Art I. Einzahlungen werden nach Rückzahlung eines eventuellen Überziehungskredits zunächst dafür benutzt, den teureren Kredit, also den Kredit der Art II, zu reduzieren. Auch wird für die Deckung des

Tabelle 17

Ausnutzung (in %)	Kumulierte Häufigkeiten (in %)	
	Fremdkapital I	Fremdkapital II
bis 10	2	15
bis 20	5	28
bis 30	8	36
bis 40	13	46
bis 50	17	49
bis 60	20	55
bis 70	28	67
bis 80	42	75
bis 90	55	85
bis 100	100	100

Kapitalbedarfs zunächst das Eigenkapital, dann das Fremdkapital der Art I und dann erst das der Art II in Anspruch genommen. Dies erklärt auch die unterschiedlichen Bindungsdauern der Kapitalarten. So ist das Eigenkapital in etwa 50% der Fälle (genau 48%) während des gesamten Planungszeitraums gebunden. Das verhältnismäßig teure Fremdkapital der Art II weist dagegen ausgesprochen kurzfristige Bindungszeiten auf. In 94% der Fälle beträgt die Kapitalbindung weniger als 6 Planungsperioden. Für das Fremdkapital der Art I läßt sich eine derart eindeutige Aussage nicht machen. Die Kapitalbindung schwankt in diesem Fall sehr beträchtlich. In 39% der Fälle ist dieses Kapital nur bis zu 10 Perioden gebunden. Mit einer Wahrscheinlichkeit von 12% ist dagegen mit einer Bindungsdauer von 101 bis 110 Perioden zu rechnen. Die Häufigkeit der Bindungszeiten zwischen diesen Extremen wird durch Tabelle 18 veranschaulicht.

Tabelle 18

Bindungszeit (in Wochen)	Kumulierte Häufigkeiten (in %)	Bindungszeit (in Wochen)	Kumulierte Häufigkeiten (in %)
bis 10	39	bis 70	81
bis 20	53	bis 80	82
bis 30	66	bis 90	84
bis 40	74	bis 100	88
bis 50	77	bis 110	100
bis 60	78		

Immer dann, wenn der Kapitalbedarf den eigentlichen Kapitalfonds überschreitet und durch die Inanspruchnahme des Überziehungskredits gedeckt werden muß, entstehen Zinskosten. Bei einem angenommenen Zinssatz von 0,25% pro Woche liegen die durch den Überziehungskredit verursachten Zinsen in 64% der Berechnungen unter 500000 DM. Diese geringe Zinsbelastung läßt deutlich werden — wie auch schon die Gegenüberstellung von durchschnittlichen und maximalen Defiziten zeigte —, daß die Überschreitungen im allgemeinen kurzfristig sind. In Extremfällen muß dagegen mit einer Zinsbelastung von bis zu 8500000 DM gerechnet werden.

Die Analyse beschränkte sich bisher auf die Auswertung von Simulationsläufen, die für nur einen, eben den „mittleren" Wachstumstrend vorgenommen wurden. Es sind aber auch jeweils hundert Simulationsläufe für die finanziellen Planungen durchgeführt worden, denen die beiden extremen Wachstumstrends zugrunde liegen. Sie beruhen im einen Fall auf einer besonders optimistischen, im anderen Fall auf einer besonders pessimistischen Einschätzung der künftigen Absatzentwicklungen. Aus diesem Grund ist nunmehr die Frage zu klären, in welchem Maße sich Kapitalbedarf und Kapitalfonds auch dann in Einklang halten lassen, wenn die eine oder die andere der beiden extremen Entwicklungen eintreten sollte.

Da die Simulation für die beiden extremen Situationen nach den gleichen Grundsätzen vorgenommen wird wie die Simulation für die auf dem mittleren Wachstumstrend beruhenden Planungen, erübrigt es sich, die Ergebnisse dieser Planungen im einzelnen aufzuführen. Die Auswertung der Ergebnisse dieser Simulationen beschränkt sich deshalb auf eine Konfrontation der wichtigsten Berechnungsresultate.

Besonderes Interesse besitzen die Überschreitungen des Kapitalfonds durch den Kapitalbedarf, wie sie sich für den Fall optimistischer und für den Fall pessimistischer Beurteilung der voraussichtlichen Wachstumsentwicklung zeigen. In der Tabelle 19 und in den Abb. 19a, 19b, 19c sind die maximalen und die durchschnittlichen Überschreitungen (Zahlungsdefizite) für die drei auf den unterschiedlichen Wachstumserwartungen beruhenden Finanzplanungen einander gegenübergestellt.

Diese Untersuchungsergebnisse bestätigen die Annahme, daß die Trends mit den größten und schnellsten Wachstumschancen auch den höchsten Kapitalbedarf auslösen. Sowohl die Zahl als auch die Höhe der maximalen und durchschnittlichen Überschreitungen liegen über den entsprechenden Werten des erwarteten, „mittleren" Wachstumstrends. Diese Tatsache bedeutet, daß einmal der höchste Wert der maximalen Defizite größer ist als in dem bisher untersuchten Fall, zum anderen auch die Häufigkeit der größeren Abweichungen gegenüber dem Normalfall steigt.

Wenn man zum Beispiel davon ausgeht, daß das Unternehmen höchstens mit einem Überziehungskredit von 10000000 DM rechnen kann, dann ermöglicht die Tabelle 19 die folgende Aussage: Folgt die

Tabelle 19

Defizit (in Tausend DM)	Kumulierte Häufigkeit (in %)					
	maximales Defizit			durchschnittliches Defizit		
	maximaler Trend	„mittlerer“ Trend	minimaler Trend	maximaler Trend	„mittlerer“ Trend	minimaler Trend
0	16	22	28	16	22	28
bis 2000	28	37	43	66	74	81
bis 4000	41	47	56	82	89	91
bis 6000	51	61	68	92	94	94
bis 8000	63	72	78	94	94	95
bis 10000	76	81	85	95	96	97
bis 12000	78	85	87	97	97	97
bis 14000	86	89	92	97	99	100
bis 16000	91	93	95	99	100	
bis 18000	93	96	97	100		
bis 20000	96	97	97			
bis 22000	97	98	98			
bis 24000	98	98	100			
bis 26000	98	100				
bis 28000	100					

zukünftige Umsatzentwicklung dem minimalen Trend, dann besteht eine Wahrscheinlichkeit von 15%, daß das finanzielle Gleichgewicht nicht gewahrt werden kann (beziehungsweise von 85%, daß es aufrechterhalten werden kann). Bei der erwarteten „mittleren“ Umsatzentwicklung steigt das Risiko auf 19%. Entwickelt sich der Umsatz dagegen nach dem maximal für möglich gehaltenen Trend, dann können Kapitalfonds und Kapitalbedarf sogar mit einer Wahrscheinlichkeit von 24% nicht zur Deckung gebracht werden.

Die gleichen Aussagen lassen sich aus den Abb. 19a, 19b und 19c ablesen: Lotet man zum Beispiel in der Abb. 19b, der der maximale Trendverlauf zugrunde liegt, von 10000000 DM zur Kurve des maximalen Defizits hoch, und geht man von dem Schnittpunkt zur Ordinatenachse, dann kommt man zu dem Wert 76%. Das bedeutet, mit 76% Wahrscheinlichkeit tritt bei diesem Überziehungskredit kein Defizit ein. Legt man den minimalen Wachstumstrend (Abb. 19c) zugrunde, dann gelangt man bei einem Betrag von 10000000 DM zu einer Wahrscheinlichkeit von 85% dafür, daß das finanzielle Gleichgewicht gewahrt wird. In 15% der Fälle kann also das finanzielle Gleichgewicht nicht aufrechterhalten werden.

Man kann diese Betrachtungen der Abbildungen aber auch umkehren und damit neue Aussagen über die Abstimmung von Kapitalbedarf und

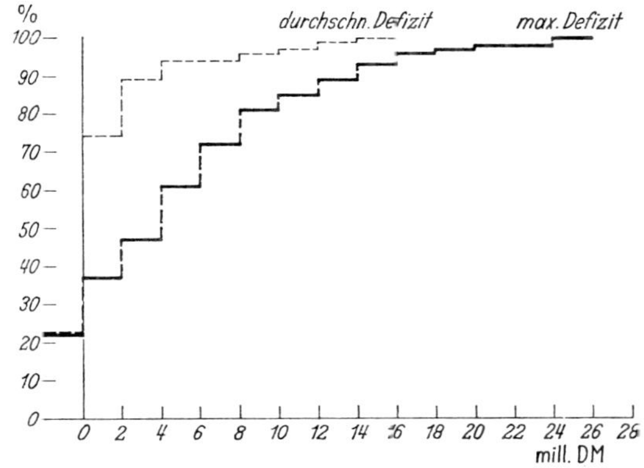
%
durchschn. Defizit
max. Defizit
mill. DM

a

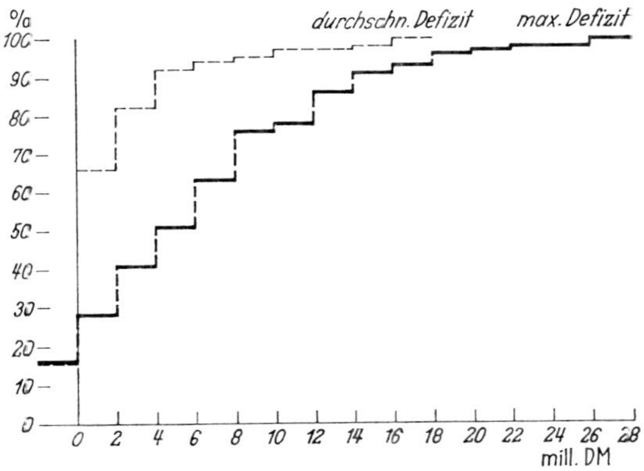
%
durchschn. Defizit
max. Defizit
mill. DM

b

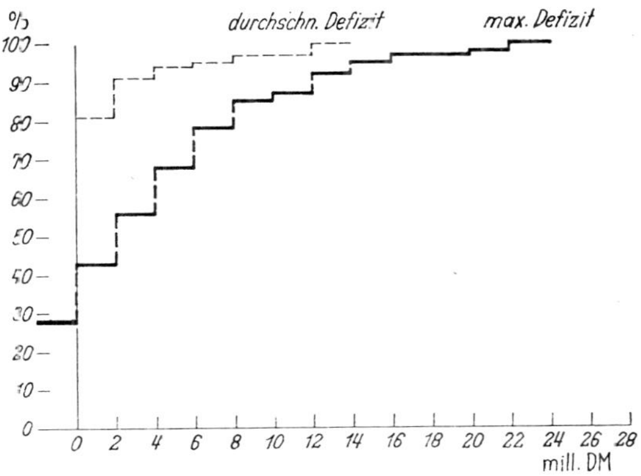
%
durchschn. Defizit
max. Defizit
mill. DM

c

Abb. 19a—c

Kapitalfonds erhalten. Angenommen, die Unternehmensleitung hält es für ausreichend, wenn sich das finanzielle Gleichgewicht mit einer Wahrscheinlichkeit von 90% aufrechterhalten läßt. Sie kann dann fragen, wie groß in diesem Fall der erforderliche Überziehungskredit maximal sein muß. Geht man von dem Punkt 90% auf der Ordinatenachse der Abb. 19a, 19b und 19c bis zur Kurve der maximalen Defizite, und lotet man von den Schnittpunkten aus auf die Abszissenachse, dann kann man den erforderlichen Überziehungskredit ablesen. Er beträgt im Fall des „mittleren" Wachstumstrends wie in dem der maximalen Umsatzentwicklung 16000000 DM, während er bei unterstellter minimaler Trendentwicklung nur 14000000 DM ausmacht. Ist die Unternehmensleitung der Ansicht, diesen Betrag von der Bank erhalten zu können, dann wird sie an dem vorgesehenen Finanzierungsprogramm festhalten können.

Für die Beurteilung der Frage, ob die beabsichtigte Finanzplanung das finanzielle Gleichgewicht des Unternehmens gefährdet oder nicht, sind nur die maximalen Defizite ausschlaggebend. Nun ist aber für die Entscheidung darüber, ob das entwickelte Finanzierungsprogramm geändert oder beibehalten werden sollte, nicht nur die Liquiditätsentwicklung maßgebend. Es sind auch die zusätzlichen Kosten zu berücksichtigen, die die Inanspruchnahme von Überziehungskrediten verursacht. Die Zinskosten hängen von der Höhe und der Dauer der Kreditinanspruchnahmen ab. Beide liegen der Berechnung der durchschnitt-

Tabelle 20

Zinskosten (in Tausend DM)	Kumulierte Häufigkeiten (in %)		
	maximaler Trend	„mittlerer" Trend	minimaler Trend
0	16	22	28
bis 500	58	64	71
bis 1000	65	74	81
bis 1500	73	81	86
bis 2000	82	88	90
bis 2500	87	92	92
bis 3000	92	93	94
bis 3500	93	94	94
bis 4000	94	94	95
bis 4500	94	94	96
bis 5000	95	96	97
bis 5500	96	97	97
bis 6000	97	97	97
bis 6500	97	97	97
bis 7000	97	97	99
bis 7500	97	99	100
bis 8000	99	100	
bis 8500	100		

lichen Defizite zugrunde. Folglich hängen die Zinskosten von den durchschnittlichen Defiziten in der Weise ab, daß grundsätzlich diese Defizite mit dem Zinssatz für Überziehungskredit multipliziert werden müssen. Die Tabelle 20 gibt die Zinskosten an, die bei den drei angenommenen Möglichkeiten der Wachstumsentwicklung entstehen.

Die Zahl der Fälle, in denen es zu Überschreitungen des Kapitalfonds und damit zu zusätzlichen Zinskosten kommt, liegt mit 84% beim maximalen Trend gegenüber 78% beim erwarteten ,,mittleren" Wachstumstrend höher.

Eine andere Situation ergibt sich dagegen, wenn die extrem niedrige Wachstumsentwicklung den Berechnungen zugrunde gelegt wird. Die Anzahl der defizitären Fälle ist dann mit 72% entsprechend niedriger. Auch die durchschnittlichen Defizite und die durch sie verursachten Zinskosten zeigen also deutlich, daß der Kapitalbedarf bei geringerem Wachstum eine geringere Höhe erreicht. Aus den Tabellen 19 und 20 läßt sich diese Tatsache ablesen. Die Kurven der durchschnittlichen Defizite in den Abb. 19a, 19b und 19c vermitteln ebenfalls ein Bild von dem Trend der Zinskosten bei den verschiedenen Wachstumsentwicklungen.

Der Einfluß der beiden extremen Wachstumstrends auf die Struktur der in den Finanzplanungen enthaltenen Risiken zeigt sich auch, wenn die Ausnutzung der finanziellen Kapazität des Unternehmens betrachtet wird. Dieser Einfluß kommt weniger in der Beanspruchung des Eigenkapitals zum Ausdruck, das mit einer Häufigkeit von etwa 85% immer voll ausgenutzt ist, als vielmehr in der Ausnutzung der beiden Fremdkapitalarten. Geringeres Wachstum führt, wie Tabelle 21 zeigt, insgesamt zu einer geringeren Beanspruchung des zur Verfügung stehenden Kapitals.

Tabelle 21

Ausnutzung in v.H.	Kumulierte Häufigkeiten (in %)					
	Fremdkapital Art I			Fremdkapital Art II		
	maximaler Trend	,,mittlerer" Trend	minimaler Trend	maximaler Trend	,,mittlerer" Trend	minimaler Trend
bis 10	1	2	3	10	15	16
bis 20	3	5	6	20	28	35
bis 30	6	8	11	29	36	47
bis 40	8	13	16	39	46	50
bis 50	12	17	18	43	49	58
bis 60	17	20	23	50	55	66
bis 70	26	28	34	60	67	74
bis 80	39	42	45	72	75	77
bis 90	53	55	58	85	85	87
bis 100	100	100	100	100	100	100

4. Die zeitliche Abstimmung als Entscheidungsproblem.

Die Ergebnisse der Abstimmungsanalyse unter Unsicherheit liefern ohne Zweifel wichtige Informationen über die in der langfristigen Finanzplanung enthaltenen Risiken. Nicht in dem Sinne zwar, daß diese Ergebnisse die Planungen gegen nicht vorhersehbare Ereignisse abzusichern vermöchten, aber doch in dem Sinne, daß durch sie vor der Entscheidung über die Planung wichtige Einsichten in die Bedrohung der zeitlichen Abstimmung von Kapitalbedarf und Kapitalfonds durch nicht mit Sicherheit voraussehbare Geschehnisse gewonnen werden können. Insofern bilden die Simulationsergebnisse einen Bestandteil des Entscheidungsprozesses, dessen Ergebnis dann wiederum die genehmigten und damit für verbindlich erklärten Finanzierungsprogramme sind.

Liegen die Ergebnisse der Abstimmungsanalyse etwa in der Art vor, wie sie das Modell zeigt, dann stehen die für die Entscheidung über die endgültige Planung des langfristigen Finanzierungsprogramms zuständigen Personen vor der Aufgabe, sich mit den durch die Analyse zutage getretenen Risiken auseinanderzusetzen. Wenn die Untersuchungen zu dem Ergebnis geführt haben, daß mit an Sicherheit grenzender Wahrscheinlichkeit die finanziellen Möglichkeiten des Unternehmens ausreichen werden, die Planung ohne Gefährdung des finanziellen Potentials der Unternehmung zu verwirklichen, dann ist die Situation anders zu beurteilen als dann, wenn die Berechnungen nur ein verhältnismäßig geringes Maß an Wahrscheinlichkeit für die Einhaltung des finanziellen Gleichgewichts während des Planungszeitraums ergeben. Erscheint das Risiko aus der Planung nicht zu groß, dann ist es denkbar, daß sich die Leitung des Unternehmens für den vorliegenden Entwurf des Plans entscheiden wird, ohne für die in ihm enthaltenen Risiken besondere finanzielle Vorsorge treffen zu müssen. Hat aber die Abstimmungsanalyse zu dem Ergebnis geführt, daß die in der Planung enthaltenen Risiken nicht ohne Bedenken sind, weil die Zahl der Fälle zu groß ist, in denen der Kapitalbedarf (ohne den im Modell als Überziehungskredit bezeichneten Kredit) den Kapitalfonds überschreitet, und die Höhe und Dauer der Fondsüberschreitungen über das für zulässig angesehene Maß hinausgehen, dann sieht sich die Leitung des Unternehmens einer völlig anderen Entscheidungssituation gegenüber.

Zwei Fälle sind unter diesen Umständen von besonderem Interesse. Im ersten Fall erscheint das Abstimmungsrisiko nicht so groß, daß die Planung wesentlich geändert werden müßte. Im zweiten Fall wird dagegen das Abstimmungsrisiko für so groß gehalten, daß die Planung so, wie sie im Entwurf vorliegt, nicht durchführbar erscheint. Sie muß deshalb grundlegend geändert werden. Zwischen diesen beiden Fallsituationen bestehen in Wirklichkeit viele Übergänge, und nicht ohne eine gewisse Willkür lassen sich die vielen möglichen Entscheidungssituationen in das Schema bringen, das die beiden Fälle abgeben. Gleichwohl mag das Schema hier ausreichen, um zu zeigen, zu wie unterschiedlichen Konsequenzen die durch die beiden Fälle angedeuteten Entscheidungssituationen führen können.

Im ersten Fall greifen die Maßnahmen, die die Leitung des Unternehmens treffen muß, nicht in die güterwirtschaftliche Substanz der Planung ein. Das Schwergewicht der zu ergreifenden Maßnahmen liegt vielmehr im finanziellen Bereich des Unternehmens.

In der Regel wird davon auszugehen sein, daß keine finanzielle Planung auf weite Sicht die restlose Ausnutzung aller finanziellen Ressourcen vorsehen wird, die dem Unternehmen zur Verfügung stehen. Vielmehr wird ein Teil der finanziellen Kapazität des Unternehmens frei bleiben, um auch für die Fälle der Not noch über einen gewissen Operationsspielraum zu verfügen. Ein Teil dieser freien Kapazität muß nun in den neuen Planentwurf einbezogen werden. Hierdurch wird gleichzeitig die freie Reservekapazität verringert. Die Folge ist, daß die finanzielle Elastizität des Unternehmens nachläßt, es sei denn, daß sich neue, bisher nicht eingeplante finanzielle Möglichkeiten erschließen lassen. So wird zum Beispiel zu prüfen sein, ob im Falle äußersten Finanzbedarfs zusätzlich kurzfristige Bankkredite verfügbar gemacht werden können, ob diese Kredite für längere Zeiträume zur Verfügung stehen, ob in hinreichendem Umfang Sicherheiten zur Deckung eines solchen Kredits gegeben sind und ob die Kreditkonditionen annehmbar sind. Die Risikovorsorge zielt in diesem Fall auf eine Erweiterung des kurzfristigen Kreditpotentials ab. Der breite Katalog der möglichen Maßnahmen zum Ausbau und zur Verfestigung der finanziellen Grundlagen der Planung umfaßt auch die Erschließung anderer Kapitalquellen, insbesondere die Aufnahme langfristiger Kredite und die Aufstockung des Eigenkapitals[1]. Ob und in welchem Maße derartige Erweiterungen des finanziellen Potentials möglich sein werden, ist wiederum ungewiß. In jedem Fall aber besteht eine Beziehung zwischen dem Grad an Wahrscheinlichkeit, mit dem das finanzielle Gleichgewicht des Unternehmens während des Planungszeitraums aufrechterhalten werden kann, und der finanziellen Reservekapazität des Unternehmens (vgl. die Tabellen 16 und 19). Selbst dann, wenn die Leitung des Unternehmens glaubt, damit rechnen zu können, daß sie über ausreichende Möglichkeiten verfügt, finanzielle Ressourcen zu mobilisieren, wird sie dennoch nicht bis an die oberste Grenze der langfristigen Verschuldung gehen und sich auch nach der Umarbeitung des Plan-

[1] Vgl. hierzu die ausführlichen Erörterungen dieser Möglichkeiten im zwölften Kapitel.

entwurfes finanzielle Operationsmöglichkeiten gewissermaßen außerhalb des Plans offen halten. In einer gewissen Weise gelten diese Überlegungen auch für planende Maßnahmen, die eine Erhöhung des Fonds an Eigenkapital vorsehen. Ist in der Planung einer Aktiengesellschaft bereits über alle Einzahlungen in diesen Fonds verfügt, dann entfällt damit die Möglichkeit, das Eigenkapital des Unternehmens durch die Begebung von Aktien noch zusätzlich zu erhöhen, wenn sich herausstellen sollte, daß sich auch mit den eingeplanten Einzahlungen in den Eigenkapitalfonds der Kapitalbedarf mit den im Plan vorgesehenen Finanzierungsmöglichkeiten nicht in Einklang bringen läßt. Ist also im Planentwurf bereits über den aus einer Kapitalerhöhung stammenden Kapitalzufluß verfügt und ergibt die Rechnung ein hohes Maß an Wahrscheinlichkeit für eine Gefährdung des im Plan vorgesehenen finanziellen Programms, dann bleibt der finanzielle Operationsspielraum des Unternehmens eingeengt. Unter diesen Umständen kann der Fall eintreten, daß sich die gesamte Planung aus Mangel an finanzieller Elastizität angesichts des verhältnismäßig hohen Risikos, das in der Planung steckt, nicht durchführen läßt. Maßnahmen im finanziellen Bereich des Unternehmens reichen dann nicht mehr aus, um die nach dem Entwurf vorgesehenen Möglichkeiten zu verwirklichen. In diesem Fall ist eine Korrektur des Planentwurfs selbst unvermeidlich. Die Grundlagen der bisherigen Planungskonzeption müssen überprüft werden. Eine solche Überprüfung erstreckt sich aber nicht nur auf den Bereich des Kapitalfonds, sondern auch auf den mit den betrieblichen Umsatzprozessen gekoppelten finanziellen Bereich, vor allem aber auf die güterwirtschaftlichen Daten und Maßnahmen, auf denen der Planentwurf beruht und die er vorsah. Die Planung ist so zu gestalten, daß der Grad an Unsicherheit, mit dem sie behaftet erscheint, vermindert wird. Die Leitung des Unternehmens sieht sich vor die Tatsache gestellt, daß sie angesichts der hohen Risiken, die die Planung enthält, ihr Unternehmen gefährden würde, wenn sie die Planung trotzdem vollziehen würde. Ist der Grad an Wahrscheinlichkeit, daß es zu einer derartigen Gefährdung kommt, wenn nach dem Plan verfahren würde, groß, dann ergibt sich daraus die einzig mögliche Konsequenz, den Planentwurf umzugestalten. Dieser Sachverhalt ist mit dem zweiten Fall gemeint, von dem oben die Rede war. Die allgemeine Richtung, in der der Planentwurf zu ändern ist, zielt auf eine Überprüfung der Frage, ob der Expansionspfad, dem die Planung bisher gefolgt ist, noch als für die Planung maßgebend angesehen werden kann. Offenbar ist die Last an totem Kapital, die die Unternehmung auf diesem Wachstumspfad zu tragen hat, zu groß. Das Kapital wird unter Umständen erst am Ende der Planungsperiode oder jedenfalls nicht rechtzeitig genug freigesetzt, um den Kapitalbedarf durch Einzahlungen aus diesem Kapital zu senken. Diese Tatsache führt die gefährlichen Spannungen im finanziellen Gefüge des Unternehmens herbei, die das Unternehmen in eine schwierige Lage bringen können, wenn es nicht gelingt, eine Lösung zu finden. Die Wahrscheinlichkeit, daß es zu einer Überspannung der finanziellen Möglichkeiten des Unternehmens kommt, fordert eine grundsätzliche Neuorientierung der gesamten Planung und damit des geschäftlichen Wachstums, auf dem die Planung aufgebaut war. Wahrscheinlich lassen sich die Geschäftsvolumina und die Finanzierungsmöglichkeiten des Unternehmens nur dann in Einklang bringen, wenn der Planung ein geringeres Wachstumstempo zugrunde gelegt wird. Eine solche grundsätzliche Neuorientierung der finanziellen Planung für den vorgesehenen Planungszeitraum macht nicht nur Eingriffe in den güterwirtschaftlichen Tatbestand der Planung, sondern auch in die Planungen der an die betrieblichen Umsatzprozesse gebundenen finanziellen Prozesse als auch in die Kapitalfondsvorgänge nötig. Die Neuorientierung umgreift also nicht nur die güterwirtschaftlichen Prozeßbereiche (P_w), sondern auch die beiden finanziellen Prozeßbereiche (P_f und P_c). Aber im Grunde folgen alle diese Umstellungen in der Planung aus der Aufgabe der Wachstumsraten, die man bisher glaubte realisieren zu können und die nun reduziert werden müssen, weil sie zwar absatzwirtschaftlich erreichbar erscheinen, aber offenbar nicht oder nur mit einem zu großen Risiko finanzierbar sind. Würde die Planung trotzdem beibehalten, dann würde damit gegen das Grundprinzip der finanziellen Unternehmensführung verstoßen, das Geschäftsvolumen des Unternehmens mit seinen Finanzierungsmöglichkeiten in einem ausgewogenen Verhältnis zu halten.

Die Frage, welche Planungsentscheidungen die Leitung eines Unternehmens treffen wird, wenn die Abstimmungsrechnung ein bestimmtes Maß an Wahrscheinlichkeit dafür ergibt, daß während des Planungszeitraums das finanzielle Gleichgewicht nicht aufrechterhalten werden kann, läßt keine generelle Beantwortung zu. Ob also zum Beispiel die Leitung eines Unternehmens ein finanzielles Programm durchführen wird, wenn sie es mit einer Wahrscheinlichkeit von 90% für gesichert hält, richtet sich nicht nur nach den sachlichen Umständen der Planung, sondern auch nach der Beurteilung der Planungssituation durch die für die Planung zuständigen Personen. Grundsätzlich ist allen für die Geschicke eines Unternehmens Verantwortlichen bekannt, daß sich ohne Risiko kein weitgestecktes Unternehmensziel erringen läßt. Aber die individuellen Umstände, die jede unternehmenspolitische Entscheidungssituation kennzeichnen, lassen keine allgemeingültige Aussage über die Reaktion der für die finanzielle Planung zuständigen Personen auf Wahrscheinlichkeitsgrade von Abstimmungsgefährdungen zu. Diese Tatsache gehört zu dem Essentiale aller Führungsentscheidungen in Unternehmungen, die unter marktwirtschaftlichen Bedingungen arbeiten.

Mit besonderer Deutlichkeit tritt an dieser Stelle zudem die Tatsache in Erscheinung, daß die finanzielle Führung von Unternehmungen keine Ressortangelegenheit sein kann, auch wenn das Finanzressort in diesen Dingen federführend sein wird. Das finanzielle Potential eines Unternehmens ist die Resultante einer kaum übersehbaren Zahl finanz- und güterwirtschaftlicher Vorgänge, die im Zeitablauf ständig Änderungen unterliegen. Aus diesem Grund kann das finanzielle Potential eines Unternehmens auch nicht allein durch Kapitalbeschaffungsmaßnahmen aufgebaut und beeinflußt werden. Beschaffungs-, produktions-, absatz- und entwicklungstechnische Vorgänge und Maßnahmen bestimmen dieses Potential in gleicher Weise wie die speziell finanzwirtschaftlichen Vorgänge. Da die güterwirtschaftlichen und finanzwirtschaftlichen Prozesse zudem in Wechselwirkung miteinander stehen, läßt sich ein Unternehmen finanziell nur dann führen, wenn finanzielle Forderungen auch in den güterwirtschaftlichen Prozeßbereichen durchgesetzt werden können. In diesem Sinne bedeutet finanzielle Führung Aktivität aus dem Ganzen des Unternehmens heraus, und nur wenn die finanzielle Führung in den obersten Entscheidungsinstanzen der Unternehmen fest verankert ist — wie immer diese Instanzen zusammengesetzt sein mögen —, lassen sich die gesamtbetrieblichen Interdependenzen auch finanziell beherrschen.

Sachverzeichnis